「婦人雑誌」がつくる大正・昭和の女性像

第6巻

セクシュアリティ・身体1

［監修］岩見照代

「婦人雑誌」がつくる大正・昭和の女性像　刊行にあたって

本シリーズの前身である、『時代が求めた「女性像」第Ⅰ期』では、女性のライフイベントに則した言説を中心に、どのように〈女の身体〉が表象され、作られてきたかを、単行本を中心に集成し、第Ⅱ期目は、よりミクロな視点をもつ新聞や雑誌の時評を集めた書籍も採録した。そのとき痛感したのは、〈無名〉の女性の生身の声が、いかに多く埋もれていたかということであった。

本シリーズは、当時多くの発行部数をもち、「四大婦人雑誌」と謳われていた『主婦之友』・『婦人公論』・『婦人倶楽部』・『婦人画報』に加え、キリスト教系の特色ある『婦人之友』の五誌から、一人一人の〈発話〉に寄りそうことができるように、「身の上相談」、「座談会」、「読者の手記」などを中心に、テーマ別に構成したものである。

読者一人一人が相互作用しあう場である、「身の上相談」と「手記」は、恋愛、友情、結婚の手ほどき、また打ち明けにくかった性の悩みや、夫婦関係、嫁姑問題、教育、子育て、職場問題、そして美容相談など、衣食住もふくめた生活のすべてにかかわるものである。ここには、普通の人々のもっている哲学や知恵が、多岐にわたって表現されている。既成の思考、規範や制度、また行動様式までが、ゆるやかだが質的に変化し、習慣化していく過程がみてとれるにちがいない。「読者の声」の巻には、従来の読者調査だけではわかりにくかった、在住地や職業が書かれた「愛読者からの便り」、「懸賞当選者の発表」などを多数収録した。男性読者が結構いたことにも驚かれるだろう。

また本シリーズには、戦時下から戦後にまたがる時期のものを多く採録した。ここからは、国家総動員体制が、いかに人びとを日常生活の隈々から〈再編〉していったか、そして戦後すぐに、打って変わって一億総懺悔する〈国民〉という、「マス」ではとらえきれない〈ひとりのひと〉が、たちあらわれてくるだろう。

「思想のにない手が、私たちの一人一人だということ。思想は、ひとりひとりの考えを通して自発的にたてられた場合にのみ、思想としての強さをもつ」（「発刊のことば」（第二次「思想の科学」『芽』一九五三年一月）。このように「ひとりひとり」の哲学をすくいあげようとしていた「思想の科学」は、方法論的な自覚にもとづき早くから「身の上相談」に注目していた。現在も多くのメディアで取り上げられる「身の上相談」だが、その分析は、「ひとりひとり」の思想性をさぐりあてるための格好の〈素材〉である。

これまで個別に読まれることの多かった「座談会」だが、テーマ毎に、そして各雑誌を横並びに読むことで、論者たちの〈素顔〉だけでなく、複層する時代の様相を具体的にとらえなおすことができるはずである。

本シリーズは、文化研究における〈雑誌〉分析の一助となることはいうまでもなく、現実の中で生きる〝生身のひとりひとり〟を通して、「日本文化のカキネをやぶる」（『芽』、同前）ものとして、大いに活用が期待されるものである。

監修　岩見照代

凡例

・本シリーズは、四大婦人雑誌（『主婦之友』・『婦人公論』・『婦人倶楽部』・『婦人画報』）を中心に、掲載された文章をテーマ別にセレクト・集成し、大正・昭和の女性像がどのように形作られていったかを検証する。各巻のテーマおよび配本は以下の通りである。

第1回　第1巻〜第5巻「恋愛・結婚」
第2回　第6巻〜第9巻「セクシュアリティ・身体」
第3回　第10巻〜第11巻「美容・服飾・流行」／第12巻〜第15巻「生活・家庭」
第4回　第16巻〜第17巻「読者の声」／第18巻〜第21巻「社会・時代」
第5回　第22巻〜第24巻「職業」／第25巻〜第26巻「教育」
第6回　第27巻〜第30巻「女性と戦争」

・各作品は無修正を原則としたが、寸法に関しては製作の都合上、適宜、縮小・拡大を行った。

・本文中に見られる現在使用する事が好ましくない用語については、歴史的文献である事に鑑み、原本のまま掲載した。

・一部、著作権継承者不明の文章がございます。お心当たりの方は弊社編集部までお問い合わせいただけますようお願いいたします。

目次

「女子の結婚適齢」　下田次郎、永井潜、田村俊子、高島米峰、澤田順次郎 ほか　『婦人公論』大正5年1月1日　3
「縁談のために悩む処女の告白」　悩める女　ふみ子　記者　『主婦之友』大正9年4月1日　16
「処女時代に貞操まで破つた妻を知らずして娶つた夫の悲痛なる煩悶」　悲観生 記者　『主婦之友』大正9年11月1日　21
「人情的な解決の道をお選びなさい」　悲観生　記者　『主婦之友』大正9年11月1日　22
「時代の生んだ貞操の負傷者に同情す」　高島米峯　『主婦之友』大正9年11月1日　24
「貞操を蹂躙された場合は何うするか」　宮島次郎　『主婦之友』大正10年10月1日　26
「夫として何ういふ男を望むか　妻として何ういふ女を望むか」　山田わか、沖野岩三郎、生方敏郎 ほか　『主婦之友』大正11年1月15日　31
「婦人に対する男子の要求　男子に対する婦人の要求」　吉島道之、川和三代彦、矢野あき子、与田撫子　『主婦之友』大正12年3月1日　46
「大野博士の暴行事件に鑑みての婦人貞操保護問題」　大町しづ、奥田秀子、新井寿子 ほか　『主婦之友』大正12年5月1日　56
「大津裁判所に於ける『童貞蹂躙』裁判の勝訴」　垂井嘉爾　『婦人公論』大正12年6月1日　66
「貞操を失ひて悩める処女へ」　中島徳蔵　『婦人倶楽部』大正12年10月1日　76
「結婚当夜より一週間偽らざる日記」　星野輝、山口憲通、町田志津恵、大森ちぐさ　『婦人倶楽部』大正13年1月1日　86

「女学生間に見る同性愛の研究」　倉橋惣三、河崎夏子　『主婦之友』大正14年2月1日　101
「青春期の悩みにある処女と文藝に志す若き婦人に答ふ」　三宅やす子　『主婦之友』大正14年5月1日　106
「誘惑の危機に立つた人妻の懺悔」　上田彩子　『主婦之友』大正14年5月1日　109
「『処女主義』について」　山田やす子、関鑑子、原阿佐緒、吉屋信子 ほか　『婦人倶楽部』大正14年7月1日　114
「貞操の危機を遁れた若き婦人の悩み」　川崎桐子、小倉与志子、池野初枝、堀内郁子　『主婦之友』大正14年7月1日　123
「斯くの如き処女は結婚するな」　石崎仲三郎、古宇田傚太郎、森田正馬　『主婦之友』大正14年9月1日　137
「女子運動界の第一線に活躍の人々」　本誌記者　『主婦之友』大正14年9月1日　143
「法律上男子の姦通を罰すべきか?・法律上婦人の姦通を許すべきか?・」　石川三四郎、石坂養平 ほか　『婦人公論』大正14年12月1日　147
「藝者の存在を必要とするは日本婦人の恥辱」　安部磯雄　『婦人画報』大正15年1月1日　153
「机上の藝者論」　杉田直樹　『婦人画報』大正15年1月1日　155
「社交界から藝者を遠ざけよ」　山田わか　『婦人画報』大正15年1月1日　158
「藝者存在の理由」　沖野岩三郎　『婦人画報』大正15年1月1日　160
「処女時代の不注意から一生取返のつかぬ失敗をした話」　斎藤千代子、ます子　『婦人倶楽部』大正15年3月1日　163
「女王の地位から降りた労働婦人と貞操問題」　玉井広平　『婦人画報』大正15年4月1日　172
「処女尊重の根拠」　千葉亀雄、杉田直樹、上野陽一、二階堂佳能子　『婦人公論』大正15年4月1日　176
「吾等女性は何を一番痛切に要求するか」　林きむ子、松平俊子 ほか　『婦人倶楽部』大正15年10月1日　188

「結婚禁止をすべき男女の鑑別法」 上林豊明、佐藤恒祐、片山国嘉、佐多芳久 『主婦之友』大正15年10月1日 192
「婦人画報懇談会—東京— 現代の処女」 戸沢錦子、津軽照子、厨川蝶子、柳原燁子ほか 『婦人画報』昭和2年1月1日 198
「処女性を失つて嫁せんとする婦人の悩み」 濱田君子 『主婦之友』昭和2年4月1日 211
「娘の秘密を初めて知つた母の経験」 多良つね子、浅原民子、横井重子、荒川静子 『主婦之友』昭和2年9月1日 215
「独身生活に伴ふ婦人の悩み」 河村愛子、吉本瑠璃子 『主婦之友』昭和2年11月1日 229
「男子にも貞操の義務あり」 中島徳蔵 『婦人倶楽部』昭和2年11月1日 240
「ラヴ・シーンの感想」 鈴木伝明、栗島すみ子、阪東妻三郎、夏川静江 ほか 『婦人公論』昭和3年1月1日 247
「博覧会をめぐる誘惑の魔の手」 三木忠一、関豊治、森山みよ 『婦人公論』昭和3年5月1日 271
「特輯 誘惑する人、される人」 生方敏郎、花柳はるみ、中村義正 『婦人画報』昭和3年6月1日 277
「解剖台上の男性」 中村美智子、花園歌子 ほか 『婦人画報』昭和3年11月1日 288
「『女』についての座談会」 中島徳蔵、岡本一平、吉岡弥生 ほか 『婦人倶楽部』昭和4年1月1日 296
「外国婦人の眼に映じたわが日本の婦人」 イナ・メタクサ、アレキサンダー嬢 ほか 『婦人画報』昭和4年1月1日 314
「夫婦生活に関する良人ばかりの座談会」 青柳有美、高田義一郎、正木不如丘 ほか 『主婦之友』昭和4年4月1日 323
「嫁入前の娘を持つお母さまの座談会」 西崎綾乃、安部こまを ほか 『主婦之友』昭和4年4月1日 340
「令嬢日記」 日高博子、西村百合子 ほか 『婦人画報』昭和4年4月1日 347
「現代令嬢趣味しらべ」 『婦人画報』昭和4年4月1日 359
「令嬢の小遣しらべ」 八田清子、永田澄子 ほか 『婦人画報』昭和4年4月1日 361

「女学校卒業令嬢の行方」　梅山一郎　『婦人画報』昭和４年４月１日　363
「あの令息・この令嬢」　高田義一郎、沢田謙、石川欣一　『婦人画報』昭和４年４月１日　367
「独身生活者の座談会」　埴原久和代、河崎夏子　ほか　『主婦之友』昭和４年５月１日　372
「『娘二十ごろ』の座談会」　河井道子、吉岡房子　ほか　『婦人倶楽部』昭和４年７月１日　384
「大犯罪者の家族、遺族」　佐々井憐人　『婦人画報』昭和４年７月１日　404
「夫婦生活を中心とする　奥様ばかりの座談会」　今井邦子、長谷川時雨　ほか　『主婦之友』昭和４年８月１日　411
「寺内少佐夫人の死を未婚の女性はどう見るか」　川俣淑子、樺山まさ子　ほか　『婦人画報』昭和４年10月１日　427
「色魔に騙された女給の結婚哀話」　山根鈴子　『主婦之友』昭和４年11月１日　434
「男の世界公開」　山田やす子、高群逸枝、中本たか子　ほか　『婦人画報』昭和４年11月１日　439

「婦人雑誌」がつくる大正・昭和の女性像

第6巻

セクシュアリティ・身体1

生理上並びに現代日本の社會狀態より觀たる 女子の結婚適齢

世の中が文明になるにつれて生活の程度が高まり、限り有る地上に限り無き人口の増殖と相俟つて人をして生活難の聲を發せしめるやうになつた。從つて此經濟問題が、今の人をして昔の人の如く容易く結婚することを得ざらしめるといふのは已むを得ない然しながら悲しむべき事實である。我國に於ても爲めに近來結婚難の聲を聞くやうになり、いつの程にか婚期を逸して徒らにすがれゆく姥櫻の身を嘆つ者あるを見受けるやうになつた。吾等の研究すべき問題はそこに幾程も殘されて有る。が、女は果して何歳頃を以て最も結婚に適する年齢とするか。之を先づ研究してみたいといふのが吾等の願ひであり、此問題を提供した所以で在る。乃ち左に蒐緑するところは、社會各方面の名士に乞うて其高見を仰ぎ得たところのものである。作序御多用中弊誌の爲めに特に御回答を寄せられたる諸家に對しては玆に謹んで感謝の意を表する次第である。

一記者

◎

東京女子高等師範學校敎授 下田次郎

性の成熟と云ふのは、婦人で云へば月經の初つた時からで、即ち子を産む能力の備はつた時である。月經の初發は人種によつて種々だが、歐羅巴では凡そ十四歳より十六歳までの間に初まるとされてゐる。暖帶又は熱帶地方の人々は一體に早熟だから、それより少し早いと思ふ。印度邊では餘程早く子を産む女があるやうである。先頃の新聞にも、日本で十二になる少女が子を産んだ話があつた。が、これは特別に早いのであらう。兎に角十四歳乃至十六歳頃が月經の初まりと思つたら間違はあるまい。其頃から何となく異性に對する憧憬とも云ふものが起つて、意識的に戀愛とはならんでも、男性に惹かれるやうな傾きを持つて來る。性の成熟はこの通りであるが、身體全體の成熟は猶、後に在るので、凡そ二十歳内外で身體が一通り出來るやうである。勿論これも人種、氣候によつて異ふので、日本人は歐羅巴人より早熟であるから、十八歳位で身體が一通り出來たものと觀てもよいかも知れぬ。しかし身體が極まつて來るのは、どうしても二十歳位であると思ふ。西洋では概して男子よりも女子の數が多い（英國の如きは百萬人も婦人の方が多い）から、女子の生活難も大である。從つて婦人は悉く結婚することはできない。生涯獨身で暮さねばならぬ者が多い。ところが我が國の如きは男子の數が多く、生活難も歐羅巴ほどではないから、婦人は大概結婚出來る。だから我も人も結婚するものと極めてゐる。

結婚する事を片付けると云ふが、片付けると云ふ事は、荷物を片付けるとか、仕事を片付けるとか云ふ樣なもので、何方つかずの、宙ぶらりんになつてゐるもの、始末を付ける事である。即ち女を嫁入らすのは、何方つかずに居るものを始末すると云ふ樣な意味で、面白い云ひ方ではない。先づこれで片付いたと云へば、始末に困つてゐたものをどうにか始末し得た樣に聞えるのである。それで日本では婚期が來ると焦せる傾向がある。西洋では獨身で過さねばならぬかも分らぬと始めから腹を定めて居るから、結婚出來なくとも不思議はなく、世間も變に思はず、本人も耻かしくないが、日本では自分だけ片付かぬと取り殘されたやうで餘所に對しても極りが惡いから、早く結婚さして片付けてしまはうとする。從て婚期を早めてまだ充分生理的に身體が出來上らぬ内に結婚させる傾向がある。從て本人の爲めにも生兒のためにも又家庭のためにも良くない結果を來たす事がある。昔は生れ落ちると婚約を調へて、行先どんなものになるかなどは問はずして、親の無理極めで結婚させてしまふやうな事もあつて、一體に配偶者の身體も意志も能力も餘り詮議せずに、兎に角早く結婚させたが、今日では社會生活が複雑になり、從て其準備をするに時日を要するから、女子も相應の教育を受けなければならない。高等女學校は中流社會では、少くも娘に卒業させねばならぬとなつて婚期は維新前よりは大分遲くなつて來た。又高等女學校卒業後直ぐ結婚するものは寧ろ少ない方で、半ケ年なり一ケ年なりして結婚する。中には高等女學校以上の敎育を受けさせて置きたいと云ふので、從つて婚期も晩れて來る。で、實際上今日の婦人は十八歳位で結婚するものは農家などは別として中流以上の婦人では少くないと思ふ。實際男子と比較して見ると、男の十八と云へばまだ思想も定まらず、何かに不行屆のものであるから、婦人ならば十八でも好いと云ふ譯はない。で、自分の考では今後は先づ二十歳位になつて結婚するのが本人の爲めにも、生れる兒の爲めにも、家庭の爲めにも好いと思ふ。猶、今少し生活の準備をするならば、二十四五歳までに結婚するのは當然として、晩婚であるやうな考を一般に持たしたくないと思ふ。

又これまでは今日程生活難が無かつたから、女子は只良人に寄食して居れば好かつたが、今後は良人に萬一の事が有つた場合を考へ、又良人を扶けて生活の費を補ふと云ふ必要も生ずるから、婦人が結婚前に職業的な敎育を受け、何か腕に覺えを付け、如何間違つても食ふに困らぬ樣にして置きたい望が父母なり、娘なりに餘程出て來たから、實際、生活に豐かな家庭の娘達でも、專門的職業敎育を受ける傾が多くなつた。昔は箪笥、長持の數々を嫁入の持參としてゐたが、今日はそんな外から付けた物よりも、身についた藝の方を心ある人々は取るやうになつた。困る時には持參の物を賣喰ひするよりも、働いて儲けた金で喰ふ方が、確かでもあり、人として價値があり、女としても見上げたものであるから、高等女學校卒業後、猶數年專門的職業敎育を受ける婦人が多くなつて來た。すると自然是等の婦人の婚期は晩れる事になる。生理的にはも少し早く結婚の準備が出來ても、生活上の準備が出來ないからである。併し、其爲め餘り婚期が晩れる事は面白くない。先づ前にも云つた通り、二十歳から二十四五歳までに普通に嫁する事にしたい。又餘り晩く結婚すると、生殖機能の最も好く行はれる時期に、之れを休まして置く事になるから、從て不姙になつたり、健康な兒が生まれなかつたりする虞れがある。其點から云へば、如何に處女であつても餘り晩く結婚する事は結婚の第一の目的たる優良なる子孫を多く得る事は六ツかしくなる。人間の生活に於ける最も重大なる仕事は、自分が生きて行く事と、自分を後に傳へる事である。即ち生理的に云へば、身體で一番大切な器官は、これに相應して、二つある譯である。それは自己の生活に對しては消化器官があり、子孫を殘すためには生殖器官がある。從つて此二つの器官の心身に及ぼす影響は非常に大なるものである。消化器官が充分に働かねば身體に營養を與へず、從て身體の各器官が充分に働かなくなるやうに、生殖器官が、丁度働く頃になつても充分にその機會を與へないと婦人の心身全體に影響して、本當の女性らしい女性を造り出す事がむづかしくなる譯である。

婦人の眞性の發揮は、母たるに至つて初めて見る事が出來るのである。それで婦人が本當に婦人らしく成つて、其優れた特性を充分に發揮しやうと爲るには、生殖機能の最も適當に行はるゝ時期に結婚して、母となる事である。晩婚も可けず、早婚も可けず、二十歳から二十四五歳までに結婚するのが、一番好いと云ふのは是等の理由に據つてゞある。

◎

醫學博士　永井潜

結婚に適當なる年齡を定めるには種々の關係を顧慮せねばならぬが、然しその最も重大なるものは生理的關係であらうと考へる。即ち生物學的に云へば結婚本來の目的は生殖機能の營爲及び子孫の繁殖に在りとすれば、之を爲し遂げるに適當なる準備が出來た後で初めて結婚すべきは云ふまでもない。この準備が出來た場合には婦人には明かに其兆候が顯はれるのである。其時期を春機發動期と稱へるのであつて、月經が初めて現はれて來るのである。子供の時には兩性の相違はさして著るしくはないが、年を重ねるにつれ漸次兩性の性的特徴が顯著になり、春機發動期に入ると性的特徴が完成するのである。即ち骨格の相違就中骨盤の形狀、皮下の脂肪組織の發育の差違、婦人にありては乳房が大きくなり、男子では喉頭が俄かに發達し、聲帶が長くなり、音調が低くなつて聲變りがする。或は一定の場所に毛髮を生ずるが如き現象が顯はれる。素より男子には婦人に見られる如き明瞭な兆候はないが、しかし上述の性的特徴の發達の有樣を見て之を推察し得るのである。

斯く性的特徴即ち男は男らしく女は女らしくなる事は畢竟男女の生殖細胞を造る器官たるべき生殖腺、即ち男にありては睾丸、女にありては卵巣が此時期に至つて充分に其機能を爲し遂げ、其結果として獨り生殖細胞が形成されるのみならず、體内の血液に向つて一定の内分泌物が與へられ、これが身體に於ける新陳代謝に影響を及ぼし、上述の如き種々なる性的特徴を喚び起するのである。婦人にありては約四週間毎に月經が起り、其度毎に卵巣より成熟せる卵が輸卵管に出て行くのである。男子にありては此時期には精液の充分なる分泌が始まるのである。然らば婦人は何歳にして春機發動期に入るかと云ふに、人種、氣候、都鄙、文化の程度等周圍の狀態に由つて少なからず差異がある。一般に、氣候の溫かい所が氣候の冷たい所よりも早いので、熱帶地方の婦人は十二歳乃至十四歳、溫帶地方は十三歳乃至十五六歳、寒帶地方は十五歳乃至十八歳位である。我日本人では月經の開始する時期は平均十四歳七ケ月で一般に歐洲人よりも早く獨逸人よりは約一年も早い。また同じ場所に住んで居ても人種に由つて著るしく相違のあるもので、又一般に都會に住むものは田舍に住むものよりも早く現はれる。其他身體發育の早熟するものは晩熟するものよりも早く現はれる。現に歐羅巴諸國では是等の關係を顧慮して結婚すべき最も若い年齡を、凡そ次の如く法律で制限して居る。即ち獨逸では男二十歳、女十六歳。墺太利では男十九歳、女十五歳。佛蘭西ではナポレオン一世以前には男十五歳、女十三歳であつたが、ナポレオン一世は之を十八歳と十五歳とに引上げた。露西亞では婦人は十六歳以上でなければ結婚を禁じられてゐる。英吉利では男十四歳の女十二歳と云ふ昔の法令を墨守して居る。其他一般に文化の低い國民は早く結婚する風習があるやうだ。印度人、朝鮮人其他南洋の土人などは隨分早婚するやうである。早婚を爲る事は勿論種々なる弊害をその當事者並に子孫に及ぼすもので、譬へば一千八百七十六年から一千六百八十五年に至る十年間の獨逸の統計の示す所に據れば、十五歳乃至二十歳の男子の獨身者一千人に就いての死亡率は六・三であるに對し、結婚せる者のそれは八・七である。同じ年齢の婦人の獨身者の死亡率は一千人に就いて五・七、既婚婦人のは六・二である。其他早婚の間に生れた子供は死亡率が多く、或は又其體質が一般に虚弱である。かく早婚の弊は著るしいが晩婚の弊も亦それに劣らないのである。女子四十歳、男子五十歳以後に出來た子供は、壯年に出來たものに比して身體の上にも精神の上にも發育の不良なものが多い。故に結婚するに最も適當なる年齢は男女共に身體の發育の充分に出來上つた時と云はなければならない。

而して然らば其の時期は春動期に入ると同時であるかと云ふと決してさうではない。それより稍遲れた時に當るのである。我日本人に就いて考へて見ると、我國の女子の身長と體量とは滿十七歳より十八歳の間に殆んど完成されて、其以後は假令發育するにしても極めて僅かである。又男子は滿二十歳に達すれば殆んど完成し、其以後二十四五歳までは猶幾分か增加するが二十四五歳以後に於ける發育は極めて僅少で殆んど云ふに足りない。で、男子は二十四五歳女子は十七八歳を以つて完成の時期と考へるのが適當かと思ふ。されば生理的關係から云へば此時期を最も適當と信ずるのであつて、この點は大澤謙二先生が夙に唱道されて居て自分も全く同意するものである。

而して實際文明國に於て行はれる結婚は、如何なる年齢のものが最も多數を占めてゐるかと云ふに、一般に少しく晩すぎる憾みがある。即ち歐洲では婦人の結婚年齢は二十歳から三十歳が最も多數である。今結婚

9　「女子の結婚適齢」 下田次郎、永井潜、田村俊子、高島米峰、澤田順次郎 ほか 『婦人公論』大正5年1月1日

の平均年齢を調べて見ると、英吉利及び佛蘭西の婦人は二十六歳前後、諾威婦人は二十八歳、和蘭、白耳義の婦人は二十九歳、獨逸の普魯西は一千八百六十七年迄は男は平均三十歳、女は二十七歳であつたが、一千九百二年には男は二十七歳女は二十六歳に下つてゐる。斯く晩婚が減じつゝあるのは大に喜ぶべき傾向である。斯く一般に歐洲大陸では結婚年齢は寧ろ若くなる傾向を示してゐるに反して英吉利のみは其反對であるやうに見える。我日本で一番好い年齢は、女子では滿二十歳乃至二十一歳、男は滿二十五歳乃至二十六位の所である。此點から云へば日本に於ける結婚年齢は餘程理想的なものに近いのであるが、併しこゝに大に考慮を要するのは、日本では英國と等しく、近年に至つてだん／＼結婚年齢が高まりつゝある傾向を示す事である。これには種々原因もある事と思ふが、一面から云へば經濟問題即ち一家を扶持して行くに必要なる收入を得る事が、年々困難になつたのと、一面から云へば結婚に對する恐怖或は興味の減少した事が其の主なる原因ではないかと思はれる。

全體是れまでは早婚を非常に懼れてゐたのである。而して又勿論上述の如く非常に早い年齢の結婚は害があるに相違ないのであるが、併し近時に於ては、適當なる年齢に於て事情の許す限り成るべく早く結婚する事は、人種衞生の上から、啻に害がないのみなちず、寧ろ奬勵しなければならぬことゝ認められるやうになつて來た。即ち此意味から云へば、歐羅巴の如き文明國に見られる結婚年齢は寧ろ晩すぎる憾がある。幸に經濟狀態其他の壓迫を蒙る事の少なかつた日本では、これまでは比較的理想に近い年齢で、大多數の人々が結婚し得たが、今後は或は寧ろ晩婚に陷る弊が生じはしないかと云ふ憂を懷かしめる。單に一身の逸樂を冀ひ、或は虛榮を望む結果、結婚を厭ひ、育兒を喜ばぬ傾向が漸次我國にも入込みつゝあるやうに感ぜられるので、特に此點に向つて青年子女の注意を乞ふのである。

大羅馬帝國は何が故に滅亡したるか。これに對して

輓近の人種衛生學者は根本的解答を與へてゐる。即ち『人間の收穫』が惡くなつたからである。現代衛生家の泰斗ブフネル氏は嘗て其講演に於て、『文明は國民の園庭より、最も美しき花を摘取りて、自分を飾り、而して其花を凋ましめるのである』と。氏は又た語を繼いで現代歐洲に於ける文明は、既に其極致に達して、今や將に爛熟の域に入らんとしてゐる。之に反して日本の如く、國民の間に生々の氣が盈溢し、盛に次代の少國民を生育しつゝある有様は眞に羨むべきである。もし黄禍なるものありとせば、此一事こそ最も留意せねばならぬ者であると述べて居る。これを讀むにつけても、予は國民の生育の根本たるべき結婚の最も大切なる一方面たる適齡問題に關して、世の父兄子女に對し充分なる注意を希望して已まぬ次第である。

◎ 田村俊子

二十歳、二十一位の年齡が相當だらうと思ひます。丁度女學校を卒業してから、全く學校の雰圍氣を離れてしまつて、一二年家庭にゐて、本當の家庭の空氣を吸つたところが宜い頃です。あんまり長く家庭に馴れて了ふと倦怠が生じて來ますから、新な刺戟を他に求めやうなどゝいふ考へが起り、諸雜誌などを瞥見してゐる内につまらない思想などに感化されると、其れから後は當人の頭腦が妙に亂されて來たりして、却つて惡いと思ひます。學校を離れて、家庭に居据るやうになつてからその家庭の空氣の珍らしい内に結婚さして了ふのが、日本現在の若い婦人に對する社會の態度から考へて一番得策だと思ひます。生理上から云つても其の頃の年齡が一番適當してゐると思ひます。

◎ 高島米峰

十二歳で、孕んだ子供もある、十四歳で、子を産んだ娘もある。既に孕めば子供ぢやない、既に産めば娘ぢやない。と言つて、十二歳の妻、十四歳の母が、何となる。

今後の妻、今後の母は、少くとも、高等女學校卒業程度の教育は、受けて居なくてはならぬ。その上に、更に家事の實習、世間の見學、いくら早く結婚するとしても、まづ廿歳以上でなくてはならぬ。

鬼も十八といふこともあるが、美しい上に、更に幾分の崇高さを加へて來るのは、廿歳以後ではなからうか。女廿五歳となれば、多少容色の衰へるものもあらうが、……卅歳過ぎても、容色の衰へないものもある……しかし、內助の功を致すに足るだけの、すべての資格が具備して來るのは、正に廿五歳前後と考へなければならない。

日本現今の社會狀態は、生活に心配のない上流階級は別として、一般に早婚の困難な事情になつて居る。男も、自分の腕で、妻子を扶養するだけの、實力があるといふ自信が立たねば、結婚は出來ないし、女も亦、自ら、萬一の備へに、自活の道を學び得て置くか、若くは、配遇者が、妻子の扶養に堪え得る力を具備して居るか否かを、見極め得なければ、迂濶に結婚なんどしたがらない。此の如くにして、男は三十歳を過ぎ女は廿歳を過ぎる。

社會狀態の、突飛な變化あらざる限り、男は三十歳より三十五歳、女は廿歳より二十五歳までの間を、結婚の最好適齡であるとしなければなるまい。

◎　澤田順次郎

日本人の結婚年齡が僅々三四十年間に、急劇な變化を來した。それは何かといふに早婚から晩婚に傾いたことである。先づ其の早婚から言つて見やう。

日本人の結婚年齡は民法第七百六十五條で、男は十七歳以上、女は十五歳以上と限定されてあるが、今日此の法律通り結婚する者があらうか。予は殆んど此の法律が無効に屬して居ることを認めて居る。昔の如く食祿世襲で、生活に苦痛の無い時代であつたならば、息子が十六七にもなれば、早く嫁を迎へて安心したいといふ親心から、結婚を急いだのであるが、今日の樣に生存競爭の劇烈となつた世の中では、到底行はれるものでないことは言ふまでもない。それとも富豪で唯だ財産を握るのを、天職と心得て居る者には、早婚もよいかも知れぬが、中流以下の社會では、獨立生活を營む準備の爲めに、男は何うしても二十七八歳までは懸る。女でも小學校を卒つて、高等女學校か或ひは他のそれに相當した學校を卒業するまでには、十八九歳まで懸る。男の十七歳と、女の十五歳とは小兒であつて、到底一家を立てることも出來ないし、生理上から言つても、滿足な兒を擧げることは難かしいのである。

然らば何の爲めに民法で、前の樣な結婚年齡を規定したであらうかといふに、是は從來早婚の遺風を襲いで偶々ある早婚者の爲めを計つたものとしか思はれぬ。國民一般を標準としたものでないことは明かである。

係ういふ形式に流れて、實用に適しない法律は、他にも多くあるが、それは問題外だから言はぬが、結婚年齡の如きはその最も甚だしいもので、西洋にも此の弊がある。例へば英國、西班牙、葡萄牙、白義耳、瑞西、匈牙利、希臘及び米國の法律では、男は十四歳以上、女は十二歳以上としてあるが如きこれである。獨逸と墺地利とはこれより少しく多くて、男は十八歳以上女は十四歳以上、佛國と露國とも、男は十八歳だが女の方は佛國では十五歳以上、露國では十六歳以上としてある。

併し予はこれでもまだ〳〵實際の結婚年齡ではないと思ふ。法律で定めた結婚年齡は日本でも西洋でも單に破瓜期を標準としたもので、詰り女の月經初潮期を以て、成熟したものと看做した結果が、斯空文な法律となつたものと考へらるゝ。それで實際の結婚年齡を見ると、西洋では法律上の結婚年齡に男は十年乃至十五六年、女は五年乃至八年を加へたものになつて居る。日本でも實際に結婚する者は、男は二十七八歳で女は二十歳前後である。これが現代に於ける最も適當な結婚年齡である。

斯樣に生活問題が結婚年齡を引き延ばして來た結果が結婚難を招致して、一方には晩婚に赴く傾向が見えて來た。これも亦憂ふべきもので、晩婚の弊害も決して

13　「女子の結婚適齢」 下田次郎、永井潜、田村俊子、高島米峰、澤田順次郎 ほか 『婦人公論』 大正5年1月1日

少なくはない。女は一部の論者又は或る主張家の言ふが如く、到底獨身で居られるものでない以上は、何れ相當の緣を求めて、結婚をしなくてはならんが、其の場合には餘り年の老けない中に緣附くのが得策である。言ふまでもなく男は買手で、女は賣手であるから、女は婚期を逸すると、緣を失ふことが少なくない。それで女は二十歳前後になつて、貰ひ手があつたなら、よく其の人物を糺した上、結婚して了ふ方がよいと思ふ。新しい女で候と濟まして居る中に、婚期を失つてはそれこそ獨身で終らねばならぬ。日本では未だ西洋の樣に、結婚難が烈しくないから、財産がなくとも、一人前の女ならば、貰ひ手は幾らもある。餘り高く留まらないで、身分想應と思つたら結婚するがよい。

◎　與謝野晶子

私は男女合意上の結婚でなくては眞の結婚と認め難いと思ひます。それで女子が學問と社會とから一應の情理を解して相手の男の性情を批判し得るだけの識見を備へるには二十歳を越さねばなりません。この理由から私は二十歳以上廿三歳の間を結婚の芳期と定めたく思ひます。結婚難はもとより男の職業難の方に原因があります。それが容易に緩和し難い社會問題だとすれば女子の婚期の遲れるのも止むを得ないことでせう。唯だ結婚さへすればよいと云つてどんな性情の男とでも相許すことは、不幸の本ですから、良緣がなければ結婚しないと云ふ堅實な覺悟が必要だと思ひます。男も女も結婚しなければ生きて行かれないと云ふものでない。併し性慾幽閉は一種の自殺である。それとも其欲望の力を他の欲望に轉換することが出來るか。私は此點に惑つて居ます。

◎　永井柳太郎

拜復小生は春情發動時代より春情消滅時代に至る迄常に結婚適齢なりと信ず。從つて婦人は急がず、愼重に其間に夫を求めて可なり。如斯く結婚適齢を不自然に短期に制限せざるは、即ち又社會の進歩を促す所以

なり。以上

◎ 上司小剣

小生は早婚といふことが好きです。生理上のことは知りませんが、結婚は早い方が美しくてよいと思ひます。

經濟の事情の爲めに中流以下の婦人の結婚期が晩くなるのは殘念だと思つてゐます。

初菊に十次郎、小波に力彌のやうな雛樣の如き夫婦が幾組も出來れば、世の中は美しいことでせう。頭の禿かゝつた男と小皺のより始めた女とを花聟花嫁と呼ばなければならぬ現代が呪ひたくなります。

◎ 精華高等女學校長 寺田勇吉

五ヶ年の高等女學校を卒業して後一ヶ年位割烹裁縫等を補習して直に結婚するが適當である。

理由(一)女子は身心共に十八、九歳に達すれば成熟して一人前の人間となる、(二) 女子は十七歳より廿七八歳迄が出産の最も盛んなる時である、(三) 廿歳以上の初婚者には難産多く隨つて虚弱なる小供が多くなるものなり又斯くの如き母には乳の出が惡きは最も注意すべき事なり、(四)健康なる小供を澤山に産ませるのが國家を繁榮ならしむる基礎であると思ふ。

◎ 杉村楚人冠

これは以ての外の愚問である、一體結婚とは男女二人のするものであり一人は出來るものでない、いくつの女が結婚してよいかは相手の男次第で定まるいくら二十前後がまづ年頃としても、二十前後の女が二十前後の男と結婚して決して旨く行くものでない。三十過ぎては婚期を逸したと俗人等はいふかも知れぬが四十過ぎた人には之が丁度よい。そこで僕の結論は斯うです、曰く男二十七歳五ヶ月、女十七歳八ヶ月(實はこ僕と僕の女房が結婚して非常に圓滿なる家庭を作つての年にゐるから、斯う申すのであります)

◎ 正宗白鳥

おたづねの件小生には確說無之候。普通人の在來の普通の考へがよろしかるべきかと存じ居り候。

◎

三輪田高等女學校長　三輪田元道

拜啓婦人の結婚適齡は勿論滿二十歲以上と存候。如何となれば人類二十歲まで待たざれば成熟せざるものに有之候爲めに候。如之男子は生活の爲め約三十歲前後にあらざれば結婚せざる習慣及風俗と相成候に徒らに未丁年者の女子を撰び之と結婚するは將來不自然の社會を作る原因となる次第に有之候。先は御返事まで。敬具

◎

醫學士　佐藤得齋

日本にて月經初潮年齡を調査したる各種の報告を見ると十四年六ヶ月より十四年十一ヶ月迄の間にある樣です。故に此調査よりせば平均十四年八九月にて日本婦人の生殖器は完成すると見做して宜しからうと思ふ。又他方英佛獨國では十四年七ヶ月より十五年六ヶ月位で、日本婦人と大差ありません。然るに西洋の調査ですけれど六萬五千餘人に就て分娩數分娩時間手術率、弛緩性出血、胎盤用手剝離、會陰破裂、母體發病率、母體死亡率、處置胎盤子癇、初生兒成熟の關係、双胎率、兒死亡率、胎兒位置異常率等に就て最も安產で異常の少ないのは十八年より廿四年迄としてあります故に分娩の安き方より考ふれば先づ結婚の最も適當なる年齡は十七年より廿三迄の間は甚だ宜しからうと思ふ。

◎

岩野清子

御質問にお答へします。婦人の初產するのに好い時期は生理上から申すと廿五歲以前ださうです。二十五歲後は老產と云つてどうしても難產になり勝ださうです。然し人間として婦人として心理上子女に及ぼす點から云へば二十五以後の方が好いと私は思ひます。母として一個の信念をもつのに年齡には限りますまいが先づ一般的に云へば二十五以後の方が適齡だと思ひます。

縁談のために惱む處女の告白

(一)戀愛を遂げるか犠牲となつて結婚するか

未知の先生に今こんな惱みをお打あけしようと思ひますのも、お情深き先生方の御心のほどを月々の『主婦之友』の記事をたどり行く一字々々に味はれますので、拙き筆にて先生の御教をおねがひ申し上げます。

私はあけて二十歳になつた乙女でございます。家は其日其日を無事にくらし得るといふのみで、さしたる資産とてもなく驛近い片田舍にささやかな呉服商をいとなんでゐるのでございます。父母とそして六人の子との八人家内でございます。その中の私は長女でございまして、すぐの弟が十三でそれから下に男三人と女の子一人のやんちやざかりばかりなります。田舍のこととて學校の便も惡く、それで岡山市に縁づいてゐる父の姉の家に十二歳の秋から寄宿の身となりました。伯父は相當に名を知られ、名譽職ももち交際もひろく暮してゐるのですが、伯父伯母二人のみで子供がそば近くゐないために女學校卒業いたしますまであしかけ七年の間、父母より以上に愛せられ私もなつかしく存じ、人樣もほんとの親子のやうだと申される位、卒業してもかへるのが悲しかつたほどでございます。

伯父は士族でございまして、殊に七十に近い年ですから、堅苦しいことは知人間の通りものでございます。そして一から十まで古武士的精神を尊ばれる人です。かうした厳重な家庭に七年はたのしく夢の間にすぎ、十八の春たのしかりし學校を後に永久に學校生活からはなれ故郷へかへつてまゐりましたが、どうしても伯父伯母がなつかしく一年すぎた十九の(昨年)六月遊藝の方をも少し修めんものと、氣のすゝまぬ父母をやうやく納得させ又々伯父伯母の元に參りました。

あゝ思へば今から半年ほど前、六月六日なつかしの伯父伯母の膝下に何不自由なくお琴よお花よとたのしい時がつゞくやうになりました。一月二月は夢の間にすぎ、青葉かげなつかしの夏となりました。たしか八月頃でしたでせうか、縣會議員の改選がございまして伯父が候補にたつとかたゝめとかまどつてゐて、人の出入も多くて大變いそがしかつた時でございます。それで家にゐては思ふやうにおさらひも出來ないものですから、日頃したしくお交りをしてゐたお隣の姉樣のお家でおさらひをさしていたゞいてゐたのです。姉樣のお家と縁つゞきにK樣と申されますお家がございまして、こゝには私より一つ年上の娘さんがゐらつしやつたものですから、共に琴かきならしさわいだこともありました。ところがそのお二階にさる専門學校に通學あそばしてゐらつしやるM樣とおつしやる方が下宿してゐらつしやいまして、時々はその方のお話も共にお伺ひしたこともございました。

私はなんの氣もなくたゞ〳〵皆樣とお話しすることの無上に樂しく、日々をやすらかに心に何のわだかまりもなくおもしろく暮してゐたのです。かうしたたのしい時も選擧の終ると共に自ら足もとほのき、皆樣との樂しいお話もだん〳〵少くなつてまゐりました。さうして秋風のたちそむる十月となりました。あゝ忘れもしないその月の九日、まさかM樣のお口からかうしたお言葉を聞かうとは夢にも思はなかつたことです。市とは名のみの一町も行けば郊外へ出るのでございます。父が參りましたのを見送つてゐる時、あゝその時つとあらはれしは、おゝ誰あらうM樣でございました。單衣のみでは夜氣は肌にひやゝかに、袂も露にしつとりとしめる時、新月はまどかにさきほこる野菊に美しい光をなげ、遠く町のともしびまたたく夜――お胸の中はお言葉以上に熱烈でございました。

家庭のかたくないためか、何とはなくおそろしいのみで、さとれかしに申さるゝお言葉をかいしかれて私は無言でゐました。M樣は『あなたも十九とか、新聞もお讀みでせう。小說もおよみでせう。この私のいふことのわからない筈はない。もしそれがあなたのまことに偽はらない心でしたら、神の樣なものです。ほんとに幸福な方です』と申されましても、私にはやはり充分とくことが出來なかつたのです。

でもやはり女です。赤い血のもゆる乙女です。一度まことのみ心にふれては、つよくいなみしことの何となく申分けなく思ひゐる折柄、日々おなやましげの姿を見參らす身には人一倍よわき心のやるせなく、前途有望の御身に萬一のことがあつてはと、周圍のありさまを氣にしながら、あまりの深き情につよくいなみし我にもなく、今では自分から同じなやみにもだえるやうになり、相思の仲となりました。樂しい手紙の交りもたつた三ヶ月ほどつゞいただけで、突然私の身に緣談がわいてまゐりまして、伯父伯母にまかされた身の詮方なく／＼に見合がすみましたが、いまだにその後の沙汰はございません。

かうした話をM樣におうちあけしたのは、明けて一月の廿日でございました。長い間相抱いて共に泣きました。とう／＼一月の半頃に二人の仲が伯父伯母にも父母にもすべて明白に知れたのです。何分やかましやの伯父伯母は大した立腹でございます。そしてこちらの緣談は依然としてそのまゝです。この際私は伯父伯母の御心にそむいても自分の信ずる方法をとつたがいゝでせうか。自分を犧牲にしても伯父伯母にしたがはればならないでせうか……。詳しくかきたきことはございますが、筆の運びの整はないのを嘆きます。學淺き身の思ひの萬分の一をもかきつくせぬ心のうち、お推察の上、御導きのほど偏におねがひ申上げます。（惱める女）

▲專門學校の生徒と申すは、多分御地の醫學專門學校の生徒さんのことでせう。どうしたものか、醫學專門學校の生徒は不品行で困ります。千葉町などでも醫學專門學校の生徒のために誤まられた娘はどれだけ多いことか知れません。私はすべての醫學專門學校の生徒が惡いとは思ひませんが、少くとも充分の信用をおくことはできないと思ひます。先づこれだけのことを冒頭として、あなた樣の場合を考へて見ませう。空想の世界に活きてゐる處女のあなたに、理想の戀愛のやうに思はれてゐるこの問題も、やはり不良學生の行爲としか信ぜられません。立派な品性の青年が、若き婦人（たとひ知合とは申せ）を夜の道に捉へて、露骨に戀を語るなどといふことができませうか。また責任の重い學生時代に、そんなたわけた眞似をする青年が、どうして將來眞面目な紳士になれませう。あなたをさうして意中のものとしたと同じ方法――まことに巧みな誘惑方法――で再び他の新しい婦人をたぶらかしかねない人でせう。さういふ不眞面目な青年のことは、きつぱりと思ひきりなさい。迷ひの夢を早く醒しなさい。しかし今ある緣談が果して良緣かどうかは私には信ぜられませぬ。もつと／＼先方の人物を詳しく調査した上で、結婚なさらぬと本號の『良

人の選擇に失敗した經驗」の方々のやうに、とりかへしのつかぬ不幸の目にあはぬとも限りませぬ。あなたの一生は結婚によつて決まるのです。大いに眞劍にお考へなさい。（記者）

（二）此の大祕密を抱いて結婚すべきものか

記者樣私は身から出た錆とは申しながら日頃の煩悶にたへ兼ねて、我が身の恥しさも顧みずお情深い記者樣の御袖におすがり致すより外に救はれることは出來ないと存じまして遂に筆をとりました。

私は今年で二十四歲でございます。これまで度々緣談もございましたが、故あつてみんな斷りましたところ、この頃また緣談がもち上りました。兩親も良緣らしいから行つてはどうかと申します。お互に少しも直接には知りませんが、仲の人が先方とも私方とも非常に心安く致してをりますので、自然お噂も以前よりよく聞いてをりました。先方の兩親は數ならぬ私を非常に望んで下さいます。私も何だか非常に氣が進んで行つて見たいやうな氣が致します。しかし私は祕密を持つてをりますので、絕えず煩悶してをります。と申しますのは私はある方から恐ろしいほど熱烈な戀をされました。けれど私には少しの愛もありませんでした。しかし日夜彼の思ひの強い方に迫られて、意志の弱い私は煩悶しながら恐しさに、心ならずも許してしまひました。

その後は彼の方は益々愛し、全身の愛を捧げて吳れられます。愛もますます濃くなるばかりでございます。しかし決して盲目的の愛でなく、絕えず私の向上するやうに心掛けよく指導して下さいます。けれど私は愛されゝば愛されるだけ、私の煩悶は深くなるばかりでございます。私はその方に對してちつとも愛がありません。愛しようと力めてもどうしても愛することが出來ません。世の中には無情な夫の爲め苦しまれる方がどんなに多いか知れませんのに、私は自分には過ぎるほどの方から戀されても、それを愛することが出來ずに苦しんでをります。一旦犯されてをりながら、他へ嫁入りしようなどいふ考を起すなんて、私もほんに圖々しい女でございます。けれど記者樣、私は虛僞の生活を致したくありません。どのやうに苦んでも自分がほんとに愛することの出來る夫と一緒でしたら、どんなに幸福でございませう。

その方には奧樣も子供もある方でございますが、愛のない高壓的な結婚の犧牲となつて最早や永年別々に互に不幸に暮してゐらつしやる方でございます。未だほんとに離緣にはなつてゐられませんが、離緣同樣となつてゐられます。私は、彼の方から結婚を要求されてをります。私は彼の方と一緒になれば少しの不安もなく、安全に一生を過すことは容易のことですが、愛のない方と結婚して一生を虛僞に生活するのはいやですし、私も奧樣の愛の掠奪者になつてもほんとに愛することが出來たら、どんなに幸福でせう。進んで結婚も許すかも存じませんが、私はどうしてもその方を愛することが出來ません。そしてどうしても自分の心を僞ることが出來ません。私はこのために煩悶いたします。一層獨身でもと存じましたが、意志の弱い私には到底堪へられない重荷のやうな氣が致しましてなりません。私も意志さへ強固でありましたら、いかほど強く強ひられても許さなかつたでせうに、私は身の不束が殘念でなりません。私といふ者は、何といふ愚者でございませう。

彼の方は、私の冷やかな身にも、愛を繼りなく捧げて吳れます。私はあまりの煩悶に堪へかれて、二三度私の事を忘れて下さるやうにと申しましたが、その方は男泣になくばかりで許して呉れません。そして非常に悲歎にくれて、氣が狂ひはしないかと思ふほどなやんでをられます。けれど私は、奥樣の許へお歸りになるやうなことがあると信じましたらどんなに悲歎にくれられても私はほつておきます。安心してほつておきます。けれど私の冷やかな目で察しても、永久に奥樣の許へ歸られることはないとしか信ぜられません。記者樣私は何者を捨てゝもこの方のために盡さねばならないでせうか。私が犠牲になれば彼の人は救はれます。私が生きれば彼の方は、死も同然です。私は自分のために貴い男子を一人殺すのは堪へられない苦痛です。けれど自分の心を偽つてこの先長い一生を虚偽に生活するのもなほ苦痛です。彼の人のために凡てを犠牲にして、甘んじてゐなければならないでせうか。私と彼の方との仲は、兩親には無論祕密です。今日まで幾度か告白しようかと存じましたが、彼の人の名譽を思ひ、も一つは恥しさに今まで告白する機會がございませんでした。この後とて、父母にだけは得うち明けません。若し兩親がこの事を知りましたら、どんなに怒るでせう。恐らく結婚は許さないでせう。さうすれば彼の方を救ふためには自由結婚より外に道がありません。それも自分が全身の愛を捧げることの出來る方だつたら、自由結婚もよろしいかも存じませんが、愛することの出來ない方一人を救ふために、自分の一生を殺し兩親との間も道ならぬ樣なをになりましては私はどう致しませう。私はほんに淋しうございます。そしてこんな親不孝はないでせう。記者樣私はどの道を取りましたらよろしうございませう。一生を犠牲にしても彼の方と結婚いたさねばならないでせうか。そして虚僞の生活に甘んじて、暮さればならないでせうか。彼の方と結婚すれば身は安全ですけれど、私はそれよりも眞に愛する方を得て、結婚致しました方がいゝやうに考へます。どんなに苦しい思ひを致しましても、どんなに辛い境遇になりましても眞に愛する夫を得て、身も魂も捧げて暮してゆくことが出來ましたらどんなに幸福でせう。そしてどんなに希望もあり意義のある生活だらうと、つく〴〵感じます。記者樣私はどうして自分の精神を僞ることが出來ませう。私は日夜煩悶に思ひあまつて記者樣にお願ひいたして、自分の行くべき道を御教示に預つて正しい道を行くことが出來たらと、我が身の恥しさも顧みずお願ひいたしました。誠に氣まゝな申樣でございますけれど何卒御教示下さいますやう伏してお願ひいたします。それから念のためお尋ね致しますのですが、私は何だかこの度の縁談が、眞から氣がすゝみ、行つて見たい樣に思ふのですが、若し記者樣が縁談の方へ御贊成下さいますのでしたら、私は自分のこの祕密を凡て告白し、そして直接に先方へ打ち明けてから話をきめて頂いたらと存じますが、如何でございませう。若し祕密を抱いて行つて、後からお互に不幸な目にあふやうなことがございましては、先方へ對してもすまないことでございますし、私もこのうへ煩らはしい思ひは致したくありません。世の中には祕密から起る悲慘事も隨分多くございますから、最初から委しい事情を述べて諒解して頂いておきましたら、間違もないだらうと存じますが如何でせうか。仲の方を通して先方へ話して頂いてもよろしいやうなものゝ、縁談には凡て互にあらをかくすものですから、こんな事を云ひ出して先方へ云つて呉れなかつたら、折角の思も何にもなりませんから、直接に先方へ申さうと存じますが、尤も父母には打ち明けるとはいやです。記者樣私が彼の方をすてゝ他の方と結婚しましたら、どんなに歎きませう。私は一人の男子が殺すも同然です、といつて全身の愛を捧げて呉れる方に冷やかな精神のぬけた冷やかなむくろを抱かせては矢張り罪ですね。ああ私はどうしたらいゝやらわかりません。私は愛の缺けた生活にはいつかは悲しい最後の破綻の來る日は豫期してをります。私はこんな苦しい思ひをするよりも一層の事一思にと思つたことも度々ございましたけれど、兩親のことを考へますとゐたゝまらず、このごろではそんな考へを起す勇氣もなく、來る日も〳〵煩悶して暮してをります。記者樣どうぞお察し下さいまし。私は氣儘な女ですけれどこのまゝ朽ち果てたくありません。どうかして樂しい生を送りたいと存じます。ほんとに記者樣どう致したら宜しうございませうか。何卒お察し下さいまして、行くべき道をお教へ下さいまし。（ふみ子）

▲處女時代にうけた精神上の瑕でさへも、容易にとり去ることはできません。ましてあなた樣のやうに、貞操上の負傷者となつては、その苦悶のほども少くありますまい。しかし、それを歎いたからとて取り返しはつきませぬ。私はあなたの將來の幸福について考へたいと思ひます。ついては今の男

子の方とは斷然手を切りなさい。いかに不幸な結婚の犠牲となつたからとて、處女をたぶらかすなどとは不埒な男子です。先方が如何に熱烈な愛を捧げてゐようとも、それは先方の勝手で、そして穢れた愛でありますから、あなたがそれに對して少しも義理を立てる必要はない筈です。いつまでもそんな未練がましいことを思つてゐては、遂には埋れ木の一生を送られねばなりません。こゝで大いに覺悟なさい。

只今の緣談に就ては、あなた樣のお考への通りに、先方にすべてを告白して、先方の諒解を得ることができれば結婚なさつてもよいかも知れませぬ。けれども、かうした祕密といふものは、夫婦間に於て最も忌むべきものでありますから、結婚の最初は諒解を得てゐても、何かの機會にそれが不快の種となつて、悲しい結果となることも少くありません。これだけの罪惡を心から赦すことのできる人は、よほど高潔なそして寛大な人でなければできないが、先方の男子は果してそれほどの人格者でありますか、どうか、よく〳〵御勘考なさいませ。

併し、あなたの將來をして眞に幸福にしようとするには、結婚は二三年のあひだ延

期して今後專ら精神の修養をなさつたがよいと思ひます。今日のあなたはまだ結婚についての心の準備ができてゐません。心の準備ができてゐないだけでなく、心に大きい傷があります。この傷を醫して、そのうへで健かな心にせねばなりません。これが結婚準備中の最も大事な要件でありますがあなたの場合には特にその必要があります。虛僞な生活を嫌ふあなたとしては、當然これだけの覺悟がつかねばならぬ筈ですあなたは意志が弱いといつて、すべての過失をそのためだと思つてゐられるが、今はそんなことをいつてゐるべき時ではなく、奮つて強固な意志をもつべきときです。

併しそれにはあなたの罪を憐み同情を注いでくれる宗敎の力によらねばなりますまい。人に出來ないところを成す力は、宗敎によつて與へられる力であります。神の力によつて心の改造を計る、これが目下の急務であります。將來の眞の幸福もそこから輝き出でませう。それならば何の宗敎によるべきかそれはあなたが御熟考の上でおきめなさい。若しまたこの點に就て御相談にあづかる場合があつたならば、改めて御相談に應じませう。（記者）

21　「処女時代に貞操まで破つた妻を知らずして娶つた夫の悲痛なる煩悶」　悲観生　記者　『主婦之友』大正9年11月1日

處女時代に貞操まで破つた妻を知らずして娶つた夫の悲痛なる煩悶

悲観生（東京）

御多忙中嘸々御迷惑のことでございませうが、何卒是非御示教下さいませ。私は過ろ年の春、女學校卒業後小學校の敎師をしてゐた者と郷里で結婚致しました。其の夏ふとした機會から、妻には結婚前既に戀人のあつたことを發見致しました。未だ異性を知らなかつた私の其の時の驚きと悲しみは、何とも形容が出來ません。

新婚の樂しさも、一時に消え、妻に對する尊敬の念も失せてしまひました。結婚前既に相愛の人があつたのなら、こんな結婚はするのではなかつた。自分は初戀の經驗もなしにお前を娶つたのに、お前は眞面目な顔をして來たのだ。自分より先に愛する人があり、自分より先に其の手に、其の唇に、熱い心を寄けてゐた人があつたのだ。處女であり童貞であるところの清い心と心とがはじめて一しよになつてこそ、お互に幸福なのだ。執拗いやうですが、無垢であつた私には、こんなことが思ひ續けられて、不快な日を送つてゐます。妻の自白によれば清い交際に過ぎなかつたのだと申します。そして格別惡いとは感じないのです。自分では敎育界に在つた時の此のことを、罪惡とは思つてゐません。

私は幾度離縁しようと思つたか判りません。然し私は元來結婚は神の力に依るものであつて人間わざではない、輕率に離縁の出來るものでないとまで感じたこともあり、且つ德義上からも離縁は苦痛です。逡巡致します。何故妻自ら進んで、懺悔して、過去の罪を告白して、許しを乞はなかつたのであらうか、何故こんなに無關心でゐるのだらう、どうして秘密にしたのであらうか、と其の心根を憎まずにはゐられません。私は斯る心理狀態から、不滿から自然妻に辛く當ります。それに最近に至り、既に貞操は兼てから疑問としてゐた通り、全く汚されてゐたとまで確然と判明致しました。それも言はゞ強制的に迫られた(前の戀人とは別な人に)爲であつて、單に一回のことに過ぎなかつたと言ひます。何といふ淺間しいことでせう。女學校まで卒業した身で、貞操の如何なるものであるか位は知つてゐる筈です。

強制的に迫られた爲とは何事でせう。なぜ女子の生命ともいふべき尊むべき貞操を、意志の薄弱の爲めに、それとも婦德の缺如せる爲めか斯うまで輕んじたのでせう。なぜ死守せなかつたのでせう。處女の操は純潔無垢で、一點の汚れもないところに價値があります。貞操の身體に及ぼす影響、即ち近時唱道されつゝある性交反應から論じても、貞操を嚴守することの如何に重大なるかは述べるまでもありません。婦人の貞操は、自ら毀損すると他に蹂躙せらるゝとに論なく、啻に生理上の問題のみでなく、道德上の問題で、延いては國家に及ぼす大問題なることを知らなくてはなりませぬ。嚴密に言へば、精神の穢れさへも破操となるのです。現代の婦人は聲を大にして男子の貞操を、不品行を云爲されますが然し正當な問ひです。社會の廓淸に於て、女子の不品行を咎むるよりも、男子に貞操の觀念を最も強く嚴重に抱かせなくてはなりませぬ。同時に、女子も結婚前は無論處女であらねばなりません。斯くしてこそ不合理なる男尊女卑と一夫多婦との遺風、此の弊風を一掃し、社會の廓淸を期し得られるのです。私は此の問題の爲めには、失神せんばかりに驚き且つ歎きました。私は何物を捨てゝも純潔なる貞操と戀情を要求する權利があり、義務があります。何といふ不運なことでせう。私は妻と離緣と決心致しました。然しながら私は妻に對して未練があります。妻は至つて氣立のよい善良な者で、主婦として理想的です。眞心を以て接します。私に熱愛を捧げてくれます。妻の心が私の身邊を離れないだけ、それだけ妻の過去のことが思はれて、情けなくて苦しくてなりません。無垢な純な戀情を以て、私に嫁いでゐたならばどれ位樂しいか、お互にどれくらゐ幸福だか判りません。いや既往に溯るまい。過去は過去として、潔く葬らう。現在に滿足しよう。一度汚れた體は、元の淸淨な體には返らぬ。男らしく諦めよう、と幾度思つてもどうしても諦められず、實に苦闘致します。何卒御察し下さい。

それに妻の實家は惡血であることが判明致しました。然しこれは結婚前の調査不注意として、何も申しますまい。妻の罪でもありますまい。むしろ惡血を繼いだ妻に同情致します。そして國家優生學上の見地からして、マルサス主義からして、妻と諒解を得たうへ避姙を實行し、相續者としては他に血統正しき者を選定することも出來るだらう。其の他最善な方法があらうと思ひますので、さほど重要視してゐません。けれども淸き祖先のことを考へますと、大問題で遺憾に堪へませぬ。

以上の如きことで日夜煩悶懊惱してゐます。他日の大成を期して修學中の私には、實に大なる負擔と考へます。何卒宜敷御教示下さい。

此の一文は餘程の決心を以て草しました。幾度も躊躇致しました。放縱無責任で、好淫性に富める男子（女子にも多情な者あり）の振舞の爲めに、幾多の女性を苦しめ、且つ社會の風俗を紊亂する爲に、斯かる悲痛なる叫びをなしつゝ、世を呪ひ吾身の不運を嘆く青年のあることを社會に告げ、以て青年男女の參考ともならば幸甚です。賢明なる記者樣、是非誌上で御教示下さい。

人情的な解決の道をお選びなさい

記者

お手紙御同情を以て拜見いたしました。いかにも青春の情熱のこもつた眞率さには、想はず襟を正さずにはゐられませんでした。何よりも、今日のやうに童貞を失つた青年男子の多い世の中に、貴方のやうに嚴肅にこれを守り了せた青年のあることを、この上もなく力強いことに思ひます。それのみならず、何處までも問題を眞率に注視てゆかうとなさる態度に、御同情を寄せます。實際、童貞なんかてんで問題にしない男子のために、どれほど無垢な處女が犯されつゝあるか、しかも教養の足らない處女で、神聖な性的道德に無理解無節操であるため、どれほど有爲な青年の眞純さを蟲ましめつゝあるかは、貴方の御主張によつてこれを代表的に聽くの感があります。

けれども貴方の場合について見るに、何より奥樣が貴方に對して熱烈な愛を捧げてゐられることは認めてもゐらつしやることだし、過去のことは兎も角、何より現在の生活に於て眞純さを保つてゐるなら、人情からいつても我慢すべきことで、出來るだけ醜い過去に眼をつぶらうとなさる貴方の態度は、いかにも正しいお考へであります。何處までもその立場からして貴方の只今の煩悶を解決する積りになられることを希望いたします。

尚ほ、惡血の問題ですが、『國家優生學上の見地からして、マルサス主義からして、妻と諒解を得た上、避妊を實行し、相續者としては、他に血統正しき者を選定することが出來るだらう……』云々の御意見、これも一應御尤もなお考へですが、相續者としては、他に血統正しき者を選定するといふことは、俗にいふ貰ひ子でもしてとの意味でせうが、これは果してさう實行されるお考へでせうか。人情として、何んなものであらうとも相續者はやはり自分の血の續いたものを選びたくはないでせうか。萬事科學的に進歩した思想を取入れてゐらつしやる貴方でも、この人情的な要求を否定なさる譯にはゆきますまい。かうなると、いよ〳〵相續者を定めるといふ場合になると、貴方のお考へに多少の動搖の來ること〻思ひます。この點は所謂優生學といへども、實行の原理としては、まだ〳〵これを人情的に考へ直してみる必要があると思ひます。人が若しその妻に對して眞の愛を感ずるならば、その結果として生ずる惡血の子ですら、これを相續者として生存させることも、只今のところでは默許される罪惡であります。否むしろ、さうしたところに、一層人情的な眞實が見られると思ひます。貴方が若しこの點に想ひ到られるならば、前の奥樣の問題の場合も、何より現在の自分に對して眞實な愛を捧げてくれると認める以上、その過去の罪惡は當然これを不問に附しつゝ、否むしろ、さうした缺點をも相應に指導し教化してゆくやうに努力されること〻思ひます。何しろ結婚生活は夫婦の人格完成の一つの坩堝でありますから……

それから貴方の只今の問題は、一面から見ると、科學と事實、原理と實行、學問と實際生活といふやうな問題に對して、これ等の調和合致を何ういふ風に定めるかの詮索が、貴方の思想の問題として殘つてゐるといふことを申添へておきます。この問題は、かつて貴方の將來の體驗と研究に殘された大切な問題で、只今の問題もその體驗に至つて初めて明瞭に解決される時機が來ること〻思ひます。これを奥樣の問題にしても、相當の時日を經るあひだに、或る程度まで實際的に解決されること〻存じます。

貴方の御質問に對して、高島米峯氏の御意見をもお伺ひして發表いたしましたから、どうぞ御覽のほどをねがひます。

時代の生んだ貞操の負傷者に同情す

◆貞操の純潔は尊重すべきも事情は同情に値する◆

高島米峯

處女の純潔といふ點から、西洋の婦人と日本の婦人を比較してみると、一寸奇異な對照をなしてゐます。素より大體論ではあるが、西洋の婦人は、處女の純潔性のためには、死を以てすらこれを守る風習があります。が、一度夫婦關係が成立した後になると、所謂貞操觀は、割合に自由な考へを持つてゐるやうであります。これに反して、日本の婦人は、夫婦關係成立後の純潔性に對しては、克く死を以てこれを守るといつた歷史を多分に持つてゐます。そしてこれと反對に、處女としての純潔性に對しては、割合に鈍感で、餘り重きをおいてゐないのではないかといふ觀があります。殊に今日の若い婦人達の中に、かうした疑を挾まれさうな婦人が殖えつゝあるといふことも、或は事實であるかも知れません。

一體、この處女純潔論を始める前に考へなければならぬことは、女性に對する男性、竝にその周圍の問題であります。何故かといふに、婦人自身が自己の純潔を保たうとする力以上の、他の大なる男性の誘惑に襲はれて、一溜りもなくその純潔さを破られる場合があるからであります。これはもと〳〵日本の青年女子が、異性に對する理解と男女交際上の訓練が足らない結果から來るものといつていいと思ひます。

何しろ、日本の今日の社會は、支那傳來の所謂男女七歲にして席を同うせずといふ、異性隔離主義を傳統として享け入れてゐますので、青年男女の交際が、絕對的に封じられてゐました。しかるに最近になつて、女子もだん〳〵教育された結果、相當の自覺も持ち、男子も女子に對する從來の考を一變するやうになり、青年男女の交際も、次第に從來の隔離主義の固陋を撤廢するやうになつて來ました。が、何分にも長い間の因習の結果、男性は女性に飢ゑ、女性は男性に渴してゐたといふ狀態だつたので、恰も飢渴の胃袋の前に列べられた食物のやうな格で、大して珍らしい御馳走でないにも拘はらず、爭つて箸を取るといつたやうな急激な變化が、今日の青年男女間に起りつゝあるのであるから、こゝに青年男女の負傷者を生み出すことは當然の歸結だといはなければなりますまい。這般の消息には、青年男女を責めるより何より、先づ彼等がかういつた時代に生れ合つたことを、それ等の負傷者達のために憐んでやらなければなりますまい。從つて、男性の側から純潔な處女を配偶として選ぶことの可能性が乏しいといふ訴へがあるなら、その罪科の大半は、今日の社會制度の不完全と、因襲的な思想の累ひと、そして或る種の男性自身の無自制、そのものに歸すべきものでありませう。

今日の日本の社會組織では、配偶者の選擇といふことも、當事者自身が自由に選び得るやうな組織になつてゐないで、多くは家の爲め、親の氣に入つたものが選まれ、或はまだ生まれもしない先から、若しも生まれたらといふやうなことで婚約が成立する不合理極まることさへ、公然と行はれてゐる現代であるから、當事者自身の意志の加はり方が少いと見なければならぬ。從つて當事者相互が、お互の性質品行など何等の理解なしに、漫然と他動的に結合せしめられるやうになつてゐる。その爲め既に純潔さを失つた處女であつたといふやうな發見に、驚き且つ悲むことがあるでありませう。これは男性の爲めに大いに同情すべきことであるが、同時に男性自身も、果して何の程度まで自ら純潔を保ち了せるか否かを反省すべきであると思ひます。今日の社會狀態を見ると、純潔を失つた女性の數よりか、男性の方が一層純潔を失つたものが多いやうに見える。眞に男性が女性に向つて處女の純潔さを要求しようとならば、何より男性そのものが一層純潔を保つやうにしなければならないと思ひます。男性自らが處女の純潔を破つておきながら、處女の純潔を要求するといふことは、頗る矛盾した事柄であります。

今後、女性の實力の進展するに從ひ、男性と同等の地歩を占めるものが増加して來ると、遂には男性が女性を誘惑したと同じ力で、女性が男性を誘惑する時代が來ないとはいはれません。現に知識ある婦人が、自分より年若の男性と同棲してゐるものがあります。かういふ傾向が次第に増加しつゝある現狀から見ると、將來は『女は魔性のもの』といつた言葉通り、女性によつて誘惑される男性が増して來ることと思ひます。その場合、女性が男性の不純潔を云爲することが不合理であるならば、現在のやうに男子が女子を誘惑することの多い場合、男子が女子の純潔を要求することは何といつても不合理極まることではありませんか。

しかしながら、女子が純潔を失ふのは、男の誘惑を受ける場合ばかりでなく、中には女子自ら男子の誘惑を促進させるやうな者もないとはいへない。『誘ふ水あらば、いなんとぞ思ふ』といふやうな、男子の誘惑を期待してゐる者すらないでもない。かういふ女性に對しては無論私としても、さう〳〵同情ばかりはしてゐられない。寧ろ、純潔な處女性を平氣で弄ぶ無反省無自覺な婦人達の態度を、大いに鞭打して人格的の尊嚴を保たせたいと思ふものであります。

處女性を破るものに二通りあります。一つは外からの暴力で破るべく餘儀なくさせられたものと、一つは頻りに男性の誘惑を期待しつゝ、その火中に投じたといふが如きものとであるが、この場合前者は肉體的には既に處女性を失つてゐたとしても、精神的には幾分酌量してやるべき點があると思ひます。

貞操を蹂躙された場合は何うするか

◎泣寢入りにするに及ばぬ、確實に慰藉料の請求が出來る◎

辯護士 宮島次郎

◎貞操蹂躙の顯著な實例

結婚の方式は古今東西の國によつて同じでないが、現今我が國に於ては戸籍吏に婚姻屆をなすことによつて、初めて結婚の效力が生ずるのであります。今の民法の施行せられる以前は男女相當年月間同棲して夫婦たるの實を具ふるに於ては、完全なる夫婦と法律上も認めたのであるが、新民法施行後は如何に夫婦たるの實を具ふると雖も適法の屆出なくば婚姻の效力を生じないとしたのであります。この婚姻の效力を實質より定めずして、屆出といふ形式より定めたために往々悲慘な問題が起るのであります。男女偕老の契をなし、相當の儀式を舉げ、周圍の者も一人として異議を挾むものなく、將來婚姻の屆出をなす約束を以て、實質上夫婦として同棲したる者がその後一方の變心により婚姻の屆出を肯ぜざる場合があると、婚姻の豫約はあつても結局婚姻の效力が發生しないことゝなり、こゝに悲慘な問題を生ずるのであるが、この問題にして法廷に現はれたものを稱して、俗に貞操蹂躙の訴訟といふのであります。

右の如き貞操蹂躙事件の場合に婚姻豫約者の一方が、他の豫約に背きたる者に對して損害賠償の請求が出來るや否やは曾て問題となつたのであります。昔は婚姻の豫約を何等の效力なきものとして、この豫約に違犯すと雖も損害賠償の義務なしといふのが一般の通説でありました。彼の有名な小林孝子と揚清太郎間の貞操蹂躙問題はその時代に起つた問題で、清太郎は孝子と婚姻をなすが如く粧ひ、數月間その貞操を弄つて、結局婚姻屆を肯ぜなかつたのは、刑法上誘拐罪を構成するものとして清太郎は告訴されたのでありますが、これは不起訴になりました。その理由は清太郎は當時孝子と眞に結婚する意志があつたもので、決して結婚すべく粧うたものでない、只だ後になつて結婚屆を肯ぜなかつただけの問題であると認定せられ、何等詐欺手段なきものとして不起訴になつたものであります。そこで孝子の側では、清太郎の方で詐欺手段を用ひたのではなく、從つて眞に結婚する意志で相當儀式を舉げ、後ち屆出の場合に違約したとの事實であれば刑事問題は成立せずとも、民事上の損害賠償の請求があるとの主張の下に清太郎に對して慰藉料請求の訴訟を起したのであります。私はこの問題については刑事問題關係のみを取扱ひ、民事關係は都合により關直彦氏の事務所で取扱ふことになつたのであります。當時の裁判は未だ時勢に伴ふまでの進步がなかつたために、第一審に於て孝子側は敗訴となつたらしい。今日の裁判例からいふと貞操蹂躙の顯著なる事例の一つであつて、孝子側の勝訴たることは大地を叩くより確實であります。その他このやうな問題は非常に澤山あつて、女は貞操を蹂躙され放しに、泣寢入りにしてゐたのであるが、當時の法律の解釋が進步しなかつたため、時勢に添はずと知りながら何等救濟の方法がなかつたのであります。

ところが大正三四年頃から右と反對の解釋をとる裁判例が散見せられるやうになり、結局五年頃に至つて最高法衙たる大審院に於て婚姻豫約有效なりとの裁判例を出すやうになり今日に至るまでその例に倣つて一般に裁判することになつたのであります。現今では貞操蹂躙の場合に損害賠償の請求をなし得ることは、殆んど一般に承知することゝなつたが、なほ判然と飲み込んでゐる者は僅かであります。私の受持つてゐる『讀賣新聞』婦人部の法律顧問欄に於て日々多數のこれに關する質疑が來るのを見ても、多くの場合なほ不明瞭で困つてゐるお方が澤山ある證據であります。この機會に於て二三の實例を擧げて通俗に徹底するやうにこれをお話したいと思ひます。

◇婚姻豫約は一種の契約

最初裁判所でお取上げになつた事例は、相當地位ある若い男女が、相當の媒妁人によつて見合をなし、黄道吉日を撰んで相當な儀式を擧げ、次で披露をなし、直ちに屆出をなすべき筈のところ、何時にても屆出をなし得るものと信じ、そのまゝ三四ヶ月を經過しました。然るに妻が懷胎する前後から良人は他に情婦をこしらへ、漸次情婦方に入りびたりになるやうになり、他方に於ては姑が些々たることを種にして懷胎せる嫁をいぢめます。嫁の實家の者及び媒妁人は平身低頭して入籍のことを哀願したが遂にこれに應ぜずして、嫁をいぢめ出してしまひました。卽ち縱から見るも横から見るも、滿腔の同情を値すべき事案であります。從來はこのやうな場合に於てもなほ損害賠償の權利が女になかつたのでありますが、さすがは大正の御代で、時代が進歩したため結局斯かる場合には女に慰藉料の請求權があるといふことに裁判せられたのであります。婚姻の豫約に基いて婚姻そのものを强制することは法律上認むることは出來ぬが婚姻豫約そのものは一種の契約としてこれを認めることになつたのであります。正當の豫約に反した者は、他の一方の請求に應じて相當有形無形の損害を賠償しなければならぬものとしたのであります。

こゝに注意すべきことは法律は野合を保護するのでない、將來結婚するとの約束に基く結合を保護するのであります。男女雙方に於て將來結婚するとの意志なくして結合した場合には、問題にならぬのであります。完全なる結婚豫約のあつた場合に初めて問題となるといふ點は注意しなければなりません。たゞ此の場合に於て完全なる婚姻豫約たるには、媒妁人なる者が必要であるかどうか、それから相當の儀式なるものが必要であるかどうか、男女婚姻年齡に達してをらねばならぬものかどうか、及び父母のある場合にはその父母の同意なるものが必要であるかどうか、別問すれば媒妁人、儀式、年齡または父母の同意なき場合に、その結婚豫約なるものは無效であるかどうか。これらの條件が揃つて初めて、婚姻豫約として、法律上保護せられるものなりや、否やの點が、問題であるのであります。最初裁判所を動かして裁判例を改めた事實は、これらの條件が完全に揃つて縱から見ても、横から見ても立派な婚姻豫約のあつた場合の問題に對して裁判をしたのであつたから、此の裁判の後もなほ右のやうな疑問が存してゐたのであります。まづ儀式を要するや否やの問題は、この儀式が必ずしも必要でないと裁判例で定りました。これは餘り多い實例である彼の許嫁の場合の如き、相當年齡に達したが爲に夫婦の交りをなさしめ、追つて結婚式を擧ぐるといふが如き場合は、婚姻豫約の最も顯著なる場合であります。卽ち儀式はないけれども、婚姻豫約は認めなければならぬのであります。この場合を押し擴めて許嫁の事實なきも、相當理解ある男女が將來の婚姻を約し、同棲して互に長い年月の間扶け合つてゐる場合などは、即ち儀式もない謂ゆる自由結婚なるものでありますが、野合の如く氣まぐれの結合ではなくて、眞實に永續すべき性質の戀愛によつて結び付いたのであつて、この場合は儀式はなくとも婚姻の豫約のある場合であります。たゞその當時に於ては永續すべき性質の結合であつたのであるが、後に何等かの理由によつて、その永續性が變更せられた場合は、豫約があつたけれども、其豫約に背かれた場合即ち貞操蹂躙の場合となるのであります。多くの場合には、分相當の儀式を擧げるのを普通とするから、その儀式を擧げざる場合は、適法の婚姻豫約があつたものと認定せられない虞れがあるからして、なるべく儀式を擧げるのを至當としますが、儀式なくともなほ婚姻の豫約が想像することが出來るから、儀式の有無を以て直ちに婚姻の豫約の有無を決するは杓子定規の嫌ひがあります。依つて必ずしも儀式を要せずとした大審院の裁判は實に至當の見解であります。

◈父母の同意なき場合

今の民法では男子は三十歲、女子は二十五歲を超ゆる場合は、父母の同意なくとも結婚することが出來ます。その年齡に達せない場合は父母の同意が必要であります。それでその年齡に達せない男女が父母の同意を得ずして固い婚姻の豫約をなした場合、その豫約は果して有效で　るかどうか、これも父母の同意なき場合に常に婚姻の豫約の效力なしとするが如き、杓子定規の解釋はとつてゐないのであります。即ち父母の同意なき場合は、男子は三十歲、女子は二十五歲に達したる後に、婚姻の屆出をなせば有效であるから、その時の至るのを待ちつゝ、こゝに固き豫約をなすといふことは固より有效な　べき筈であります。この場合に似て更に多少首を傾ける問題は、結婚年齡に達せざる男女の豫約が有效なりや否やの問題であります。今の法律では男は滿十七年、女は滿十五年に至らなければ絕對的に結婚することが出來ない。他の條件が如何に揃うてもこの年齡以下では結婚たるの效力ないことになつてゐるのであります。よつて此の年齡に達せざる男女が結婚の豫約をなした場合には、婚姻豫約たるの效力がないやうに見えるけれど、これも一概にさうとはいへないのであります。婚姻豫約なるものとその目的とする婚姻なるものとは性質を異にするものであります。依つて婚姻に關しての法律上の條件は直ちに婚姻豫約にあてはめることは出來ないのであります。滿十五年に達せざれば如何に理解ある女でも有效に婚姻をなすことは出來ぬと法律上定めたが、果して婚姻豫約をなす能力があつたかどうかは、各場合の事實問題として公平なる認定をなさなければなりません。彼の全然意志能力なき者は固より婚姻の豫約をなすことは出來ないが人により早熟の人がありますから、十五年未滿の者でも相當に理解力のある場合があり得ます。婚姻そのものに就ては種々の理由があつて、法律上劃一的に滿十五年以上と以下とによつて區別を立てゝゐるが、これは法律上さやうな强制的の規定があるからの話であつて、斯かる規定なき婚姻豫約の場合は同日に論ずることは出來ません。依つて婚姻豫約の場合は各場合々々によつて男女能力との關係に於て婚姻の有效無效を認定せねばなりません。大審院もかういふ解釋をとつてゐるのであります。

◈媒妁人や儀式のない場合

次に媒妁人を必要とするや否やの問題も多く說明せずして、前に說明せる如く儀式を必要とせざると同一理由で、これまた必ずしも必要はないのであります。媒妁人がなく儀式

29　「貞操を蹂躙された場合は何うするか」　宮島次郎　『主婦之友』大正10年10月1日

も擧げずしてなしたる場合にも婚姻豫約はあり得るのであります。唯だ實際上裁判問題として媒妁人なく、相當儀式を擧げなかつた場合は眞の婚姻の豫約でなくして、唯だ一時氣まぐれの結合と認定せらるゝ處があるのであるから、なるべく媒妁人を立て、分相當の儀式を擧げた方がよいのであります。而も法律上はこれを立てず、これを擧げざる場合に於ても婚姻豫約はあり得るといふことになるのであります。

九州あたりの富豪の長男で、某私立大學生であつた男子が、或る素人下宿にゐたところその素人下宿の親戚の者で手傳に來てゐた田舎の高等女學校出の女と互に思ひ思はれて夫婦約束までしました。當時男は二十二歳女は十八歳であつたが、固より媒妁人もなくまた儀式も擧げず、只だ一夏女の郷里たる栃木縣の實家に二人で往つた時に、女の實家の父母親戚等は大に喜んで、夫婦としての待遇をなした事實があります。やがて女は懷胎したために將來を案じて入籍を求めたところが、九州なる男の兩親が承知しないで、籍を入れることが出來ないのであります。男女は引續いて同居してゐる内に、男の子が生まれたけれども結局入籍が出來ない。女の方では入籍を請求すると益々嚴重であつた爲め男の實家の者は或る辯護士に賴んで固くその要求を跳ねつけました。それと同時に男を國へ連れて歸つたのであります。この種の問題は媒妁なく儀式も擧げずして結び付いたのであるが、その當時の男女は將來夫婦たるべしとの固き約束の下に結合して、事實上夫婦として相當年月間同棲したのであつて、男も女も相當理解を有するものゝなした豫約であるため、固より有效なのであります。これは裁判問題とならず結局示談で以て解決しましたが、女の方では非常に憤慨して一萬圓の賠償を希望してゐたけれども、何分方今の裁判例などを參酌して結局二千圓で示談となつたのであります

◎慰藉料は何程か

然らば大體今日の裁判例に於て、慰藉料の金額は如何程であるかといふに、一二の事例を擧げて、申せば實に甚だ僅少な金額であつて、先づ相當身分ある女が貞操を蹂躙された場合に、大正四年頃の判例では慰藉料五百圓としてあります。それから中流の女で三年も同棲してゐて懷胎したにも拘らず、男はこれを振り捨てゝ他の女と結婚したのでありますこの場合の慰藉料を大正四年頃であるが、金千圓といふ判例があります。さうかと思ふと大正五年になつて、相當の地位あり名望ある女が一人の男兒を生んでゐるに拘らず、夫に違約されたる場合に僅か五百圓の慰藉料に過ぎないのであります。前の四年の判例で千圓といふのが、五年になつて五百圓となつたのは却て遞減された感があるが、前の四年のは永年同棲したといふのと女を振りすてゝ他の女と結婚したといふこの殘酷の仕打が、判事の同情を買つたのであります。併しこの同情をうけながら、僅かに千圓の慰藉料に過ぎないのは、歐米諸國の慰藉料の額と比較してなほ大なる差があるのであります。大正七年になつて元相當の資産家であつたけれども、その後父は失敗して小學校の小使となり、娘は職工或は下女奉公をしなければならぬ境遇にあつたその娘が、貞操を蹂躙された場合に僅かに四百圓の慰藉料を與へられました。この慰藉料の額の甚だ僅かであるといふことは裁判の上に於てはなほ貞操を重く視ない嫌ひがあるからして、將來益々その額を增加する必要があると考へます。而もこれを昔の全然慰藉料を請求し得なかつた時代と比較して見ると非常な進歩といはなければなりません。只だ最後に注意すべきは、正當の理由なくし

て婚姻の豫約に反きたる場合にのみ賠償の義務があるのであつて、違約することが正當の理由ある場合はその責任がないのであります。例へば女の健康なる場合に婚姻の豫約をなしたが、いよ〳〵籍を入れようといふ場合に、女が肺結核になつたとすれば、この場合に於ては德義問題としては種々の議論もありませうが、今の法律の上よりいへば、男子に於て豫約を破ることにつき正當の理由あるものと認むることになつてゐます。なほ顯著な場合をいふと婚姻の豫約をなした後に、女が他に情人を拵へて內を外に遊び歩いてゐる場合の如きは、男子に於ては正當の理由を以て豫約を破ることができます。たゞ正當の理由があるか何うかの認定は、各般の事情と時代の常識によつて決定するほかないのであります。今の法律では多く男子を保護して女子の權利を保護しないのであります。將來女子が勢力を得た場合には、種々の點に於て法律が改正せられるとともなりませうが、その法律改正以前に於ても、女子の勢力が增してゆくに從つて法律の解釋、裁判の認定慰藉料の額等も、自ら影響すべき筈であります。

◆慰藉料請求の仕方

女が貞操を蹂躙された場合は三ヶ年以內に女が原告になつて違約をした男に對して、慰藉料請求訴訟を起すので、卽ち訴訟と自分の賠償して貰ひたい金額と理由等を書いて、自分の住所を管轄する地方裁判所に二通出すのであります。すると裁判所は一通を預り、他の一通を被告たる男の方に廻してやり、同時に裁判所はいつ裁判を開くかといふことを定めて其の期日に呼出狀といふものを男の方に送達してやります。すると男の方では男自身が出るなり、多くの場合は代理人として辯護士を裁判所に出して、それから爭ふといふ順序になるのであります。女の方では婚姻豫約が正にあつたに相違ない、然るに男がこれに違約したこれが爲めに心神に受くる苦痛甚大である、幾ら〳〵の賠償を拂つてもらひたいといふ事實を述べ、被告がその事實を爭ふ場合には何か書いたものがあれば、これを證據として出し（卽ち書證）、書いたものがなければ事實を知つてゐる人を證人として（卽ち人證）呼んでもらふのであります。なほ自分の地位、經歷等諸般の事情によつて慰藉料の額が違ふから、諸般の有利な事情を書證または人證を以て立證するのであります。若し萬一男の方に於て違約した正當の理由がある時は被告たる男の方で正當なる理由ありて違約したものだといふことを立證するのであります。そして裁判所は結局判決を言渡すのであります。現今の裁判の實狀としては、この種の事件については判決言渡前に裁判官は屢々和解を勸告し、なるべく緣がまとまるやうにつとむるばかりでなく、假りに緣がまとまらない場合でも慰藉料を渡したがよからうといふことを男に勸め、過大の要求をする原告女にはこれを削り、情誼至れる和解を勸むるのを通例とします。結局和解のできない場合には、一刀兩斷に初めて裁判をするのであります。

今度この種の事件は一種特別なる裁判所を設けてこれに裁判をせしめたがよからうといふ議が出てゐます。卽ち社會の情誼に通じたる老巧の裁判官をして裁判せしむるか又は地方の有力家をして裁判せしめるか、若しくは親戚中の相當の人をして判斷せしめるか、或は裁判判斷はせしめずして、少くとも一應和解を勸告して見ることにするか、何れとするも今の裁判所以外に特別の機關を設け特別の裁判官をしてこれを取扱はしむることにしようといふ議があります。これは事件の性質上情誼と常識に基いて判斷し、若しくは成るべく和解するのが望ましいからであります。

31　「夫として何ういふ男を望むか　妻として何ういふ女を望むか」　山田わか、沖野岩三郎、生方敏郎 ほか　『主婦之友』大正11年1月15日

夫として何ういふ男を望むか
妻として何ういふ女を望むか

(一) 眞實の意味の男らしき男を

『婦人と新社會』主筆　山田わか

◎各々が各々の半身

美術がどうの音樂がどうのといつたところが男にとつては、女ほど美しいスイートなものはないやうに女にとつても、男ほど美しいスイートなものはない筈です。『女ならでは世の明けぬ國』といふ言葉がどこかにありましたが、男がなくても、やはり、どこの國も夜が明けないのです。

ですから、女ばかりで男がなかつたら、この世界はヒステリー患者ばかりで、瘋癲病院のやうになつてしまうでせうし、また男ばかりで女がなかつたら、この世界は野蠻人ばかりで、蠻風が吹きすさんでゐるでせう。實に女は男によつて、美化され、缺陷の少なた補はれ、男は女によつて蠻性を制裁され、美化され、淘汰されるので、人間は進歩の階級を一つづゝ登つてゆくことができるのです。

女は男の暴れ出さうとし、脱線しようとする性情を柔らげ慰め、男は女の歩む道の險岨なところを平かにしたり、危險な場所は手を引いてやつたりするのです、女には男にはない、荷物がいつもあるのですから。さうして、もちつもたれつ二人の生活を一つにすることによつて、人の生活は完全になり、進歩することができるのです。ですから、男から見た女、また女から見た男は、善いの惡いの、好きの嫌ひのといふ餘地はないのです。各々が各々の半身であるのですもの。

とはいつても、男にとつては女でさへあればいゝ、といふわけではないと同じやうに、女にとつても男でさへあればいゝ、といふわけのものではありません。男にとつて少しもスイートでないい嫌やな女があるやうに、女にとつても少しもスイートでない、頼母しくもない、むしろ、顔を見たゞけでも胸がムカ／＼してくるやうな不快の化身であるやうな男があります。で、どんな男がさうであるかと申しますなら、その種類は一樣にはいへなくても、その不快の化身の代表的なものは、貧乏な貧弱な男でも、または、虎魚のやうなでこぼこした顔の醜男でもなく、金肥りか酒肥りかデブ／＼してゐて、重さうな金指輪や金鎖をピカ／＼光らせて、酒臭い息をふいて、不行儀な傍若無人な態度をしてゐる男です。もし、さういふ男が、親子ほど年の違ふ紅粉をコッテリほどこした若い妻を携帯してゐる場合には（これはよくある圖です）不快が度を越して、腹立たしい氣持にさへなります。さういふ男に買はれ逐はれて、いゝ氣になつてゐる女の胸倉とつて、ひッぷつしてやりたいやうな

氣持がします。餘計なおせつかいかも知れませんが、餘りに女性の姿がみじめですから。

ある學者の説によりますと、男が體的に智的に優秀になつたのは、全然女のおかげなのです。一體、男性中心説といふのは、この地上に最初生れたものは男性であつて、生物界の一切が男性中心に計畫され、女性はその男性の生活の補助として後に造られたもの、つまり、男性の世界を繼續するため、子を生むために造られたものだといふのです。けれども、女性中心説はそれとは丁度反對に、この地上には女性が最初生存してゐたのだが、その女性の世界を豐富にし、進歩を許るために男性といふものが、後から工夫されたといふのです。で、これには生物界の事實から、または、人類學からいろ〳〵な證據が擧げてあります。

一切の權力が女性にあるので、女は自分の相手として容貌の美しい男ばかりを選みました。從つて、醜い男は選擇もれになつて、自分の種を後世に殘すことができませんでした。時とすると、一人の女が二人も三人もの美しい男を選んだときに、男同志の間に爭ひが起りました。そして、勿論優勝劣敗の原則によつて、身體の大きな腕力の勝れた男が生き殘るといふことになり、ついには、外形においても、體力においても、優れた者のみが子孫を殘すといふことになり、男はメキ〳〵と優秀になつたといふことです。鳥類でもその他の高等動物でも、みな外形の美しい強壯なものが雌性に選まれたる結果、雄性はみな美しく強壯になつたのだといはれてゐます。

結婚といふことも、父子關係といふこともなく、たゞ母子關係ばかりがあつて、動物と同じやうに、人間の子も母によつてのみ養はれてゐる間は、一切の權力が女にあつたのですが、追追智力が發達して、地方的制限を突破して、生きる方法を見出したり、父子關係がはつきり分つてきたときに、人間生活の姿は全然そのかたちを變へてきました。男の腕力が必要となり、必要であるから崇拜されるやうになりました。そして、體力の弱い女は、男の腕に頼らなければならなくなりました。

さうなつたときに、それまで全然女の手によつた種族に對する支配權も、配偶選擇の權も、みな男の手に移つてゆきました。ですから、もと、女の勢力の下に養はれた男の腕力は、今度は、女を征服するために用ひられるやうになつたのです。つまり、飼犬に手を噛まれたといふことになつたのです。そして、女の服從は完成してしまひました。

今度は女が男に選まれるために、男の歡心を買ふために、自分の美を發揮することにつとめるやうになりました。その結果『美しい性』といふ名を女は得るやうになりました。その状態が今日まで續いて、そして、年頃になつた女は、より有力な男に選擇されるやうに、自分をより美しくすることが日々の仕事であるやうになりました。

◆禮儀を知らぬ我國の男子

隨分、變な髪かたちや、妙な着物の着かたや、派手な柄が流行いたしますが、それは大部分、女の趣味といふよりは、男の趣味の反映であるのです。男の低級な趣味が女のさういふ恰好を奬勵するのです。そして、その美の標準は、精神的の要素が少しもなく、裝飾の美、つまり、物質上の美でありますから、金がかゝります。そして、無自覺な女は、その低級な慾望を滿たすために金のある男から選まれるのを女の光榮であるやうに思ひます。男は金で女を自由にするのが男の働きであるやうに考へます。そして、見たゞけでも胸がムカ〳〵してくるやうな厭味な男、胸倉をとつてひつぷつてやりたいやうな、意氣地のない女が、得意然として並んでゐるといふ劇が、いくつも〳〵現出されます。

一度は、腕力の強いのが男らしいのでありました。今は單に金力が男力であります。腕力乃至金力があれば、男は、それだけで人として不都合はないやうに考へてゐました。ですから、女に對しては、日々の動作から、ものゝ言ひ方まで非常にやかましく〳〵しながら、男に對してはその點に關して放縱してありました。そのために、この行儀に關しては今日なほ大部分の男は野蠻人であります。男の無作法、その傍若無人な態度が、時々問題になつて、婦人專用の電車を別に出さなければならないといふやうなことが輿論になるのは、文明國の男子として恥づべきだと思ひます。

行儀は人の行爲の技術であります。つまり、家を美しくするとか、裝飾を藝術的にするとかいふものと同じやうに、人の行爲を美化するのです。それが、同じ人である女に必要であつて、男にはいらないといふ道理はありません。どんな無作法でも亂暴でも、大部分の女が止むを得ないとして諦めてゐますから、國内にをるときにはそれでも通つてゆきますが、もし、外國へいつたならば、大恥をかゝなければなりません。歐米の眞面目な家庭では、日本人を招待することを避けてゐるといふ事實は、他になにも理由はないのです。ただ、日本人が無作法だからであります。

歐米人は家庭内であれ、家庭外であれ、小集會であれ、大集會であれ、その禮儀作法は殆ど一致してゐますが、わが國民は一部分の事柄には非常に面倒な禮式を守つてゐても、全體としては實に無作法極まることをします。汽車の中、電車の中、その他、大勢の人が集るところでは、禮儀といふことを少しも知らない野蠻人のやうです。それでいゝことゝしてゐるのですから、一朝、禮儀作法が公私に拘らず嚴密に行はれてゐる國にいつたときには、早速困つてしまふのです。

といつて、行つたさき／＼の國の禮儀作法を學ばなければならないといふことではないのです。自分の國の禮儀作法で押し通してもよし、もし、また、それでは工合が惡いと思ふならば、どうしていゝか周圍の人に尋ねても差し支へないのです。けれども、これは自分の國で常に禮儀作法を守つてゐた人ばかりができることであつて、いはゆる無作法が習慣になつてゐて、それが他人にどんな不都合や不快を與へるかといふことについて、考へて見たこともない人にはできないことです。つまり、禮儀作法の精神を體得してゐさへすれば、その形式が異ふ外國へいつても決して困るやうなことはないのです。わが國の男子にはそれがないのです。

◆謙譲にして勤勉な男子を

大部分の若い女が、男の人格や品行を問はず、金のあるものに選ばれて得意然としてゐるに反して、ごく少數の智力の進んだ女や、または花柳界の伊達者が金のない所謂優男を（大體は自分よりは弱年の）自分で選擇して自分の配偶とするのは、いはゆる男の腕力乃至金力に對する反抗心からだと思ひます。大部分の女が、長い間の習慣といふ殻に自分の意志も感情も全く密閉されてゐるときに、自分の感情の動くまゝに、自分の意志で男を選むといふことは、痛快事には相違ありません。けれども、もとく反抗心から始まつたことで、そこに道徳的の根柢が薄弱ですから、どうしても不健全といふ分子が伴ひがちです。

健全な生活を營むには、前にもいつた通り、男と女が合體して一つになり、そして、男には男の作用があり、女には女の作用があるのです。男には荒い仕事が適してをり、女には優しい仕事が適してゐるのみならず、性の作用からいつても、女は早く熟し、そして、早くその作用が終止するに反して、男は遅く熟し、そして、永くその作用が働くのですから、男はやはり女よりも筋肉が逞しく、年上であるのが常道です。ですから、女よりも年下の優男は、良人として、立派なものではないのです。

どこの國でも、一般婦人の良人選みの標準は、間違つてゐます。それを總括していつて見るなら、米國婦人の金力愛、獨逸婦人の武人愛、また佛蘭西婦人はグニャくした男を愛するといふやうに、けれども、わが日本にも、また世界到るところにも一部分の婦人があります。彼女達の愛の對象となる男子は、謙譲、公平、質實、勤勉、秩序を重んずるといふやうな徳を具備してをる人です。さういふ徳を持つた男子を得るならば、彼女達は、彼の金力の程度や、身分や職業の如何はみな愛の中へ包んでしまつて問題にはしないでせう。

日に月に眼覺めた婦人の數が多くなつて、腕力や金力を振廻す男が、相手にされなくなる日に、少しも早く到着することを私は望んで止みません。同時に、男子にも男らしさの標準を變へて頂くことを切に望みます。

（二）須基子、ナオミ、時子の樣な女を

創作家　沖野岩三郎

◆私の求むる三種の女性

私の求むる善き女性の型として、私は三種の性格を常に考へてゐます。それは、私の處女作『宿命』の中に現はれてゐる三人の女――須基子とナオミと時子とのもつてゐる、それぞれの性格です。第一には、極めて純な、極めて清らかな、凡ての思考行爲が何等のひつかゝりなしになだらかに流れでるといつたやうな、高貴な性格です。たとへば、力に充ちた平民階級の子と、弱々しいといつてもよい程たわやかな貴族階級の子とが競走する時に、ガムシヤラに周圍のあらゆるものを排して力づくで走つてゆく平民階級の子と相對比して見られる後者の、極めて悠容たるのんびりした態度、さういふ態度をもつた性格です。つまり須基子のやうな女の性格です。清純な嬌まりのない平な心の動き方をする性格です。私はこれを、私の求

むる女性としての理想の一つとして描いてゐます。これは勿論、その人の境遇と天禀とに依るもので、ある程度以上には、教養の力では得られないかもしれません。しかし、純な、翳のない清らかなもの〻見方は、一般の女性凡てに、求めたく思ひます。そして、さういふもの〻見方を續けてゆくうちには、その人の内部も自然に洗練されてゆくことを信じます。

第二には、ナオミのもつてゐる性格です。それは、高きものに對するほんたうの、眞摯なる憧憬をもつてゐる性格です。いや、その憧憬を現にもつてゐなくともよい、尠くとももつた經驗さへあればいゝのです。ほんたうに深い宗教的情操を經驗した人なら、必ずある敬虔な高らかな氣持に觸れた人です。信仰とまでいかなくとも、人間を超えた、ある至純なるもの至高なるもの無限なるものに、深い感激で心を觸れたことのある人です。さういふ人の心は、虔ましい謙遜と愛とに充ちた心です。ほんたうの喜びと平安とをしる心です。さういふ心に哺くまれた性格、それも私は、女性としての理想の一つとして描いてゐます。たゞさういふ性格の人は、道徳的に極めて臆病です。私などが牧師としてのこれまでの習慣上、どうしても禁酒禁煙を破ることのできないやうなものです。ナオミなども、さうした道徳的の臆病のために、心に求むる戀愛にまでも卑怯な態度をとりました。卑怯といふと變ですが、つまり普通の人の盲目的な勇氣を欠いてゐたのです。けれども私は思ふ、さういふ道徳的に臆病なことは決して惡いことではない、尠くとも恥づべく責むべきことではないと。心に高き憧憬の經驗なく、反省なく、恥なく、漠然と盲目的に身を進めてゆくもの〻方が、どれだけ恥づべく責むべきでせう。私は寧ろ、この虔ましい深い心を美しく貴く思ひます。

◎性格のうちの美しさを

最後の時子のもつてゐた性格は、日本などではごく稀れな、しかも誤解され易い性格です。けれども、私はそれも女性としての理想の一つとして省くことができません。それは極めて聰明な美しい、そのくせ輝かしいほどの情熱と誇りとをもつた女性です。燃ゆる情熱はもつてゐるが、しかし決してそれに眩まされることのない女性です。凡ての習慣や因習からは解き放たれた、極めて自由な明るい華やかな、同時にまた冷徹な智をもつた女性です。ほんたうに聰明でありきるといふやうな女性は、今の日本には尠いかもしれません。けれども、今の女性はあまりに不聰明すぎ、あまりに感情に囚はれすぎてゐます。もつと小さな古ひた感情から解放された、美しく聰明なる女性を私は求めたく思ひます。さういふ飽くまで聰明な女性は、戀愛などにも極めて自由な思ひきつた態度をとります。私の描いた時子なども、戀愛の對象としてゐる異性のごく僅かな缺點でも、決して見落すことはありません。そして缺點を知ると同時に、あらゆる情を殺して、理性と意思のまゝに動いてゐます。最後に嫁した良人に精神病の系統があるのを知るや、あらゆる暴力と誘惑に反抗して床を一つにしないで、到頭良人の狂死するまで、いや良人の亡き後までも妻としての清い美しい心を捧げてゐます。さういふ態度は、見やうに依つては極めて誤解され易い。智の分子のみを見る人には、昔の賢女型のたゞ冷たい氷のやうな女に見えませう。また情の分子だけを見る人には、淫奔極まる自由戀愛者のやうに見えるでせう。けれども、ともにそれは盾の片面だけを曲つて見てゐるに過ぎないのです。

私は、この清純なノーブルな氣質をもつてゐる女性、高きものへの深い憧憬を感じた虔ましい心の持主たる女性、あくまで聰明で輝かしい情熱を統御してゐる誇り高き女性、この三種の女性の性格を美しく貴く思ひます。もし、私の子供が妻の選擇を父としての私に委ねるやうなことがあつたら、私は、この三種の性格をもつた女性のうちから、私の子供の性格に最も適合した性格の持主たる女性を選びたいと思つてゐます。今の女性教育が、女性教育ばかりでない凡ての教育や夫婦の對象の選び方が、個人的の性格を全然無視してゐることを私は悲しく思つてゐます。私の求める三つの性格の内でも、世の多くの人々は、形に於て（それが形の上のものでなく内容の上のものであるに拘らず）第一の性格をのみ求め、それのみに凡ての女性を追ひこまうとしてゐます。しかし、それは、形よりは内部であり、また個人的のものです。それ〴〵の性格に於て、それ〴〵の性格のうちの美しさを求め、その美しさを伸びさせ成長させてゆくべきだらうと、私は信ずるのであります。

◆愛と望と理解とを以て

妻としてどういふ女性が最も善きかといふ問題も、從つて個人的の問題です。ある人の妻としてこの上なく適合した立派な女性も、他の人の妻としては極めて不適當な場合もあることでせう。が、その性格々々に依つて適當なる對象と配偶し得た夫婦にあつては、人間として女性としての善き性格をもつた人々はやつぱり、良人として妻としての美しさも發揮し得るだらうと思ひます。勿論、それ〴〵の性格のゆき方で動き方は違ふでせうが、決して性格の美しさを掩はれるやうなことはないと思ひます。

凡ての家庭悲劇を通して、私はそれらの多くが、家庭組織の上の問題（嫁と姑との關係の如き）か生活上の問題か、さもなくば戀愛の問題かに起因してゐるのをみます。これらの原因は勿論、相錯雜してゐますが、それにまた今日の社會組織が改善されない以上全然根絶してしまふといふわけにもいきませんが、私は、今日凡ての女性が、も少し聰明に、も少し眞摯に、も少し深く、も少し虔ましく、動いてゆくやうになれば、家庭悲劇の大半はもつと悲劇的でなしに解決し得られはしまいかと思つてゐます。

私は家庭の基礎夫婦の基礎は愛だと思つてゐます。愛のないときは夫婦ではないと思つてゐます。たとへば極めて融合しあつた夫婦でも、ときとしては仇敵以上に憎しみあふ瞬間があるでせう。その瞬間には、その夫婦は夫婦ではないのです。家族間の關係も同じことです。だから、私は思ふのに、凡ての家庭悲劇は、性格上の相互の桎梏に起因してゐるのでないなら、愛の破綻に基いてゐるのだといへると思ひます。愛あれば智慧の芽もふきます。家族間の相互の理解も湧いてきます。理解と愛とがゆき亙つて、融合し得ないといふ家庭があり得ませうか。もしあれば、私は寧ろ珍らしいと思ひます。

さういふ意味で、私は一般的に妻としての性格を云爲する前に、家庭として夫婦としての立場を顧みなければなりません。妻といふ名は相對的の名です。その良人に對しての妻としてといふ問題になります。そしてそれは、一口にいへば、相互の性格のうちの美しさを認識しあつて、愛と寛容と希望とを以て互に成長させあつてゆくやうな、良人なり妻なりを最も理想的だと思ひます。暴君的な心持は家庭の破壞者です。そして、さういふ良人に對する妻としてなら、私の描いた三種の性格をもつた女性は、また最も好もしい、最もよき妻たるを得ることと確く信じてゐます。

（三）相手にだけ勝手な要求は出來ぬ

評論家　生方敏郎

◆戀愛結婚か賣買結婚か

ベンヂヤミン・フランクリンでしたか、『人間がもう一度生れかはつて來ることができるものなら、私は人間の生涯をもう一度やりなほしてもい、……』と言つたといふことであります。これは餘ほど人生を樂觀した人の考へで誰も彼もが皆かうした考へで人生に對して抱いてゐる

37　「夫として何ういふ男を望むか　妻として何ういふ女を望むか」 山田わか、沖野岩三郎、生方敏郎 ほか 『主婦之友』大正 11 年 1 月 15 日

ものとは申されますまい。悲慘な生涯を送つた人は、人生はもう一度で澤山こり〳〵だといふでせう。それと同じやうなもので、すでに妻を持つてゐる男が、何等かの事情で、更に今一度結婚しなければならなくなつた——といふ場合の、再婚問題について考へて見ますと、英國の文豪オスカー・ワイルドの言つた言葉に『……再婚するのは、前の良人を愛さなかつたからだ。男が再婚するのは、前の妻を愛したからだ』といふのがあるのを思ひ出しますが、人間の機微をうがつた味ある言葉だと思ひます。

日本古來の道徳であるところの『貞女二夫に見えず』といふ言葉を、今の新しがり屋の人達が笑ふやうな、實に男の都合からのみ割り出された、形式道徳ではなく、婦人の愛情の上から掘り出された道徳なのであります。それはワイルドの『……女が再婚するのは、前の良人を愛さなかつたからだ』といふ言葉の裏面を見たら、理解されることでありませう。

ところが男はどうかといふと、決してさうではありません。即ち男は先妻を愛することが深ければ深いほど早く再婚いたします。そして實にお手輕に再婚してしまひます。もし男が先妻で手を燒いてゐたとすれば、餘ほどの事情がなくては、男は再婚するものではありません。

だが人は常に再婚する人のやうな心持をもつて配偶者を擇ぶなら、過ちは割合に少なからうと思ひます。勿論結婚は富籤をひくやうなもので、その當り外れは全く天運であります。賣買結婚をした人々の中にも生涯を樂く送れる夫婦もあり、また初め戀愛結婚で足を踏み出した人人の中にも悲慘な生別をしなければならぬやうな破目に陷る人もあります。それ故に私共が賣買結婚が全然いけないとか、政略結婚がよくないとか言ふのは、結婚する人々の幸不幸の立場からして言ふのではなくて、結婚する人々の人格を尊重するか否かといふ、意氣地の點から言ふのであります。人格を尊重する上からいふならば、戀愛結婚に越したことはありますま

いが、しかしこれを幸不幸の上から考へて見るときは全く運不運であります、つまり運のいゝものが幸福な結婚をするのであります。

しかし相手方を撰ぶに當つては、戀愛は却て妨げとなる場合が多いのであります。昔から、『戀愛は盲目なり』といふ言葉さへあるくらゐで盲目で相手方のわかる筈はないのであります。一體戀愛なるものは、決して卑しいものでもないかはりに、また高尚なものでもなく、それは意識すると意識しないとに拘はらず、兎に角、その根柢は生理的の慾求から起つてきてゐる問題に外ならないのであります。

◎純日本的の女性を

天地開闢の初めに、伊弉諾尊が伊弉册尊に向つて『我が身に成り〳〵て成餘れる處一つあり』といひ、また伊弉册尊は伊弉諾尊に向つて『我が身に成り〳〵て成合はざる處一つあり』と言つたので、そこで二人は結婚したと古事記に書いてありますが、これが戀愛及び結婚の根本要素であります。つまり戀愛は子孫繁殖の必要から、自然が人間にかけた輪索なのです。自然が人間にかけた誘惑なのです。その誘惑された人間が、自分を誘惑してゐる相手方を、そんなによく見極められるものでないことはわかり切つたことではありませんか。それゆゑいゝ妻を得ようと思へば、やはり父母なり友人なり、第三者から見て貰つたのが、割合にうまくいつてゐるのであります。しかしそれとて第三者の判断力や熱心やに依ることであつて、極く旧式な頭で、新式な頭を持つた男女の配偶者を選定することはたうてい不可能であることは申すまでもありません。たゞ新しい頭を持つた第三者、適當な媒妁人でありさへすれば、媒妁結婚は最も理想的なものと私は思ひます。何でも彼でも我國固有の習慣は凡てよくないやうに一概に考へてしまふことは、私は非常に淺薄な考へ方であると思ふのであります。

そこで私の理想の配偶者はといふ問題ですが、私はさういふことを想ふのは既に大變に贅澤なことゝ考へます。むしろそれよりも先に、自分自身を反省した方が、より一層賢さうに思へます。容色がよく、學問があり、お金持の娘で、身體が丈夫で、愛情もこまやかに、諸藝にも達してをり、焼餅も焼かないといつたやうに、いゝことづくめに考へたてたら、それこそ限りも果てもないことですが、そんな上等なものが、私などのところへ來べき筈がありません。此方もそれだけの資格を具へてゐないのですから……。それを自身のことは考へずに、相手方には理想の點ばかりを數へたてて、自分には荷の勝ち過ぎる異性を、配偶者としたなら、それこそ却て悲劇の種を蒔くやうなものでありませう。

昔から『つり合はぬは不縁の本』と言ふのもそのことを言つたのであります。良人の方が理想的であつて、妻が平凡な女であれば、良人は不滿足に一生を送らねばならず、妻が理想的の婦人であつて、良人が平凡な男であれば、妻は生涯を面白くない心で過さねばなりません。いはばそれこそお互の一生を犠牲にするやうなものであります。双方に缺點があり、双方に短所があつて、お互にそれを帳消し合ひ、我慢し合ひ諦め合つてゆくところにこそ、夫婦生活の真の妙味があるのだと思ひます。

再婚者のやうに謙遜の心を持ち、細心な注意を拂つて、初めから結婚するのが過ちのないところと思ひます。戀愛は相手方のいゝところのみに惹きつけられて始まるものですから、絶對的理想的であるのに反し、結婚はむしろ反對に、相手方の悪いところをのみ知り抜いた上で迎へるのが、最も賢明なやり方であると考へます。

但しどういふ妻が良婦であつて、どういふ女が悪妻であるかといへば、私はまづ極めて旧式な婦人、純日本的の女性で、しかもその上、多少現代式の趣味を理解するものであれば、それが賢良な妻であると考へます。勿論これは戀人としての理想を言ふときとは、自ら違ふのであります。

(四)

女を生かして行くほどの男子を

畫家　埴原久和代

◆外形は第二義のもの

男子が婦人を選ばうといたしますときには、誰しも必ずその外形の批判を第一に加へるやうでありますが、たとへば美人であるとか、姿が好いとか優しみがあるとかいふ風に。しかし女子が男子を選びますときには、外形は第二義として、先づその内面的のものを選ばうといたします。精神的な人であるとか、人格者であるとか、男らしい男であるとかいふ風に。そしてもしそれが良人として選ぶ場合とすれば、その男子は尊敬すべき絶對のものでなければならないのです。と申して實際良人を選ぶことは、なかなかむづかしいことです。假りに三越にいつたといたします。そこに飾られてゐる總てのものはどれもこれも美しいものに違ひありませんが、さて自分のものとして買はうといたしますと、自分の氣に入つたものとか、趣味にかなつたものとかを選びださなければならないのですからなかなか面倒になつて來ます。まして生涯偕に生きてゆかなければならない良人を選ばうとすれば、そこにむづかしい問題が起つて來るのは當然のことでありませう。

◆女を生かし得る男子を

私は他の御夫婦を見ます。ところが私がかつて見た御夫婦のうちで、ほんたうに幸福らしい御夫婦はまだ見たことはありません。そこに何かの不自然さがあるやうに思へます。友人や戀人の間はかなり理解しあひ、尊敬しあつて結婚したやうな人でも、やつぱり世間並の型にはめられた御夫婦になつてしまつて、お互に退屈を感じて來るのです。殊に女子はその絆のためにもがきもならず、しまひには甘んじてしまふやうになつてゐるのですが、昔からの長い間の習慣や傳統でいたし方がないことゝしても、男子が女子を一段低いレベルに見てゐるうちはほんたうの意味の幸福な結婚はでき得ないと思ひます。とにかく妻として良人に望む第一の條件は、ほんたうに妻を理解するといふことであらうと思ひます。これは妻としてのみでなく、友人としても望むべきことなのであります。そしてそれは精神的な人格者でなければなりません。具體的に言葉で言ひ表せば、かう申すより他はありませんが、實際は夫婦とか戀人の間といふものは、理由も理窟もないのだと思ひます。友人同志としても、何でもない一つの癖が大嫌ひになつたり、その反對に缺點のない人でも、ある一つの癖があるために嫌ひになつたりするものですから、好きになつたり嫌ひになつたりするのは、ほんの何でもない、ちよつとしたものから起つて來るやうな場合が多いやうです。これは友人としてゞすが、良人を選ぶ場合にこんな感情で好き嫌ひをいたしますと、後でとんでもない間違ひが起つて來ると思ひます。要するに、かういふ問題はわかりきつたことのやうで、なかなかむづかしいものです。自分自身でもそのときの感情や境遇や同情などから、相手に惹きつけられるやうなことがありますから、そして女が惹きつけられるやうな男子は、圓滿な人といふよりは悲壯な境遇を經て來たやうな人により多く惹かれるものです。

女は男子によつて生かされてゆくといふことは、ほんたうであります。しかしほんたうに女を生かしてゆく男子は、幾人ありませう。大きい人格を持つた人ならば、たとひ多くの缺點があるとしても、その人格の光に總てのものは消されてしまふ筈です。もしさういふ人格をもつた人があれば、女はその前にひざまづくに何の躊躇をいたしませう。

(五) 奴隷でなく人の妻としての資格を

成女高等女學校長　宮田修

◉明敏なる頭腦が必要

時勢が變れば、それに應じて凡てのものも改まつてゆくことは物の順序で、ひとり家庭ばかりの問題ではありませんが、殊に今後の家庭は、その形に於ては、たしかに過去のものとはその趣を異にして來るべき筈であります。その如何なる點が變つて來るかといふと、まづ第一に考へられるのは、今までよりもより多く、また一層科學的に變化の起つて來るとであります。といふのは第一に家屋の構造などにしても、なるべく今までよりは經濟的に、そしてまた合理的になつてゆくであらうし、衣服も食物もこれに準じて改まつて來るのはいふまでもなく、家具類、裁縫臺所の道具類の末に至るまでも、日一日と科學の應用されたものを用ひられるやうになつて來るでありませう。たとへば電氣、瓦斯、或ひは自然の物理的の力を應用したものなどが用ひられるやうになつて來るでありませう。またこれと同時に、家庭生活の整理なども、いはゆる最近、合理主義などで頻りに唱へられてゐる能率の原理に基いた法則が利用されて、ここにもまたその意味から、生活を整理してゆかねばならぬ必要も、起つて來なければならないだらうと思ひます。

これらの影響はやがて一切の家庭生活を、過去の生活の如くだらしない——詳しく言へば、殆ど時間、勞力、經費といふものから超越した生活に甘んぜしめないで、もつと引緊めたものに變へしめてゆくのであります。從つて家庭を預る主婦は、餘ほど明敏な頭腦をもつて、絶えず社會から來る影響を考へ、そのよいものをとり、惡いものを避ける工夫をしなければならないのであります。それで今後家庭に入り、人の妻となるべき人は、從來の家庭の主婦とはよほど趣を異にして、第一にこれら外部から來る影響を觀察し、またその觀察したものを取捨選擇する判斷力を具へ、更にそれらを各自の家庭に應ゐつけてゆくことのできるだけの考察力を持つことを必要として來るのであります。

家庭生活がこのやうに變つて來るのは、何故であるかと申しますと、その主なる原因は、畢竟社會人類の生活が、昔とは異つて、次第に或る意味に於て逼迫して來たことに外なりません。例へば昔は氏といふものを主にして、その一門のものでさへあれば、賢不肖に拘はらず、お蔭をもつて生活してゆくことができたものでした。また昔のやうに、家族主義が完全に行はれてゐた時代には、その家の子でさへあれば、お互が寄つて集つて生存の保證を與へてくれたものでした。さういふ譯で、昔の人は自らゆつたりした暮しができてゐたのでしたが、しかし今日では最早や個人々々が、自分自身の力によつて世に立つてゆかねばならぬといつた時勢に變つて來てをるのであります。

◉家庭は唯一の安息所

祖先が如何に榮くとも、その人自身が榮くなければ、社會は決してその人を尊敬しません。一族の中に、如何に立派な人があつても、人は人、自分は自分といつた風で、更に働くべき力量を持つて、自らを支へてゆくのでなければ、世間が承知しないばかりでなく、自分も世に立つてゆくことはできないといつた傾向となつて來たのであります。

更にこれを將來にわたつて考へて見れば、恐らくこの傾向は益々著しくなつて、人の値打はその人自身の人物、または力量の上に認められることゝなると思ひます。

凡てかゝる世の中の有様ですから、從つて絶えずこれらの傾向に順應してゆかねばならないのはもとより、凡て時代が人々の心に餘裕をおかないやうになつて來るのであります。一刻もぼんやりしてはゐられないのです。そればかりでなく絶えず生活が人々の心を刺戟し、そして人々の心を苛々させるのです。殊に忙しい巷に立つて働く人の頭は、一層はげしく刺戟を受けて、同時に苛々した氣分が盛んになつて來るのです。かた〳〵會社銀行乃至諸役所に勤めてゐる多くの男子の頭は知らず識らずかうした傾きに進みつゝあるのであります。

そこでこれらの人々は、常に苛々した頭を持ちつゞけてゐることはとてもできませんから、かうした苛々した頭を靜かに慰められて、平かな感じに入ることのできる場所を強く要求するやうになつて來ます。そしてそれは家庭以外には見出されないのであります。

◉慰安者としての妻を

本來家庭といふものは、今更らしく平和の樂園でなければならないなどといふのでなく、それは初めから樂園でなければならなかつたので現に英國文豪ジョン・ラスキンも『家庭は平和の樂園なり。一切の疑惑、災害、並びに分離からの隱れ家なり』といふことを言つてゐますが、家庭の本質はこの短い言葉の中に盡されてゐると思ひます。男女のいづれたるを問はず、我々人間が、眞の平和、屈托のない、寛いだ心の棲家として求むるところのものは家庭に外ならないのであります。さやうな譯で今更ら家庭は平和の天地だなどといふのではないのでありますが、社會が次第にせち辛くなつて來るにつれて、人々も益々神經質にならなければならぬほど、社會との交渉が面倒になつて來た時代に於てはいよ〳〵平和の棲家として求むるものは、家庭をおいて他にないのであります。從つて多くの男が妻に要求するところのものは温かい同情と理解ある慰めに存してゐなくてはなりません。

従つて今後の妻たるものは、その良人に對しては、こよなき協力者であり、慰安者であることを旨としなくてはなりません。即ち進んで良人の人物職業を充分に理解し、絶えず種々なる刺戟に苛立つ良人の心の傾きを觀察理解し、その時時に應じた慰藉の途をたてねばなりません。恰も大政治家グラッドストン夫人が、或るときには疲れ果てゝ歸つて來た良人のために、その日の新聞を讀んで聞かせたり、若しくは文學の話をしたり、また或るときは散歩に連れ立つて自然の景色を共に樂しんだりしたことや、英國文豪カーライル夫人が、その良人のために、常に小説の讀み役となつたり、小さな論文を讀んでその主意を話して聞かせたりしたといふやうな意味に於て、慰安者たり、内にこれを助けるものでなければなりません。また時々の繪畫とか彫刻とか音樂とか、その他の藝術を理解して、良人の相手となることとくらゐは、いつでもできるくらゐの素養がなくてはならないと思ひます。これを充分になし得るためには、相當の素養を積まねばならないのでありますから、婦人もときには講演會、新刊の雜誌新聞などに注意し、時勢の進歩に後れない働きをしなければなりません。これらのことは過去の婦人は冷淡に過してゐたことであつたのですが、今後の婦人は最早やかういふ方面を閑却する譯にはゆかなくなつて來てゐるのであります。

そこでこれらの素養を積むために、相當の時間と相當の勞力とを費さねばなりませんから、日常の裁縫、食物の調理、家具の整理などを、なるべく短い時間で、しかも合理的に片づけてゆく方法をとることが必要となつて來るのであります。こゝに於て益々家庭に入る妻なるものは、明敏な頭腦を持ち、同時にその頭に映じたものを、日々實際に行つてゆく堅實な働きを示さなければなりません。かゝる婦人であるならば、今後の家庭に入り、自分の人たるの尊さを害はずに、その良人を慰めてゆくことのできる主婦たり得ると、私は信ずるのであります。しかして、これが反對にゆくと、人の妻ではなくて、單に奴隷としての妻となるより外はないのであります。つまり私の理想の妻は、奴隷たるの妻でなく、人たるの妻でなければならないといふことゝなるのであります。

（六）不完全な人間同志の結合ですもの

美容研究所主任　小口みち子

◇理解し合つた夫婦生活

結婚當時にあつては、誰もが經驗するやうな心持を、私も同じく經驗してきました。即ちあまり永い間の職業生活に、少しばかりの倦怠も感じてゐました。新しい生活の情味に思ひ切り浸つてゐたいやうなローマンチックな心持も、可なり多分に持つてをりました。もしかその當時主人が世の普通の男子の持つてゐるやうな虚榮心から、私の職業に携はることを好まないやうな氣分が濃厚であつたなら、色々と煩悶したり迷つても見たりした揚句に、或ひは大いによい女房ぶりを發揮するつもりになつて、仕事を捨てゝしまつて、一意專心家庭婦人となりすましてしまつてゐたかも知れないのです。

それは實にその結婚當時に於ける主人の態度の如何に依つて、どちらへでも定まつてしまうべき問題でありましたが、今となつて考へて見れば、幸ひにも主人は、共稼ぎから生ずる色々な不便も淋しさも、何もかも、よく忍んで堪へて呉れました。

それは私を理解してゐたといふよりも、寧ろ主婦生活から生ずる凡ての連帶責任が、自然さういふ態度に出でさせたものと私は觀察してをります。恐らくこれは間違つた見方でないと私は思ひます。

新しく家庭生活に入つた最初から、資性の特

43　「夫として何ういふ男を望むか　妻として何ういふ女を望むか」山田わか、沖野岩三郎、生方敏郎 ほか 『主婦之友』大正11年1月15日

分を私に委せはして呉れたことは、自分よりも遙に弱少なものと見たり、または必要なる家具と同一視しなかつたからのことで、それがまた私には何よりも〳〵有り難かつたのでありました。

元來が自分で進んで仕事を捨てなかつたのですから、それに對しての凡ての責任は、やはり自分が負はなければならぬものと、私は覺悟を極めました。卽ち一方では職業の有無に拘はらず、一家を支配し整理してゆく主婦の役目が縮減されることは少しもありません。それは丁度二重の役職となつて私の上にふりかゝつてきたことは當然の歸結で、これに戰つて打ち勝つことがもしできぬやうなことでは、私は生きてゆく甲斐もない、さうした腑甲斐ないものに自分をしてしまうてはならぬといつも思つてをりました。

◈基調を變らぬ愛において

一體家庭をもつた男子對婦人の關係は、男子がその妻の凡てを所有するか、さうでなければ殊に職業を持つた婦人の良人である場合には、大威張りに威張りぬいて寄生的生活をすることになつてしまふか、何れか兩方に傾き易いのですが、それがどちらへ傾いても甚だ困ることになるのです。妻の仕事に一々口出し手出しをして監督したがつたり、殺風景もなく寄生的生活をしたりせられると、どの道よい結果を見ることはできません。大體に双方が歩いてゆく道が一つであれば、些細な問題はよい加減にお互が大眼に見て許し合ふだけの態度がなければならぬのです。どうせ感情で生きてゐる不完全な人間同志の集まりですから、朝に夕に、ときには顔を赤らめ合ふやうな氣まづさが絶無とはいへないまでも、これはお互の間に葬り去つてしまつてまた新しい明日を建設してゆくことに努力すれば、今日のことは今日のことで忘れてしまつてよいのです。それは夫婦間のみの問題ではなく、人と人との間には常にかうしたことがたえないので、夫婦の間にもお互が許しあふといふ態度を忘れず持つてゐさへすれば、職業のあるために生ずる不和とか、不滿とかも何のこともなく一掃されてしまふことであらうと思ひます。

一體私は愛が基調とした夫婦でなければ眞の夫婦でないといふのは本當に眞理だと思ひます。しかし私にはどうしても戀愛至上主義を肯定することができません。殊に家庭を持つてから、子供が生れてから、職業に忙しくこの日々を暮してゆくには、とても戀愛中心主義や至上主義を遵奉しては、その煩にたえないのです。もしか主人がさうした哲學の所持者であつたら、それこそ大變な大迷惑を私は感じたことでありませう。私にしても昔はよく歌など詠んだものでした。小說なども非常に好きでした。しかし境遇と年代とは段々と現實が尊重してロマンチックな氣分からは遠のいてしまひました。主人にもよくこれに似た傾向があります。まづ似た者夫婦が寄り合つてをるのでありませう。同じやうなことを考へ、同じ道をどうにか歩いて行かれるといふことは、私に取つてこれ以上幸福なことはありません。

以上は私がかく信じてゐるといふまでのことで、多分は主人も同じことを思つてゐるのでせう。もしやさうでないとしたら、私もかなりお芽出たい人間になつてしまひますが、かく信じてゐることが、私に取つては嘘ではないのです。

要するに主人に對しては不平も希望も要求も何もありません。たゞ今のまゝの狀態を繼續してゆきさへすればそれで充分です。主人の職業は職業、私の仕事は私の仕事、家庭は家庭と、區別をなるだけハッキリとさせて、不手際ながらも兩刀の使ひ分けをしてゆくのです。何れは足りないことばかり多いのは知れてをりますが、それをさうさせてゐて呉れるといふだけで澤山で、それ以上望めば望むものが無理だと思ひます。

（七）私の好きな男性十五ヶ條

某實業家夫人　△△夫人

◆好惡は個人々々の問題

人間のもつ好き嫌ひの感情といふものは神祕的のものゝやうに思はれます。いろ〳〵の人がいろ〳〵の花を見るとき、一人は菊を好み一人は薔薇を、或る人はハイカラな西洋花を好みます。その場合は、人間は各自趣味が違ひますから、これを趣味の問題として考へるとほゞ解決がつきます。しかし人と人との關係になると、花の場合とは違つて、餘程複雜になり深みもできて來ます。花のやうに一見してすぐ好惡の定まる場合もあれば、或る部分は好きで或る部分の嫌ひな場合もあります。また花は先方から働きかけて來る力がないが、人間はお互に同等の生活力をもつてゐますから、こちらが好いても先方で嫌ひに思ふ場合もあります。それ等を思ふと、たゞ趣味といふ言葉だけでは說明がしきれない心がします。少し神祕的の言葉になりますが、人と人との間には各自のもつ魂の色とでもいひませうか、さういふもの〻相違があつて、それが相ひきもすれば反撥もして、生きた力を働かせるのではありますまいか。好惡の問題も考へて來ると大變むづかしくなります。そして一歩進めて趣味そのもの〻本質をきはめると一層むづかしくなりますが、さう深く考へないでも、何となく人を見てかういふ人は女に好かれる、かういふ女は男に好かれるといふことは、好き嫌ひの根據が趣味にあるとしても、もつと深い根本的のものであるとしても、確かに定め得ることだと思ひます。そしてまた人間を個人に觀ると『なくて七癖……』といふ通り、いろ〳〵の癖をもつてゐます。その癖は何でもないことのやうにも思へますが、實はその人の靈が覗き得る小さな窓とも見ることができます。好きであつた人が小さな一つの癖のために嫌ひになつたり、嫌ひだと思つた人の何でもない癖に心ひかれるといふことはよくあります。そんな思ふと、癖といふものはその人の靈の反映であるが故にともいひ得られます。

◆私は斯ういふ男子が好き

私は世故から得た經驗、靈の本心から來た癖、抽象的に見た男子觀などを集めて、どういふ男子が女に好かれるかを箇條書にして見ることにしました。

（一）一藝一能に秀でた人。

（二）知識も教育程度も自分より數等高い人。つまり自分より遙かに優れた知識と才能とをもつて啓發誘導してくれる人。

（三）鷹揚なこせつかぬ人。炭はいくらする、醤油は樽で買つた方が得だ、それ手洗水が濁つてゐる、女中の祝儀はいくらで澤山だなど〻世話をやかれては到底我慢ができません。

（四）金錢にきたなくない人。大抵の女は吝嗇な癖に、男の吝嗇なのは甚く嫌がります。殊に旅行したり遊山に出たときなど、金離れの惡い男子ほど厭氣のさすものはありません。

（五）細君の身の廻りを問題にせぬ人。但し時時は『その半襟はよく似合ふね』とか、『そんな髪が流行るの』くらゐのお世辭がなくてはなりません。

（六）偉大い男らしい人。さういふ人はいつも大船に乘つたやうな安心を女に與へてくれます。その偉大な力に抱かれることは何よりの喜びで

45　「夫として何ういふ男を望むか　妻として何ういふ女を望むか」 山田わか、沖野岩三郎、生方敏郎 ほか 『主婦之友』大正11年1月15日

あります。

（七）才氣渙發でない人。あまり才ばしつた人は深刻味がありません。目から鼻へぬけ通る男子は、何となく警戒を要するやうで親しみが感ぜられません。むしろ幾分か世に疎い方が好ましく思ひます。無論本質的には聰明でなくてはなりません。

（八）法螺を吹かぬ人。『大隈がどうした、三井がああいつた』と、天下の名士富豪を親友でゝもあるかのやうに吹聴したり、狐につまゝれたやうな大風呂敷を擴げられると、あまり鋭くない女でも『この嘘つき』と馬鹿にしたくなるものです。

（九）途上に轉んでる子供を起したり、電車で婦人子供に席を讓る人。それが他人に見せるためでは氣障ですが、自然の發露である場合、不用意のうちにその人の優しい人格がしのばれて懷しさに心ひかれます。

（十）他人の前で、妻君を賞揚ぬ人。誰も見ぬときには敬意を拂つて欲しいですが、人前では多少取すまして男子の權威とでもいふものを見せて貰ひたいものです。良人が二本棒に見えて來ることは、すべての破綻のもとです。

（十一）趣味性に富んだ人。文藝はもとより繪畫でも彫刻でも、または芝居にも園藝にも、すべてのものに相當の趣味をもち得る人は、確かに女の心をひく力をもつてゐます。

（十二）滑稽を解する人。年ぢう生眞面目の一本調子では家庭が緊張しすぎます。珍太郎のお父さんのやうに茶化してばかりゐても困りますが、しやれの分らぬ人も、玉の盃底なきの歎があります。

（十三）頭と歯と爪とを清潔にしてゐる人。男子のおしやれは實に厭ですが、といつて長く伸びた爪で頭をがり〳〵掻くと、蓬々とした髪の中から雲脂がおちるのも、あまりにむさくるしすぎます。約婚の男子が油垢によごれた手拭を持つてゐたのを見て、急に愛が冷めたといふ娘さんがあります。

（十四）他人の勞に感謝する人。その結果の如何にかゝはらず、人の勞を感謝するといふことは實に床しいものです。殊に自分より目下の者に對しての感謝の言葉を聞くとき、非常に美しく思はれます。もとよりこれも附燒刃では却て反感を抱かせられますが。

（十五）不快の感じのせぬ容貌をもつ人。好きと思へば菊石面も笑窪とかいひますが、男女が相ひく最初の力はやはり外形からも入つてゆくものと思ひます。眉目秀麗などは望みませんが、一見不快の印象を殘すやうな人は嫌ひです。

婦人に對する男子の要求 男子に對する婦人の要求

(一) 婦人の創造力を養成せよ

◇新時代の婦人の内容は斯くして充實される◇

吉島道之（姬路）

◇婦人の創造力の向上

現今の婦人に創造力が少いのは、大變遺憾に存じてをります。私がこゝに希望する創造力とは、決して奇抜なことを考へたり、むつかしいことを發明したりするといふのでなくして、自分がなすべき仕事に對し、舊套を脱却した創意をもつて、改善を施してゆくことができる能力を申します。現今の婦人がこの點に力を注ぎ、この點を考へてゐるものが、百人中に幾人ありませうか。中にはその考へは常にあると仰しやる方もございませうが、たゞ考へてゐるばかりでは、何の役にも立ちません。卽ち創造力に伴ふ實行力の乏しい人は、一つの空想家に過ぎないからであります。吾々が考へてみますに、一日の仕事に創意を施し、これに秩序を立てゝ實施したならば、どれだけ勞力と時間とを省くことが、できるだらうかと思ふのであります。

早い話が、現今中流以下の家庭にあつては、殆ど早朝から夜おそくまで、家の仕事に逐はれて、自分が自由に使用し得べき、時間さへない有樣ではありませんか。私はこれをもつて、決してよく働く婦人とは申しません。よく働く婦人とは、同一の仕事を短い時間と、少い勞力とをもつてなし得る能力を有する婦人を指します。その勞力と時間の餘裕を見いだすためには、いろ〳〵の工夫、卽ち創造力がいります。それで創造力の旺盛で、そしてこれを實施してゆくことができる婦人を、眞に覺醒した新しい婦人と申したいのであります。

かく申してまゐりますと、大變に抽象的で、理想に過ぎないといふ方もありませうが、私が具體的に申さないのは、たゞ創造力をどうしても向上せねばならぬといふ、私の希望、むしろ要求がお判りになれば、よろしいからであります。

私はこれからの婦人は、どうしてもかくありたい。さうして生活の改善を圖つて、自分が自由に使へる時間と勞力の餘裕を見出すこと

47　「婦人に対する男子の要求　男子に対する婦人の要求」　吉島道之、川和三代彦、矢野あき子、与田撫子　『主婦之友』大正12年3月1日

が、急務であると存じます。

◎時間と勞力の節約

次に要求するのは、時間及び勞力の節約觀念の向上であります。これは第一の創造力の向上の部に入るのが、當然でありますが、特に必要と認めて、新たに項をかへました。

この時間と勞力節約の觀念の乏しいことも、夥しいものです。節約と申しますと、單に物質上のことばかり考へてゐるのが通弊です。いかに創造力はあつても、この觀念が乏しかつたなら、決して理想が實現されないのです。いま一例をあげて申します。

ある婦人は家に出入する八百屋、または魚屋の値段が、公設市場より若干高いといつて、往復一時間もかゝるところを、毎日買ひものに行かれるのを例としてゐます。私は多くの買ひ物をするときとか、高價な買ひ物をするときには、決してこの一時間を惜しみません。即ちこれは時間と品物の價格との比較問題でありまして、若し時間の値が二つの品物の値の差より、小なるときには、公設市場に一時間を要してゆくのが利益で、これが反對のときには、出入の商人から求めた方が利益であります。たゞ一錢でも安ければ、それだけ節約ができると思つて、時間と勞力の節約を等閑に附せられてゐる婦人が、多數を占めてゐるのを見うけます。これは一例でございますが、その他にもこれに屬する例は、枚擧にいとまがありません。

かく申しますと、この説は金の不自由のないものに對して、適用ができるもので、貧乏世帶では時間や勞力の價値は、金錢の價値に比して、殆ど零に近いものであると思はれるでせう。そんな場合もありませうが、しかし時間と勞力の節約との比較問題は、單に物質上のみの節約問題とは別であるといふことをお考へください。かくの如く、時間と勞力を節約して、一體どうするのかといふ疑問が起ります。私はこれを他の有益な方面に、自由に使用したいからであります。

◎自己修養のために

前述のごとき要求によつて生じた時間と勞力は、その大半勉學の時間に使用したいと思ひます。私は婦人の學識を、もつと〱向上しなければ、滿足ができません。今日の男子は求妻の要件として、必ず學力の程度が加へられてあります。いや非常に重要視されてきたのです。それ何のためと改めて述べる必要はありません。それほど重視されてゐながら、その結果はどうでせうか。學校を出て二三年もたてば、學校で教へられた科目の、幾部分かの外、新しい知識といふものは、ほとんど皆無だといつていゝくらゐです。

重要なる學識に對し、兩親はもとより結婚後は、良人までが等閑に附してをりますし、また本人も頗る冷淡であるのは、まつたく不思議に堪へません。現今の婦人の多くは、餘りに男子に比較して、學識の程度に相違がありすぎます。

眞の良妻と申すのは、家政を整理すると同時に良人に慰安を與へ、また子女をも立派に育て上げて、ゆき得るものをいひます。良人に慰安を與へるには、相當に話相手になることくらゐは、できなければなりません。家政を整理するには、整然たる頭腦の働きを要します。これ等よりも子女の教育は、どういたします。親は單に子供を生長せしむるばかりが、決して役目ではございません。教育してゆかねばならぬ重大

な責任を有してゐるのであります。

教育と養育、この二つができて、完全なる親であると考へます。特にもつとも必要なる精神教育の如きは、母の感化をうけ、また母の教育に待つところが大でございますから、相當の常識や、判斷力や、新しい科學の知識等は有してをらぬことは言ふまでもありませんから。これがためには、ます〱知識慾の增進をはかり、學識の向上に努めることが必要であるべきです。

◈休養觀念が無い

休養が人間に必要なることは申すまでもありませんが、それを知りつゝ、現今の婦人はこの休養に對して、冷淡であります。その原因はやはり仕事に逐はれてゐるからだと存じます。常に新たなる鋭氣をもつて仕事をする、これが能率を上げる上について、大變な影響を及ぼします。また身體の强健が、人生の最大幸福の一つである以上は、どうしても充分なる休養が必要であります。これがためには各自の强健の度に應じて、充分の時間を割かねばなりません。今の婦人が、この觀念に缺乏して、常に無理なる仕事をしてゐることは、爭はれない事實であります。しかしそれは第一第二に述べました觀念がないために、餘儀なくされてゐるのであります。『よく遊びよく働く』といふ英國の格言は、ほんとにいゝと存じます。この觀念の向上を希望してやみません。

以上四つのとを述べましたが、煎じつめると私が女に對する要求として、創造力を增進して仕事の改善をはかり、それによつて得たところの時間と勞力とを、一つは學識の向上に用ひ、一つは充分なる休養に用ひるやうにして欲しいといふのであります。(賞)

（二）婦人は男子の智的伴侶者たれ

◇夫婦對等で話もできぬ現在の有樣◇

川和三代彦（水戸）

◇舊き殻を脱せよ

私どもが餘りに高く、自分といふものを評價しない程度で、所謂知識階級として、文化的な生活を營む上に、家庭の同伴者として、或は友人としての女性に對して、いつもある物足らなさを感じます。しかし普通にはそれ等の不滿も女性の通有性として看過されるか、或は女性一般の美德として、時には當然であると見なされる場合もありますが、しかしさうした觀容の中には、必ず女性を單に性的交渉においてのみ認めるといふ、非人格的見解が包含されてゐなければなりません。自覺した婦人が、それで納得される筈はありませんし、またその程度で、女性を認むべきものではなからうと思ふのであります。

『女性に對して理解を持て』といふことも、しばしば女性から要求されることでありますが、勿論ほんたうの意味に於て、その要求は尊重しなければなりません。けれどもその要求してゐるところの女性に對する理解の内容は、依然として時代錯誤の思想に、根ざしてゐることであつて、『女は弱きもの』といふこと、『男子に依賴してゐる』といふことに歸着してしまふやうに思はれます。要するに男性に對して、當然の要求を主張してゐるのではなく、泣きごとを並べてゐるとしか思はれません。この泣きごとをならべることは、女性一般の缺陷を暴露してしまひます。

私は眞の女性本然の美を擁護するとともに人格的女性承認を要求する素養をもつことを、女性一般に要求したいのです。次に女性が男の日常の會話に際して、もつと積極的な理解を持ち、尠くとも男性間の會話を傍聽して、倦怠を覺えないまでに、進んでいたゞきたいことです。兎角に婦人は感情的で、情に激すれば發作的にこれを行ふ性癖をもつてをりますが、持續的能力に缺くるところがあると思ひます。勿論冷靜な思考といふやうなものは、女性にとつて持ちがたい性質であるかも知れませんが、冷靜な思考といふほどではなくとも、感情的な問題以外においても、相當に考へたり話したりするやうに習慣づけて、男性の取扱ふ日常の會話には、退屈しないで同席できるまでに、進んで欲しいと思ひます。例へば家庭の婦人として、良人と日常親しく生活しながら、一朝來客に接して、良人が會談してゐる場合になると、妻は平生の挨拶とお世辭のほかに、言葉を挾むことができず、控へてゐなければなりません。これは往々私が目擊し、かつ私の家庭においても、經驗することでありまして、主婦といふ資格が女中の範圍に止まつてゐるやうです。

◇もつと智的たれ

學力の相違から止むを得ない場合もありますし、主人が學者風の會談をなす場合には、當然さうなければならぬこともありますが、普通の場合であつたら、例へば多少堅苦しい話であつても、これを最後まで聽くだけの忍耐と能力とをもつて欲しいものです。勿論趣味の相違かち、その會話の中に入るとのいやな場合もありませうが、多くの場合男性間の話題について、男性と同樣な理解をもつて欲しいものです。けれども男性間であつても、必ずしも萬人共通の趣味とか、興味とかいふものが、いつも話題になると限つたことはありませんが、社會人としての話には、深い淺いはとにかく、誰もその會話の渦中に入り得ることだと思ふのです。

例へば政治的な話や、物價問題のやうな一般經濟的な話題や、その他時局問題について、多くの男性は同じやうに、一つの話題を取扱ふことができますが、その中に女性が混入同座してゐる場合には、その話を極めて卑近な低級なものとしなければ、婦人は興味を持つことができずに、會話中に怠屈してしまふことになります。しかし話題が感情的なもの、人情話とか新聞の社會記事的のことゝか、或は臺所經濟に屬することゝか、子供に關する事柄については、婦人もまた立派な發言者であります。それのみか、時にはかへつて饒舌を弄しすぎる婦人さへあるやうです。これ等は多く、學術的能力の差異に由來することであるかも知れませんが、また婦人みづからが智的要求を放擲して顧みず、ひたすら日常の卑近な問題にのみ囚はれて、男性間の話題には、初めから無關心主義をとることに、原因してゐると私は思ふのです。

これは一見婦人の淑德ぶりがうかゞへて、良い風習のやうに見られますが、事實はこのために、男性の攻究慾がそがれて、知らず〳〵のうちに、男性を低級な會話の中に、引きおろすといふやうな結果になつてしまひます。家庭をもつと男がくだらないことを言ふやうになるとか勉强ができなくなるとかいふことも、多くは源をこゝに發してはゐないかと思はれます。

私どもが多くの家庭を訪問する際、主人と細君とに別々な話題をもちかけたり、或は主人と少しでも長い時間を會談する場合には、その細君に向つて、幾度か申譯をしなければならないといふのは、誠に不都合なことだと思はれるのです。恰度主人は辛黨、細君は甘黨であるため兩者に別々な土產を持つて訪ねなければならないやうなもので、かつ辛いものを食べてゐる間、いつも細君に申しわけしてゐなければなりません。こんな狀態で辛いものゝ眞味が、わからう筈がないと思ひます。

それも稀にあることなら格別、女性が團欒の中にゐる場合、いつでもきまつてさうであるとしたら、こんな窮屈な不都合きはまることは、なからうと思はれます。また女性にしたところが、現在の社會狀態において、家庭の婦人となれば、なほさら進んで學問するといふことも、なか〳〵なし難いことだと思はれます。

◎女性本然の活躍を

さうした境遇において、女性が啓蒙され、敎養されるのは、この男性の會話の中に同座して聽くよりほか、差しあたつて輕便な方法は、なからうと思はれます。

またこれによつて男性を理解し、男性の仕事がどんなものであるかも解り、その思想までもうかゞひ得ることであり、進んでは社會的に理解がなり立ち、男女同調をもつて進み得るのではないでせうか。單に低級な人情ものや、臺所のことにのみ女性の心やりが限られ、その外の事に無關心であることは、女性をしてますます男性の知識程度から、隔たりを持つばかりで、男性を發展させる內助などは、思ひもよらぬことであり、女性本然の活躍もできないことゝ思ひます。

勿論女性特有の仕事までも放擲して、男性に伍してゆくといふやうな、極端なことはよくないとしても、せめて男性に離れまいとする、智的欲求を持つて、倦怠の時を少くするやう心がけてほしいと思ひます。

一方には男子も及ばぬ立派な女流作家や、種々な專門家まで輩出する現代に、大多數の女性が、まだ家庭で男性の日常の會話にさへ、倦怠を催すといふのは、甚だしい懸隔でなければなりません。ある米國の婦人が『日本の男子は私に數歩おくれて歩くが、女子はさらに、その男子に數十歩おくれてゐる』といふやうなことをいつたのを、記憶してゐます。要するに鳩のやうな可憐な少女時代の勉強を、遂に學校以外に持ち運ぶことができず、つまり學問が身につかずに、不消化に終り、やがて一家の主婦となつてからも男性に依頼しすぎて、『私にはよく判りませんが』といふ謙遜の言葉その通りを實行してしまふことは、甚だ考へものだと思ひます。

現代の女性は、さうまでして僭越といふことを恐れる必要はなからうと思はれます。このやうな退嬰的な女性の性癖だけは、是非矯正して欲しいものです。

このほか『イエス』と『ノー』とを確然といひ得ないで、いつも不明瞭に表現する性癖も、女性特有の悪癖と思はれますが、それは上に述べた事柄と同様、智的進歩に伴つて矯正されることゝ思はれます。（賞）

（三）男子も家庭を愛して欲しい

◆婦人と家庭に對する男子の責任を詰る◆

矢野あき子（神奈川）

◆家庭を愛せよ

私は男性に對して女性をよく理解していただきたいことを望みます。女を一個の人間として敬愛し、意見も聞いていたゞきたいと存じます。男子より一歩下の人間と見ずに、同じやうにその意見を尊重して、もつと〳〵親しみ合つてくださることを、お願ひしたいのでございます。そして男の力で、親切に導いていたゞきたいたのです。

男が勝手なことや無理を仰しやらずに、やさしく思ひやりのある態度ででてくだすつたら、私たちはどれほど感謝し喜ばしく感ずるでせう。そしてお互によく理解し合つたら、どれだけ幸福でございませう。そこには不平も不滿もなく、清らかな愛と平和のみが、たゞよつてをります。

女は男のやうに、外に出て働く手腕はないかも知れませんが、男子を慰め力づける大きな美しい愛と、やさしい心をもつてをります。夫婦の場合、女は良人のために、よりよき妻であれかしと、いつも祈つてゐるのでございます。そして良人が家庭を愛することを切に望むのでございます。家庭を王國として花園として、樂しんでいたゞきたいと思ひます。『女がどれほど家庭を樂しませることについて、心を用ひてゐるか、そのやさしい心持を理解してください。家庭を愛してください。』と私は多くの男性に向つて、言ひたいのでございます。家を外にして戯れの戀に自分を投げだして、自分を樂しましてゐる人々を見るとき、情なくて涙ぐましいやうな氣分になるのでございます。それは永遠につゞく美しい夢ではありません。それよりも妻の手料理で、家族もそろつて、賑かな楽しい卓につく喜びをわかつてください。妻のやさしい心づかひを、いたはつてやつてください。外で遊んだりなさるのも女といふものを、妻を理解してくださらないからでございます。敬愛してくださらないからです。

女は男から愛されたい愛されたいと、願つてをります。そして愛されることを、どれほどありがたく思ひ、喜ぶか知れないのです。それに反して男からつれなくされゝば、女の胸はどれだけ痛み、悲しみと苦しみで、一ぱいになるかしれません。どうぞそのいぢらしい心理を、よく知つていたゞきたいのです。

㈦外部の交際を節して

家庭のことについても、できるだけ相談していたゞきたいと存じます。お互に信じあつて、何ごとも秘密なく、うちあけ合つてゆきたいと思ひます。苦しいことがあつても自分の胸に納めて、むづかしい顔をしてゐらつしやらずに、相談してくだされば、二人の力でどんな道を見出すか知れません。家庭には何の秘密もなく、いつも〳〵愉快にしたいものです。家族がみな笑顔で暮してゆけたら、不和などのおこることはございません。そしてお互に毎日氣持よく暮してゆけます。

女と馬鹿にせずに、分らぬところは親切に教へみちびき、お互に助け合つて、喜びや悲しみを共にしてゆきたいと存じます。そしてどこへ連れてでても恥しくないやうに、眞心こめて導いていたゞきたいと存じます。外へ出るのに、用事のほかできるだけ妻をつれて行つていたゞきたいのです。女は大抵の場合は、家に引つ込み勝ちですから、旅などをする場合には、共に行つて自然に親しみ、異つた風俗を知ることもよ

53　「婦人に対する男子の要求　男子に対する婦人の要求」　吉島道之、川和三代彦、矢野あき子、与田撫子　『主婦之友』大正12年3月1日

い經驗となると思ひます。自然に親しむといふことは、人間の心をしづかに平和にいたします。毎日いろ／＼な心配をしながら、一生懸命働いて、ときにはさうした山水の美に接すると、平常の心配も忘れ、のどかな晴々しい氣分になつて、大變よいことだと思ひます。芝居などに行くよりは、もつと價値があることだと私は思ひます。

男は男らしく、さつぱりして頂きたいと存じます。口汚く罵つたり、臺所のことなどをとやかく言つたりするのは、大變にみにくいことだと思ひます。臺所のことなどは、一切女が心配いたしますから、まかせていたゞきたいと存じます。女中などのことについても、口だしなどはしないで頂きたいものです。大變やりにくく不愉快なことが多くなります。

それよりも一家の經濟といふことを、よく考へて頂きたいと思ひます。さういふ方面は男は至つて暢氣ですが、女は一家の經濟といふことについて、いつも／＼頭を惱ましてをります。どうしたらもつと家政を上手にやつてゆくことができるか、できるだけの節約をして行きたいと苦心してをります。毎月きめられた月給で、着物のこと食物のこと、また交際のことなども、一切してゆかなければならないのです。男には家政の心配などは、耳に入れないやうにと、どれほど苦心してゐるか、それを思つたら交際などのことについても、できるだけ節約して頂きたいと存じます。

◇丁寧な言葉遣を

女と生れた以上、誰でも虚榮心があります。美しい着物がきたい、おいしいものが食べたい、芝居にゆきたい、多くの女の人はきつとさう思つてをります。誰もがその望みが無いわけではありません。したがつて不平も起つてきます。貧しさに對する不滿も感じます。しかし家庭を愛すればこそ、良人を愛すればこそ、虚榮心も不平もすてゝ働くのです。それをよく理解して、一家の經濟といふこともよく考へてください。

言葉をもつと丁寧にしてください。言葉がいつも丁寧であれば、喧嘩などの起ることはないと存じます。言葉がぞんざいになりますから、自然と敬愛の念もうすらぐわけです。お互に注意して、言葉をつゝしみあつたなら、不和などの生ずることもないと思ひます。家庭に於てばかりでなく、世間に出ても言葉の丁寧な人は、何處へ行つても尊敬されます。

男女の場合の戀愛關係は、何處までも眞面目でありたいと存じます。男が何處までも充分責任をもつて、お互に信じあつて進んでゆきたいと存じます。男が不眞面目であつたり、無責任であつたりするために、世間にはよく悲劇が起ります。女にとつては一生涯の破滅になる場合もあります。女に節操が大切であると同樣に、男も節操といふことを重く見ていたゞきたいと存じます。節操のない男は尊敬に値しない男だと思ひます。

戀愛上においては操は一番大切なものです。男を何處までも信じることのできる、男らしい立派な男であつてください。

愛は人生において、一番美しい淸らかなものでございます。特にもえ始めた、これから伸びようとする愛の芽は、何よりも尊いものでございます。その美しい愛の芽を、いたづらにふみにじらぬやうに、望むのでございます。親子の愛が絶對であると同じやうに、夫婦の愛も絶對でありたいと願ふものでございます。（貞）

(四) 家庭の主婦から主人への要求

◎主婦をして家庭から解放されんことを望む◎

與田撫子（福岡）

◎主婦の立場から

私は平凡な家庭の一主婦にすぎません。まだ娘だつたころは、男性とか女性とかいふ問題についても、相當考へてゐるつもりでした。けれどもこの頃になつて、實際男性に接してみますと、ます／＼女性の力の賴りないことを認めないわけにはまゐりません。私の良人は帝大法科の出身ですが、私も女子大學の文科を修めた身でございます。しかしいづれの方面から見ましても、兩者の差は餘りに大きいのです。

私などは一度家庭に入りましてからは、とかく家事的な雜務に追はれがちで、專門的な新刊書に目を通すどころか、毎月二三冊の雜誌を精讀するのがやつとなのです。それですから終日外にゐて、新らたな見聞をひろめてゐる良人とは、ます／＼かけ離れてゆきます。とき／＼良人の專門雜誌などを開いて見ましても、單に字句を理解するにすぎず、內容はよほど幾度か精讀しなければ、判らないといふ始末です。新聞を見るにしましても、その興味を感ずる點は、遙かにちがつてをります。先日も何かの話から、幾何や代數の問題がでましたが、卒業後ほつたらかしてあるために、お恥しいことに、重要な定義なども大方忘れてゐました。

『お前の方が、よつぽど記憶が新らたなわけだ。學校を出てから、三四年にしかならないのに』と良人にいはれましたとき、私は全く一言もありませんでした。私は何にも高い學校へ行つたから、必ず頭が進んでゐるとは思ひません。しかしとにかく普通以上、學問のために時を費し、しかも相當の成績をあげてゐた私が、まだ／＼現代一般の女性は、男性と同等の待遇を要求する資格はないと思ひます。そして女性は、もつと／＼向上することに努力しなければならないと思ひます。

しかし私とても男性に對する要求は、數々もつてをります。その中でも特に主婦としての立場から、左の三ケ條は、ぜひとも聞いていただきたいと存じます。

◎妻を導くこと

一、眞心をもつて女性の向上を助けていたゞきたい。

女性はもつと向上しなければなりません。しかし家庭といふ城の中に、家事に追はれてゐる女性にとつては、男性の援助によつて、初めてその實があるのだと存じます。第一に廣く世の中の見聞をひろめる、時間と機會とを與へていたゞきたいと存じます。たまには爲になる講演會などにも、出席できるやうに、また日曜などには、なるべく小旅行などを企てゝ、主婦を家庭から解放して頂きたい。次には懇切に敎へ導いていたゞきたいと思ひます。良人の職業方面の知識など、知りたいと思つて聞きましても、面倒なのか必要がないとの考へからか、ともすれば、そんなことはどうでもいゝとか、女なんかの知つたことではないとか、一言のもとに退けられてしまひます。

家庭敎育といふものは、何にも子供にばかり

55　「婦人に対する男子の要求　男子に対する婦人の要求」 吉島道之、川和三代彦、矢野あき子、与田撫子 『主婦之友』大正12年3月1日

必要なものではありません。良人たるものは、妻をも教育して、一歩でも自分に近づくやうに引き上げていたゞきたいと思ひます。それから讀書について、今少し同情と理解とを持つていたゞきたい。男性の方々は、とかく私どもの讀書を嫌ふ傾向があります。『本なんか讀む暇につくろひ物でもした方がいゝ』と口では言はないにしても、かうした考へを持つてゐられる方が、まだ〳〵澤山あることゝ存じます。

難解の字句の意味や、英語の譯などを伺つても、うるさがつたり敎へ方が不親切だつたりすることがよくあります。そんなときは女性にとつては、本當に悲しいものです。

先日もある男性の方が、今の女は本を讀んでも駄目だ。讀みつぱなしだから、何の役にもたたない。せめて良人の專門雜誌くらゐは、讀みこなして、必要なところは、線を引いておいてくれる位でなくては、と申されました。御もつともなお話でございます。しかし私は申しあげたい。それではあなた方が、さういふ風に導いてください。それは女性自身にとつても、本當に望ましいことなのです。

二、家庭をもつと神聖なものに考へていただきたい。男性がある階級の女性たちと交り、また酒食の巷に出入するのは、交際上やむを得ないことだと思ひます。しかしこれを家庭にまで及ぼすのは、どうかと思ひます。いくら酒の上とはいへ、敎養ある立派な紳士が、聞くに堪へないやうな言葉や、その女性たちの噂や、甚しきに至つては、その女性たちと妻との比較などを、家庭において口にすることは、愼んで頂きたいと存じます。子供の敎育上から見ても、困つたものだと存じます。殊にまた可笑しな習慣で、それ等の女性たちは、奥樣と親しく交際するのを光榮としてゐるさうです。

そして男性は自分の妻が、それ等の女性と他意なく交つて、粹なさばけた奥樣といはれるのを、誇りとしてゐるやうに見えます。また世の中でもそれを怪しみません。むしろほむべき婦德としてゐるやうであります。それゆゑ妻の方でも、喜んでその女性たちと交際してゐます。さうすれば八方が圓滿にまゐります。しかし妻である女性にとつては、それはかなり苦痛なのであり、また大なる侮辱であると思ひます。私は何も嫉妬がましいことをいふのではありません。けれども立派な主婦であり、人の妻である女性が、自分の意に反してまで、そんなことをする必要がどこにありませう。それは女性屈辱時代の歴史的遺物です。男性の方には、もう少し家庭を神聖なものに考へていたゞきたい。そしてさうした女性たちに送られて歸るのを、誇るといふやうな心持を、すてていたゞきたいと存じます。

◇自我を抑へよ

三、もう少し自我をおさへていたゞきたい。もとより家庭といふものは、主人を中心にして結合すべきものであります。主人あつての主婦であり、召使であるべきです。主人は一家の太陽であり、王でなければなりません。しかしその王は、とかく暴君になりがちです。主人の權威は認めます。しかしその權力は、あまりに惡用されがちです。主人一人の我儘のために、主婦や召使がいかに多くの時間と勞力とを、費さなければならないかといふことを、世の男性たちに考へていたゞきたいと存じます。また主人の我まゝのために、如何に主婦や子供たちの自由が束縛されるかといふことを、考へていたゞきたいと存じます。

以上は私の貧しい經驗と知識とから、考へついた點でございます。しかし私は心から右の條々を、家庭の主人である男性の方々に、要求してやまない次第であります。（[illegible]）

大野博士の暴行事件に鑑みての 婦人貞操保護問題

婦人貞操問題の脅威として、最近世上を騒がした大野醫學博士の暴行事件の發生以來、隨所に同樣の忌はしい事件が頻發して、一般識者を顰蹙せしめてゐますが、苟もそれが婦人の生涯の運命を左右するところの貞操に關する事柄である以上、それ等の事件を單なる事件として輕々しく看過することはできないのであります。本誌がさきに新聞紙上に於て蒐集した、大野事件を中心としての婦人の貞操問題に關する意見數千篇の中から、特に選んで發表したこの代表的五篇は、時節柄訓へられるところの多いものであることを信じます。（記者）

(一) 貞操保護の根本問題

◆自分を強く保つ事が唯一にして最後の武器◆

大町しづ（東京）

◆男子の貞操觀念の痲痺

『博士ともあらう人が。』かうした言葉が、あの記事の新聞を讀むほどの人の脣に上つたとでせう。實際私どもの男性の獸性に對する恐怖そのは極度に達しましたやうに、穩かな乙女心に受けられた令孃の驚きと惱みとを思ふとき、眞に燃えるやうな憤りを覺えさせられるではありませんか。

被害者が良家の令孃であつたゝめに事件が大きくなり、その保護者も司直にまで持ちだして、暴行悖德を飽くまで糾彈し、正當な制裁を加へる態度にでられたことは、誠に當然なことでした。かうした事件のなりゆきの多くは、被害者たる婦人が決然とした態度を取らないで、泣く泣く闇に葬り去り、或ひはひとしほ醜惡の淵に沈んで、悲しい社會劇を築きあげがちでありました。社會はまたかうした出來事に對し、極めて周到な見地に立つての同情を持たねばなりません。

今度のことでも、令孃が死力を盡して守られたならば、或ひは昔から『金脚の簪も伊達ではないと敎へたではないか。』といふ感じがないでもない。しかしたとへさうであつたとしても、決して冷たい眼で見てはなりません。すべての事情を考へるとき、罪は勿論博士のものです。これに類した男子の横暴な不可抗力と、社會の冷たい白眼にあつて、悲しい哀れな同性淪落の女も生れゆくではありませんか。

このやうな記事を讀まされては、世の親達も考へませう。娘には護身の術もある程度まで必要だ、或ひはかうした場合、看護婦なり書生なり、第三者を侍らせるべき筈だなどと、諷刺畫にでもありさうな、滑稽な場面を想像することも、決して笑ひ事としては過されません。今度の事件に鑑みて性教育研究會が、各學校に對し課外としてゞも、性教育科を設けようとの企てを起し、奮起せられたとのこと、その程度方法については、勿論非常に研究を要すべきでせうが、全然不必要だとはもう誰もいはないでせう。司直としても充分に嚴重な態度をとられることが、貞操保護の上に極めて重要なことはいふまでもありません。

しかし汚れない水を溜めておいて、一方から一生懸命その滲潤を防いでも、それは無駄な骨折です。私どもゝ貞操問題に對し、今すこし根本に遡つて考へねばなりません。一體今までの社會では、この點に於て女を責める割合に、男性に對し餘りに緩かでありました。且つ男性の貞操觀念が、その嚴肅さを缺いてゐるといふばかりでなく、女自身もまた長い間の生活になれて、男だものと許すのをむしろ當然としてをりました。

しかしこれでは女の立場は、一層困難なものとなるわけです。長い間しへたげられ苦しみ通して、遂に獸性のやうな男女の世界を築きあげ、數へきれぬ悲劇を社會に殘してまゐりました。そして結果はまた男性をも、不幸に陷入れました。現在の社會問題の最も重要な地位を占めてゐる婦人解放、勞働等の問題の禍根を考へて見るとき、大磐石のやうに横はつてゐるのは、實にこの男子の貞操觀念の痲痺といふことです。

◆貞操保護の根本問題

今度の事件でも、博士に貞操に對しての尊嚴な氣持があつたならば、たとへ令孃に對し燃えるやうな戀愛の情を覺え、またそこにどんな瞬間が横はつたとしても、あのやうに淺間しい事件は起らなかつたでせう。獄中に悔悟の涙に暮れてゐると傳へられる博士も、靜かに省られるとき、その血管に男子の淫蕩的な血のみながつてゐたのに、今さらのやうに驚かれることでせう。

貞操保護の根本問題としては、法律上にも幾多の改正を要すべきものがありませう。たとへば姦通罪の如きも、婦人のみに適用せられるものとすれば、たとへその解釋がどのやうであらうとも、女性にとつては大なる侮辱でせう。今俄にこれを廢し得ぬ、種々なる理由があるとしても、公娼制度の廢止の如きも、實現を期して進まねばならぬ。また婦人の奴隷的生活が、經濟的立場から助成されてをることを考へるとき、この點に於ても婦人が現在より優越な地位に進まねばならず、法律も社會もまた充分なる保護を惜んではなりません。

かういふ目的のために、社會の表面に立つて運動する婦人に對しても、眞面目な厚い感謝と同情とを捧げて、陰に陽にこれを助けてゆかねばなりません。しかし求めるために、聲を大きくして叫ぶ前に、更に〱大切なことは、女性自身が正當な權利と尊敬とをうけるに價するものを、果して確實に持つてゐるかといふことを、靜かに反省して見ることです。

永い間の奴隷生活に慣れ、社會的弱者の地位に立たれた婦人は、人としての陶冶の上にも、また男性との間に遥かな隔りができてゐるといふことを、どうして否むことができませう。

貧すれば鈍するとやら、屈辱的な生活も慣れては、さのみ苦痛ともならず、いつしかその境地にふさはしき弱きものとなり果て、更に男性の侮蔑を買ふといふ結果になります。男性の有する女性の概念を割つて見るとき、その殆ど大部分は、これに近接する婦人の與ふる感じで築き上げられたものだといふことは、決して過言ではありません。一人の充實した女性の他の人に與へる感じが、女性として人として美しい尊い勝れたものであつたならば、一人の近い男子を動かす力とはなるでせう。母はその愛し子に妻はその良人に、かうして一人が二人といふやうになれば、やがては根柢から社會を動かす力となります。

一人の力ではだめです。女性全體の力に待たねばならぬ。しかもそのうちの一人一人であることを忘れてはなりませぬ。私共の考へ、用意し戰はねばならぬのもこの點にあります。如何に考へ用意したからとても、狂犬に咬まれたにも等しいこのやうな出來事を、根絶し得ることはもとより言ひ得られることではありませんが、それも程度の問題です。

次から次へと相ついで起る社會の悲劇から、一歩を遠ざかることは容易いことでせう。實に自分を強くすることは、貞操保護の問題に於ても、最初のそして最後の武器であります。

この意味に於てあらゆる階級の女性に、最もひろく接し得る機會を持たれる『主婦之友』のごとき權威ある雑誌が、かうして研究的な態度をとられ、女性のための先驅者となられることは、その使命でありませうが、私達としてはまた充分に感謝し、充分に利用してゆかねばなりますまい。雑誌を向上せしめると否とは、讀者の聲のまゝなることを胸において……(賞)

(二) 悲劇の原因は性的無智

◇性教育尚早論者に與へる私の意見◇

奥田秀子(東京)

◇性的無智から起る悲劇

橫濱市に起つた大野博士の事件に對して、私は母親として若い娘等の貞操を如何にして保護すべきかに就いて、意見を申し上げたいと思ひます。私は若い娘等の貞操を保護するには、周圍のものが常に注意するのは無論ですが、自發的に卽ち性の自覺によつて、自ら保護をするのが、一番完全であると信じてをります。しかし自ら自分の貞操を保護するには、性の根本知識を知つてをらねばなりません。

文明の促進と共に、男女の交際も昔とちがひ、次第に自由になつてきた今日、昔から性に關しての知識を少しも授けられなかつた日本の女子が、この急速な異性との交際が行はれるやうになつたゝめに、性的知識の根本を知らず、徒らに外面的性の知識を得て交際をするので、しばしば取りかへしのつかぬことが起るのだと思ひます。ある家庭ではこの危險を防ぐために、昔のごとく嚴格に性といふことに關する知識を與へず、殆どその娘に性の如何なるものであるかといふことを知らせないやうな敎育法を取られる方もありますが、この方々はその結果として、もし今度のやうな事件に出會へば、忽ち取り返しのつかぬやうなことが起るのです。また一方その子女も無意識の間に拭ふべからざる傷をつけられるのです。

私はこの問題を新聞で見たときに、その娘御に對して眞にお氣の毒に感じましたと同時にその御兩親が娘御に性敎育を與へてゐられなかつた點について、歎かずにはゐられませんでした。私は常から娘に對して、小學校へ入學する頃から、ぽつ／＼性的知識を根本から敎へてをります。

　それは性とは如何なるものであるか、また如何に尊重すべきであるかの理由を、分りやすく眞面目に敎へてをります。これは子供時代から敎ふべきもので、その頃から敎へておけば、成長の後にも、性とはどういふものか、そしてそれは如何に尊重すべきものであるかを知つてをりますから、すべての危險に對して、平然として防ぐことができます。その方法として一例をあげますと、私は娘に如何にして花に實を結ぶかを實地の花について敎へ、そして次第に蟲類から人間に及ぼし、性の尊重すべき理由として、古來の道德的見地から說いた夫婦關係を敎へ、人間が萬物の靈長たる所以は、卽ち眞面目に自己の性を尊重するところにあるといふやうに敎へ、娘たちの性的方面に對する自尊心を起させるやうにいたします。

◉性敎育の必要なる理由

　このやうにして幼時から何かの機會あるごとに敎へておきますと、娘たちが年頃になりまして、異性と交際いたしましても危險が少く、また今日の大野博士事件のやうなことも、未然に防ぎ得ると思ひます。かうして性敎育をいたしてをりますので、宅の娘などは性といふことに對しては、大變眞面目に理解してをります。

　ですから近所の子供や學校のお友達などが、淫なことでも話してをりますと、耻しがりもせずに、そんなことをいふものではないと、子供ながら親切に眞面目に忠告します。私は大變うれしく思ひました。私は宅の娘が年頃になりましたら、自由に男子と交際させるつもりでをります。といつて正體の分らぬ人や、不良性をおびてゐるものは別ですが――女の心さへ確であれば、如何なる男が誘惑しても、それに打ち敗けることはありません。

　しかしこれも道德一方でおさへつけて、性的知識のない女は、ひよつとするとしらず／＼の間に誘惑に陷入ることがありますが、性的知識を備へてゐる上に、道德觀念を持つてゐれば、それこそ大丈夫で、男子の方との交際にも、また結婚して一家を作つても、安全に幸福に暮すことができます。

　これは家庭のみでは足りません。學校でも、ある年齡に達した娘御には、相當に性敎育を施す必要があります。現在ある一部の方は、盛んに性敎育の必要を說いてをられますが、またある學校の先生のうちには、現在では時期がまだ早い、今これを敎へると却つて危險があるといふ方もあるやうですが、今後文明が一層促進し男女關係が複雜になつてゆくに從つて、性敎育を與へるのは困難だと思はれます。ですから現在でも時期が少し遲れてゐると考へられるくらゐです。一日も早く性敎育を學校で行はれるやうにしたいと思ひます。

　申すまでもなく家庭に於てもこの敎育は必要だと思ひます。幼き子女に對して、直ぐに性に關することは、汚らはしいものであつて、性に關する話は耳に入れてはならないといつたやうな考へをもつてゐる親御方は、昔風の頑なゝ考へをすてゝ、前の轍をお踏みにならぬやうにお子樣方へ性敎育を施しになるが至當だと思ひます。

　大野博士事件ばかりではありません。性的觀念のないために、一生をあやまつた女がどのくらゐありますか、私は毎日の新聞紙上に掲げられてゐる哀れな女の多いのを讀むごとに、歎かずにはをられません。

　モーパッサンの『女の一生』の如く、性的知識の全くない女が、たとへ良人を持ち家庭を作つたとて、どうして一家團欒にゆくことができませう、つひには良人の愛を失ひ、悲しく寂しい一生を送らねばなりますまい。また現在多く見ます若い女が、外面的性知識のみを知つて、その性に於ける道德的觀念を知らないで性の放縱に流れ、ゾラの『女優ナナ』の如き小說の表面を見て、それを性の本質と考へ、眞實の性の本質を知らないために、結婚せずして子を持ち、また良人を持つてゐながら、他の異性と關係するやうな事件を惹起し、性の尊重すべきを知らないで、つひには自分の人格は素より、一生をも亡ぼすやうになるのです。

私は大野博士事件が公表された機を幸ひに、貞操を保護する必要上、娘御をお持ちになる親御様や、女學校當事者の方々に對して、是非ともこの性敎育を他の學科と合せて、お敎へくださることを望んでをります。(賞)

(三) 死を以て當るの覺悟

◆私は斯くして危難を遁れる事を得た◆

新井壽子(千葉)

◆死をもつて抵抗せよ

私はこれまでこの問題について、いくたびも世の御婦人方に、御忠告いたしたいと思つてをりましたが、平常別に何ごともないときに、滿腔の熱誠をもつて御忠告しても、感じが薄いだらうと今日まで過しましたが、今回大野博士の事件について、大分御婦人方の鋭い神經に、非常な刺戟を與へてゐるときですから、私自身の經驗と、他に二三の實例を擧げて、聊か御參考に供へたいと思ひます。

今回の大野博士事件は、相手が醫學博士といふのですから、藥物的の或る祕密の手段によつてかも知れませんから、これ等はまた特別に申さねばならぬ點もございます。

女は兎角心も體も弱いものにはちがひないのですが、この弱いものも何か或る覺悟の上には、決して弱いものではありません。婦人方にもいろいろな方があります。小學校にも滿足に通はない、ごく無學な婦人で、何も分らぬのや、ごく年のゆかぬ子供、または羞恥の念に乏しい賣笑婦などは別として、普通の婦人方にも理性の勝つた方、感情の強い方、その性格はいろ〳〵でありませうが、要するに覺悟でございます。確かりした覺悟があつて、しかも相當の修養があれば、大抵は避けることができようと思ひます。

このやうな場合にあたつて、徒らに大聲で泣き叫んで、うろ〳〵うろたへてゐてはなりません。まづ心を落着けて、相手の如何なる性質の人かを認め、それ相當の抵抗をして、いよ〳〵逃げられない切羽詰つた場合には、どうするかといふことでありますが、私は死ぬことでございます。人が死を決したときほど、強く尊いものはありません。

近頃の御婦人方の中には、自分の尊さを忘れてゐる方はないでせうか。天より至尊の靈をうけ、親より至重の肉體を授けられ、天地の間に至大至重の使命を持つてゐる婦人方よ、あなた方の靈と肉體とは、あなた方が勝手に造へたのではありません。どこまでも天與の使命を高く潔くお果しにならねばならぬ至大至重の御身を野獸のごとき無禮横暴なる男子の蹂躪をおうけになるより、一層一思ひに淸く天に歸つていただきたいのであります。そして短かくとも小さくとも、美しいものになつて戴きたいのです。

◆危難を遁れた私の實例

私は昔氣質な士族の家に生れ、學問とてもない至つてつまらぬ女でございますが、幼少のときから不思議にこの覺悟を持してをりまして幾度かいろ〳〵の危難に遭遇いたしましたが、不思議にもよく逃れて今日あるを得ました。男子の暴行に對した場合も、やはりこの覺悟が效を奏しまして、ことなきを得たのです。

最初は私がやうやく九歳の春でございました。村の十六歳になる不良少年でした。私を甘言でだまして養蠶中の一室に誘ひ、すでに危い場合に、私は驚きながら蠶棚の下の桑切庖丁を摑んで自分の咽喉を切らうとしました。この有様に流石の不良少年も、びつくりして跣足のまゝ裏口から逃れました。

その次は十九歳の秋、ある温泉場の小學校に奉職中でした。村の西北S川の上流で、紅葉を賞してをりましたとき、在の若者二人に、渡るも危い丸木橋の前後からおびやかされました。下は深さも知れぬ淵でした。前後から押へられた私は、例の覺悟をいたしました。三人一緒に落ちてしまふつもりで、横ざまに倒れようとしましたら、後の方の男が、足を踏みはづして川に落ちましたので、前の男が私の體を支へたので、そのとき私は自分の落ちるのを覺悟して、相手の胸を力まかせに兩手で突きました。私は不思議に落ちずに、丸木橋を這ひ戻つて、命から〳〵走り歸り、お世話になつてゐた村長の家に行き話をしますと、大そう喜んで赤飯を蒸して、祝つてくださいました。

川に落ちた二人は、人に助けられたさうですが、それからは懲々して、一人ではどこへもでかけませんでした。

その後二十一歳の初夏の頃でした。友達の兄の家で同窓會の會食をいたしました。このときは私は新婚間もないときでしたので、頭髪も服裝も新嫁の裝ひでした。會食半ばにある官省の高等官をしてゐる友の兄が、葡萄酒を持ち出して一同に振舞ひました。どうしたのですか、その人はしきりに私に葡萄酒を強ひます。私の父とも知り合ひだものですから、父のことなどをしきりにほめ、皆な解散してゐるのに、どうしても私を立たせません。やがてその人は變なことを言ひましたが、父の知り合ひであり奧さんもある人でしたから、よい加減に相手をしてをりましたが、何だか恐ろしくなつてきましたので、默つて縁側から庭に飛下り、表の方へ驅けだしますと、跣足で追ひかけてきて私の肩に手をかけました。

私も強ひられたお酒のために、足がふらふらして、思はず尻もちをつきました。そして大聲で『あなたは何をなさいます。失敬でせう。』と叫びました。そのときちやうどその人の奧さんが追ひかけてきて、羽織の裾につかまりながら、泣聲をだして引つぱりましたので、やつと手を放されましたから、私は奧さんの詫言も夢中で足袋跣足で家に歸りました。

翌日友が下駄を持つて詫言にきましたが、私の良人は教師でしたので、大變に立腹しました。私の父がなだめて別に何も申さずにゐましたが、それかあらぬかその方は休職になりました。

尚ほ私の友達に奈須といふ軍人の娘がありました。やはり男のやうな氣象の持主でしたが、上州利根川堤で暴行に遭ひ、いつそのこと川に飛込んでしまはうと、相手を突きのけようと爭つてゐたら、堤の上で二人がグルリと一廻りまはり、却つて相手が奈須の片袖を摑んだまゝ川に落ち、奈須は堤の上から下の細道にころがり落ちて、助かつたさうでございます。

もう一人知人に逸外といふ婦人がありました。一人で家に留守をしてゐるところへ洋傘直しがきまして、一言二言いつてをりましたが、突然暴行を加へようとしたので、わざと素直に戸締りをしてからと欺して、落着き拂つて下駄を穿き、入口の戸を締めに行くふりをして、飛出して危難を逃れたさうです。

胸に掴んで落着いた態度と、しつかりした覺悟と臨機應變の手段とをもつて、でき得る限りこれを防ぎ、絶體絶命の場合に至つたなら、どうぞ美しく天に歸つていたゞきたい。私は弱いやさしい御婦人方に、こんな強い立派な覺悟を持していたゞいて、世の所謂色魔、野獸の群を取り挫いでいたゞきたいと、切にお願ひいたすのでございます。（賞）

（四）大野事件を中心として

◆事件の中心人物を熟知せる一婦人の意見◆

石橋初子（東京）

◆醫師の選定に注意せよ

新聞が横濱に於ける大野博士の暴行事件を報道するごとに、最近まで同博士の診察を受けてゐた私は、吃驚せずにはをられませんでした。

この事件につゞいて、大阪に京都にといふやうに同じやうな手段のもとに貞操を傷つけられた哀れな人々のあるのを見て、深い同情をすると共に、かゝる悖德の男子――その人々が名譽あり地位ある人であつても――に對しては、社會的に制裁を加へるのは當然のことと考へます。

私たちは醫師のもとに診察を乞ふに當たつて、豫めその醫師に對する選擇、自分の病氣に對する知識などに注意と考量とを要すると考へます。即ち品行に兎角の世評風聞のある醫師とか、自分の病氣に對する專門醫の技倆、その人格といふ點であります。

博士であるから醫學士であるからといつても稱號は單にその人々の技倆、經驗及び經てきた學歴に對する代償に外ならぬのでありますから人格の點は全く別の問題としなければなりません。たとへ博士であつても學士であつても、人格に至つては非人にも劣つてゐる人もありませう。また病氣に對する專門の相違は、その經驗によつて左右せられるものでありますから、博士といへども畑ちがひでは、漢法醫にも如かぬ譯であります。

自分の病氣に對する知識としては、その病氣の原因は何であるかといふことです。色魔的性行の醫師は、患者に對して婦人病に罹つたことや、その兆候の有無などを執拗に問ひ、若し患者がその間に落ちるとか、その病原に對する知識の乏しいことを知ると、それにつけ込んで、種々の言を弄して、婦人病に關する檢診をするさうですから、醫師が以前に婦人病に罹つたことがあるかとか、その兆候がありはしないかとか、自分自身さう思つたことはないかといふやうな問に對しては、確く拒絶しなければならないと思ひます。

婦人病の有無に拘らず、その檢診をするといふことだけでも、患者に對しては甚たしい非禮であらねばならないと思ひます。外國などでは接吻してさへ非禮であるとして、關係の人々の間には爭闘が惹起されるのでありますから、以上のやうな場合には、全く貞操上の暴行と心得て差支がないと思ひます。婦人病の診察をうけるに當つては、少くとも家族の立會ひを求めるとか、助手または看護婦の附添を要しなければならぬと思ひます。

以上のやうな用意があれば、容易に醫師に乘ぜられるやうなことはないと考へられます。

右のやうな點について横濱の大野博士の宅の診察室は、患者に對して好い設備のものではなかつたと思はれます。

◆私の見た大野博士

私は昨年六月頃から同博士の宅へ毎週火曜金曜の兩日の診察日に、診察をうけに通つてをりましたので、問題の小倉てつ子さんにも、患者待合室でお眼にかゝつたことがありました。

小倉家ではてつ子さんの姉樣も、私よりは以前から博士の診察を受けてゐられました。そして同家へくる患者の中では、一番美しい方であつたらうと思はれました。十一月頃からお見えにならず、博士がお妹のてつ子さんに『お姉樣のX光線の寫眞ができましたら、見せていただきたいとお傳へください。』といつてをられたのを見ましたことがありました。その時分には他の專門醫のもとで、X光線の検診をうけてゐられたことゝ思はれます。てつ子さんはお姉さんほど、お美しい方ではありませんでした。それですから問題が起つて、事件が新聞に報道されたときには、私はお姉さんの問題だと思ひました。

それにお姉樣が待合室で『ほんとにコレラは嫌でございますね。先日も先生が私の知らない間に注射をなすつて、コレラの豫防注射をしておきましたとおつしやつたので、家へ歸つてから何だかコレラになつたやうな氣がしました。』と私にお話をなさつたことがありましたのに、新聞にワクチン注射云々などとでてゐましたので、てつきりお姉樣だなと思つたくらゐでした。

來診患者は待合室ですぐに懇意になつてしまひますので、先着の患者が何人ゐても、あの方は何分くらゐと、大抵の診察時間は解つてゐますが、小倉家の人々はその中で一番長い診察でありました。初診の人を除けば、平均して一人五分間の割で診察は行はれますが、小倉家の人人は十五分を要しました。その間に罪惡が行はれてゐたのだと思はれます。

診察室は患者待合室の襖一重隣りでありますが、手術室は診察室とは襖二重奧で、鍵の用意があつたやうに思つてゐます。この手術室は藥局の方の入る必要もないやうな簡單なもので、むしろ婦人の裸體を掩ふために作られた診察室といつたやうな室でした。

私は血管硬化症といふ病名で、診察ごとにこの室で博士の手で、腰部から足にかけての下半身摩擦をうけました。このやうな室で婦人病の檢診や、坐藥療法を受けるのは、全く白刄の上を渡るやうなものであるといつてもよいと考へます。このやうな場合には、家人の立會を求むるのが、萬全であると思ひます。

これ等は自分自身の用意と考量が、問題を左右するものであることを、考へるのが肝要であります。（實）

（五）婦人の服裝を改良せよ

◆服裝を改良せざる限り防衞は不可能◆

北上京子（朝鮮）

◆服裝の改良が何より急務

さきには外人ニウス事件あり、今大野醫學博士の暴行事件が傳へられ、我が婦人界は平靜なる水面に、一大波紋を現出したかの觀があります。併しながら波紋は既に四方の岸邊に萬遍なく行渡りました。これからは岸邊より打返す靜かなる波に依つて、平靜に復さなくてはなりませぬ。靜なる輿論の波及、冷靜なる省察、この際これほど私共婦人に必要なものはありますまい。

先づ一般的に男子の暴行に對する婦人の自衞として、是非共一般に實行せなければならぬと思ひますのは、服裝の改良であります。甚だ唐突なことを申すやうではありますが、私共新領土にあつてしみ〴〵考へさせられますのは、日本婦人の服裝の腰部以下が餘りに解放的である一事であります。朝鮮や支那では、暴行は兵亂のとき以外には殆どないと言はれてゐるのでありますが、それは服裝が男子に對して極めて防衞的に出來てゐるのが主因であらうと思はれます。支那の婦人服のことは詳しくは知りませぬが、御承知の通り慣れない眼には優美を缺くくらゐ、外觀的にはズボン式の嚴重なものであります。朝鮮婦人は日本の行燈袴に相當するチマの下に、乘馬袴の變形したやうなタンソコを着、更にその下にズボン下に酷似したコゼンといふものを着けるのです。これだけは夏冬を問はず絕對に必要とせられてゐるのでありまして、この外に猿股のやうなものを用ひる場合もあります。

然るに日本婦人の服裝はどうでせうか。普通の步行にも脛の露れることは時々ありますし、少し風でも吹く日にはあられもない姿を、白晝街上に曝露するを餘儀なくされるのであります。從來この問題が比較的閑却されてゐましたのは、今更不思議なくらゐでありますが、これは永い間の習俗として、吾々日本人間には痛切に感ぜられなかつたからでありませう。卽ち日本の男子には、異性の肉體も挑撥的色彩としてはさ迄濃厚に映じないのでありませうが、外人の眼にはこれが強烈なる性的衝動の原因となるらしいのであります。彼等には婦人の腰部以下の肉體は、足指すらも全然神秘的であり、男子の窺ひ知るべからざるものとし、同時に極めて肉感的對照物として考へてゐるのが普通であると言はれてをります。

これに就いて嘗て、仁川で奇怪な風聞が起りました。それは仁川の或る種の日本婦人が、支那人の行商人より物品を購ふ場合に、故意に脛もあらはな不作法な姿態を示し、相手の支那人をして性的陶醉の狀態に陷らしめ、その間の弱點に乘じて、思ふが儘に値切り倒して買ふといふのです。聞くだに忌はしい話でありますが、支那人といはず一般に外國人が異性の肉體に對して敏感であるとは、想像の外であります。併し日本人とてもこの點に無關心であるべき道理は勿論ありませぬ。たゞその程度に差違があるのみでありませう。

かやうに現今の不完全なる日本服は、男子の性的衝動の誘起と密接なる關係があるとしましたならば、單に風俗上の見解からも服裝の一部改善は必要なをと存じますが、更に進んで一朝男子の暴力を振ふ場合に際會したるときを考へて見ますのに、この場合は最早一般の日本婦人は、一絲纏はぬ裸體同樣の狀態にあるのでありまして、服裝は防禦に對して何等役立ちませぬのみならず、却つて反抗動作の障碍となるのみであります。今若し一般婦人の服裝がかゝる非常の場合を顧慮して改善せられてあつたならば、敵はぬまでも可なりの長時間防衞に堪へ得る筈でありまして、從つて周圍の事情より危害

「を免れ得る場合が尠くないでありませうし、また暴行者は危險の度が著しく增す譯でありますから、容易にかくの如き痴漢が出ないことゝなるだらうと思はれます。

◇改良さるべき要點

私はこゝにニウス事件の批判をなすものではありませぬ。あの悲報を見まして、暴戻なる外人ニウスを怨嗟したことは何人にも劣りませんでしたが、併し以上述べましたところから冷靜に考察して見ますのに、我國婦人の服裝が、外人の眼からは可なり挑撥的傾向があることゝ全く防衛的になつてゐないといふことは否む譯にはまゐりませぬので、彼ニウスが相當の社會的地位にありながら、あのやうな暴行を敢行するに至つたのは、かゝる事情に依つて誘發されたゝ見るのも、私共婦人の立場からは一應考察の價値があると思ひます。

近來文化生活が提唱され、婦人服裝の改善も盛んに論ぜられ、一部にはすでに實行されてゐるやうでありますが、風俗は言語と共に民族特有のものでありまして、これを廣く民衆的に改良するといふことは甚だ困難なことであります。併しながら次に述べますやうな、簡單な一部分の改良ならば極めて容易でありますし、また何等在來の日本服の優美を損ふものでもありませぬから、この際貞操保護の立場から見ましても、日本婦人の威嚴を保つ上に於ても、是非普及したいことゝ存じます。それは別に新しい考案があるのでも何でもありませぬ。たゞ偶然にも私が數年前より實行してをりますコンビネーションとペテコートの着用が、三月號本誌の阿野子爵夫人のお話に依つて御紹介されたのと大同小異であることを申し上げれば足る譯でございます。言葉を換へて申しますれば、猿股を着け、西洋腰卷を使用するに過ぎないのであります。

私が數年前よりこのコンビネーションとペテコートを着けるやうになりました動機を、簡單に申しませう。それは私共が國境の新義州にをりましたときのことであります。あの附近の冬は零下二十餘度の酷寒でありますが、それでも婦人は内地と少しも變らぬ不始末な服裝で街上を防寒のために走るやうに歩いてをります。ところが或るとき召使の支那少年が安東縣の支那芝居を見物しての歸りに、驚くべき事實を報告したのであります。それは本當に私共にとつて驚倒すべき脅威であつたのであります。その夜安東縣三番通の支那劇場に、珍らしくも二人の年若い日本婦人が見物してゐたさうです。すると演劇の最中に一支那人の醉漢が現れ、突然一日本婦人の背後より襲つて裳を高く捲り揚げたといふのです。衆人殊に外國人の面前で何といふ非禮でせう。その場の光景を想察するさへも死に面接するの思ひがあります。

私はこれを聞いて、眞に悲憤の涙を以て深く私共の服裝に就いて考へさせられたのであります。それ以來私はコンビネーションとペテコートの常用者となり、また會ふ人毎にその使用を宣傳してゐる次第でございます。（貰）

電話を求む

地方に移轉その他の事情で、御不用の電話を讓つてもよいといふ方がございましたら、またはさういふ方を御存知の方は、御面倒ながら主婦之友社へ電話でお知らせを願ひたうございます。成るべく御有利な方法で、こちらへ讓り受けたいと存じます。電話業者以外の信用の確かな方と、直接の交渉を希望いたします。成るべく至急にお知らせを願ひます。（記者）

大津裁判所に於ける『童貞蹂躙』裁判の勝訴

垂井嘉爾

わが國に於ける結婚制度の不備と、世にいふ媒介者の無責任とが釀した結婚の悲劇、破婚、兩性の鬪爭、愛の破局は容易に防止すべくもない現狀である。その新しい兩性の繋爭は日々の新聞紙上を賑はしてゐる。若し日本の新聞が、離婚の問題を重要視すること、英國の新聞のごとくならば、全紙面を埋めてもなほ足れりとはすまい。けれども、破局の末に法廷に持出して黑白を爭はれる事件は、總じて弱き女性から殘酷なる男性を相手として提起されるものであり、悲劇の內容は型のごとく、原告側の渾身の愛と、信賴とにかゝはらず、愛のない夫たる被告から、虐げを以て酬いられたといふ慘ましき種々の經緯である。この場合當然償はるべき女性の要請は、貞操蹂躙並に扶助料、或は慰藉料の請求と稱せられてゐる。而してかやうな係爭は今日の社會に於いては餘り珍しくはない。

『貞操蹂躙』――この言葉は、およそ今日まで、男性の女性に對する冒瀆を意味するものと解釋され、そしてこの解釋に誤りはなかつた。

しかしながら、姦通に關する罪の場合を除き、男性が女性を相手として、その不貞不倫を怒り、その婚約を裏切り、男性の童貞を蹂躙したといふ理由から、事の解決を法廷の審判に委ねようとする例は、現代に於いては極めて稀である、いな、殆んど絕無であるといつてよかつた。その女性を被告とした珍しい事件、原告たる男性と同棲中、その情夫と逃走したといふ女性にかゝる不貞行爲の事件が、最近提起された。

卽ち四月上旬大津地方裁判に於て判決されたる婚約の背違に伴ふ損害賠償、童貞蹂躙による慰藉料請求の訴訟で、敗訴した被告は當年二十四歲の婦人である。

或る男性から見れば、土くれほどにもない女性の貞操でも多くの場合、「法」の裁定は公平であつた。女性のうつたへは常に「法」の省みるところとなつてゐた。男子と女子との間に權利の差別を認めた日本の法制からいへば、一見矛盾した現象ではあるが、これ、酷遇なる男性の壓制に苦んでゐる弱い女性を保護すべき「法」の職能であつて、專制者に對する當然すぎる懲罰である。女子の貞操蹂躙に對する慰藉料請求の申立が、常に勝訴するものと相場附けられてゐるのは多分斯うした理由からであらう。ところが本件の場合にあつては敗訴したものが女性であり、勝訴した原告が男子である。不貞なる婦人によつて傷けられた男子の貞操は賠償せらるべきものであるか——斯ういふ問題は、正直のところ餘り考慮されてもゐなかつたといつてよい。童貞蹂躙は、矢張り法律上の惡であると、この判決は認定した。結婚の問題について、貞操の問題について注意する者、殊に女性の立場から、この新しき判決は最も興味あることでなければならぬ。

大津地方裁判所の判決は、その一節に於て、結婚の當事者たる一方が婚約に背き、

他ニ何等ノ理由ナクシテ、其ノ情夫又ハ情婦ト逃走スルガ如キハ、殘サレタル婚約ノ相手ガ男子ナルト女子タルトニ論ナク、其ノ面目ヲ傷ゲラルルコト多大ニシテ、爲メニ受クル精神上ノ苦痛モ亦甚シキモノアルコトハ、社會ノ通念ニ照シ毫モ疑ヒナキ

ことであると言つてゐる。正に結婚に於ける男子と女子との地位、その權利及び義務は全く平等で、差等なきことを喝破したものである。故に本件の場合被告となつた一女性こそ敗れはしたが、虐げられがちだつた日本の女性は、寧ろこの判決によつて、その權利を更に多く伸長し、その地歩を高められたとも見ることが出來やう。そして若しかやうな判決が永く權威を有つものとすれば、女性はこの一節を押しただけでも、姦通の罪に關する條文のやうな差別待遇を拒否し平等なる取扱ひを受ける權利がある筈である。

この意味から本件の內容と判決とを省察することは、強ち無意味ではないと信ずる。——但し本件で謂ふところの童貞蹂躙云々の文字は、これを字義のまゝに解釋すると、果して當を得たものであるか、どうかは疑問である。或ひはその意味が全く相反することになるかも知れぬ。けれども、恐らく累婚の女性の貞操でも理由なく蹂躙せられてよい道理はない筈であるから、必ずしも原告たる男性が初婚者でなかつたとて差支へはあるまい。

×

滋賀縣滋賀郡坂本村といへば、琵琶湖八景の一つに數へられる唐崎の松の在るところで、大津市を距る西南二里、有名なる延暦寺を中腹に抱いた叡山の麓、上坂本と、下坂本との二つの部落に岐れてゐる。

その上坂本には、境内が幽邃なのと、秋は紅葉が美ごとなので聞えた官幣大社日吉神社がある。この神域の一の表華を前に十町ほどはなれ、往還に沿うて兩側に並んだ町家と、その趣きを異にした人目を曳く土塀の一家居がある。戸主は藤川良三、年齡は四十足らず、本件の原告である。忠左衞門といつて、今年小學校に通ひはじめた少年と、親子たゞの二人暮し。資産は約五萬圓と評判され、村での中流格、當主良三は極く幼少の砌り、この家に養はれた身で、先づ田舍では珍しい家庭だ。

良三はこんどまでに三度妻を迎へた。最初に娶つた妻は、少年忠左衞門を遺して數年前に死亡し、二度目の妻は、何ゆゑか、家庭の冷やかさに出奔したと傳へられてゐる。其出奔については、良三が養母いと、當年六十一歲と不倫な關係があつたために居堪らなかつたのだと、近隣では噂した。――けれども、この事實は、裁判所の認むるところとならなかつたのは後段のごとくである。不倫の行爲ありと斷定するに足る證左がないといふのである。

藤川家代々の生業は農、每年小作米の百俵も積まれる、といふ、いはゞ村の旦那樣である。この村の旦那樣は餘り近所との交際も厚くはない。自然面白くない噂をたてられたり、猜まれたりもしてゐる。けれども、要するに良三は旦那樣であるだけだ、別にどうその性行が偏僻だといふわけでもない。

本件に於て童貞蹂躙の當事者たる女主人公は、隣村雄琴村字千野、小倉某の娘、きみ。小倉家も矢張り生業は農、村の中流格である。かの女を良三の三度目の妻に世話したのは、兩家に昵懇な間柄の鈴木良策といふ醫者だ。村醫のことだ、どうだ貰はぬか、呉れぬか、家柄からいつても雙方に不足はない筈だ、先づこの程度の橋渡しをしたものだ。勸められた側でも勸められた儘、そんならば結納をと、善は急げ位の無造作さで、去年の三月二十六日、目出度めでたの祝儀を舉げた。

人の性行に對して是非のさばきを下し得るものは、恐らく神より外にないであらうけれども、本件の顚末を冷靜に省みて、誰に一番重い責任を歸すべきであるかといつたら、氣の毒ではあるが、矢張り不貞の妻といはれたきみ子の責任が一番重い。彼女はその聰明ならざりし所行によつて、その夫を蹂躪したばかりではない、また彼女自身をも冒瀆した。その意味からいつて大津地方裁判所の判決は、正しいといへる。しかしながら、きみ子の立場にもなつて見てやりたい。彼女が不貞とよばれるやうな行動に出づるの止きなきに至つた事情、その動機には彼女を亂倫であるといつて責めるよりももつとやさしく見てやれるところがある。何故かならば、彼女の行動をこのやうにも支離滅裂にしたものは、彼女の弱い性格であつた。その弱い性格は、かの女の自ら選んだ愛をも汚し、且つかの女の夫の愛をも侮辱して了つてゐる。彼女は不埒であると責められるよりも、もつと弱かつたのだ。弱かつたといふことは小心であつたことになる。小心な正直者はありふれてゐるが、小心なる淫婦はさう有るものではない。彼女は正直だつたのだ。わたくしだちは、彼女の弱かりし性格を責める前に、總じて弱きが是なりといふ觀念を强制されて來た日本の婦人の大多數を教育して、更に强き女性たらしむる覺悟がなくてはならない。

良三に歸嫁するより先き、きみ子は大阪に出稼ぎ中、自稱大阪每夕新聞記者某と戀なかになり、すでに性的關係も結んでゐた。が、親にかくれて結んだといふ自分だちの戀愛のゆゐに、國もとの縁談を拒むことを、弱い彼女はようしなかつた。兩人の間にどんな相談がとゝのつたのか、きみ子は結婚の當夜處女を裝ひ、嫁入道具五荷を持つて、外面華々しく藤田家に輿入れをしたものである。このめでたい婚姻の日に、正午頃、一臺の自動車が、藤田家の附近に現はれた。それを見つけた村の人は直觀した、定めて自動車の中からは美しく着飾つた花嫁が現はれるであらうと。この村民の好奇心は裏切られた。その車窓には見もしらぬ一人の洋裝した青年がゐるのみであつたから。その怪しき自動車は、その日の黃昏頃に再びその影を現はした。が、その時には誰一人としてこの洋裝青年に好奇の瞳を向けるものがなかつた。

祝言もすみ、きみ子が入嫁してから、早くも一ケ月は過ぎた。この間には彼女にどういふ目だつた出來ごともなかつた。四月二十三日のことである。きみ子は生家の亡父七周年忌法要のため、手土産澤山、赤い手柄の大丸髷姿も艶に、いそいそと里がへりの俥を急がせた。近隣の人だちにしても、このあでやかなきみ子の姿がこの日限り永く坂本村から消えてなくなるものと想像はつかず、また藤田家でも勿論さうと知る筈もなかつた。――しかしながら、この時のきみ子ほど、心のなかに苦悶のあつたことはなかつたのだ。また、この時ほど彼女が強くなれたこともなかつたのである。かの女はその時の自分を凝視し、自己の現存に對して、最も峻嚴な批判を下して見なければならぬ破目に立つてゐたのであるから。

生家に歸つて、亡父七周年の法會に列して一夜を明かした翌二十三日、きみ子は里がへりの儘の姿、氣嫌よい母親や親戚の人だちにも別れをつげて、婚家だる藤田家に歸つた、と見せた。が、すでにかの女の心には藤田家を出奔する決心がついてゐた。きみ子の身になつて見れば、最初から藤田家に嫁入りをする心なぞはなかつたのでもあらう。が、同時に親から怒りの鞭を甘受しても自分の選んだ愛を生かさうとする勇氣もなかつた。まづ一時の逃れの輿入れである。從つて何か強い動機が彼女を支配するのでなかつたら、或は藤田家を出奔する決心はつかなかつたであらうとも想像される。外部から考へたほど藤田家が住みよいところではない位の理由で、この出奔が決意されたとは信じられぬ。後日きみ子の訴訟代理人たる辯護士は、彼女が出奔をするに至つた動機の一つとして、夫が養母との間に忌はしい關係があるのをはつきり讀んだからといふ申立てをしてゐる。かの女が噓をいふとも想像せられないだけ、此抗辯にも幾分の信憑はおけるかは知らぬが、裁判所はこれを取上げなかつた。從つて、きみ子の出奔の動機は、夫たる良三の冷かな態度とか、些細なあやまちに對する叱責とかいふことよりも、もつと重大なこと、即ち彼女の身體に、結婚後間もなく變調あるを知覺したためであると見るを、より妥當とする。根が正直な彼女はその變調が、結婚後の一ヶ月に原因してゐるのであるか、また大阪に遺棄された愛人との關係が更に深く且つ眞實なる原因であつたか、はつきり判つてゐた筈だ。よし、その何れが變調の原因であるかわからなかつたとしても、その疑惑が彼女の苦惱であることにかはりはない。この正直で小心な一女性、愛の神の皮肉なるこゝろみにあつた舊日本女性の代表的な犠牲者は、たちまちその方途に困ずることになつた。その苦惱の末に決意されたる唯一つの逃避は、――この逃避が彼女らしい道德批判の表現である――その日直ちに決行された。別にさう前途に光明を抱いての決意ではなかつたかも知れぬ。けれども、藤田家に歸臥することは、光明のない放浪に出るといふことよりも、更に小心な彼女には、堪へがたいことでなければならなかつた。

藤田家では翌日かへつて來るべき花嫁の姿を迎ふることがなかつた。しかしながら、その時が初めての里がへりではあり、母親との間に積る物語りもあることとて、格別迎へのものも出さず、三四日は過ぎた。五月目が來ても、きみ子が歸つて來ぬ。こゝにはじめて正式に小倉家に對し藤田家から、きみ子を歸宅させるやうに交渉された。その交渉に對し小倉家では狼狽せねばならぬ理由があつた。しかしその狼狽はつゝみかくされてゐた。使ひの者から藤田家に通じられた返事は、意外にも嫁はんは法會取濟しの翌日歸宅した筈だといふのであつた。藤田側の愕きは一通りではなかつた。心あたりのところはさがされた。小倉家でも知らぬ振りばかりは出來ぬことになつた。きみ子が立越したと覺しい方面にも手がのびた。これが小さな村の噂に上らずにはゐない。疑はしいきみ子の行方、それが話題となり、大きな波紋を描き事件のぎれ／＼なる臆測は針小棒大に喧傳され、誰知らぬものもないまでになつた。その果てに生れた一つに、良三と養母との不倫沙汰もまことしやかに流布されたのではあるが、更に村民の注意を喚起したのは、即ちきみ子の婚姻の當日、村に這入りこんで來た怪しき自動車であつた、かやうな場合の直觀は不思議に當る。その自動車の青年は何の證左をまたずに、きみ子の情夫であると斷定された。情夫があつたときめてかゝると、彼女の身邊は急に闇いことばかりになつて來る。そこで第二の直觀が生きて來た。それは村の女だちの口が傳へたこと、即ちきみ子の身體がどうしても普通ではたかつたといふ臆測である。この臆測にあやまりがなかつたのであるから．人藏姦することとなしである。――話はきみ子にかへる。彼女は豫て家出前から、情人と打合せがあつてか、なかつてか、實家を出ると、すぐその足で、大阪なる情夫のもとに走り、更に手に手を携へて下關に逃げのびた。そしてそこから、出奔後二日目の廿五日、「コヽニキテイル」と簡單な電報をうつた。そのまた翌くる日には、九州の熊本から追つけに同樣の打電をした。けれども小倉家では娘のきみが嫁入りさきに歸らず、情夫と一緒に九州路まで駈落したなぞとは夢にも思はず、途方に暮れて一兩日はすぎた。藤田の方から交渉が來たのはその矢先である。そこではじめて熊本警察署あてに、きみの取押へと保護方を願出でた。その結果これまで表にはあらはれなんだ醜惡な經緯が、一時に露出して了つた。

兩家の驚駭はこゝに贅するまでもない。けれども、事情が判然して見れば、もはやこの破局を彌縫する何物の策もあり得ない。その反面に、これまでは陰に小さくなつてゐたきみ子が、戀の凱歌をあげ、情夫とも晴れて同棲することが出來るやうになつた。一方に勝利を謳ふものがあれば、その反對の側には失意を嘆ずるものがある道理だ。ことに藤田家としては、一度ならず、三度目の妻である。しかもその三度目の妻の行跡が、またなみ外れた突飛なもので、餘り世間の聞えもよくないとあつては、忍び得なかつたのも道理である。侮辱された良三が世間に顔の向けやうがないといつたのはこゝのところであらう。

遂にことは法廷で爭はれることになつた。蹂躙されたる結婚の慰藉、汚損されたる名譽を恢復する手段として、從來は多くの場合女性から男性を相手としたそれと同じき方途を取り、妻に逃走された藤田良三氏は、大津の辯護士大谷郁彥氏を訴訟代理人として、同年七月三十日、大津地方裁判所に宛て、小倉きみ――入籍の手續はまだ踏まれてなかつた――を被告として、本件に對する慰藉料金五千圓、婚約費用として金三百八十一圓八十七錢、合計五千三百八十一圓八十七錢の損害賠償請求を提起し、小倉家でもまた京都市の辯護士渡邊昭、渡邊一郎の兩氏を法廷代理人として應訴した――

第一回の口頭辯論は九月上旬開廷され、爾來五回の辯論を續行開廷して、遂にこの四月上旬で判決となつた。辯論の内容は判決文に明かである。判決の結果は、被告きみ子は原告良三に對して金三百圓を、また結婚費用は最初の要求通り、金三百八十一圓八十七錢を支拂ふべしといふので、先づ原告腹案に近い勝訴である。そしてこの訴訟費用の負擔は、五分の一を被告が、五分の四を原告が支拂ふことも判決のうちに明かである。

こゝに興味あることは、かつて法律で評價されたことのない男性の童貞――貞操の價値が、この判決によつて明確にされたことである。即ち五千圓といふ慰藉の請求に對し、大津地方裁判所が 陛下の御名に於て評價したところは金三百圓である。原告たる男子が初婚者であつたら、或は請求通り金五千圓その儘認められたのであるかも知れぬ。過ぐる日神戸を騷がした一外人の邦人女教員凌辱に關し裁判所で認めた賠償は金貳千圓で、この評定に對しては種々なる世評もあつたことである。その場合に於ても、若し犧牲者が妙齡花のごとき處女であつたら、或は請求額金一萬圓が認められたかも知れぬ。また、問題になつてゐる大野博士事件の被姦者てつ子の場合はどう結着するのであらうか。それやこれと、類似の事件を比較對照して見ると、男子の貞操の價、女子の貞操の價といふものに就いて、現在の日本の『法』がどんな見方をしてゐるかゞわかる。法は案外たよりになるものであるかも知れぬ。また、たよりにならぬものであるかも知れぬ。

委しくは判決文に譲る——因に、この裁判に携つた裁判長立石種一氏は、本訴訟提起の數日前、大阪地方裁判所から大津に榮轉された人、頗る温厚らしい好紳士である。

判決

滋賀縣滋賀郡阪本村大字阪本一千九百五十六番地
原告 藤田良三
右訴訟代理人 辯護士 大谷郁彦
滋賀縣滋賀郡雄琴村大字千野一千六百七十四番地
被告 小倉きみ
右訴訟代理人 辯護士 渡邊昭
渡邊一郎

右當事者間ノ大正十一年(ワ)第七十二號損害賠償請求事件ニ付判決スルコト左ノ如シ

主文

被告ハ原告ニ對シ金六百八十一圓八十七錢及之ニ對スル大正十一年七月三十一日ヨリ本判決執行濟ニ至ル迄年五分ノ利息ヲ支拂フベシ

原告ノ其餘ノ請求ハ之ヲ棄却ス訴訟費用ハ之ヲ五分シ其ノ一ヲ被告ノ負擔トシ五ノ四ハ之ヲ原告ノ負擔トス

此ノ判決ハ原告ニ於テ金二百圓ノ保證ヲ立ツルトキハ其ノ勝訴ノ部分ニ限リ假ニ之ヲ執行スル事ヲ得

事實

原告訴訟代理人ハ被告ハ原告ニ對シ五千三百八十一圓八十七錢及之ニ對スル大正十一年七月三十一日ヨリ本判決執行濟ニ至ル迄年五分ノ利息ヲ支拂フベシ

訴訟費用ハ原告ノ負擔トストノ判決並ニ保證ヲ條件トスル假執行ノ宣言ヲ求メ其ノ請求原因トシテ原被告兩家ハ居村ニ於テ農ヲ業トシ孰モ約五萬圓ノ資産ヲ有シ中流以上ノ生活ヲ營ミ相當ノ家格ト名譽ヲ保有シ居ル者ナル所原告ハ被告ノ申込ミニ應ジ大正十一年三月二十六日慣習ニ從ヒテ被告ト婚姻ノ式ヲ擧ゲ爾後同棲シテ事實ノ婚姻關係ヲ繼續シ來レリ然ルニ同年四月二十二日ニ至リ被告ハ實父ノ七周年忌法會ニ列スル爲メ實家ニ歸宅シタル儘復歸セザルヲ以テ原告ハ被告ノ實家ニ交渉シタル處被告ハ翌二十三日無斷九州方面ニ出奔シ其ノ所在不明ナリトノ事ニ付原告ハ驚駭措ク處ヲ知ラズ深ク其ノ事情ヲ取調タル處被告ハ原告ト婚姻前既ニ情夫アリ婚姻後猶ホ其ノ關係ヲ斷タズ之ト手ヲ携ヘテ逃走シタル事明瞭ト爲レリ右ノ如ク被告ハ情夫アルニ拘ラズ之ヲ秘シテ原告ニ嫁シ同棲後一ケ月ヲ出デズシテ情夫ト共ニ出奔シタルモノニシテ原告ニ取リテハ之ニ勝ルノ不面目ナク居村相喧傳シテ今ハ外出スラ憚ラザルヲ得ザル次第ナリ而シテ之全ク被告ノ不貞不倫ニシテ故意ニ其ノ婚約ヲ履行セザル事ニ基因スルモノナレバ原告ハ此ノ精神上ノ苦痛ニ對スル慰藉料トシテ金五千圓並ニ婚約ニ要シタル費用ノ賠償トシテ金三百八十一圓八十

七錢合計金五千三百八十一圓八十七錢及之ニ對スル訴狀送達ノ翌日ヨリ判決執行濟ニ至ル迄年五分ノ利息ヲ支拂ヲ請求スル旨陳述シ立證トシテ證人鈴木良策、小谷谷造、木村元次郎及村上寅治良ノ各訊問ヲ求メ且ツ被告ハ婚姻前情夫アリタル爲メ其ノ姙娠カ或ハ之ニ基クナキヤヲ疑ヒ尚ホ婚姻後九州地方ニ被告ハ逃走シタリトノ被告ノ訴訟代理人ノ供述ヲ採用シタリ

被告訴訟代理人ハ原告ノ請求棄却ノ判決ヲ求メ答辯トシテ被告ハ大正十一年三月二十六日原告ト婚姻ノ式ヲ擧ゲ爾後同棲中同年四月二十二日實父ノ七周年忌法會ニ列スル爲メ實家ニ歸宅シ其ノ翌日無斷九州方面ニ出奔シテ原告宅ニ復歸セザルコトハ之ヲ認ムルモ被告ヨリ婚姻申込ミヲ爲シタル事ナク又被告ハ婚姻前情夫アリタルモ其ノ關係ヲ斷チテ原告ニ嫁シタルモノナルガ故ニ情夫ト共ニ出奔シタリトノ原告ノ主張ハ之ヲ認メズ被告ハ婚姻後原告ハ已ニ二度妻ヲ娶リタルコト、發母ト關係ノ疑ヒアルコト等ヲ關知シ且ツ原告ノ被告ニ對スル冷遇ニ嫌惡ヲ感ジ居タル折柄同棲一ケ月ニ及デ漸ク自己ガ姙娠ノ身ナルヲ覺エ該姙娠ガ前情夫トノ關係ニ基クナキヤヲ疑ヒ原告トノ間ニ到底婚姻ノ目的ヲ達シ難キヲ慮リテ無斷出奔シタルモノニシテ被告トシテハ誠ニ已ムヲ得ザリシ次第ナリ而シテ本件ノ如キ事件ヲ惹起スルニ至リタルハ我ガ國結婚制度ノ不備及原告家庭ノ缺陷ニ基クモノニシテ相互ノ不幸ハ云ハザルベカラザルニ付原告ニ於テ婚姻費用ノ一部ヲ要求スルハ格別慰藉料ノ請求ニハ應ジ難キ旨陳述シ證人奥村まつ及被告ノ本人訊問ヲ求メタリ

理由

被告訴訟代理人ノ答辯及被告ノ本人訊問ニ於ケル供述ヲ綜合スルトキハ原告ト本件事實上ノ婚姻ヲ爲ス以前ニ於テ已ニ情夫アリ婚姻後覺知シタル自己ノ姙娠ガ或ハ情夫トノ關係ニ基クナキヤヲ憂慮シ居タルコト明ニシテ該事實ヲ證人小谷谷造、及鈴木良策ノ各證言トヲ綜合スルトキハ被告ハ原告ガ慣習ニ從ヒ被告ト婚姻ノ式ヲ擧ゲ親族故舊ニ之ガ披露ヲ爲シタル後ト雖モ尚ホ右情夫トノ關係ヲ斷タズ會々自己ガ姙娠ノ身ナルコトヲ覺知シタルガ爲メ原告ト同棲後未ダ一ケ月ナラザルニ右情夫ト相携ヘテ無斷原告家ヲ出奔シ爲ニ原告居村ノ話柄ト爲リタルモノト認ムルヲ妥當トス

被告本人ノ訊問ニ於ケル供述中右認定ニ反スル部分ハ之ヲ措信セズ他ニ該認定ヲ覆スルニ足ルベキ一ノ認左ナシ

被告訴訟代理人ハ被告ハ婚姻後原告ガ已ニ二回妻ヲ娶リタルコトアルコト、原告ト發母ト不倫ノ疑ヒアルコト等ヲ開知シ且ツ原告ガ被告ヲ冷遇シタルヲ以テ是等ノ事實モ亦被告出奔ノ一因タル旨抗爭スレドモ此ノ點ニ關スル被告ノ本人訊問ニ於ケル供述ハ信ヲ措キ難ク該抗辯ヲ肯定スルニ足ルベキ證左ナシ而シテ婚約ノ一方ガ他ノ一方ト慣習上ノ式ヲ擧ゲ且ツ親族故舊ニ之ガ披露ヲナシタルニ拘ラズ同棲一ケ月ヲ出デザルニ他ノ一方ガ該婚約ニ背キ他ニ何等ノ理由ナクシテ其ノ情夫又ハ情婦ト逃走スルガ如キハ殘サレタル婚約ノ相手ガ男子ナルト女子タルトニ論ナク其ノ面目ヲ傷ケラルルコト多大ニシテ爲ニ受クル精神上ノ苦痛モ亦甚シキモノアルコトハ社會ノ通念ニ照シ毫モ疑ヒナキガ故ニ違約逃走者ハ其ノ相手方ニ對シ相當ノ慰藉料ヲ支拂フベキ義務アルモノト謂ハザルベカラズ仍ッテ本訴慰藉料ノ請求ニ付案ズルニ證人鈴木良策ノ證言ニ依レバ原被告家ハ共ニ農ヲ業トシ前者ハ約五萬圓後者ハ約三萬圓ノ資產ヲ有シ夫々居村ニ於テ中流ノ生活ヲ營ミ居レルモノナルコト明カナルガ故ニ是等ノ事情

ヲ參酌シ前記認定ノ事實ニ因リ原告ガ被告ニ求メ得ベキ慰藉料ハ金三百圓ヲ相當ト認ム

證人鈴木良策、木村元次郎ノ各證言ヲ綜合スルトキハ原告ガ被告ト本訴事實上ノ婚姻ノ式ヲ擧ゲ且ツ親族故舊ニ之ヲ披露スル等婚姻ニ要シタル費用ハ金三百八十一圓八十七錢ニシテ該金員ハ被告ノ前記違約逃走ノ結果原告ノ蒙リタル損害ナリト謂フヲ妥當ト認ムルガ故ニ被告ハ該金員ヲ原告ニ賠償スルノ義務アルモノト謂ハザルベカラズ以上說明スルガ如クナルヲ以テ他ノ爭點ヲ判斷スル迄モナク被告ハ原告ニ對シ合計金六百八十一圓八十七錢並ニ之ニ對スル本件訴狀送達ノ翌日タル大正十一年七月三十一日ヨリ本判決執行濟ニ至ル迄年五分ノ利息ヲ支拂フヲ拒否スルコトヲ得ザルモノトス、サレバ當裁判所ハ原告訴訟代理人ノ其ノ餘ノ請求ヲ排斥シ訴訟費用ノ負擔ニツキ民事訴訟法第七十三條第一項、假執行ノ宣告ニ付同法第五百三條第一號ヲ適用シ主文ノ如ク判決ス

大津地方裁判所民事部

裁判長　判事　立石種一

判事　村上省悟

判事　武井辰麿

貞操を失ひて惱める處女へ

東洋大學教授　中島徳藏

思案に餘る身上相談

麹町區　涙の花

先生、私は心弱いあさはかな女でございます。一昨年某實科女學校を卒業いたしましてら、家庭で家事の手傳ひに過して居りましたが、最近いよ／＼結婚せねばならぬ事になり、心にそまぬ問題に大變惱んで居るのでございます。自分で自分を何うしたらよいか、今の私は只々先生の御敎へを仰ぎ、このやるせなき苦しみから救つていたゞきたいのでございます。

と申しますのは、實は私には許婚と申すわけではございませんが、同じ町に住み非常に親しく交際して居ります家の次男でSと呼ぶ仲好しの幼な友達がございました。

ところが恰度Sが尋常卒業と同時に、かれてから父の任地である新潟市へ母に伴はれて移り住む事になりましたが、私共は矢張前と同樣御互の兩親が親しい間柄とて、父母の音信の時折には共々に幼い手紙を往復して居りました。

さうして居ります中に、年月は早くも流れてSが中學の四年私が女學校の三年の時でございました。その頃はいつの間にか父母から離れて、自由に二人切の親しい手紙など御互の中に往復するやうになりましたが、その中知らず識らず

友情以外のものを覺える

樣になつたのでありました。

やがてSは學校を卒業して再びこの東京の專門學校へ籍をおくことになりましたので、久しぶりにそれは本當に思ひがけなくSが私の家に訪れてまゐりました。

その時恰度私も女學校を卒業した春の事でありましたので、二人はあれこれと昔の思ひ出やら將來の希望やら語り合つて居ります中に、遂にお互に强い〳〵愛を誓ふことになつたのでございました。

と、それから暫くたつたある夜でございました。兩親とも止むない用事で外出して、私一人縫物をしながら留守をして居りましたらどうしたわけか、非常に疲れてどう辛抱することも出來ず、慌てゝ戸締りもそこ〳〵にそのまゝ眠つてしまつたのでございました。

ところが何といふ慘めなことでございませう。ビックリして眼がさめたその時いつの間に何うして這入つてまゐりましたことか、見も知らぬ三十位の男が私の室に……

その後の私の惱み、不意に突き落された奈落の底に苦しみ、例へ何も知らなかつたとは言へ、斯うした日夜の煩悶からだん〳〵と體が弱つてまゐりまして、

夜も晝も涙の中に浸つて

居るやうになつてしまつたのでございました。

何事も知らぬ兩親は、只私の年頃にありがちの病だらうと思ひ、非常に心配いたしまして、鎌倉に知人のあるのを幸ひ、轉地でもさせたらといふ尊い親心から、私もたゞ一人その家に預けられる事になりました。けれども、親のそばに居てさへ晴れやらぬ私が、例へ知り合ひの間柄とは申せ他人の家に只一人おかれたのでございますから、どうして傷いた心がいやされませう。ます〳〵惱み深い子になつて、只口をきくのさへも辛い程になつてしまひました。

そのころ始終出入りして居りました其家の主人の弟（假にAといふ銀行員）がありましたゞすべてに却々如才ないそして私共までにも、

隔てのない親切な人でいつか

私が心に惱みつゝあることを察し、折にふれ事に當つては慰めまた尋ねてくれますので、冷かになつた私の心もいくらか暢やかになり、死よりも苦しい惱みを、一人胸の中に納める辛さに堪へかね、つひに或日私の過去を殘

すその人に打明けてしまつたのでございました。

Aは私の身の上に深く同情して、それからは一層私を何かと親切にいたはり慰めてくれました。その中Aははしなくも私に對して、過去の一切より脱して自分と是非結婚してくれと申込んでまゐりました。

それはまことに有難いまことに情深い言葉でございました。それだけ私の惱は一層濃くなるばかりでございました。

私には表向き父母の許を得たのではありませんけれども、處女として只一條に斯うと思ひ詰めた愛を誓つたSがございます。

さうしたSからは何も知らずに折にふれては親切な手紙を送つてまゐります。けれどけれど私はもうSに對して

私の一生守るべきものを失つて

しまつたのでございます。それでもSに私はどうあつても、それを打明ける事・・・は死んでも厭な辛いことでございます、と言つて今更清淨無垢を裝ふなどといふことは、尙更恐ろしい事でございます。

先生、私はそれは〳〵辛うございました。私はもう何もかもあきらめました。不運に生まれついた人間であるから人並の幸福を望むことは卻つて烏滸がましいことかも知れません。してみれば心ない結婚でも、なるやうになり、身を苦めることが寧ろ自分の宿命であるかも知れない。處女の心はSに捧げ、汚れたこの身體はAに任せ死んだ氣になつて生き更に、Aと共に一生を送らうと思つたのでございました。それでAはしきりに私の兩親をも說いて愈々正式に諸事を進める事になりました。

先生、私は何といふ淺間しい人間でせう。私はAに考へなしに輕はずみに結婚の承諾を與へてしまつたのでございました。ところが生まれ變つた氣で結婚生活に入るつもりで居りましたものゝ、よく省みますとこれから果してAに對して心からの愛を持つ事が出來るかどうか、本當に氣遣はれるのでございます、世間並の才氣もあり、社會的に相當の地位も占めて居るのではございますが、私はどう自分を鞭ち、自分を叱つてみても矢張Aに對して愛らしい心を起すことが出來ないのでございます。

先生あまりわがまゝを申しますやうですけれども、私にSが忘れられないのでございます。Sによつてゞなければ、私の身も心もその一分一厘も生かされないとさへ思ふのでございます。けれどもSを愛して居れば居る程、自分の惱みを打ち開けられず、と言つてこのままSと結婚するなどといふことは尙更出來ずと言つてまたAにこの初戀を胸に秘めてうつろの樣な自分で結婚してしまふのは、尙々恐ろしいのでございます。私は何うしたらよろしいのでございませう。どうかしてSを忘れ、約束をしたやうにAを愛する心が起らないものでございませうか。何卒〳〵私をお導き下さいませ。

あなたは、處女の心は之れをSに捧げ

汚れた其の身をAに任せ、死んだ氣になつて生きようとなされるとか。其れは飛んだ御了見違ひでせう。先づ大體の氣分の持ち方からお改めなさい。

何にも不運な人だからとて、自ら死んだ積りで生きるには及びますまい、長くもあらぬ人の一生を、成るべくは多く幸福に送らんとする願ひは至極當然なことで、然うした努力は惡いことでも、又た恥かしいことでも何でもない。『寧ろ、私なんぞは迚もダメだ』なんどと、天から諦らめてかゝる人ほど、日常生活に於いて愚痴が多く、ヒガミが出て、羨み怨みの心深く、快活勇往の精神に缺けるものです。總じて内心に苦しみのあるものは、自づから他人にも樂しみを與へることは出來にくい。宿命主義の信仰に自暴自棄主義で、其の捨て鉢の態度は、決して自己と他人とに幸福をもたらすものではありません。『人生は鏡の如し、人笑へば鏡も亦た笑ひ、人泣けば鏡も亦た泣く』で、己れ以外の何んな社會も、何んな世界も客觀的な環境が人人の幸不幸を定めるものではありません。

勿論其れは環境にも因ることは事實に相違ありませんが、併し多くは人々の心の持ち方次第なのです。而してもし徹底的に云ふならば、人の心は環境の如何に關はらず、全然之れを超越して其の上に出ることが出來る筈です。萬物の靈長たる人の尊嚴、卽ち人格の自由といふは、斯うして自己自らが、『隨所に主となる』力を有する所にあります。而して斯かる理想的境涯を體驗した一傑僧快川和尚は今正に自己の身を燒きつゝある火炎の中にあつても、尚ほ『心頭を滅却すれば、火も自ら涼し』と言つた程です。眞生な人生を己れに得んとする者は、先づ自ら深く此の自律主義、自力主義、信仰に生きねばなりません。あなたの了見違ひの本は、恐らく此の信仰を失つた點に出發して居りませう。

私なんぞはどうせダメだ

『斯うなつては爲方はない。』斯うした態度は種々の惡を作り出す。『何うしても遣り遂げなくてはならない。』『ダメなまでも何とか爲なくてはならない。』斯うありたいものです。而して思ふ念力は岩をも透すものですが、大抵の場合に於て、實はナポレオンの言うた通り、『能はぬ』といふ言葉は、字書中から除き去つて可いもので、よく／＼見れば、其は單に此方の心の持ち様に過ぎないものです。『薔薇に刺あることを喞つてはならぬ、刺ある樹にも花を着くることを感謝するが可い。』彼の美はしいローズの花に對しても、泣けば泣く理由があるが、併し泣く者は意氣地なしの馬鹿で、例へ自己の過失から一旦其の刺に傷つけられても痛みを感じた身も、彼の香の高い花の美に打たれ苦を忘れて大愉快を覺ゆることは、少しの心の用ひ次第で十分出來得ることに相違ありません。

人間の幸不幸は、畢竟人の自ら選み取る所で、實は他の何物の爲めでもありません。其れ故に孔子は、人に修養の方法を授けて、『天を怨みず、人を尤めず、下(の所から)學して上(の方へ)達せよ』と申しました。然るに今あなたは諦め主義に墮して居る。ソコデ何時もは持ち合せて居られるあなたの智慧が今は總身に廻りかねた狀ではありませんか。

考へても御覧なさい。汚れた身體だけはAに任せるとおツしやるが、眞に汚れた身體なら、愛の藻拔けの殼たる醜骸を擁して、Aは果して何うしませう。其れがあなたに對して親切な、世間並に才氣あり、相當な地位もある男に對して酬ゆる正當な道でありませうか。

Aにしてからが、然うしたあなたの心行きを其通り了解しても、尚ほあなたを戀ひ慕ふでありませうか。もし假りに然うだとしたなら、其の男は全然あなたを肉慾の目的物か、床の間の置き物かにする外の考へはない筈です。如何に諦めたとは言ふもの丶、敎育ある身のあなたとして、一日二日は兎に角、一月一年、況んや又た一生を然うした屈辱の地位に滿足して居られませうか、愛はSに、身體はAになどとは、苟も他人に打ち明けられる話ではありません。其は自ら欺き、人を僞はり、神人共に罪する不誠の所業に外なりません。其れ自身不貞極まる恐ろしいことです。斷じて避くべきであります。

あなたの煩悶の基く所は、貞操觀念の不明にあります。

抑も貞操とは何でありませう。其は結局の所偕老を契つた異性に對する徹底的忠誠です。昔は夫のみがこれを妻に要求したものですが、今や時勢が進歩して、妻も之れを夫に要求し得る權利が認められかゝつて居る。斯うして本來女ばかりが有つべき美徳ではありませんが、習慣上ではまだ多く女にばかり强ひられる傾向があるは又止むを得ない勢ひとも申しませう。兎に角、

一旦あなたと添ひ遂げませうと

約束した以上は、如何なる運命に出逢ふとも、飽く迄利害苦樂を共にして、兩人共同の目的を實現せねば止まないといふ眞心を有つこと、卽ち身體は二つでも、心は常にピッタリと一つになつて居る。此の至誠、是れが貞操の本體なのです。眞に此の至誠、否な其れのみが、人間に天地間並びなき尊嚴を與へるのです。ドイツ近代の有名な哲學者カントは、『凡そ天の上に於ても、地の下に於ても、絶對的に善なるものは眞心である』と言つて居ります。此れは日本在來の經書で『誠意』を人生の根本原理として居ると一致して居る。時の古今、所の東西に論なく、人が此の世に生れて生れ甲斐ありといふは、人々が心と心をピッタリと觸れ合ひ、愛し合つて、其間に水も洩らさないことになくて他に何がありませう。

貞操の眞髓は、斯く盟を破らず、互を裏切らぬ、心の持ち方にありますが、勿論其れには肉體の淸さも伴ひます。貞女は他の男に肌身を許してはならない。心も體も一點の汚れもなく、八面玲瓏の身を夫に捧げることは、來示の如く、處女の唯一の誇というて可いのです。けれども不可抗力で其の身を汚される適切の意

味で不貞ではなく、汚れではなく、止むを得ぬ天災と申す外はありません。而して人世には斯かる天災も無いとは限りません。先日土匪に浚はれたロックフエラーの妹(?)などが其の例です。其れ故如何に心の純潔を保つて居る處女でも、意外の天災に罹ることは有り得られますが、其の場合に、嚴密の意味から其は必らずしも處女の貞潔を害しては居りません。或る病氣に罹ることは、自己の責任で、其は一種の罪惡とも言へますが、出來る丈け衛生上の注意を爲しながら、其れでもフトしたはづみに傳染病に感染することは、其の人の罪ではないと同じく、野蠻な亂暴な男子に凌辱を加へられたからというて、其れは其の處女の責任ではない。人々は其の不幸を慰めるが當然であつて、其の不幸につけ込んで、更に其上に侮蔑と排斥とを加ふべきではありません。履んだ上に蹴るは慘酷至極です。が併し是れは理想上、道理上の事柄で、世間普通の習慣では、まだ／＼然う容易く凌辱された女を容しません。其れはキリスト教でも、亦た支那日本の風俗でも、肉體其物の清淨を極度に重んじて來たからのことで、高い高い精神主義文化の結果であります。其れも基より偶然なことではないに相違ありませんが、畢竟今日既に時代後れの思想たるを免れません。

あなたの身は汚れましたらうが、其は自己の責任ではない。隨つて其れは必らずしもあなたの純潔を害したとは言はれません。あなたは矢ッ張純潔です。もしSに對して至誠の愛を失はぬ限り、不貞などとは飛んでもないことです。然るに不明な世間が、然うした不幸な女子に冤罪を蒙らすこと、眞に慨嘆に堪へません。併し

恥かしきものは夫の心の内

です。夫の心、其れは妻の理想であり、鏡である。假りにも自分の心に暗い點が微塵もあつたなら、其れが有り有りと意識されて、自分自身に堪ゆべからざる苦痛を感じさせるといふは、愛の社會の人々の自らなる心理作用です。自分が何でもないと思つて居る人々に

こそ、其れこそ木の端のやうに思はれても、痛くも痒くもないが、其の人の前には一寸した汚れも恥かしくて恥かしくて堪らぬと感ずるは、元來其の人に對して深い愛を有つて居るからである。

あなたがSに其の內心の祕密を打ち明けられぬといふは、眞實にSに戀して居るからのことに外ならない。然るにAに對しては初めから之れを打ち明け、汚れて居ると思ひながら、之れに結婚の承諾を與へたといふは其の人に對する愛がないからのことで、つき詰めて云へば人を馬鹿にしたもので、Aを一種の汚物の捨て所と見た道理となる。而して此の場合、女も男も共に自卑の譏は免れません。換言、あなたは實はAを愛しては居らない。もし强ひて然うした結合を行へば、遠からず不和、不平、不幸の襲來は豫め想ひ遣られます。あなたも薄々感づいて居られるやうですが、其點であなたは甚だ淺墓であつたと言はなければならない。

實は愛せぬ人を實に愛するかの如く待遇してはならない。實に愛する人は一心こめて愛さなければならない。あなたはSに從ふべきである。而してあなたも其れに從はんとはして居るもの丶、從はんとする瞬間に、身の汚れたといふ意識が、其間に一大障壁を築いて仕舞ふ。其れは無邪氣な眞面目な處女の心として、御尤も至極ではある。道理上肉の汚れは心の汚れではないやうなもの丶、兎に角汚れは汚れに相違ないから、將來の夫が之れを何う感ずるであらうか。其點は一概に論理で定め難い所である。もしSがたとへ記者が言ふ如く、理性の上では其れをあなたに降りかゝつた天災と見ても、感情の上では何うしても容るし得ぬ程の潔癖を有つて居たなら、あなたの方から無理强ひに私の身は汚れても心は汚れて居ない女であるといふは聊か鐵面皮の嫌がある。Sのあなたに對する愛情が、實際其れが爲めに冷め切つて仕舞つたなら、是非は兎に角、然うした感情に對してもあなたが一種の敬意を表せぬは道でない。其の時あなたは愛人から捨てられる運命に陷いるので、其の絕體絕命の苦痛に逢ひたくないのが、今のあなたの心でせう。其れも同情を以てお察しすることが出來ますが、併し其れほどに迄深く相愛して居る人に、全く無斷で突然とAの許に走つたなら、Sの怨は何んなに大きいでせう。其れが憤怒となつて、何んな無分別とならぬ氣遣ひもないでせう。

益もなき隠し立てをした爲めに、今も尚ほ少しも昔の愛を失はぬ人に大なる誤解を懷かせた結果、不慮の悲劇を生むやうなことがあつたなら、其の全責任は當然あなたが負ふべきでありませう。

愛の社會を作るにも、又た其れを保つにも、多大な勇氣が入用です。否な、其れでなければ高尚な健實な家庭は有り得ません。あなたは

其の秘密を愛人に打ち明けるは

忍び難いでせう。けれども其れは何ういふ方法かで、何うしても先方の了解を得なければなりません。而して先方が而してSが之れに就て多少不快の念をもつにせよ、其れは自分に怪我をしたと同じく快く諦めて、今迄の愛を失はないで呉れゝば、あなたの幸福は成就したものであるが、其れが出來ず、先方が其れが爲めあなたを捨てたなら――男の愛が其れ程に薄いものであつたなら、あなたが然うした男を愛すべき理由は其所で終りを告げたものです。ソチラがお嫌ならコチラも同樣ですの態度で可いではありませんか。其んな男に何時迄も未練執着を感ずる必要はない筈です。あなたは別に堂々として新生涯に入つて差支ない。其の時Aを愛するなり、Sを愛するなり、其は全くあなたの自由です。其れ故あなたは何うしても、自己の秘密を將來の夫たるべき人に告ぐべきであります。

且つあなたの身の汚れと云ふは、實は肉ばかりではなく、同時に心の汚れでもあると論告し得られます。

其の場合、あなたの感ずべき恥かしさは一層深くなり行きます。と申すは、暴漢の暴行は不可抗力であるやうなもの丶、徹底的に言へば其れは絶對的のものではなく、もし處女たるものが、身たしなみが十分で、

謹愼い德に缺けて居なかつたなら、恐らく避け得た災難であつたらうと思はれるからであります。即ちあなた自身、淋しい、暗い、危い獨り歩きなどなされたからこそ、然うした凌辱にも逢はれたので、あなたに少しも責任がないとは言はれないことです。昔は夜道、獨り歩きは勿論、外出さへも愼しんだのが淑女の作法であつた、女大學式は今頃の女子に對しては餘りに形式的に過ぎるとは申しながら、左ればとて新らしがらんとする女子の不謹愼も亦た困つたものと言はなければなりません。あなた自ら言はれて居る通り、あなたには多少早熟で、お跳の傾向があつて、其れが爲め天災にも罹つたのだとして考へて見れば、身の汚れは同時に又た心の汚れで、無形と有形と全身の純潔を夫に提供する淑女の貞潔は多少傷つけられて居るとも云へる

あなたの恥かしさは思つたよりも恥かしい

ことである。斯う自己の缺點短所、敢て罪惡とは申し

きますまいが、——確かに輕からぬ過失を反省した時、あなたは幾倍之れを愛する人に打ち明けにくいでせう。けれども兎に角打ち明けて責められることは責めて貰ひ、而して受けねばならぬ運命には神妙に順がはねばなりません。其れは痛いでせう。けれども曲つて入れば何處までも曲つて出るのが自然の道です。後々の幸福に比べれば、今踏み間違へた限り、其れと悟つた瞬間に斷然潔く正しい道に戻るのが、何れ程人の爲めにも自分の爲めにもなることか知れません。『君子の過は、日蝕、月蝕の如くである。其の過つや人皆な之れを視る。其の改むるや人皆な之れを仰ぐ』のである。勝ち氣や、負け惜しみや、體裁や、皆な是れ人と人とを斯うして、不正ならしめる惡い心であります。來示によつて、あなたは幸に然うした弱い精神の持主ではなささうに思はれます。何うぞ眞の愛を以て、眞に愛するSとピッタリと異體同心の實を擧げるやうありたいものです。而して其所に健實な而して遂に高尚な家庭の幸福も來ることは毫も疑を容れません。

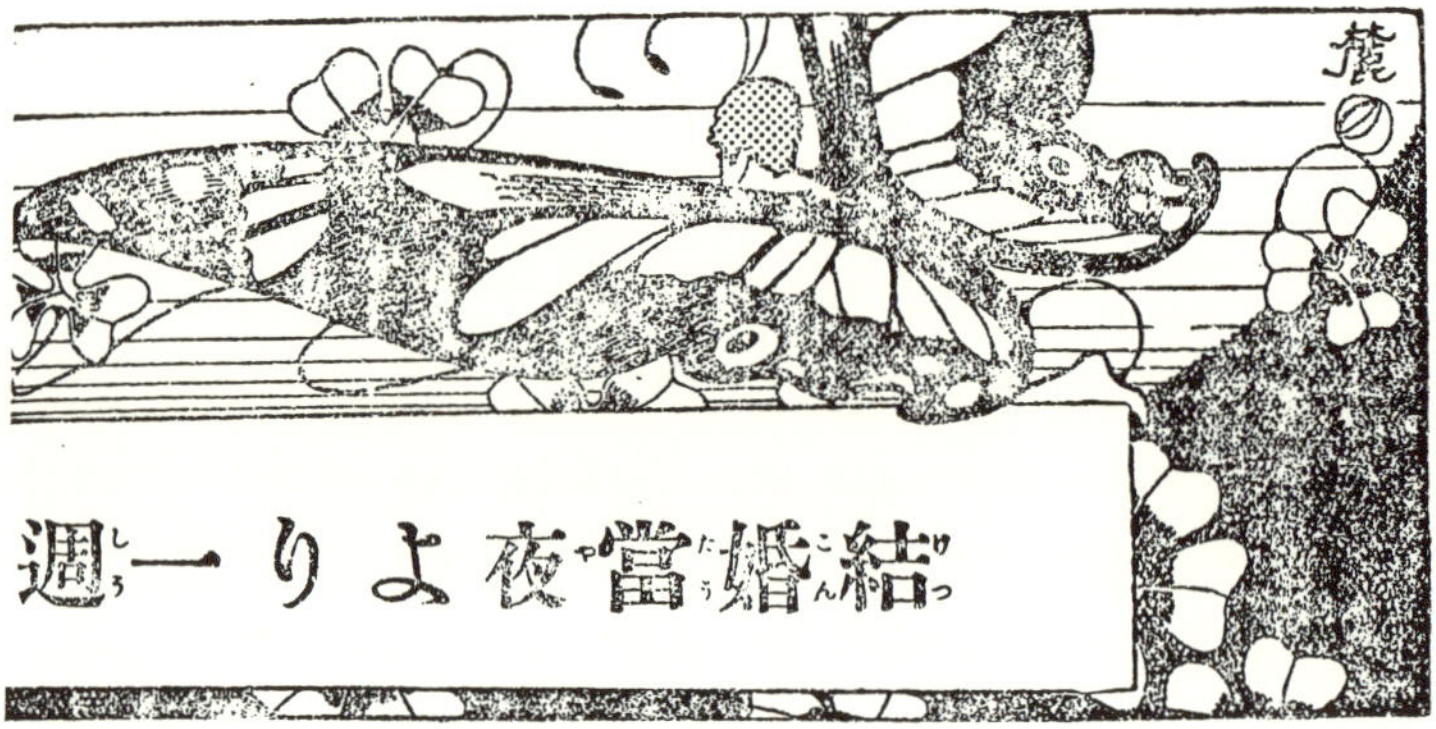

戀人を妻に迎へた歡び

◇面映き新婚旅行の一夜◇

星野輝（東京）

眠られぬ朝

二月四日　ふと眼が醒める。まだ四時だ。愈愈今日は結婚式の日だ。と思ふともう眠れない。俺が四國の山奥から逃出して、美術學校の門を潜つたのは四年の昔だ。初めて東京で迎へた正月のカルタ會で一緒になつたのが芳子を見た最初だつた。

古い言葉だが二人は正に意氣相投じたとでも言ふべきであらう。それから戀路を辿る身となつた。短い樣だが四年越の戀だ。腐るものなら疾うの昔に朽ちてゐよう。幸ひ枯れも腐れもしないで、今日こそは花の咲く日だ。

芳子の影の後から親友山田の顔が浮んで來る。去年の秋の暮から文字通りの東奔西走をして、『繪かきなんぞに呉れない。』と頑張る芳子の父を説伏せたのは、實にあの山田だ。今更乍ら感謝の涙が滲んで來る。

『輝公はもう起きてるのか。』

右側に寢てゐた伯父が突然斯う言つたので俺はハツキリ眼が醒めた樣な氣がした。伯父は今日の式に參列して呉れる爲、態々千葉から來てゐるのだ。軈て父も眼を醒した。

『輝公は嬉しくつて眠られないさうだ。』

と陸軍豫備少佐の伯父は、軍人らしく大聲で笑つた。父も自分の事の樣に嬉し相に笑つた。

父は二三日前から上京してゐるのだ。

式はついこの前開業した神田の明神で九時から行ふ事になつてゐる。八時が打つたのに山田が見えない。いくら寢坊だつて今日は特別デーだ。何をぐづついてるのだらう。と氣をもんでゐると『どうも遲くなつて。』と階段から聲をかけてやつて來た。靴の修繕に手間取つた爲だと説明した。借物の立派なオーバーを着てゐる。

下宿の――當時俺は下谷の谷中にゐた――婆さんが『どうも立派な花婿樣で。』と褒めてくれる。學生だから制服で行く考へだつたが、

87　「結婚当夜より一週間偽らざる日記」 星野輝、山口憲通、町田志津恵、大森ちぐさ 『婦人倶楽部』大正13年1月1日

父が國から一揃持參してくれたので、羽織袴と言ふ嚴しい姿だ。白足袋が馬鹿に目につく タクシーで明神へ駈けつける。

目が廻る其日

控室で待つ事暫し。衝立の向ふに芳子がゐるんだと思ふと、見馴れたあの顔が透けて見える樣だ。が今日は一體どんなよそ行の顔をしてゐるだらう？　隔つこで山田が堅くなつてゐる。山田は獨身者の故に、且媒酌人には より知名の士を賴むのがいいさうで、今日は芳子の兄が勤めてゐる會社の、社長さん夫婦が媒酌の勞をとられてゐる。

愈廣間で式は擧げられた。正面は祭壇、俺と芳子は中央に並んで坐る。チラツと見た目に映つた芳子の結婚顔が、平常の美しさよりも劣つて見えたのには驚いた。髮も矢張り七三に分ける方が彼女には似合はしく思はれる 俺は割合に冷靜でゐられた。だから神官が供物などしてゐる時にも『今度の日曜には玉川へ連れて行つてね、ね』なんて甘へた芳子の顔と、今の顔とを比較してつい吹き出しさうだつた。

然し決して不眞面目でゐた譯ではない。神官が二人の結婚を神樣に畏み〳〵申す祝詞を讀んだ時には、嚴肅そのものの氣持になつた 祝詞が終つたので頭を上げる其時、初めて俺の扇が俺の體と並行に、而も不行儀に置かれてあつて、芳子のは彼女の前に横にキチンとあるのに氣が付いた。實は初めから此の扇の處置には困つてゐたのだ、俺はそうツと芳子の位置の通りに置き替へた。

愈三々九度の盃だ。夫婦の堅めの盃――惡い感じはしない。が巫女が前にゐるので手が震へた。其頃から足に痛みを覺えて來た。一番氣に懸つてゐたのは足だ。それでもまア熟すに起つ事は起てた。

それから寫眞だ。玄關で撮る。俺は體が堅くなつた。恐らく一生涯に於ける最も眞面目な顔をしただらう。そこらの御神さんや娘達が四五人見てゐる。話してる。笑つてる。きつと『さつきの組より織縹が落ちるわね。』なんて私語いてゐるのだらう。癪な奴だ。

次は神田の燕樂軒で披露宴。目が廻る樣な忙しさだ。來賓の辯護士と、伯父とが祝福の辭を捧げてくれる。山田が僕にも一言喜びの詞を言はして下さい。と言つて起つた。人前でしやべる事の嫌な彼がと驚かされた。が決して彼は酒に勢付けられたのではなかつた。今日のよき日の喜びを抑へ切れない、感謝す

べき友情で以て『戀愛を基調とした結婚を誤つた自由で以て破壞せぬよう。益々愛を深めて完成された眞の人間生活を送るように。』と言つた。彼の言葉には、俺達、否一座の者が深く感動した。

人生の首途

さて妻を娶つたが、まさか下宿人のゐる俺の宿へ芳子を連れて來る譯にも行かない。芳子の家は狹い上にこの頃は兄の嫁と弟とが病氣で寢てゐる。式は卒業後でいゝと言ふものを、芳子の父が『約束したら式を擧げて貰はなけりや。』と頑張つたからかうなつたのだ。否が應でも旅行に出かけなくちやならない。

午後六時先づ宇都宮へ向けて上野をたつた之が人生の本當の首途だと思つた。改めて彼女の顏をしみじみと見た時、愈々芳子は俺の妻だと思つた。晝の騷ぎの時には、俺達の爲の騷ぎだとは思ひ乍らも、芳子が他人の樣に思へてならなかつた。

『どんな氣持だつた?』

『何だかはづかしかつたわ。』問も答も平凡だ。

『馬鹿に眞面目な顏をしてゐたね。』

『さう言ふ貴郎だつて。』

二人の胸は喜びに躍つてゐた。

『何だか幸福過ぎるやうな氣がするよ。戀から結婚へ——餘り順調過ぎたね。もつと試練があつたらと思ふよ。』『本當にね。其幸福をいつ迄も守つて行きませうよ。』

新郎新婦をのせた汽車は、小聲に語る二人の會話を折消す程の音響をたてゝ闇の夜を疾りに走る。

『結婚は戀愛の墳墓か? 否戀愛をより深くより永久にする爲の手段だ、俺は芳子に對して今迄と異つた愛情の湧くのを覺える。』俺は山田にかう書いて送つた。

九時頃宇都宮に着いた。直ぐ宿に入る。

五日　目をあけると芳子がチヤンと枕元に坐つてゐる。そして

『御目ざめ。』と言つた。

『もう起きてるのか。』

『だつて七時ですもの』

二人の視線がぴつたり合つた。二人は、につこりとした。

芳子は恥し相に俯いた。

『早く行かないと今日歸れないでせう。』

『なアに大丈夫サ。それにしても東京に生れて東京に育つて、まだ日光を知らないなんて全くをかしいね。』

『だつて……。』

日光は彼女の驚異と讃嘆の吐出し場であつた。俺は一度參詣——と言ふよりも見物した事があるので、驚くよりもあの極彩色がいやであつた。二人で歩く事が恥しい。今迄だつて二人一緒に散歩した事はあるんだが其時は平氣だつた。それに今公然と

歩き得る境遇になると恥しい。

『たかしなもんだね。』『會ふ人が何だかじろじろ見てて、新婚者だな、と言つてるやうね。』

其夜俺達は仙臺へ向つた。

至極圓滿

六日　俺達は可成疲れた體を運んで今日は松島を見物した。相變らず芳子がひつきりなしに感歎詞を發するので、

『瀬戸内海へ行きやアこんな所はいくらでもあらア。』と言つてやつたら『さう!』と又感歎して『卒業なすつたら一度早く御國へ行きませうね。』『あゝ。お母さんも芳ちやんも逢ひたがつてゐるさうだ。』『私も早く逢ひたいわ。其時は御土産をどつさり持つて歸りませうね。御母さんは何が御好き?』『何でも好きサ。』俺は俺達と同じ遊覽船に乘つてる人々がじろじろ俺達の顔を見るので、うるさいと言ふ風にかう言つた。が芳子はきつと母を大事にしてくれるだらうと思つて嬉しかつた。

七日　今朝東京へ歸る。隨分疲れた。父は夕方東京をたつた。芳子は一先づ里へ歸つた。

一人になると急に淋しい。芳子戀しと言ふ心が夕立雲の様にむらむらと湧いて來る。寫眞を送つて來た。馬鹿にすました俺の顔に比べて芳子は案外堅くなつてゐない。島田がよく似合つてる樣な氣もする。

八日　芳子の兄がめつけてくれた田端の家へ引越す。芳子は早くから來て手傳つた。彼女には案外力があつた。

『之ぢや喧嘩をしても俺の方が負けるかも知れないね。』『まさか、オホヽ……。』

午後から二人で新世帶の道具を買ひに行つた。隨分澤山要るものが、愈々俺も一軒家を持つたんだと言ふ得意が浮ぶがそれは親爺の金でだぞ。と言ふ聲がして直ぐ消えて了ふ。まア何にせよ俺は新世帶を構へたのだ。

芳子の炊事も及第か。

九日　長い間學校を休んだので今日行つて見ると『どうしたんだい?』と八方から質問がくる。『何、一寸風邪を引いたもんだから。』とごまかしたが、親友の國井にだけは話してあるから、若しや彼が漏らしてはゐまいかとビクビクしてゐたのだ。然し俺の親友は約束を破る程不親切な男ではなかつた。

どうせ知れる事だが、新婚匆々に色んな皮肉や、からかひの言葉を並べられては、尊ぶべき結婚氣分が害はれる。圖々しい奴に一杯飲ませるなんてやつて來られては大變だ。

十日　山田と國井とを呼んで小宴を開く、芳子も二人は既に知つてゐるから、遠慮なしに愉快に酒間を斡旋した。俺は四日以來初めて寛いだ氣持になつた。之から俺の仕事も充實してくるだらう。芳子はモデルとしてもいゝ體格を持つてゐる。夫婦共同の製作——愉快

た。夫婦仲は至極圓滿。（實）

悔悟も相愛の坩爐に入れて

◇初めて知る妻の有難さ◇

山口憲通（北多摩）

『俺はこの美しい處女をわがものにする資格はないのだ』と言ふ念が私を責める。

□二月十一日（紀元節）　私は今日の結婚を、普通の花嫁花婿のやうに歡喜の中にのみ迎へはしなかつた。危惧と恐怖や取り返しのつかぬ悔悟の中に迎へた。この感謝すべく悦ぶべき、貞子と天下晴れての吉日を、世間に對してではなく、貞子に對し、それよりも自己の良心に對して、慚愧の思ひに堪へなかつたのである。

一世一代の晴の結婚式にありながら、花婿としてお目出度うの祝詞を浴びながら、私はいろ〳〵の意味で惱んだ。しかし何も知らぬ貞子は、只うら恥しさと、悦びとで俯向き加減にしてゐた。

相愛の間

實を云へば私は彼女を知る前、幾人かの異性に接してゐた。それは、若い者にありがちな過ちと言へばそれで許さるゝ程度のものかも知れない。けれども、今、この純な、生一本の美しい乙女心の貞子と相愛して、一生を共に暮さうとなると、その汚れた經驗が、あまりに厭はしく思はるゝのである。貞子が美しければ美しいほど、私が彼の女を愛すれば愛するほど、私は彼女を汚すことが空恐ろしいのである。

寧ろ好意の破談を申込むべき者ではないかとすら思つた。しかし已に事は過ぎ去つて了つた。もうどうすることも出來ない。この上は最善の努力に依つて彼女が良妻たらずとも良夫たらうと決心した。

それでやつと、私は感謝と歡喜の面恥き花婿の第一日を突破した。

妻の親切さ

□二月十二日（第二日）　田舍の事とて、鷄の啼き聲は、凍てついてゐる氷の空氣を、あたゝめ解かすやうに威勢よく彼方此方から聞えた。稀なとつて住ひ、（私は小學校教師）の

91　「結婚当夜より一週間偽らざる日記」 星野輝、山口憲通、町田志津恵、大森ちぐさ 『婦人倶楽部』大正13年1月1日

庭を掃く。掃きながら私の家庭にも眉目麗はしい愛人が出來たからには、鶏も豚も飼はう、それは彼女が結婚前の理想であつた。

『二人きりでは淋しいわ、猫も飼ひ鶏も、豚も、ほゝゝゝ』とある日彼女が顔を赧めて小さい口を袖で掩ふた事を思出し、私も『二人きりでは淋しいわ、猫も飼ひ、鶏も豚も、ほほゝゝ』と思はず獨口する時『ほゝほゝ』と笑ふ者がある。後を振り向けば、障子を細目に島田の美しい彼女が縁から抜け出たやうに立つてゐた。思はず顔をあかめて室に這入る

火鉢にカン／＼と紅い火がもうおきてゐる心の中で妻の親切さ有難さを知る。炊事場を教へ、初めて、白い手の給事をうけて泪ぐむ。

『今日は土曜だから直ぐ歸りますから……』と學校へ行く。後を振り向くと未だ髪黑く顔白き人が立つてゐた。

□二月十三日(第三日)　日曜と里歸りが一緒に來た悦び。しかし二人ともそは／＼して何うして良いやら譯がわからず迷ふ。

『まア、火鉢の傍で相談しよう……』　共に火鉢を圍んで坐る。

美しく白い手を握りしめ、

『スイートなホームの日が來た……』と悦びに私の心はふるへる。

彼女の目もいつか嬉しさにうるむ。暫く無言。

『…………』

『天氣が良いわねえ』とほゝゑむ。

『今日の里歸りは、どんなに愉快だらう』と心で思ふ。二人連れ立つて半道位ある田舍町に出て買ひ物をして、わざと廻り路する。春未だ淺き田園の細道から、戀人同志でありし日の追憶にふけりつゝ實家へ行く。

『姉ちやん達が……』と二人の姿を門前で見た貞子の妹は、母屋にかけつけて、母親を呼ぶ。

母親に招ぜられて、奥の八疊に行く。貞子は茶を入れてから炬燵になり、七つになる妹を連れて來て土産ものを出す。

晩食まで妹の和子を連れて○○寺附近に遊ぶ。梅は未だ蕾であるが、日は陽春半のやうにあたゝかである。

夜彼女の父親が役場から歸りがけ牛肉を買つて來て『今日は皆で食ふ丈け食つて見よ』と皆を笑はす。酒半ばに父は又、

『貞子、ウンと食つて、ウンと働かなければ！』と冗談の中にも老の目に涙ぐむ。

友人の襲撃

□二月十四日(第四日)　妻の家より出勤す。

學校の同僚の某

『オイ／＼、○○君、ひどいれ、君はよく何食はぬ顔がされる、御目出度うは後にして先づ馳走し給へ!!!』と一時間目の休みに、休憩

室で茶を飲みながら、私が這入つて來るのを待つかまへる。

『やア、御目出度う！』

『○○さん、御目出度うございます』と女敎師まで、ほゝゑみながら征矢を浴せかける。

『今日は幸、村祭で半日だから、午後は皆して、君の住宅を突くよ、新夫人でも紹介して呉れ給へ』と、村祭で同僚と學校で酒をのむ。

私は急いで歸ると、南向きの障子が白い日に溫さうである。玄關からも上らず緣側へ、ほろ醉氣分で元氣よく、

『只今！』と腰を下ろすと、スツと障子が明いて、心持ち頰照つてゐる彼女の裁縫してゐる姿と、妹の和子が、表れた。

『和子さんを連れて來て呉れたの』と上ると、彼女は起つて來て、和服に着かへさせて呉れる。實家から送られた、ネーブルをむく。

冷い美味が酒後の口にとける、皮共食ふのを見て、姉妹して笑ふ。

間もなく、同僚三人押しかけて來る。一寸まごついたが、挨拶がすむと、

『オイ君、何もいらんよ、その蜜柑を呉れ給へ』と騷いでゐる所へ二人の女の先生も來る いよ〳〵妻も私も助かつたと氣を强くする『××さん、貴嬢方も早く、この蜜柑のやうにスウヰトーなホームを拵へなければ』と猿のやうに赧い顏して言ふ。一同も猿の顏になり、或は紅い花になりして笑ふ。

貞子が坐を起つて臺所へ行く時、

『奥さん！』と呼びかけられて、彼女は顏から火の出るやうな思ひ。

大潮の引いた後のやうに、一同が去つた後三人して、花歌留多遊びをする。

□二月十五日(第五日) 學校から歸りながら小間物屋に寄る。恥かしい思ひをして數種の品物を包ませたが、上着のポケツトから出しにくかつた。
夜彼女が疊む時發見して、笑ひながら悅ぶ。

『私もお土産があるわ』と言つて彼女は顏を染めた。

『何んです。どれ見せてごらん』と言ふと、漸くにして、簞笥の一番下の抽斗から、白い雪を欺く風呂敷包が出る。中には銘仙のどてらがあつた。些し華美過ぎるが、春の夜寒に着て見たく、

『大變な御土産だれ、實家で拵へたの』と感極まつて訊くと、彼女は父母の前で縫ふのも心恥かしく、一人居給ふ叔母君の許に日參して四日目に出來上つた事を物語る。

『私が訪れて行つても一向逢ひもせず、嫌つてゐはしないかと心配したが、心ではやはり……かげではそんな志情があつたの』と乙女心の優しく香ばしきに胸迫る。そして。

『親切な叔母さんだ、有難い叔母さんだれ。』

『え、それはそれは親切ですわ、私、

93　「結婚当夜より一週間偽らざる日記」 星野輝、山口憲通、町田志津恵、大森ちぐさ 『婦人倶楽部』大正 13 年 1 月 1 日

母よりも叔母さんの方が親のやうな氣がしますの』と彼女は、不遇の叔母の話をした。叔母は、父の妹であるが、結婚後、主人に死に別れ、一人の男子にも先立たれて、三十年近く寡婦として今日迄、貞子の妹を養女にする見込で、天理教の忠實純眞な信者として、いつも明るく生活してゐた。

よい伯母さん

□二月十六日（第六日）　放課後、叔母さんからお使ひとして和子が來た三人連れ立つて、村端れなる叔母さんを訪れる。

『叔母さんから「南無妙天理王の命」のお話でも聽かう』と私が言ふと、貞子は、

『そんな宗教臭い談はチツともしませんわ、ですが、叔母さんは實際お店へ行つて品物を買ふにも良くないのから選つて戴いてゐるやうですわ、家の母が感心し拔いてゐてよ』と。

私を見ると、死に別れた吾が子が甦み歸つた者のやうに悦んで、あまざけを拵へたり貞子をさしづして御馳走を作つたりした。

床の間には、私が見たいと思つてゐた多くの古文學書類が、叔母さんの一人息子の、ありし日の俤を語つてゐた。

『○○さんも文學がお好きでゐらつしやるつて、貞子からよく聽いてゐましたが、何かお書きなすつた者を拜見させて下さいな……』と言つた。『叔母さんは、あれでも文學好きですよ』と貞子から聽いてゐたが『宗教家と文學好き』私は本當に良い叔母を持つたと心から感謝した。

□二月十七日（第七日）　學校から歸ると、玄關先きに、女物の下駄が二つ揃つてゐた。無論貞子のではない。直覺的に貞子の母君と叔母さんに異ないと思つてゐると、叔母さんが『貞子が一人で、鼠にでもさらはれては、と思つておほゝゝゝ』と氣遣なく歸りを悦ぶ。

生れて二十有餘年、孤獨の日を十一と二に父母がつゞいて亡くなると共に、放浪の旅をつゞけて、漸く學校の首席になり、この村に三年暮す中に、妻を得、母が出來、叔母までできるやうになつた幸福を沁々考ふる私の故郷は山一つ越す隣村で、妻の家とは遠緣ではあるが。

母ゝや叔母達に促されて、貞子が新しく祖先棚などをもうけて、そこに花水や香を焚いてあるのを見ると、涙ぐまずには居られなかつた。

母君も叔母も、私の兩親がありし日の事ども語り、私は六つ七つの頃、父親に連れられて、貞子の家に一夜泊りの旅をした翌日『家に歸るのはいや』と泣いて、三つになる貞子と遊び度かつた事を談されて恥かしかつた。

『不思議な緣でしたわれ……』と叔母にはゝゑみながら語り、母は、貞子の父と、私の亡

父とが兄弟のやうに仲よして、明治二十六年頃には、共に民黨として、吏黨に楯づいた事なども語つた。その後父は死に、貞子の父も今は老いて役場の助役をつとめてゐるのである。

この後、私達が新婚の夢がさめても、又彼女に教養上不足の點があつても、自分は彼女を不足に思ふまい。（寛）

夫戀しや・滿洲へ

◇聖かりし處女の日を今ぞ終る◇

町田志津惠（大阪）

大正〇×年十二月十三日（第一日）

何時かまどろんだ短い眠りから醒めると、枕元の時計は五時半に近かつた。『眠れたか』と父樣が優しく仰有る。母樣はもう次の間で何か遊してゐらした。海に向つた此の旅館の靜かな離れに父樣や母樣の獨子として眠つたのは昨夜だつた。今日は――。

洗面を濟して室に歸るともうお二方共朝の膳に坐つて待つてゐらした。女中がお芽出度御座いますと云ふ。次の間には一杯に今日の晴着が取出されて居る。磯の松に鶴の黒の振袖白地絲錦の桐菊の大模樣の帶。御飯は食べたのやら食べなかつたのやら夢の樣に坐つてゐるとお風呂へと案内が來る。母樣の仰有る儘に爲さる儘になつてゐた。上るのを待つてゐた髮結の結び上げて呉れた高髷は氣になる程大きい圓りもゆつくりしたのだつたけど、花笄等をして仕舞ふと亦見違へる樣に形がよかつた。此の御髮なら何處へ出ても御自慢出來ますと云ふ。母樣も滿足さうに御覽遊す、二丁目の伯母樣鶴さん梨枝さんと一緒に見えて、室は忽ち一杯になる。もう一度お風呂に降りて襟まはりを洗つて鏡臺の前には坐つたものゝ、自分では何も出來ない。五人も六人もの口添が一はけ一はけ濃くぬられて行くのをチラと横にみたきりだつた。口紅の濃いのが氣になつてツット下唇を嚙んでゐた。取り散した室を出て伯母樣方も一緒に手傳ひの人達と十人近く母屋の下座敷でお午食に坐る、髮が重い。皆が絶間もなく話すのを他人事の樣に聞いて、私はうつろの樣に思ふ事もなかつた。何もかも矢張り夢の内だつた。

亦室に戻つて姿見の前に立つ。同じ年の從姉の梨枝さんが鏡の後に立つて、凝とみながら『幸福で被居い』と小聲に言ふ。微笑む心算の眼がつ

95　「結婚当夜より一週間偽らざる日記」　星野輝、山口憲通、町田志津恵、大森ちぐさ　『婦人倶楽部』大正13年1月1日

ひ匿んで、自分の姿が見えなくなつた。

　梨枝さんには尚處女の日が殘されてゐる。幸福か不幸福か私は知らぬ只一人の人の胸を信じて今日の日を終る。

　伯母樣『赤日比谷で』と言ふと歸られた。母樣もお召替へ、父樣は通常禮裝の軍服、今日は勲章をつけられない。着付けの樣子をみに來た宿の主人夫婦の後から、廊下には女中達が一杯だつた。母樣がお嬉しさうに皆に挨拶される傍で只頭を下げてゐた。掃き清められた玄關には家中の人が並んでゐて呉れた。父樣、私、母樣の順に車は勢よく門を走り出すのであつた。あゝ何と云ふ不思議な結婚であらう。

　家を離れて百里、旅館から送り出されて亦夫の下宿にゆくのであつた。何も見ず何も思はずひた走りに走つて、大神宮に着いたのは三時頃だつた。媒酌となつて下すつた旅團長のT少將御夫妻、父樣の前副官のK大尉夫妻が既に先着して居られた。T少將の奧樣が、『一寸も心配しないで私について被居い、唯お襟だけなるべく高く取つて被居い頭かな樣に』と仰有る。後から後から芝の伯父樣、浦和の叔父樣二丁目の伯母樣等見えて、何か仰有つたけど何も覺えてゐない。奧から紋服の女の人が來て『御緣女樣を何卒』と云ふ。聞き馴れぬ言葉なのでそれだけ覺えてゐた。T奧樣に左手をとられ右手に褄を持ちながら、廣い廻廊の樣な所を曲り〳〵、ふと正面を見ると同じ樣な姿の人があちらから降りて來る立留ると壁一面の大鏡だつた。裾を降して手を淨めて奧の一間の席にT奧樣と並んでつく後の事は全く知らない。おはらひを受けて前のふすまが開かれると、映ゆい樣な神前の間と更に向ふに自分と同じ樣な室が有る樣だつた。神官の奏詞も奏樂の音も只遠い〳〵所に聞いて、巫女樣が手に取らせて下さる土器で、火の樣に熱い液體が唇にふれた事だけ知つてゐる。神前に讀れたT少將の契の言葉も解らなかつた。

　自分の右に夫が立つて居ると云ふ一事が感じられた。式が畢つて記念撮影に只二人玄關前に立された時、遠い門の方に一杯人立のするのをチラと見た。後も先も忘れた。車に乘つて大松閣に行つたのは私一人の樣だつたが降りると直ぐ後にT奧樣が居られた。角二階の一室に待ち受けた人に顏直しをして貰つて、廣い廊下を隔てた大廣間の映ゆい灯影に坐らせられたのは六時頃であつたと思ふ。小さなお結び二つ宛つけたのを配膳の人が前に坐つて、夫と私のを取替へて進めたのも、薄色菊模樣のに着替の前か後か忘れた。T閣下が席をすべつて何か言はれて、兩家の者が一樣に頭を下げたがそれも解らなかつた。T奧樣が立つ樣に言はれるので後に續いた。休息

の間に入ると其處に、正裝を脱いだ夫が通常禮裝で立つて母樣と何か話してゐた『確かに』と云ふ夫の聲だけハッキリ初めて聞いた。何も忘れて、母樣！と云ふ時涙が止度もなく落ちて來た。『幸福で被居いつ迄も』と慈愛にみちたお聲が靜かに答へる。車の後から更に『靜さん幸福で』と言ひ足される。俯く胸のはこせこの長い鎖の先に涙が光る、悲しくはないのだけど――。淡い灯かげの道を何處を行くとも知らず此儘千年萬年走り續け度いと禱るのだつた。四ッ谷坂町の宿の前に車から卸されて、夢から覺めた樣にK大尉の奥樣の跡に從つた、玄關には人がゐたかゐなかつたか――。

和服に着替へた夫が『お世話になりました』と言つたのはK奥樣へだつたらう。そして誰にともなく『御酒が苦しかつた、乾いて仕方ない』と云ふ人をチラと見上げた眼を凝と離さずみつめて『疲れたでせう』と初めて言ふ『否』と云つたけど聲は出なかつた。『半歳以上もお便りなすつたのにモツトしつかりなさいませ』と小聲にK奥樣が言はれるのをよそに、私の思は寸時も止まる事なくはせめぐつてゐた。

り〻海を越えて遠い滿洲の野から、熱い想を筆に言はせ、火の唇を紙に移して送り來し人、

今眼の邊り見る其人の胸に、此の心を投げかけて、聖かりし處女の日を今ぞ終ろ。

次の間に人のけはひして『お銚子臺は』と言ふのが聞えた。K奥樣が立たれる。

『靜さん――』

膝に置いた象牙骨の扇子の白い長い房に僅かに手ふれて、答へはなくて振り仰げば、人の瞳は底知らぬ深さと爽しさを湛へて此身にひたと濺がれてゐるのだつた。何をか答へし、ことはり知らぬ涙の只流れて――。

（第二日）　不圖覺めて、次の間で身支度をしてゐると、『洗面なら下で』と人が言ふ。降るとすぐに宿の主婦が『お滯りなく』と挨拶したのでまごまごする。今日は昨日よりズット淡くした。下座敷の誠さんの室で兄上（夫の長兄）と四人一諸の朝食。誠さんは兄上の長子、夫と四ッ違ひの砲工學校々生の砲兵少尉『叔母樣行つて參ります』と出てゆかれた。生れて初めて叔母樣と呼ばれた。兄上は終日御外出。入浴。

掃除は宿の人がして吳れるので、自分の荷物片附をする。默つて机の前に坐つてゐると人の瞳がいつも離れずゐるのが映ゆくて、午後から人も御自分の荷物を仕舞はれた。母樣のみつけて下すつた鹽町の家に此儘二人すむのならと不圖思ふ。併し夫の殘念を思へば何も忘れれば成らぬ。夫は陸軍大學再審試驗に殘念にも失敗して、五日の後には再び任地滿洲への歸途につく身である。本をつめた重い行李をしめるとて、部屋の隅から隅迄轉げさせ、

子供の樣に笑つてゐらるゝ。春寫眞で拜見した時にはないおひげが濃く一文字に生えて御勉強故か軍人には白すぎるお顔を赤くしてゐらつしやるのがよかつた。牛乳を溫めて宿の婆やが持つて來たのをお上りと言はれるけど『私此麼肥えてるから澤山、召上れ』と云へば、半分飮んでコップを手の上におのせす。上を見ないで思切って、其ぬれた唇あとから飮み乾して仕舞ふ。耳が一時に熱くなつた。灯のつく頃兄上と誠さんと歸られた。亦下で食事、

すむと兄上につれられて此の結婚の最初の口を開かれた夫の親友S中尉の所にゆく。一口目に奥樣と言はれて困つた。

歸ると誠さんが『今叔母樣の噂してゐたんです』と云ふので亦赤くなる。眞面目な顏してお菓子をつまみ〳〵、お茶を入れる私に、『僕

97　「結婚当夜より一週間偽らざる日記」 星野輝、山口憲通、町田志津恵、大森ちぐさ 『婦人倶楽部』大正13年1月1日

お嫁さん貰ふ時にや勳章はいらない、嬉しくて胸がドキ〳〵して勳章がふるへるから』と言ふ兄上、誠！と仰有つて笑つて仕舞はれた。九時半二階に上る。

（第三日） 早くから髮結が來て丸髷に結はされた。すぐお離れになるのだから一度はお上りなさいと、T少將の奥樣のお言葉。手柄と形を御自分見立てゝ寄來して下さつた。入浴後留袖紫紺地菊模樣の紋服に着替へる。人は通常禮裝、コートに包んで態と電車で青山一丁目で下車閣下のお宅に御禮に伺ふ。奥樣大滿足と仰有つて下すつたお午食と言つて下さるのをお斷わりして、又電車で品川にゆく。

宿の女中が髮ばかり見て困つた。一足遲く見えた兄上と父樣母樣四人打解けてお話し遊すのを只默つて聞いてゐた。お父樣と言つて御酒を注いだ夫の聲が耳についた。同時お別れして發つ。私は十八日京都で別れて獨岐阜に歸る事となる。其迄に凡ての始末を終へて父母上も歸宅される筈に定る。下宿に歸つて夕食も慌しく二人鹽町のK大尉の御宅に御禮や暇乞をかねてゆく。歸り足で新宿驛に新潟へ歸られる兄上を見送り、まだ見ぬ父母上への御言傳を吳々もする。誠さん、S中尉、神谷氏など、S中尉の發意で歸りを歩く。亦しても一口目に奥さんを言はれる。青山の家にゐた頃の樣にお孃さんと呼んで戴く事は出來ないけど、他人事のやうだ。途々お菓子の自動賣器械をみつけてS中尉眞先に一錢入れて、源氏豆を二十粒許り取る。人も眞似る。神谷氏も誠さんも、傳馬町迄四五度。其度に誠さんが叔母さんお上りなさいと分けて下さる紙にも包まず袂に入れる。宿について皆が下でお茶の間に二階で宿の婆やに賴んで髮を解いて貰ふ。手早く束ねて石入りのピンでおさへて降ると皆が一勢にオヤ〳〵と云ふ。袂を引くり返して緋縮緬の襦袢袖にからんだお菓子の種々を取り出すと亦大騷ぎ、いたづらだなアと人が言はれたので急に恥かしくなつた。

（第四日） 朝T少將から昨日午食を一緒にせなかつた記念にと、見事な吸物椀十人前の箱が屆く。一緒に板〆縮緬一反お好みで私の長襦袢にせよとのお添言、夫へは米琉一反。

午前中寢具の梱包して新潟へ送り出すのを賴む。手廻りの物の片附いたのは二時すぎ、入浴後改めてローマに結ぶ、お妹さんの樣なと言はれて亦逃げ出す。荷物は早く出して電車で新橋にゆく、六時半の急行に乘る爲め。お斷りしたのにT奥樣も見えた。K大尉御夫婦S中尉X中尉神谷氏夫妻誠さん等。宿の主婦が來て吳れた。慌しい心地に汽車はゆるぎ出した。誠さんの擧手の姿が次等に小さく成つて行く。寄宿ばかりにゐて父樣の任地に行くのは卒業後の今度岐阜が初めだつた。忘れ得ぬ東京にも暫くはお別れか、雪深い夫の任地越後に行つて何日亦出て來ようかと寂しい思ひもするのだつた。

（第五日） 京都に着いたのは明けの七時頃だつた。霜が白かつた。驛前の旅館に入つて入浴朝食後、車を賴んで見物に一日暮れた。桃山御陵の參拜のみ夢ならぬ事に覺えてゐる。夕食後宇品運輸部に打電、大連經由の日數が無くなつたので朝鮮經由歸滿の旨。寒いのに顫へ乍ら京極通りで八ツ橋等みやげを買ふ。東京以來御酒は一滴も上らない。更けてゆく三階の一室に火鉢を圍んで、二人言ふ事もなかつた。『下關迄參ります』暫くして私が言つた。それだけの長い途を歸りは獨り歸るのかと人は言ふ。『その位なら奉天まで――』と人が言はれる時、熱い御手は私の膝の上に重つてゐた。はら〳〵と、はら〳〵と支へる間もなく淚が墜ちた。濡れた御手を其儘私の手を取つて御自分の膝におかれるので、顏はぬぐひも得ず其上に伏せた。奉天に行つて何とせ

う。行かれぬ事は千萬承知の筈であつた。明日は行く人が送つて、私は四月守備の任みちて内地歸還の日を待たねばならぬ。

（第六日） 涙の様な雨が降る、紫紺地ピロード裏のフエルト草履の重たく雨に滲むのも知らず。

私の思は遠い〲所にあつた。相見しは五日、私等は斯して別れてゆく。此朝五時半と云ふに夫は既に下關行急行車の人であつた。乗り降りする人も疎らな歩廊にはまだ寒さうに灯がついてゐた。窓から出された白皮手袋の御手を只一瞬時堅く〲、握つて握り返されて、丈夫で居よと只一言、懸しい聲は耳に残りながら、心ない驛夫の笛に人を乗せた列車は一歩一歩遠ざかり行く――。（完）

燒け焦げた馬車が婚禮馬車

◇『あなた』とも呼べぬ恥しさ嬉しさ◇

大森ちぐさ（東京府）

S子さん、あなたとかれての御約束通り、結婚當時の日誌をお送りいたします。あなたから頂いたやうに美くしい文章が美くしい紙に綴つてゐるひまなど持つ事が出來ないほど慌しいのです。それにペンもレターペーパーもありませんからノートの破れ紙や、書き損んじの原稿用紙にあり合はせの鉛筆で走り書きいたします。どうぞあしからずね。

大正十二年九月二日

物凄の大地の震動は今日もまだやみません。昨日から燃えつゞいてゐる猛火は人を、家を、總べてのものをなほあかずにやき盡くさうとして猛りたつてゐます。こんなにも恐ろしい日が、私の一生にとつて最も記念すべき結婚の日にならうとはS子さん私は夢にも思つてゐませんでしたわ。私たちはこの日崩れた家の軒近く、親子五人相擁して戦きふるへてゐました。火はもうすぐ橋向ふまで迫つて來ました。所詮は猛火に見まはれねばならない運命に落ちた事を知りました私達親子五人が漸くの思ひで風呂敷包み一個宛を整へて、崩れた我家を後に保土ヶ谷の方に逃げ様としてゐました時、慌しく駈けこんで來たのはS子さんあなたにはお耳に入れて置いたあのM醫學士でした。Mは一日の大地震の日、丁度××大學の附屬病院の食堂に居つたのだつたさうです。東京の大震に病院の大破したさうですが、Mは他の醫員や看護婦とともに、先づ入院患者を安全な地に避難させた時、すぐ私の事を考へついてくれたと申します。私たちの事を考へつくと、もうぢつとして居られなくなつて、すぐに横濱に向つたのださうですが、あの大地震のために電車も汽車も不通になつてしまつたために、京濱電車の線路をつたうて走り、漸くの思ひで二日の朝になつて横濱に到着したのだつたと申します。さうして猛火の中をくゞり抜けて私たちの家まで到着したのでしたが、私たちの安全なのを見たMは『無事でしたか』と言ふと一緒に其所に昏倒してしまつたのでした。私は『あらMさん！』と言つてその温いお胸に飛びつかうとする刹那のこの事件で、たゞ聲をあげて泣くより外しかたありませんでした。父は水道鐵管の破れから噴き出してゐる水をくんで來て種々

99　「結婚当夜より一週間偽らざる日記」　星野輝、山口憲通、町田志津恵、大森ちぐさ　『婦人倶楽部』大正13年1月1日

と手當を加へてゐましたが、程なくMは蘇生しました。私たちはたゞ泣く〱やがて私たちは保土ケ谷へ避難しました。着くと父はMに向ひまして『Mさん靜子はあなたの處へあげる事になつてゐたのでしたから……此處からすぐに』と申すのです。私はあまりの事に驚きましたが、Mは『さうですか、ぢやさうさせて頂きませう。』と申すのではありませんか、S子さん許嫁になつては居ると言ふものの、こんなに簡單にこんなに悲痛に結ばれる緣であらうとは私の今まで夢にさへ思つてゐなかつた事でした。私も耻かしい思ひを抱き乍らもそれを承認しました。S子さん、私の結婚の衣裝は洗ひざらした浴衣でした。その外には鶴龜の雅樂も、三々九度の盃も何の儀式もありませんでした。たゞ私とMとはかたく手を握つたまゝ、爛れた横濱の旅空に向つて永遠を誓つただけでした。この時、私の手が暗の中にどんなにふるへてゐたか、私の瞳が泪をたゝへながらもどんなに輝いてゐたかと言ふ事はS子さんあなた丈けにはよく知つていただけると思ひます。

△九月三日　S子さん。あなたの結婚當時の日誌をおもひ出して華かな結婚當夜の事が羨ましくてなりません。昨夜は私はたゞ戰きふるへ乍らもMの手にしつかりとたよつてゐました。まんぢりともする事の出來なかつた私たちは慌しい地震の三日目を迎へました。この朝まともにMに向つたとき、『今日からに夫と呼ぶ人である』と思ひますと、私の心はさすがに嬉しさとはづかしさとに亂れずには居られませんでした。S子さんあなたは結婚の翌朝箱根に樂しい旅行にお向ひなさつたのでしたのね。私もさうした樂しみを持ち得られると思つてゐましたのに、今は何もかも夢の樣です。

△九月四日　『あなた』と呼ぶ事が出來ませんでした私は、やつと『兄さん』といふ言葉を考へ出しました。妹たちに『兄さんなんてをかしいわ、兄さんてよぶのは私たちなのよ』と言つて笑ひましたが、やはり私はさう呼ぶより外によい名を考へ出せません。でも『あなた』はあまりをかしいし、さうかと言つて『Mさん』はなほへんですものね。これからずつと『兄さん』で通さうと思ひます。この日漸く父母のすまふ假家をさがし出す事が出來ました。家は半分位崩れてゐましたが修繕すれば何とか間に合ふといふので、一時そこに身をよせる事にしました。けれど私たち新婚の（新婚といつてもまだ名まへ丈けなんですが）二人のための溫い蒲團一枚さへないのです。破れた疊の上に六人無量の感慨にうたれてこの夜も時々の震動にふるへ乍ら夜を徹しました。

△九月五日　お父さんたちの家を見つけた私たちは、私たちの新らしい生活への首途にたたればならなくなりました。この日こそ生れて十九年、慈しみの父母の許を去つて愛人の許に向ふ事になつたのでした。S子さん、私のためにあなたはきつと祈つて下さると思ひます。私だちの婚禮馬車は（こゝまで書いて來ました時、これこんなに急に悲しい泪がながれまして紙が汚れてしまひました）大火に燒けこげた荷馬車でした。藁ござ一枚をしいた荷馬車の上に兄さんと二人でならんで坐つた時、父さんの目も母さんの目にも涙が一ぱいになつてゐました。ほんとなら自動車くらゐには乘る事が出來る私でしたのに……S子さん、私のこの時の心持ちはあなたはよくわかつていただけますわね。何も知らない馬子は鼻うたまじりに出かけました『靜子、おまへよく氣をつけてれ』お父さんもお母さんもかういつたまゝ面をそむひてないてゐました。『はい』私はたゞかう言つた丈けで後は何も云ふ事が出來ませんでした。S子さん。私

の嫁ぎの馬車、花嫁としての私の女裝、それは恐らく女として最もみじめなものであつたでせうね。私たちの馬車には途中から荷物を負うた人々が幾人も乘せられました。それらの人々の持つてゐる行李一つ丈けでもあつてくれたらと思ひました時、私は泥にまみれた浴衣の上に涙の流れるのをとめる事が出來ませんでした。ひる少しすぎ漸くにして私たちの婚禮馬車實は燒けこげの乘合荷馬車は六郷川の岸につきました。そこでまた降りてから私たちは鐵橋をわたり再び他の乘合馬車に疲れた身をゆだね、夕方漸くの事で品川までつきました。もし常の時の嫁ぎでしたら、こんなにも苦しまずにすむであらうと思ひました時、私は八ッ山橋の欄干にしばらく身をよせて悲しい思ひにふけりました。兄さんにはげまされて兄さんの下宿についた時、いままでの張りつめた勇氣が急にくづれて私は兄さんの膝にすがつて聲をあげて泣き出しました。兄さんのなぐさめによつて程なく涙を拭ふ事の出來た私は、初めて兄さんと二人きりになつたのだと思つて、嬉しい樣なはづかしい樣な思ひに胸のわななきを感ずるのでした。

△九月六日　幸福の第一夜はあけて、九月六日となりました。兄さんは『靜さん、今日から二人だけの新生活がはじまるの。輝かしい新生涯への首途に、天に向つて愛の永遠を誓はうではないか』と申されました。二人は朝まだきの空に向つてやゝ久しく合掌祈念いたしました。それが終つた時に私は感極まつて兄さんのお胸に面をうづめたまゝむせび泣きました。

△九月七日　こんな風にして結婚したものは恐らくたれもない事でせう。それが私には悲しい事でまた嬉しい事です。兄さんはよくかう言つてくれます『やはり靜さん、人の結婚はかういふ風に赤裸々であるのが本當なんだ美くしい衣裳、香ばしい香料、萬の富、それが人の結婚をどれ丈け價値づけるものか、結婚は人の愛と愛との永遠に結合するんだ。愛の永遠の結合は燒けこげの荷馬車を婚禮馬車としてもよい。あの鎧戸の囚人馬車であつてもよい。いいえ、もつとひどく火葬場へ通ふ柩車でもかまはない。要は、不朽の愛を乘する事であるのだ。』とね。S子さん、私は今日しみじみと私の幸ひを知りました。兄さんはほんとに私を愛してゐて下さるんですもの。

△九月八日　S子さん、幸福の光は私たち二人の上にみちみちてゐます。これから私たち二人は勇ましく新生涯に入るのです。二三日中には郊外に適當な家をさがして引きうつる豫定です。鍋も、釜もこれから一つ一つ買ひに行くのです。新婚旅行も披露會も里歸りもさうした事はなにもやりません。それよりも私たちは私たちの新生活を一層光輝あるものにする事につとめる決心です。地震がすつかり靜かになつてしまふ頃には、私の姿は郊外のさゝやかなる家にある事でせう。手拭ひをかぶつて七輪の前にたつ私のマダム振りを思つて見て下さい。(住所姓名、至急御報せ下さい)(靜)

女學生間に見る同性愛の研究

◇この問題に就いての二氏の眞率なる意見◇

年若い婦人の團體をなすところ、例へば女學校の寄宿舍などに於て、友愛を超えたる同性間の交友を見ます。往復する手紙について、また日常の起居動作に於て、これは周圍の何人の目をも、惹くところの事實であります。しかるにこれらの監督の任にあたるもの、並にこれを批判するところの世間は、この事實をもつて、直に單純なる性愛的の問題として解決し去らうとし、また解決され來つたのが常でありました。しかるに飜つて、これを青年心理の立場から檢討し、また深き同情と理解をもつて、これを觀察するとき、はじめて根本に横はる、嚴肅なる人間性の本質の問題に觸れてまゐります。左の二つの記事は、この意味に於て、愛兒を持つ親のために、またこれを預る教師のために、新しき見解と指導の方法を示したものであると思ひます。（記者）

女學生間に起る特殊親交の問題

◇特殊親交の起る原因とその結果に就いて◇

東京女高師附屬高女主事　倉橋惣三

◇文藝的見方と教育的見方

年若い女學生間の問題は、一つとして、人間的の意味を有つてゐないものはありません。どんな學科が好きか、またどんな遊戯が好きか、といふやうなことに比べ、この同性間に於ける特殊親交の問題は、深く人間的事實の本質に觸れてゆくものといはねばなりません。

かうした問題に對しては、由來、二つの異つた見方をもつて見られるのが常でありました。その一つは文藝的の見方であります。即ち、この起つた事件が、どこまで人間的であるかといふことに意義の中心をおいて、その點に於て絶對的に見てゆかうとする態度であります。

もう一つの見方は、言はゞ狭い意味の教育的見方とも言ふべきものであります。人間の本質に對する了解よりも、寧ろその第二次的の條件とか、或は、それから起る弊害に重きをおかうとする見方であります。

しかし、この二つの見方は、實際に當つては、明確に右と左と言ふやうに區別さるべき性質のものではありますまい。如何なる人が取扱ふにしましても、この二つの見方が混合つてくるのが當然でありませう。唯、混合方の割合によつて、いづれかの色彩が濃厚になつてくる程度のものであります。

人間の事實を一途に形式的に定めてゆかうとする態度、殊に情味豊かなる若い生徒間の問題をも、單に、外殼的に取扱はうとする態度をも、謂ゆる古い教育者の態度とされてをります。これに對して、人間的情味を中心として、すべてを解釋してゆかうとするのが、謂ゆる新しい教育家の態度とされてをります。この問題の可否は別として、今日一般から最も歡迎されてゐるのは、後者、即ち新しい方の見方であります。しかるに、もしこの見方に從つて、一人の生徒が他の一人の生徒と人間的に相觸れて、特殊なる親みを、結ぶに至つたといふことを、あるがまゝに見てゆかうとするならば、そこには論ずべきほど　問題もないのでありますが、それは本人同士も、この關係を文藝的に解釋し、他人もまた、單に文藝的に眺めてゆかうとするからであります。しかるに、更に進んで、この問題を考察し研究してゆかうとするのは、かうした純粹な文藝的意味以外に、深い意味をこの問題に見出すからに他ならないのであります。

◎特殊關係と心理的要求

同性間にかういふ親みが起るといふことは、一般には十二三歲頃に始る、自然的傾向と見ていゝのであります。淡白であつた少年期の人間的要求が、青年期に入つて一段と濃厚になつてきたそのときに、經驗する感情であります。これを青年心理の方面からいへば、相手の條件によつて、好きにもなるのではあるが、もつと深い一つの理由は、何人かを特殊關係におかねばやまない、強い要求に原因するのであります。從つてこの特殊の相手を見出して心理的要求を充たさうとする、慾求の強さの如何によつて、いろ〳〵と態度が違つてくるのであります。

どんな少女について見ても、皆それ〴〵極めて仲よしの友といふものをもつてゐます。それは寧ろあたりまへのことであつて、何の疑ふべき餘地もなく、まことに人間生活の幸福とも言ふべきものであります。この交友が普通以上に進んでならない場合には、別段人目にもたゝず、本人同士も勿論意識せず、從つて、かうした生活をしつこく樂しまうなどといふところまで達してゐないのであります。青年心理の立場から見れば、相互に意識してゐないがために、愈々深みに陷つてゆくといふことになるのではありますが、實際について見れば、それには特殊な事情、或は理由によつて、どちらかの要求が強められてゐる場合が多いのであります。そこで、更に進んで考へて見なければならない問題は、何故に、その少女のさうした要求が、特に強いのか、また強められたのかといふことであります。

◎二つの異る見方

一人の青年、或は少女が、何故に普通以上にかかる要求をもつてゐるかといふことは、すべての人間性の場合と同じく、これを二つに分けて見ることができます。その一つは即ち、性格的原因であつて、他の一つは經驗的條件であります。性格的の場合には情熱的なこともあり、また病的なこともあります。情熱的に普通以上の濃厚なる人間性をもつといふことは、寧ろ凡人以上のことであつて、或る意味の尊敬をもつて見るべきものでありませう。しかし、病的なる場合に於ては、他の條件の如何によらず、根本的に憂ふべきものと見なければなりません。

この性格を見分けるといふことは實際に於て至難のことであります。今日の性格學も、嚴密に言へば、それほど細かいところまでは進んでゐないのであります。しかし、長らく、その青年なり、少女なりに接してをつた教育者、或は監督者は、學問的な鑑別の方法によらなくも、或る程度まで本人の性格を見定めることができる筈のものであります。

性格の如何はその人の過去の人間的經驗によつて、またいろ〳〵と變つてまゐります。この經驗を大ざつぱに分けますと、次の二つの場合になつてまゐります。即ちその一つは、幼い頃から、人間的な親みを滿足に受けてきてゐる場合で、いま一つは、境遇的理由により、滿足に受けてこなかつた場合であります。後者の場合を更に說明すれば、人間的慾求が不自然に壓迫された狀態といふことになるのであります。謂ゆる並殊れた濃厚さをもつて、相親む特殊な例のうちには、この種の場合が多いのであります。今まで壓迫されてゐた、人間的慾求が、この機會に於て、非常な強さをもつて、その人の生活の上に、現れてきたものであります。かうした事實は一方から見れば、充分同情に値するものでもあり、また、いぢらしいほどのものでもありますが、嚴密にこれを批判すれば、やはり不自然が生んだ、不自然的感情といふことは、否定できないのであります。

◆人間性の問題

かういふ風に考察してまゐりますと、餘りに濃厚熾烈なる青年少女間の特別親交といふものは、先づ原因に於て不自然なものと見なければなりませぬ。原因に於て不自然なるものは、これをとり立てゝ咎むることもできませぬが、しかし、結果に於て不自然なるものは、憂慮しなければなりませぬ。しかし謂ゆる『同性愛』といふ言葉には必然に、甚だしく不自然なる關係を聯想さるゝのが常でありますが、この同性間の特殊親交の問題は、それとは自ら、本質的に趣を異にしてをります。特殊親交が齎すところの不自然なる結果といふのは、その本人が、外のことでは、平凡な普通な生活をしてゐながら、その一人の對象に對しては、過度なる濃厚な感情を持つために、その人の意識全體が亂されてしまうのであります。亂さるゝといふよりは寧ろ、その對象を意識の全部におくことによつて、生活が全く、破産するの危險に導かるゝのであります。かうして、生活の破産は延いては、最も大切であるとされてゐるところの人間性そのものさへも破壞してゆき、やがては、純眞なる人間性の發露をも、また經驗することをも、阻止するに至るのであります。

以上の考察の順序によりまして、私はこの種の問題をどこまでも危險視するものであります。單に生徒としての心得とか、形に現はれたる道德上の問題といふこと以外に、この問題の焦點となり中心となつてゐる、人間性そのものの問題として、私は、寧ろ危險を感ずるものであります。

特殊親交は憂ふべきものか

◆最後まで友愛として生かしきつてゆきたいものである◆

文化學院 河崎夏子

同性間の特殊親交といふことは、單に年若い女學生間の問題ばかりではなく、男子に於ても等しく、少年期から青年期に移る一時期に經驗するところのことであらうと思ひます。言はば友愛或は英雄崇拜と同一の心理であつて、これを直に、性的意識の伴ふものとして見るのは、妥當ではないと思ひます。

女學校の三年から四年へかけての年頃の生徒には、常に一つの對象を選んでこれを尊敬し、愛慕しようとする一種の熾な感情をもつてをります。ある場合にはその對象は教師ともなり、また上級の生徒にも向けられてまゐりますが、一般には、中性的な性格の人の相手としては、より女性的な性格の人が選ばれるのが常となつてをります。

◆特殊親交と感化

生徒の監督者として、生徒の間に交つてゐるものには、この埒外に出でた友愛は、直に目に留まつてまゐります。寄宿舍などに於て、夜を更かしながら、毎日相逢うてゐる友人へ手紙を導くもの、または同じ色と縞の着物をいつも身に着けてゐるものなど、形に於て目立つばかりでなく、精神的にも性格の強い方の感化は、自ら弱い方に及ぼしてまゐります。例へて見ればAが學科のうち、特に英語に對して特殊の興味を持つてゐる場合、Bは本來英語に對して大した興味がなかつたにせよ、Aに同化して、英語が好きになるといふやうな例が少くないのであります。更に進んでは動作から、言葉の上の習癖にいたるまで同一になつてきます。一面には、また、Aの不得手とするところに、Bが同化せられて、その學科に對しては故意に反感を持つやうな場合もないではありません。しかし、特殊親交が、相互に刺戟し合つて、却つて好結果を收むる例も、また一方に於て少くないのであります。

◆監督者の態度一つ

特殊な友情が、進んで一般の注意を引くやうになつてきた場合には、監督者として、最も細心の注意を要する時期であります。よく、寄宿舍などに於ては生徒が冷かし合ひます。これに對して強いものは、少しも意に介せず、大びらに交友を續けてまゐりますが、弱いものは、直に斷れてしまひます。即ち寄宿生活といふものを有つてゐない生徒にとつては、その程度の干渉にも堪へ得られないのであります。その結果は人目を忍んで手紙を書くとか、或は散歩に出るとかいつたやうなことになつてまゐります。かゝる場合、もし監督者が、更に進んで神經質に、干渉するやうなことがあれば、つひには、この二人の友情をば、暗黑に落してしまひます。監督者は、できるだけ洒落な氣持をもつて、これに對し、でき得るならば最後まで、友愛として生かしきつてゆけるやうに力を添へなければなりません。熱情的な感激の期間といふものは、さう長く續くものではありません。或る時期に達すれば、自と理智的に、これを批判することもできてまゐります。

私の學校には、この特殊親交の例は至つて少いのでありますが、これまで目に留まつた場合には、いつも前述の方針に基づいて、これを導いてまゐりました。感情の行違ひから、日頃親しいものが、相互に離れるやうな場合にも、相互の事情を聞いて、長くその友情を失はしめぬやうつとめてをります。また一方には、學校に於て、文學並に藝術に親しむ機會を多くしてあるために、空想的な時代が割合に短く、從つて友愛といふものも、自分の趣味を通し、讀書を通して、漸次理智的に轉化されてまゐります。

◆手紙を書く心持

女學校へ入つて一年目の二學期頃になりますと、一つには憧憬の心持から、また一つには時間に餘裕のあるところから、よく教師へあてゝ手紙を書きます。その手紙を讀んでみますと、ちやうど年若い男女の間に交さるゝやうな極めて情緒的のものであつて、これを同じ年輩の男子に比して、格段の相違があります。奉職して間もない教師などにとつては、全く一つの驚きであり、また多い中には、かゝる種類の手紙に動かされて、生徒との間に親交を結ぶにいたつた例もないではありません。しかし多數の手紙に接してゐるうちには、生徒の氣持も解り、手紙に現れた文句についても、これは適當な感情の表現を知らなかつたことに、起因するものであつたことを知つてまゐります。

私に相談に來た人に、かういふ方がありました。その姉にあたる、或女學生から幾度となく手紙をもらひ、また自分でも送つてをりました。二人の間は、最早友愛を超えたほど濃厚なものでありましたが、最後に、男の方から戀愛を打明けましたところ、女の方は全く當惑したやうな樣子で、これを拒絕してまゐりました。そこで男の方は、今更かうした筈ではなかつたがと言つて、私に相談を持込んだのでした。私は、女學生の氣持を一通り説明し、正當な感情表現の方法を誤つた文字が醸した悲劇であり、喜劇であつたことを然して知つたことがありました。一時問題となつた、福知山の學校事件などについて見ても、一生徒の日記中に教師に對する愛慕の言葉が幾つも發見されたことをもつて、直に教師と生徒との關係を云々してゐますが、この問題なども、或る程度まで以上の説明で解決のつくとではなからうかと思ひます。

　手紙を書くといふこと、また書かずにゐられないその心持を、もし、その對象になつてゐる教師の手で、更に醇化してゆくことができたらは、どんなにかその人の將來の生活を、豐富にしてゆくことかわかりませぬ。

◉友愛と戀愛と

生徒の心持を醇化し、善導してゆく一つの方法として、教師並に父兄はその生徒の性格に從つて、よき讀物を與へることであります。その讀物を通して、更に高き世界に向つて憧憬の目を轉ぜしめることであります。或る一部の人によつては、讀物が直に人を空想的にし、感傷的に導くものと考へられてゐますが、事實は却つてこの選はれたる讀書を通してこそ、反省の機會をも得らるゝのであります。

　極端と極端と相似通うて、その性質を自ら異にしてゐるものは、友愛と戀愛とであります。特殊親交をもつて、戀愛の萌と見る人もあります。多くの例のうちには深い友愛が原因で、結婚を拒んだといふことも、ないではありませぬが、これらは、ほんたうに特殊な場合にのみ見る事實に過ぎないのであります。

　この意味に於て、私は自分の教子に對しても、まづできるだけ寛大に、磊落な氣持をもつて、すべての經過を永い目で見るといふことにしてをります。

青春期の惱みにある處女と
文藝に志す若き婦人に答ふ

◇家庭の相談◇

三宅やす子

一、氣の弱い少女の煩悶

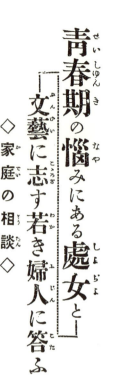

本年十七歳の少女でございます。別に苦しい境遇にをるわけでもございません。父母も揃つてをりまして、物質上も何等不足はございません。只今は近くの女學校に通つてゐますが、もう僅かな日數で卒業せねばならないものでございます。如何したものか、私は非常に弱い氣質のもので、何事も人と同じやうにすることはできないやうな妙な心持がいたします。澤山の人前に出ましても恥かしく、さうしてすぐ固くなります。近頃はそれはなほ烈しくなつてしまつたのです。どうしてそんな氣持になりますか、自身にも分りません。先天的かうした性質で惠まれないのでせうか。一種の精神上の病でございませうか。卒業いたしたなら、もつと複雑な苦しい世に出なければなりませんのに、かうした暗い苦しい氣持でをりますと、目の先は眞暗でございます。如何にしてこの世を渡るかとひとり涙に暮れてゐるのでございます。どうぞ光りをお與へくださいまし。（野菊）

この手紙は、一寸讀むと何でもないことのやうですし、また、さうでもないともいへます。かういつて書いてよこす人は少くても、同じやうなことを考へてをる人は、澤山あるかも知れません。一體この手紙にあるやうな少女の氣持は、何から來てゐるのでせうか。

◇

十七くらゐになると、今まで無邪氣に明るく跳びはねてゐたときとは違つた氣持が出て來ます。自分にも分らないが、何かしら、泣きたくなるやうな寂しい氣持、思ひ切り強い刺戟を受けたあとか何かでなければ、いつもたよりないやうな不滿な氣持、さういふものを、自分獨りで取り扱ひ切れないときに、妙に氣おくれがしたり、恥しくなつたり、この先どうしてよいか分らなくなつたりします。この悲しい氣持は、あるときは樂しい友との交際でまぎれ、またあるときは詩歌に生きる道を見出だすことがあります。さうしてもう一つは戀であります。

◇

譯の分らない悲しい氣持が、あるとき、ある異性のやさしさうな、また頼もしさうな言葉や動作で、意想外に慰められることがあります。さうして、いつ知らず、容易に戀の芽が萠えます。父母には言へない感情も、その人には打ち明けたくなるやうになります。人生の花の時代だと言ひたいのですが、實は、一番の危險期であります。

取り返しのつかない悔が、そんなときによく生れます。頼もしい人だと思つてゐた青年の心變りを恨んで、薄命に泣く女性となる基因を播くことがよくあります。

◇

この手紙を書いた少女は、恐らく、今ではそんな氣持は少しもないでせう。單に氣が弱く、人と同じやうに進めないのを、歎いてゐるのです。それだけなら何か努めて、意志を強固にす

107 「青春期の悩みにある処女と文藝に志す若き婦人に答ふ」 三宅やす子 『主婦之友』大正14年5月1日

るやうにすればよいのですが、然し、目の先は眞暗だとか、どうしてこの世を渡るかと、涙に暮れるとかいふのは、たゞ性格として氣が弱いといふばかりではなく、やはりこの年齢の少女の誰でもが感じる、淡い哀愁といふものを感じてゐるのでありませう。何かかうした多くの少女を、勵まし、慰めるものはないのでせうか。

◇

よい意味で、眞面目に進歩ができるなら、歌や文章に、自分の心持を寄せて歌つて見るのも力づけられる一つの方法であります。よい歌集などを讀んで、人のこまやかな優しい情緒といふものをなほ深く知り、自分を育てゝゆくのも、たしかに、かうした人々には、無駄のことだとは思ひません。けれど、それも時によると、過つた方向に向いて、却つて氣の弱い人になる場合があり、人の思想にとらはれて、戀のまぼろしなどを戀するやうになつては、不幸ですから、それよりは身を打ちこんで研究をする、一つの業にとりつくのが身の修業にもなるし、意志を強固にする方便にもなります。一つのことに上手にならうといふには、いろ〳〵の忍耐や修練が要り、そのためにどれほど意志を強められるか知れません。

◇

或はまた、讀書で知識を得るにしても、少しまとまつた書物をよく味はつて、ゆつくり讀むやうにするのもよいと思ひます。平易に書かれた科學書などを、少しづつ讀んで見るのは、初めには、興味が薄いかも知れませんが、大層頭をしつかりさせられて、日常生活の上にまで、益することが多いのであります。どんな本がよいと一々委しく申すことは一寸難かしいのです。人の好みもあり、學力にもよりますが、感情に奔らない理論の立つた書物は、一寸は詰らないやうで、思ひのほかそのために益せられることが多いといふことだけは、極く一般に言ふことができます。

さうして、この問を出したやうな少女の方に特にそれをおすゝめします。

一體なら、もつと女學校の先生などが、少女の情操敎育に、よい味方となつてくださることが必要だと思ひます。親に言へないやうなことが、先生には言へるといふやうになつたら、どんなによいだらうと思ひます。その途がないために、不幸な戀愛のあだ花を咲かせる若い女性が、少くないといふことを、若い人達のために悲しく思ひます。

分別のないときに、崩え出た戀の芽は、なかなか一生枯れずにをるなどといふことは、難かしいものなのですから。

二、詩歌を志す少女に

この世の中に生れ出て、職業といふものがなくては、何の趣味も希望もないものでございます。私はさうした苦痛に惱んでゐます。何か自分の理想に適したものをと考へて見ましたけれど、元來感傷的な私には、やつぱり詩歌ほど適してゐるものがないやうに思はれますので、今後專心的にその道に學びたいと心掛けてゐます。當地は田舍で師と選ぶべき方もなく、獨學するにしても、一體どういふ風に、學んでよいかわかりません。新聞に二ヶ月卒業といふ、詩歌俳句の講座の廣告がありましたが、そこに入會しようとも思ひますが、そこを出たら、どうなるのでございませうか。私の希望を達したいために、お力にすがります。（はな子）

職業に就きたいといふ方が、大抵身には何の覺えもありません、けれども、是非至急どこかに職業を探してくれ、などと言はれる少し無鐵砲な言分が多いなかに、あなたのは、自分の身に適するものを職業としたいと考へ、そして、その適するものを學ばうとされるところに、大變よいところがあります。

けれども、この世に生れて職業がなければ、趣味も希望もないといふ考へ方は、少し職業といふものを、美しく考へすぎて、をられるやうです。

職業を持てばたしかに希望は出ます。仕事に興味が出ますから。けれども職業は、趣味的に考へるほどそんな道樂氣分で完成されることではありません。もし婦人の職業だから、趣味半分でよいといふ考へ方をされるなら、私は、婦人職業の耻辱であり、つまづきであると思ひます。

眞劍に考へて職業に就けば、多くの場合、職業は辛いものである筈です。そしてその辛いものを、また樂しいものに、一つの光明を見つけ、やりぬいてゆくところに希望が生じるわけです。

◇

好きなことが職業にできたら申分はないでせうが、好きな道をその儘職業にし得る人は、なかなか少いのです。でもあなたのやうに、初めから、その好きなものを、專門的に學んだらよいではないかと言はれるでせうが、あなたが、自身「感傷的」だからといつて選ばれた「詩歌」の途は、實は職業的に學んで修められるものではなく、まして二ケ月はおろか、半年や一年で、滿足に作れるやうにさへなり得ないものであります。

だから、二ケ月卒業の講座を修めたからどうなる、つまり何か收入の途がつくか、などといふことは、考へても見られない、わかり切つた不可能事なのであります。

前々月號にこの欄で小說家志望の方に答へました通りのことを、あなたにもくり返さなければなりませんが、それはもうあの記事を讀んでくださつたものとして、更に少し申し添へますと、詩だの歌だのといふものは、本當にその人の生れついた天分が、それに適してゐなければならないのであります。言葉を換へてわかりやすく言ひますなら、眞にその人の考へ方がそのまゝ詩でなければならないのです。詩人風の考へ方でなければならないのです。

たゞ言葉や文の上で、詩の形を整へたものが作れるやうになつても、それは人を感動させるものを持たなければ、何にもなりませんし、詩に作られなくても、詩のやうな物の考へ方、觀察の仕方をする人は、詩を作らない人の中にも澤山あるといふことも言はれるのであります。

◇

とも角、充分天分もあり、素養も積んで、一人前の詩を作れるやうになつても、それで生活するなどといふことは、まづ望まれないことでせう。少しくらゐ書いたものがお金になつたところで、生活を主にしては、藝術は完了されるものでありませんから。

さうしてまた、もう一つ苦言を呈したいことは、職業の途が、往時に比べて自由になり、容易になつたとはいつても、誰も彼もが、人の眞似をして、職業に突進することは、ひかへた方がよいといふことです。

あなたの言葉を借りて言へば、この世の中は、職業がなくとも、趣味も希望も澤山に得られます。凡ての女性が經濟の獨立をしなくてもよいのです。例外はありますが、大抵は已むを得なかつたときに働けばよいのであります。已むを得ないときにも働くことのできない婦人であつてはならないために、學び、努めておけばよいのであります。

誘惑の危機に立つた人妻の懺悔

◆文學者に憧憬れてあやふく貞操を奪はれようとした私の苦き體驗◆

上田彩子

『愚なる妻』

大正十二年の三月――丁度そのころ私は橫濱に住んでゐましたが――淺草の日本館に『愚なる妻』といふ、有名な外國フィルムが上映されました。ファンの夫を持つ私も、いつのまにかその仲間に引き込まれて、いづれは濱へもかゝることは解つてゐましたが、濱の誰よりも早くそのフィルムを見たいといふ、子供らしい虛榮心から、或る男に誘はれるまゝ、態々淺草へ出て行つたのです。何といふ呪はしい私の虛榮心であつたことでせう！ 私は『愚なる妻』を見ようとした私自身が、如何に『愚なる妻』であつたかを痛嘆せずにはゐられません。

十二年といへば、忘れもしないあの大震災の年です。その年の一月號××××誌に『新夫婦』といふ面白い小說が載つてゐました。その輕い洒脫な筆致は私の心を魅するに充分なものでした。私はその作家に、或る尊敬をさへ拂つてゐたのです。私はこゝでも、私自身の淺はかな尊敬を呪はずにはゐられません。その尊敬こそ、私に恐ろしい誘惑の陷を作つたのです……

私は最早作家とか小說家とか――さうした人々を信ずることはできません。しかしそれは誰の罪でせう？ 彼等には、その藝術に疑はれるやうな、尊さも純眞さもないのです。彼等の藝術に憧憬れて集ひ寄る女達の上に、彼等はその藝術とは、餘りにもかけ離れた、醜い慾望をもつて接してくるではありませんか……。私が、これから書かうとする男も、この『新夫婦』の作者に外ならぬのです。

彼からの求交狀

私の知人で『××倶樂部』の記者をしてゐるYから或る日手紙が屆きました。『この頃××世界で評判の新進作家橋本健氏（假名）がお姉樣の住所を教へてくれと言つて困つてゐます。こんなよいお姉樣を持つてゐることを吹聽したくもあり、やつぱり私一人のお姉樣としておきたくもあり、どうしませうね。』と書いてありました。

この方は私より一つ年上でしたけれど、まだ獨身のお坊ちやんで、もう長いこと世帶を持つてゐる私を姉さんと呼んでゐたのです。相變らず愚にもつかないことを言つてゐると笑つてゐるうちに、その健といふ人から求交狀がまゐりました。

橋本健？……聞いたやうな名前だと、いろいろ考へてゐるうちに、それが小說『新夫婦』の作者であることに思ひ當りました。

私はその夜この二本の手紙を夫の前へ出しました。輕い誇りをさへ覺えながら……

『ほう、Yさんの親友なら相當な人だらうが、字は拙いね。構はないから、うんと上手く書いて驚かしてやるんだね。』

夫は何のこだはりも邪氣もなくかう言つて笑

ぴました。それで私は直ぐ返事を出したのです。『あなたのお名は「×××」でよく知つてゐます。Y兄様の親友ださうで嬉しく思ひます。どうぞ兄様同様仲よく願ひます……』

それ以來私達の間には度々手紙の往復がくりかへされました。

『Y君はどうしてもあなたのアドレスを教へてくださいませんでした。いつも兄様々々には中てられますね。しかしどうぞこの後ともお仲よく願ひます。僕にも妹のやうに可愛らしい子がありましたが、このごろお嫁にゆきました。それから後私は戀といふ字を知りました。けれども未だ僕は子供です。僕は昨年藥學を卒業て、今法科にゐるんです。これを卒業たら辯護士になるんですが、首尾よくなれたらいゝお嫁さんを世話してください。そして僕達の新家庭に、いつも來てくださる親切なお姉樣として、末長くお交際ください。あなたの良人はどんな方です？　横濱へは度々行く機會がありますから、お宅へも伺ひたいと思ひます。僕はあなたのやうなコケットな女が大好きです。人妻でも處女でも何でも構ひません。混血兒があつたら世話してください。』

私も夫もコケットといふ言葉の意味を知りませんでした。妖婦とか、仇つぽい女とかいふ意味だと後で知りましたが、どうして私がさういふ女に映つたかは、私にも解りません。そのとき、この言葉の意味を知つてゐたなら……と今更のやうに殘念に思つてゐます。

不用意だつた私

私は當時二十七でしたが、年よりは四つも五つも若く見られてゐました。けれども心持だけは相當しつかりしてゐるつもりで、夫もまたさう信じてゐてくれました。からだが弱いため子供は一人も生めませんでしたが、十九の年に結婚してから、これといふ不滿も不足もなしに過してきました。夫は私を信じてゐてくれるばかりでなく、できるだけの自由を與へてゐてくれました。そのことには何時も感謝してをります。たゞ強ひて不足をいへば、夫に文學好きの私を導いてくれるだけの素養がなかつたことです。それで私は、どうかして藝術家と知り合ひになつて指導して貰ひたいと思つてゐました。かうした私にとつて、彼からの求交狀は、どんなに大きな喜びであつたか知れません。私もいつの間にか學士や賣り出しの作家に姉さんと呼ばれるやうになつたのだ――かう思ふと微笑まずにはゐられませんでした。

私共は夫婦の間に、決して祕密を作らない主義でした。それで私は、Y樣や健氏の手紙は勿論、女同志の手紙でも、一々夫に見せてゐました。寛大な夫に對して祕密を持つことは、恐ろしいとも濟まないとも思つてゐたのです。彼が私を、どんな女に見てゐたか知りませんが、恐らく私が夫に何の不滿も持つてゐないといふことだけは認めてゐたらうと思ひます。

ところが私は、それを裏切るやうな不用意なことをしてしまつたのです……。

彼が、『お宅へ一人で伺ふのは恥かしいから、可愛い一高生を伴れて行きます。』と言つてきたとき、私は不用意にも『あなた一人にさへ恥かしいのに、そんな知らない方をお伴れなすつては倘恥かしくてなりません。』と書いてやつたのでした。また彼が『大磯へ病友を訪れるから、その日停車場へきてください。』と言つたのに對して、『私は大磯は大好きですから、お供しませうかしら。』と返事したのでした。

それはかりではありません。彼がしきりに寫眞を請求したとき、夫が寫してくれた寫眞の外に一寸驚かせてやらうくらゐの心持で、海の中で寫した寫眞も送つてしまつたのです。それは友達と手を取り合つてゐる寫眞でしたが、その友達がうつとりするほど綺麗でしたので、一つはそれが自慢でもあつたのです。

すると彼から『あなたも隨分おいたね。胸のあたりのふくらみが、まるでチューリップの蕾のやうで堪らなく可愛らしい。若い女の肌を自由に抱擁する術が羨ましい。』と返事がありました。そして『あなたはこないだお嫁に行つた初戀の人によく似てゐます。』とも書いてありました。それは勿論い〻加減な嘘であるくらゐのことは私も察してゐましたが、彼が私を蓮葉な女だと思つたかと思ふと慚愧に堪へません。

『チューリップの蕾はよかつたね』と夫は笑つてゐましたが、今から考へると、自分の淺ましさに眞赤になつてしまひます。

誘ひ出されて

やがて一月と二月も過ぎて三月がまゐりました。私は東京のO町に住んでゐる妹が風邪を引いて臥せつてゐるため、見舞かた〴〵遊びに出かけました。丁度その頃、名畫『戀なる妻』が、いよ〳〵上映されると新聞にありましたので、私は是非それを見たいものと、Y様と彼へ手紙を出しておいたのです。

ところがY様から、こゝ二三日は編輯會議やら何やらで目のまはるほど多忙だから、約束の日にはどうしても行けないと斷つてまゐりました。しかし彼からは、喜んでお供するから、その日M停車場へ來てくれといつてきました。そして人違ひをするといけないからと、寫眞まで送つてきたのです。それから『人の子の戀を囁く唇に秘ある蜜をぬらんとぞ思ふ』といふ歌も書いてありました。

『どんなつもりでこんな歌を書いたんでせう。隨分憎らしい歌ね。』と妹が言ひました。

私は『わが唇に秘ある蜜をぬるといふ人の便りを驚きもせず』と返歌を書いてみましたが、それは破つて棄てました。

私は別に彼に逢ひたいとは思ひませんでしたが、Y様には是非お目にかゝりたいと思ひましたので、二三日お待ちしてY様と一緒に行ければよし、行けなかつたら横濱へ歸つて夫と一緒に出直せばよいと思ひましたので、彼との活動見物は見合せることにいたしました。

けれども彼は恨みがましいことは一言も言はずに、今度は何日の何時に是非きてくれと言つてきました。私はまたお斷りいたしました。それは決して彼に不微を抱いてゐたからではなかつたのです。たゞY様に濟まないと思つたからです。

土曜日の午後夫が遊びにきて、日曜日には皆で五九郎劇を見にゆきました。その夜私も夫と一緒に歸る筈でしたが、妹夫婦が、水曜日の夜日比谷に海軍の軍樂があるから聽いてゆけとすゝめられたので、私はまた妹の家へ殘つたのです。

丁度月曜日の朝でした。彼からまた手紙で『今晩六時、M停車場のベンチに待つてゐます。活動は大變の評判です。僕も是非見たいと思ひますから、今度は間違ひなく來てください。お供いたします。』と言つてきたので私は彼の心に不純なたくらみがあらうとは存じませんので、五時過ぎ妹の家を出たのです。

彼は貧弱な書生

M停車場へ着くと、流石に私の胸は戰きました。私がそこの石段を降ることをためらつてゐると、彼と覺しい男が、つか〳〵と私の傍へ進み寄つて、無造作な挨拶をいたしました。

私はあゝもかうもと考へてゐた初對面の挨拶などはする機會もなく、たゞ少女のやうに頭ばかり下げてゐました。

『少し歩きませうね。』と彼は言ひました。

三月といつても寒い〳〵風の吹く夕方でしたので、私は毛皮のショールに深く顎を埋めて、彼の後につゞきました。

『あなた…ではない×子さん、×子ちやんはほんとに可愛い方ですね。』彼は、かう言ひながら、後へ手を廻して、コートの上から私を抱くやうな恰好をするのでした。あまり露骨でない限り、無理に振り放すのは、彼に恥辱をかゝせることにもなり、また私自身それを本氣にもしてゐませんでしたので、私はたゞ靜かに微笑つてゐました。

『何だか夫の君に惡いやうですね。』

『かまひませんわ。夫はよく理解してゐてくれますから。』私はうつかり正直に言つてしまひました。

けれども彼は餘りに貧弱な書生でした。私にしても、自分が美人でないことは知つてゐます。また私の夫がそれほど美い男とも思つてゐませんが、彼は寫眞とはあまりにも似ない、そして一高時代は紅顔の美少年だつたといふ彼の手紙とは、餘りにも反對な貧弱な男でした。

私は帝の都大路を連れ立つて歩く友に、もう少し顏や姿の美しい、ノーブルな人であつてくれたならと少からず失望しました。彼が若し新進の作家でなかつたなら、私は恐らく交際しなかつたらうと思ひます。

○海岸へ下車

彼は途中、そのころ評判の大野博士事件を持ち出して、そのお孃さんも餘り氣がつかなさ過ぎるとか、大家の令孃はそんなものだとか言ひました。そして私達が淺草へ着いたのはもう七時を過ぎてゐました。

私は直ぐ日本館へ入るのだとばかり思つてゐますと、彼は池のほとりのベンチに腰をおろしました。

『早く入りませうよ。こんな寒いところで風邪でも引いてはつまりませんわ。』實際私は寒さのために顫へてゐました。

『人が何と思ふでせうね、二人を……』

『さア、戀人にしては、さつぱりしてゐると思ふでせうよ。』

彼は一寸默つてから『それはさうと僕今度朝日新聞の懸賞小說に應募しようと思つてゐるんです。ところがよい材料がなくて困つてゐるんですが、いつぞやお手紙にあつた問題は小說になりさうですね。あれを話してくれませんか。書いて見たいと思ひますから。』

彼はかう言つて巧みに私の心をそらさうとするのでした。

『だつてこんな寒いところで……』

『さうです。こんな寒いところで風邪でも引かせては、夫の君に申譯ありませんから、どこか靜かなところで、溫いものでも食べながら、話さうぢアありませんか。ほんの三十分くらゐいゝでせう…若し當選したらピヤノを買つて上げますよ。』

私がピヤノを欲しがつてゐるものですから、こんな甘つたるい嘘で私の歡心を買はうとするのです。私は小說も書いて貰ひたいとは思ひましたが、それよりも早く活動を見たいと言ひました。すると彼は、

『實はもうあれは見てしまつたのです。評判ほどでもなくつまりませんよ。また何時逢へるか解らないんですから、三十分だけ附き合つてください。』

『まア御覽になりましたの。隨分ね。』

私は驚いてしまひました。しかし見たといふなら仕方がないので、歸らうと言ひました。彼も柔順に『お送りしませう。』と淺草から市電で品川へ、品川から京濱電車に乘りました。

その間も彼は絕えず『まだ九時前ですよ。早いぢアありませんか。ちよつとそこらで話しませう。』と無理に勸めるのでした。そして、たう

とうO海岸へ下車してしまつたのです。

誘惑に打ち克つて

私はもう記すに忍びません。たゞ自分の愚さと不明とを證明するだけです……

彼は私を或るなまめかしい家の前へ伴れて行きました。その軒燈には、はつきりと待合と書かれてあるのです。私ははつとすると足がすくんでしまひました。夫でさへ待合などへは一度として足を入れたことがなかつたのです。私は勿論そこへ入ることを拒みました。すると彼はたうとう腹を立てゝしまひました。

『あんまり馱々つ子過ぎる。それほど僕に信用がおけないのか。』彼はかう言つて無理にも入れようとするのでした。若し私がそのとき彼の本心を知ることができたなら、決して入るのではなかつたのですが、私は彼が惡い人間だとは思はなかつたのです。あまり立腹させては……と思つた私の弱い心が、すべての過ちの原因でした。私は遂にその家へ入つてしまつたのです。

何だか小さい座敷の澤山ある變な家でした。彼は十分ばかり話した後、突然『あなたは隨分肥つてゐますね。』と言ひました。丁度そのとき隣室にあたつて、何か物音がしましたが、私は氣にも留めませんでした。

『おら、肥つてなんかゐませんわ。毛糸のジャケツなんか、どつさり着てるんですもの。ほらね。』と私が答へたとき……今まで心の友だと堅く信じてゐた彼の態度は醜く一變しました。その刹那、夫の顏、父母の顏、妹の顏、姑の顏……さうした人々の顏が稻妻のやうに私の眼の前を走り過ぎました。

『どうぞ、夫を可哀さうだと思つてください。』私は泣きながらかう言つてこのまゝ歸してくれるやうに彼に哀願しました。夫に濟まない……かう思ふと、か弱い私も不思議なほど強くなつて、私は轉ぶやうにその家を拔け出しました。一町ばかりも夢中に驅けてから、私は初めて自分自身に返ることができました。

一切を夫の前に懺悔

彼は白けたやうな顏をして、たいへんあやまりました。『あなたのやうな眞面目な女に初めて逢ひました。これからは本當の心の友としてお交際ください。』彼はかう言つて、謝まりこそしたが、『男つてみんなこんなものですよ。女つてものも僕の思つてゐるやうなものだと思つてゐましたが、あなたは全く違つてゐた。僕は職人もの女と知り合になりましたが、それは僕が騙したのではない。女もその氣でゐるんです。』と別に後悔してゐるやうな樣子も、見えないのです。さうかと思ふと、大聲に猥歌を歌つたり……私は彼はやつぱり惡人なんだと思ひました。

O町のガード下を通るとき、轟然と過ぎて行く列車を見て、私は『死なゝくてもよい自分』のために曾て知らぬ涙を流しました。

その夜私は一切を夫の前に懺悔して許しを乞ひました。

『さうだ、男の心つてみんなそんなものだ。お前は餘りに世間を美しく見過ぎてゐる。お前の母親がお前をどんなに愛してゐたかをよく知つてゐるから、私はお前に醜い世間を知らせまいとしてゐた。私はお前にあまり自由を與へ過ぎてゐたのだ……』

夫はかう言つて嘆きました。

『愚なる妻』は見なかつたが、何の見る必要がありませう。『愚なる妻』こそ、この私ではなかつたか……

其後彼は二三度手紙を寄せました。Y樣にはしきりに私の惡口を言つてゐたさうです。私の不注意から夫に大きな嘆きをかけたことを思ふと、私の胸は塞がりますが、今となつてはよい學問をしたと思つてゐます。

『處女主義』について

悲觀的な目をもつて見ますれば、現代は『處女神聖の精神』が無視されてゐる時代であります。これが引いて貞操を輕んじたり、母性の尊嚴を傷つけるといふ悲しむべき風潮を釀成するに至つてゐるのであります。

『處女性』とは婦人にとつて一番誇り高く、純潔で、且つ高揚さるべきもので、『處女でありたい』とか『處女の如く』とかいふ心情は、婦人の誰でもがもつ理想であり、信仰でありたいと思ひます。あるときは生命を賭しても、この心情を支持し侵されざるが爲に婦人は鬪かはればなりません。そして此の穢れに染みゆく現代の風潮を純化することは、婦人が政治運動に參加するに等しく、貞操同盟を叫ぶに等しく、重要緊切なことであらればなりません。そのことの爲には、男性も能ふ限りの力を添へればならぬと思ひます。男女共同の作業として。

それでこゝに諸名家にお願ひして『處女主義』に就て御高見を發表して頂きました。『處女主義』といふ字句は不熟な語でありますが『純潔を希ふ心』と御解釋下すつた方が穩當かも知れません。それは結婚の成否如何に關らず、自分の生涯を一貫し、支持する精神的基調となる思想を指したものでありますから。――編者――

永遠の童貞處女

山田やす子

結婚と獨身との別なく、氣持の上に飽くまでも處女としての純眞を保つていくと云ふことは、一般婦人の立場から然うありたい事であると思ひます。

現代のやうに一夫一婦制度の基礎が微弱になつて、ともすれば三角關係といふことが問題にされ、一面新思想の追隨者からは、それが認められて來るといふやうな狀態の今日、何處までも處女の純潔を精神的に固持してゆくことは極めて困難な時代になつて來ましたが、亦さう云ふ社會狀態に反抗するといふ意味でなくとも、

汚穢極まる男女間の

醜聞をあまりに多く聞き知ると、かうしたピウリタニズムの擡頭するのも自然の現象であらうと思ひます。

現代の一般社會、殊に男女間の問題の

如き、今日のまゝに推移していくとすれば怖ろしい死地に陥らねばなりません。今の狀態はあだかも累卵の危ふさであります、いろ〳〵な社會運動は今まで興つて居りますけれど、それ等は皆階級制度に對する爭ひであつて、此の處女主義のやうな運動の何等起つて來ないのは、不思議なことであると思ひます、これこそ吾々の間に投げ與へられて居る當面の大問題ではないでせうか。

私自身は斯う云ふ社會運動にたづさはつて、新しい現代の社會主義思想には生きて居りますが、戀愛問題に對しては純然たるピユウリタンであります。と共にピユウリタンを思想とし、主義として生きて居ますが、斯うした思想は、要するに中世紀の殘影にすぎなく現代の社會狀態からはあまりかけ離れてゐます。そして單なる理想に過ぎぬものとされるかもしれません。

私はかうした主義のもとに哲人和辻哲郎氏の著書によつて、同氏が童貞聖母主義を高唱して居られるを知つて、全く空谷に跫音を聞いたやうに感じました。

思ふに今日のやうに自然主義、所謂半獸主義が猖獗汎濫し、底止するところなくなると、恰かもローマ、ギリシヤの淫蕩的末路を見るやうに、日本の國家は**人類的にも社會的にも滅亡を**來すやうになるでありませう。そこに今云ふ精神上の處女主義といふことが必要であつて、男女共に氣持の上に些しの不純を持たぬ童貞處女の一夫一婦を望みたいと思ふのであります。

曾つて倉田百三氏が、或る書物に書かれたもので、男女關係に就いて述べてありましたのに、それには男女が結婚した場合その間にあつては、絕體的に本能的慾望を排斥して居ることで、賣淫的行爲に墮ちては不可ない、夫婦間の愛情は何處までも純化された自然の接合であつて、極めて美はしい、そして何等邪慾の交らない自然生活であらねばならんといふことを說いて居ましたが、さうしたものに於いてのみ永遠の處女としてゆるされるものでありませう。

又かのエレン・ケー女史も性慾と戀愛とを統一して純眞な結合にのみよつて、初めて本當の**性的美化が保たれ**若々しさと輝かしい生活が出來るものだといつて居ます、これらの諸說の如く全くの處女主義といふものは、男女ともに童貞處女であり、そして自然の結合によつて、はじめて潔き生涯と、永遠に亙る輝きに滿ちた若々しさを以つて美化された處女主義の實現を見ることが出來るのであります。

私のかうした思想が現在の社會狀態にあまりにかけ離れすぎた理想にすぎぬものとされるものだけに一生涯にたつた一

度實現するそのたつた一ツのものを持ちつゞけて行くと共に、今吾々に投げ與へられたこの問題を如何に解決し、實現させるかと云ふことを更に考へてみたいと思つて居ります。

白髪處女

關鑑子

『自分達は處女禮讃、處女讃仰の聲を擧げたいのです』

と、ある人が云つたのを自分は幾度も幾度も考へて見た。處女とは何か、何故かくは禮讃したいのだらう。處女は己れを潔しと知り、誇つてゐるであらうか、所詮は周圍の聲に過ぎぬやうに思はれる。

○

この日頃葉山海岸を朝夕、ゆる〳〵と歩む老嫗がある。白髪を短かく紳士のやうに刈つてゐるのを見るとよほど年よりと見える。この地に多い樂隱居の贅澤な衣服に引かへて、清楚ではあるが質素な身なり、片手はきまつて黒の洋傘を杖がはりについてゐる。絶えて供をつれた事もなく、いつも一人で行くのを見る。彼の女は何を思ひ、何を見つめ、何に向つて生きてゐるのであらう。

その温容は常に微笑むともなく眞面目ともなく、たゞ柔かい光りがたゞよつてゐる。森戸神社の石に靜かに腰をおろして薄暮の海を遠く眺めやる彼の女の姿は、自然の一部にすぎぬのであらうか。しかもこれを淋しき姿に見る人もあるのではないかしら。

朝まだき山手の菜の花畑の畦をゆく彼の女、折々立ちどまつて山の木々を深い目色で逐つてゆき、また故もなく足もとの菜の花に飛ぶ蝶を見て目をうるませてゐる。涙と見たのは若いからの推察で彼の女自身は無心なのかしら、森戸は向原もずつと山寄りの畑中の小さい一軒家に彼の女はたゞ一人で住んでゐる。思ひもかけぬ夜ふけ、彼の女の窓からベートベンの交響樂のレコードが洩れる、散歩者の足をふととまらせる、ピアノの音、微かな歌ごゑ――、彼女こそはその昔、十の指を三度も四度も五度も折りかへねばならぬ程の昔、滿都の若人の血を湧かせ、胸をそゝつた樂壇の明星だつたのだ。

○

友の誰れかれ、皆愛を得て嫁ぎゆく中に只一人、花とうたはれ、星とたゝへられ、數知れぬ兄弟姉妹の愛をうけながら、彼女はたゞ己れの未熟なるをなげき、勉強の足らざるをうらみ、日に夜をついで學びつゝあるうちに、年は逝き、月日は流れ、いつの日からといふけじめもな

117　「『処女主義』について」　山田やす子、関鑑子、原阿佐緒、吉屋信子 ほか　『婦人倶楽部』
大正14年7月1日

く、彼女の若さもうつづて行つた。しかも彼女は尚自身には若き心身を持つつもり乍ら、うち勝たれぬ自然の力が彼女を今や『年より』と呼ぶにふさはしく變へてしまつた。

彼女が兄妹の如く愛した友だちたちも、今は大方同じく年よりとなり、白髪の老翁媼である。

訪ふ人もない山里に彼女は只一人、ピアノと歌を友に、何を夢見てゐるのだらう。彼女の誠の心を識るものは、遂に彼女自身の他何者もないのだらうか。美しき處女、又いひやうによつては美しかりし處女、彼女は夢見しまゝの美しい世界をのみ見て、安らかに微笑んでゐるのだらうか。

――これは、私自身の遠い未來の姿であるかも知れない――

○

これを自分が主觀的に考へると孤獨とは云へ、滿ち足りた生活、侵されざる生活、飽まで藝術に精進せる純潔など〳〵。充分肯定出來ますけれども、一度客觀的に思ひめぐらせば、何とも云へぬ寂しさ、はかなさが感ぜられ、眞に幸福なる女性とは云へなく思へます。

―白髪處女―それはあくまで、ある個人（私）の問題であつて、處女禮讚、處女崇拜の聲が如何に高き日にも、一つの問題外の處女として取扱はれるもので、他の人から顧みられることなき處女なのであります。

ロマンチツクな處女主義者

原阿佐緒

『處女主義』といふ題の下に感想を書くやうにとのお言葉なのですが、『主義』と云ひ切つて了ふことは、あまり偏してゐるやうな氣がします。

◇私自身のことでも

併し、一寸私自身のことを申しますと、たしかに私は、ロマンチツク一點張な處女主義であつたに相違ないのでした。けれどもそれは、自覺的のものでもなく、男性に對する反抗からでもなく、至つて無價値なものであつたかも知れないのですが、つまり詩人的空想から、とでも云つた方がいゝのですか、ともかくも性といふものに對して、無關心で、無智なばかりでなく、異性に觸れることそれ自身已に罪惡と感ずるほど自己を神聖化してゐたものでした。そして一生を歌を作つたり畫を描いたりして淸く美しく生を終るのが殆ど自分の運命のやうにさへ思つてゐたのでした。その癖、私は『處女』といふ言葉の意味をさへ覺えない自分であつたことを今更ながら悲しいことに思はずにはゐられないのですが、どんなに性に對して無自覺であつても、『處女』が『處女性』を守らうとすることは本能的なものであらうと思ひます。まして尊はれるに等しいものであつた時、死をもつても守らうとするものをうしなつた場合、女性の多くは、自己の汚濁の感に堪へきれずに自殺を思ふこともあるでありませう。うしなつて更らに『處女性』のいかに尊いものであるかを深く意識のもとに痛感するとき、たとへあらゆる點に圓滿な結婚生活に捧げるものとしても、ふたゝびかへらぬものをうしなふ一瞬間を愛惜の思ひなしにはかへりみられないことでせう。

『處女』の純潔、尊い『處女性』をより長く保ち得ることに誇を持たうとするあらゆる女性たちが血と涙とをもつて闘つてゐるのではありますまいか。

◇母性に等しい價値

もし處女主義と強ひて云ふならば、現代の女性は、より自覺的に行はれるのでなければ價値のうすいものと云はれねばなりますまい。

生活のための結婚をすることを屈辱とまで思ふやうになつて來てゐる現代の女性は、年老けて處女であることを恥ぢる餘裕のないまでにつきつめた考へをもつてゐることも事實です。女學校を出でてすぐ結婚をいそぐといふことよりも、かへつて先づ自分を完成することを考へるやうになり、更らに進んでは、あらゆる自己擴張に努力して男性と對等的に位置を高め、或は、職業をもつて自活しようとしたり、また男性と並び得る偉大な藝術家にならうと努力してゐる女性がかなりに多くなつたと思ひます。結婚のみが人間至上の幸福であり、義務であるとは思つてゐない女性たちが、自己の才能によつて、性による苦惱や壓迫を征服し、超越し得る藝術若しくは仕事にあらゆる生命の燃焼を委ね得るならば、母性の尊貴さに等しい價値をそこに見出し得るものと信じていゝと思ひます。

單に處女を保ち得た以上に、自己に生き得た力強いよろこびをも伴ふことが出來ませう。

男子に隷屬して、子供を生むと云ふことのみが人間としての價値ではないといふ考へ方も容れられてよい時代が來たのです。女性もまた一個の人間なのですから、さうした仕事をもつて社會に立つと云ふ意味をもたなければなりますまい。

◇屈從を屑しとせず

たとへ結婚したにしても、それが母性として盡す一面には女性としての獨立な立場を全く失つてはならないと思ひます。この點は處女的と云へば云へるでありませう。ともかくも藝術なりその他の仕事なりに自分を捧げてはたらくことは、女性をいつまでも若々しく溌溂とした心に燃えしめるのであつて、そこに女性の美くしさと人間の尊さとを保たせると云ふことになるでせう。たゞどうかしますと自分に才能がめぐまれてゐないことを感じたりして忽ち氣を挫かれ、もつと安易な道に遁げようとする女性も多いのですが、之は人間として誰しも出遇ふ苦惱なのであつて、自分をどこまでも勵ましてこれにうちかつてこそ尊い仕事に自分を奉仕させる意味があるのです。自分の才能にゆるされただけを成し遂げれば、それでいゝのであつて、無闇にそれ以上を望んで失意に陷つてはなりますまい。

◇母となる前に

現在では、女性がこの點に目覺めて來たとは云へ、尚ほ往々にして、少しやりかけてうまく行かないと、すぐに『女ながらにこんな事をするのが間違つてゐる』と云ふやうな風に考へて止めてしまふ人があります。これでは女性がいつまでも男子の隷屬者として甘んずるより外はありますまい。もつとしつかりとして、たとへ滿足にはゆかずとも、出來るだけのことをしさへすればよいのではありますまいか。そこにおのづから女性の特質があらはれて、男性とはちがつた對等の立場が見出せるでせう。

畢竟、處女主義といふのは言葉の解釋の樣で變にも聞えますが、私は女性がこのやうに自分に特有な個性を保ち、母性以外に、丁度、處女のやうに人間としての立場を發揮するといふ意味にしたいと思ひます。

『處女』に就いて

吉屋信子

○

處女、處女、あはれ、その名の美しさ。これは古き詩人の言ひ草かしら?

『處女』といふことは生れたまゝの女性の身體の童貞を、そのまゝに通しつゝある大人へ向ける呼名でせう。

七つや八つの童女や十四五の女學校時代の少女よりは、大人の女性に呼ばれて意義深い言葉となりませう。

もとより、女性である以上、誰にだつて一生のうち、皆おそろひの處女時代を持つて居りませう。

たゞ、その時期の長きと短かきと、自ら望みて離れたると、他より強ひられて離れたると人おの〳〵の心境こそ相異なれ、皆人妻の方達は言ひ合した樣に、

わがこし方ふりかへれば
(處女)のよこそなつかしい……

と仰しやるやうです。

○

世には處女のまゝわが生をすごしゆく女性も居ります。

そのひと達の一生は處女時代――けれども、もうさう呼ぶのはふさはしくない、そのひと達は、處女の形で同じく人生を生きてゆくだけの相違にすぎない、人間は各自負ふ可き運命と自ら保持する內なる魂の爲に、皆一人々々異なる形を選らんで生き拔いてゆくはずだから……

女性が處女のまゝにある事は、自然と傳統とが許さない、妻にならねば母にもならねば、女性が生れながらにして持つ力を生し切れぬ、生し切る處がない、自然はかく女性へ約束した、人の作つた傳統はそれをよいことにして、種々なる不公平のけぢめを女性に加へ來つた。かくて妻の嘆き母の悲しみが、ともすれば處女の時代なつかしと唄はしめるのであらう……

○

自然と約束と傳統をよそに、處女のままに生きゆくひと〴〵の心境を各人ひとつひとつ思ひ〳〵にちがつてゐることでせう。

宗教の爲に藝術の爲に事業の爲に、かうおほざつぱに言ひ切つたところで、なほ言ひ切れぬ、濃やかな想ひも感じも個人を基礎にすれば、そこにあらねばならぬ。

病身の爲に血統の爲に――現實をいとうて夢見たい爲に――人の世は複雜である、一人々々の運命は皆ちがふ――生きてゆく形が一つ〳〵ちがつてゆくのは當然である、處女であらうと、なからうと、私共は、人の運命に指一本さすことの出來ぬことを思ふと、一時の好奇心や、いらざるおせつかいで、人の生きてゆく形に罵りや、批評は出來ない、出來るはずがない。

○

處女である事がむやみと貴いと思ふのはをかしい、人妻であらうと、何んであらうと、人間の位置に差はなからうにただ生きてゆく心それを裏づける精神の如何にその人間の價値はおかれるだけのことである。

自らの許し得る人あるまでは、自らを愛して守りぬく氣持は、もはやこれからの女性の向上と共に、その常識となつていゝわけだから、――一生を處女で通す、それもそのひとの心持、生き方、自己の扱ひ方ひとつでのよしあしである。

世話になつた人を言うてはすまぬけれども、學生時代、師と呼んだ外國婦人の宣教師の一人に、年齡多き處女の一人がゐた、その人の心は冷くこぢれて、若い生徒へのうたがひともすれば小さい憎惡に似た眼を向けられた、私共はひとしく、その人を恐れはゞかつた――年齡上の友がつぶやいた『ミス×××なんか、宣教師よして粉屋のおかみさんにでも、なれば、もう少しいゝ女らしくなるのよ』……

しかし、それはミス×××へだけのけだし適評であるに過ぎない、何故ならば他にも未婚の或はもう未婚といふよりも老いたる獨身の宣教師達がゐたにもかゝはらず、それらの人々は皆快活で明るく學究的な若々しい感じを私達に與へたから……してみると、まさしく自然と運命は微妙にも各自一人々々に、處女のまゝでゆくとも可なる位置と力を、又人妻たらずんば、善い處を少しも出せぬ動きの取れぬ人々を作り出したのであらう。

思へば、人事すべて、一を以つて百を判ずるは不可能である、また百を知りて其の一を判ずるも不可能である。

思へば不可思議にして多種多樣、色とりどりの人の世の姿よ、相よ。

○

要は、人妻であらうと處女のまゝであらうと、その人が純情と愛で捧ぐ可き對照にさゝげて、自らの一生を能ふかぎり、より美しくより善かれと祈りつゝ自らの力いつぱい生き拔いてゆくより人間に何があらう。

○

何んだか、かうかいて、おしまひにすると、此の感想をしきりに求められた編輯部の方を少し突き放したやうで、少しをかしい……と言ひますのは、私がいまだに結婚しないので、私自身の處女主義といふ題で何かかくやうに御申し込みだつたのですから、でも私は別に主義が有つて處女でゐるといふのではなく、それは私一個人の運命と選びと自然のまゝなのですから――まして其の心境を、限られた枚數でヅカ〳〵とかき現すなんて、私それには少し氣取りやではにかみですもの――

けれども、私の處女についての感じはこの一篇です、處女であることを、いばる理由を知らず、その主義をふりかざさぬ私の言ふことはこれだけ――今の世の中は善き個人主義であつてはほしい、それでも、なほひとのこと知りたければ、その人とつき合つて見るか、そのひとの藝でも見るより仕方がありませんのね。それには私事多少の著作有之候間、おのぞみの諸子仰ぎ願はくは瀏覽を賜へかし――などと、又いらでものことを御免候へ。

修道女の如く

埴原久和代

處女主義といふことについての感想――折角のお申越しですから何か書いてみようと思ひますが、何うも主義などといふ文字が妙にことむづかしくこだはつて簡單に感想がまとまりさうもありません。

處女は婦人にとつて一番高い誇り――或は然うであるかもしれません。しかしそれを主義として高唱したいなどとは私には考へられないのであります。何故なれば、處女の純潔を欲する心は、特に婦人のみの持つべき、そして誇りなどといふ心からのものではなく人として極めて自然的に持つところの精神でなければならないかと私には思はれるからであります。それにもかゝはらず、何故に處女といふことが特に婦人にとつてのみ然樣に重要であり、價値でなければならないか。

從來婦人は、無意識的にか、習慣的にか或は何ものかの壓迫によつてか、なぜに處女といふことが然う價値あり、誇るべきものであるかについては一向に疑惑も持たないし、矛盾も感じないで來たやうであります。併し婦人が、全然男子といふものゝ從屬物であつた時代はとにかく、女性も男性と等しく人として活きようとする自覺を持ついまの婦人には精神的にも物質的にも然う

男性本位にのみは

考へられなくなつた樣であります。從つてこの處女性といふことについても、何故に特にそれが婦人にとつてのみ重要であり價値でなければならないかといふことには常にある疑問さへ持ちつゝあるやうであります。

もしも婦人にとつて、その處女であるといふことのみが最高の誇りであり、そしてまた婦人にのみそれが最高の價値であるといふならば私は婦人の誇とか、また價値とかいふものゝ餘りに可憐なものであり過ぎることを思はないではいられません。またもしも婦人が母性なるが故にその子族に對する考慮から婦人のみが處女であることを強要され、また價値づけられるものならば、婦人の處女尊重などといふことはおそらく彼の蜜蜂の女性尊重にも劣らなくはなからうかと私には思はれるのであります。

處女性といふものは、獨り女性とか男性とか區別して考へらるべきものではなく、もしも處女性といふものが女性に尊重すべきものならば、男性にもまた女性と同樣に

其の童貞が尊重され

なければならないことは當然過ぎることでなくてはならないと思ひます。もし然うでもないならば、處女性などといふものゝ價値は人として何の意義をもなさなくはなからうかと私には思へるのであります。

要するに、處女性の尊重といふことは、それが本來、性を對象に置いてのみ考ふべきものであるとは思へないのであります。むしろ私はわれ／＼が、人として最高の價値に到達しようとする修道の精神から、その處女性をも何ものにも犯されることなしに、清淨に、堅固に保ち得る精進のこゝろに、其の尊さがあるのではなからうか、それはたとへば、修道の沙門が、その精舍の生活に、不斷の精進をすることゝ別に異つたものではなからうかと私には考へられるのであります。

貞操の危機を遁れた「若き婦人の惱み」

◇特にこの四つの物語を現代の若き婦人に捧ぐ◇

(一) 師に裏切られた一女生徒の嘆き

△純眞な少女の心の隙を狙ふ呪はしき惑はしの手▽

川崎桐子（東京）

◇新任の先生への憧れ

その時、私はまだ十七、女學校の四年生。師と敎へ子の歩む足音は、どこまでも同じ調子に、規律正しく續いてゆくものと、信じ切つてゐた純な少女でございました。また逆境に育つて、理性に富んだ、信仰心の厚い姉に育てられた私は、いさゝかのことにも、胸をときめかせ易いその年頃の割合に、おちついた心境に自分をおいて、勉強することができる少女でございました。

しかし、聖そのものゝやうに信頼し、身をもつて尊敬した師に裏切られてから、私は世のすべての人といふ人がうとましく、たまらない寂しさに、學問も、名譽も、家も、友も、總てを捨てゝ遠い地に、見しらぬ人のために、自分の生涯を捧げ盡す職業を求めて、強く生きようと決心しました。その深い傷手を、今は靜かに眺めて、書き綴つてみませう。

乙女の胸をそゝりたてるやうな柔かい風が吹きすぎる春四月、四年に進級した百の若い子は、もはや最上級生といふ喜びにかゞやいてゐました。なかでも私達六人は、卒業後はF市の女子專門學校へ入學の希望に燃えた私達のグループは、緊張した、より大きな喜びに充ち〱てそれはどんなに樂しい日々を過してゐたことでございましたでせう。そして、三月の初めにN中學の校長に榮轉なさつた、私共の國文のH先生を失つた寂しさは、幾何もなくして、後任として來られた、東京Y校出の山川先生によつて充されました。山川先生！　今思ひ出すと、あのどこかに苦難のキリストを想はせるやうな、元氣で、それでゐて、面やつれた姿が、苦々しくも思はれるのですが、その當時の私達にとつては、すべてが頼もしく、美しく感じられたのでした。

四年級の國文の時間、豫期以上に、すら〱とした澱みない口調で巧みに續けられる講義、明暗にみちたその聲――私達は、何ともいへない感激にうつとりして耳を傾けました。放課後、校長先生と文藝部員のTさん、Sさん、私の四人は、山川先生を案内して、校友會雜誌『つみ草』の編輯室や、圖書室へ行つて、H先生の在りし日の編輯長振りや、クラスの詩人歌人、未來の女流作家の噂など、話は伸びてF女專志望のことまでお話いたしました。一々靜かにうなづいてゐられた山川先生は、『僕、文藝部長を托されましたけど、なか〱みんな立派で、僕等の力では及びません。どうぞ宜しく後援してください。』などと淡白な調子で、私共に話してくださいました。

先生の注意が私の上に

無邪氣でも茶目でも、常に何かを夢みてゐるクラスの友等は、この新しい若い先生に向つて、好奇の瞳が働かないではゐませんでした。M川のほとり、靜かな住居に妹様と婆やと、三人で寂しく生活してゐらつしやることも、まだ二十六といふお若さで、東京では有名な詩歌雜誌の重鎭でゐらしたことも、いつか級の噂になりました。その氣高い、例へば一本の黑百合のやうな容姿も、また博い學識も、新任早々殊の外校長の信頼深いことも。

かうして過ぎていつた一ケ月ばかりの後、儼格な、しかも慈愛深い校長先生によつて、思ひ掛けない幸福?（とそのときは思ひました）が齎されました。と申しますのは、入學者二百對志願者千以上もあるといふ、F女專へ當校からの志望者六人の皆をパスさせたいといふ、前のH先生の依頼も手傳つての校長先生のお心盡しで、山川先生から課外教授をして戴くことになつたことでした。六人の女生徒を托する、獨身の若い先生に――これだけでも校長の山川先生に掛けられた信用の如何に大きかつたかゞ思はれます。幸ひ私共の家は學校の近くでしたので、正課後四時から七時まで、講堂で毎日熱心に勉強いたしました。敬慕する山川先生から教はる古典文學、ロシヤ文學など、未知の世界の驚異や憧れに、私達は幸福と希望で一杯で、何を省る暇もありませんでした。私等が張り詰めて專念に學ぶのに引きかへ、大きな餘裕を持つて教科書と思想の一部を傳へてゆけばいい先生の心が、いつの間にか一人々々の上に動きだしたのは、今思へば解りきつた話でございました。同じ心で、同じ姿で、同じ程度の成績の六人の中を選りにも選んで私へ――山川先生の凝視の瞳が向けられたのは、何といふ不幸だつたでせう。他の五人の友は割合に社交的な、華やかな方々でしたので、よく先生と笑ひ興じ、勉強のひまにはトランプやピンポンに戯れ遊びましたが、私は生れつきのくすんだ心と、いぢけた態度のまゝで、餘り話もせずにゐたのですが、その虔しさが、却つて先生の注意を私へ集めました。その當時、沈んでゐたとはいへ、少女でございましたもの、尊敬してゐる先生に少しでも多く話しかけられ、少しでも多く親しみを見せられることは、喜びでなくてなんでせう。いつか私の心も少しづつ先生に近よつてゆくのを覺えました。夏休み一ケ月を、先生から離れて、姉と共に海岸にゆかねばならなかつたことも、どんなに寂しいことだつたでせう。しかしそれも、高いところから私を見守つてゐてくれた姉の慈愛であつたことを思へば、今は感謝のほかはございません。

忘れられぬその日

長い〱夏休みが終つて、久々に見る先生と教へ子のなつかしさ、それ以外に私も何かを期待してはゐなかつたでせうか。しかもその期待は夢ではなくて、夏休み中に書いた私の作品、と申しては大袈裟ですが、宿題のそれを、みんなの中から選り拔いて激賞してくださいましたことによつて、私はすべてをあげて信頼を先生におけるやうになりました。しらず〱

125　「貞操の危機を遁れた若き婦人の悩み」 川崎桐子、小倉与志子、池野初枝、堀内郁子 『主婦之友』大正14年7月1日

先生の思想に同化されてゆくのを不思議とも思ひませんでした。かうした幸福の日のなかで、校友會誌『つみ草』の内容はどん〳〵改善せられて成長してゆき、私共の知識もずん〳〵進みました。ふだん沈默勝ちで、あまり多くを話せない私も、山川先生とだけは、思想上のことで、どんなに深くまでも語ることができました。そしてA組B組の誰彼が、A組のお兄様だ、B組のお兄様だと騷いでゐるのを、頰をなでるそよ風のやうに聞き流してゐました。

あゝ然し、よい先生といふ名の、如何に私達教へ子を惑はすことよ。私はあまりに師の名を信じすぎてゐましたでせうか。師といふ名は信じてはいけないものでせうか。それだつたら、學ぶもの、世界は、まことに暗黑でございます。

我が山川先生はそんな方ではない、と一人で決めて精進を誓ひ、F校には必ず首席で――と希望にかゞやいて學び得た日は、なんと幸福な日だつたでせう。『つみ草』の編輯も、課外講義も、なんと幸福な日の幸福な思ひだつたでせう。

二學期も夢の間にすぎて、年は明けました。

忘れもしない二月十五日、二十日には發行しなければならない『つみ草』の原稿を決めるために、委員のTさん、Sさん、私の三人が先生のお宅に集つたのですが、Sさんが或る原稿を自宅へ忘れてきたといふので、取りに歸るのに一人でゆくのを寂しがつて、無理にTさんを伴ひました。もう夕ぐれでした。邊りは靜かでございます。先生のお妹様は婆やとお出かけで、廣い家に、先生と私とだけ殘りました。圓い磁製の火鉢を圍んで、友をまつ間先生が書架からおろしてくださつた詩集を、二人で見てをりました。と突然『Nさん……』と先生は私の名をお呼びになりました。『はい……』顏を上げて私は先生を見ました。先生の聲は、鋭く、しかし慄へてゐました。そしてはつと思つてゐる間に、先生の手は私の方に伸ばされようとしてゐました。

やはり私は勝利者だ

私が驚いて先生を見返したとき――そこに私は何を見出したでせう。私の先生に對する日頃の尊敬の念は、根柢から崩れてしまひました。そのときもし私が、ほゝ笑みかへしたなら――私はどうなつてゐたでせう?。私は全身の血液が逆に流れて凍りつゝあるかと思ひました。もう一分一秒もこの場にはゐられない。私は憎惡と皮肉と冷淡とを力一杯眸に集めて、先生の顏をにらみ返すと、机上の原稿の中から私の分を拔きとつて、物も言はず、そのまゝ外へ出てしまひました。門外へ一步――逃れ得た安心に、私はふら〳〵と眩ひを感じ、危く倒れさうになるのを、勇氣を出して踏みこ

たへました。折惡しくそこで引きかへしたTさんとSさんに、ぱつたり逢つてしまつたのです。

私は、はたと當惑しました。事實を話すのは恥だ。友は私のたゞならぬ様子と、激しい息づかひを必ず怪しむであらう。私はふと思ひついて、『今先生のところで喀血したので失禮します。休ましてください。つみ草の編輯をお願ひします。』と言ひ終ると、すつかり心配して家まで送るといふ二人をのこして、夢中で走りました。

自分の書齋に入ると、もう涙が留めどなくこぼれました。怖ろしい事實に直面したのと、結ばれた幻の無殘にも打ち碎かれた憤りに、身も世もあらず泣きました。あゝ、あの慈愛も親密も嚴肅も高潔も、みんな粉微塵になつてしまつた。私はもう學校へゆくのも、ましてF女專入學なんかも、厭になつてしまひました。翌る日屆いた重い封筒の山川先生の手紙も、見る氣はしませんでした。すべてを知つてくれた姉は、『許してあげなさい。』と唯一言いつたゞけでした。

希望を失ひ、あこがれを失つた私は、今東京の病院で、看護婦の修業をしてをります。姉と相談して、傷負うた魂の行く道を、この獻身的な職業に求めたのでございます。あの五人の友達から離れて、全く別世界に身をおいた自分自身を、或るときは涙ぐましく眺めることもございますけれど、しかしやつぱり私は勝利者でございます。一緒に勉強して入學した友五人は、來春、F女子專門學校を出ます。が私はその間に大きな信仰と社會學を學び得ました。煩はしい誘惑も逃れ難い魅惑も、もはや私の前には、何の反響も起しませぬ。そして、かつては恨み、呪つた山川先生のためにも、以前とは違つた心持で、祈つてあげることができるのでございます。(賞)

記者の感想

この度の應募を通讀して私共の驚いたことは、先生から誘惑された婦人の夥しくあつたことでありました。それは多く先生に對する尊敬のあまり、何時となしに誘惑の手に乘じられたといふことです。あなたの場合も、やはりそれであります。で、あなたの場合を考へてみると、決して初めから先生はあなたを誘惑しようとしてゐらしたのではありますまい。誘惑するといふより、あなたを愛してゐらした。ただ態度がほんとの愛を重んずる方の態度ではなかつた。少くとも愛に對する禮節を辨へない先生の態度でありました。多くさういふところから、ずる〳〵に引きずられて、終にぬきさしのできない立場に陥つてしまふのですが、あなたはたくみにそれを遁れることができて幸福でございました。あなたをしてその誘惑から遁れしめたことは、あなたの理知的な性格にもよりますが、も少し奥深く考へてみますと、信仰に厚い、眞面目なお姉様の感化に負ふところが多いことゝ私共には思へます。戀愛といつても、眞面目な戀愛は恐るべきではありません。それは、どういふ場合があつても常軌を逸することがないからです。あなたがさういふお姉様のもとにあつたことは何より幸福でした。生活の根柢を持つてゐないといふことは、その人を不幸に導くもとであります。あなたは、さういふ境地から離れて、今日の職業に道を見出されたのは、賢い進みかたでありました。しかし戀愛は卑むべきではありません。それが誘惑の態度で迫るべきではありませんが、戀愛をも、(誘惑がきたないものであるやうに)一も二もなくきたないものだと考へる必要もありますまい。要はその人の異性に對する態度如何にあることで、私共はあなたの經驗によつて教へられるところの多いのを感謝いたします。(記者)

(二) 院長から誘惑された看護婦の思出

△心の空虚を滿す爲に選ばれた私への呪はしき愛の魔手▽

小倉與志子(京都)

◆去つた人への思慕

田舍で草を刈つたり、土を耕したりして、若い時代を過すことはつまらない。私は都會に出ても、現代の婦人に交つて生活ができる――といふ自信が持てるやうで、兄弟や兩親の反對があつたにも拘らず、京都の叔母を、唯一の味方と賴み力と思つて、十七の年京都に出で、遂に意を決して或る病院に看護婦見習として入りました。二年の見習期間も無事に終り、引き續き看護婦として病院に勤めてゐましたが、その間は、この職に反對せられた父母兄弟の手前としても、模範的職業婦人になるといふ意地から、人々にはしつかり者といはれ、自分でも凡ての慾望から離れて職に努力いたしました。かやうにして大過なく、廿一歳まで勤めあげた後、府下の某病院に比較的高級で勤務することになりました。病院では 私 が上席で、ほかに四名の看護婦がをられました。

院長O氏は內科と小兒科を擔當せられ、外科は三年前K醫大を卒業せられたT氏、婦人産科は、ずつと前醫專を出られたK氏が擔當せられ、藥局には二人の藥劑師がをられました。院長もK氏も、もう五十がらみの柔和な親切な方々でしたが、殊にT氏の若い、男性的な魅力のある姿を見ては、T氏に對して特別な感じの起るのをどうすることもできませんでした。その態度は實に恬淡として、誰にでも同等に接する方でした。それだけ 私 の尊敬の念は强いものでありました。

院長はある日 私 を一室に呼んで、T氏との間に間違の起らないやうに注意してくださいました。『あなたの優しい心と、淑やかな動作は、皆の人の感じてゐるところで、殆ど病人はみな喜んでゐるやうなわけです。が世間の口は五月蠅いから、轉ばぬ先の杖です。とかく若いものは相手の婦人の迷惑なども考へる餘裕がなく、ついとんだことをしてしてしまふものですからね。』と親切に注意してくださつたのです。有難いとは思ひましたが、その後は不思議にも益々T氏を思ふやうになるのを、どうすることもできませんでした。そして、病院に於けるT氏の存在が、私 をして職務に忠實ならしめる力となつたことも、申すまでもありません。院長は 私 の努力をやさしく勞つてくださいました。

ところが、私 がO病院に來ましてから一年目に、突然T氏はそこを退められました。何の理由であるか解りませんでしたが、O院長の世話で東京の名高い外科專門の病院に行かれたのでした。私 はどれだけ失望したことでせう。二人は手紙を交換した仲でもなければ、想を語つた仲でもありませんでしたが、T氏が立たれてからは、何をしても張合がなく、御飯も美味しくいたゞけませんでした。院長は或る夜また私を呼んで『若い人はそれ〴〵憧れがあつて、どうも落ちついてくれないので、病院としては非常に損失です。』と言ひながら、『あなたはよく道理の解る方だから、この前の注意を聽いてくれまして、過ちもなく結構でした。未來ある人でも若い人は無責任なことをやり勝ちですから。』とそれとなくT氏を攻撃し、『あなたはよくこの病院を理解してゐて、努力を惜しまないでくださるから感謝してゐます。將來できるだけあなたの幸福になるやうに骨を折りませう。末長く面倒を見てあげたいと思つてゐます。』と言はれる溫顏に、常にない情熱の現はれてゐることを感じました。

三 思はぬ人からの求愛

T氏が去られた後は、ほんたうに樂しみのない日常でしたが、よく〳〵考へて見れば、T氏と將來を契ることのできる自分ではない、T氏と將來を契るにはあまりに小さい自分であることを知りましたので、結局T氏が行かれたことは身の幸であつたとあきらめて、更に職に對する精進と努力をつゞけてまゐりました。

とはいへ冬も去つて、病院の中にも春の空氣が漲れ、やがて櫻の花が散る頃は、白衣の私達にも、何かしら淋しさに堪へられないものがございました。さうした日の或る夜、それは十時過ぎでした。雇婆さんが私達の室に來て、『小倉さん、院長さんがお呼びです。』と申しますから、『どこ?』と聞きますと、『診察室で何か調べてゐられます。』といふことでしたから、何か過ちでもあつたのではないか知らと心配しながら、廊下を走るやうにして内科の診察室に行きました。手をさし伸べるやうにして私を側近くの椅子にかけさせられた院長のお顏は、ほんのり赤くなつて、お酒の香がぷんとしました。

私は何か『過ちでもございましたかしら。』と申しますと、『いやさうではありません。一寸お話したいことがあつて。』と言はれましたので、ほつとした氣分になり、思はず安心の笑顏をつくりました。すると、『小倉さん、あなたがTさんの去られたことを悲しんでゐられることは、よく諒解ができます。けれどTさんだつて大きな望を抱いて去られたのです。この病院や、こゝにをる人達を離れることなんか平氣で、寧ろ離れるべく行かれたのです。そんな方のことを想つてゐても仕方がありません。ね、小倉さん、それよりあなたの將來は私が保證しますから、一つ私のいふことを聽いてはくれませんか。』と言はれるのです。

といふのは、私がやはりT氏を想ふの餘り、この病院を去りはしないかと、心配してゐられるのであらうと思つたものですから、『院長さんのお言葉ですもの、何でも伺ひます。』と申してしまひました。すると院長は、『有難う。』といひさま、私の手を執られました。夜とはいへ、まだ皆さんも起きてゐられるのに。大きな聲を立てゝはいけないと思ひましたので、聲を低め『いけません。それは。』とその手を除けようとしますと、『いゝえ、いゝんです。私はあなたを愛してゐるのです。』とて、そつと顏を寄せられるのです。私はバネに彈かれたやうに院長の手からすり拔けました。そしてドアを押すなり廊下をひた走りに走りました。

四 辛くも危機を遁る

今日まで尊敬してゐた院長、妻も子もあるO院長が、一看護婦に愛を求められるとは、何事でせう。愛してゐると言はれたつて、それが正しい道であらうか。どうして受け容れることができやう。如何に雇はれの身とはいへ、心までもてあそばれてなるものか。奧樣が病身の故に、滿たされない心の空虛を、私によつて滿たさうとなさる心は、餘りにさもしすぎはしないでせうか。拒む故に解雇されるならば、潔よく解雇されよう。いえ、こんなところに何時までもをるべきではない。早く遁れなくてはならぬ。かう考へた私は、その夜寢ずに院長宛に書面を認めて、翌日渡してもらひました。院長から一寸きてくれと申されたのは、診察に多忙であるべき筈のときでした。院長は、日頃になく、青ざめた顔色で『昨夜はすまぬことをしました。つい酒に醉つてゐたものだから。お詫びする。惡く思はないでください。』と申され、今朝渡した書面のことは取消してくれと頭を下げて頼まれるのです。私はきまりが惡くなりましたけれど、『お世話になります。』と答へて、引き下りました。

院長は、それつ切り私に對しては餘り口を利かれなくなり、何かしら淋しい顔をせられるやうになりました。私はそれを見る辛い思に堪へられなくなり、國へ歸るといふ口實で、半年後には、美しくお暇をいたゞいて、そこを去つたのでした。（賞）

記者の感想

醫者と敎師とは、婦人に對して過ちを犯すことが一番多いときゝましたが、この度の投書を見て、事實によつてこれを知ることができました。で醫者の婦人に對する過失が、手近な身邊にある若い看護婦にあることも、自然の行き道かもしれませぬ。一體氣の毒しがちな病人を扱ふ、生活に無聊である醫師看護婦が、生活上とかくさういふところに陷り易いのかもしれませぬ。しかしその結果の恐ろしいことを思ふと、そのまゝ抛つておくことのできない問題であります。あなたの場合を考へてみますと、仕へてゐた院長さんもさることながら、あなた自身に、誘惑するやうな態度でないまでも、樣子に知ることができる、尠くとも院長と看護婦の禮儀を見遁してゐらつしやりはしなかつたか。そこには如何にも戀人にでも對するやうな、馴れ〳〵しい態度しか見えない。婦人を多く誘惑した人の告白に、いくら近よつても自分の意に從ふ婦人か、でないかは一目してわかる。如何に男子が圖々しくても、自分に從はない人に、手出しする氣にはなれない。從はない人は、言葉にも態度にも、禮儀が重んじられてゐます。すぐ甘つたるい言葉を使ふ人は、一番誘惑しやすいといつてゐます。男子は、さういふ方面には、割合に敏感で奸智にたけてゐる。婦人が異性に對しては、過ぎたりと思ふほどな警戒を守つても決して無禮ではありませぬ。あなたの場合には、無警戒のやうでした。それによつてあなたが苦しみなさつたのはむしろ當然で、あなたが過去の苦しい失敗は、同じ境遇の若い方々に、警戒し、敎へることが多いと思ひます。（記者）

（三）異性の同僚の愛に惱んだ若きタイピスト

△最後まで強くあり得たために不幸を見ずに濟んだ喜び▽

池野初枝（大阪）

◇異性の友を得て

一昨年の春四月、かねての念願であつた語學と、外國文學研究の二ヶ年の課程を漸く終へた私は、さしあたつて如何しようとの確かな方針もないまゝに、さる知己の勸めで、海に近いK市の、とある商會に暫く勤めたことがありました。その商會はK市の目貫きの場所に位置を占めた、貿易商でした。

初めて出て見た社會は、でも私にとつて珍らしいことばかりでした。午前に三時間と、午後に四時間の營業時間に、手慣れたタイプで打ちだす一字々々には、働くことの嬉しさからくる生の喜びが、ピチ〳〵として躍るのを覺えました。規律立つた執務が齎す生活の變化、働きが私に惠む俸給に刺戟されて、一層私の研究心は唆られました。同僚の皆様も學問のある立派な方々のみで、勤めすることも愉快なれば、見聞きするすべてが、自由で溌々としてゐました。絶えず擽きくる港の雜音も氣持いゝものでした。そのうち私に一人のお友達ができました。

若いAは東京の私立大學を出たといふお話でしたが、見るからに健康さうな快活な方でした。商會では庶務の方の仕事をしてゐられた關係から、私とは割合早くから口を利くやうになつてゐましたが、或る音樂會で出會つてから、一層親しく口を利くやうになりました。

私は男ばかりの兄弟六人の中で育ちましたので、子供のときから、男の子と遊ぶことに馴れてをりましたので、長じて後も男といふものを、それほど異端視して怖ぢ恐れることはありませんでした。この性質は、私があるミッションスクールに學んで、比較的社交的な訓練を受けるやうになつてからは、なほさら確固とした信念となりました。殊に職業に就いてからは、この性質が役立つて、年こそ廿歳にはなつてゐましたものゝ、無邪氣に皆様とお交際ひができました。從つてAとの交りも、私の氣持としては、この埒外に少しも出るものではありませんでした。

◇私を惱ました彼の言葉

その年の夏の眞盛り、八月の暑いある夜、餘りの暑さに晝の仕事を夜に持ち越して、同僚四人ばかりと、夜業をしたことがありました。その夜の歸途、歸る方角が同じであるAと私とは、期せずして道連れになつたのでしたが、彼に誘はれるまゝ、公園の木下闇を、そゞろ歩きいたしました。

快い夜風と青葉の戰ぎに、疲れはすつかりやすまりました。と、突然Aが『池野さん、あなたはお嫁にはゆかないの？』と訊ねました。あんまりだしぬけの無躾な質問なので、私は頓には返事も出ず、まじ〳〵とAの顔を眺めてゐました。いつもと違つた沈鬱なAの横顔……けれどもやはり快活に再び、『池野さん……』と呼びかけました。『あなたは餘りに僕を悅ばせ過ぎる。』『えッ？』私の反問に答へる前に、Aは程よく延びた髮の毛をムシャ〳〵むしりながら、『さやうなら。』といつて、そのまゝ何事もなかつたもののやうに、元氣よく歸つて行きました。

私は考へねばなりませんでした。自分の言葉が、誤ちもなく相手方に受け容れられやうとは、流石に信じてもゐませんでしたが、さほど人の心を複雜なものと思つてゐなかつた私にとつては、彼の一言は目に見えぬ伏矢のやうな鋭さで私の心を射貫きました。Aの自惚さ加減を心で嘲笑しながらも、よし自分の言葉が無邪氣な戯れであつても、それが相手の心を惱ますものであるならば、私は飽までも愼まなければならないと思ふと、今更に狹くるしい世間

131　「貞操の危機を遁れた若き婦人の悩み」 川崎桐子、小倉与志子、池野初枝、堀内郁子 『主婦之友』大正14年7月1日

が嫌になつてしまふのでした。併し私がかう気附いたときには、すべては餘りに遅かつたのでした。それから後のAの態度は、事毎に私の心の壓迫となつて現はれてきました。

　流石に教養ある身の、露骨にこれといつて私を苦しめるやうなことはいたしませんでしたが、散策に、音樂會に、彼の私を誘ふ度數は、漸次數多くなつてゆきました。旅行をしたときには、屹度お土産を買つてきてくれるのでした。同じ商會に勤めてゐる悲しさには、それをむげにも斷り得ないで、その都度私もAの氣持を損じない程度の、お返しをしてゐたのでした。けれどもそれはいたづらにAの心をますます苦しめるばかりでした。それに氣づいて私は、いろ〳〵考へた末、私の處世上の希望と家庭の事情を告げて、これ以上深く交際することを、婉曲に斷つた手紙を書いて、Aに送りました。

◇私は彼を拒んだ

　Aからは、三日ほどして返事がきました。それには、彼がどれほど私のことを想ひ、どれほど惱み苦しんでゐるかといふことを、月並な文句で書き並べたうへ、『あなたの意志を強制してまでも、私の悩みを解いて戴かうとは思はない。すべては運命、否、我儘な私の悪い夢なのだ。併しあなたにもこの責任がないとはいへるだらうか。ないまでも、私の心を可哀さうと思ふなら、唯一つ最後の私の願ひのみは聞いて戴きたい。どうか××日に私の心の記念として、××に行くことを交際つて戴きたい。古都の静寂に浸りながら、一日を語り暮し、そしてすべてをあきらめたい。』と書いてあるのでした。

　第三者から見れば、いゝえ現在の私でしたなら、鼻先きで笑つてしまへるほどその身勝手なAの申出も、當時の私にとつては、あの美しい蝶を無慘にも殺してしまふ、蜘蛛の巣の執拗さにも似て、もう逃げも隠れもならぬ心の重荷になつてゐるのでした。馬鹿々しいとは思ひながらも、Aの平常の真面目さと、この手紙、まして自分の立場を考へて、これまでの經緯を顧みるとき、私は無理にも行つてやらねばならぬやうな、焦燥した氣持になるのでした。そして、その夜、たうとう私は、承諾の返事を出してしまつたのでした。

　その日は幸か不幸か、大變よいお天氣でした。約束の時間よりAは早く驛にきて、機嫌よく私を待つてゐてくれました。汽車はどの箱も一杯でしたが、爽かな秋風の快さは、その混雑を償つて餘りありました。そして朝からの重くるしい心の壓迫も、何時の間にか取りさられて、無邪氣な自分に返つてゐた私は、他意なくAと語り合ひました。

久しぶりで訪れる古都の風物は、殊に私の心を悦ばせました。溪間に色づく楓葉にも、木の下に散りしく落葉にも、なつかしみがありました。そしてどこにでも、人々のさんざめきのあることが、心の警戒を怠らぬ私にとつては、更に悦ばしいことでした。私達が歩き疲れて、とある高臺にまできたときは、それでも暮れ易い秋の陽は西の山に沈みかけてをりました。切り株に腰をおろして、靜かに落陽を眺めてゐたAは、突然立つて、『池野さん。』と呼ぶなり、はやしつかりと私の手を執つてしまひました。

　嘘か誠かAは、恐ろしく聲を殺して、でも熱意の籠つた調子で、またしても彼の願ひを繰り返すのでした。すべてをあきらめるといつた筈のAが……。近くの道には、まだ人通りが絶えぬとはいへ、はや殆ど暮れ切つた薄暗い高臺で、私の心は、私のはしたなさを悔いながら、木の葉のやうに震へてをりました。

　私は時の經つのが恐ろしくなりました。これ以上は、よう出まいと心で思つてはゐても、自分は今、どうした危險な立ち場におかれてあるかといふことを省るとき、私はもうじつとしてゐることができなくなりました。で、私は突然に顏を上げました。そして私の餘りにも異常な動作にAが驚いた間に、執られてゐた手をそつと解いて、細く、併しはつきりと叫びました。『解つてゐますわ。でも遲くなるといけませんから、歩きながらお話しませうよ。』漸くこれだけ言つて、私はさつさと歩きだしました。そして一丁ほど隔つたある寺院の境内に出て、まだ往來する人の途絶えないのを見て、ほつとしました。私の後に默つてついてきたAは、街にでる坂道の途中で、そつと私に囁くのでした。『氣を惡くしないでね……。でも僕は感謝します。』と。私は何だかAが氣の毒になりました。けれど、彼に對する私の心は、どうすることもできませんでした。

◇身を完うした喜びに

電燈の明るい街に出たとき、私は心から安心して、初めて歩みを緩めながら、これも心の落ちつきかけたAに再び話しかけました。せめて手紙に書かれたやうに、一日を語り暮したいと願つたAの心を慰めたいと思つて。それでも、夕飯を食べて歸らうといふAの提議には反對して、その日は無事に家に歸りました。別れ際にAはまたしても、次の日曜にKにつきあつてくれといふのでした。Kとは、近くの溫泉場のことです。

　その夜、家へ歸つて母の顏を見たとき、私はほんとに心からの悦びに震へました。Aには氣の毒であつたけれども、私は身も心も綺麗で母の側に歸れたことを、どんなに嬉しく思つたかしれませんでした。母はいつものやうに溫く私を迎へてくれました。そのときほど、我が家の有り難さ、また安らかさを味つたことはございません。我が家こそ、神の殿堂そのものだと思ひました。そしてすべてを母に話して、Aにはその夜早速感謝と絶交の手紙を出しました。それと共に、さきにお世話になつた知己を通じて、勉學を口實に、商會の方も止してしまひました。

　この場合、疑つた私が是か、疑はれたAが非か、それは知る人が知つてゐるでせう。その後のAの消息は知りもせず、また知らうとも思ひませんが、落葉に雨の降りそゝぐ秋の夕暮や、月明の夜には、いやな思ひ出は、すつかり打ち消して、かげながらAの幸福を祈つてをります。全く別な立場から……。それが人間なのではございますまいか。（賞）

記者の感想

婦人が男子に對して、無邪氣であることは非常に大切なことでありますが、そのために男子につまらない野心を起させることが多く、いつのまにか男子の手中に陥られる場合が、少くありません。戀慕のうちにも、さういふことから誘惑に陥ちて、この種の經驗を嘗めた方がたくさんございましたが、あなたは幸ひそれを遁れることができて何よりでした。男女の交際はそこに埒がある筈です。その埒が正しく保たれるときは、男女の交際は美しいものであります。異性あるがために人生は愉快であります。しかしこの埒を越えるときに、男女の關係は醜いものとなります。あなたの場合も、うつかりその埒を越えつゝありました。それは夜分おそくなつてから、唯二人の若い男と女が道をともにする――それは正しい道を望む方のなさざるところであります。誘惑されたといふことは、相手の男子に變な野心を起させ、自分を弄ぶものだと思はせるやうになつたものであります。初めから守るべき節度を守つてゐたら、あゝした考へや態度には出なかつたことゝ思はれます。しかしあなたが早く氣がついたことは仕合せでした。お母様に打ち明けられたのも、非常によかつたと思ひます。この場合、相手の男子は惡い人ではありませんが、婦人に對する道を心得てゐなかつた。そこから入つていつた男女が、それを家庭生活にまで延長したと考へてみませうか。決してそこに將來の幸福を約束することはできません。必ず破綻が生じます。ほんたうに理解と尊敬をもつた男女にして、初めて長い家庭生活は營み得るのであります。この誘惑の手から遁れたあなたのすゝみかたは、多くの職業にたづさはる婦人に、敎へるところが多いことゝ思ひます。（記者）

（四）高官たる主人の誘惑から遁れた女中の告白

△妻子ある身を忘れて愛の虜となつた主人の甘言を斥けて▽

堀内郁子（東京）

旦那様のみだらな愛

私は今は人妻でございますが、丁度大正九年の九月から十二年のお正月まで、奉公に出てをりました。奉公先は麴町の某所で、御主人は、震災後には某縣の知事にまでおなりになつた方で、當時は某省にお勤めになつてゐらした高官の方でした。私は奉公に上りましたときは、まだ十九歳で、それに田舍から出てきたばかりでしたから、何にも勝手が解りませず、ずゐぶんと困りましたが、御主人は私と同縣人でゐらつしやいましたし、奧樣も御隱居樣も、それは御親切な方で、何でもよく敎へてくださいました。私が上つてまもなく、旦那樣は洋行なさいましたが、一年たつて歸朝なさつてからは、官舍にお移りになりました。それはせい〱した好いお家でございました。

その頃は、私もすつかりお家の樣子も解り、奧樣がお留守のときにも、たいていのことは一人でできるやうになりました。旦那樣は、常にあまりお丈夫の方ではありませんで、少しの風邪にも、床にお就きになるのでした。それは七月の初めでした。旦那樣には少しお熱が出まして、咽喉をいため、毎日々々吸入をおかけになりました。奧樣がお在宅のときは、奧樣がなさるのですが、御用で外出なすつたときは、自然私がお世話しなければなりません。或る日も奧樣が買ひ物にお出になつた留守、吸入のお世話をしてをりますと、『お前手を出してごらん。』とおつしやいます。私は何心なく出しますと、その手を握りしめながら、『大分肥つてるな。』とおつしやいます。私は慌てゝあと片附けをすまし、自分の部屋に下りましたけれど、何だか胸がどき〱して仕方がありませんでした。その後も不安には思ひましたが、まさかと思つて、やはり忠實に働いてをりました。

或る日の夕方、またお孃樣のお供をして、散步に行つた歸りがけ、御門のところで、ぱつたり、お勤め先からお歸りの旦那樣にでくはしました。お孃樣は元氣よく馳けだしてお入りになりますし、私もお勝手の方からお家へ入らうとしますと、旦那樣はいきなり後ろから私を引き寄せて、『ばあ・・・』とおつしやるのです。私はもしこんなところを、近所の人にでも見られ、奧樣や御隱居樣に聞えたら、旦那樣の御迷惑は勿論、私は折角今まで辛抱して、御奉公申し上げたことが水の泡になる、と咄嗟に考へて、あとをも見ずに夢中で部屋に馳けこみました。そして涙がとめどもなく頰を流れました。

私は強く生きよう

もうお暇を戴かう〱と思ひながらも、奉公がいやになつたからとも申されませず、強くなつて強くなつてと心に誓ひつゝ、その日〱を勤めてをりました。でもこちらで避ければ避けるほど、何かと用をこしらへては、お呼び寄せになるのです。それに朝夕の新聞から郵便、お役所からのお使ひのお世話まで、みな私一人でしなければなりませんので、どうしても顏を合さない譯にはまゐりません。相手が旦那樣でなければ、強ひて反抗もできますが、奉公の身にはそれもならず、まして何にも御存知ない奧樣が、とりわけ私を可愛がつてゐてくださるので、私はほんたうに苦しうございました。

御職掌柄、旦那樣は、夜は議會があつたり、宴會があつたりして、お歸りがおそくなり勝ちでございました。いつも私は朝が早いので、奧樣のお心ぞへで夜はお先きにやすませて戴くのですが、或る晩、奧樣は頭痛がするからとて、おやすみになりましたので、私が旦那樣のお歸りをお迎へいたしました。小門をしめ、玄關の戸締りをして自分の部屋に歸らうとしま

135　「貞操の危機を通れた若き婦人の悩み」　川崎桐子、小倉与志子、池野初枝、堀内郁子　『主婦之友』大正 14 年 7 月 1 日

すと、『紅茶を一杯。』とおつしやるのです。またかと思ひましたが、すなほに紅茶をいれて持つて行きました。テーブルの上に載せて歸らうとしますと、いきなりまた手をおとりになつて、『可愛いゝお前。』『お前は僕が嫌ひなのか。』とおつしやるのです。私は好きとも、嫌ひとも御返事申上げることはできませんので、默つてうつむいてをりますと、重ねて、『お前はすぐ奥樣や皆樣にすまない申譯がないと言ひ拔けをするけれど、ようく考へておくれ、お前の立場もよく察してゐるから、惡いやうにはしないから、返事をしておくれ。』とおつしやいます。『それとも、お前には約束した人でもあるのかね。』とまたおつしやるのです。いつか私の許婚が訪ねてきたことを、旦那樣も憶えてゐらしたのでせう。けれど、はにかみやの私は、『いゝえ。』と言つてしまひました。そして『あれは親類のものです。』と答へてしまひました。しかしそれと同時に、その人に對する義理と情が、一層私の用心を堅くさせてくれました。どんなに苦しくても、またこちら樣のやうな華やかな生活がなくとも、私達二人には固い約束があつた筈だ。二人して築き上げてゆく樂しい未來があるではないか。しかもその日は日一日と近づいてゐるのではないか。『この年が明けたら、僕の厄年も明けるから。』とこの間も話し合つたあの言葉、あゝもう三四ケ月だ。どんなにも辛抱しよう、立派に勤め上げてお暇を取らう――かう思ふと私には急に力が出てまゐりました。私は立ち上ると、『失禮いたしました。おやすみ遊ばせ。』と言ひ殘して、逃げるやうに應接間を拔け出しました。

◇愛人との幸福な結婚へ

月日は流れて、その年もはや殘り少なになりました。その頃から、こんどは奥樣が御病氣でおやすみでした。私は一生懸命御看護いたしました。奥樣の甚くお惡い間は、旦那樣も御心配遊ばして、早くお歸りでしたが、やがてだんだんよくおなりになると、やはりお勤めがら、お交際で晩くお歸りです。ある朝『今晩は少し晩くなるから、みんな先へおやすみ。小門の鍵を出しといてくれゝば、僕がしめとくから。』と申されて、お出かけになりました。その日はお夕飯も簡單にすませて、御隱居樣もお寢とおつしやつてくださいましたので、早くに御免かうむつてをりました。

一眠りして目をさましますと、何時頃かわかりませんが、三日月の淡い光が窓から流れ込んで、部屋は薄明るくなつてゐました。私は寢返りをしてふと窓の方を見ますと、まあ、睡い眼にもはつきりとその窓に旦那樣のお顔を見ました。あまりの驚きと恐ろしさに聲も出ませんでしたが、旦那樣はコツ／＼と叩いて、『この窓を開けてくれ。』とおつしやるのです。さあ私はまごついてしまひました。胸はドキ／＼します。とまだ開けてくれとおつしやるのです。で私は『若し御用でございましたら、お玄關から、お入りくださいまし。』と申しますと、『いや、別に何でもないから一寸開けてくれ。』とおつしやいますので、仕方なく床を片附けて窓を開けますと、まあどうでせう。流れる月影といつしよに、旦那樣も窓から部屋へ――その早業に私も肝を潰しましたが、必死となつて『もうどうぞ、お歸りください。お歸りください。……奥樣のことをお思ひください、お子樣のことをお思ひください。』と叫びつゞけました。私の胸にうかんだお母さんの顔――、そして許婚の顔――『どうか私をお守りください。』と一心に心に念じながら、私はうしろの壁にぴつたり寄り添つて不動の姿勢をとつてをりました。旦那樣は何ともおつしやらずに、長い間

じつと私の顏を見つめてゐらつしやいましたが、靜かに私の肩に手をおかけになりました。

私はむげに振り拂はうといたしますと『いや僕はもうお前にどうもしないから安心してくれ。僕も實に年甲斐もないことをしてお前を苦しめた。すまなかつた。これからは僕が苦しまう。お前も僕の氣持を少しでも察してくれるなら、今までのことは許しておくれ、惡かつた。』と沁々おつしやるのでした。

許すも許さないもない、私は旦那樣が、理性におかへりになつたことを、たゞ感謝するばかりでした。そしてもう、安心のできた私は、最後の手をさしのべて、手をとり、さようならをいたしました。然し旦那樣がお歸りなすつてから、淋しいやうな、悲しいやうな、言ひやうのない氣持で、たゞ泣くよりほかありませんでした。

あゝ、でも私は最後まで淸かつた。しかしなんて意氣地のない私だつたでせう。最後にも、安心したからつて、どうして自分から手を出したのでせう『S樣、お母樣、どうぞお許しくださいませ。』けれどもそれから後の旦那樣は、嵐のあとの空のやうで、全く別人の感がありました。私は代りを見つけて戴いて、十二月の二十五日に、母のそばに、久し振りで歸りました。その晩はS樣も見えまして、お話をなさいましたけれど、私はどうしても晴れやかにはなれませんでした。厄年が明けると間もなく、私は、母が心づくしの紋付に、お情け深い奧樣から戴いた絲錦の丸帶をしめて、Sに嫁いでまゐりましたが、やつぱり私の心は晴れませんでした。それで、もうすべてを打ち明けて、明るい一生をすごしたいと決心して、或る日、Sの前に、一部始終を物語つて許しを乞ひました。するとSは暫く、だまつて考へてをりましたが『よく話してくれた。僕は嬉しいと思ふ。しかしお前もよくさういふ出來事から打ち勝つて、淸い體で、僕にきてくれたね。感謝しよう。』と言つてくれて、『かうして許した以上は、何にも心配はいらない。これから二人で母さんを安心させてあげよう。』と却つて私をいたはつてくれました。その言葉を聞いたときの嬉しさは、何ともいひやうがございませんでした。思はずSの膝にうち伏してさめざめと泣きました。ほんたうの嬉し泣き、私の前途はもう安全地帶です。

その後たつた一人の私の母も、親切なSの手に引きとられて、今は三人幸福に暮してをります。(眞)

記者の感想

上役の人とか主人とか、とかく目上の人から誘惑された婦人の經驗を一番多く拜見しました。で多くの場合、境遇上旣にのつぴきならぬ關係から、いつのまにか相手の誘惑におちていつて、一生を棒にふる人が多いやうですが、あなたは賢くもそれを遁れられて、非常に嬉しく思ひます。あなたの御主人であつた男子の方がおつしやつたやうに、年甲斐もない、間違つた考へを持つといふことは、世間にありがちのことであります。が、その一時の過が婦人を損ふばかりか、自分の家庭をも損つてしまふ例が世間にたくさんあるのは、あまりにも愚かしいことであります。あなたの場合は、あなたがしつかりしてゐたために、身分ある主人を過失から救ふことができた。今日では主人の方は、自分の過失を悔い、あなたに感謝してゐられるに違ひありません。奧樣にも他日、あなたの厚意が知れるときがきたなら、必ずや感謝なさるでせう。あなた自身、あなたの家庭のためにも、またどんなに幸福だつたかしれません。反對にあなたがもし弱い人であつたなら今日どれだけ多くの人を不幸にしてゐたでせう。婦人が自らを强く保つといふことは、自分一人のためでない。その餘波が如何にひろく大きいかは、あなたの場合を想像してもわかります。この一篇から考へても、婦人の貞操を重んずべきことを、男子もよく心にとめて、自らを嚴重に保つて戴きたいと、我々は希望して止まないのであります。(記者)

137　「斯くの如き処女は結婚するな」　石崎仲三郎、古宇田傚太郎、森田正馬　『主婦之友』大正14年9月1日

斯くの如き處女は結婚するな

◇結婚生活を營み得ない婦人と其の病氣の研究◇

今まで純眞であつた處女が、結婚生活にはいつて、急に健康を奪はれたり、またいろいろの病氣や身體障害のために、妊娠しても難産したり子供が得られなかつたりすることがあります。遂には自己の生命に危險を伴ふことさへあります。そして折角華やかなるべき新家庭も冷くすることがあります。これは年頃の娘が結婚しようとする場合、結婚に伴ふ身體方面のことに、不用意であつたことに原因することが多いと思ひます。結婚すればどうしても姙娠によつて分娩、育兒等種々なる責任を果さねばなりませぬ。從つて配偶者の健康狀態はいふまでもなく、自分の病氣や肉體の障害に就いては愼重に考へておかないと、さうした不注意のために、悲慘な目に遭遇せねばならぬことが生じます。左の三博士はそれ〴〵の權威で、特に婦人の結婚生活に常に、注意を拂つてゐらるゝ方であります。年頃の子女をお持ちになる方は勿論、お若い人々に是非御熟讀を煩したいと思ひます。（記者）

結婚を避くべき病氣と姙娠せぬ病氣

◇かういふ病氣の方は手術しないと姙娠によつて危險が伴ふ◇

醫學博士　石崎仲三郎

◇一番怖ろしいのは肺結核

私達婦人科醫の立場から見て、結核、心臓病、腎臓病、血液病の婦人は、結婚を避けた方がよからうと思ふ。勿論以前これらの病氣を患つた人でも、もう治つたからと安心して、うつかり結婚生活に入ると、環境が變り、やがて姙娠するに至つて、大變危險が伴ふものである。特に怖ろしいのは結核である。肺尖加答兒くらゐのものでも結婚生活に入ると、多くの場合病勢が亢進するものである。また結核患者が姙娠すれば、自分の身體が衰弱してゐるのに、胎兒の榮養まで負擔しなくてはならぬので、往々病勢が募つて、母體の生命にかゝはることさへある。かういふ場合、醫者は流産させて、母體を助けるのが常用手段となつてゐる。

よく病氣が一時小康を保つてゐても、姙娠によつて再發するのみならず、生れる子供は大抵虚弱で、結核に罹り易い體質を持つものである。

私の知つてゐる判事の奥さんが、まだ女學生の頃一度喀血したことがあつたが、その後すつかり癒つてしまつてゐたので、餘り氣もかけないで結婚したのであるが、二度目の姙娠二ケ月

のとき、私が診察すると兩肺とも肺尖がいくらか弱つてゐるので、特に注意して轉地のうへ靜養しながらお産をさせたが、産後急に病態が惡化して、急性奔馬性結核に侵されて多量の喀血をした。そしてたうとう亡つてしまつた。それのみならず二人の愛兒は、夫人の死後間もなく結核性腦膜炎にかゝつて、小さい命を奪はれてしまつた。

心臓病と腎臓病とは互に密接な關係があるが一度婦人が姙娠すると、胎盤から有害物が排泄されて、それが身體にたまつて謂ゆるむくみを伴ふもので、これから來る恐ろしい主なる病氣は心臓病、腎臓病、脚氣などである。むくみといつても、たゞ血管の壓迫から來るむくみは脚だけが侵されるのであるが、脚氣や心臓病の場合は、甚くなると身體も顏もむくんでしまふ。また腎臓炎の場合には瞼や、額など、顏からむくんで來るものである。

結婚前にこれらの諸病に罹つて癒りきらないでゐる婦人は、姙娠によつて一層むくみが起り易く、遂に母體の生命を失ふことさへ少くない。

◎むくみから來る諸病

今までですでに心臓病に罹つてゐる人が、姙娠すると殊に病勢が募ることが多い。殊に姙娠中の心臓病を放つておくと、いよ〳〵お産の場合になつて心臓痲痺を起して、親子ともに生命を失ふことがある。或る石炭商のおかみさんは、前から心臓が惡かつたが、姙娠九ケ月になつて餘りの苦しさから、診察を求められた。診ると、このまゝ打つちやつておいては母兒が危いけれど、人工早産を施さうにも餘り心臓が弱つてゐるので、手術を行ふこともできなかつた。一日一日心臓の故障は劇しくなるばかりで、十一ケ月の終りになつても生れる樣子はなく姙婦の苦しみは見てゐられなかつた。私は思ひきつて注射で心臓の働きを保たせて、器械にかけて胎兒を取出したが、赤坊は死んでゐた。つまり母親の心臓故障のために窒息したのである。

前に述べたやうに、姙娠すると特に脚氣に罹り易いもので、心臓病の場合よりもなほ怖ろしい結果を生むものである。姙娠するとお腹の子供が發育するために、母親は一層ヴィタミンB及びカルシウムなどの榮養が缺乏して、それだけ病氣に對する抵抗力も弱くなつて病氣が重るのである。なかにも急性症の脚氣といつて、急に心臓が惡くなつて非常に苦しんで死に至るのがあり、また萎縮性脚氣といつて、すつかり弱り細つて動けなくなるのもあつて、後産が出にくゝ多量の出血を起すのがあるから、姙娠には非常に危險である。

◎性器の不完全から不姙症

結婚前卽ち處女時代に於て、すでに種々なる性器の病的異常のある婦人は、大抵生れつきのものが多いのである。たとひその結果多少の苦痛や困難があつても、習慣性となつて本人は勿論、周圍のものも別に異常と感じないでゐることがある。膣孔の閉鎖症とか、無子宮等の異常は、結婚不可能でどうすることもできないが、折角結婚しても往々姙娠し得ないで悲歎を極めるものもある。子宮發育不全症や、子宮後屈症の婦人は、それがために母體の生命を失つた實例も少くない。また姙娠しても普通の分娩ができないで、難産する狹骨盤もある。しかしこれらの異常は、結婚前醫療を施せば大部分障害を除くことができるものであるから、結婚前の婦人は注意せねばならぬ。

一體子宮の位置といふものは、普通前の方に傾いて曲つてゐるものであるが、それが餘りに前に曲り過ぎたり、横に曲つたり、また後の腰骨の方に曲つたりすることがある。これを子宮の位置異常といつてゐる。そのなかで特に多いのは、後の方に屈していろ〳〵の故障を伴ふ後屈症である。そして常に子宮內膜炎を合併するため、ふだん白帶下があつたり、腰が痛んだり月經時には下腹や腰が痛むことがある。後屈症の婦人は結婚前に手術しておかねば、大概六七割は姙娠しないのみならず、よし幸に姙娠しても『つはり』が劇しかつたり、また流産や早産を惹起して可なり危險を招き易いものである。

或る向島の實業家の若婦人は、結婚後間もなく姙娠して、二ケ月の初め頃から劇しい『つはり』で治療を受けてゐたが、益々症狀が進んで食物は勿論、流動物でも直ぐ嘔き出し大變衰弱してしまつた。往々嘔くもの〻なかに血液が混つてゐたので、私に診察を求められたが、可なり高度の後屈症で、加ふるに子宮口がたゞれて、白帶下が盛に分泌してゐた。これは後屈した子宮に姙娠した結果起つた『つはり』であるが、結婚前から白帶下が多くて、腰や下腹がつつて痛んだが、遂に診察を受けないで結婚したのであつた。このま〻打つちやつておくと母體の危險を招く恐れがあるので、手術によつて三ケ月の胎兒をとり出して、子宮の位置の矯正を行つた。その後白帶下もなく、月經の苦痛もなくなつた。そして第二回の姙娠によつて芽出度く男の初子を得て一家は明るくなつた。

結婚してから最早や四年にもなるが、どうしても姙娠しないといふ、或る外交官の夫人が診察を求められた。結婚前に大した病氣もなく、たゞ初めの月經が少し遅れて往々一二ケ月くらゐ見ない程度のもので、別に氣にもかけないでゐたさうである。體格も普通で血色もよく、變つたところもなかつたけれど、少し元氣に乏しいやうでした。よく診ると子宮や卵巣、喇叭管などの發育が可なり惡かつた。子宮が子供のときのやうに非常に小さい場合は絶對に姙娠は不可能であるが、この夫人のはそれほどでもなかつたので、治療すれば姙娠の望みがあつた。そして二週間くらゐの手術で簡單に治つたが、放つておけば、よし姙娠しても大變難産せねばならなかつたであらう。

或る夏川本橋の某商店の若いお内儀さんが、この二月に月のものがあつたきりだが、姙娠ではないでせうかとの話なので、診察していろいろ訊いてみると、結婚したのは一昨年で、これまで月のものも順調で白帶下も大してなかつたさうであるが、果して姙娠三ケ月で胎兒も心臓も大丈夫だつたが、餘り身體が細り過ぎてゐたので、骨盤の狹いではないかといふ懸念があつたので、よく調べてみるとやはり骨盤が狹かつた。もしこのまゝおくと難産して母體の危險を招きさうなので、せめて九ケ月くらゐで早産させるより仕方がなかつた。よしお産ができても長引いたり、胎兒が窒息したり、頭蓋骨が凹んだり骨折を起したりするので、自然の娩出を待つことは可なり危險である。然しお内儀さんは私の言葉を容れないで臨月まで放つておいたので大變難産で苦しみ、たうとう器械で子供をとり出して母體を助けたが、胎兒は死んでゐた。

なほ血液病の人が姙娠した場合も、劇しく貧血を起して母體の生命にかゝはるものもあるが餘り見ない病氣であるから述べないでおく。

花柳病の人が結婚すれば何うなるか

◆結婚前に根治しておかなければ悲慘な目に遇ふ◆

醫學博士 古宇田傚太郎

◆胎兒に感染すれば流産する

結婚前の若い婦人が見えて、親が大變道樂をしたから、自分の身體に惡い血が流れてはゐないか、一應血液を調べてくれと惱んでゐたが、花柳病は決して遺傳しないことになつてゐる。

勿論母親の體内に於て胎盤を通して黴毒だけは往々感染することはあるが、若しその子が感染してゐれば、三歳くらゐになるまでに黴毒の徴候があらはれねばならぬ筈である。

一體花柳病といへば、大變不快な病氣のやうな名前であるか、實際は最も下等な全然異つた三つの病菌に侵されたものである。軟性下疳（疳瘡）、淋疾、黴毒の三つを總稱していふのであるが最も惡性なものは黴毒である。年頃になるまで花柳病の徴候が一度もなければ、絶對に親から感染してゐるわけではない。しかし花柳病の感染は直接感染のみでなく、間接に感染することがあつて、錢湯、食器、手拭、不潔な床屋などから本人には無辜の感染があるけれど、さういふ場合は少いと見て差支ない。疳瘡及び淋疾は體内にまで潜んで子種に影響することは餘りないが、黴毒は妊娠しても大概二三ケ月で流産してしまふ。たとひ分娩できても滿足に發育し得るものでない。出來た子供は赤坊らしくなくて、容貌が年寄りじみ、皮膚がふやけて毛髪が薄く、血色が悪く、眼瞼がたゞれ、耳に故障があり、齒が鋸のやうにこはれて、多く低能兒である。そして五六年後早くて三年後には骨膜炎を起したり、顎骨の關に神經痛を起し、脊髄、腦を侵して、遂に歩行の自由を失ふもので、大變怖るべきである。

これは或る婦人科の人の話であるが、三十歳あまりの婦人が見えて、月のものが止まつてから二ケ月目くらゐになればいつも流産してしまふが、今度も妊娠したらしいけれど、不安心だから診察してくれとのことで、よく訊くと二番目の子が生れたとき、手足に水ぶくれのやうな腫物ができ、生後一週間で死んで、後はみな流産したのださうである。そこで御主人が黴毒を患つたことはありませんかと訊ねたが、眉をひそめて、どのお醫者様もそんなことを聞かれるが、決して夫はそんな病氣をしたことはないと言ふのです。そこで血液の檢査をしてみると、やはり黴毒があるので注意すると、夫が來られて結婚前に黴毒にかゝつたので、内密で治療したと告白したが、根治してゐなかつたのである。早速夫妻に特效藥の注射を續けて、その後は立派に分娩したさうである。

かういふ病氣は公然と言ひ得ないために、根治し得ない場合がある。健康さうに見えて花柳病に罹つてゐる人が少くないから、全く怖るべきである。

若し花柳病患者が結婚したとき、配偶者が健康な肉體であれば、それに強く感染して、本人は二重に感染して、一層病勢が激しくなるから、特に注意せねばならぬ。

◇淋疾だと後産が恐ろしい

淋疾の方は、生れ出た子供に、全身的な悪い影響は極めて稀なものであるが、妊娠した婦人その人に、淋疾があると、膀胱加答兒や腎盂炎を起して苦しむこともあり、最も烈しく起るのは産後である。子宮の内面が傷ついて菌がそこに繁殖して、子宮内膜炎を起したり、喇叭管を侵したり、腹膜炎を起したりして、怖ろしい結果を生むことがある。

また往々胎兒が母體を離れるとき、不注意のために病菌が眼に入つて、盲目にしてしまふことがある。軟性下疳は、全然子供に影響を及ぼさない。

花柳病患者は根治した後でないと結婚を避くべきである。でないと却つて自己の病氣を結婚生活によつて劇しくすることになる。特に婦人に感染した場合は、病菌が潜伏してなかなか根治し難いものであるから、どうしても結婚前に根治しておく必要がある。花柳病の多くは夫の結婚前の不品行がもとで、妻に感染したものが

141　「斯くの如き処女は結婚するな」 石崎仲三郎、古宇田傚太郎、森田正馬 『主婦之友』大正14年9月1日

多いやうである。なかには反對に再婚の妻から夫が感染したものも少くないが、これは結婚のときお互の貞操心に俟つより仕方がなく、或は醫師の證明書をとるのもいゝ方法かも知れぬ。ともかく初期の内なら治療もし易いが、十年もたつと根治は非常にむづかしい。

黴毒は淋疾より根治し易いもので、初期であれば一ケ月、大概は二三ケ月ですつかり療治できる。淋疾も二三ケ月で根治に近くなるのであるから、花柳病患者が結婚しようとする場合は三ケ月なり半年なり延期して、その間に全治をはかるべきであると思ふ。

精神病は果して遺傳するか

◆先祖に精神病者があつたとて結婚を避ける必要はない◆

醫學博士　森田正馬

◆精神病は遺傳しない

早發痴呆の血統を抱へて苦しむ色白の美しい娘があつた。眞宗に凝つたK文學士はその一人娘に大變同情して、是非助けてやりたいと思つた。眞宗の教義からいつても、それで自己も救はれるものだと信じて、たうとう娘と結婚してしまつた。二人は睦じく一年は瞬く内に過したが、細君の仕ぐさが變になつたのに彼は氣附いた。しかし性質が少しひねくれて來たくらゐに思つて餘り氣にも留めないでゐた。そして一層妻を憐れんで愛してやれば、やはり自分も救はれるのだと寛大な心ですべてを許して來た。さうしてゐるうちに細君は氣がふれて自殺してしまつたし、遺した三人の子供もみな精神病院に送らねばならぬやうになつた。K文學士が知らない間に細君は、母親と同じ精神病に侵されたものであるが、かうした悲慘な實例を見て、よく世間の人から精神病患者は遺傳から來たものゝやうに訊ねられることがある。しかし精神病は先祖に精神病があらうがあるまいが、關係はないのである。世間の人達は非常に思ひ違ひしてゐるのである。精神病の遺傳の關係がどうであるか正しく調べることはむづかしいことである。精神病患者の一族を精密に調査すると共に、一方健康者をも調べてみなければならぬ。從來は精神病患者のみ調べてゐたので、遺傳とみられる場合が多かつたのであるが、最近では兩方を調べるやうになつた結果、それがいくらも大差ないことが判つたのである。そして精神病患者の子は必ずしも精神病に罹るとはいへないやうになつた。

ではこゝに一人の精神病者があつて、結婚してできた子供はどうなるかといふことを調査してみるとかうである。惡性の精神病に罹つてゐる場合、また精神病でなくとも、結核などで身體が大變虚弱になつてゐる場合には、その人にできる子供には可なり惡い影響を與へる。その子供は精神病にもなるし、他の惡い病氣にもなる素質を持つて生れることになつてゐる。

また一婦人が自己の體質に釣り合はぬほど澤山の子供を産んだ場合には、きつとそのなかに精神病乃至結核質の子供ができることが多い。つまり度々の妊娠のために母體が衰弱して、癲癇、低能兒、腦病に罹り易い子供ができるのである。廣く言つてしまへば、普通の病氣に罹るのも、精神病に罹るのも、同じく身體の衰弱から來るので、環境の如何によつてそれがどうなるか

は判らないのである。

㈣精神病患者の結婚は避けよ

然し遺傳の關係が重なつてゆく場合を考へねばならぬ。それが惡くなつてゆく場合を模型的にいへば、放蕩者、大酒家が身體の衰弱する肺尖加答兒などになると、それにできた子供は身心ともに虚弱である。さういふ子供によく精神病や癲癇ができるのである。その子がまた惡い素質の配偶者との間に生んだ子供は白痴が多い。癲癇病者には多くの場合癲癇の子供ができるやうである。そして遂にそれらの子供は生殖能力を失つて、後が絶えることになつてゐる。

反對に放蕩者と健康な婦人が結婚すれば、大部分健全なる子供ができる。續いてその子供が立派な配偶者を得れば、一層健全な子供ができるのである。從つてよく世間にいはれてゐるやうに、あの家には精神病者があつたから、あの血統の人達には惡い血が流れてゐる、だから結婚が見合さねばならぬといふのは間違つたことである、然し最初にあげた早發痴呆症のやうな、重い精神病患者にできた子供と結婚することは、かなり危險であらう。その子には多く先天的に惡い素質を享けてゐるものである。けれども配偶者さへ健全な人であれば、一人くらゐは完全な子供ができるものである。要するに精神病患者の子と結婚することは、避けた方が間違ひないといふことになるのである。

よく世間の人がいふことであるが、どうも近頃少し娘の樣子が變だが、年頃のことだから結婚でもすれば癒るだらうとか、もう精神病も癒つたやうだからと考へてゐるが、多くの場合結婚によつて、いゝ結果は得られたことはないのである。たとひ本人同志は無事に濟んだとしても、子供に惡い影響を殘し、一家一族に惡質を傳へて悲慘な目にあふ實例は少くない。

私は精神科の學者の立場からいへば、精神病や、精神異常の場合には、國家社會のためにも、結婚は避けて欲しいものである。

婦人煩悶の解決號

▲『主婦之友』の十月號は例の如く秋季特別號であります。内容は特に婦人煩悶の解決に關する、特別記事を發表いたします。

▲今の日本婦人に、大小に拘らず、一人でも煩悶なき人がございませうか。この心の重荷を何時まで負はねばならぬか。その重荷を肩から卸して、樂しい幸福な生涯に入らしむるものは、實に『主婦之友』十月號の特別記事であります。

▲『主婦之友』こそ、婦人のための味方、心の友であります。『主婦之友』を讀まれる人は、煩悶から解放されます。そして光に滿つる幸福が惠まれます。

▲編輯局一同が讀者と戰ひつゝ、皆樣の幸福のために作らんとする十月號を、ぜひ御覽ください。それこそ、今まで見ることのできなかつた、優れた内容の雜誌でございます。

▲『主婦之友』は他の雜誌が不景氣に苦しみつゝある間に、獨り新しい讀者を加へつゝあります。そして七月號も八月號も、直ちに賣切れとなりました。十月號は、どうぞ直ぐ御覽ください。定價は金六拾錢、送料金三錢であります。御近所の雜誌店か、東京市小石川區關口町百四番地の主婦之友社(振替三三七八六番)へお申込みおきください。(記者)

女子運動界の「第一線に活躍の人々」

◇有名選手の年齡、體格、趣味、嗜好、家庭調べ◇

本誌記者

選手權や、日本女子記錄を持つてゐられるやうな、現在日本女子運動界の第一線に立つて活躍してゐられる選手の皆樣に、左記のやうなことを伺つてみました。皆樣の戰績に就きましては、立派な記錄を持つてゐながら、皆樣が遠慮してゐらつしやいますので、記者が代つて御紹介することにいたしました。第二項以下は、選手の皆樣が自から書いてくだすつたものであります。（一記者）

藤本八重子さん

一、極東の選手權…昨年の春と今年の春の二回、大阪に開かれました全日本女子オリムピック大會に、シングルに優勝して選手權を得てゐますし、次いで今年六月マニラに開かれました極東オリムピック大會にも、戸田さんと二人で日本女子庭球を代表して出場し、比支兩國選手を破つて、シングル、ダブルとも極東の霸權を握つて歸られました日本女子庭球界の花形であります。快活なニコ／＼した方でゐらつしやいます。

◇テニスの藤本八重子さん◇

二、學校と年齡…奈良天理高女五年生、十八歳。

三、身長…四尺九寸九分。

體重…十二貫八百匁。

胸圍…二尺六寸五分。

四、好きな學科…英語、音樂、體操、物理。

五、趣味…琴、マンドリン。

嗜好…イチゴ、パイナップル、ヌガ、カステラ。

六、テニスを始めた時…一年生の三學期頃からで硬球に移つたのが四年生の四月からです。

七、私の練習法…大抵一日に一時間半か二時間くらゐやります。

八、私の家庭…兩親に弟一人妹四人、兩親は勿論、皆が運動を理解してくれて極力私のテニスを勸めてくださいます。そして運動の道具ならなんでも買つてくれます。ですから時々は運動靴代がお八ツの代に變つてしまふこともございます。

寺尾正子さん

一、正子さんの記錄…昨秋帝大トラックで開かれた第二回日本女子選手權競技大會に、妹の文子さんと共に彗星の如くに出現し、五十米を見事七秒にて走り、見物を驚かせたのでした。今春の明治神宮競技場で開かれた年齡別の競技大會にも、同じ記錄を出してゐます。この七秒の記錄は、昨年度の五十米の日本女子記錄である愛知淑德の高村さんと、同記錄で、兩選手今年度の對戰はさぞ興深いことゝ思はれます。無邪氣な

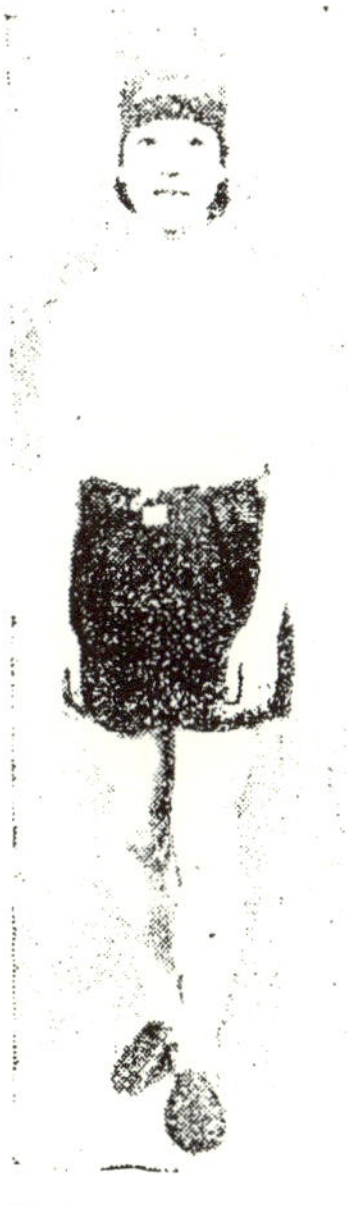

◇ランニングの寺尾正子さん◇

少女選手であります。

二、學校と年齡…東京府立第一高女二年生、十五歳。

三、身長…四尺八寸五分。
體重…十一貫。
胸圍…二尺五寸。

四、好きな學科…幾何、英語。

五、趣味…人形、琴、童話、長唄。
嗜好…洋食、果物。

六、競走を始めた時…雙葉小學校の頃からよく走りますので、お友達は私のことをオートバイと申すほどでした。

七、私の練習法…早大の縄田さんや行田さんの指導のもとに、妹と一緒に一週三回一時間くらゐいたしてをります。

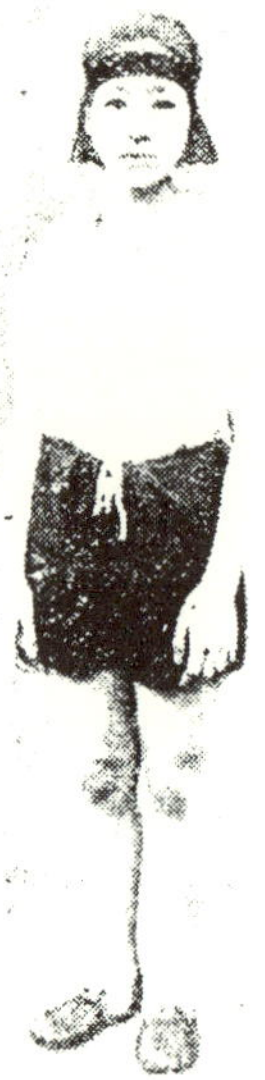

◇ランニングの寺尾文子さん◇

八、私の家庭…兩親に兄二人姉一人妹一人の皆運動好きの家庭です。一番上の兄は高商在學中ボートの選手でしたし、次の兄は帝大在學中長距離の選手です。運動好きな私の家は、それは賑やかでございます。

寺尾文子さん

一、文子さんの記録…文子さんは正子さんの妹さんです。しかし全く見分けがつかないくらゐに二人は同じタイプをしてゐます。この少女がと思はれるやうな色白の可憐な少女選手です。文子さんの記録は昨年が十四秒、今春の年齡別競技大會には十三秒五分の二といふ新記録を出しました。

二、好きな學科…國語、英語。

三、趣味…琴、長唄、童話、童謠。
嗜好…チョコレート、林檎。

四、體重…十貫八百匁。
あとは姉(正子さん)と同じです

梶本品子さん

一、日本記録保持者…昨春の日本女子オリムピック大會で五五米五八といふ新記録を出して、見事野球用ボール投の日本記録を得たのであります。梶本さんは、自分の記録は勿論更に世界記録(米のチヤーチルの六七米一三二)と相對しようといふ意氣込で、猛練習をされてゐます。テニス、ヴァレイ、野球と何でもやられます。

二、學校と年齡…姫路高女三年生、十七歳。

三、身長…四尺九寸三分。
體重…十二貫八百五十匁。
胸圍…二尺四寸七分。

四、好きな學科…數學、國語、英語。

◇ボール投げの梶本品子さん◇

五、趣味…やつぱり運動です。
嗜好…野菜肉類が好物です。

六、運動を始めた時…小學校時代からで女學校一年のときテニス選手として縣下大會に出ました。

七、私の練習法…毎日放課後一時間くらゐ肩の練習をし、毎日のレコードを誌し、それによつて勇氣をつけ、練習してをります。

八、私の家庭…父は運動好きで殊に野球が大好きです。母も少しは運動といふものを理解してまゐりましたが、やはり色の黑くなるのを心配してをります。

黑井悌子さん

一、シングルの選手權…昨十三年度の全日本女子庭球大會に優勝してシングルの選手權を持つてをられる女子庭球界の第一人者であります。黑井海軍大將の令孃で、いつもニコ〱したそのプレイ振りは、氣持ちよいものです。

二、學校と年齡…今年女子學習院高等科卒業、二十歲。

三、身長…五尺一寸三分。
體重…十三貫八百匁。
胸圍…二尺五寸五分。

四、趣味、嗜好…別に申上ぐるほどのこともございません。

五、テニスを始めた時…女學校の一年頃から。初めて會に出たのは第二回の關東女學生庭球大會で、すぐ負けてしまひました。

六、私の練習法…伊集院さんと同じやうに一週二回くらゐ、二時間くらゐいたします。

七、私の家庭…兄妹四人、父もテニスが好きになりました。

◇テニスの黑井悌子さん◇

中井榮さん

一、走高跳の日本記錄…昨年春の日本女子オリムピック大會で、一米三五を跳んで日本女子記錄となりました。如何にもジャムパーらしい引き締つたスラリとした體格の、溫和しい方です。

二、學校と年齡…香川明善高女卒業、只今二階堂體操女塾在學、十九歲。

三、身長…五尺五分。
體重…十二貫。
胸圍…二尺四寸。

四、好きな學科…國語、作文。

五、趣味…聲樂、文學もの。
嗜好…果物、お汁粉、カステラ

六、競技を始めた時…小學校三年頃から水泳をやり、女學校三年から競技を始め、高跳ではいつも一等でした。

七、私の練習法…競技會の前に一週間くらゐ熱心にするだけです。常にはたゞ身體をつくるといふ方針でございます。

八、私の家庭…姉二人弟一人。

◇走高跳の中井榮さん◇

人見絹代さん

一、ホップの世界記錄…人見さんは昨年の明治神宮競技會でホップ・ステップ・ジャムプの世界記錄（十米三八）を作つた方です。幼稚な我が女子運動界から、かくも世界的の人見さんを出したことを非常に嬉しく思ひます。目下の練習では、槍投にも、立高跳にも、世界記錄を破つてゐます。

二、學校と年齡…岡山高女、二階堂體操女塾卒業、只今は京都市立第一高女に在職、十九歲。

三、身長…五尺六寸。
體重…十五貫二百匁。
胸圍…二尺六寸。

四、趣味…歌、文學。
嗜好…果物。

五、運動を始めた時…女學校時代四年間テニスの選手でしたが、競技の方は四年の二學期から巾跳に日本記錄を作つてからです。

六、私の練習法…毎日四十分づつ缺かさずいたします。

七、私の家庭…

姉と二人の姉妹で、その姉は近く赤ちゃんができますので、それはそれは樂しんでゐます。そのためこの夏休みに東京高師にある樂しみにしてゐた講習にも出られませんが、そんなことより姉の身を喜んでゐます。

永井花子さん

一、五十、百の日本記錄…永井さんは、我が女子水泳界の第一人者で、五十米（三五秒八）、百米（一分二五秒四）の記錄保持者であります。クロールの泳法などは、實に見事なものであります。

二、學校と年齡…昨年京都府立第二高女卒業、同校專攻科二年在學、十九歲。

◇世界記錄を持つ人見絹代さん◇

三、身長…五尺一寸二分。
體重…十四貫二百匁。
胸圍…二尺六寸五分。

四、好きな學科…國語、心理、理科。

五、趣味…御茶儀。
嗜好…果物、洋食。

六、水泳を始めた時…尋常五年の夏から、ずつとやつてゐます。

七、私の練習法…平時は輕く、競技會の一週間ほど前より規則的にいたします。

八、私の家庭…母は私の水泳に大變贊成してくださいますし、また他の競技にも出場するやうにと申してくれます。練習等に於ては實に寛大でございます。

高村繁子さん

一、二つの日本記錄…高村さんは五十米（七秒）と走巾跳（五米五）の日本記錄を持ち、なほ百米（十三秒四）の明治神宮記錄もあり、テニス、水泳、野球と全くの運動家であります。いつもニコニコした快活な方です。

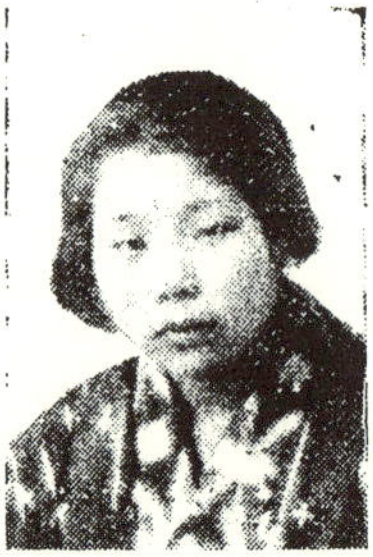
◇水泳の永井花子さん◇

二、學校と年齡…愛知淑德高女四年生、十六歲。

三、身長…四尺九寸六分。
體重…十一貫八百三十匁。
胸圍…二尺三寸。

四、好きな學科…圖畫、國語。

◇陸上競技の高村繁子さん◇

五、趣味…音樂。
嗜好…チョコレート。

六、運動を始めた時…小學校の四年のときより始めました。

七、私の練習法…日曜のほかは毎日練習します。初めは三、四百米をゆつくり走り、スタートを五六回五十米より百五十米までを一二回、最後に二三百米をゆつくり走つて一日の練習を終ります。レコードは一週に二度くらゐとります。

八、私の家庭…家は商家でございますが、家中は、みな私の運動に贊成してゐてくださいます。私は兄妹七人中の、三人目でございます。

法律上男子の姦通を罰すべきか？
法律上婦人の姦通を許すべきか？

婦人の姦通が今日法律上で罪に問はれる以上、男子の姦通（妻以外の女と關係した場合）も罪に問はれるべきであり、男子の姦通が許されるものならば婦人の姦通も罰せらるべきでない――といふ論據は、婦人問題發達の上において當然な過程を占めてゐるもので、論議としては最早餘地の無いほど正當な根據の上に立つものである。されば昨年の議會にも或一部の婦人から請願の形式で議會に提出せられ、本年の議會にも恐らく提出せられるであらうと思ふのであるが、實際問題として、即ち法律をいかに改定するかの問題には何いろ／＼の異見があることと思はれる。

そこで、本誌は、議會開會に先立つて、社會一般の輿論が此問題について、どの方向を指してゐるかを知りたいと思つて、有識者諸氏にお願ひして

（一）　法律上男子の姦通を處罰すべきか？

（二）　法律上婦人の姦通を默認すべきか？

又は（一）（二）の何れをも採らずとすれば、他に何等かの良案を示されたい

との意を以てして、左のお答へを得た譯である。大體の意嚮は左の各篇によつて知ることを得ると思ふ。

序ながら、御多用中御教示下された方々に對しては厚く御禮を申上げます。（編者）

○　石川三四郎

私は法律を以て人間を威嚇し強制する社會を嫌ひます。人間が法律の威嚇と強制とによつて治められやうとするのは、自分達を諸動物よりも卑しむのです。況んや愛情といふ人間の最眞實性の發現である問題を法律で規定するなどは、實に人類が自ら侮辱すること甚だしいものです。戀愛に於ては、他の一切の事と同樣に、男も女も平等にして自由であることを私は希望します。從つて男と女は共に連帶して一切の責任を負はねばなりません。さ

うすれば姦通なぞの惡文字は無くなります。

○ 石坂養平

從來我國の法律が男子の姦通を默認して來たのは家族制度尊重即ち血統尊重といふ事に基因すると説明する者が多いが、これは一應尤もらしく思へるだけで、その實は俗論である。長い間の慣習である男子專制が男子の姦通默認となつたのであることは事理明白、爭ふの餘地はない。だから今日では男子の姦通をも罰する法律を制定して、先づ第一に、手近な、そして害惡の最も多い蓄妾の弊風を破らなければならぬと思ふ。私は姦通を罪惡と信じ、これを默認し得ない者であるから(一)をとり、(二)をとらないのだ。

○ 尾崎行雄

男女一律なれば何れにても好かるべし。

○ 高畠素之

男のすることは女がしてもいいと云ふやうな傾向も厭ですが、されぱと云つて自分でやりながら、妻がしたら法律で抑へるといふやうな氣にはなれさうもない。要するに、こんな事は女の方から要求すべきではなく、男の方から自分勝手と弱い者いぢめを好まないといふ程の意味で一切の姦通法は廢止するを可とするやうにも考へるが、女の方で目障りにユスリがましい態度を採つて肩を張り出すやうになれば、自然、放つて置けといふ氣にもなるだらう。

○ 向軍治

姦通は道德上の惡事と古來定まつて居ます。今日では其點も怪しくなりました。場合によると惡事、場合によると惡事でないと云ふ樣な事になりました。法律上之を罰すべきか否か(昔の遣方は別として)今日では問題であると考へます。姦通が法律上罪になるものなら罰に男女によつて區別を立てるのは間違ひです。現在の法律は男尊女卑の時代の遺物です。併し現在の法律でも默認して居るのではありますまい。唯規定漏れになつて居る丈けだと考へます。程度の低い法律とは謂へますまい。不完全な法律とは謂へます。一寸電車へ乘れば泥坊扱にせられ、租税を拂う道具にせられてゴロツキ政事屋に弄ばれ、子供を肉體上精神上生れつかない不具者にして貰うために似而非の教育を強ひられ、一寸雨が降り風が吹けばやれ洪水そら停電と大騷ぎを平氣で遣つて居る國民に權利だの法律だのと云ふのが已に滑稽です。少し考へて見たら如何ですか。

○ 理學博士 丘淺次郎

私は(一)の方を可とします。私の考へでは斯樣なことは法律とは關係なく、男女とも惡いことをした者は世間から排斥して附合ひをせぬ樣にしたらそれで宜しからうと思ひます。後になつて悔改めたことが確に知れたら免してまた從前の通りに附合ふことは差支ありません。

○ 文學博士 谷本富

エライ突飛の樣ですが、凡そ姦通は法律上はこれを犯罪と看るべき理由乏しく、從つて男女共に默過すべき筈だと、敢て提唱したい。蓋し從來は古風の儘に、男女尊卑の別を立て、妻は宛も夫の所有物の如くに視てゐたから、一種の竊盜罪の樣に取扱つたのだらうと想はれるが(タブー論は暫く別として)今日は同權で、雙方一樣に處罰するのをば、進ん歩した意見の樣に考へてゐるのは、實にまだ到らないので、更に一歩を進めると、男女の愛に由る情事に刑法上の干渉は不道理で、只民法上の問題とするに止まる樣に成るべきものと信じます。

○ 醫學博士 林 春雄

男女共配偶者以外に性的行爲を爲すことは良ろしからず、何等かの制裁を加ふることを可なりと信ず。法律にて罰するの可否は小生には判斷しえず、何れにしても男女同樣たるべきこと。

○ 堺 利彦

一、婦人に對してのみ、性的行爲を制限する不平等の法律は廢止すべきである。但し「姦通默認」といふ、をかしな言葉など使ふべきでない。

一、右の實現を促進する爲、男子の姦通を罰するといふ主張をするのも、場合に依つては一方便だと思ふが、然し實際上、そんな事を主張し得る婦人が幾らあり得るだらうか。

○ 藤森 成吉

法律が婦人の姦通を罰するなら、男子の姦通も當然罰せられなければなりません。

が、私の氣もちとしては、そんな刑罰は兩方共に馬鹿げてゐます。勿論、默認すべきものではありません。が、そんな問題は、法律から除外さるべきものです。

○ 猪俣津南雄

妻の愛が他人に移つて性關係にまで進んだといふ場合、自身の問題を解決する爲めに國家の權力をかりる――法律に訴へる――必要を見出すやうな夫が、新時代人の中にも未だ相應に多いのでせうか？ 減りつゝあるでせうか？ 増しつゝあるでせうか？ 妻を一種の所有物と見る思想を前提とせずして、姦通なる概念は成立つものでせうか？ 私共の子孫が、姦通といふ文字のない「六法全書」を有つことだけは確かだと思ひます。當面の一改革としても、女性の地位を高めもせずに却つて男性の地位の方を引下げるやうなヘマはし度くないものです。がこのやうな問題の論議がハガキ一枚で出來ると考へるなら、それが一番危險でせう。

○ 法學博士 林 毅陸

姦通に關し法律上の原則として男女の間に區別を設くべきものに非ずと存候。

○ 倉橋 惣三

貞操といふ樣な最も人間的なことが、法律を待つて處理せらるゝことは、遺憾といへば遺憾ですが、それが已むを得ない事實である限り、男子の姦通も婦人の場合と同樣罰すべきです。

○ 醫學博士 高野 六郎

（一）を正しいと信じます。

○ 若宮卯之助

今日の制度には沿革上の理由があらうかと存じますが、制度が此の儘で置けないとなると、勿論、男子の方にも處罰すべき規定の設けが必要と認めます。――若し女の方で婦人の姦通も男子と同樣に、法律上の默認を要すると主張する人がありましたなら、小生は何よりも其人の顏をつくづく眺めて見たいと思ひます。

○生田長江

私は貞操といふことをちつとも輕視するのではないが、ああいふ道徳的行爲を法律で強制するのは、少くとも今日に於てあまり策の得たるものであるまいと考へる。但し——さなきだに、間違つた婦人解放的思想が日本婦人を野獸化させつつある今日、婦人の姦通に關する刑法を改正することなぞ、別に大騒ぎをするほどの急務でも何でもないと思ふ。

○柳原燁子

(一)(二)どちらでもよろし、つまり男女同じかるべきとだ思ひます。婦人を罰するなら男子をも罰すべく、默認するならばどちらも默認すべきだと思ひます。

○中桐確太郎

精神生活の發達、現今の如き程度に於ては通常の意義にての(即ち肉體上に限りての)姦通は、法律上、男女同樣に取扱ふべきものと存候。匆々

○土田杏村

姦通が法律で罰せられる理由を私は知ることが出來ない。一體戀愛の世界は私達の生活の中の最もインチメエトの部分であるから、法律によつて支配せらるべきものでは無い。有夫の婦人が夫以外の男性に戀愛を感じたとすれば、法律の制裁などを離れて、自由に離婚するがよい。馬鹿らしい法律があるから、却つて生活の虚僞をつくるのだ。妻が姦通したからといつて慰藉料を求めるなどは、いかにしても理由の無いことだ。妻が自分に愛を感じないとすれば、それまでの事だ。其れは他人から賠償して貰ふべき損害では無い。

○市川源三

貞操は法律上の問題では無くて道徳上の問題だと思ふ。從つて「男子の姦通をも婦人と同樣に罰すべき」であるが、その罰は道徳上の制裁に止めたい、從つてこれを法律上より除きたい。それを法律上婦人の姦通を男子と同樣に默認すると云うては言葉が穩かで無いと思ふから、出題を改めてほしい。

○山田わか

法律上男子の姦通は婦人と同樣に罰する可きが正しいのです。

○厨川蝶子

(一)「法律上男子の姦通をも婦人と同樣に罰する」を可とします。姦通等と云ふいまはしい事實が離婚の自由に依つて無くなれば、誠に結構ですが、又私は左樣な家庭内の夫婦間の精神生活に關係した問題に迄立入つて、法律でかたをつけるのは考へものだと思ひますが、「婦人の姦通を罰する」法律が事情の如何に拘らず行使さるゝならば、男子も同樣であり度いと思ひます。

○新居格

(一)も(二)も男子と女子とを同樣にすると云ふ點に於いて、從來の男性偏重の考へ方を打破するものとしてどちらでも賛成です。が二者何れがいゝかと云へば出來ることならば罰をのぞまない。

性道徳は道徳律の範圍の問題であつて欲しい。その點に於いて(二)は(一)よりもよりすぐれたことと思ひます。

性道徳に限らず、すべて人間の行爲は自動自律にして誤りなきを理想とする。今の世の

かなしみはあまりに新しい意味の道德性に無理解な點ではないでせうか。自由なれども不自然でない道德、その道德の發達をのぞむ點から云つても自分は後者を選擇したいと思ひます。

○　原田實

(一)を可とす。

但し同時に離婚に關する法規を修正して更に合理化するを要する。

○　芝老人

(一)(二)も不同意です。其理由は天稟女は一度男子に接すれば、懷妊せざるまでも必ず其男子の精を受けて他日に影響を及ぼす。男子は全然否とす。

故にどうしても男子と同樣に律さるる事は出來ない。

○　青野季吉

男女の性的關係を法律で左右しようといふのは間違つてゐます。だから今日まで完全に左右し得たことはありません。今日婦人の姦通を罰して男子のそれを默認してゐるのは、不合理も甚しいものです。だから婦人の姦通を罰する法律の撤廢を迫るのは尤至極です。

だがこゝに考へておかなければならぬのは法律上における男女の性的利權が平等になつたとしても、實際上平等になるものとは限りません。それを實際上の平等にするには、差詰め婦人が經濟的獨立を確立して行くことです。さうして生活上において男子と對立して行くことです。

○　相馬泰三

道德上の問題が法律の力をかりないでは捌きがとれないなんて、考へるだけでも不愉快なことです。しかし、それはそれとして、お提案は(一)と(二)と、二つながら賛成します。つまり、法律上男子の姦通をも婦人と同樣に罰し、同時にまた、法律上婦人の姦通を男子と同樣に默認するのである。

○　三宅やす子

男女の性道德は理論上、平等であるべきであります。差別を附せられる事には、絶對に不贊成です。罰するとも默認するとも要點は男とか女とか、分けてきめない事であります。(男子の姦通を平氣で許し得る婦人は、自ら娼婦であることを默認するものだとおもひます。婦人の姦通を罰し得る男子は顧みて自身に恥なきものに限ります。)

○　前田河廣一郎

(一)、い、法律上といふ命題の一部に依つて解釋が分れると思ひます。現行法に準じてといふ意味では勿論あるまいが、新法律制立を行ふとしても、墮胎罪其他と牴觸する個所もあらう。婦人が性的行爲を營む以上當然姙娠は附隨現象と見做さねばならず、分娩に依る生兒の保育を同じ法律を是認する社會がどの程度迄保證するか、今日の私有財產制度下に於てその育兒の人格上に迄搾取を及ぼさずして成就せられざる以上、乃ち徹底的に現行法を改刪せずむば不可能と思はれる。(二)も同樣。

○　宮田修

法律に問ふ以上はひとり婦人のみを罰する理由はない。男女は同樣に取扱はるべきである。但し斯うしたデリケートな人事の問題は机上の論議に陷り易い法律的制裁に訴ふるよりも、寧ろ道徳的制裁に俟つべきものと信ずる。

○　高島　米峰

法律上男子の姦通をも婦人と同樣に罰すべきものなること小生年來の主張に候。速にその實現を見むこと切望に堪へず候。草々

○　室伏　高信

二の方をとります。戀愛自由の原則は強姦以外に犯罪あるを知らず。人々良心に訴へてなすところ何ごとも惡事なし。唯の阿と相去る幾何ぞ。

○　村山　知義

現在の社會制度では、法律上男子の姦通を婦人と同樣に罰することは不可能だと思ひます。それ故不平等な制定よりは、むしろ法律上婦人の姦通をも男子と同樣に默認した方がいいと思ひます。ただし離婚法に於て、男子女子共に姦通は離婚の理由になり得ることとして。

○　馬場　恒吾

夫が女を拵へた場合、妻が姦通した場合共に之を刑法上の罪として、取扱ふ必要はない。裁判所として關係する範圍は只離婚と經濟上の問題に限りたい。夫が女を拵へた場合は、妻は離縁を請求した上に扶助料を請求する事を得、妻が姦通した場合には、夫は無條件に妻を離縁しうる丈けの事にしたい。女子が經濟的に獨立し得ざる日本の現狀では、これ丈け女子を優遇して置く事が適當でせう。

○　江口　渙

法律上、夫は妻の姦通を罰し得るにもかかはらず妻にはその權利が與へられてゐないのは、非常に間違つてゐるかのやうに、一部の新しがり屋は叫んでゐる。然し私に云はせれば夫にも妻にも姦通を罰し得る權利などは與へない方が好い。そんな法律があつたところで、姦通する奴はするんだ。無くてもしない者は斷じてしない。男女の貞操に關する問題を法律で制裁しようなどと云ふ考は實に野蠻至極な考である。私は妻に夫の姦通を罰し得る權利を與へる事よりも、夫から妻の姦通を罰し得る既得權を奪還する事の方が、社會風敎上遙かに急務だと信じてゐる。

○　神近　市子

私は後者をとります。

○　片山　哲

法律上婦人の姦通を男子と同樣に默認する事を可と考へる。何んとなれば、これは全然民事又は人事上の問題であるから、その解決を民法の問題に讓り、刑事上の所罰を加ふる必要が無いと信ずる。今でも親告罪であるが、更に之を進めて、全部民事關係とし、離婚又は損害賠償（慰藉料）の問題として取扱ひ、男女の性的問題を公平對立ならしめるべきである　刑事的處罰の要なきことを主張する。

○　山川　菊榮

（一）否　（二）贊成

かやうな問題は幾ら法律で取締まつても、仕方のない事です。有配偶者の無責任な戀愛關係が其妻なり夫なりに及ぼす迷惑は迷惑に違ひのない事ですから、男女互に反省や自制によつてその迷惑を防げるだけ防ぎたいものです。要するに是は道德上の問題で、法律上の問題とすべき事ではあるまいと思ひます。

社交と藝者

藝者の存在を必要とするは「日本婦人の恥辱」

早稲田大學敎授　安部磯雄

◎

世界中至る所凡そ賣笑婦の存在しない國とてはないが、しかも日本の「藝妓」に匹敵するものは私の見るところでは、恐らく何處にもないやうに思はれる。尤も朝鮮には古來之に類したものがあるやうだし、また支那の事は明確に知らないが、兎に角東洋には藝妓と言つた種類のものがなくはないけれども、西洋には確かにない。唯、今から二千何百年と云ふ昔、希臘が榮えて居た當時には殆ど現在の我邦の藝妓に似たものがあつて、盛に社交的に活躍し、當時の哲學者や政治家が公然此の種の婦人と交際して居つた。

所が基督敎が羅馬帝國に入つて、歐羅巴全土に勢力を占むるに至つて男女間の風儀は全く革まり、裏面に於ては今日なほ醜業婦は絕えないが、尠くとも社會の表面には藝妓が姿をかくしてしまつた。しかるに日本の狀態を見ると、どんな上流貴紳も、國事に奔走する政治家も、軍人も、更らに敎育事業に携る者までが、宴會の席上に藝妓を招いて恬として恥ぢず、人も敢へて之を咎めない。しかも今日の藝妓は一面に於て旣に立派な醜業婦である事は疑ふ餘地ない事實であつて、此點では娼妓と全然擇ぶ所がない。もし強いて其間に區別をもとめるとするなら、其對手たるべき、男性の社會上の位置の高下あるのみである。

私共が冷靜に考ふるなら、かゝる醜業婦が今日我邦の社會の全般に渉つて勢力を振つて居るといふ事は何たる慨嘆すべき不しだらな事であらう。これのみを以つて觀ても日本の男女關係が如何に亂雜放縱なものであるかが想像し得られる。また青年子女の敎育の上から考へても、親達自身が藝妓を招き、此等の賤しい婦人と戯れながら、何うして子供等にのみ眞面目な貞潔なる生活を要求することが出來るであらう。之は社會上、敎育上由々しき問題ではないか。

そこで私共の考ふべきは、此の世界に類例のない「藝妓」が何故今日でも我邦にのみ存在して居るか。何故藝妓が日本の社交界に跋扈して居るかといふことである。私は其處に何人と雖も爭ふべからざる有力な原因があると信ずる。それは一言にしていふなら、我邦政府が「公娼制度」を認めて居ると云ふ事實である。我々は隨分久しく公娼制度廢止の爲めに努力して居るが、その理由の第一は、公娼制度は國家が之を認めて居る故に、それだけ國民の風紀の上に及ぼす影響は甚大だといふ事にある。

凡て我々の文明生活には、惡の中にもまことに止むを得ないものがある。所が文明人は其際出來得る限り社會の表面からこれを遠ざけ、暗黑に押込めて其の及ぼす所の害惡を最少ならしめんと欲するのである。例へば下水だとか塵埃や汚物、或は天刑病患者などに對する處置を見てもわかる。即ち醜業婦の如きは實際人類の社會から到底取除くことの出來ない悲しむべき一事實であるが、文明人ならば殊更之を明るみに出す事はせず、暗らい目に立たぬ所に押しこめやうとする筈である。第二には婦女賣買の如き人道上の問題として、また第三には國民の衛生保健の問題として、極力反對するものである。

まことに公然醜を白日下に堂々と曝らけ出して、而も國家自ら之を平氣で認めて居るに至つては唯驚くの外はない。下水は道の兩側に放流し、惡臭紛々たる汚物、塵埃を路上に遺棄することは勿論文明生活者の能く許るし得る所ではない。公娼制度は正しくこれである。如斯き國民なればこそ、藝妓の如き事實上の醜業婦が社交上に公然跋扈跳梁する事をも、少しも恥とせず異としないのである。私は公娼制度が廢止されゝば當然其次には藝妓も今日の狀態を維持する事は困難となるであらうと考へて居る。藝妓が社交上に勢力をもつ別の原因として、我が國民性が刺戟の強いものを欲する點からも考へ得ると思ふ。一般に文化程度の低い未開人程、色彩でも強烈な、例へば眞紅の如き色を好むものだが、同じ傾向が我が國民性にも多分にあるのではないか。早い話が、社交と言つても、靜かに音樂を聽くとか、文學美術の話をしてしんみり一宵を樂むとか云ふ落付いた事では滿足出來ず、酒を飲み、放歌高吟し、果ては立つて裸踊りの醜態でも演じなければ承知しない。

また宗教にしても世間受けのする通俗な宗教は極つて莫迦々々しく騷々しく太鼓や鳴物入で囃し立てねば有難味が薄いやうに考へて居る。之は取も直さず國民の思想や趣味が幼稚低級である證據である。近年日本も一面、教育事業などでは可成進歩して來たが、個人個人の日常生活、殊に社交などの點に至つては全く言語同斷で、義理にも文明國の仲間入はさせられない現狀にある。

◎

然らば、何うしたなら藝者階級を撲滅する事が出來るか、と言ふ問題に入るが、

（第一）公娼制度の廢止。之は既に前に述べた。

（第二）日本婦人は社交的に訓練されねばならない。日本の婦人自らが自覺して男子に交り、社交界に出て、もつと社交と云ふ事に慣れ、藝妓の如き特殊な職業家を交際場裡から驅逐しなければならぬ。良家の夫人令孃が進んで社交界に出て活動するやうになれば自然社交界の水準も高まり、男女間の風紀も革り、男子の素行もずつと正しくなるであらうから、相互の爲めに、非常な利益である。

（第三）婦人自身の覺醒が必要である。藝妓の存在を必要とするは日本婦人にとつて此上ない恥辱である。日本上流婦人の爲すべき仕事を彼等無教育、無節操な賤業者達が奪つてやつて居るのではないか。これのみでも耐ふべからざる不名譽であるのに、近來の婦人の服裝氣風を見ると、如何にも藝者連と競爭して居るかのやうに考へられる。俗な言葉で言へば、藝者などに男を取られてはならぬから、男性を惹きつけるだけの姿態扮飾を自分達も試みねばならぬとでも意氣込んで居るかに見受けるのは敢て私一人の僻見邪推のみではあるまい。

藝者の社會から常に婦人の流行が生れ、藝者の爲めに日本の立派な婦人達が壓倒され、征服されて居ると云ふことは、明らかに、日本婦人の無自覺・無智、墮落を語るものである。日本婦人悉くが藝者氣分にならぬやう、此點からも我邦の婦人は眞に覺醒奮起して、貞操上の十字軍を起して、藝妓撲滅の爲めに戰はねばならぬ、と考へて居る。

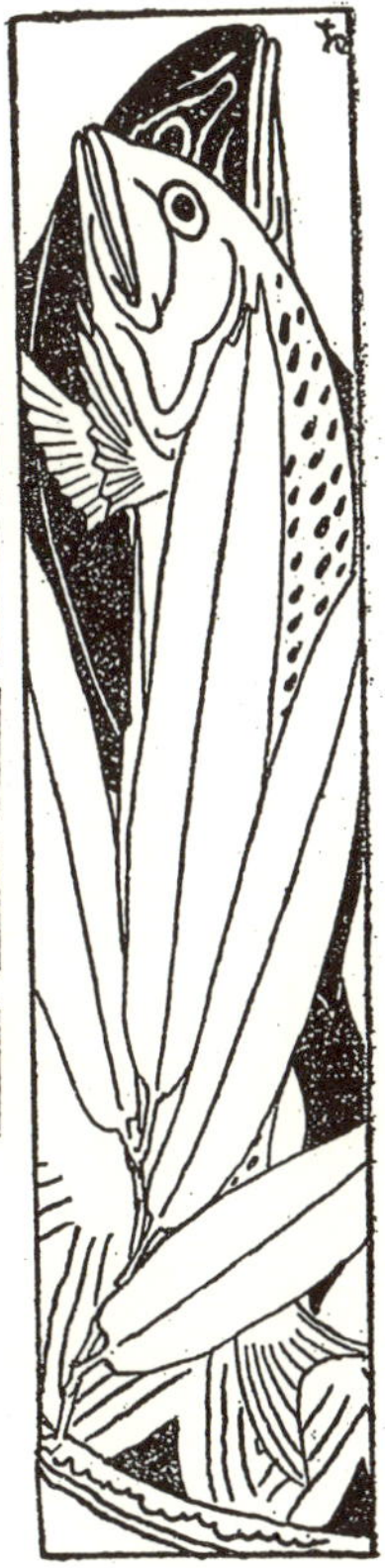

机上の藝者論

醫學博士 杉田直樹

私は人間の本性と人間社會の現實相とに立脚して藝妓についての私の理想を述べて見ませう。それは道徳的理想や審美的理想とは少しくかけ離れてゐるかも知れませんが。

例へば賣笑といふ醜い事實も、人間社會の現實相から云へば、文明に附隨する社會的必然現象と見るべきものでありまして、酒や煙草と同じく、單純な理想論で之を社會から排除し廓淸して了ふといふことは出來ますまい、それには人間の本性から建て直して、進化の出直しをして來なければなりません。卽ち之等の現象は、多くの識者や社會事業家が、いろ〳〵實効のありさうな政策や運動を熱心に努められつゝあるにも拘らず、年々文明國に於てはその統計的數字を增大しつゝある現象なのでありまして、その現象の根底は、單に理智的のものではなくて、それが人間の脆くて弱い而も底力の測り知られない感情及び意志の方面、卽ち人間的本能性に基いて自然と生じて來る現象なのでありまして、簡單に文字と說話により容易く矯めらるべき筋のものではないからであります。

淫蕩の風儀は決して喜ぶべきことではありません。しかし女性の同在によつて男性の心情が如何に自づとやはらげられ、又如何に男性の精神的活動が意義づけられ力づけられるものであるかは、議論の外のことであります。一日の勞作に疲れ又世歩の艱難に喘ぎ或は儘ならぬ運命に傷つけられた心が、異性の心からの慰藉の言葉と笑まひとによつて如何に復活的の光明を與へられてゐることでせう。男性を例にとつて云へば、その生活の惱みに對して藥となるも毒となるも、女性の力ほど強いものはありません。「家庭」が社會の活動力の最も力强い源泉となるのは誰しも認められる所でありませう。而してその家庭の力の泉は之を煎じつめれば柔しい女性と可憐な幼いものとが放射する不言の情緒に外ならないのであります。

然るに現時の青年男子達が女性を要求するのは、單に肉慾的の對象としてばかりの爲めのやうに自他共に考へて居りますのは、全く皮相的の見方に過ぎません。事實上青年男子達は、自己の心性の完全な發達を助けんが爲めに、又自己の缺陷の多い性情を補塡完成することを望むが爲めに、理想的の女性の伴侶を、精神的にも本能的にも憧憬の心を以て要求してゐるのであります。全く女性の優雅な性情に觸れることなしに成育して來た男子の品性が、丁度少しも青春時から男性と云ふものに接することなしに成育して來る老孃の品性と同じく、如何にも偏向的な缺陷の多い、人間味の乏しいその性本來の特有な情性の發達を缺いた變態性格者であることが多いかは、之を世間の多くの事實に依つて何人も肯定せられるでありませう。

又男性ばかりの會合や集團が理智的の目的で集まつた場合（講演、協議等）は格別として、一般にはその中心に於て如何に粗野な無味な、人間性の乏しいものに終始するかの事實も肯定せられる所でありませう。即ち男女の兩性が相接觸して相互にその性特有の性情を掬み交すことによつて、始めてお互の人間性が温く且力強く生ひ育ち、且社交の快味とその忘我の本來の目的が遂せられるものなのであります。

此の意味で歐米の風習ではお互に青年期の男女の自由な交際から性情教育の上に多くのよきものを得てをるのであります。即ち男子青年が女子との交際を要求するのは、決して肉性上の無趣味な欲求によるのでなく、もつと女性の本來の特質としての典雅な優美な性情に接することを欲求するのであります、從つてその女性の人を魅するやうな人格的の力、男性に精神的の或感化を與へるやうな修養及び藝術をもつてゐる點が尙ばれるのであります。娼婦がその肉性一途の目的の爲めには何等人格を修養し藝道を磨く必要もないのに反し、社交界の婦人は多くの教育と、深い人格とを要求せられ、主としてその美しい氣品が尙ばれるのはその理由が玆に在るのであります。

我國特有の藝妓なるものが、一般男子の美的生活の自由なる相手として、存在し、又役立つてゐることは、萬國に誇り得る、櫻花國の美風であると思ひます、尤も數多い中には男子側にも藝妓の品性を墮落せしめやうとし、藝妓側にも男性を誘惑して自分のくひものにしやうといふ如き不心得の者も少くないことは、世相の上に已むなきことにもせよ、誠に嘆かはしいことでありますが、しかし藝妓存在の本當の理由は、そこにあるのではないと思ひます。

彼等は未婚の男子、其の妻に生別又は死別した男子、男子のみの會合等に於てとかく理智にのみ傾かうとする粗野な男性のために、いつも自由な伴侶となり、又その男子等に對して優雅な温情ある慰藉者となり、又男性のみの會合には色彩濃き性情の調和者緩和者緊制者として、十分に男子に缺けてゐる所の精神的生活を補塡し充實させるやうに努力して行くのがその職分であらうと考へます。

今でも一流所の藝妓の中には隨分人性の機微に通じ、男性に或力を與へることの出來る伎倆を有つてゐる者が澤山あるやうに聞いてゐます。又屢々新聞を見ますと、大家の相當に教養ある若い子息などが藝妓と情死したなどといふ記事が出ますが、斯ういふことは恐らく世界中本邦のみに獨得の風でありまして、單に男女の性的生活のみを高調致すとしますれば、即ち美的精神生活の最高の最期とも申すべきものでありませう」と云つて私は何も情死を奬勵するわけではありませんが、とにかく自由なる男女の情死といふことが存在する間は、眞の精神的性愛といふものが其の人間に存在してゐるといふ左證となるもので、つまり命がけの戀があるといふ證據なのであります。

近時の傾向の如く戀愛といふものが既に他に利害的打算の分子を加味し來るか、或は單なる肉慾のためのみに墮して行くかの二つに分れて行かうといふ時勢におきましては、人間美を保持する上に於て或度迄情死を謳歌しても然るべきだと私は思ふのであります。即ち斯く論じて參りますと我國の藝妓は、既に男性の伴侶たり慰藉者たり又社交の楔たり人性の情性美の保持者として今後なほ一種の美くしい社交的存在として發達せしめて行くに足るものと思ひます。即ち我國には外國にない斯ういふ社交的の良き機關を作り上げて行く上に、既に今迄の風俗上の一段階が實在してゐるわけなのであります。徒らに外國にないから怪しからぬものと評すべきではありません、その美しい理想に向つて、我國特有の藝妓なるもの丶質を今後益々助長し、誘導し、發達を遂げさせて、有力有意義なものに近づけて行く傾向に致したいものと思ひます。然るに現代の實際の形勢では寧ろ之と反對に、藝妓が段々私娼同然のものに墮して行くといふやうな有樣であることは誠に遺憾に堪へません。

然し或人々の如く、藝妓を以て社會の惡性腫瘍であるの、有害無益の亡國的厄介物であるの、或は國辱であるのと謂はれるのは、凡ての藝妓を私娼視し、或は人間生活の儼ついうはべばかりに重きをおいて、深くその本然の性を研究せずに、單に自分獨りの潔癖の感情のみから言を爲してゐるものとしか思はれません。既に藝妓が過去の我國に於て有力な存在の理由を保つて來た以上、社會政策上から之を將來にも善導し純化して行つて、益々その特有の美點を助長せしめ、十分に社會的存在としての價値と利益とを大ならしめたいものと思ひます。

又實際今後青年男女の理想の向上するに連れて、藝妓を（寧ろ藝妓屋を）適當に導いてやりましたならば、之を愉快な社交補助機關に仕上げて行くことは決して困難なことではないと思ふ。殊に我國には既に德川時代に吉原花魁の全盛時代があり、その時分の花魁の見識、學殖、技藝、人格は甚だしく異彩を放つてゐて、戯曲や小說にも花々しくその事蹟が殘されてゐる如く、人間性の醇化の上に目ざましい活動をしてゐたのであります。今時の花魁はその衣鉢をつぐには足らないにしましても、意氣と藝と社交術とで、現在の藝妓をその當時の花魁の見識に迄高て行くことは社會の風潮一つで不可能ではないと思ひます。

歐洲の性の心理學に造詣の深いハヴロックエリス氏は、ファーラー氏が一九〇四年に詳しく我國の藝妓のことを紹介しました書物を讀んで、我國の藝妓の存在を評して羨やむべき習風だと云つて賞美してをります。しかし實際氏の賞美に値する爲めには、藝妓自身も亦お客樣方も、今後もつと〳〵理想の向上進歩に努めなければなりません。私共は決して現今の藝妓の素質には滿足し得ないのでありまして、斯く現時の趨勢のまゝに放任して藝妓の質を墮落せしめて行くことを甚だしく痛嘆するものであります。

即ち私共は(一)青年未婚者又は配偶者を失へる者の女性伴侶としてその性情の荒廢をやはらげるため、(二)男子のみの社交を純化し美化し圓滑にし緩和するため、(三)人間性情美の社會生活圈外の特殊保持者として、(四)一面には亡びんとする特殊技藝の維持者として、藝妓の社會的存立の意義をもつと痛切に且充實せるものとして行きたいと希ふもので、それには現在の藝妓幷に現代青年の理想の向上によつて世運を導いて行くのが急務だと考へるのであります。

女性によつて、殊に自由に男子が招き寄せることの出來るその特殊女性の職業的存在によつて、如何に人間の社交が圓滑となり、荒立たしい且いら〳〵した現代人の神經病的生活がうるほひと温か味とを、瞬時に買ふことが出來るでありませう。文化生活の普及につれ國民全體の神經病的破綻を防ぐ一方法として、この人間的性情をあく迄のんびりと養ふべき一の緩和策を講ずることは、むしろ大いに必要のことと感じてをります。樂しい家庭を現に持つてゐられる人々は別としまして。

（完）

社交界から……藝者を遠ざけよ

山田わか

一

今日、一般に行はれてゐる所謂社交は、眞の社交の意義、その精神的の方面が全然沒却されて、唯、肉感の快樂にのみ耽けらうとしてゐるかのやうな觀があります。

知力的精神的の交換を目的として始められた社交機關でも、いつの間にか其れが飲み食ひして樂しむ機關となつてしまつてゐます。

呑んだり食つたり騷いだり、云ひかへれば、單なる肉感的快樂の追求であづて見れば、その肉感のより高調することを望むのは自然ですから、其處に藝者なるものが招じ入れられるやうになるのも亦自然の成り行きでありませう。

先づ、我が國の一般男子の習慣は、三四人の人に御馳走しようとすれば直ぐに料理屋へ連れて行つて、そして直ぐに藝者をよびます。

給仕をさせるのだと云へば、其處に意味も無くはないやうですが、併し、單なる給仕であるならば、其れを專門とする女中があるのですから、要するに藝者を呼ぶと云ふことは御馳走に興を添へるつもりであるでせう。

藝者が御馳走の席へ出て來るとします。すると、藝者遊びに慣れた人、乃至は、藝者と既に、なじみである人が、其の藝者と調子を合せて歌つたり、踊つたり、しやべつたり、ふざけたりします。そして、歌へない、踊れない、しやべれない、ふざけ得ない人はポカンとして其のらんちき騷ぎを眺めてゐるより外に仕方がありません。

これが果して眞の意味の交際であるでせうか？之は友人同志の交際と云ふよりは、友人と藝者との狂態を見物させられると云つた方が適當でせう。

給仕をさせ、三味線をひかせ、歌はせ、踊らせ、そして、最後に弄ばうとする。かう云ふことは斷じて社交と名付くべきものではなく、純然たる遊蕩であります。何等の益のない、唯、禍を後に殘すだけのものです。

單なる交際ばかりでなく、商業上のとりひきにも、國家的の重大なる相談にも、いつも料理屋又は待合が使用され、そして藝者なるものがつき者となつてゐるのですから、實際言語同斷です。

其外、何か祝ひごとの席上にも藝者が呼ばれると云ふ習慣がありますが、實に之もよく無い習慣です。藝者などに興を添へて貰はなくとも、私共は本當に精神的に深く祝ひ合ふとが出來る筈です。

兎に角本當の意味の社交には藝者はいりません。邪魔になつても何等の用を爲さないものです。

だが、我が國の多くの男子はまだ本當の意味の社交と云ふことを知らないやうです。社交には一通りの禮儀を守る必要があるが、彼等は自己の單なる肉感的の快樂を追ふためには周圍の人々の迷惑などと云ふことを考慮する暇を持つて居りません。

我が國民は或る一部分の事柄には非常に面倒な禮儀を守つて居ても、全體としては誠に不作法極る事を平氣でして居ます。汽車の中、電車の中、其外、公衆が集まる處では、禮儀と云ふものが殆んど無視され、野蠻人の樣な行動をとつてゐます。

かう云ふ非文明的な人間であるから交際に藝者と云ふやうなものゝ必要も起るのですが、かう云ふ態度が改たまらないうちは本當の意味の社交と云ふことは望めないことです。

二

社交と云ふことは廣い範圍の交際と云ふことです

が、併し、我が國民は狹い範圍の、則ち、少數の人人の間の交際は可なり圓滑に保たれても、廣い範圍の則ち大勢の人々の間に親密さを現はすと云ふことは今の處不可能であるやうです。例へば、電車の中などで、乘客の少い時には其少い乘客同志は比較的親密になることが出來て親切な行爲を爲し合つて却々うまく交際が出來てゐますが、もし、乘客が多くなつてこみ合つて來ると其親密さは消へ失せて、我れ勝になつて了ひます。

外國の先進國は丁度其れとは正反對です。乘客が少い時にはお互ひが知らん顏をしてゐるけれども、こみ合つて來れば來る程、お互ひの便宜を思ひ合つて親切になります。勿論、歐米各國の汽車乘客の凡てがさうだとは云へないでせうけれども、兎に角、歐米人にさうした美しい傾向があるのです。尤も近年になつては歐米の汽車道德なるものが墮落して大分惡い習慣が這入つて來たとも云はれてゐますが。要するにそれは國民に本當の意味の社交性があるか無いかによつて定められる現象であります。

社交の性質が何であれ、其形原は何であれ、兎に角、社交と云ふことは人と人との間に存在するへだて心を取り除けて親しい氣持を造り出すことであり、故に、どこ迄も眞實を持つて人に對さなければならず、そして、さうするには、縱令、一時的でも自分の持つてゐるよい方面を出すことです。

けれども、我が國民はまだ社交の本當の意義を知らないので、たま〳〵大勢の人をあつめる必要があると、すぐに、藝者と云ふやうな低級な者を招き入れて、そして、人と人どの間の融和を計らうとする。之は眞に恥しい事であり、同時に本當の意味の社交を望む人にとつては迷惑至極であります。

私共は、知力的に精神的に成長して行くことを望んでゐるものです。そして、社交は其の成長を助けつ助けられつするものです。

一個人の經驗、及び、一個人の視野の範圍はたかが知れてゐます。けれども、よき友を持ち、よき社交を爲すことによつて、自分の經驗を傳へたり、人の經驗を傳へられたり、お互ひの視野を交換したり、又は誤解を起し易い間柄の人々の意志の疏通を計つたり、斯して相互が大きくなつて行く、そして之を社交の使命の一つだと私は考へて居ます。

そして、かう云ふ眞の意味の社交に藝者が不必要であることは云ふ迄もありません。

三

國際會議の檜舞臺で或る外交官が『日本の藝者は藝術家だ』と云つたとかで、それを皮肉つてゐた新聞がありましたが、實際その藝術家なる藝者も千人のうちに一人位ひはあるかも知れません。

そして、さう云ふ藝術家ならば、如何なる席へ出ようとも決して恥かしいものではありません。けれども、千人のうちの九割九分九厘迄は藝を賣るのではなく、性を賣って生活を立てゝゐる者であるので問題が起るのです。

そして、賣る者があると云ふのは買ふ者があるから、つまり、賣女の存在は男子の不品行の反影です。

ですから、社交に藝者が必要であるとかないかと云ふことは問題ではありません。問題は、如何にしてかくの如き低級なる者を社交界から驅逐し得るかでなければなりません。

國賓を歡待する席上には藝者なる者が殆んど無くてはならないものゝやうにされて居ますが、之は國賓に對して非常に失禮な仕打であることを、我が當事者はもう悟らなければならないと思ひます。當事者の考へでは、彼女等を藝術家として紹介する積で居るかも知れないけれども、併し外國人にゲイシャガールなる者が何であるかは明かになつてゐます。

社交には女性は美しい花であり、かんばしいかほりであることは云ふ迄もありません。けれども、その美しさ、そのかほりには精神的の美とかほりが加はつてゐなければならない。

その精神的の要素が全く缺けてゐる似せの藝術家などを國賓の席上に出さなくても外に本當の藝術家が無いと云ふわけではないでせう。その他の社交の席にも藝者を必要としてゐる間は重ねて申しますが其れは斷じて本當の意味の新時代の社交ではありません。肉感にのみ生きてゐる野蠻人――なぜなら、人間の精神的の快感を知らないから……の逸樂を目的とするあつまりであります。

藝者をして社交の一要素とする時代は後には來るかも知れません。けれども今日の藝者には其の資格がありません。

藝者存在の理由

沖野岩三郎

一

大正十四年十一月五日發行の東京日々新聞第三版神奈川版に、『小田原の第二指定地で盛大なる祝賀會』と題する大きな見出しで、左の記事が掲載されてあつた。

いまは郷里大分に歸つたと傳へられてゐる甲斐百千氏が小田原警察署長時代に許可を取消された小田原驛前緑町一圓の花柳界はその後運動効を奏して現狩野署長となつてから九月十日を以て再び營業を許可され縣令を以ていはゆる小田原花柳界の第二指定地とされた事は當時所報したが同町には例の摩利支天の祭禮を卜して毎月十五日廉賣バザーを開催する實業團體三五會あり同町發展のために花柳界の復活は大いに喜ばしき事なりとして旅館料理店は勿論商人及び一般住民はこれを機會に復活記念祝賀會を開かんと約二千圓の醵金をなし來る十五日ごろ小田原驛前において盛大なる祝賀會を催すこととなつた。目下同町選出町會議員及び有力者が準備中だが指定地へはすでに數軒の藝妓屋が移轉して營業を開始し不景氣にも拘らず相當に賣れ行きがよいとの事である。

私はこの記事を幾度も叮嚀に讀返した。新聞記事は句讀點抜きで僅に二十三行であつたが、此の一文の中に今の日本の藝妓と對社會の眞相が最も明確に表現されてゐると思つた。

私はこの一文に私一流の註解を加へてみたい。

◎

一、此の一文の筆頭に現はれた思想は、前の警察署長甲斐百千氏の行方不明に對する快感である。花柳界の繁盛を以て直ちに土地の繁昌とする人々の思想から云へば、花柳界の指定許可を取消した署長は此地に衰微の原因を與へたものである。隨つて斯る署長が日本の警察界にあることは彼等の呪ふ所であらねばならない。そんな野暮な署長は榮轉昇級してはならない。頑固で變屈で融通のきかない男の末路は行政整理の際、いの一番に馘首されて、住馴れた現任地にも居られず、すごすごと遠き九州の果に落延びるのが當然の結果であると彼等は思ふのである。東京に近い小田原の町、そこには宮殿下のお住居もあり、元老達の居宅もある。箱根の勝地に行く咽喉である。毎週一日の休日を利用して清遊を箱根に試みる青年達が必ず此地を通過するのである。其の小田原町は、せめて停車場附近にだけでも、柳暗花明の巷を現出させないやうにしたいなどと思ふ九州男兒の意氣は、彼等に取つて一顧の價値もなき舊弊である。

◎

二、次は運動劾を奏するといふ文句である。今日の日本では總ての事が運動によつてのみ成立する。拜み倒し、泣落し、威嚇、あらゆる方法を以て運動する運動員を選む。醵金をする。金を出した以上どうしてでも成功して貰はなければ困る。運動開始から運動劾を奏するまでの經緯は現代政治そのものを語る。多分此の小田原驛前の花柳街設置に就ても、運動其の苦心を極めたに相違ない。そこで其の許可を與ふるに到つた現署長は、此土地の繁榮の爲に盡した偉人である。此人の爲に銅像を建立する程の恩人である。

◎

三、既に許可された。もう公然である。そこで『縣令を以て』の五字が燦爛として光り輝く。お上の許可を經たものだ。もう人民の喙を容れる限りでない。延いては此の花柳界の復活は縣令で行はせたやうになり、縣知事が藝者屋を營ませるやうに感じてゐる者さへある。

◎

四、指定地といふ事は今日の制度であるが、これは理由のないことである。苟も政府の公許して善しと認むる事に、こゝでのみせよといふことのあらう筈はない。爆發物の製造でもあるまいし、黒煙を無やみに吐くではあるまいし、三味線の音など昔は騒がしいものであつたらうが、今では自働車の方が餘程喧しくて人を疲らせ驚かす時代である。斯る營業の指定地といふ原理は、これは惡いことだから許可されない筈だが、こゝだけの範圍でなら、やつてもいゝといふのである。さうすれば賭博にも泥棒にもそれだけの安全地帶を與へてやるべき筈である。惡い事なら、どこでやつても惡い、善い事ならどこでやつても善い筈である。伊勢大廟に參拜するには必ず古市といふ遊廓の前を通る。

◎

五、本文中に最も有力な文字は、『同町發展のために花柳界の復活は大いに喜ばしき事なりとして』云々である。今まで聞えなかつた三味太鼓の音が聞える。今まで見えなかつた藝者衆が、首から胸へこつてり白粉をつけて、眞鍮の金盥に瓶や鑵を一杯容れたのを提げて、伊達卷姿で風呂屋から歸るのが見える。箱根行のお客をこゝで食ひとめる。熱海湯河原行の人々をも、此處へ誘致する事が出來る。町内は忽ちに繁昌だ。風儀が惡くなるなぞ、てんから問題ではない。由來仁義道徳は繁昌發展の敵である。

◎

六、世は不況だといふ。勞働者が終日働いて一圓そこ／＼しか呉れない時、花柳界復活記念會を開くために直ちに二千圓の金を投げ出して『盛大なる祝宴會』を催すのである。何故そんな祝宴を開くのであるか。遊び人が金を落しに來てくれるからである。金を落しに來るのは藝者がゐるからである。

◎

七、それが爲には、『同町選出町會議員及び有力者』が準備中だとある。全體今日の代議制といふものは、何の爲に選ばれてゐるかといふ事が、此の一節で明に說明されてゐる。今日の代議士といふものは、鐵道敷設、築港、區裁判所設立、郵便局設置、國立公園豫定地などのお土産案以外に選擧民を喜ばすものが無くなつてゐる。もう夫れも種切れとなつて來たので彌次と泥醉とを選擧民へのお土産にするものもある。で、國會といふものが國民から大分疎んじられてゐる。それよりも縣會議員の競爭が激しい。これは縣道、里道、橋梁問題で、人民に直接の關係が深いからである。更に町會、村會では眞劍な競爭が行はれる。所得税調査委員會などは、最初は面倒臭がつてゐたものだが、今では猛烈な競爭までして其の任に當る。町會村會所得稅調査などの議員は、直接町村民の稅額に甲乙を付け得る實權を握つてゐるからである。若し日本に廢娼廢藝妓運動が盛になれば、存娼黨といふ名の政黨が現出するであらう。

◎

八、最後の結文に、『不景氣に拘らず相當に賣れ行きがよい。』とある。如何なる物品が賣れ行くのか。それは日本婦人中の藝妓といふ、官許を得て物品の如く身を賣る婦人のことを云ふのである。彼ら自身も亦た『賣れつこ』といふ言葉を名譽と思つてゐる。

二

同月六日の讀賣新聞に、『藝者を乘せた自動車が一番自故をつくる』と題した一文が掲載されてあつた。それは鐵道省における豫防調査會の成績發表であつて、詳細な統計である。しかも其の標題と結論は、自動車の事故を、藝者そのものゝ罪であるかのやうに、『つまり夜の九時から十二時までの間が一日中で一番事件が多い。しかもそれが調査の結果大抵藝者同乘でほろ醉機嫌のものばかりと判明した。』と書いてある。藝者を乘せたからほろ醉機嫌の者を乘せたから、自動車が衝突したり、おつこちたりするといふ理由は最も不思議なことである。運轉手が操縱する自動車ではないか。藝者に何の罪があるか。この不景氣にほろ醉機嫌で藝者と同乘するものには、天が嚴罰を與へるとでもいふのであらうか。縱令夫れが統計だからと云つても、其の筆者の頭には解し難い一種の感情が混入してゐるやうに思ふ。なぜ一歩進んで、『自動車の中でふざけると、若い運轉手が氣を揉んで、こんな失敗をするのだ。』と云はないのであらうか。さう書けば理論が徹底する。

三

小田原町の花柳界復活大祝賀會記事の直後には、『驚く可き縣稅滯納者』と題して、小田原町を始として足柄下郡廿六ケ町村の縣稅滯納額四萬五千六百四十八圓八十四錢中、小田原町のみで三萬三千七百九圓五十一錢の滯納だと報じてある。しかも夫れを『不況の折柄一つの裏書に値する社會現象である』と結論してある。

三萬三千圓の縣稅滯納の町で二千圓の前金が集つて花柳會復活の祝賀會が行はれる世の中である。

廢娼論も廢藝妓論も異論はない。しかし、それが單純な道德論宗敎論では、どうしたつて解決のつくものではない。日本に藝娼妓の存在する理由は、男が女を金錢で自由になし得るといふ觀念が根本となつてゐる。娼妓のことはさておき、藝妓といふものを本當に改良しようと思ふなら、先づ完全な藝妓養成學校を起すことである。そしてそこで本當の技藝を敎へると同時に、今までの養女制度を根底から破壞して、眞に技藝を以て立つ藝妓を作ればよいのである。

『上手な淸元を一つ聞きたいなア。』と云ふ要求に對して、淸く應じられる藝妓、『踊りを見たいなア。』と云つて簡單に其の演藝場へ行き得るやうになればいゝのである。つまり藝妓と酒席とを今のやうに密着させて置くのが惡いのである。

藝術で身を立てる藝妓を作ることが、廢娼廢藝妓論よりも積極的である。

町の繁昌の爲に、市の繁榮の爲めに、男性の性慾滿足の爲に、酒席の興を助ける爲に存在する藝妓でなく、藝を樂み鑑賞する爲の藝妓の出現が必要である。

處女時代の不注意から　一生取返のつかぬ失敗をした話

儚なき娘心に青年畫家を慕ひて

齋藤千代子

◇惠まれた環境の中に

恐らく、賢明な愛讀者諸姉樣の、お笑草にしかなりませんが、御參考にもと私は愧しい樣な思出の物語に拙いペンを走らせました。私の搖籃の地は、東北の靈地として知られてゐる月山の裾の一溫泉場なのであります。見るからに優さしい、なだらかな連山を背後に、雄々しい傳説を包んで瑠璃色に澄んで居る湖水を前にした溫泉場は、邊鄙な片田舍には珍らしい繁華を極めるのであります。二十一軒と言ふ數多い旅館の中で・つひ五年前新築した私の家は、よね屋と筆太に記された看板と共に、殊更人目を引くのであります。私の家は草別けの舊家であり、又此地での素封家であります。幸か、不幸か、私には姉妹も兄弟もなく、惠み深い父母の一つ胤として可愛がられたほんの一人娘なのでした。幼い時から氣儘存分で負け嫌ひな私は、小學校女學校とも成績は何時も首席で通しました。そんな風で經歷と言ひ環境と云ひ割あひ順調であつた私は、やがて迎へる夫なども余り理想を高所に置きました。田舍は昔からの風習で割合に早婚で一人娘としての私は稍々遲れた方でした。媒酌人の人の來る度に、何時も父母に口說かれました。

『お前ももう年頃ぢや。そう何時迄も貰はないと許りも言つて居られないぢやないか。』等と。

然し自分の缺點も遜色も顧みない私は田舍の普通の人等は少しも氣に止めませんでした。その時分の私は兎に角、女學校を出たと言ふ肩書を鼻にして居ました。又自分の相續する何萬と云ふ財產の背景に心強い自負もあつたからでした。あゝ然しそれが私の淺はかな考へから出た誤りなのでした。地位、財產、學識、名聲――そんな物は何になるんです。人間の生活は決してそうした形になつて現れた物に因つて安定するものではありません。

◇魅せられた藝術家的風彩

大正十年の十月二日。その日こそ、何して忘られませう。一生を戀の敗殘者として悲しい孤獨の生活への首途の日でありましたもの。あの日の午後はほんにうらゝかな秋日和でした。美しい紅葉を眺めながら、女中と二人と私は栗拾ひに出掛けました。まだ誰も踏み別けない山には、澤山栗の實が落ちて居り、興に乘つて栗林を彷徨した私達は、もう離れ離れになつてしまひました。いくら呼んでも二人の影は見えませんでした。籠には栗の實が山をなして居ました。短い秋の日はいつか暮れ樣として淡紅色の陽は遠山の端に近づいて居ました。歸路に着いた私は、暫らく峠に佇んで、靜かた晩靄にけぶる我村や、夕日を受けて輝く紅葉や、谷底を洗ふ溪流等の、何時にない美しさに見惚れて居ました。稍々あつてふと我に返つた私は、何氣なく後を顧みた時、其處には僅かな荷物を背負つて小路を辿つて來る青年の姿を認めました。私は少し急ぎ足に峠を下り初めましたが元氣な足の早い青年は、刻々私に追ひついて、彼我の距離が次第に迫つて參りました。幾多の客を待遇して、人を見る目に長けて居る私は、其の服裝や荷物から旅の青年畫家と直感しました。愈々接近した青年は、濁りのない歯切れの良い語調で、

165　「処女時代の不注意から一生取返のつかぬ失敗をした話」　斎藤千代子、ます子　『婦人倶楽部』大正 15 年 3 月 1 日

『あのね、温泉まではどれ位あるんですか。』と、問ひかけました。年若い娘としては、割合に人馴れしたと申すよりも、寧ろ大膽だつた私は『もうその林を過ぎると直ぐなんです。』と答えました。『あゝそうですか私は麓い茶店で泊るならよね屋が良いと教へられて來たんですが、どうです、宿屋は立派でせうか。』『よね屋それは私の内なんです、でわ御一處に。』

『えゝそれでは。』私達は語りながら松並木の間を歩いて居ました。案に違はず青年は東都の某富豪の次男で、美術學校出身の秀才でした。其夜は青年の望みに因つて、栗飯を差上げる事にしました。そして給仕には私が望んで出ました。濃い眉毛、黒く澄んだ瞳、颯爽とした風采と華やかな藝術味たつぷりのお話しには全く魅惑されてしまひました。偶然は人の運命を左右するものです。畫壇の園に匂ふうら若い藝術家、やがては一世の囑望を一身に集める畫家、それは私の要求する理想の夫として充分だつたのです。その夜はS様（畫家）の顏を思ひ浮べてはまんじりともしません。そして未だ曾つてない惱殺と苦悶に惱みました。

◇「幾千代も」の言葉は消えて

『もし容れられたら此の上もない幸福だが、もし拒れたら死ぬ方が増しだ。』こんな思ひを續けながら、芽ぐんだ初戀の悶えを打開ける機會ハ與へられる日のみを待つて居ました。酒も煙草も嫌ひで、性來温良の性質の父は、道樂としては繪畫愛好一つでしたから、殊の外S様を優遇しました。宿泊料は一文も申し受けないで、その代り、四階の特等室の三間は各別々唐紙に松竹梅を揮毫して頂いて、梅の間松の間竹の間と名づける事にしました。染筆する間は私も見せて貰ひました。

年の若さにも似ず、非凡な、鮮やかな筆致には、流石、繪畫の觀賞に目の肥えた父も只驚歎の目を見張るばかりでした。父の賞讃の聲を聞くにつれては益々私の胸は高鳴るのでした。一週間もたつ中には優さしいS様はすつかり打解けてもう家内の一人と同じでした。そして私はS様に愛さるゝ身となつて居ました。無論二人の中は兩親も薄々知つては居つたでせうが敢へて止め樣ともしませんでした

S様を把握した私は、毎日誘ひ出しては、紅葉狩りに、茸狩りに、栗拾ひに、宛ら籠から出た小鳥の樣に、自由の天地を飛び廻つては、若い戀人同志の誰しもの交す囁きに微笑んでは、甘い戀に陶醉して居ました。眞紅に咲いたダリヤの花の樣な戀に有頂天になつて居た私は、何で悲しい凋落の日の來る事等知りませう。然し悲しい別離の日は來ました。秋の月の冴え渡つたあの夜、初雁の落つる湖上へ舟を浮べて、幾千代かけて變るまい。』と、言つたあの夜、悲しい此夜の別離もやがては幸福な世界へ向つての發足だ。僕は屹度お前を迎ひに來るから。』と言つた、あの夜。あの言葉が俺はお前を弄んだんだお前とは手を切つて永久に別れるんだ。と言ふ冷嘲の侮語に變る甘言だつたとは――あゝあの夜を思出しては何時も私は身も世もない樣に慟哭するのであります。岸邊の茅をさわざわと物淋しく波打つて湖上をかすめたあの夜の秋風は、S様の變り行く心を私に暗示した自然の教訓なのでした。

◇叛ける男の血を享けた子でも

其の後は待てど暮せどS様からは何の便りもありませんでした。私は果敢ない人生と變り易い男心を呪つて、暗雲棚曳く南の空を凝視めては、泣き崩れた事が幾度でせう。それでも尚S様に執着の

167　「処女時代の不注意から一生取返のつかぬ失敗をした話」　斎藤千代子、ます子　『婦人倶楽部』大正 15 年 3 月 1 日

ある私は、配達夫の來る毎に門口に出た事が何回。否っ幾十回でせう。金にも寶にも替へられぬ、女の生命である貞操、それすらも失つた私は、人目をさへ憚る身の上となりました。數多い人々の艶文を返戻して侮辱した私は、その手厳しい復讐をS様から受けました。其の翌年は私はもう、一人の男子の母でした。棄てられた男の呪はしい血をうけた子でも一番に可愛いものです。明ましたからもう五才になりました。今の處では他所の子供よりは體も一かさ大きく、丈夫で怜悧そうです。こうした見すぼらしい私の失策も、父母は私達の監視が惡かつたんだと仰言つて宥恕して呉れます。寧ろ却つて愛して呉れます。

父母の仲には私は只一人の娘ですもの。そして子供も只一人の孫ですもの。此頃子供は時折『母ちやん俺の父ちやんあるの。』と。悪氣ない顔で問ひます。私は其の度に腸のちぎられる様な思ひがします。如何に爺婆や母から可愛いがられても父の無い事がどんなに心細い事でせう。私は何時も涙を呑んで『戰爭に行つて死んだんだ。』と敎へて居ります。例へ女の手一つでも子供は屹度立派に育てゝ見せます。

S様に棄てられた私はやはりすべての男を棄てゝしまひました。今も時折には縁談の事等を心配して呉れる方もありますが、皆お斷りして居ります。S様からは其後一回の消息もありませんが、S様の身の上は詳しく知つて居ります。それは一昨年繪畫新報で見ましたもの。S様はもう立派た奥さんを迎へられて、可愛いお子さんもある事でせう。只今の私はみんな宿命の悲哀と諦らいて露程もS様を呪うては居りません。すべてが數奇な運命の惡戯なんですものね。愛と操とを提供した罪は、寧ろ私にあるのですもの。

明星の誇りも涙の中に葬りて

ます子

◇華かな運動選手としての人氣を集めて

私の入學した女學校は運動競技が盛んで學校中最も優れ、縣下の覇權を握つてゐました。性來運動を好む私は益々妙を得實力を現はして、四年生の時には運動部の御大に推され、女流選手としてもてはやされてゐました。

丁度その春、縣下女學校の運動對校競技會が開催されました。私達は選手として全校の全責任を負うて出場しました。世間では如何許りか期待した事でせう、學校の名譽のため、光輝ある歴史を待つ運動部のため、どうあつても勝たねばならない、必ず優勝したい、きつと勝つと堅い決心の下に悲壮な誓をして心死となつて奮闘しましたが、敵も强者何れも負けず劣らず何つちに勝味があるか全く不明のうちに同點を以て最後を飾る四百リレーレース競爭になつて了ひました。

さあ勝負の決するのは全くこの一戰であります。最後の五分間、最後の一戰勝利は何れか、全校職員始め生徒は極度に緊張し殺氣みなぎる許りの激勵の聲がう／＼、幾萬の觀衆はあらん限の聲援で私達を迎へてくれました。私の身は私のものではなく全校のものでありました。スタートは切られました。一番二番目までは一足進んだりおくれたりしてゐましたが最後である私の走る番になつた時は双方同じでありました、勝敗は私の奮戦如何によつて決る事になつたのです、私はすはこそと必死の覺悟で全く無我無中で走りました處幸ひにも一米の差で私がテツプを切つたではありませんか、ほんの僅少の差で勝たのです、その時の嬉しさ喜こび感極はまつて泣きました、グラウンドは狂喜した萬歳の聲で覆はれ、此處に全く校の勝利に皈しました。

翌日の新聞は競うて筆を揃へ、光輝あるY校の名譽、記録破りのます子孃、彼女のためにY校が勝つたとか、生きた校寶であるとか、良く奮戦した事とか、最後のあの奮戦が見ものであつたとか、或は所感やら色々の運動雜記などで記事を萬載して紙面を埋め、麗々しく私の寫眞まで發表しました。私は一躍女流選手たるの名聲を博し、縣下普ねく宣傳せられたのであります。

◇未知の異性の手紙が

處がその翌々日、數學の試驗があつたのでした、長い間の猛練習と一昨日の疲れでどうして勉強されませう。少しの準備もなく臨まねばなりません。心配で心配で堪りません。元來數學には得手でない私、あゝ惡い事とは知りながら終にカンニングをしたのです、それが不幸にも先生の目に止り、問題をひき起しましたけれども運動部のS先生の御情けで事なく終りましたが、もう少しで取り返しの付かない破目になる處でありました。

それから一月許り過ぎた或日、突然寄宿舍にゐる私へ桃色の封筒が飛び込みました。それは名も聞いた事のない全然知らない異性からの手紙でした。初めて異性の手紙に接した私は戰きを感じ上熱しましたが校規によつて舍監に見せなければなりません、併し余りに恥しい樣な、おそろしい樣な氣がして私一人心に秘めて燒き棄てようと思ひ開封せねばよかつたのに心の弱はさから、ムラ〳〵と起つた好奇心にかられ、開封したのが取返しの付かぬ失敗の源となりました。私は幼くして父に死別し母の手一つで幼い弟の三人のみの家で育つて來た故でもありませう、言ふに言はれぬ寂しさに堪え兼ねてゐた時でありましたから、忽ち異性の力に引きづられ感謝せずにはゐられませんでした。今考へて見ると初戀だつたでせう、惡いこととは思ひ乍ら、一枚の葉書を出したのは全くの不注意不心得でした。あまり淺果かな心でありました。二度目三度目の手紙は舍監の手に握られたのでせう、舍監は私を密かに呼んで其否なるを覺されました、私は身の不注意なるをわび良心の苛責に堪え兼ねて謹愼してゐましたが、話はいつしか洩れ噂は取り取りの中に恥しい日を小さくなつて送らねばなりませんでした。處がどうした事でせう、或日の新聞に公表されたのです。記事になつて表はれたのです『女流選手の墮落、校風怠廢、不良青年の魔の手延ぶ』等と素つぱ拔かれたではありませんか、私はあまりの驚きと恥しさに突然、頭痛が激しくそのまゝ床の上の人となりました。

◇前途の望みも挫折して

噂は噂を生み、いかゞはしい事が流言されたのでせう、面目丸つぶれになつたのです。後悔しても殘念がつても、口惜がつても、後の祭でした。世を呪ひ、人をうらむ前に、先づ私の心を憎まねばおられませんでした。世に發表されて最も狼狽したのは學校と舍監先生でした。早速緊急職員會議が開かれて、涙をのんで學校の名譽のため、校規のため、公のために、斯くまで公然と問題にまでなつた以上は、幾ら辯解に務めても取消し運動をしても、今となつては內濟に濟まされず

171　「処女時代の不注意から一生取返のつかぬ失敗をした話」 斎藤千代子、ます子 『婦人倶楽部』大正15年3月1日

遺憾ながら犠牲にしなければならぬといふ事で、二學期初め哀れ退學に處せられました。何んといふ不名譽でせう、開校以來退學者は私のほか二人だけです、學校の名譽を傷けました、村に對し、家に對し、亡き父に對し、母に對し、何うしておわびされませう。會はせる顔もありませんでした。

後半年で卒業を見てゐながら、あまりに情けなく泣いても泣いても、涙の出ないとは、ほんとに此の事であゝました。退學といふ不名譽は人生最大の不面目、一生取返しのつかない傷手を負ひました。學校を卒へると高師に進むのであつたのにもうすつかり挫折して了ひました。まことに一生の大失敗です。あの懷しい校門も、校舍も、並木も、町行く人も、犬まで私に侮蔑の目を投げてゐる樣です。

どうしておめ／＼歸られませう、伯父を賴りに上京しましたが、亦しても、恐ろしい誘惑の手が延びて來ました。今度こそは肉體上に一生取返へしが付かないまでに陥る處でありましたが、一度味つた精神上の失敗に、むち打ちて逃れる事を得ました。もう東京はおそろしい處の樣に思はれました。嫌になつて傷手を負つたまゝ郷里に歸へりました。都會はおそろしい處です。危險な處です。弱い女の行く處ではありません。田舍者の一人で行く處ではありません。

もう私は今となつては、凡てが失敗に終つて了ひました。あやまれる無分別な而かも一時的の戀のために、僅かのあゝした不注意から、心得違ひからもう一生取返しの付かない大失敗をした世の敗慘者です。此の上は強い信仰に生きるより外に道はないと思つてゐます。

最後に世に多くおはす運動選手の諸孃様方に私のやうな失態を決して再び踏まれない事を心から祈ります。

女王の地位から降りた
勞働婦人と貞操問題

玉井廣平

◎

昔から主として筋肉を以て勞働する婦人はあることはあつたが、これまで誰も勞働婦人として注意する人はなかつた。日本でも西洋でも農家の婦人は皆筋肉を以て勞働する婦人であつた。國に依り地方に依ては今日と雖も男子以上に婦人の働く所もある。けれども農業に婦人の働くことは、普通一般のこととして誰もあやしむ者がない。勞働婦人として人が注目するやうになつたのは、至つて近代のことで、即ち經濟革命以來の現象である。婦人の勞働範圍が田園から都市に擴張せられ、農業から工業に延長せられるやうになつてからのことである。封建時代のいはゆる封鎖經濟の組織が破れて、近代文明の交換經濟、貨幣經濟の時代が展開せられてから、田園の婦人以外、都市の籠居婦人を狩り立てゝ、或は工場に、或は會社に、或は官廳に送るやうになつた。これからいはゆる勞働婦人の時代が開かれたのである。

◎

これまで婦人が勞働に出るといつても、既婚者にあつてはさう問題になる程のことはなく、殆んど貞操問題を擔ぎ出さなければならない程のことは起らなかつた位である。もつとも風俗の亂れた地方にあつては、既婚者たると未婚者たるとに係はらず、女子の貞操觀念が、極めて薄弱な地方もないではないが、それは例外で、一般的には、自然な結婚の下に夫婦となつた男女が、朝夕相携へ

173　「女王の地位から降りた労働婦人と貞操問題」　玉井広平　『婦人画報』大正15年4月1日

て野良に出で鼻歌をうたひながら草をむしり、土を掘つた。瀬戸の朝日に雀が鳴き、霞の夕べにひばりが落ちる所に相携へて働いた。アメリカのやうな所でも、第一期時代たる即ち大陸に移住し、荒野を切り開いて耕作に從事した頃の結婚と貞操とを思へば、今日から見ても極めて健全なものといはれてゐる。

然るに第二期の南北戰爭の頃になると、平和な農村の夢は破れて、世の中はあはたゞしくなり、男子は出でて戰爭に參加し、女子は內に在つて子を育て家庭を護つた。この頃は男子も女子も極めて緊張し、男は男子としてその分擔に從つて、國家を建設する所の任務に就き、女は女子として母性の慈愛に生き、忠實なる家庭の整理者となつた。

その後社會は一大進展を續け、第三期の產業革命時代に至るに及んで、男子は出て、勞働に從事し、金を得て歸ると妻はこれを以て家政を整へ、餘剩を蓄積した。以上の三期を通じて、結婚の基礎となり、貞操の根本を爲してゐる觀念は、精神的にも肉體的にも共同融和といふことで心から互ひに助け逢ふ、力になり合ふといふので情慾の滿足、五官の滿足等が決して其の目的の全部ではなかつた。

夫婦は二にして一、一にして二、その間に子の生れるといふことは、眞の意味の融合一致を證するものであつたのである。

◎

ここまでは先づ無事であつた。否、無事といふよりも寧ろ健全といつてよい。

然るにその後結婚狀態が變つて來たのみならず、長い間家庭に籠居した婦人は、次第に共同融和の精神が薄くなり、開拓者或は創造者として男子と共に働く者でもなく工夫するものでもなく、內に在つて子を育て、家を保護する者でもなく、家政を整へ餘剩を貯蓄する者でもなく、全く浪費者となり甚だしきは貞操の反逆者となる者をも出すやうになつて來た。飽滿せる女性といふものは、これから續々現れて來るやうになつたのである。

女子が男子を使役する方法を覺えてから、恰も女王の如く男子に臨むやうになつた、しかしそれはいゝが、一面に於て彼等は家庭を破壞し、自分を墮落させつゝあることに氣が付かなかつた。

それが產業革命以後今日まで或る部類の婦人界に續いて來た現象で、今日なほ上流社會、或は資本家階級其他の一部に殘つてゐるではあるまいかと思はれる。これはアメリカの事であるが、我國にもかなり似たやうな傾向があるのではあるまいか。

ところが最近になつてから、一部にはさういふ傾向を殘してゐるが、他の一部は更らに又變つて來た。どんなふうに變つて來たかといへば、彼女は浪費者として、又女王としていつまでも臨みたいが、しかしそれは無限に許さるべきものではない。

なぜならば男子が得て來る金には限りがあり、彼女等が浪費する金には限りがないからである。そこで彼等は浪費の非なること、女王の地位を去らねばならぬことを心から覺つたのではないが、直接の生活、生きて往かねばならぬ上から、已むを得ず王位を下り王冠を棄てゝ働かねばならなくなつた。さういふ婦人が五人より十人、十人より百人とふえて來た。

父祖の遺產に依り、或は良人の幸運に依り、女王の座に留り得る婦人もあるだらうが、時代は容赦なく進展して、飾らんがため、女王たらむがためには勿論生きんがため生まんがため、どうしても働かねばならぬ女性を增して來た。

悠々たる自然に對し、平和なる田園の中に、旭を浴びながら、霞を吸ひながら、夫婦共かせぎて働いた時代の勞働ならばいざ知らず、今日の勞働は後から、何物かゞ追ひ立てゝ來るので、已むを得ず起ちあがらねばならぬ勞働である。男子の勞働も、婦人の勞働も、勞働は人間の爲すべき本然の使命であるなどと、徹底して働く者はありや無しや、吾人の知らざる所である。

◎

かくの如き勞働、かくの如き勞働に從ふ婦人、それはたうてい浮いた心で汗を流し、身を削つてゐらるべきではない。

けれども人間は弱い者である。强いやうに見えてもその實まことに不甲斐ない者である。「誘惑」といふものには見事に失敗し易すい。たとへ初一念が堅固であつても、永い間にはいつか疲れて、弱くなつて、どうしやうか、かうしやうかと胸も心もゆるんで來た時「誘惑」の手は延びて來る。その機會が勞働婦人には比較的多いではあるまいか。

例へば初めは老いた片親を養ひ、病める良人を扶け、幼き子供等を育てんがため雄々しい決心を以て工場に出たとしても、その細い腕を以て得て來る金では、たうてい滿足に多數の家族を養ひ得ない。それでも最初の何ケ月かは、心にも身體にも自ら鞭打つて喘ぎながらも、泣きながらも、やつては來るが、町を見れば皆ほしい物ばかり、人を見れば皆羨ましい人ばかり、そこにチヨイ〳〵「誘惑の」魔の手が、ほしい、羨ましいものを見せてくれる。

いかに堅固であつても、いかに雄々しくとも、疲れ切つた時、身も心もゆるんだ時、唆かさうな、香のよささうな、望みの叶ひさうなこの「誘惑」に逢つてはたまらない。既婚婦人の思想のやや堅固な者でも既にさうである。況んや未婚婦人に於ておやである。毎日の新聞記事の三面にはちようどこんな事情に似よつた記事が、かなり多く見受けられる。

これは實に社會問題として、嚴肅なる問題である。貞操といふ問題も重大な問題ではあるが、それよりも、そのために五人も六人もの生命を失ひ、或は法律上の罪人として悲慘なうへに、なほ悲慘を重ねるやうな事件は、人の罪か制度の罪かはわからないが、ともかく社會政策上からも、社會風教上からも、嚴肅に考へて見なければならない大きな問題であると思ふ。

◎

この頃都市はもちろん町村などにも設けられてある方面委員、或は名は違つても、町内、部落の世話人とか、役員とかいふ人達、又工場、會社の管理者といふ地位に在る人達は、かかる問題に對して、もう少し親切であり、又常に攻究をして貰らひたいといふ希望を持つてゐる。悲慘なる事件が起つてから、或は罪人を出してから、いくら同情をしても、それは後の祭でなんの役にも立たない。又こんな境遇にある者は、ひたすら思想を堅固に持たなければならない。

貞操は死を以て護らなければならないと責めても無理である。未婚者は未婚者で、事情によつて社會の問題として、外に現れない前に適當に捌いてやり、既婚者は既婚者で、貞操も護り得るやうに、又どうやら家族の生活も續けて行かれるやうに、保護してやるといふことが、社會共同の倫理的責任であらねばならない。又婦人の先覺を以て任じて居る人達は、女子の參政權を要求する前に、婦人の解放運動をする前に、その主張の徹底を妨げる同性間に於けるこんな問題を、取り除くことに骨折る必要があるではあるまいか、敢て一考を煩はしたいと思ふ。

處女尊重の根據

(一) それは唯一、最終のもの

千葉龜雄

最ともうるはしく、最とも幸福な人間とは何か。それは、何人よりも、眞實に純潔な乙女でなければならぬ、母性が持つべきあらゆる獻身の魂をもつて、神と人類に奉仕しやうとつとめるものが彼女等である。しかも、その力は、たゞ彼女等にのみ與へられたものでなければならぬ、と、レオ・トルストイが說く。

彼はまた、「人類の最も重要な目標の一つは、純潔な女性の敎育である」とも云ひ、「人々は、純潔な女性のあらゆる意義を、凡ての女性達に敎へやうと誰れが願はぬだらうか。メリイの傳說は、決して因りどころの無いものでは無い。純潔な女性こそは世界を救ふだらう」とまで極言する。

トルストイが、到るところで强調するその女性純潔論の中から、われ等は二つの要求をえらび出すことが出來る。一つは、永遠處女性の禮讚である。他の一つは、夫婦間における愛の純潔、または、たゞ一人に許すがための愛の純潔、その意義からの、處女性の尊重である。これは、エレン・ケイなどにも共通するものがある。

けれども思ふ。永遠處女性の禮讚は、云ふまでもなくキリ

177　「処女尊重の根拠」　千葉亀雄、杉田直樹、上野陽一、二階堂佳能子　『婦人公論』大正15年4月1日

ストにおいて特に強く提唱される。トルストイもすでにそれを説くのであるが、これは、人間性の弱點に對する、一つのアンチセンシスではなからうか。なぜなら、現實の女性が永遠處女たることは、もつとも困難なものである。むしろ永遠處女たるよりも、純潔を破り勝ちな方に、より多くの強い傾むきを持つ。そこで、信仰における永遠處女性の禮讃が、たとへ消極的でも、その破られ勝ちな純潔性を、ある點まで喰ひ止め得られるであらう。で、多くの女性達は、永遠の處女を、自分の魂のやうに憧がれる。けれどもそれが憧がれるのは、自分達が、容易にそれに近づき得るからではなくて、却つて、容易に近づき得ないものだからである。かくて永遠の處女は、永遠に、一つの人類の理想としてのみ、また弱い女性の憧れとしてのみ、遠い、遠いあなたに、及び得ないその存在を保つて居るのである。

たとへば、しかく、永遠處女性を憧がれるトルストイが、實は、怖るべき性慾の受難者であつたことを考へるがよい。かれは至るところで、性慾が人類の墮落であることを強調する。それは彼が、性慾の免疫者たるためではない。かへつて、逃げきれぬ、性慾の負擔から逃れ出やうとして、そこに性慾否定の避難所を、永遠處女性の理想に見出さうとしたのだつた。觀念の遊戯である、自分は、永遠處女性の夢を好もしくは思はない。なるほど、天に星があるやうに、地の乙女は美しい、純潔である。けれども、現實の女性が、單に一生性交を知らなかつたと云つて、女の中の處女期を、永遠を止め得られるものでは決して無い。そこで、永遠處女性の讃美は、いはゞ抽象した一つの詩でないかとも云へる。

或は、處女が永遠の處女ならば、それは處女でも女性でも、或は人類でさへもない何物かであるかも知れない。

われ等はもつと現實に歸らう。アンソニイ・ルウドヴヰシは、イギリスにおける女性超過のために、約二百萬人の現代婦人が、一生涯、異性に接觸し得ずに居る苦惱について語るのである。彼は先づ叫ぶのである。人は先づ何よりも彼等が父と母の結合と肉體から生れ、父と母の愛から生れたことを忘れては可けない。もしそれを忘れぬならば、彼等が、どうして、人類の同し戀愛と性慾を持たないことを保證されるであらうか。けれども、彼等は異性に接觸し得ない。そこでその生理的な自然作用を、どう昇華し得るかは、それは想像以上にむづかしいものでなければならぬ。そして彼等が出來ぬものを、無理にも昇華しやうとする惱みの結果が、いかに彼等の、心理生理を歪めて了ふかは、また想像の

外にあるのであると。

この邊でわれ等は、永遠處女性の禮讃と手を別たねばならない。

こゝでトルストイの說く第二の純潔處女性に移る。トルストイは云ふ。あらゆる純潔な男性女性は、純潔が尊ばるべき事を意識する。(たびたび間違つた意見で誤まられるが)。そして、あらゆる機會において、それを護らうとつとめ、またそれを失つた場合は、悲しみ、もしくは恥づるであらう。そこに明らかに意識の聲がある。失はれた後、いつもそれは失行だ、汚辱だと叫ぶ。(それは凡て、意識と理解力に比率するのであるが)

「性的經驗が、神の眼で許されるのは、われ等が、眞實の生活を生き、われ等の才能を神のために奉仕する時、――即ち人類を愛し、人類の魂を愛し、彼等の間の第一のもので一番近いもの、即ち一人の妻を愛する時、――そして、彼女を助けて、眞理を理解せしめる時である。それは斷じて彼女を我等の性慾の道具とすることによつて、眞理を知る妨げをすることではあつてはならない。」云々。

それは、女性の方に引きあてても同樣であらう。要するに處女性が純潔に保たれねばならぬのは、生涯の中に眞に擇ばれた、たゞ一人の男性を發見し、それによつて、始めて眞實の生活に生きねばならぬためである。眞の戀愛は、相互の一切の占有でなければならぬ。單に、肉體と靈魂の占有に止まらない。それは兩性相互における、過去現在將來に亘つての、一切の「時」の占有でもなければならぬ。だから、純潔に傷ついたものが抱合することは、その戀愛に、始めからひゞが入つて居るのである。どうして、完成した幸福がそこに望まれ得やうか。故に、女性の處女性の純潔は、斷じて他人のためで保たれるのでは無い。女性自己のために、どこまでも尊重されねばならないのである。意義ある生活、內容のある生活のために。

ことに男性にとつては、性慾が一つの遊戲であるけれども、女性にあつては、靈肉はいつも一元的である。それが本質的であるか、習慣的なためであるかは別にして。女性の一たび破れた純潔は、心の處女性を、永遠に取りもどし得ない破綻ともなるのである。

然るに、現代まで處女性の純潔は、多く、男性のための義務として、男性の側からのみ課せられて居る。父系制度と、男性專制の奴隸としてのみ、女性の純潔が強制されて居る。たとへば私有財產制が起つて、長男の血統が重んぜられ、そのために、他の異性の血液が、母性に混入することが忌まれると云ふが如きで、凡てが男性本位としての純潔強制である。宗教も、道徳も、法律も、すべてそこから立てられる。從つて、處女性の純潔は、處女性の純潔その上から存在しない。たゞ男性の妻たる用意においてのみ批判される。

然るに近代になつて、そこからの解放論が叫ばれ出した。それが、男性を離れて、それ自身の貞操を主張することはよろしい。が、だからとて、女性の戀愛が、女性の自由意志で、どう變換しやうが自由だと云ふ見方は無條件ではたやすく承認されないのである。なるほどそれも一つの反動として、一通り元氣のよい破俗の主張ではあるが、惡くすると意味のとりやうで、最初の戀愛が決定的なものでない、單に一つの試練だと云ふ風に解釋される。その延長は「久遠男性」の巡禮となり、處女性の解放は、たゞ一つの階梯であつて、他の戀との多くの階梯と、何の差別もないものになるおそれは無からうか。

しかし、處女性は、唯一で最終のものであつてこそ始めて尊ばるべきものではないか。生涯においてたゞ一つの戀、それを發見するためにのみ、處女性は最後まで秘めて置かるべきものではないか。もとより人生は多奇だ。そう一通りに理くつばかりで押しては行かれぬにしても、處女性の究極の理想は、やはりかくの如きものでありたい。それがために清く、それがために尊きものでありたい。

（二）何とはなしの潔癖さ

醫學博士　杉田直樹

處女といふ言葉は處士といふのと同じやうにまだあるじの定まらぬ、どんな人でも將來の主人に持つことの、選擇の自由を有するものの意味でありまして、貞操といふ言葉と並んで重に精神上の意義に用ゐらるべきものであります。だから今日の一般が理解するやうに、處女や貞操といふ文字を肉性上の意義のみに限つて用ゐるのは、言葉の意味の延長といふよりは、寧ろ言葉の意味の墮落と申すべきでありませう。しかし現代人は何事にも物質的な、科學的に證明せらるべき意義を重んじて、精神的な朦朧たる文字の使ひ方を好まないやうですから、處女とか貞操とか云ふ言葉も、之を直截的に性器と關係せしめて、或る狹い意味にしかとらないやうになつたのも、却つて意義の現代化であつて、言語學上の進歩といふべきであるかも知れません。

人が結婚をする時に嫁として處女を尙び、又一旦嫁した婦人に對してはあく迄貞操を守ることを强ひるのは、つまり家系の純潔を重んずる心持から、後裔として生れ來る者の上に「種の混淆」を絶對に防がうといふ生物學的本意に基いて生じた風習に外ならないと思ひます。

斯う精神的に解しましたならば、肉體的に所謂處女性を失つて了つた人でも、精神的にはまだ誰にも自分の全精神を捧げたこともなく、まだ眞の熱愛を體驗したこともなく、之から圓滿な家庭を最も良き人と共に作り上げやうとして、希望に充ちた眼で待つてゐる、本當の處女たるものが世に澤山あるでせう。又之と反對に、生れて始めての男に自分の所謂處女性を捧げて此の男と愼ましやかな貞淑な生活をつゞけつゝも、なほもつと氣の合つた男があつたら浮氣もして見たいといふ風に、眞の貞操を保持してゐない人も亦世間に腐るほどあることでせう。道ならぬ人に强ひられて、所謂操を破つた弱い女でも心は處女の貞操性を永久に失はない人も少なくないでせう。

新聞や雜誌がたゞ貞操を性器の上のこと丈りのやうに書くのは、世の多くの處女の心の上に非常な危險な動搖を感じさせます。それよりも重大なことは、今日多くの異性に對して愛嬌を運びたがるもの、媚びを賣りたがるもの、異性の好き心を挑發するやうな結髮粉飾乃至衣服をするもの、さういふ一言にして言へば輕佻にも相手の男に性的近接の衝動を與へることを以て女性の誇りであるかのやうに思つてゐるらしい、外飾を之れ事とする若い女性達は、基督の御言葉を引用する迄もなく、心中既に處女たり貞女たる資格をすつかり失つて了つてゐる方々と まあ考へねばなりません。若しそれが既に定まる夫のある婦人であるならば 尙更その罪は重いと言はねばなりません。

人が概して處女丼に貞操といふものを尊重するものは、此の單純な「種の混淆」を喜ばない生物學的の本能的欲求と、もう一つ「モノガミー」に特有な自分の妻を專有確保せんとの心理的の自然本能の欲求とが、相合一して發生した、既に今日では非自覺的となつて了つた一の現象だらうと考へます。處女を汚れなきものとするのは、誰れとでもその婚約に應じ得る白紙的のものといふ意味であつて、決して肉性そのもの丶上に具體的の汚穢のなきを感ずるといふ譯ではありますまい。宗教の力では肉性そのものを既に汚れとして認めてゐるさうですが、さりとて甲自身が始めて汚した處女ならば、乙には汚れた乙女であつても、甲にはやはりいつ迄も清淨無垢の筈であります。　しかしこの汚れといふ字義が精神的にいろ〳〵こんがらかつて來て、處女を絶對に清きものと考へるやうになり、まだ戀知らぬ少女を最も神聖なるものと認めるやうになりました。　しかし之はたゞ肉性を一概に汚れと見ることから起つた文字の上の意義の延長に過ぎません。

少なくも私の妻は、既に私の子を三人も生みましたが、私の信ずる所では、まだ少しも所謂汚れてはをりません。「エンゼル」の如くに純潔であつて、神にいけにえに捧げられる資格は十分あると考へます。　しかしそれは肉性の 上の意義から通俗的に貞操を考へたのみで、ひろく精神的に考へて見たら、此の女も果して眞の貞節であつたかどうか、本人以外誰にも分る筈はありません。

現代の人々はいつも自分に都合のいゝやうに處女や貞操の意味をこじつけて考へてゐて、少しも歸一した深意は存在しないやうに思へます。　今擧げた私の妻の場合の例の如き、今の世間の用語から云つたらば肉體的には既に私によつて汚されてゐると云はれます。　又心の上からは貞淑だといふ風にも云はれます。

人の解釋は得手勝手なものであります。　ですから婦人公論記者から課題せられた處女尊重の根據といふものも、實はどう解釋しても差支ない。　極端に云へば處女を尊重しないでも少しも差支ありません。　たゞ世の中の人が多く處女を尊重するのは、手拭でも新しいおろし立てが使ひ心地がいゝのと同じ心理でせう。　又既に他人の使ひ癖のついた筆墨よりも、新しいものを自分から使ひ始めて自分の好むやうな使ひ癖を之からつける方が勝手がいゝといふ心理からでもありませう。　純粹に性慾的に云へば、花の蕾を摘み取らうといふ好奇心からでもありませう。　又宗教的に肉性そのものを既に汚れと盲信してゐる人々の心持から云へば、汚れを厭ふ何とはなしの潔癖からでもありませう。　たゞ上面の文字に附隨する習俗的の感情からわけもなく處女を美しとする人々もありませう。とにかくに處女を現に尊重してゐる人自身が、必ずしも特異の自覺的意義を明確に意識してゐるものだとは云へますまい。

たゞ不可解なのは「私はほんとうの處女です」と自ら公言して、何の縁もゆかりもない人の前で女が誇ることの心理です。之は何のための誇りでせうか。「ですから私を尊つて下さい」と要請する前提だと云ふなら、誇らないで、もう少し下手から出たらよいでせうに。その誇りの裏に「私以外の世の殆んど凡ての人は汚れた人なのです。肉性に於ても節操に於ても不純な人達斗りなのです」と云ふ意味を仄めかしてゐるのなら、甚だしい僭越と評さねばなりますまい。己れの處女たり貞淑たることは、定まる未來又は現在の夫に對してのみ絶大の誇りとなし得べきものであつて、全く赤の他人に對しては、その處女たると否とは、たゞ不關心のことであるに過ぎません。

しかし乙女が眞の處女性を、實際に誇り得る期間は非常に短いのが常なのですから、眞の意味の處女が若しあつたならば、世に珍重せられるのは尤もなことでありませう。いゝえ、決して皮肉を申すのでありません。

(三) 性の心理に基くところ

上野陽一

「處女」といふ言葉はあるが、「處男」といふ言葉はない。「童貞」などゝもいふが、處女といふほどの深い響きをもつてゐない。童貞よりも處女の方が遙に大切なものであるといふ心持ちは、一般の人の頭にしみこんでゐるやうである。處女作、處女地などゝ、すべて汚されぬ清き状態を示すために、女性の純潔さを示す言葉を冠するのが常であつて、決して男性に屬する言葉を用ひない。これも世間の人が男性の純潔よりも、女性の純潔の方を重く見てゐる證據である。

183 「処女尊重の根拠」 千葉亀雄、杉田直樹、上野陽一、二階堂佳能子 『婦人公論』大正15年4月1日

これは果してどういふところから來てゐるのであらうか。

人間を大きくわけると、男と女と そして子供の三つになる。子供は男性でもなく、女性でもない。中性的のものである。子供の或ものは男性に、或ものは女性になりつゝあるけれども、まだ男性にも女性にもなつてゐないのが、子供である。この子供と男女の大人とを比べて見ると、大體において、大人は汚れたもの、思邪なものと見なされ、子供だけが清いもの、汚されてゐないものとして、天眞爛漫とか、思無邪などゝいふ言葉で形容されてゐる。或は「子供は罪がないから」などゝもいふ。キリストがユダヤ地方を巡遊中、多くの人がイエスのさわり給はんことを望みて、幼兒らをつれてきたところが弟子たちはそれを禁じようとした。そこでキリストは、「おさなごらの我に來るを許せ、とゞむるな 神の國はかくの如きもの〻國なり。誠に汝等につぐ、凡そおさなごの如くに、神の國をうくる者ならずば、これにいること能はず」といつた。卽ち子供は無條件で、神の國にいることができるが、大人はそのまゝでは救はれないといふ意味である。

男子よりも、女子の純潔を尊ぶ處女尊重の思想と、大人よりも、子供の純潔を尊ぶ思想との間には 似通つた點が少くないと思はれる。子供は生長して、或は男となり、女となるが、男と女とは、その性質において、いづれが多く子供に遠ざかつてゐるかといふと、それはむろん男性であるといひ得る。第一 體格からいつても、女子の體格は男性よりも、むしろ子供に近い、骨組の細いこと、筋肉のやわらかいこと 皮膚面の細かいこと、たけの低いこと、胴の長いこと、みな子供の方に近い。精神上の特質においても、女子が男子よりも子供の方に近いことは、多くの學者の認めてゐることである。ショペンハワーも、女子は子供を大きくしたにすぎないものであるといふ意味のことをいつてゐる。

男と女と子供と、から三つ比べて見たときに、女は男と子供との間に位しつゝ、男よりも、むしろ子供の方に近いものであるとすれば、女に對しては、男子に對してよりも子供のもつ純潔さをヨリ多く要求することは 當然の心理でなければならない。然るに子供の對象は親であり、女の對象は男であるところからして、そこにちがつた關係がなりたつてくる。

親は子供に對して、はへばたて、たてば歩めと、一日も早

く大人になることを望んでゐる。一方において、子供は大きくなればなるほど、愛らしさ、無邪氣さがうせて、純潔性がなくなつていく、親もそれを承知で、「憎まれざかり」などいふ言葉で、或時期の子供を評してゐながら、やはり大人になつていくのを喜んでゐる。

然るに男性が女性に對する場合は、全くこれに反してゐる。男性は女性がいつまでも、子供らしさをもつてゐることを望んでゐる。即ち女子が久遠に處女であることを希つてゐる。親としては、自分の娘が早く結婚して、妻となり、母となることを希望してゐるけれども、一般の男性は、女性が妻となり、母となることを希望してゐない。時としては、實際の親ですら、自分の娘が人の妻となることを好まぬものがある。これはいづれも、自分の氣づかぬ嫉妬心から來てゐるのである。某々文士たちが、淺草の某店の娘の處女性を讃美して、結婚防止會を作つてゐたといふ話であるが、これなどは明らかに、その娘が妻となり母となることに、嫉妬を感じたためである。この點から考へても、處女尊重の心が性的のものであることがわかる。

歴史上、處女崇拜の最も著しく行はれたのは、聖母マリアの無垢受胎説であらう。キリストに對する神人觀はひいてその母たるマリアをも尊崇するにいたらしめた。これは中世キリスト教界に行はれた苦行主義、獨身主義から、マリアもまた處女生活を營んだ筈であると信ずるに至つたのも一つの原因であつたけれども、人間は多少とも、久遠の處女に對するあこがれをもつてゐるところから、聖母マリアを以て長しへの處女の象徴とみなし、理想化されたマリアにおいてその性的滿足を求めやうとしたのであるに相違ない。從つて舊教の人たちが、マリアの像を仰いで、祈禱もしくは禮拜を捧げ、甚だしきに至つては、その着物の一片、乳汁等までを崇拜する物品崇拜の現象を見るに至つては、全然性的代償の現象であると考へて差支ない。(物品崇拜とは變態性慾者が女の持物例へばハンケチなどを盜んで喜ぶ類をいふので、心理的には同一の類型に屬する。)殊に男子は一定の男子によつて占有せられざる聖母マリアによつて、處女崇拜の性的滿足を得、女子はキリストを生みたるマリアを強ひて處女視することによつて、多少のサディスム的快感を得てゐたのであらう。

要するに處女尊重の念は性的意識から出發してゐる。もし處女を尊重せねばならぬ理由如何といふならば、それは右のやうな心理的理由よりは、むしろ生理的側面にあるといはなくてはならぬ。今日の如く、父系を尊ぶ社會においては、當然童貞よりも處女性を尊重しなくてはならぬ筈である。生理學者の說によれば、女子は男子に接することによつて、血液の成分に變化を來たすといふことである。果して然らば、女子が處女性を失つた後に、結婚したとすれば、父系は無意味のものとなるであらう。それは前の男性によつて變化せしめられた女性であるからである。一般に人はなぜ處女を尊ぶかといへば、それは性の心理によつて說明すべく、處女を尊重せねばならぬ理由は、性の生理によつて說明せらるべきものであらう。（一五、二、一六）

（四）處女をタブーとする迷信

二階堂佳能子

「處女」もしくは 'Virgin' といふ言葉には、何とはなしに若人にもの思はせる、いみじいしらべがある。これを讚美崇拜する事は概念でなくて事實である。「年に十三回血をたらす動物」等と謂つて極端に婦女を嫌惡輕蔑したショペンハワアも處女丈けは淨らかなものとして敬意を表してゐた樣である。

此「處女崇拜」の念の根據については種々の意見がある。道學的理想主義者は、純眞整美に對する憧憬の理念の發現であるとなし、社會主義者達は、婦女を私有物視する資本主義經濟組織に伴ふ必然的惡であるとなし、一部の文學者流は好奇心及び「嫉妬」の感情の溯及的延長であるとなしてゐる。恐らく其の何れの說も妥當であつて、他と矛盾しない範圍において眞理であるであらう。私は根據については未だ觸れたくない感情を持つてゐるが其の起源については少し申し述べたい事がある。

其のかみ處女はタブーであつた。（タブーとは元來メラネシアの土語で觸れてならぬ物、避くべき事の謂であつて原始社會における一つの團體統制的機能をなして居つた、今日文明社會における法律は其の後來であるといはれてゐる。

我國にも澤山其例があるが私の最近見聞した所によれば千葉縣松之郷地方には胡瓜のタブーがあつて土地の人はキウリを食べないのは勿論、造りもしない「松之郷」神社の御神體として崇拜禁忌してゐる。同時に其の特別の加護の下にあると信じてゐる。我國民の欽仰してゐる三〇〇〇器をタブーなりと斷ずる學者さへあるが私は採らない。然し是等の事で感得される樣に、タブーといふ觀念には神聖崇拜禁忌嫌忌等の諸念が渾沌として入り混つてゐるのである。強いていへば我國の「祟り」といふ語が當つてゐるであらう。）

太古において處女が「タブー」であつた事は世界各地に行はれた又は行はれつゝある奇習傳說等からたやすく證明若くは推論し得るのであるが、此處には其の最も顯著にして奇拔なる一例を擧ぐるにとゞめやう。それは「初夜權」といふ事である。卽ち一女が一男と性的協同生活（卽ち婚姻）に這入るに先ち、土地の長老、祭司、酋長等が先づ其女の試嘗をする事である。かかる權威者の力をかり得ない時は、女の近親が、刄物其他の物具によつてデフロラチオンの裝作を行ふ事もある。此等の試嘗者は權利としてよりもむしろ義務（又は好意）として是を行ひ、此行事がすまなければ婦女は一切性的協同生活に入る事を許されない、又誰も相手にしてくれないのである。

此奇習に對して法律學者は、原始亂婚時代より個婚に至る過渡期において、部落內の全男子に屬すべき婦女を特定の一男が專有する際の代償的償罪の儀式であるとしてゐるが、さういふ近代的のものではなく、タブーである處女をタブーでなくする、一種のルストラチオン（除祟）の儀式である。卽ち新米をタブーとせる場合における新嘗祭若しくは神嘗祭と同一の原理に基く儀式である。かかる奇習は、南洋諸島、グリーンランド、アフリカ、オーストラリア、カウカサス等の未開諸地方に觀られるばかりでなく、西歐の文明諸國においても遺跡又は傳說として殘つてゐる。フランスでは、ドロア・ドウ・キユイサージ等といつて、新婦の初床に媒酌人が長靴を入れたり、足を踏んだりする慣習がある、獨逸では、レヒト・デア・エルンスト・ナハトといつて、村長が、新郎に先つて新婦と二人切りで一室で祈る儀式がある。アイルランドではマーガツタといつて、新婚に際して新婦の父老より領主に對して獻納金又は貢物をする風習がある、これは決して「婚姻稅」ではなく、試嘗若くは破花に對する感謝の意であ

187　「処女尊重の根拠」千葉亀雄、杉田直樹、上野陽一、二階堂佳能子　『婦人公論』大正15年4月1日

る。

我國に於ける「仲人」の例、花柳界における Landing [mizuage]の例等において是に該當するものがあるが、此處に詳述する自由を持たない。要するに Jus Primae Noctis なるものは一遍の奇習として葬りさらるべきものでなく原始的社會における普遍的儀禮であつて、處女のタブーに對するルストラチオン（除祟）の裝作である。

然らば何故「處女」をタブーとするに至つたかといふ事が重大にして且つ興味ある問題であるが紙數の都合で詳しくは書けない。

原始時代において處女膜（Hyman）が非常に强靱堅牢であつて一種の貞操衞生的機能を營んでゐた事、月經（mini struation）は文明人より過少で婚姻は恒に月經に先つて行はれた事（所謂早熟早婚）及び火と血に對して、原始人のすばらしい驚歎神秘畏怖の念を持つてゐた事等の科學的基礎に則して次の事が言ひ得る。

卽ち、原始時代、處女の婚姻（Cortion）に當つては非常なる出血（blood）を伴ふ、而して其後引つづき週期的に繼起する出血卽ち月經をも是に起因するものとして驚畏する、かくて血に對するタブーの念は直ちにうつつて處女に對するタブートの念となる。（目的異樣化の原理からたやすく說明ができる。）所でタブーとは前に言つた樣に神經觀念と恐畏觀念との複合觀念である。ユス・プリメ・ノクチス等に伴ふ神祟的儀禮は、前者（卽ち神聖觀念）を抽象强調せしむるに至り遂に處女崇拜の念を生ずるに至つたのである。

女の問題に關して血の事を忘れてはならない。蒙昧な原始人が月經の血と處女膜の血とを同一に觀て、驚歎恐畏しタブーとするに至つたのは滑稽であるが、聰明な現代人が後者の血をのみ崇拜渴仰し、前者の血を特に嫌惡蔑視（月の汚れとか、不淨とかいつて）するの愚はあはれむべきである。

今日、處女がタブーではないが處女にタブーが多い（言つてはならない事、見てはならない事、爲してはならない事）のは氣の毒である。冀はくば、「處女」と「タブー」とは斷然永遠に切りはなしたいものである。

（總）

吾等女性は何を一番痛切に要求するか

○宗教による同情心

林　きむ子

個人的にも國家的にも、宗教による同情心、愛心を、それから眞の美を解する高き趣味性を。

○『女のくせに』を除きたい

子爵夫人　松平　俊子

一、「女のくせに」といふ言葉を、この社會から取除きたい。

二、おとなしい婦人といふ賞讃の言葉が、もつと實質的に高上した意義によつて用ひられん事を希望する。

三　それには女性自身が今少し眞面目に自覺ある生活をなし、修養によつて、人格的にも知識的にも權威を持ち得ねばならぬと痛切に感ずるのであります。

○愛と經濟的獨立

聲樂家　永井　郁子

もちろん、その方々の環境によつて其要求するところも自然違ふと存じますが、私の現在の場合は

（1）　純眞博大な愛

（2）　確な經濟的獨立

この二つのものを一番痛切に要求してゐます。女といふものは、如何なる場合でも愛なくては一日も本當に生きてはいかれません。

次に昔から『女の一本立は出來ぬもの』といはれますが、事實女性は生理的にも男子と拮抗することは不可能でありますそれゆゑ確な經濟的獨立があつて、これに愛の力が伴つたならば、自分の使命を完うすることが出來得るかと存じます。

○經濟制度の改變

評論家　神近　市子

凡ての社會惡と婦人小供、下層階級の隷屬を生んだ經濟制度の改變といふより外にお答へのしやうはありません。

○高等專門教育

聲樂家　立松　房子

各階級に依つて其の要求は異なれども從來高等專門教育は男子にのみ重きを置かれたりしが、最近特に震災後は一般的に此の必要を感じ來りて、女子にも高等專門教育の高潮を叫ばる丶傾向あるは疑

ひもなき明かな事實なるが如し。」

○參政權さへ與へたら

大阪朝日記者　北村　兼子

たゞ今、婦人が要求してゐるところは公娼廢止、家庭に於ける婦人の位置、民法（妻の財産權など）刑法（姦通など）の改正、婦人の保護（深夜業、工業など）いろ〳〵ありますが、そんなものは目先の問題で、參政權さへ與へたら、みなゴテくさなしに解決します。現に普選によつて政治的に差別が徹廢せられ、極端なろ左傾派の外は、これに對する不平は除かれて、單に經濟上の爭ひに方面が轉換しました。たゞ取殘されてゐるのは、婦人と乞食とだけです。參政權さへ與へたら、諸種の問題は解決されるのです。その次は男女共學です。女をことさらに馬鹿にする教育をやめて、男とか女とかいふ性別を除き、共に『人』としての知識を授けるが好い。なんですつて？　風紀問題が？　タオル一つの湯上り姿で群衆の間をかきわけて通るだけの勇敢な女選手さへあるのですもの。」

○婦人の解放

相互タイピスト女塾主　新妻伊都子

總ての婦人が、凡ゆる形の隷屬から解放されることです。

○男子同樣に

女優　水谷八重子

女としてのHandi-capをつけないこと。

○試驗制度の廢絶

厨川　蝶子

子供等の良き成長と、日本國の前途の爲めに試驗制度の廢絶を望む（試驗亡國の前例隣邦にあると思へ）

○私達は惠まれてゐる

畫家　島　成園

私一人の考へから云へば、非常によい時代に生れあはして、痛切に要求する何物もないほど私達は惠まれて居るやうに思つて居ります。

○謬れる因習を毀したい

歌人　奧屋　庸子

『吾等女性』といふ代名詞はこの場合すこし漠然としてゐるやうです。從つてどうお答へしてよいかに迷ひますが、もし廣い意味の今日の女性として、それを日本の女性としてどんな要求があるかと仰有るなら『女性を家庭の日用品と考へる觀方と、女性を男性の附隨物であると信ずる思想を、實際上の社會律から抹殺して戴きたい』といふ事を第一に希望いたします。この社會生活發展へ向けられた女性の地位又は權利の向上に對する考察は、既に女性の自覺と一部男性の唱道するところになつてゐますが、今はもうその考察に對する本質上の可否を論ずる時ではなく、實際の問題として女性にとつて最も超え難き『謬れる因習の社會律』を毀すことに努力すべき時だと思ひます。法律はそれから後に生れてもよいと思ひます。

○社會道德の向上

中村英倫氏令孃　中村雅香

あまり澤山ありすぎて何れを一番とも申しかねますが、强ひて云ひますならば社會道德の向上。

○自分でもみ消す

畫家　梶原緋佐子

『女性であるがゆゑに』と言ふ言葉の下に可成り强く內在する心の要求の種々をも自分で强ひてもみ消して居る樣な日常で有る事を恥しく存じます。と、云つて所謂泣き寢入りに落ちたくはありません何を第一に――と言ふ程確たるお答へは出來ませんが。

○社會の正義を

生田花世

私たち女性のために社會の正義を要求いたしたいと存じます。しかしそれには自分自身の義務として社會の正義を要求する資格を十分に得たいと存じますから自分自身への要求として、あくまでも根强い努力と忍耐とをつゞけねばなるまいと思つてをります。何事も實力なしには要求出來ませんから――。

○時間の餘裕を

『若葉』同人　水田明子

これから自由に伸びやうとしてゐる可憐な子供達の、あまりに惡に染み行く事の速かなる、又不衞生、不攝生なるを見るにつけ、さうした子供達の家庭の主婦として、今少し時間の餘裕あらしめればより多くの良き人間、良き國民を作り得る事と思はずに居られません。さうした時、衷心現在の我が繁雜な生活の改善を切望いたします。

○女同志助け合ひたい

婦人運動家　奥むめお

女同志がもつと親密になりたい。女の地位を高めるためにも、又、社會の半分の責任になつて、男子と双んで世のため人のため、家庭のために働いてゆかうにも、女に理解と同情をもつ男子が多くあつてほしいと希はれますが、それ以上に女同志がもつと知りあひ、助けあひ、勵ましあひ、協力しあふやうになりたいものです。

○婦人の手で造られた世界を

今東光氏夫人　今フミ子

あんまり廣汎な御質問で何とお答へして好いかわかりませんが、今の世界は政治にしろ、法律にしろ、餘り男の方々の御手になつて居る感が御座いますので、將來は婦人の手にも造られた世界がほしいと存じます。

○おだやかな仕事を

聲樂家 早川美奈子

大部分の女性は、男性が外の仕事をして、家庭内の仕事を女性がして、おだやかに生活して行ける事を望んで居るので御座いませう。參政權を望む方々も一部にすぎず、私の樣なのも女性として變り種の部だと存じます。

○玩具にしない樣に

詩人 米澤順子

一、政治家にしても、政黨にしても、國家や國民、又政治そのものを、ひとつの玩具にしないやうにと、何よりもそれを要求いたします。

二、體の窮屈でない、旅行等に便利な、而も私達日本婦人によく似合ふ服裝がほしいと、これは現在旅行しつゝ切に感じてゐる事です。

○給料制度を

レストラン女給 川崎葉子

私は私と同樣な境遇にある女性の方々と共に、先づ何より絶叫したいのは、私共の待遇を給料制度にして頂きたいことです。乞食の樣なチツプ制度を廢して、他の職業婦人と同樣に給料を欲しいといふのです。

職業婦人として私共があまりに卑下されて居るのも、これがためではないかと思ひます。自動車でさへもチツプが廢される樣になつて、如何に快くなつたか分りません。

○社會と男性に

歌人 中河幹子

のび〳〵と、はれ〳〵と女性自身に與へられて居るものをのばし輝かしめてゆきたく思つてゐます。特に母性は大いに自ら尊重し、科學的に立派に、とても價値あるものにまでおしすゝめてゆきたく思つてゐます。

しかしなんと只今の社會は、男性は、女性に對して冷淡で無理解でせう。淋しく思はないではゐられません。

○女性自身の自覺を

製絲工場敎婦 下島貞子

近來女性に對する男性の態度が非常にまじめになつて來た樣に思はれますが、未だ女性を人間らしい取扱ひをせぬ方があるのを殘念に思ひます。第一にさうした男性のなくなることを望みます。

第二には女性自身に於いても、お互が充分に自覺して、恥しい行を平氣でする事のない樣に、すべての社會制度が男性と對等にされる日が來てもまごつくことのない樣にしたいと思ひます。

結婚禁止をすべき男女の鑑別法

◇もし結婚すれば配偶者や子供にどんな影響を及ぼすか？◇

お互に愛し合つてさへゐれば、そこに直ぐ理想的な結婚ができるものといふ、極く單純な近代的の考へをしてゐられる方には、少々不向きかも知れませんが、結婚によつて永遠の幸福を保證されたいと望んでゐられる人々のために、この問題を取扱つてみました。お話くださつた方々は、改めて御紹介申上げるまでもなく、何れも一流の專門家ばかりであります。『主婦之友』を愛讀してくださるほどの方々には、必ず相當の利益をお與へすることができると信じてゐます。（記者）

癩病

子供に遺傳はせぬが危險である

醫學博士　上林豐明

山里に住む身の悲しさ、專門のお醫者とてはなく、敎へて頂く人もなく、思案にあまつた揚句、御多忙中とは存じましたが、親切な先生の御同情にすがつて、厚かましくも御相談申上げます失禮の段を、どうぞお許しくださいませ。

癩病系の家に嫁した人妻の煩悶

癩病の系統の者にて、數年前にも父方の伯父と母方の從兄とが、同じ病氣にて死去いたしました者の子と、昨年五月に結婚いたしました。この頃になつてそれが判り、實家からは切りに歸れと申します。

一度結婚いたしますと、血液が濁ると聞きましたが、私も良人と同じ血統の體質に變りましたでせうか。癩病は遺傳するのではなくて、たゞ罹りやすい體質を以て生れてくるものと伺ひましたが、妻にも傳はるものでせうか。

良人に接することに、ます〳〵血を濃くしてゆくやうな氣がいたします。どうぞ悶え〳〵てをります私に、御誌の一隅でお敎へくださいませ。偏へにお願ひ申上げます。

◇

右に掲げましたのは、『主婦之友』の愛讀者である一婦人から、石川社長に宛てた手紙の一節でありますが、まことに御同情に堪へない境遇と申さなくてはなりません。世には斯うした境遇に悶えてゐられる方も、決して少くあるまいと思ひますから、癩病に就てお話を申上げたいと存じます。

◇

遺傳はせぬが子供は生まぬが可

癩病に關する今日の醫學の知識は、まだ〳〵貧弱なものでありまして、決定的なことは申上げられませんが、大體に於て遺傳はしないといふ說が有力であります。

たゞ癩病は潜伏期が非常に長く、子供時代には少しもその徵候が見られないで、思春期になつて突然現はれる場合が多いため、遺傳をするものと考へられやすいのであります。

癩病は最初に神經癩の症狀を呈し、次で結節癩の症狀に進みます。結節癩になれば素人にも判斷がつきますが、神經癩の間は少しも表面に現れないので專門家にも一寸判斷が困難であるとされてゐます。

上林博士

癩病菌は、今日のところ純培養ができぬので動物試驗をすることができず、從つて科學的な證明もできないでゐますが、その形態や、色素に對する反應は、結核菌に酷似してゐるのであります。

前掲のお手紙の場合は、御主人が果して癩病者か否か判然してゐないやうですが、單なる世間の風評などを早呑込みすると、飛んでもない結果になりませう。たとひ血緣の間に癩病者があつたとしても、御主人にその素質があるとはいへません。

信用するに足る專門家に診て頂くのが、一番安心です。もし御主人にその病氣のあることが判明したら、お別れになつた方がお互のためと思ひますけれど、それも情に於て忍びないとすれば、今後は絕對に子供を生まないことを心懸くべきでせう。但し子供が生れても、癩病が遺傳するわけではないのですから、それほどびくびくする必要はありません。たゞ癩病者の子供は癩病に感染する危險率が高いのですから、その點はよく注意して、癩病者からは絕對に遠ざけてゐなくてはなりません。

本來ならば、癩病者は國立の癩療養所に收容して、世間との交渉を斷つやうにさへすれば、殆ど危險はありませんが、現在の日本では、その設備が不充分ですから、それもたゞ一片の希望に過ぎません。

性病

完全に快癒するまで結婚は絶對禁止

醫學博士　佐藤恒祐

とは異ひますから、その點をよく承知してゐて頂きたいのです。

先づ問題の結論を申しますと、性病者は道德上から、絕對に結婚をしてはならないのであります。

◇性病者が結婚すればどうなるか

性病のうちでも一番多い黴毒と痳疾に就て、簡單にお話いたします。以前はこれらの病氣と下疳とを總稱して、花柳病と呼び、花柳の巷に出入する者でなくては、罹らぬものゝやうに考へられてゐましたが、今日では一般の家庭にまで侵入して來てゐる有樣ですから、花柳病では當を得ないので、判り易く性病と呼ばれるやうになりました。蓋し性交によつて感染し合ふ病氣といふ意味であります。生殖器障害

佐藤博士

黴毒ある男と結婚してそれに感染すれば、不姙症にはならないが

姙娠後、流產や早產をすることが多く、たとひ當り前にお產をしても、その幼兒に黴毒が胎內傳染をして、發育の中途か思春期に達する頃に、潛伏してゐた黴毒が現れて、重い眼病や白痴、または聾啞になつたり、生來虛弱な體質の上に、樞要な臟器を犯されて、夭折する者の多いのは戰慄すべき悲慘事であります。

痳疾は初婚の夫婦間に感染すれば、不姙症となることが多いが、幸ひに姙娠すれば、黴毒に見るやうな惡影響を、胎兒に及ぼすことはありません。然し出產のときに、母體の產道に痳菌があれば、子供は初生兒膿漏眼(風眼)に罹りますから、よく注意しなくてはなりません。

◇

黴毒や痳疾の傳染徑路はどうか

黴毒は申すまでもなく性的行爲の結果、局部から局部へ感染するのですが、接吻によつて口唇から口唇へ感染したり、黴毒のある乳母から乳兒へ、黴毒兒から健康な婦人へ傳染することもあります。食器や寢具から感染することは、先づ稀としなくてはなりません。

痳疾も主として性的行爲から局部に感染するのですが、もし痳菌が眼に入れば、眼にも感染するものですから、錢湯の貸手拭などは、よほど注意しなくてはなりません。

婦人は最初子宮に感染し、次で喇叭管、卵巢などの子宮附屬器に、病毒の蔓延するのが普通ですが、これは非常に難治のもので、遂にはヒステリー症などを誘發し、そのために一生を憂鬱に暮さなくてはならぬといふ實例は、世間に少くないのです。また尿道から膀胱を侵し、謂ゆる消渴となる場合も稀ではありません。

西洋に『文化は黴毒化なり』といふ有名な警句がありますが、實に近代文化の進步と共に黴毒その他の性病は著しく增加してまゐりました。殊に社會組織が複雜になつて、生活難が激しくなるにつれて、一般人の婚期が遲れるところから、その性的生活は却て放縱に流れ、未婚男子の性病に侵されてゐる者は、驚くべき多數に上つてゐますから、世の婦人たる者は、充分の警戒が肝要であります。然しまた中には未婚の婦人にして、初婚のお土產に性病を持參してくる者もありますから、男子たる者もなか〳〵油斷はなりません。

◇

誇張誤信された六〇六號の眞價

潛伏黴毒の有無を知るには、ワッセルマン氏その他の血淸診斷法によりますが、痳疾の方は局部と尿の檢査をせねば判りません。

黴毒の療法としては、六〇六號より效果のある方法は、まだ今日のところ發見されてをりません。六〇六號の發見された當時は、その效果が著しく誇張されて、わづかに一二回の注射をすれば、完全に治癒することができるやうに考へられてゐましたが、實際はそれほど效果のあるものではなく、普通のものでも十數回、場合によつては、二十回以上も注射しなくてはなりません。それも六〇六號だけでなく、水銀や蒼鉛などの補助注射も必要なのですから、なか〳〵大變なものです。

六〇六號を數回注射すれば、體の表面に現れた症狀は直ぐ消滅しますが、血の中に殘つた病毒が、骨や神經系統を侵すやうになると、全治したものと思ひ込んでゐるうちに、鼻が落ちたり鼻聲になつたり、脊髓癆や痲痺狂を惹き起すのです。斯うなつては人間もおしまひです。症狀によつては、直接生命を奪はれることもあります。近年、痲痺狂の多くなつたのは、六〇六號を濫用した結果だといはれてゐます。

六〇六號の效果が誇張して吹聽されたゝめ、人々は不潔な性行爲をすることに大膽となり、そのために取返しのつかぬ損失を、どんなに多く經驗してゐるか判りません。

痳疾は確實に全治したか否かを知るために、少くとも五六ケ月の時日を要します。その間は常に醫師の監視を受けて、再發しないことが判明した上でなくては、斷じて結婚をしてはなりません。

痳疾も黴毒も、難治ではあるが、不治の病氣ではないのですから、結婚前に必ず全治するやう努むべきであります。

日本でも昔から『黴毒氣（昔は黴毒も痳病も一つに考へてゐました。）と己惚のないものはない。』とまで言はれてゐるほどですから、性病の多いのは事實ですが、あまり神經過敏になつても困ります。反對に、自分の病氣に氣附いてゐながら、それを治療もしないで、結婚するやうな圖太い人間の多いのにも閉口です。

法律で、性病の有無や治否を規定した結婚條件でも制定されたら、この上もないことですが、それも遽に望み得ることではありませんから、せめては結婚前にお互が、自發的に性病の檢査を受けるくらゐの道德觀念を、誰でも持つてゐて欲しいと思ひます。

大酒　幸福は絕對に保證が出來ぬ

醫學博士　片山國嘉

◇不注意な親が飲酒の癖をつける◇

どんな大酒豪に訊ねてみても、子供のときから酒が好きだつたといふ人は、殆どありません。最初は苦い藥を飲むやうな思ひで口にしたのが、次第々々に美味しくなり、遂には酒がなくては、一日も暮せないやうになつてしまふ人が、非常に多いのであります。

もう可なり以前のことですが、神田で實母殺しの大罪を犯した男の如きは、田舍にゐた頃は酒が大嫌ひで、お正月に屠蘇などを無理に飲まされると直ぐ吐き返してゐたほどださうであります。

片山博士

すると父親が『酒の飲めないやうな奴は、俺の伜ではない。』などと申しますので、子供心に、それが悲しくもあり口惜しくもあつたので、隨分苦しい思ひをして飲酒の癖をつけ、そのために性質は次第に荒んで來たといふことであります。

考へてみれば實に馬鹿げた話で、父親の不注意千萬な一語が、その愛兒をして、遂に實母殺しの大罪人に導いたのであります。

◇酒癖は病的な第二の天性である◇

飲酒癖は人間本來の性質とは全然相反するものであつて、病的な第二の天性ともいふべきものであります。從つて子供のときに、その母親なり小學校の先生なりが、飲酒の害の恐るべきことを充分に理解させておきさへすれば、何も米國のやうに全國民を法律の力で強制しなくとも、二三十年後には、必ず立派な成果を見ることができる筈であります。

我が國には幸に『未成年禁酒法』といふものが生れましたから、これを單なる一片の法律とせず、あの法律の生れた理由、生れなくてはならなかつた理由を本當に理解して、子供を導きさへしたら、二十一歲になつたから急に飲酒を始めようなどといふ馬鹿者は、恐らくゐないことでありませう。

第二の天性となつてしまつてから、法律の力で無理に禁酒を強ひるのは、米國の例にも見られる通り、殆ど不可能に近いことであります。

神酒だの屠蘇だのと言ふ名目で、子供に酒を勸めることは、在來の日本人の惡い習慣の一つでありましたが、今後は絶對にそれを避けて欲しいと思ひます。人間は酒を飲まないのが、生理學的に正しいのですから、子供にその惡習の根を植ゑつけないやうにすることが、眞に我が子を愛する所以であります。

◇

身心共に病的なる子供が生れる

大酒飲みと結婚することのよくないことは、殆ど議論の餘地もありませんが、大酒飲みの息子や娘と結婚することも、成るべく避けなくてはなりません。本人は一滴の酒も口にしないほどの人でも、その父親が大酒飲みであれば、結婚後の幸福は保證できません。

大酒家の子供は、ヒステリー、神經衰弱、不眠症、食慾不進などに陷りやすく、また調子はづれの低能兒も少くありません。概して心身共に病的な子供が多く、環境に對する抵抗力が弱いため、ほんの一寸した病氣にも、たやすく生命を奪はれることがあります。

日本は乳兒の死亡率の一番高い國ですが、これなどは飲酒の害が、よほど大きな影響を及ぼしてゐるものと思ひます。また流産死産なども飲酒家の家庭によく見られる現象であります。

酒の害は、その本人に及ぼす影響よりも、子孫に及ぼす方が、ずつと大きいのですから、實に一身一家の損失に止まらず、全人類の將來の幸福に、呪はしい暗影を投ずるのであります。してみれば私共は、自分一個の刹那的享樂を追ふの愚を止めて、絶對に酒は飲まぬこと、酒を飲む人とは結婚せぬことを、常に心に懸けてゐたいものと思ひます。

精神病

結婚すれば低能者の製造機關

醫學博士 佐多芳久

◇

兩親が低能者なら子供も低能兒

精神病者の結婚問題は、患者自身にとつての重大問題であるばかりでなく、社會的の問題として、大いに研究を要すべきものであります。

近年、優生學の發達につれて、この問題は多數の學者によつて研究され、いろ／＼の學説や統計が示されてゐます。

一口に精神病といへば、非常に簡單のやうですが、その種類や程度によつて、多數の分類が必要であります。然しこゝでは判り易いやうに先天性と後天性の二つに大別して、大略を述べてみませう。

先天性といふのは、勿論遺傳性のものを意味してゐます。精神病は他の疾患に較べて、最も遺傳的色彩の濃厚なものであります。

幼年時代から先天的に、白痴・低能兒、または變り者として一般に認められてゐるものは、結婚年齢に達するまでに生命を終るか、幸に生き延びても、結婚問題などの眞面目に起り得る道理はありませんから、これは除外例といたします。

順調な境遇のもとに保護をしてやらなくては獨立の生計を營むことのできない程度の低能者には、結婚問題の起ることが少くありませんが、

197　「結婚禁止をすべき男女の鑑別法」　上林豊明、佐藤恒祐、片山国嘉、佐多芳久　『主婦之友』
大正15年10月1日

斯かる人が結婚すれば、その結果はどうなるでせうか。

佐多博士

夫婦共に低能者であれば、その子もまた低能者であり、夫婦のうち何れか一方が低能者である場合も、その子供は低能者に近いものが多く生れるといふことは、統計の示すところであります。

◇

恐るべき低能者同志の結婚の害

低能兒の兩親に就て或る學者の調査した統計によれば、その兩親は八〇％まで低能者であることになつてゐます。また他の統計によれば二二％が低能者であることを示してゐます。これらの統計によれば、低能者の結婚によつて生ずる結果は、實に恐るべきものがあると言はなくてはなりません。

優生學の立場から、低能者の結婚禁止論を主張するものゝあるのも、まことに無理からぬことゝ言はなくてはなりますまい。

ゴッダードといふ學者が、兩親共に低能者である百四十四家族に就て調べたところによれば、そこに生れた子供の總計七百四十九人のうち、精神狀態を明かに檢査し得たのは四百八十二人で、そのうち普通の精神者は、わづかに六人に過ぎずして、殘る四百七十六人は悉く低能者であつたといふことであります。

低能者のうちでも殊に道德的缺陷の多い者、つまり不良性を帶びた者は、絶對に結婚を禁じなくてはなりません。强盜、窃盜、放火、詐欺、殺人などの犯人は、多くこの道德觀念の缺けた低能者であつて、見たところは智的方面に何の障害もないやうで、そのために知らずして結婚し、いろ〳〵の悲劇を招く場合が多いのであります。

後天性の精神病で一番多いのは、黴毒のために起る痲痺性痴呆であります。これは多く四十歳前後に起るもので、その發病前に生れた子供には、黴毒の遺傳することはあつても、精神病は遺傳しません。

◇

精神病者を素人が鑑定する方法

癲癇病者や大酒家の子供に低能兒の多いことは、誰も知るところでありますが、非凡の天才や、偉人の子に、精神異常者の多く現れることは、興味あることゝ言はなくてはなりません。

また平素は常人と變りがなくて、時々發作的に精神異常を呈する人は、絶對に結婚を禁ずるわけにもゆかないでせうが、子供には矢張り惡い影響を及ぼすやうであります。

以上簡單に述べました點から考へますと、配偶者を求める場合には、相手自身を調べると同時に、その血統を詳しく調査しなくてはならぬことになります。

精神病者の素人鑑定法としては、その人の平素の言語動作素行などを精査し、その人と最も親しくする人に就て、何か風變りな點があるかないかを訊きたゞし、變り者、温和しすぎるもの、酒を飲むと性格の變化する者などは、多少とも精神病者であると思つて、差支ないのであります。

精神病は、治り得る症狀と、不治の症狀とがあります。治り得る者は、完全に治癒した上なら、結婚することは、少しも差支ありませんが、不治の症狀の者は、絶對に結婚を避くべきであります。

婦人畫報懇談會

現代の處女

―東京―

出席者（いろは順）

子爵夫人　戸澤錦子
伯爵母堂　津輕照子
厨川蝶子
柳原燁子
石原とみ子
佐藤まち子

◇佐藤　態々お集りを願ひまして有り難う存じます。今日は現代處女の思想、風俗、及び、皆様の處女時代から見て現代の處女に對しどう云ふお感じがなさいますか？　先づ初めに現代處女の思想上につきお伺ひいたしたいと思ひます、是を細かに申しますと思想傾向に就いて、例へば宗教とか、教育とか、常識とか、それから異性に對する心的傾向とでも申しませうか、それ等に付き御批判なり御感想なりを伺ひたいのでございます。

◇戸澤　境遇でいろ〳〵違ひませうと思ひます……私達の見て居るのは能く分りませぬが

◇柳原　思想と云ふことに付ては御年配に依つても違ひませうね

◇石原　……では先に風俗の方を伺ひますと

◇柳原　目立つやうなのは、心持も幾らか現はれて居りますね、隨分妙な格好をして、まるで金魚み

199　「婦人画報懇談会—東京—　現代の処女」 戸沢錦子、津軽照子、厨川蝶子、柳原燁子 ほか
『婦人画報』昭和2年1月1日

たいな人がありますす、眞紅にして金魚の鰭のやうなものを……

◇厨川　隨分思ひ切つた風を致しますね

◇戸澤　思想でも風俗でも外國の影響でないでせうか

◇厨川　活動寫眞の影響が多いだらうと思ひます。そして幾つかに別られると思ひます。私の目につきました處では、智識型とでも申しませうか、學問や何かを熱心にやつて、扮形を構はない極く質素にして居るのと、それから町娘型と言つたやうな黒繻子の襟を付けて、長唄、お琴、三味線などを稽古すると言つた風な型、もう一つはモダンガール型、職業婦人型、そんな風に幾つかに別けられるやうに思ひます、その色別けに隨つて思想的傾向も違ふではないでせうか

◇佐藤　現代を代表して居るのはモダンガール、智識型でせうか

◇厨川　智識型は、女性の向上のために自分達が修養し、將來立派な女性として獨立して職業をお持ちになるか或は人格高き母性として生活する理想的の婦人ですね、又其の型の芽生えだらうと思ひますが、今のモダンガールの型は、ほんとうに其日々々の享樂を趁つてゐるやうで、唯流行の物を着たり、流行の物を持つたりして、餘りけば〳〵しいので目につくやうですね、

◇柳原　どう云ふ家のものでせうか

◇厨川　隨分外國の活動のスターなどに憧憬がれたり、カフエーへ自分一人で入つて夜更したり、方方飛廻つて居るものもありますね、さうして唯異性の方から女王のやうに侍かれるのを無上の享樂のやうに思つて居るやうですが

◇佐藤　さう云ふのは極く最近ですね、四五年此の方でないでせうか

◇厨川　今まで女性が押へ付けられて居た反動ではないかしらと思ひますが、是まで男子の方が勢力を持つて女性が押へられて居た反動と、少しは反抗心も手傳つて、女でも男と同樣、男が不品行していゝのなら女も同一だと云ふ穿き違ひの極く功利的な貞操觀念もあるんではないかしらと思ひます、男の方が貞操を守らないで、女だけ貞操を守るのが馬鹿々々しいと云ふ極く淺薄な考で、いろ〳〵放縱なことをなすつたり、深く考へないで今日明日と云ふやうに異性を取替へる、それを一つの面白い事のやうに思つて、異性の感情を弄ぶのを何とも思つて居らぬそれを罪惡とも何とも思はないで、自分のえらさとか、誇とかのやうに考へて居る、そんなのが過渡期に出て來る一種の現象だと思ひま

すね、町娘と云ふ型には可なり思想的にしつかりした方が私の目につきます、立派な御家庭で、町家とか、大きな實業家とか、お年寄のゐらつしやる御家庭では、今のハイカラ風でなく、思想的に個人として目覺めてゐらつしやる方があると思ひます、一概に其思想が遲れて居るとは言へない、矢張教育なんかも相當の學校へお入りになつて、雜誌や單行本なども廣く讀んで、斯んな方が斯んな本を讀むかと思ふ事もある位です。それからもう一つの職業婦人の型は、大部分生活のためになさつて居る方が多く、餘儀なくそれをなさつて居るので、自分の能力や天分をこゝで發揮することが出來ると言つて、悅んでして居る方が少ないやうに思ひます、それが一つの世渡りの階段であつたり、生活の手段であつたりして、其職業を目的として、大に盡して見やうと云ふ傾向を持つて居る方が、少ないやうな氣が致します、僅かに學校の先生とか、新聞や雜誌に關係のある方に、さう云ふ風な、自分の職業につき熱心にやつて居る方があり、それから繪とか音樂とか云ふやうなことを獻身的に、丁度久野さんみたいに、自分の一生をそれに捧げて終ふと云ふ熱心な方もありますが、さう云ふ方の型は、是から段々發達して行く型ではないかと思ひますが、只今のモダンガールの型は、近い中に亡びる型ではないかしらと思ひます、是が段々墮落しましたならば、西洋のつまり「街頭の娼婦」と云ふやうな風になつて行く型でないでせうか、よくなりましたならば、他のどつちかの型、從來の他の三つの型に入るものでないでせうか。

◇津輕　さういふタイプは矢張りいつの時代にもあるものではないでせうか

◇厨川　良い型のものは、何時までもあるでせうが……

◇津輕　ちつとやそつとでは、消えはしまいと思ひますが――明治時代のモダンガールと云ふものとは性質が幾らか違ひますね

◇厨川　明治のやうな時代にモダンガールがあつたでせうか

◇津輕　少數ではあつたでせうけど

◇厨川　道德觀念、貞操觀念が稀薄になつて居るやうですね

◇柳原　親同志は默つて見て居るでせうか

◇厨川　放任して居る家庭に出るのぢやないでせうか、親の方に教育がなく、娘のすることが現代的である、こんなのが西洋式で良いのだと云ふやうな思ひ違をして居るか、それでなければ家庭で餘り嚴格に過ぎるため、反動で外部に發するのか、兎も角モダンガールと云ふのは、餘り感じの好いものではありませんね、何處となしに娼婦と言つた香がするやうな氣がして……

◇津輕　本當のモダンガールのタイプと云ふのは、どう云ふのですか

◇厨川　私はよく存じませんが、目に立つやうなけばけばしい裝をして、目のふちを青くくまどつて、髮なんかも特に變つた格好に結ふて表情に巧な……如何にも解放された女性といふ感じの……。

◇柳原　普通の娘でせうか、女優の出來損ひでないか知らと思ふやうな……。

◇佐藤　良家の子女でもございますやうですね、

◇戸澤　何れも學校を卒業してから後ですか

◇柳原　私の知つて居る友人から聞いたのでございます、良い家の娘でございますが、結婚まで勉强でもと其母親が言ふのでその友人が引受けました、十八才でございますが、其娘がどうでせう、私もびつくりした、大變なおしやれで今の金魚の格好は致しませぬけれども――一日來ないので、心配しまして電話を掛けたら、大變なのよ、不良少年につけられて、來られなかつたと言ふんです、丁度自分の直ぐ傍に

201　「婦人画報懇談会—東京—　現代の処女」 戸沢錦子、津軽照子、厨川蝶子、柳原燁子 ほか
『婦人画報』昭和２年１月１日

三百坪ばかりの森があつて、そこを通らなければならぬ、そこへ差掛つたらつけられたと言ふのですけれども、そんならそこから歸るより私の友人の家へ入り込んだら宜いのに、皆嘘なので、默つて居るといろんなことを言ふ、手紙をつけられて後を追つかけられ、一緒に活動に行かないかとか、何とか言はれたと、それを自慢して居るのぢやないかしらと思ふやうな、さう云ふのがありますからね、今の娘はどうも…………

◇厨川　もう一つ型を殘しました、運動をなさるスポーツ型、只今勢力があるやうでございます、前の方へお入れなすつて戴きます。

◇柳原　何とか孃と云ふのが出て居りますね、人見さん……

◇津輕　全體にお孃さんの體格は好くなりました、迚も立派になりましたね、運動の奬勵と云ふことは、確かに必要だと思ひますけれど、まあ選手は運動奬勵の犧牲になるつもりでなければ、なりませぬね、それで男の選手でさへも隨分無理をやる結果體をこわしたり學問が疎になるといふ話をきゝますが女はどう云ふことになりますか、男の選手より一そ誘惑が多いでせうから餘程しつかりしなければならぬと思ひます。

◇厨川　誘惑なども多うございませうね

◇佐藤　男は男性美として非常に皆さんからもてるやうですが、女はどんなものでせうか

◇津輕　發育の立派な方はそれは見事ですよ

◇佐藤　男性から見たらどんなものでせう

◇戸澤　それは女らしいのを好きな人と、勇氣のあるのを讃美する向きもあるらしく思はれますから……

◇柳原　丈夫で生き〳〵したのが良いですね

◇厨川　私などはお婆あさんになつたいま、若い中にもつと運動して居れば良かつたと羨しく思ふことがあります

◇津輕　私共の子供時代には運動なんか……

◇厨川　成べくしとやかに大きな聲で物も言はないやうにして、人様の前へ出れば顏を赤くしてもじ〳〵する位が良いとされて、永らくさう云ふ因襲の生活をして來ましたが、今の方は……

◇津輕　私達の時代の事を言つて今の人にさうせよと言つてもそれは無理だと思ひます、迚もさう云ふ考ではあゝ云ふ競技場へあゝいふ姿で出て行くだけの勇氣は出ないでせう、——こんな事考へるだけ自分は古いと思ひます、どうしてもそんなことに極まりが悪いやうでは、是から駄目なんでせうね

◇厨川　女だからと言ふやうな事を考へず、人間だからと考へて居るのぢやないでせうか、今のスポーツなどを見ますと、女だからと特に考へる必要はないと思つて居るのではないでせうか

◇津輕　私達の處女時代のことが頭の中にこびり付いて……

◇戸澤　隨分お轉婆だと言はれましたけれど、今から見ると、餘程おとなしかつたんですね

◇佐藤　では次に移つて奥樣方の、現代處女に對する理想と御希望は……？

◇津輕　女と云ふ事を考へないと云ふのが、考へない方が宜いのでせうか、矢張それを頭に入れてはならないのでせうか、

◇厨川　どちらがよいと思召ますか、御自分でお考になつて、どちらの方が將來人間として幸福なんでせうか？。

◇津輕　どうしたつて女は……

◇柳原　男だつても自分で男だと思ひませう。

◇厨川　私が申ますのは女は斯うすべきだといふ因襲や傳統觀念に囚はれるか囚はれないかと云ふ事です。

◇津輕　いまは矢張反動でもつて無暗に女と云ふ氣持を隠して終はと云ふやうなことも隨分あるんぢやないでせうか、もつと自然に自分は女だといふ氣持が湧いて來たら一番宜いだらうと思ひますが、さうして型に囚はれないでね。

◇厨川　人間として男、女、と並べる時、女は一段低いやうに今でも考へて居るんでないかしら、

◇石原　今までの習慣で……

◇厨川　女性の尊嚴を自覺して自分の位置を高く評價して、其上で女が女らしいと云ふことは宜いものだと思ひます。

◇石原　運動と云ふことは本當に宜いと思ひます、何處までも奬勵すべき事だと思ひますけれど、今やつて居る――新聞や何かで隨分騒ぎ立てゝ居る運動の中には女どしてどうか知らと危まれる種類のものがないでもありませぬね。

◇戸澤　閨閤の指導者が氣をつけなければ、兎に角氣が弱いものですから、少し言はれるとぐら〳〵して終ひます。

◇佐藤　大體に現代の處女の方は大變強くなつたと云ふことが言へませうね

◇戸澤　異性に對してもさうぢやないかと思ひますが……

◇厨川　現代の處女が因襲や形式に囚はれないと云ふのは一つの特長ですね、舊いものが壊はれて、新らしいものが本當に出來て居ないから、いろ〳〵な間違事が起るんですが、道徳なんかも舊い道德が權威を無くして、新らしい道徳がほんとうに樹立されて居ないので、結婚とか愛とか云ふ事に付ても、ほんとうに眞劍に考へられて居ないぢやないでせうか

◇佐藤　どつちに向つて宜いか迷つてゐらつしやる方が多いやうですね、

◇石原　今年頃の娘さんを持つて居る親御さんが一番心配の時でせうね、

◇厨川　男の子より心配だと思ひます

◇戸澤　學校なんぞも特色のあるものを選んで入れると餘程違ひます、

◇石原　先生の仰つしやる事は、お子さんに取つては何より信頼するのですからね

◇戸澤　先生方もそれは御熱心で、同情があると思ひます、迚も私ども力が足りないとつく〳〵さう思ふて居ります

◇石原　智識的に可なり深くなつて來ましたが、宗教的方面にはどうでせうか

◇佐藤　大分宗教と云ふ觀念が濃厚になつて來たやうでございますね

◇石原　一般には如何でせう

◇柳原　それは無宗教の方が宜いでせう、私の友達が一人の男のお子さんを亡したので行つたのですが、牧師がにこやかにして居るので隨分妙な氣が致しました、その牧師さんのお祈りに此幼ない子供を二人の兩親に授け賜つた事を有難く感謝致します、さうして天に回ることを感謝致しますとか何とか云つてちつとも哀悼の意がひゞかないのです、さう云ふものかも知れませぬけれど今子供を死なして泣いて居る時に、あんな事を言はぬでもと云ふ氣が致しました

◇石原　既成宗教と云ふものに對しては、以前に比すると、皆の頭の感じが違つて來たんぢやないでせうか

203　「婦人画報懇談会―東京―　現代の処女」 戸沢錦子、津軽照子、厨川蝶子、柳原燁子 ほか
『婦人画報』昭和２年１月１日

◇柳原　それや滿足じないやうに思ひます、白骨の何とか――朝には煙になつて夕には……あれも名文には異ひありませんが有難くないぢやないですか、茲にほんとうに偉大な人物が現はれて來なければならぬ時代ですね、

◇戸澤　政治界にしても總ての社會に――

◇柳原　行詰つて居るのでせう

◇厨川　私共の子供は既成宗敎に信仰を有つて居りませぬ、基督敎にしろ、佛敎にしろ聖書や佛典を讀んで研究して居るらしいのですが――。私は自分で別に宗敎觀を有つて居ます――子供達は佛前でお經の文句を唱へることもなく、神前で一向御祈禱してもゐませんが、自分が正しくして居れば、それで宜いのだとさう云ふ風に考へて居る、今までの宗敎のやうに、どの信者だから宜いと云ふやうな事は間違だと云ふ風に考へて居る、さうして今までの宗敎家の中に、いろいろ良くない人、僞善者があつたりした例があるので、宗敎其もの迄權威を失つて見えるのでそれに幻滅を感じて居る、此點は宗敎を傳道なさる方が餘程御注意なさらぬといけないと思ひます、誤つて極く形式に流れて、唯お寺は葬式をする所、敎會は御婚禮の式をしたり、お說敎をする、そんな所になつて終つては、詰らないですね、

◇佐藤　唯形の上の宗敎でなくして、自分の心に强く持つ信念……

◇石原　何でも宜しいのでございますからね。

◇厨川　信念と云ふものがあつたら宗敎に代るべきものでないでせうか

◇石原　モダンガールと言つたやうな人たちは、さう云ふ觀念が薄つぺらではないでせうか。

◇厨川　確固たる信念がないから輕佻浮薄な行動になり勝なのでせう

◇佐藤　指導者がさう言つた方面に心を向けて指導しないと、何か過ちがあつたり弊害があつたり、橫道に反れる人が多いからさう云ふ人達を導くには、宗敎といふものがなくては駄目ですね

◇厨川　女學校でも德育と云ふものをもつと重く見て、學科の點數などを第二に置いて、德育を第一に置かなければならないと思ひます、其の方法を强くして置くとあとで自然に何かの場合に打つつかつた時、潛在意識のやうに道德觀念が働いて自分で良い事だとか、惡い事だとか判斷が出來るやうになり、責任を以つて行動するやうになると思ひます、どうも中學校も女學校も德育といふ事より智育、體育と云ふことを大層重く見る傾向がございます、修身の時間、倫理の時間は欠伸ばかりして居るやうになりましては……

◇柳原　修身の時間は居眠り時間と決めて居るのがあります、中學校の先生などは今修身が一番むづかしい、何と敎へて宜いか分らい、何を中心に持つて行つて宜いか分らないと言つて居りますから

◇厨川　道德の標準が移つて居りますからね、昔は忠義とか孝行とか言つても、夫ある身が身賣をして親を救ふとか、忠義の爲なら仇討に人を殺しても宜いと云ふ風でしたが……

◇戸澤　學習院などは德育に重きを置いてるやうです

◇柳原　修身はどんな人が受持つて居ますか

◇戸澤　主事とか何とか主な方がお敎へなさるさうです

◇柳原　本があるのですか

◇戸澤　參觀した事はありませぬが、兎に角退屈なんかして居ないで、眞面目です、先生が揃つてゐらつしやる故かも知れませぬけれど

◇厨川　生きた問題を掴へて倫理の時間に之を評論的にやつたら宜いだらうと思ひます、時事問題にしてもいろ〳〵新聞の三面記事に出て

居ることでも、それを正しいと思ふか思はないか、其思想の傾向を見て善導して、唯數込むだけでないやうにしたいものですね。

◇石原　學校なんかを選ぶ時には、基督教とか佛教とか云ふものを標榜する學校と普通の學校とはどんなものでせう。

◇厨川　さうですね、私はどちらでもいゝと思ひます。

◇佐藤　他の人に聞きますと、却て宗教學校などはいけないと云ふ人がございますやうです……が。

◇津輕　宗教學校と言つても、中學校などでは、別に宗教的に何を強いると云ふことはないでせう。

◇厨川　芝中學校でもさうでございますの、是非念佛を唱へろとか、何とか云ふこともなく、大層校長さんが人格の立派な方で、倫理などには特に力を入れて御講義なさるさうで、ほんとうに良い學校だと思つて次男をお願ひして居ます、宗教的色彩があつても無くても、それは餘り問題にならないか知らと思ひますね、唯親御さんがお子さんの傾向を見て、此の子は斯んな學校に入れた方が其個性を伸ばし、短處を縮められると考へて入れれば宜いと思ひます。

◇戸澤　それは放任しないで、親が努めなければならぬ所ではないでせうか。

◇厨川　つまり上流社會の子弟が行く學校だから入れるとか、府立だから入れると云ふのでなくして、少なくとも其お子さんの個性を伸ばして上げやうと云ふ所から出發して撰擇して、入學さした方がいゝと考へます。その上でもし其學校がいけなかつたら過ちですから、仕方がないと思ひます、親の教育の仕方にも過ちはあり勝と思ひます、兎も角最善と思つてやつた事であれば、それが過ちでも許されるだらうと思ひます、又改めて轉校させてもいゝのです。

◇佐藤　話はちよつと戻りますけれども、是からの處女の教育程度は、どの位にして行つたら宜いでせうか、今の女學校だけでは何だか足りないではないでせうか

◇柳原　其の方の向き〳〵でせうね

◇戸澤　女學校と中學校とは大層違ひますね、それを中學校と同じやうにしたら、もつと程度が高まるぢやないでせうか

◇厨川　私は男女共學といふことが理想だと思ひます、宅の子供は京都のマリヤ幼稚園といふのに入れたのですが、是は亞米利加人が經營して居る教會の幼稚園で、當時の校長さんがミスで、何かにつけ亞米利加の方ですから、婦人を尊敬するといふ風で、出入りにもお孃さんを先きにして男の子を後にするとか、雨が降つても男子は傘を女子に貸して自分達は濡れて歸ると言つた風に、總て何かにつけ婦人を大切にする、婦人の前で不行儀をしないと云ふやうに躾けられたものですから、頭に大變浸込んで、宅に歸りましても非常に工合がよかつたのですが、小學校に入ると直ぐに壞れて「女の癖に」と云ふやうになりましたが、幼稚園同樣ずーつと女學校も中學校も一緒にやると珍らしくないから過ちもない、お互に長所も短所も知つていゝかと存じます、小さい頃からほんとうのフレンドとして親んで參りましたら、異性に對する感じも、唯清いお友達と云ふ感じで大學までずーつと行けるんぢやないかしらと思ひますが

◇津輕　今成城はさうでございませう、一緒でせう

◇石原　あの澤柳さんのですか

◇佐藤　男女共學になれば男女の交際の弊害も解決される譯ですね

◇厨川　どなたも縁談と云ふことに苦勞していらつしやるが、媒酌結婚それを頼らないで、他に途はないでせうか、そして宜い加減に狹い

範圍で極めると、後でいけないとか、もつと好きな方があつて見たり、いろ〲不幸な結果になりますが……

◇佐藤　さう言つた戀愛事件も隨分ありますね

◇厨川　現在の結婚生活にはいろ〲間違がありますが、男女共珍らしくなく双方能く理解が出來るやうにして置いたら、今の教育の程度と云ふことも、人間として同等で宜いでせうと思ひます、女に學問があるからと言つて、別段母性でなくなると云ふことはないのですからね

◇佐藤　今の教育だけでは低くはないかと思ふ點がございますね

◇柳原　餘り勉强して二十四五才までになつても困りますね、女は大學までやりますと隨分年が行きませう

◇石原　けれども女學校からお嫁入りまでの三年なり四年なりをたゞ裁縫や料理に費すよりも、その間をもう少し萬一の時の頼みになる知的方面に向けるやうにありたいと思ひますね。

◇厨川　それだけの收入を圖る途を自分で持つて居れば裁縫賃なんかは出て來ませうから

◇柳原　裁縫はそれで宜いとして食べるものは……

◇戸澤　食物は段々便利に商はれて來ましたから手輕に濟せるでせう

◇津輕　學校で教はらないでも、好きでやれば料理などは講習會とか講義録に依つてゞもやつて行けると思ひます

◇厨川　裁縫や料理など少々習ふより婦人は美術と云ふ方の教養があつた方が何かにつけて宜いと思ひます、そして何か專門的な技藝でも――。

◇津輕　嫌ひな方はさう言つてもなか〲ね

◇厨川　處女時代から生活の爲めになる程の事を修業して置かないと、家庭を持つて御不幸でもあつた時分、自分で獨立して子供を養つて行かなければならぬのに、女學校だけの教育では何で養つて行くことも出來ませぬし、どれで食べて行くと云ふ方法もなし、女中になるのは嫌だし、そんな時に特殊な一つだけ圖拔けたものがあれば、それで御飯が戴けるので、さう云ふ技術か學問か一つ欲しいと思ひます。

◇柳原　人々に依つて獨立することの出來る學校があれば宜いでせうね、專門的學校が……

◇厨川　それを修得してゐれば無暗に奴隷扱ひの待遇を受けないでも宜いでせう。

◇柳原　男子が大學を出ても五十圓か六十圓では迚も一家を立てる譯に行きませぬね、親が金持なら格別、さうでないと迚も……。

◇石原　ですから女も萬一の場合を考へておく必要がございます。

◇厨川　女學校時代に專門教育や、特殊の教育を施したら宜いでせう

◇石原　科目を自由に選べるやうな制度にして置いて、自分の才能などし〲延ばして行かれるやうな工合になつて居りましたならよろしいでせうね。裁縫を嫌ひな人が一緒に三時間なり四時間を是非それに費さねばならぬ、といふやうなことは小學校時代は止むを得ないとしても、女學校時代になつては考へものゝやうにおもはれますね。

◇厨川　――嫁入の時に何處學校卒業生だと云ふことをやかましく言ふのは、どう云ふものでせうか。

△戸澤　同じ學校を出てお嫁入をすると、それだけ親しみがあるやうな氣がするので、さう云ふ點に於て矢張り學校を選んで置かなければならぬと云ふことも將來に關係があります、中には學校が違つたりすると遠慮するす方もありますので……自分の過去を顧みて申上ると。

◇柳原　大きくなつてからのお友達は打解けませぬからね。

◇厨川　それ〴〵特色のある學校を選んで入學させ、學校を卒業した者が社會で立派に役に立てば何處の出身だと云ふ名目に囚はれず世間から歡迎されるやうになりませう。そしてどし〳〵各專門の學校に入るやうになり、もつと實際に働ける人が多くなると思ひますが……。

◇石原　今までの人の中には自分の爲に勉強するのでなく、人の爲に勉強してゐるのかしらと思はれるやうな人も居りますね。私なんかも今考へると或ひはそちらのお仲間だつかもしれません……。

◇厨川　少し今の小學校はやさし過ぎると思ひます、

◇戸澤　それは子供の素質によるでせうが

◇厨川　もう少しむづかしくても宜いと思ひます、今の中學校の二年位まではやさしくて、三年位から大層むづかしくなるから、其間に大きな溝があつて、そこで子供は苦しむのです、そこを小學校と中學校の境目にして、それから高等學校に行く、さうすると年限に於てずつと得でございますね、又落第と云ふことも平均點數でしないで、幾ら出來なくともどの學科か圖拔けて居れば及第させると云ふ事になると宜いと思ひます、平均點をよく取る爲めに苦しめるのは可哀想です。

◇柳原　圖拔けて頭の宜いものがありますね

◇厨川　圖畫が出來ないとか、手工が出來ないとか云ふのがありますから

◇佐藤　理想や希望はそんな所で終つたのでないでせうか、何か他に現代處女に對して御要求がございましたら……

◇厨川　現代處女の貞操觀と云ふやうな事に付て、御意見が出ないやうですね、

◇石原　お年頃のお子様を持つてゐらつしやるお方が少ないやうで、ちよつとお話が餘り直接でなさ過ぎるのでどうかと思ひますが、却て客觀的に御覽になつた所を……

◇厨川　私は皆男の子を持つて居りますので……

◇佐藤　大體から御覽になつて奧樣方の貞操觀と、現代處女の貞操觀との相違と言つてはなんでございますが、どんな風な傾向になつて居るかと云ふ事を、御話し願へれば結構でございます

◇厨川　ほんとうに昔通りの貞婦二夫に見えずとかいろ〳〵昔の言葉がありますが・貞操に就ても、處女の時代は純潔にして行かなければならぬとか、不品行をしてはいけないとか、いろ〳〵な事を教へ込まれて、無批判に自分の貞操を守つて居るやうな方もございませうし、それからもう一歩進んだ智識階級の方の考へ方ならば、自分の人格の尊嚴の爲に、自分が守つてゐるので異性を對象としない、貞操を獨立に考へて居る方もございませう、さう云ふのは立派な貞操觀だと思ひますけれど、矢張大部分は異性を對象にしての貞操のやうに考へられます、此間も山川夫人が日本の女は他に賣物がないので・一生養つて下されば貞操をあなたに上げます、と言つた風に・貞操を賣物にする風があるとまで極言なさいましたですが・貞操を賣物にすると云ふやうな事は・女性として人間として恥しい事ではないでせうか・無自覺な人達が貞操を賣物にする爲に・女性全體がどれほど蔑視されてゐるか知れません。

◇佐藤　自己のために貞操を守ると云ふことに、皆が目醒めて來れば宜いのですね、

◇厨川　それから結婚と云ふやうな事も、外的の條件ばかりに重きを置くと云ふ傾向があつて、眞劍に人格的結婚すると云ふ・本當の結婚と云ふことが考へられて居ないやうに思はれますね

◇戸澤　それは力がないからでせう

◇津輕　私はちつとも分らないのですけれど、境遇で隨分違ひますね。私共の周圍ではどうしても親が早く片付けねばならぬと思ひますので……

◇厨川　物質や地位や他の事を考慮しないで、唯本當に結婚なさると宜いと思ひますが

◇柳原　それはいろ〳〵束縛せられて居るものがあるでせう

◇津輕　一番私達の階級がいけないと思ひますね、矢張大きい小さい差はありますが、それが附いて廻つて居るから同じ事でせう

◇柳原　どんな所へ行つても、殊に華族仲間は困るですね、まさかタイピストにも行かれませぬし、世襲財産が皆なある譯でなし、有る家はありますが、無い所は隨分ございませう、特に大名華族なんかは世襲財産がなかつたら……

◇津輕　生活して行けるだけ持つてゐらつしやる方ばかりでもございますまい

◇柳原　お有りの方と無い方とどつちが多いでせうか——無い方が多いでせう。

◇厨川　不安定な結婚を急ぐのは幸福でないと思ひますね

◇津輕　併し早く嫁つて終はないと、何時までも宙ブラリンにして置くやうなもので親が心配なのでせう

◇厨川　養ひ手を見付けて居る譯ですね

◇柳原　親類の者がやかましく言ひますからね、殊に姉妹でもあつて、妹が先きにでも定つたら、なほ〳〵大變です、

◇佐藤　この問題に就いても奥樣方はどうお考へなさいますか

◇戸澤　親として考へますと生家で出來るだけしつかり勉強させてから嫁がせて後悔しないやうにしたいと思ひますが、婚期を失ふといふ點も考へなくてはなりませぬし、家に居れば娘として見て居るが、結婚するとすぐ大人にされて終ひますから

◇柳原　永く實家に居つて幸福な人もありますね

◇津輕　嫁かなくとも自分だけの生活がちやんと出來れば宜いのですけれど、さうでなければ何時まで經つても御厄介でせう、親が死んで終ふと兄弟の御厄介、兄弟が亡くなると甥か姪の御厄介で、何時まで經つても何姫樣などよばれて一人前には認められませぬね、

◇戸澤　隨分の氣の毒な方がありますね

◇柳原　戸主と云ふものは、自分で働いて得た金でなく先祖から遺された財産である以上、謂はゞ共有財産で、戸主一人で自由にすべきものでないやうに思ひますね

◇厨川　そんな事から家族制度の動搖を來たして居るのぢやないでせうか……男女を自由に交際させると云ふ事になれば、少し位婚期が遲れても、ちやんと嫁けるでせうに、是からさうして行きたいと思ひますが、今日の時代までは致方なく、今までの習慣に引摺られて行く譯でございますが、それを破るには大變な努力が要るですね

◇石原　それを破り切らうとするには自身隨分大きな犧牲を拂はなければならないのでございませう

◇厨川　女性の爲に犧牲になつたやうな人を皆で擁護するやうにして、生活を保障して上げて、是から先きも存分に活動して頂くと云ふやうにすれば、段々好い狀態になるぢやないかと思ひます

◇戸澤　婦人畫報が後援なすつて、大にやつて戴くのですねホ……

◇佐藤　それは後援致しませう、大いに

◇厨川　貞操擁護と云ふものがあるやうな工合に、女性擁護と云ふやうなことが必要ですね

◇石原　私どもの想像にも及ばないやうな――奥樣方の階級にはいろ〳〵むづかしいことがおありでせうね。

◇厨川　……先程の教育の程度はどうなりましたの、結論は……

◇佐藤　結論は男女共學に行つたわけでございますね？　皆さん御賛成なすつたやうでしたが……

◇厨川　外國はどうでせう、二十三四歳位で大學を出て終ふのぢやないでせうか

◇津輕　もつと遲ければ遲くても構ひますまい、さうあわてゝ嫁にやらなくても

◇厨川　世間の風潮として婚期が遲れて來ればですね。自分一人で立派に食べても行けるし、思想的にも獨立して行けると云ふ信念を持つて居ない以上は、人の母になつても不安で、子供を教育して行くことが出來ず、妻として一家を脊負つて行くことが出來ませぬと、矢張養つて貰はなければならぬ、それでは夫に惡いところがあつてもそれを善く導くことも出來ない、結婚と云ふことはそんな事も考へなければならぬから、もつと高い程度の教育が要る譯でございますね

◇佐藤　さうすると矢張り專門の何か一藝一能を有する、さう云ふ教育が必要でございますね

◇厨川　それが一番缺けてるのぢやないかと思ひます

◇石原　漸く小學校なり、實科女學校位を出た、嫁入前の娘さんが、嫁入の仕度と云ふやうな意味で、一年なり二年なり職業に就きますけれど、其間にお金ならお金を溜めることに集注することもなく、別に勉强することも考へない、あゝ云ふ人が家庭の人となりましたら、前途に不安が起きはせぬかと思ひます。一方に今お話しの有産階級の毎日今日はどうして過さうかと時間潰しにお困りの方もゐらつしやるのですから、もう少し其間に調和が取れて、さう云ふ風な人達の爲に、家庭に入つて本當の良人の良き手助けになり萬一の場合には一家を脊負ふて樹てるやうな、實際の教育を授ける機會があつて欲しいとつくづく思ひますね

◇厨川　さう云ふ方々を大勢一緒に置いて、そこで立派な方が指導すると大層結構でございますね。

◇佐藤　女中學校と云ふのがありますが。

◇戸澤　家庭學校と云ふのが巣鴨にあるとか聞いて居ります。

◇厨川　女中と云ふものも、もつと程度が高まつて宜いですね。

◇柳原　此頃派出婦と云ふものがはやるですね。

◇厨川　あれは大層重寶で、通勤も致しますし、住み込も致します、證明書を持つて來て、良い派出婦會でしたら不安なことはありませぬ、時間内はキチンと働きますから……もつと女中と云ふものを奴隷のやうにして置かないで、家庭の助手と云ふやうな風にして、機械で出來るものは成べく女中の手を借らない、裁縫でも洋服のやうな專門的に亙りますものや、パンなどは一軒々々拵へる所もありませぬが、さう云ふものは、專門家の手に渡して置いたら將來女中と云ふものは、主婦の手助けと云ふ風なものになつて、又女中が家庭の主婦の見習にもなるぢやないかしらと思ひます、

◇石原　本當に一時的のくだらない職業に走るよりも、皆好んで家庭見習に行きたいと云ふ娘さんが、多くなるやうになつたら將來は大へん幸福ですね、それには現在の家庭夫人がもつと〳〵目醒めてゆかねばなりませんが……何と申しても健全な次代の國民はよき母親によらねばなりませんもの。

◇厨川　女中がそれだけ頭腦を働かして能率を上げて呉れゝば俸給を

澤山げても宜いのですからね。西洋でも圖書館や何かで働いて居る大學教授のお孃さんもあつて、結婚までさう云ふ工合に身分のある方がどしどし働くと云ふことを耻ぢないやうにならなければ駄目ですね。

◇戸澤　同窓會の中でも中々働いて居られますね不要品を賣買して、其益を慈善に當てゝるお仲間もあります。

◇厨川　處女でも現代の處女は、昔の處女よりも痛切に生活と云ふものを考へて居るのが特色でせうね

◇柳原　昔は親掛りですから

◇佐藤　――如何でせう尚ほいろ／＼御意見を戴けば參考になると思ひますが

◇厨川　文壇のある作家のお言葉に、昔の處女は芝居や小說を通じて戀心を感じてゐたが、今時の女はすぐに直接行動に訴へる、自分で成功すればよし、失敗すれば又やり直すから宜いと云ふやうな風で、それだけ勇氣があるとも謂へるがと、そんな事を仰つて居られたやうに思ひますが……

◇佐藤　現代の女はかなり露骨になつて來たことは事實ですね、

◇石原　家庭教育の時間と云ふものが一般に少ないですね、お孃さんにしろ、坊ちやんにしろ

◇厨川　家庭に依りませうね

◇戸澤　時間は尠くなうございますね、兎に角家庭が堅實でなければ駄目ですね

◇厨川　世間との接觸が多いので、家庭で教育されるよりも世間から教育されるのが多いですね、新聞や何かに名士とか大臣とか政治家とか云ふ方々が、花柳社會に於ける行動をいろ／＼逸話的に、半分羨しいやうな句調で書き立てることは、一番惡い影響がありますね、さう云ふことを不品行だとも何とも思はない風であんな事から惡く教育されると思ひます、隨分さう云ふ記事は皆が讀みますし、又電車の中でいろ／＼話を聞くとか、幾らも惡い事を聞いたり見たりする機會がありますし、通學の途中でも男が女にからかつて居るのを見たり、そんなことで自分達も平氣でやるやうになつたりする、こんなことは新聞や雜誌のやうな側にも考へて頂き度いものですね、人殺しの記事などもあまり誇大に書かれると言つた風では……。

◇柳原　此頃の「熊」みたいに……

◇佐藤　……雜誌なんかに付て御希望を戴くか、御指導を戴けると大變宜いと思ひます

◇石原　毎月の事で、私共の貧弱な頭ではね巧い考もなか／＼出て參りません……

◇柳原　京都の方も斯んな風な問題でございましたか

◇石原　京都は趣味の服裝、大阪は家庭愛でございます――東京で取敢へず處女といふ問題を出したやうな譯ですが、雜誌の口繪の方ではお孃樣のお寫眞をお載せ至しますけれども、記事の方が少しお孃さんと遠ざかる傾向になり勝でございますから、もう少し女學校を卒業してお嫁入前の婦人の參考にしたい、そんなに考へて居りまして、取敢へず東京を此問題にして御意見を伺ひましたのですが……御出席戴きます方も成るべく雜誌に御聲援を願ふ方々と云ふので、お孃さんのお有りの方……そこまで考がつかなかつたやうな次第でございました。

◇厨川　何んだか大變世の中が明るくなつて來たやうに思ひますね

◇戸澤　何時頃からでせうか

◇厨川　四五年前からですね、頼るやうな氣が少なくなりましたね

◇柳原　女の方が豪くなつたのか、男の方が豪くなつたのでせうか、

それとも――

◇石原　突飛な方も今は絶頂でないでせうか、是から先きになると、目につくやうな扮形でも左程感じないやうになるかも知れませぬ

◇津輕　髮の結ひ樣など活動寫眞の影響かも知れませぬが、兎に角一體に見て大變感じがよくなつて來て綺麗だと思ひます、それは矢張東京のお孃さんで、日本趣としてのタイプは或は京都の方が宜いかも知れませぬが……。

◇柳原　京都はお婆あさんが綺麗だと思ひます、京都のお婆あさんが特に垢抜けがして。

◇津輕　髮をひつつめにしてきれいな年寄がお詣りにでも行くのがお友達と歩いてゐらつしやるの拆見ると心持が宜うございます。

◇柳原　東京のお婆あさんより確かに元氣がようござんすね。

◇厨川　女の方々はどうも東京の方が生き〳〵して居ますね、矢張り刺激が强いからでせう。

◇津輕　ずつと街を歩いて居るのを見ても、迚も比べものになりませぬね、殊に若いお孃さん達の形の好いこと迚も京都は東京に敵はないとつく〴〵さう思ひます。

◇厨川　……有名な作家の小説の影響も多いやうですね。

◇戸澤　ほんとに作家の責任もかなり重いと思ひます。

◇厨川　菊地さんや谷崎さんあたりの作には隨分感化されませう。

◇戸澤　思想は矢張飜譯物を讀む影響ですね、西洋と日本と近來さう離れて居ない、餘程近付いて來たやうに思ひます。

◇厨川　總じて段々後に生れる人程幸福ですね。

◇石原　皆樣、大變有難うございました、それでは今日は是で……。

（小石川偕樂園にて）

投扇興

處女性を失つて嫁せんとする婦人の惱み

◇一切を祕して嫁すべきか？　はたまた死を選ぶべきか？◇

濱田君子

先生にはお變りもなく、『主婦之友』のためにお働きになつてゐられますとのこと、何よりも嬉しく存じ上げます。いつも御誌を通じて敎へられることの非常に多いのを、たゞ〳〵感謝せずにはゐられません。

さて私は、思案にくれる問題にぶつゝかりましたので、恥かしさを忍んで、先生の御指導を仰ぎたく、廻らぬ筆を執つた次第でございます。どうぞ、不幸な私のために、よき解決の道をお示しくださいませ。

私の家は、母と兄夫婦に子供の五人暮しでございます。父は隣村までその名を知られた、俗にいふ『名望家』でございましたが、八年前に亡くなりました。

或る日、婦人集會の席で、私より十四五歳も年長のAといふ、猛獸のやうな顔をした男が、『君子さん、子供のときには、あなたと一緒に、嫁さんごつこをしたこともありましたなあ。』と冗談半分のやうに申しました。

それは私が七つ八つの子供のときのことでありました。いまゝでは、もとより何も氣にとめてゐませんでしたが、Aにそんなことを言はれると、氣になつて仕方がありません。それでいろいろと苦心をいたしまして、性の知識を得、まだ私の處女性の失はれてゐないことを確めましたときには、飛び立つほど嬉しうございました。そして、その後は充分に身を愼み、戀とか愛とかいふものには見向きもせず、ひたすらに清く正しい生活を送つてまゐりました。

×

大正十一年五月、ふとした腸の疾患から、いろ〳〵の病氣を併發しまして、翌年の十一月には股關節炎を惹き起しました。近くの病院に通院いたしまして治療を受けましたが、病勢は一進一退して、少しもはか〴〵しく行きませんので、大正十四年十二月上旬、病苦より逃れたい一念に、病院生活の淋しさ心細さも思はず、母につれられて、〇〇大學病院の診察を受けました結果、股關節炎の三期と決定いたしました。

『三週間ぐらゐ入院してごらんなさい。そのうち經過を見て、できる限りの手當をいたします。全快後は杖なしに歩行できます。』との院長樣のお言葉に力を得まして、その日から入院いたしました。

その當時は衰弱が甚しく、白帶下も烈しうございましたので、その方の手當も外科の方で受けることにいたしまして、毎日恥かしさを忍んで洗滌をつゞけて頂いてをりましたが、忘れもしません一昨年十二月三十一日、その日は折惡しく受持の先生が休暇で、他の先生に洗滌をして頂きましたが、それも終り近くなり、やれ〳〵と思ふ間もなく先生は、子宮鏡を××××××××××××××××××。

『あつ、先生！』と思はず聲を立てましたときには、私の處女性は既に失はれてゐました。そのときの私の悲しさ、口惜しさを何に譬へ得ませう。不慣れなための失策かは知りませんが、あまりのことに暫くは言葉も出ないほどでありました。

怒りを靜め、悲しさを嚙みしめて、自分の室に歸つて見ますれば、外部より當てゝありました脫脂綿には、血液が滲んでをりました。この由を附添の伯母さんを通して先生に言つて頂きましたら、その御返事は『そんなことはない筈です。もしそんなことがあつたら、婦人科の方に頼んで、ついで貰つて上げますから心配しなくともよろしい。』とのことでありました。私はそのお言葉が一時の氣休めであるとも知らず、すつかり安心してしまひました。

その内にも月日は流れ、三週間は夢の間に過ぎ去り、三月の節句も近づいたころ、白帶下は漸く少くなり、股關節の痛みも大分輕くなつてまゐりました。併し身體の不自由は前にも増して、いつも仰臥のまゝで、身動き一つするにさへ、人手を借りなくてはならぬほどでありました。

×

幾日

お經つて、白帶下は殆どなくなりましたけれども、先生は前の約束を果さうとはなさいませんので、思ひあまつて、再三先生にお願ひいたしましたら、あゝ何といふ無責任なお言葉でございませう。御自分の過失を頭から否定なさるのではありませんか。取りつく島を見失つた私は、故郷の兄にすべてを書き送りましたが、恰も姉が出産直後のことゝて、私の煩悶に對する同情も薄く、たゞ病床の私を慰めるだけの手紙をくれたゞけでありました。

凡てに失望した私は、食事さへも碌に進みませず、涙の幾日を病床に送り、光線治療を終ると直ぐ退院歸郷いたしました。一切のことを兄に訴へて、解決の道をつけて頂く考へで歸宅いたしました私は、再びその期待を裏切られてしまひました。兄は、なるべくこの問題に觸れまいとばかり努めてゐるやうに思はれました。母はまた、こんな問題には少しの理解も持つてくれません。

或る日、痛みのために身を起すことをさへ恐れてゐた上半身を、靜かに起して見ました一刹那、私の眼に映りましたものは、××××××××××××××。そのときの私の心持をお察しくださいませ。

×

仰臥

して靜かに眼をつぶつてゐますと、いろ／＼のことが、考へさせられます。私は醫學のために尊い犧牲になつたのか知ら。今日まで、生命にも代へて守つてきたものを、斯くもむざ／＼と奪ひ去られて、それでもたゞ默つて泣寢入りにするのが、女に與へられた運命なのか知ら。たとひ禁斷の果實は食はずとも、結果に於ては同じではないか。亡き父上に、世間の人に、何の面目あつて見ゆることができやう。私は、死を賭しても私の潔白を證據立てずにはゐられない。――そんなことを、それからそれへと思ひ浮べては、ひとりでに瞼の熱くなるのを覺えます。

愚かしいことゝは知りながらも、苦しい胸の裡を長々と認めて、一切のことを承認してくださるやうに病院に懇願いたしましたが、先生は一片の返信をさへくださいませんでした。あまりの無情さに、私はすべての事情を書き遺して死の道を選ばうとしたことさへありました。けれども、母の嘆き、兄の怒り、世人の嘲笑などを考へますと、その覺悟も鈍つてしまひました。

今は私の潔白を、證據立てる何物もありません。私は凡ての罪を一人で背負つて、不品行者としての暗い一生を送らなくてはなりませんでせうか。日陰者としての淋しい生活を厭ふわけではつゆさらありませんが、身に覺えない罪のために、女としての最も恥づべき名を負はされて、泣寢入りになることは、亡き父上の名譽にかけても、私の到底忍び得ないところでございます。

×

信仰の芽生もありましたが、私の愚かさゆゑか、それつきり成長しませず、たゞ今のところでは、神様の聖旨さへ呪はしくなつてまゐりました。

先生、私はどうしたらよろしうございませう。先頃の『主婦之友』の編輯日誌に、『思案に餘つたときは、いつでも「主婦之友」を想ひ出して頂きたい。』とお書きくださつた、先生のお優しいお言葉に甘へまして、御多忙中のことゝは存じながら、御相談申上げた次第でございます。どうぞ私の執るべき道を、お示しくださいませ。切にお願ひ申上げます。

記者の感想

處女性を失ふといふことは、婦人にとつて最も大きな打撃の一つであります。よしそれが自らの過失または故意に失つたものでないとしても、その責任は自分の上に降りかゝつてくるものであります。それは、あなたのお手紙にもあります通り、御自身の罪ではなくても、結果に於ては同じことであります。

併し、あなたの場合は、世間普通に有りがちな男女關係によつて、處女性を失はれたものとは違ひますから、失はれた處女性に對する嘆きも、そこに、自ら相違するものがあらうと思ひます。

幼女時代のことの如き、全く災難中の災難でありまして、終生忘れることのできない悲しい記憶を、あなたに與へたとはいへ、あなたはそれに對して、少しも責任を負ふべき必要はないのであります。

道を歩いてゐて、人に足を踏まれたほどにも、あなた自身の責任はないのであります。たゞ踏まれたことが、あなたに惡い想ひ出を殘したことは、災難として諦めるには、餘りに悲しい事實と言はなくてはなりますまい。

醫師によつて、處女性を失はれたことの如きも、治療上の必要な手段か、醫師の技術上の過失であるならば、これもまた已むを得ないことかも知れません。世には、あなたゞけでなく、處女として到底忍ぶことのできないやうな厭な經驗に遭遇してゐる人が、決して少くありません。

但し、醫師があなたに對して執つた態度は、私共の理解に苦しむところであります。あの場合、あなたは當然、醫師の證明書とでも言ふべきものを請求し得る筈と思ひますから、それを得ておかれることが、少くともあなたの氣持を落つかせることになりはしないかと思ひます。

お手紙のやうに、醫師が誠實を以て應じてくれないならば、醫長なり院長なり、責任ある人によつて證明して貰ふことができませう。それだけは、あなた御自身の潔白を證據立てるに必要ですが、それ以上は餘り思ひ過さない方がいいと存じます。

▽…△

あなたが結婚なさる場合に、もし必要があれば、豫めそれらの事實を、良人たるべき人に認めておいて貰ふこともできませう。あなたの良心が、自らに對して隱し立てすることを許し得ない以上は、それを秘密にしておいて一生苦しむよりも、むしろありのまゝに訴へて、認めておいて貰ふのが、一番賢明な方法であります。

元來、貞操といふものは、理窟で解決のつくものではありません。或るときには、それを重んぜずに濟む場合がありましても、いつか必ずその代償として苦しまなくてはなりません。それは、ひとり婦人のみでなく、男子もやはり、その貞操を輕んじた報いには、必ず服しなければはなりません。それがどんな形式で報つてくるかは、無論一樣ではありませんが。

▽…△

たゞ一度の過失が、生涯の汚點となる場合が少くありません。その人の地位や身分が向上すればするほど、その汚點は災禍の種となるのであります。小さな若木の幹に、不用意につけた一點の傷が、木の成長と共に大きくなつて行く、あの有樣と少しも變りはありません。

『蒔いた種子は、刈らねばならぬ。』と申しますが、貞操上に蒔いた過失の種子は、大きな後悔として刈入れなくてはなりません。然るに、さうした先々の悔には考へ及ばずして、目前のことに、己を制し能はぬ人々が少くありません。世の中の悲劇の多くは、斯くして、その第一歩を踏み出されるのであります。

▽…△

全く自らの責任でなくてさへも、處女性を失ふといふことは、斯くまでにその人を苦しめるものであります。それが如何に大きなものであるかといふことは、あなたが、死を賭してまでも身の潔白を證據立てようと思ひつめてゐられることによつても知ることができます。

まして自己の過失によつて貞操を破りながら結婚しようとなさる人の悩みの大きさは、私共には到底想像も及ばないものがあらうと思ひます。

やはり蒔いた種子は刈らねばなりません。自らそれに對する責任を負ふべきであります。もしそれだけの勇氣がないならば、責任觀念がないならば、結婚は、その人にとつて、更に大きい悩みの門口に立つこと以外の何物でもありません。

處女性を失つてゐながら、僞りの自己を良人に捧ぐるが如きは、婦人の罪惡中の最も大きい罪惡と言はなくてはなりません。所詮、私共人間には、貞操を超越するほどの自由は許されてゐないのであります。

215　「娘の秘密を初めて知つた母の経験」　多良つね子、浅原民子、横井重子、荒川静子　『主婦之友』昭和2年9月1日

娘の秘密を初めて知つた母の經驗

△…さまぐ\の秘密に善處した四夫人の涙ぐましき母性愛…▽

(一) 通學中の娘を誘惑から救ふ迄

◆某大學生と戀に落ちた父のない十七の處女◆

多良つね子(東京)

▲それがもし夢ならば、いつか覺める日もありませう。けれども、この世に我が命のある限り、覺める日のない呪はしい夢を現として見つゞけねばならぬ私は、不運な者と呼ばれ得ないでせうか！

思へば大正十二年九月一日から、私の惡夢は始まつたのでございます。それまでは、私共一家のものは、これといふ不自由もなく、暮してまゐつたのでございます。主人は或る會社に勤めてをりまして、多くの人に劣らぬほどの教養もあり、收入もかなりありましたので、私共は、相當の趣味をさへ、生活の中に取入れてをつたのでございます。

それなのに、あゝ大正十二年九月一日、あの恐ろしい大震災に、主人は無殘にも壓死し、家財は殘らず灰と化してしまひました。そして、辛うじて生を得た私の手には、呪はしい追憶の惡夢と、二人の女の子とが殘されました。當時長女は十三、次女は九つでございました。

その後、私共は、義理の兄の家に寄寓して、濕り勝ちな、侘しい四年の月日を送り迎へしつつ、今日に至りました。けれども、せめて教育だけはさせたいといふ私の心から、十七歳の長女は今女學校の四年生になつてをります。

さて、二親揃つて育てぬ子は、どうも寂しがりやになり勝ちのやうでございます。と同時に、どこやら、大人びて來るものではありますまいか？　俗諺にも、『親のない子はませてゐる』と、言はれてゐるくらゐでございます。けれども、私の娘は、寂しがりやではありましたが、ませてゐるとは、どうしても私の眼には見えませんでした。それに、何と申しましても貧しい

粧しをしてをりましたゆゑ、娘の裝ひ、身支度も自然とお粗末で、お化粧などもしてをりませんでした。それで私は、いかに東京とはいへ、不良少年などの誘惑も、まづないだらう、と安心してをりました。けれども、萬一を慮つて私は、時々娘の机の抽斗の中を檢査し、手紙の往復などにも、それとなく注意を拂つてをりましたが、怪しいほどのことも、つい見出しませんでした。かういふ不斷の行狀に、自分の子ならといふ親馬鹿な自負心も手傳つて、私は全く油斷してゐたのでございました。

▲

さて私は、今年の四月、學業休みの或る日のこと、長女を代々木に住んでゐる、知人の許へ使ひにやりました。ところが、二時間くらゐで濟む筈なのに、五時間ばかり費して、やつと用事を遂して、歸つて來ました。私は不思議に思ひました。が、娘も別に言譯しませんし、私も追窮いたしませんでした。しかし、このことがあつてから、私はそれとなく、娘の樣子に注意してをりましたところ、間もなく娘が上等の萬年筆を持つてゐるのを見つけました。それを娘は、私には隱すやうに、鞄の中に入れておきました。

二三日して私は、靜かに尋ねてみました、それはどうしたのですか、と。すると娘は、同級の誰さんに頂いたのです、と言譯するのでございます。さう言はれゝば母として、それ以上問ひ詰める氣にもなれず『そんな高價なものを譯もなく頂いてはいけません。』と窘める他、仕方もありませんでした。

それからは、私は一層の注意を娘に向けるやうになりました。と、娘の歸宅時間が、常より二時間も遲れることが、度々あるのでございます。尋ねますと、『今日は先生のお話がありましたので……』とか、『今日はお友達のお家へ寄りました……』とか言つて、言葉を濁してしまふので、私は、これは尋常の手段では、とても

217　「娘の秘密を初めて知つた母の経験」　多良つね子、浅原民子、横井重子、荒川静子　『主婦之友』昭和2年9月1日

つきとめるわけにはゆくまいと思ひ、思案の揚句、市内で中學校の教師をしてゐる親戚のものに萬事を打明け、一週間ばかり學校の方をいゝ工合に都合して貰ひ、放課後、娘の後を見え隱れにつけて貰ふことにしました。それが成功して、つひに、想はぬ事實を發見してしまひました。といふわけは、娘は或る大學の學生と戀に落ちて、その下宿や公園などで、短時間の逢瀬を樂しんでゐるのでございました。まさか自分の娘がと、安心してゐたのが不覺の因で、娘は、盲目が細い杖を頼りに險しい崖の端を歩んで行くやうに、一歩誤れば谷底に落ちる、危い道をさまよつてゐるのでございました。

それはさて措いて、娘に對して何やら不審を懷くやうになつてからの私には、數へ歳の十七とはいへ、そして顏はまだ子供々々してゐるとはいへ、娘はもう身體もかなり成長してゐるし、隨つて生理的にも大人びてゐなければならぬと、想像されてまゐりました。それに娘は、心は無邪氣で、人を信じ易く、人に懷き易く、父が亡いといふことを、いつも寂しがつてゐる有樣でございました。また娘として多少の見榮を張るために、自分の家が貧しいといふ不滿も感じてゐるやうに、私には見受けられてまゐりました。けれども、私共の少女時代に較べてみて、まさかこの歳で、そんなこともしまいと想つてをりましたのに、やはり時勢とでも申しませうか、私は、驚かないわけにはまゐりませんでした。

▲或る日、それは日曜のことでございました。私共に宛行はれてゐる一間に長女を呼び入れ、私は母として、また人としての愛と誠意をもつて、身を誤りかけてゐる娘を諭し、自覺を促しました。私の眼瞼は、涙によつて濡されました。私の言葉は、ともすれば語尾が顫へました。私は、婦人にとつて節操が何よりも大切なこと、處女の純潔は、玉のやうに尊いこと、などを、諄々と言つて聽かせました。

娘も、私の精神をよく理解してくれたのだと思ひます。その日からは全く態度を改めて、怪しい素振りなど少しも見せなくなりました。が、私は尚ほも萬全を期するため、親戚の教師に頼んで相手方を訪ねてもらひ、事情をよく聽いてもらひましたところ、先方は、相當の教育もあり、將來もある人ながら、たゞ遊戲的に、好奇的に娘と交つてゐたのだといふことが、判りました。しかし、その人も前非を悔いて、今後は學業に專念すると、誓はれたさうでございます。そこで私は、やうやく安心し、互に疵がつかずに濟んだことを、心から悦ぶことができたのでございます。

尚ほ私は、ほんの小なことゝも思ひますけれど、皆樣の參考のために、事の經路を打明けて、申上げたうございます。初め某大學の學生は、市内電車の中で娘を見知り、娘の多少の美貌に目をつけて、身なりその他の貧弱な點につけ込み、つひに誘惑しかゝつたのでございました。それゆゑ、罪は先方にあるのだとも申せませう。が、誘惑される娘にも、またその娘の母の私にも、同じ罪がないと、どうしていひ得ませう。

しかし私が、かゝる事實を經驗して感じたことは、この頃では學校で性教育などを說かれてゐるやうなものゝ、物に動き易く、感じ易い娘の頃は、何と申しても、親切な、情愛の深い親の監督が一ばん必要で、また有効であるといふことでございます。いつも私共の心の友である『主婦之友』が、この度かうした機會を與へられましたので、私は母として嘗め勝ちな經驗を、氣早に申上げたまでゞございます。（[illegible]）

(二) 娘の戀を成就させるための母の苦惱

◇悦びの縁談の蔭にいつしか眞劍な戀の芽生え◇

淺原民子（朝鮮）

私の娘は、大正十四年の春、京城師範學校女子演習科を卒業して、すぐそこで奉職いたしました。私は、大正八年に夫と死に別れてから、一人手で、娘を女學校に、弟の方を小學校に通はせるのに、並大抵ではない苦勞を重ねました。しかし、娘が月に八十五圓餘りも、給料を頂けるやうになりましたので、私は全く心を休めることができました。そして娘には、『後三年は辛抱して、家の犠牲となつて働いて貰ひたい。』と言つて、共に勵み合つてをりました。

けれども、私としましても、夫を亡くしてこれまで過してまゐつたゆゑ、娘には、一日も早く相當な人を選んでやりたい、と日頃希つてをりました。それで、私共が朝鮮に初めて來た折に、いろ／＼と世話をしてくださつた、或る學校の校長さんに『私の家庭を理解して、娘を貰つてくださる適當な方がありましたなら、どうぞよろしくお頼みいたします。』と、お願ひしておきました。

娘は隨分と誘惑を受けたやうでした。が、家庭の事情がその誘惑に、娘の心をてんで向けさせもしなかつたし、それよりも、もう年頃でありながら、娘は大變じみで、衣服などには氣も留めず、職務にのみ忠實に仕へてをりました。それゆゑ、近處の人達からも感心され、また娘が出てゐる學校の校長さんも、『娘さんは、今頃の若い人には珍しい方だ。』と言つて、褒めてくれました。

それから二年は無事に過ぎ、男の子の方は商業學校の三年生になりました。私共は一層勵み合ひ、分相應な希望に燃えてをりました。

ところが今年の五月のこと、突然私は、娘の勤めてゐる學校の校長さんに呼ばれました。何事だらうと、早速まゐりますと、『お孃さんを、總督府の高官のYといふ方が欲しがつてゐる。』とのことでした。私は、この思ひがけない縁談に、すつかり悦んでしまひ、萬事よろしくと、氣輕にも承諾の返答をしてしまひました。後になつて考へてみますと、そのとき私は、たしかに前後を忘れ果てたのでありました。しかし、もう娘も若くはない、二十二歳だといふ思ひが、いつも私の頭に泌んでゐたことも、私にさう返答させた原因だつた、と考へます。

娘には、またとない縁談だと思ひました。殊に先方は、身元調べも何もいらぬ人格者です。その方は、學務關係で娘の學校を視察に來て、娘に眼が止つたのだと聞きました。

それは兎も角も私は、そのとき娘の意向を訊いてみることを、つい忘れてをりました。

▲

さて私は、娘に就いて書かねばなりませんが、私が校長さんに、萬事よろしくとお願ひした、丁度その一週間ばかり前に、娘の心の中には、大きな變化が起つてゐたのでした。それは、新に内地から轉勤して來た男の教員と、娘が固く將來を誓つてゐたことであります。

私は、校長さんから二度目に呼ばれて、先方のYさんが非常に悦ばれたこと、表面の仲人には、總督府のSといふ課長さんと、私共に今日あらしめてくれた、渡鮮以來の恩人のTと呼ぶ校長さんがなつてくれ、初め話をつけてくれた校長さんは、私共の方の父代りになつてくださるといふことを聞いて、まだ何も知らぬ私は、どんなに惠まれた話が家だらうと思はずには、ゐられませんでした。歸宅して、私は、亡夫の位牌の前で有難涙に暮れました。

それから三日目に、仲人となるべき方が私の家に訪ねて來ました。で、その夜私は、悦びに胸を躍らせながら、娘に事の始終を話して聽かせました。

が、意外にも、娘は嬉しさうな顏も見せません。初めのうちは、羞しいのだらう、と想ひました。けれど、さうでもなさゝうなので、私は何となく不安に驅られて來ました。

その翌日娘は、いつも必ず歸つて來る時刻になつても姿を見せず、日も暮れて、夜の八時過ぎに、すつきりした一人の男を伴つて、やうやく歸つて來ました。いふまでもなく、それは娘の戀の相手、教員のKでした。

Kは、三年先に結婚すること、それまではどちらも勉强して、中等教員の免狀をとること、それも娘には强ひぬこと、さういふことを私に誓つて、『一家の平和を破つて、まことに濟まないが、私共の願ひを聽きいれて欲しい。』と、純な態度で申出ました。娘も、『今まで、たゞ默つてゐて濟まぬ、お母さんの立場も困るでせうが、どうか二人の戀を許してくれ。』と、一心に申すのでした。

私は、その夜床に入つたものゝ、まんぢりともすることができず、一夜のうちに、げつそり痩せたやうな氣がしました。Kも娘を眞劍に愛してゐるに違ひないし、といつて、こゝまで進んで來たYさんとの縁談を、斷ることも容易ではない、と思ひ惱んで……

二日といふもの、私は、全く苦しみつゞけました。

が、たうとう私は、二人の愛を生かしてやらねばならぬ、たとひ自分にどんな苦痛が來ても忍ばねばならぬ、と、亡夫の位牌の前で、固く決心いたしました。そして、Kと娘を祕かに呼んで、心の中を告げました。筆紙に盡せぬ、二人の悦び合ふ樣を眺めたとき、私は、やつぱり自分の取るべき道を忘れなかつた、と、心うれしく思ひ返しました。

▲

別に方法もありません。關係ある人達に私は、『念のため占を見てもらひましたところ凶と出ましたから、折角の縁談ですが破談にして頂きます。』と恐る〲申出ました。校長さんお二人の怒りは凄まじく、私を忘恩者、人非人と罵りました。私は、さう罵

221 「娘の秘密を初めて知つた母の経験」 多良つね子、浅原民子、横井重子、荒川静子 『主婦之友』昭和2年9月1日

られても仕方ない、と思つて、ぢつと忍んでをりました。それから兩三度、校長さん方の膝詰談判に遭ひましたが、私は何事も自分の迷信に歸して、前の決心を飜さず、辛い言葉をも涙を呑んで聞き流しました。

さて、かうしたことの結果は、私が申すまでもなく、皆樣によくお判りのことゝ思ひます。私共は、二人の校長さんに出入を差止められました。娘もその學校にはゐにくゝ、轉任を申出ましたところ、京城府内におくどころか、遠い田舍へやられてしまひました。

しかし今は、男の子はKの監督のもとに、商業學校の寄宿舍に入れてありますし、娘も田舍で落着いて勉强ができると言つて、前にも增して精を出してゐます。Kが勵んでゐてくれることは、申すまでもありません。

が、人の運命の、一寸先は暗闇です。私が採つた道がよかつたか、それとも恩人の方々の勸めに從つた方がよかつたか、判つたものではありません。けれども私は、私が採つた道の方が母として正しかつた、と今も思つてをります。Kにしても娘にしても、熱い、しかも純聖な戀に生きることができたのですから、必ずいゝ結果が、生れねばならぬと信じてはをります。で、私は、三年後といふ約束ではあるけれども、Kが中等敎員の免狀を得た上は、一日も早く結婚させ、初孫の顏を見たいと、今は母らしいことのみ考へつゞけてをります。(寛)

(三)罪の子を生ませる迄の母の苦心

◆昔氣質の父の怒りを恐れて遂に氣を狂はせた娘◆

横井重子(東京)

思慮に淺く、感情に強く、それゆゑに身を誤り易いのは、青春處女の時代ではありますまいか！私の長女勝子が思ひがけない誘惑を受けて、惱み果て、つひに氣を狂はせたのも、またこの時代でありました。

私の夫は、武士の家より出で、その半生を軍人として送り、私がこれから述べようとする頃は、官吏を職としてゐた、律儀と頑固一徹な人でございました。それで、何を言つても二言目には、士族とか家名とか、言ひ〳〵して、子女の敎育には、少し頑な過ぎました。私も同じ士族から嫁いだものゝ、昔風ながら女學校を終へたゞけに、移り變る時勢にも心を向け、子供達の氣風や精神内容にも、努めて理解の眼を向けつゝ、一徹な父と子との間に立つて、でき得る限り、ことを緩和し、圓滑ならしめてをりました。

さて長女は、女學校を卒業して、二十一歳の嫁入り頃となりましたが、何分休職軍人の平凡な一官吏であり、七人の子女の養育に專ら追はれて來た私共の一家ゆゑ、勝子は嫁入支度の一部にもと、人のお世話で、或る會社に勤めることになりました。

勝子は初めから評判もよく、勤めの一年を何事もなく過しました。と思つてゐるうちに、何となく、その素振がそは〳〵と、浮いて見え出しました。玄關で郵便配達の聲がするたびに、異樣に注意する樣など、兎も角も不思議な變化が動作の上に、現れても來たのであります。

かうした不審の矢先に、或る日の午後一時過ぎ、會社の支配人から宅へ呼び出し電話がかゝりました。そして私に、勝子は歸宅してゐるかどうか、と尋ねられました。私が、「いゝ

え。」と答へますと、支配人は、「實は困つたことができたのです。勝子さんが突然、晝頃からゐなくなつてしまつたのです。」と、申されます。

私は驚いて、早速身支度をし、會社へ支配人を訪ねて行きました。そして私は支配人の口から、次のやうな事實を聽かされました。

その頃、その會社の大事な取引先に、Sといふ二十四歳になる息子さんがありました。その人と勝子は、いつか祕密な交際をするやうになり、それが洩れて、婦人事務員中の喧しい取沙汰となり、內氣な勝子がさま〴〵に氣を揉んで落着かぬのに、その日Sの父といふ人が、いつそのこと二人のために嫁に貰つては、といろいろ訊きに、支配人の許へ來たのでありました。

それを娘は、事がいよ〳〵支配人にまで知れたのかと、Sの父がまだ應接間から出ぬ前に、急いで社を飛び出してしまひました。それゆゑ支配人が、勝子を呼んで話さうとしたときには、もはやどこかへ姿を消したのでした。支配人は驚いて、萬一のことでもあつてはならぬと、宅へ電話をかけてくれたのでございました。

私は、一時もはやく勝子の行方を探さねばなりませんでした。幸ひに、父の退廳時間にも、娘の歸宅時間にも、まだ小半日の餘裕がありましたので、私はそのまゝ、心當りへ車を走らせることにいたしました。

私は驚いてしまひました。けれども、よく考へてみますと、それは世間にあり勝ちなこと、そして、物やかましい父の耳に入るのを、甚く恐れてゐる娘の心持が、私にはよく判つてまゐりました。私は同じ女の道を辿つて來た母として、充分な同情をもちながら、事を親切に裁いてやらねばならぬ、と決心いたしました。そして、娘の身の無事なことばかり、祈るのでありました。

勝子はやはり、私が心當りとしてゐた友達の、下宿に行つてをりました。私が二階へ通

223　「娘の秘密を初めて知つた母の経験」 多良つね子、浅原民子、横井重子、荒川静子 『主婦之友』昭和2年9月1日

して頂くと、娘はお友達の前に、袂で顏を被つて、泣き伏してをりました。

私は、娘の心の中を、いろ〳〵と訊いてみました。が、娘はたゞ、『濟みません……』といふのみで、初めのほどは何も話さうとしませんでした。そこで、私は、『母はお前よりも賢くて、判斷力にも富んでゐる。そして誰にも劣らぬ親切さをもつてゐる。』と前置して、父の前をも母が適當に計らふこと、それから支配人ともよろしく打合せて來たことなどを話して聽かせました。すると勝子は、漸く心を靜めたらしく、次のやうなことを語り出すのでありました。

Sといふ青年との關係は、四ケ月ばかり前から始まつてゐたこと。それもSの方から誘はれたこと。女事務員の誰彼の嫉妬交りの取沙汰を受けて、獨り小な胸を傷めてゐたこと。しかし、その中に、勝子は月々見るべきものをも見なくなり、聞いたり讀んだりの判斷で、未婚の女にとつては恐ろしい、それは姙娠であると知つたこと。そして、父に知れては、と思ひ詰めた揚句、家へは戻らぬ積りで、會社を飛び出したこと……

私はすべてを聽いて、驚きもし、また當惑しました。けれども、今に至つては徒らに叱責するのも愚であり、それはたゞ娘を益々怯えさせ、興奮させるばかりと思ひ、私は言葉柔かに、靜かに、力強い味方となつて、慰め、勵ましてやりました。

▲

さて、父の手前は病氣といふことに打合せて、私は勝子を連れ戻りました。父は折よく留守なので、私が會社へ行つたことも知らせないことにいたしました。で、父の居間へは一ばん遠い間に、勝子をまづ休ませました。そして私は考へました。Sの父にそれだけの誠意があるのなら、先の考へ通り、娘を嫁がせることもよいことであらう。けれども、それまで祕密にしておけば、父の前には申開きが立たぬことになる。しかしこの場合は、『家には戻れぬ。』とまで思ひ詰めたほど恐ろしがつてゐる父に、知らせぬやうにすることが、最も大事だと考へました。私は、たうとう決心しました。後になつて、知れたら知れたときのこと、それまではできる限り父には祕密にし、內證で子を生ませるやうに心配しよう、と。

そこで私は、知人に賴んで、Sの心を問うてみて貰ひました。すると、私のたゞ一つの望みは、全く破られてしまひました。Sは生來の色魔で、他の女との關係も、一つならずあるとの話。それゆゑ、娘の勝子と結婚する氣もなく。それぱかりか、勝子が男に氣の多いやうに言つて、胎の兒も、自分のものでないやうに、言ひ張つたとのことでございました。

私はそれを聽いて、すべてを災難と諦め、思ひ切らねばなるまいと、考へました。そのやうな人に無理に娘を嫁がせたとて、結局は、不

害の因であり、それこそ、家名の汚れにもなるのではありますまいか！

　勝子は家に閉ぢ籠りながら、始終誰か自分の不始末を父の耳に入れはしまいか、と思ひつゞけ、つひには見舞に訪ねて來てくれた支配人などにも、はら／＼するやうなことを、平氣で言ふやうになりました。その方も萬事含んでゐてくれるのに、久し振りの挨拶をしに、父の居間に行かれようとされたときなど、それを周章て止めた姿など、まことにいぢらしく、哀れで、支配人も眼に涙して、私に詫びられたほどでありました。

　醫者の見立は、明かに精神異狀でした。が、これは遺傳性のものではなく、一時的發作によるものゆゑ、適當な靜養によつて、半年或は一年で治る、それには、轉地療養が第一だといふことでありました。轉地療養！　私はさう聽いて、神の與へと悦びました。娘を内證で身二つにさせるには、これを他にして途はない、と思ひましたから。

　父の承諾も得て、私共母子二人の者は、幸ひ親戚のある、山深い信州の靜かな溫泉場で、自炊の療養生活を始めました。それから四ケ月は經つて、娘の精神も健全になり、やがて身も無事に二つになつて、普通の身體となりました。丁度私の從妹が子供を欲しがつてをりましたので、私から話をして、生れた子を貰つてもらひました。そこで娘も漸く安心し、私の計ひを感謝しつゝ、再び東京の宅へ戻りました。父も娘の病氣が治つたので、大層悦びました。そして、間もなく父も歸らぬ旅に赴き、去るもの日に疎し、の譬のやうに、娘の事件も年と共に忘れられてゆきました。娘はその後、專ら家事に勵み、また美容術を習ひつゝ、或るところで立派な助手となつて、働いてをります。

　さて私は、夫に對しては、まことに濟まなかつたものゝ、やはりあの場合、母として私

225　「娘の秘密を初めて知つた母の経験」　多良つね子、浅原民子、横井重子、荒川静子　『主婦之友』昭和２年９月１日

が採つた處置はよかつたと、今尚ほ思つてをります。ほんたうに、私の處し方一つで、或は娘一人を失つたかも知れませんでした……兩親の中、殊に母は我が子のために、いつも『唯一』の味方になつてやらねばならぬ、と、私は信じます。（賞）

（四）社會主義に心を寄せ始めた長女

◆信仰によつて娘の迷ひを解かんとした私の努力◆

荒川靜子（東京）

私は、五人の子の母でございますが、今年二十歳になる長女のことに就いて、少しばかり述べさせて頂きます。

▲私の娘もまた、多くの若い人々のやうに、強い知識慾に燃えてをりました。それゆゑ、女學校を卒業すると、高等の教育を受けたがりましたが、家庭の經濟上、それから父や祖母の反對に遭つて、私がどれほど頑張りましても、それは無駄でございました。私はさま〳〵と言ひ聽かせて、やつと娘を納得させました。それで娘もどうやら上の學校にゆくことだけは、斷念したやうなものゝ、學問したいといふ熱望は抑へ難く、どこまでも獨學で文檢をとると言ひ張つてをりました。祖母は、孫の中でも一ばん可愛い彼女を、早くどこかいゝところに嫁入らせて、安心したいと希つてをりましたので、それには大反對でした。しかし、娘は頓着なく、昨年學校を卒へると、獨りで國語の勉强に手を着けてをりました。とき〳〵圖書館へ行つたり、また母校の先生のところへ伺つて、敎へを受けたりしてをりました。

昨年の八月の末、小い子供達の夏休みも、殘り少なになつた頃のことでございました。丁度その日は長女は留守でしたが、小學校一年生の一ばん末の女の子が、休暇の宿題の帳面が見えないといつて、泣き出しました。で、方々を探しましたが、なか〳〵見當りません。最後に、長女が本や手紙や帳面を入れておく行李の中に、もしや紛れ込んではゐまいかと、それを開けて見ることにいたしました。でも、それらしいものはありませんでしたが、そのとき私は、ふ

と異様なものを發見いたしました。それは私共には全く思ひがけない、四五册の、社會主義に關する書物でありました。私は子供のことなど忘れ果てゝ、その中の一册を手に取つて見ました。開けば封筒とは別々に、一通の手紙が挾まれてをります。それは女文字なので、私は一寸安心いたしました。が、好奇心に驅られて一讀した私は、二度びつくりしないわけにはゆきませんでした。といふわけは、それには或る社會主義の團體に加はる手續が、書入れてあるではございませんか！ そして最後に、同志××様と、私の娘の姓名が記されてあり、しかも日附は、極く最近のものでありました。

そのうちに、末子の捜す帳面は、すぐ傍の本箱の中で見當りました。が、私は、思はぬ事實を發見して、男文字の手紙ばかりが危險なのではない、とつく〴〵思ひました。

▲

それにしても私の娘が、そんなよくない思想に捉れてゐたとは、母の眼には、ちつとも見えませんでした。けれども、かうなつたには、きつと誰かの影響がなければならぬ、きつと惡い友達があるのに違ひない、と私は考へました。といつて、お友達に罪を着せるわけにもまゐりません。

私は、娘の氣持をいろ〳〵と忖度してみました。そして娘は、きつと一時的の感情で、そんな研究をし始めたのだ、と結論いたしました。さもなければ、私共があまり裕福でないために、思ふまゝに學問ができないので、かうした危險な思想に取りつかれたのだらう、と推察いたしました。ほんとに未熟な、思慮の淺い、そして物に染り易く、動搖し勝ちな時代でございます。それに私共は、もと〳〵クリスチャンなので、さういふ運動には、どうあつても、賛成できないのであります。早く娘から、そんな危い考を棄てさせなければなりません。そのことが父に知れては、一大事です。私はどうし

227 「娘の秘密を初めて知つた母の経験」 多良つね子、浅原民子、横井重子、荒川静子 『主婦之友』昭和2年9月1日

ても娘をもとの暖かいクリスチャンに、復させねばなりませんでした。それで、先刻末子の帳面を捜さうとして、つい娘の秘密まで發見することができたのは神樣のお指圖と、私は感謝せずにはゐられませんでした。

その日の暮方、長女はいつものやうな元氣で、圖書館から歸つて來ました。私は、夕飯を濟まして、祖母や父や子供を早く寢ませてから、何も知らない風を裝つて、晝間末子が帳面を見えなくしたことを、娘に話しました。娘は流石に一寸驚いた樣子でしたが、別に何も言ひませんでした。そこで私が、『この頃神樣にいつも感謝してをりますか？』と、訊きますと、『どうして？』と言つて、何氣ない顏で私に反問しました。『いゝえ、神樣を忘れなければいゝけれど……』と、私が言ひますと、娘は暫く默つてをりましたが、『あらお母さん、あなたは私の行李の中の本を見て、そんなことをおつしやるのでせう？』と、たうとう本音を吐いてしまひました。

私は、あんな本を讀んではいけないといふことを、言葉を盡して言つてやりました。そして最後に、『お前が神樣の御心に隨つて、眞直ぐに生きてゆくやうに、お母樣は毎日それのみ願のつてゐるのですよ。』と、言ひ聽かせました。娘は初めのうちは私の言葉を、なか／＼聽き容れませんでしたが、後には默つて、うなづくのでありました。

△

一度人の心に沁み込んだものは、さう容易に消せぬものと思へば、私の氣は安らかではありませんでした。

それから三四日、娘はどこにも出ないで、家で勉強してをりました。が、私は萬一を慮つて、もし改心しなければ父にいひつけると言ひ、そして一週間の外出を禁じました。けれども、かういふことをいたしますと、若いものは反動的に、却て反抗心を起して強情を張るものであります。それゆゑ、私はその間平常よりも一層、娘にやさしくしてやりました。ほんとにかういふときには、私自身の修養にもなると、そのときつく／＼思ひました。

その後幾日か經ちまして、秋の或る涼しい日曜の朝、例のやうに私共一家は、教會へ禮拜にまゐりました。そのときの説教を、もし題をつけて言ふならば、『母性の力』とも『母性禮讚』とも言へませう。涙なしには聽けないほど、熱と愛の籠つた、宗教上のお話でございました。

私の娘も、祕かに泣いてゐるやうでした。それを見て私は、ほんたうに安心し、悦びました。そして愛する娘が強く信仰に生きるやうにと、神様に祈らずにはゐられませんでした。

その後、いつも日曜は、一家擧つて敎會へまゐりました。或る日には、例年のやうに、そこで秋季音樂禮拜が行はれました。そしていろいろな音樂が奏されましたが、オルガンの上手な方が、或る西洋の曲を獨奏なさいましたときには、いつも靜かな御堂ではありますが、それは水を打つたやうに、莊嚴な靜かさで滿されました。會が終つて歸るとき、『ほんとにいゝ氣持になりましたわ。』と、娘は言つてくれました。それは單に音樂に魅せられたに過ぎなかつたかも知れませんが、何となく娘が神様を見出したやうに、私には想はれてなりませんでした。

やがて彼女は、また自分自身の勉強に勵み始めました。私も、娘がどんな誘惑を受けてもそれに打ち克つて進むやう、強い信念を持つやうに、神様に祈りました。それで、今は娘は勉強の傍、家事を手傳ひ、祖母の世話をし、小い子供達の面倒をみたりしてをりますので、祖母に益々可愛がられてゐます。

しかし、私はまだ安心するわけにはゆきません。娘が外面わざとおとなしくしてゐるのかも判りません。けれども私は、更に一層努力して、娘に神の道を踏ませるやうにする覺悟でございます。また、これから育ちゆく子供達にも、或はかうした事實がないでもないと想ひながら、行屆かないまでも注意深く、その敎育に努めてをります。（賞）

獨身生活に伴ふ婦人の惱み

附…同じ境遇に歎く人々へ捧げる記者の感想

不治の病ゆゑに獨身生活を送る苦惱

◆愛人と別れねばならなかつた死よりも强き悲しみ◆

河村愛子（千葉）

△その昔

▽…△

アダムとエヴァが、エデンの花園で、互に物恥しさを覺えるやうになり、遂には夫婦生活を營むやうになつたと申しますが、それ以來、男も女も年頃になると異性を慕ふやうになり、一人の男と一人の女とが、夫婦といふ名の下に共同生活をするやうになりました。

夫婦生活の喜び、樂しみ、それは到底獨身者の想像も及ばぬところでありませう。一歩外へ足を踏み出せば、そこにもこゝにも、幸福そのものゝやうな若い母親の姿が見られます。彼女等が、愛兒のことを語るときの顏の晴れ〴〵しさ、眼の輝かしさ！　新婚の甘き語らひの消えもやらぬに愛兒を惠まれて、またしても別の幸福に浸る。斯くて世のマダム達の喜びはつゞくのです。

私共獨身者のことを、世のマダム達は言ふでせう。こんなにも結構な生活をよそに、何を好んで獨り居をするのだらうと。

全くです。人並の本能も持ち、感情も持つ身が、何を好んで淋しい獨り居をするのでせう。世の幸福な奥樣方よ、お聽きください。本能を殺し、情を枉げてまでも、結婚を避けねばならぬ哀れな獨身婦人の、悲痛なる叫びを……

△私は女

▽…△

學校を卒業するとすぐ女子大學の英文科に入學いたしました。女學校時代から勉强家と言はれてゐた私は、女大へ入つてからは、更に猛烈に勉强するやうになりました。

女大生になつたとはいへ、漸く十八歳の私

です。胸に描くものは、すべて美しく、素晴しいことのみでありました。とりとめもない、華かな空想のみを胸に浮べて、たゞひたすらに勉強いたしました。自然、成績もよく、先生方からも大變可愛がつて頂きました。それから二年生になり三年生になるにつれて、夢も變れば思想も變りましたが、勉強家としての私には少しも變りはありませんでした。否、むしろ、以前よりも更に猛烈に勉強するやうになりました。

あゝ、その結果は……神ならぬ身の誰が想ひ懸けませう。過度の勉強は、遂に悔いても返らぬ恐しい結果を、私の上に齎したのです。

それは、三年生の二學期初めの頃でありました。毎日午後になると熱つぽくなり、何をするにも物憂くなつてしまひました。自分でも何となく氣になる症狀でしたので、某博士の診察を受けましたところ、もしやと思つてゐた私の不安が適中してしまひました。兩肺をかなり廣く冒されてゐるといふ博士のお言葉が、私の今までの光明をすつかり奪つてしまひました。昨日まで、私が見つゞけてきた美しい夢は、もはや我がものではなくなりました。父母の落膽と失望とは、申すまでもありません。

その年の秋十月、私は父に伴れられて、相州茅ケ崎の南湖院に入院することになりました。

▽……△

△南湖院

の院長高田博士は、人も知る有名なクリスチャンで、よく病者の心を和げてくださいます。あの敬虔な態度で話してくださる聖書のお話は、どんなに絶望の底に喘いでゐるものでも、救ひ上げられないではゐられません。

こゝに入院すること五ケ月、精神的に非常な光明を與へられて退院し、自宅療養をすることになりました。健康は、めきめき恢復してまゐりましたので、醫師の勸めるまゝに、養鶏と養兎を始めました。

曾ては華かな夢を追ひ、遠大な野心をさへ懷いいてゐた私が、今は鶏舎の手入れをしたり、兎に餌を與へたりすることを、唯一の樂しみとする身になりました。性來が野心家だつた私が、斯くも靜かな心境に入り得たのは、實に南湖院入院の賜でした。入院以來、油然として私の心内に起つた信仰心によつて、私は救はれたのでした。

△斯くて ▽…△

靜かに病を養ふこと滿三年、有り難いことには、殆ど常人と變らぬほどの、健康を取り戻すことができました。

或る日のこと、知人が見えて、『もうすつかり丈夫になりましたね。遊んでばかりゐるのも退屈でせう。丁度ある私立女學校で英語の教師を探してゐるんですが、勸めてみる氣はありませんか。』と勸めてくれました。

事實、三ケ年も遊び暮した私は、毎日の退屈さと手持無沙汰さとには、閉口してをりました。それのみでなく、丈夫になつても結婚もせず、たゞぶら〳〵してゐるといふことが、何かにつけて口喧しい田舍のことゝて、可なり父母を苦しめてゐたらしうございましたので、無資格者でも使つて貰へるなら、それこそ望むところだと思ひまして、早速主治醫に相談に行きました。醫師は、一應診察した上で、『御勤務には差支へありません。但し結婚はまだ考へものですよ。』と、伺ひもせぬ結婚のことを注意されましたので、一寸淋しい氣持がいたしました。

その後、私は或る女學校に英語教師として勤めることになりました。嬉しいことには、生徒達からも慕はれ、同僚とも圓滿にいつてをりますので、ついうか〳〵と三年の月日を送つてしまひました。

他人様は、私がかうして丈夫さうにしてをりますので、御親切にも、いろ〳〵の縁談を持ちかけてくださいますが、私はどうしても結婚する勇氣がありません。聞けば私の叔母の亡つたのも肺のためでしたとか。遺傳とまではゆかずとも、素質だけは多分に享けて生れるものと見えます。叔母は五歳と二歳の愛兒を殘して世を去りました。それを思ふと、私はどうしても結婚をする氣にはなれません。やがてまた二十六の年も、淋しく暮れてゆくことでありませう。

△運命の ▽…△

神様とやらは、どうしてこんな皮肉な惡戯をお試みになるのでせう。『お前は結婚のできない身體だぞ！』と、冷かな宣言を下しておきながら、その私と共に、戀する機會をお與へになりました。罪な人間は、そのために、どんな大きな苦惱を經驗しなくてはならないか知れません。私なども、實に過去二年間、それに苦しめられてまゐりました。

私より一つ年下の青年Kは、帝大在學中から火のやうな熱い愛情を、こんな私に寄せてゐてくれたのでした。有り難い、勿體ない、姉のやうなこの私を、どうしてかうまで愛してくれるのだらう。私はKの純情に泣かされました。所詮は情に脆い女の身、Kよ私も……唇を近づけようとして、私は思はずはつといたしました。どこからともなく、冷かな聲が私の耳に響いてきたのです。

『お前の胸には爆彈が祕められてゐるのだぞ！』

私は決心しました。Kを愛する心が深ければ深いほど、Kを遠ざけねばならぬ。お互のためだ。この冷淡さだけは、どんな場合にも失ふまいと。

併し、私がKを冷淡に扱つたことは、却て彼の愛着心を強める結果になつてしまひました。

▽……△

△これではならぬと思ひましたので、私は一日彼の許を訪れて、自分の病狀を語り、諦めて貰ふやうに懇願しましたが、彼は駄々つ子のやうに首を振つて、どうしても承知してはくれませんでした。

『あなたの御病氣は何はずとも知つてゐます。知つてゐて尚ほ慕はずにはゐられない私を、可哀想だとはお思ひになりませんか。たとひどんな病氣があるにせよ、それが結婚生活に堪へられないものでない限りは、そんな天理に背いた不自然な生活をしてはいけません。僕の氣持があなたにはお判りになりませんか……』

Kの眼には涙が光つてゐました。『だが、結婚は未だ考へものですよ。』と言はれた主治醫のお言葉の尚ほ耳に殘つてゐる今日、おゝ、Kは何といふことを私の耳に囁くのでせう。

私は心の中で泣きました。安心して結婚のできる日の、いつ來るとも知れない私のために、なんで有爲の青年を待たしておくことができませう。私は飽くまでも、彼の願ひを斥けました。

その後もKは、ちよい〱訪ねて來ては、私の決心を飜させようとしましたが、私の態度は、前と少しも變りませんでした。あまりに私が強硬なので、Kは遂に斷念したものか、姿を見せなくなりました。と、今年の四月、神戸局の消印のある葉書が、私の許に舞ひ込みました。紛れもないKの筆蹟で『この三月に卒業した。目下旅行中である。』とのみ記してありました。その後は杳として、全く消息は絶えてしまひました。

△若い▽：：△

とはいへ、大學まで出てゐるKのことですから、まさか身を過るやうなことはなからうと思つてゐますものの、それでも堪らないほどの不安に驅られることがございます。

私は、彼のことを想ひ出す毎に、胸がつぶれさうな氣がいたします。そして、その不安を忘れるために、誰もゐない田圃に出て、私はKに話しかけるのです。どこにどうしてゐるかも判らないKに……

Kさん――

許してください。私はあなた以上に、あなたを愛しもし、慕つてもをりました。でも私は、私の身内に巣ふ病魔を、この上もなく怖れないではゐられません。あなたと結婚することは、私達二人の幸福を破滅に導くことでなくて何でありませう。

Kさん——

若く美しく健かなお嬢様が、あなたの手の差し伸べられるのを待つてゐます。どうぞつまらぬ過去を振り切つて、新しい幸福に身を投げてください。それのみが、私にとつて、それのみがたゞ一つの願ひなのです…

▽…△

△不治の病持つ身の悲しき惱よ！

されど、それにも增して痛ましきは、年老いたまへる父母の、見るからに涙ぐましきお心遣ひであります。

例へば父母が乘氣になつてゐる縁談などを、私の口から、はつきりとお斷りした後など、思ひなしか、父母の顔は、げつそりと痩せたやうにさへ思はれます。そんなとき私は、身を削られるよりも辛うございます。

實際、二十六歳にもなつて未だに獨身の娘を持つ、それが老いたる父母の嘆きでなくて何でありませう。女學校を一年後れて出た從妹のS子は、もう二人の子の親となりました。二人の愛らしい子を抱へて、幸福さうにはしやぐS子を見ては、流石に母も堪へられないと見えて、S子の來訪を以前ほど喜ばなくなりました。痛ましい親心であります。兩親は定めし私の舊友達の幸福な樣子を見るのが辛いのでせう。

さう思ふと心がぐらつきます。迷ひが出ます。父母は申します。『お前の身さへきまれば、もう死んでもかまはない。』と。これほどまでに兩親が心配してくれるのなら、いつそのこと結婚しようかしら…と、つい決心も鈍りがちであります。併し、『何のために、Kと悲しい別れをしたのか？』と反省して、わづかに最初の決心を守つてゐる狀態であります。

いつの日まで、かうした惱ましい生活がつゞくことか、前途の遥けきを思つては、ひそかに涙せずにはゐられません。（富山縣）

△あなたと同じやうな御境遇の方は、定めし澤山あることでせう。結婚生活を營むことは、最も自然なことであります。そして幸福なことであります。けれども、結婚生活の幸福が懸念される場合は、むしろ獨身生活を送ることの方が、最も

自然でございませう。人は自然に從ふことが一番の幸福であります。あなたの場合、淸き獨身生活を送ることは、あなたにとつて最も自然であります。ほんとの幸福は、そこにあります。肺病は決して不治でありませぬ。故に、今後も心身の養生をつゞけなさるならば、きつと不安のない健康體にまで達しませう。そのときは、結婚生活に入ることが、あなたにとつての最も自然な行き道となりませう。或はすでに年齢が進んでゐませうが、進んだ年齢にはそれに相當した、よき伴侶者を與へられるものであります。病むも病まぬも、たゞ神の聖旨と信じ、また結婚するもしないも、神の聖旨と調和する境遇にまで辿ることができたら、どんなに仕合せか知れません。一層の御精進を祈ります。(記者)

苛々した氣持で暮す廿九の職業婦人

◆心の隙につけ込む異性の恐ろしい誘惑と侮辱の數々◆

吉本瑠璃子(東京)

△振り返 ▽…△

りますと、もういつの間にか私の青春は、華かな夢も見ずに過ぎ去らうとしてをります。強い心で、一家のために肉親を思ひ、全身全力を盡してきた私の半生でした。今年二十九の春を聞いて、今更のやうに、さまざまの想ひ出が湧き出してまゐります。

父は官吏でした。母は私の十八の折、亡りました。この母の死が、私の運命を、身動きのならぬまでに縛つてしまひました。

一時は幼い弟妹を抱へて、どうしたものかと全く途方に暮れましたけれど、また心を強く引き締める力も湧きまして、母亡き後は、小なもの達の姉ともなり母ともなつて、とにかく一生懸命に闘つてまゐりました。

そのうち父は老朽淘汰に遭つて職を離れました。一家を維持するに足らぬ恩給だけが頼りになりましたとき、第二の轉換機が來て、私は或る會社の事務員に傭はれることになりました。丁度私が二十二の秋のことであります。

母が死んでから、早くも十年の月日が流れました。今では弟も十六になり、頑是なかつた妹が十二になりました。

△毎日毎 ▽…△

日、朝は早く起きて炊事の支度をし、父や弟妹の世話をしてから、晝の用意をあらかた拵へて會社へまゐります。

一日の勤めに疲れた後、夕方になつて、込み合ふ電車に揉まれて、へと／＼になつて歸つてまゐりますと、もうすぐ夜食の支度にかゝらねばなりません。けれども、父や弟妹が顔を揃へて、楽しい晩餐の膳を圍むときは、一日の勞苦も忘れてしまつて、たゞ嬉しさに一杯になつてしまひます。

弟は晝間は或る官廳に勤め、夜は夜で、近所の夜學校に通つてをります。健康にはち切れさうな顔を見ますと、自然と微笑まずにはゐられません。

妹は一日家にゐて、健康の衰へた父のために、いろ／＼の用を足してをります。姉も兄も留守の間、この小い妹が何かと面倒を看てくれますので、父も大變喜んでをります。

△母の死▽……△

につゞいて、私の胸を打ちましたのは、從兄のKの死でありました。Kは父の兄の子で、絶えず往來してゐるうちに、言ひやうのないほど慕はしい存在になつてしまひました。けれども未だうら若い折のことゆゑ、たゞ胸のうちに祕めておくだけでありました。

從つて、想ひを打ち明けるなどゝいふことは夢にも考へず、たゞ朧氣に、Kと一緒になる自分を意識してゐたのみでありました。

そのKが、二十二の若さで亡りました。母の死後わづかに半年の後に。私の胸には、ぽつかりと大きな穴が明きました。何もかもが、冷い存在に變つてしまひました。

霙まじりの雨の降る寒い日のことでした。谷中の墓地にKの骨を葬るとき、人目も恥ぢずに泣き崩れた自分を、今でもはつきりと記憶してをります。

後から／＼と、身に降りかゝつて來る不運と、血みどろになつて鬪はねばならなかつた私には、もはや、心の餘裕といふものがありませんでした。

それでも、お友達の誰彼が結婚したとか、樂しい家庭を作つたとか、そんな噂を耳にした折には、遠い國の夢のやうに、羨ましさや憧れが我が身を襲ふのでしたが、それも束の間で、更に強い諦めの氣持が頭を擡げ、心を蓋うてしまふのでした。忍從せねばならぬ運命に、私はぢつと耐へてまゐりました。

何よりも先づ父や弟妹を想ひ出す度に、なみならぬ責任の重大さに打たれないではゐられません。たとひ石に齧りついても、弟だけは立派な人間に仕上げたい。妹だけは相當な家庭に嫁づけたいと思ふ心が、他を顧る餘裕のないほど、私の精神を占領してゐるのです。十年の長い間を一日の如く、私は、たゞその一筋の念願のために生きてまゐりました。

▽…△

極めて冷靜に、凡てを諦めてゐるつもりでも、『獨身』とい

△表面は

ふ意識は、次第に強くなつてまゐりました。眠つてゐた意識が、取り返しのつかぬ二十歳の終りに、眼覺めたやうに思ひました。言ひ知れぬ焦だゝしさと憂鬱とに苛まれる日が、とき〴〵まゐります。無理に、長い間押し込めてきた心は、ひねくれた冷さを帶びてはゐましたが、正直なところ、その底には一脈の温さが未だ殘つてゐたのでした。

昨年の秋頃から、妙に氣分が結ぼれて、怒りつぽくなりました。殊に月のもの〻頃は、自分でもはつきりと判るほど、氣持が苛々いたします。頻と將來のことが考へられます。夜分などは殊に、十年前のKのことなどを想ひ出すやうになりました。そして涙を流して悲しむことに一種の興味をさへ持つやうになりました。

さうした折は、弟や妹は、心配さうにしながらも、側へ寄らずに、そつと遠くから覗いてゐます。そのさまを、いぢらしいものと思ひながらも、つい荒々しい言葉をかけてしまつたりなどいたします。

▽…△

△丁度そ

の頃、父の知人が縁談を持つてまゐりました。父はなかなか頑固で、以前は私に縁談が起りましても、『養子でなくてはいやだ。』などゝ頑張つて、母を困らせたりいたしましたが、今では父自身が、よほど焦り氣味になつてゐた折でしたから、非常に乘氣になり、話はだん〳〵進みました。年齡は少し違ひすぎますが、四十歳の働き盛りで、相當の資産もあり、結婚の上は弟を立派に育てゝやるといふ條件でした。

父の話を、表面では縁談にあしらつてゐながらも、私はいろ〳〵と結婚に就て考へてみました。父は、『恩給だけで、妹と二人暮してゆくから心配するな。』と申しますが、私は、それが一番危まれてなりませんでした。

焦つてはゐながらも、ひどく大事をとるやうになつてゐた私は、心を惹かれたこの縁談にも、念には念を入れて、知人が興信所に出てゐたのを幸ひに、今一度先方の身許を調べて頂きました。ところが、どうでせう。仲人の話とは似ても似つかぬ、學識も地位もない人であることが判りました。定職がなく、詐欺を常習にして暮してゐる男で、しかも間もなく、或る事件に連坐して入牢いたしました。

私は、私の夢のあまりにも儚かつたことに、呆然としてしまひました。思へば、ぞつとすることです。一歩を過れば、十ケ年の忍從も全く水泡に歸するところでありました。

▽…△

△それから後も、懶いやうな氣持で會社勤めをしてゐました。丁度その頃、部長の更迭があつて、社長のお婿さんのMといふのが新任になりました。Mは思ひやりの深い人で、私の境遇に非常に同情し、何くれとなく力づけてくださいました。年配も相當ですから、父のやうにも伯父のやうにも慕つてをりました。

そのうちにいろ〳〵と、話は込み入つた點まで進み、部長宅に出入するEといふ青年のことを話し、似合の良緣だと思ふが結婚する意志はないかと、親切に勸めてくださいました。

聞けばなか〳〵志操堅固な方ですし、何よりM様の御仲介ですから、一點の疑ふ餘地もなく、たゞもう引きずられるやうな氣持で、遂に或る日曜日の午後、多摩川で見合をするまでに、話が進んでしまひました。

深々と松の木の繁みを負うた離亭は、浮世と懸け離れたやうに物靜かでした。が、肝腎のE

はなか〳〵見えません。Mは自身で幾度も電話をかけに行きました。そのうちに夕闇が迫り、庭には灯がちら〳〵し始めました。いくら待つてもEは來ませんでした。Mはもう落ちついて酒を飲んでゐました。

△その夜

▽…△

私は、どんな怖しい目に遭つたことでせう。野獸のやうなMの手を脱れた私は、無我夢中で電車道まで駈け通しました。

どうしてこれを父に語られませう。温和な顔をして戻つて來た私を見て、おろ〳〵する父や弟妹を見向きもせず、私は一晩中泣き明してしまひました。

結婚を焦つてゐる、貧しいオールド・ミスゆゑに、どうにでもなると考へられたのかと思ふと、口惜しいのか悲しいのか――恐らくさうした感情がごつちやになつて――大粒の涙がぼろ〳〵と溢れました。

明日から會社を止したいことは山々でした。然し長い間かゝつて得た、女の身としては一寸得易からぬ地位を、みす〳〵振り捨てることは可なりの苦痛でありました。殊に不景氣の今日、新に職を見出すことの困難さを考へると、どうしても思ひ切る氣にはなれませんでした。どんな侮辱にも迫害にも目をつむつて、老いたる父のため、幼き弟妹のため、忍べるだけは忍ばうと決心いたしました。

が、それから後のMの態度は、決心した私を幾度も〳〵考へ直させようとしました。獸慾の遂げられなかつた報いに、事毎に辛く當るMの態度には、全く泣かされてしまひました。事を荒立てれば、相手は社長の婿です。その結果當然起る首の問題が、いつも私を弱い女にしてしまひました。

Mが大阪支店長として赴任するに至るまでの八ケ月間は、私にとつて前の十ケ年よりも辛い苦しい月日でありました。

▽…△

△靜かに

送つて來たつもりの獨身生活も、ふとした心の隙から喰ひ入つた事件のために、烈しく波立たせられました。やはり私の心の弛みにつけ込む惡魔の仕業でありませう。二つの事件は、私に何事かを教へてくれました。

老いたる父に、これ以上の苦勞はかけたくありません。やはり私の手で、靜かに見送りたいと存じます。そして弟だけは、せめて人並らしい學問もさせ、妹はやはり私の力で、立派にお嫁入をさせてやりたいと思ひます。

かう考へますと、私自身の生活は、過去十年の生活と同じく、未來もまた寂しい地味な生活がつゞくのではあるまいかと思はれます。一年餘りは浮か〳〵してゐた私の心も、今ではまたもとの引き締つた、忍從的な生き方の方へ引かれてゆきさうです。何だかその方が、私には最も相應しい運命らしく思はれるのでございます。（當選）

▲あなたの御家庭のやうな事情で、いつの間にか婚期を過ぎた方も、少いことではありますまい。さういふ御境遇の方が、氣をいら〳〵させるのも、御尤もであります。けれども、さういふ心の狀態ほど人に乘ぜられ易いものはありませぬ。急がねば一生獨りで過ごさねばならぬのではないかと、心もいらだちませうが、そこをおつと落ちつくことが大切です。私たちの知つてゐる範圍に於ても、あせつて結婚したゝめに、却て不遇な生涯に身を沈めた方が少くありませぬ。ところが、それとは反對に、落ちついて自分の本分を忠實に盡してゐるうちに、先方から良き縁をもちこまれて、中年の結婚ではあつたが、人も羨む結婚生活を送つてゐる方も少くありませぬ。たとひ老嬢の悲哀はあらうとも、確かな良縁でなければ、決して結婚すべきではありませぬ。良縁がなければ一生獨身生活を送つても悔いぬ、といふほどに、度胸をきめることです。獨身を惨めの狀いやうに思つてはなりませぬ。（記者）

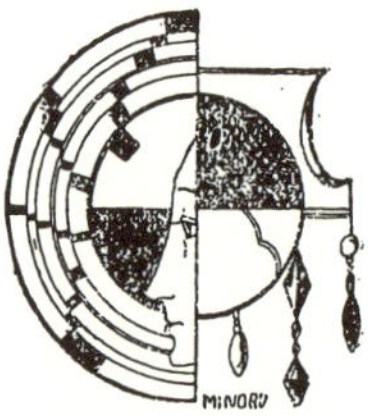

男子にも貞操の義務あり（其の十二）

——通俗倫理十二ヶ月——

東洋大學長 中島德藏

八千矛の、 神の命や、
大國主こそは、 男にいませば、
うち見る島の岬々、 かき見る磯の岬落ちず、
若草の、 妻もたせらめ、
吾はもよ、 女にしあれば、
汝をきて、 男はなし、
汝をきて、 夫はなし。

此うして男には疾うから不貞操が許されて來た。而して多くの男は此特權を利用せぬべく迂濶ではなかつた。ツイ最近まで或は今が今まで、大抵の男は藝妓と戯れるを當然と心得、時折り娼婦に接するなども敢て怪しまれず、甚だしきは妾を蓄へる者さへある。其れも一人ならず、二人も三人も公々然と別々に粹な立派な住居を與へて大切にかこつておく者もある。而して其の狀宛も世の人に此れ見よがしの高慢沙汰らしい者もある。

貞操の今昔

聞く、今のモ・ガは此の二度とない靑春の花を一人二人の男子にだけ獨占させておくは惜しい、折角女と生れた果報には、たとへ十が百でも、成るべく多數の異性を對手として思ふ存分浮世の享樂をして見たいとの希望があるといふ。此は又例の『女房と疊は新らしいだけ可い』の男の我儘に、幾つもの辵かけた放埓振りで、何事も新奇橫着の限りを盡す現代とは言ひながら、サスガはモ・ガの顚ではある。其れといふも、畢竟過去に於て過酷な貞操觀が、片手落ちに女性にのみ强ひつけられた一反動とも見られよう。

貞操が女の事であつて、男に關しないことツイ最近までの事實であつた。

建國の昔に於て、大國主命の愛人須勢理媛は、

241 「男子にも貞操の義務あり」 中島徳蔵 『婦人倶楽部』昭和2年11月1日

支那の高官大人連は、第一夫人、第二夫人乃至第何夫人と妾の多きを誇るといふが、我等の一部にも聊か此の意識がないではない。

成る程多數の妾を蓄へ、其れ等に贅澤な生活をさせて行くことは、並大抵の費用で、貧乏人の眞似にも出來ないことであるに相違ない。もし金で人の價値が定まるものなら、其所にも別莊、此所にも別宅と、其れに一々美しい代物を配置しておくなどは、アツパレの男振りを發揮することと言つて可からう。金錢の獲得を其の直接最大の目的とする實業家の間には、得て此うした人物があり、此うした人物が幅を利かして居る傾向があるは事實である。

儒教も此點では女子に求める所は嚴酷であつたに關はらず、男子を責めることは、至つて輕かつた『女今川』も妻の嫉妬に對する戒は薬々しかつた。『女大學』は貝原の妻の作だと言はれて居るが、其れさへ蓄妾を當然とし、嫉妬を大不德とした。隨つて學問教養ある男子も這般の事に關しては殆んど何とも思つて居なかつたらしい。が併し日本にも昔から然うした浮薄の者斗りではなかつた。『思へただ、心渚のをしだにも、よその妻には流れあふかは』と歌つた者もある。小澤蘆庵にも『我宿のつまだにあるを、あやめ草、よそにはかけじ、露の契を』の吟がある。而して此れ等は滔々として全時代を風靡して居た男子不貞與論習慣に反對した一種の意識の、我が國民の間に何時となく釀し成された代表的發表と見て差支ない　現に民間にも、大ツ平な蓄妾沙汰を是認せぬのみか、其れらしき行動は『道樂者』の所爲として爪彈きされる風もある。而して其は必らずしも貧乏人の腹癒せといふではなくて、正しい上品の人々の中心の趣味なのである。此は表向きの教の比較的寛大であつたに關はらず、大體の民族意識は次第次第に一夫一婦の制に傾いて來たことを證明する。男子でも色情の節制なき者は『好色者』『道樂者』の譏を免れなくなつた。此の廣くして又た深い根底あればこそ、最近大審院は新に『男子にも亦貞操の義務あり』との判決例を與へたのである。

男子には異性に對する我儘が許されたつたが、其は昔のことで、進化の目標は儼然と一夫一婦に向つて居ることは爭はれない。道德も法律も、等しく其所を目掛けて次第に確實な歩を進めて居る。教養を積むに隨つて、男子も貞操を自己の義務と感ずるに至るは自然である。

貞操とは何か

男は體力が强い、隨つて富を生産する力も盛んである。其所へゆくと、女は可弱い、生產して貰つた富の消費が差向き其の役廻りとなる。其れ故男は力任せに女を掠奪もする、金次第で買收もする。女の意志が何うあるにせよ、嫌應なしに男に屈服する外はない。男は命令者で、女は服從者である。ソコデ女の生命とまで見られて來た貞操の如き道德も、其の初めは單に男の下した命令、男の勝手に作つた規則と見るべきであつたらう。現に舊約全書では、女は一種の家具家畜と同視された時期があつた。ソレデも女は他の物品や生物とは違つて、意識といふものがあり、心得を持ち得たから、男は賢くも『私以外の男の肉と觸れてはならぬ』と言ひ聽かせられたものであつたに相違ない。

人智の未だ開けない昔にあつては、貞操の內面的意義は明らかにならなかつたは當然である。靈の一致など何うでも可かつた。男は單に女の身體を占有することが出來れば其れで滿足した。女はたとへ對手を嫌い抜いても、身を任せる丈のことをすれば敢て不貞の責を受けなかつた。此れは言はば物理的貞操と名づくべきである。幾疋かの雄犬が一疋の雌を爭ふ場合、彼等は互に全力を揮つて噛み合をなし、其の優劣强弱を決める。而して雌犬は其修羅場を見物しながら、最後に神妙に最强者に付いて行く。ノンキ至極、サスガに獸だナと思はせる。人と獸とは固より同日の談ではないが、物理的貞操の內容の貧弱さは、之れと五十歩百歩の差に過ぎない。

强い者には負ける外はない、貧乏な者は金持に支配される運命である。けれども其は唯だ物質界の原則で、足一たび精神界に踏み込めば、人間は然う容易く暴力によつてのみ動かされるものではない。人智の開發するに隨つて、弱者は弱者なりに、其の意志を透す道がある。『我が身體だけは亂暴者たる汝の意の任であるが、我が精神、即ち眞の我は、汝が如何とも爲し得ない所である』との自覺が女に出來る。

『妾が心は石に非ず轉ばすべからず、妾が心は蓆に非ず捲くべからず。』即ち是れである。

此うなると、男も亦た單なる獸慾を遂げる丈けでは聊か物足らない感を興さざるを得ない。

仙臺侯に楯ついた高尾の意氣は、百萬石の大名をして後に瞠若たらしめた。力を以て強ひたなら、女の物理的貞操は之れを蹂躙し得る。けれども之れを蹂躙されたことは、女の眞の貞操を傷つけたこととは誰が言はう。貞操に肉の意味以上に、靈の意味あることは多言を要しない。我が對手以外の異性の肌に觸れぬといふことは、物理的よりも寧ろ精神的である。

雌犬が優強な雄犬に隨ふは、單に力の爲とも想像されるが、必らずしも然う計りではない。

恐らく雌犬には何れが最も我が對手たるの資格あるかを決める精神力がない。ソコデ眼前の勝負で優勝者を發見して、始めて『天晴殿振』を知るからこそ、快く、即ち神妙に其れに身を任せるのであらう。凡そ生物界に於ては、優勝の種族が純粹に其の種を繁殖せしめてこそ進化の道程を辿ることが出來る。古代野蠻の時代に於ける物理的貞操にも、全然精神的要素が缺けて居たのではなく、又然うした低級の貞操にも、其れ相應の意義がないではない。が貞不貞は主として精神の純不純にある。

世には再婚者の身は、既に一種の疵者と考へる者がある。又己が心にもなく暴漢に襲はれて、身を汚された者をも貞操上の汚點と考へたがる傾向がある。けれども其は餘りに物理的に拘泥した勘違である。もし眞の貞操觀が、主として靈の如何にあるなら、前者は肉交の經驗が有るにせよ、依然として貞操の保持者であり、後者は偶然の機會に於ける氣の毒な怪我人の一種にすぎない事が判るであらう。力瘤を入れてならぬ所に入れるは、入れべき所に入れぬ病と相伴ふ。花婿は此うした僻見に捕はれてはならず、又花嫁は其れが爲め身を引けて考へるには及ばない。さればとて男女の交を淫にして可い道理は決してない。外目には、凡ての肉交は一樣に肉の汚れらしいが、其れが汚であるか無いかは、其れに伴ふ精神如何による。例のモ・ガの願の如きは、願其物が、既に汚れも汚れ、汚穢極るものであるから、肉の汚れは即ち精神の汚れでもあるは勿論である。

最上乘の貞操

試みに多くの女子に向つて、誰が爲めに貞操を守るかと問ふたなら一も二もなく『夫の爲に』と答へるであらう。けれども既に貞操が主として靈のことで、而して靈の靈たる所以は、主として我れが我れの意志を透すことである以上、たとへ弱者とは言へ、從ふと否とは女の自由意志によるは明らかである。もと〳〵奪掠されたにせよ、買收されたにせよ、威されたにせよ賺されたにせよ、一たび一人の男に身を許すは、女の承認があつたと見受けられぬでもない、唯だ如何にせん、男子のみの立てた貞操の原則は、女子の十分の承認が得られなかつた場合が少くなかつた。ソコデ『出來るなら男子の拘束から逃れたい』『金と力との爲止むを得ない』の感が其れに付き纏うて居たは當然である。が、もし女子の十分の承認があつた場合、男の爲の貞操ではなくて、同時に女の爲の貞操でなければならない。貞操の物理的意義は超越されて精神的となり、其れも外から自分に壓し付けられる他律的意義は超越されて、自己の自由意志で自己が自己の爲に立てたものといふ自律的意義とならねばならぬ筈である。貞操は女が自分の爲に守る大德となつて、始めて其の眞正の光輝を發する。而して此う女が女自身のためにする所以は、同時に男が男自身のためにする所以で、自律な高尚な新らしい道德となれば、男子にも亦男子のための貞操の義務が生ずる譯である。

西洋では貞操は神の命ずる所だともされた。而して古今東西の法律も習慣も、之れを女に强要しないことはなかつた。けれども其れは正しい道理の未だ十分明らかにならなかつた弱點である。人間の本來から言へば、性の如何を問はず、然うすべきなのである、卽ち然うすることによつて人々の高尚健實な幸福が確實に達成され、然うせぬ丈け、其れだけ不安な不幸な家庭生活を營まざるを得ないのである。

何故に一人の對手の外に異性の肉に觸れてならないか。一口に云へば、外ではない、貞操は各自の精神の統一、隨て相互の精神の融合一和を保たしめるものであるからである。卽ち、男も女も先づ自ら締りのある、シツカリした心をもつことが兩人をしてピツタリと一人とさせる必要條件となるので、其れは又親子同胞一家幾人の人々をもピツタリと一人の如くさせるものであるとするからである。字の講釋をするでもないが、貞とは常に變らぬ一を意味するし、操とは兎もすれば失はれ易い其の一を、何處何處までも逃さず離さず、持ち續けて行くを言ふ。先づ自らが一となり、他の人々とも一となつて、敢て其れを失はぬこと、其れが字の通り貞操なのである。今締りのない、グヅな、隨つでヅボラなデタラメな人間ほど價値がないことを考へれば、如何に貞操が人の人となるに重要であるかが知られるのである。

其の內容の如何によつても異るは勿論であるが、形式的に言うて、人は自我の統一を保ち得るか否かによつて、一般に其の尊卑を定め得ると言つて可い。異性と同棲せぬなら格別であるが、苟も家庭をもつた以上、自我の統一は其所へも現はれねばならぬ筈である。貞操ある男であつてこそ、始めて締りのある強い人であり、ドツシリとした深い人であると言へるのである。而して其の強い深いは、單に異性との交際の間斗りでなく事業の經營上にも、一般の世渡り上にも、又た自己日常の生活上にも同樣に作用する。人品とか人柄とかいふことは、何事にも現はれるものであるが、油斷もスキもなく十分總身に智慧が廻つた所が、男女關係の間に見えるのが卽ち貞操なのである。故安田善二郎翁だつたと思ふ『事業に惚れ、金に惚れ、女房に惚れる』が成功秘訣だと言つた。デレリとした、他愛もないヤクザものは、其の時々の氣分に支配されて、行き當りバツタリで何をさせても取ツとまりがなく、異性に對して『男の心と秋の空』の狀は、亦女にも適用することが出來る。裏切られた對手の怨みを買ふは固よりであるが、此うした人は、單に或る一人に對して計りでなく、廣く知人緣類からの信用を失ひ、又た事業を企てれば、其の見込みは違つて居ないにしても中途倦き氣を出し、或はネバリの強くない爲に小才子の仕事は大抵失敗に終るものである。事業にせよ、金にせよ、又た女房にせよ、其れ等に惚れ得るといふは、其の人に強い深い人格のある證據で、容易ならぬ苦勞苦心を積んだ後の事であつて見れば、翁の言の僞ならぬことが知られるのである。

と言へば、男子の側からやや正當らしい抗議が起るかも知れない。『醉ふては枕す窈窕美人の膝』ではないか、敢へて宿の女房の御機嫌計りを伺はずとも『醒めては握る堂々天下の權』たることが出來れば、是れ亦男子の本懷ではあるまいか、且つ妻の御機嫌位に頓着する小心者で、何うして世智辛い浮世に於ける成功が贏ち得られよう。軍人は固より政治家實業家の不品行は、道學先生の小言の種ではあるにしても、其れが其の大成功の助となつてるに相違ないと。實に昔の英雄は色を好んだ。明日が日、命を失ふかも知れない軍人に取つては、其れも同情に値しないでもなかつた。けれども好色のため、何れほど古來歷史上立派な覇業が覆り、壯圖が挫折したか。戰爭にかけては百戰百勝の勇士も、政治にかけては萬遺算なかつた豪傑も、女蕩苞苴のために其の志を遂げ果せなかつた例は山とあるではないか。本來大に用心すべき貞操の一事に、少しも用心しなかつたことは正に彼等の小さからぬ拔かりであつたと云へるのである。

政治家實業家の中には、性慾を遂げるは飮食慾を遂げると一般に心得るものもある。而して一見此等の連中が、一層出世したらしき觀もないではない。けれども福翁が嘗て時事新報紙上つ漫畫で痛切に諷刺した如く、紳士が樂しかるべき其の晩餐の食卓でも、妻と妾等と、又妻の子達と妾等の子達との多數が啀み合ひするを見ながら、彼は快く一杯の酒でも傾け得るであらうか。『何の此の蛆蟲供が、何と思はうが、何うならうが構ふものか』と、圖太く平氣に濟まして居られる程、此の點では無感覺非人情的のものもあり兼ねまい。が、女色は漁るが、女色には溺れないといふ人は、人間味の乏しい『金溜め器械』たる人、餘韻餘裕のない『事功氣狂ひ』たるを免れない。外形的に見ては大袈裟な大成功も實は空疎な空騷ぎ、或は一時の花火線香たるに止まる。其は無意義で無價値といふべきである。もし夫れ富貴功名世界を壓する名士大人でありながら、よく一婦人一小兒の人格をも認め、痛切に其の微細た感情にも注意しやる程の鋭敏な神經を有つてるとしたなら、其れは畢竟其の人の理想の高さ大さによることである。而して其れは強い深い外に、高い人格の異性との交際上に現はれたもので、貞操の最上乘といふべきであらう。而して『見よ、此處に眞人の眞事業がある』と言ひ得る成功者は、同時に此の貞操家であらねばならない。豪傑振りは必ずしも人の御器量を上げはしない。貞操は異性に甘いから貴いのでなく、自己自身に對する忠實が徹底するから有り難いのである。

247　「ラヴ・シーンの感想」 鈴木伝明、栗島すみ子、阪東妻三郎、夏川静江 ほか 『婦人公論』 昭和3年1月1日

ラヴ・シーンの感想

戀の場面の撮影について

鈴木傳明

戀愛問題を取扱はずに劇下された芝居なり、映畫なりのストーリー又は脚本は非常に尠ない。それ程男女關係――戀愛關係は、劇の構成に必要であり、そして實社會の人間生活にも、引離せないほど深く深く喰ひ入つた生活の一つである。

今迄に如何に多くの作家によつて、如何に多くの戀愛を取り入れたものが創作され、如何に多くの俳優によつて表現されてゐる事であらう。作家の豐富な想像力や、構想によつて如實に描き出された「戀の場面」も名優と迷優との異ひから、その表現が多種多様に演出される。神秘なロマンティツクな戀の場面が表現されたり、カルピスや氣の抜けたサイダーのやうな味となつて表現されたりする。

「戀の場面」の材料は豐富であるが表現は困難である。俳優は素より撮影監督も脚本作家も茲には大に苦心をする。それは現に斯した場面が最も渇仰され歡迎されるからである。

併し映畫が觀客の前に、スクリーンを透して映出されるまでには、どうしても一度は檢閲の關門を通らなければならない。關所の人達は「戀の場面」を無二無三に切り棄つべく、最も彼等の官憲としての容赦なき峻厳さを示す用意をしてゐるのである。尤もこれは日本の社會制度、生活様式が外國のそれと非常に異なるために止むを得ない場合もあるかも知れない。この點、西洋の作家や監督や俳優は思ひ切つた表現を敢行することが出來る。

――澄み切つた空に月が、美しくその影を投げてゐる。湖畔である。柔かく草の繁つた丘に若い男女二人、男と女の手を握つた男と、これに對する女の表情、姿態が如何にも如實に、巧みに演出される。男は理性の力で、幾度か口に出さんとした『あなたは、本當に僕を愛してくれますか？』の言葉を斷へ

に耐へてゐるのだ。女も心ひそかに男を憎からず思ひそめてゐる。その夜も男に誘はれるまゝに、この丘に來た、二人が初めて逢つたなつかしい湖畔の丘である。彼は女との儀禮を保つた雜談の間に、今こそ胸の苦惱を打ち明けようとする。が彼の強い、しかし悲しい理性の力は、どうしてもそれをゆるさない。遂に男は、その言葉を言ひ出せずに、半ば自分の心に絶望を感じて立去るべく靜かに女の側に立つ。女もうつ向き加減に、靜かに立上る。息苦しい沈默が相聯した二人の間に立ちふさがつた。眼と眼が期せずして合つた。男は女の瞳の奥の奥に熱く燃ゆる或るものを見のがさなかつた。突然、男の手が女の手を握る。情熱は理性をおしのける。「あなたは僕を愛してくれますか?」男は強く嚴かに言つた。靜かに顏を上げた彼女の唇は動く「諾!」女は唯一言を應へた。男は感謝する氣持。歡喜する氣持ちで女を靜かに引寄せる。二人の顏が接近する。唇と唇とが、どうなるかといふ映畫演技のこの偉大さ(!)——

鈴木傳明氏

こゝまでの表現は日本でも赦されてゐるが、問題はこの先の道程である。西洋のそれは、この先の道程が自由であるだけ、大膽にこの偉大さ(!)を繼續して演出され、より以上、かうした場面を美しく、感銘深からしめることが出來るのである。一方現在の日本では、これ以上突込むことは許されない、そこに物足りなさがあり、無理が出來、印象的なものとならないのである。

撮影する多くの場面の中、一番快く感じるのも「戀の場面」の撮影である。俳優ばかりではない、監督も技師も、凡てその仕事にたづさはつてゐる人達は皆快さを感じてゐる。セットに於てゞも、ロケーションにあつても、極めて靜肅を保ち、美しい物靜かなトリオかアイオンゾルが伴奏される。尤も相手女優にもよるし、相手男優にもよらうが。

自分の今迄の相手女優として、可成り眞面目に、眞劍さを以て演つてくれた人達は、浦邊粂子、英百合子、栗島すみ子、松井千枝子、柏美枝、龍田靜枝諸孃である。浦邊、栗島、柏の三君は、どちらかと言へば技巧派の人であり、英、松井、龍田の三君は所謂氣分派の人達で、兩者ともに、下手な私の演技をよく助けてくれてゐた。一番多く共演つた關係もあらうが英君が大變ピッタリ合つた様に思はれる。龍田君はどことなく英君に共通した點を持つてゐる女優さんで前に受けたと同じ様な感じで演れる。何かの雑誌で多くの女優さん達に對して「演り良い相手の俳優は？」といふ質問の中に英君のも松井さんのも柏さんのも見たが自分と同じ様な感じを齎いてゐたので少々恐縮した次第である。

「戀の場面」を、より良く、より美しく、より感銘的に、印象的に、繪畫的になる様に努めることは、先輩諸兄姉達の映畫を見ることもよし、外國の優れた映畫に常に接することは勿論であるが、名畫に親しみ、彫刻に接することはより以上必要なことの様に思はれる。佛蘭西の浮世繪の大家、シエッファや、英吉利のラウエンス等が同じ畫題によつて描いた「ファウストとマルガレット」の「戀の場」から、そこにあらはれた畫家の豊かなる想像力や、思索力や、構圖に於ける男女の位置、姿態等がこの戀物語に於ける誘惑や悲哀や苦痛や悔恨を如何に如實に現はしてゐるかを識ることも缺く可からざる所であらう。

斯く、すぐれた畫家が描くところの戀の場面と、すぐれた俳優が演じたところの戀の場面とを比較する事は映畫製作に關係を持つた人達には大變價値あり興味ある仕事である。實際、「戀の場面」の撮影には多くの人達が苦心し、より以上努力してゐる。「なんて俺はラブシーンが下手だらう」と嘆息することは常にあることである。戀する男の氣持も知つてゐる、女性の美しさも讃美する、處女の脣、柔かい線、豊かな肉體、冷々しいそして何物かを欲してゐる様な瞳、胸から脊にかけて柔く浪立つ艶めかしい呼吸……等、等……大抵の男が女性に對して持つてゐる氣持や憧れは自分にもある。より以上持つてゐるかも知れない。だのに「なんと俺はラブシーンが下手なのであらう」となぜいつも嘆息しなければならないのだらう。「ラブシーン」が下手であることを運命づけられて來たのかも知れない。

幻影を愛しながら

栗島すみ子

何でもないことのやうですけれど、隨分むづかしい質問なのでございます。質問がむづかしいと同じやうに、私としてこのラヴシーンほど演りにくいものはないのです。

もしこの假定の愛人情人を心から魂から愛して行くものとしたら、今までに十五六人もの人達と交る〲戀を囁いた私は、世間から浮氣者の標本、不貞女のサンプルとされてゐるかも知れません。

實際に於て、一人の人すらも眞實に愛して行くといふことはなか〱むづかしいことなのに、昨日は自分の兄であつた人が、父であつた人が、戀敵であつた人が、弟であつた人が、戀人であつた人が、怨敵であつた人が、又は見も知らなかつた人でさへが、今日は自分の唯一人の戀人であるとして、どうしてほんとうに愛することが出來ませう。

といつて、單なる眞似事だけでラヴシーンをごまかして行くことは出來ません。やはり戀の場面それ自身は眞面目に取扱はなければならないのです。形の上でだけの眞似事でなく、心をまで打込むことがないとしたら、そこに戀の神聖さを生むことは出來ません。

それならば一體どうすればいゝのだらう？

私はさういふシーンを演る時にいつも或る男の幻想を生みます。そして、その幻影を愛します。相手の人が誰であらうと、私の心は相手の人を通じて、遠い或る男の幻影を瞻めて愛してゐるのです。

或る男――これは私にも解決の出來ない、掴むことの出來ない、どこまでも或る男なのでございます。幻影は永久に幻影でをはるのかも知れません。

私は、そして幻影を愛して、いつまでも幻影を相手にラブシーンを演り續けて行くことでせう。

戀か劍か

阪東妻三郎

ラヴシーンはむづかしい。

劍劇の方がどんなにか易いことであらう。

――これは、われ〳〵日本人の生活から來る、私の感慨です。

私共の祖先は、劍をたばさんで生活して居ました。そして一旦緩急あつて鞘を離れた劍は、その目的を達するまでに、あらゆる變化に備へました。劍本來の變化ばかりでない、兵法といふものがあつて、臨機應變の處置を教へました。時代々々で其の現はれ方は變り

栗島すみ子孃

251　「ラヴ・シーンの感想」　鈴木伝明、栗島すみ子、阪東妻三郎、夏川静江　ほか　『婦人公論』　昭和3年1月1日

阪東妻三郎氏

ましたが、今日傳はつてゐる刀劍を見ても、ある時代には「斬れる」ことを目的として鍛へられ、ある時代には品位を主として錬られ、同時に又劍法も、ある時代には眞正面から正々堂々と斬り込むことが尚ばれ、又ある時代には考へ樣によつて卑怯と思はれるやうな一種のトリックが「兵法」といふ名の下に行はれました。

映畫に於ける殺陣は、勢ひ、變化に富んで幾百千態、考へれば考へる程、次々に好い智惡が浮んで來ますが、それに比べてラヴシーンの方は、考へるだに惱ましいばかりです。

一體日本人のラヴシーンといふものが、甚だ變化に乏しいのではないでせうか。過去何千年かの間、努めて感情を抑へることを敎へられて來たせいかも知れませんが、戀する者同志も容易に戀情を打ち明けず、一と度口を切りますと「女の口から恥かしい。このやうなこと云ひ出した上からは――」なんて、忽ちにして最後のものを失はずにはゐません。劍の方に譬へてみれば、振り上げたと思ふと、倒れてゐると云つた形でどうもストリーにはなりにくいやうです。しかし日本人の生活に良いラヴシーンが無いからと云つて、映畫は決して文字通りの「寫眞」ではないのですから、ラヴシーンの表現に困るといふ道理はありません。有名な外國の舞臺俳優が、舞臺で眠る役に扮して、或る晩本當にグウ／＼眠つてしまつたところ、ふだん寢たふりをした時に比べて、大變な惡評であつたといふ逸話がありますやうに、又、實際の劍術が必ずしも映畫として望ましいものでないやうに、藝術の上では、實生活に囚はれる必要はありませんけれども、私の經驗は劍戟に比してラヴシーンの困難を物語るものばかりです。

無論、今日の映畫には必ず鬪爭と、戀とが盛られてゐると云つて差支ありませんから、私も世間並に、可なり豐富なラヴシーンの經驗を有つて居ります。森靜子、泉春子、佐々木濱野の諸孃を初め、隨分多くの美女達と、甘い場面の幾十かを演じました。けれども、決して私は自分のラヴシーンに滿足したことがありません。いつも不滿だらけです。殊に、見物人の多いロケーションのラヴシーンは恥しながら拙いと思つてゐます。總じて見物

人の訓練がまだ出來てゐないのです。いつか早川雪舟氏が、日本に於ては俳優の身邊から二町以内に見物人を近づけてはいけないと云はれたさうですが、私も同感です。假令芝居にせよ、衆人環視の中のラヴシーンは、いくら氣乘りのした時でも感心出來ません。

そして私一個の好みからいふと、抱き合つたり、手を握つたりするラヴシーンよりか、身體と身體とは一二間離れてゐてあらぬ方角を向いてゐても、心の網膜に相手の姿が――戀人の心が、クッキリと映じてゐるといふやうなラヴシーンを完全に演じて見たいと思つてゐます。御經驗の深い方から、精々教へて頂きたいと思ひます。

「忘れな草」と「椿姫」

夏川静江

私がこれ迄寫した映畫でラブシーンの無いのは一つもありませんが、本當の意味でのラブシーンは數へる程しかありませんでした。

その最初のは日活撮影所が向島にあつた頃、私が舞臺協會の一員として撮つた日活入社第二回作品「忘れな草」の主役です。これは本當は岡田嘉子さんの役だつたのですが、嘉子さんが病氣の爲私に廻つて來たのです。

私の扮するるり子と戀を語る青年と云ふのが何時も嘉子さんの相手役をやる山田隆彌さんでした。たしか其時山田さんは三十二三だつたでせう。所が私は十五の子供です。此二人がラブシーンをやるのですから、私は何だか可笑しくて、ラブシーンをやつてゐるとはどうしても思へませんでした。仲よく友達のやうに遊んでゐる場面などは無事だつたのですが、いよ〳〵クライマックスになつて、戀人同志が相抱いて泣いて別れを惜しむ場面になつてもどうしても戀人と別れるのだとは思へないのです。仕方がないので、親と別れる時や姉妹と別れる時の事など想像して強ひて悲しい氣持を造つて一生懸命表情したのです。山田さんも、嘉子さんとなら兎も角、いつも「靜坊」と呼んだり「坊や」と呼んでゐた私をつかまへて「貴女は私の戀人です」「私は貴女を愛してゐますが私はお別れしなくてはなりません。」などと戀人らしい言葉を云ひ交したり、さうした仕草をしたりするのですから、本當の氣持らしいものゝ出やう筈がありません。私もラブシーンだか何だか只夢中にやつてゐるに過ぎませんでした。今あの寫眞を見たら嘸かし他愛ないものでせう。今でも思ひ出すと可笑しくてなりません。

次にラブシーンで苦しんだのは椿姫です。これも本當は岡田嘉子さんの役だつたのが例の事件から急に私に振り掛つて來たのです。「忘れな草」で岡田さんの役をやつて熱烈なラブシーンをやり、五年後に又岡田さんの代役でラブシーンをやるのも何かの因緣かも知れません。椿姫の撮影の日記を繰つて見ます

夏川靜江孃

と其一節に次の様な事が書いてあります。

四月×日

椿姫の撮影開始、しかも椿姫と春男の熱烈なラブシーンなので大に當惑す。まだ一度もお話しした事のない坊城さんと手を取つたり懷かしさうにお話しするのは可成りな重荷であつた。「芝居だ、何も恥かしい事は無い」と思ふもの丶、何だか遠慮があつて藝がしつくり合はない。これでは工合が惡い、早くお友達になつてせめて遠慮なくお話し出來る間柄になつて置きたいと思つたが坊城さんは何時も默つてセットの隅に立つて出場を待つていらつしやるし、私も至つて口の重い喋べるのを億劫がる方だから必要以上の事には余り口數をきく事はなかつた。併し仕事の上に障つてはいけないと思つて、無意味な他人行儀とか遠慮とかを他人にも其人にも誤解されない程度に打破る事に努めた。

四月×日

今日は坊城さんと可成り親しく話をした。殊に自動車で愛の巣へ行く場面をとる時、ライト修繕に可成り多くの時間を費したので、坊城さんのお妹さんと私とが女學校の同級だつた事から話しに花が咲いて何時になく二人ともお喋べりをしてゐたら、キヤメラの背島さんが、「ライトのなほる迄どつちか一人降りてゐてくれ、あまり話がはずんで又二代目弥次事件が出來ると困るからなあ。」と眞面目な顔をしておつしやるので村田監督始め皆大笑ひして仕舞つた。

此二つが私の主なるラブシーン撮影についての話です。

思ひ出二つ

柏　美　枝

丁度青草が一面にのび始め、桃色や白れんげの花の可愛いく咲いてゐる頃い〱野原の様なゴルフリンク。

お日様がポカ〳〵照つて、きれいな青空には白雲が幸福さうにのびて、雲雀の空高く鳴く或る日の午後のこと。

ルパンと少女ドロボーは小ちやな小川を前にして、のどかな春に酔つてゐました。

足元にたんぽぽが三つ四つ、チョロ〳〵流れる小川に沿つて咲いてゐました。

二人は、だまつて、だまつてゐました。

キヤメラの方から聞えて來る Spring の合唱がもつと〳〵二人を黙らしてしまつたのかもしれません。

思ひ出の曲でメンデルゾーンのこの曲は少女ドロボーが一番好きなものでした。

ルパンも幸福でした。

紫スミレが吹く風になびいて、たんぽゝのそばから匂つて來ました。二人はなほ黙つて黙つていつまでもゐました。

かうして「昭和時代」のラブシーンの一場面は、しづかに、のどやかに撮影を終つたのでした。

柏美枝嬢

○

さゝやきの小路。

それは和雄と志保子にとつては、大好きな散歩路でした。

いつもお父様のお許しを得て二人は散歩する時、きつとこのさゝやきの小路を通りぬけました。

さうすると廣い葡萄園がありました。おいしさうな葡萄が一面になつてゐました。廣い葡萄棚は、自然の山の形なりに作られて、續いてゐました。

いつも此處で遊び疲れた二人は、又もと來た道をかへります。

長く續くポプラの並木、今日も二人は夕方の散歩を此の路にしました。

日が暮れてしまつて、空には星が二つ三つ、お月様はポプラの間から、二人を見おろしてゐました。

やがて、志保子は和雄におくられて家へかへつて來ました。

あとにさゝやきの小路は、靜かに寂しく、音もなく、月影はさやかに、ポプラの影をおとしてゐました。

255 「ラヴ・シーンの感想」 鈴木伝明、栗島すみ子、阪東妻三郎、夏川静江 ほか 『婦人公論』 昭和3年1月1日

舞臺の戀・スクリーンの戀

林長二郎

私は、長い間――そして――數多くの舞臺の上のラヴ・シインを觀て參りました。舞臺の上では、低唱的な江戸音樂の旋律が――衣裳の彩が、どれ程戀の場面の情調を強め、深めてくれるかを、沁々と思ひます。

私は雁次郎の戀の場面の幾多を、書割の裾で、揚幕の間で、どれほど多く看た事でしたらう。

林長二郎氏

一芝居ごとに、私は眠られぬ夜の打ち續くのを、どうすることも出來ませんでした。

女形で立たうとした私です。――ねむられぬままに、岩井半四郎さんや、田之助さんの事を詳かに書いた本を次から次へと讀み耽つて見ました。――讀んでゆくうちに、私の魂とでも云ふのでせうか――私の心は、いつもさうした過去の名優の俤の中に溶けこんでゆくのでした。

私にも隨分苦しい、泣きたい、悲しみの日が續きました。その度毎に、私は、さうした名優ですら苦しんだ修業の路を思つて、泣いて齒をくひしばつて、その日をすごして來ました。――そのうちに、雁次郎のおゆるしも出て、シネマで働くことになりましてから、もう幾本の寫眞と一年以上の月日が流れました。――その間、いつも私には多くの惱みと苦しみとがつきまとつて離れません。藝道は一生の修業にはちがひありませんが、ともあれ、あまり苦しみ惱むので、たまには何も彼もすててと思ふ時があります。

どの場面にでも可成に苦しみますが、殊にラヴ・シインには苦しみ惱みます。シネマでは戀の場面を演つてゐる間江戸音樂が入りませんので、その旋律を描いてやつてゐます。――大江戸の暮れ六ツ、三圍の社に燈明が

瞬き、待乳の山は夕靄につつまれ、都鳥の翔の白さの目立つて浮き立つ夕潮の流れ、二三艘ただよふ屋根船の中の障子に映つた男と女、――低い三味線のさざめきが聞えて來ます。――世を避けて戀を語るのは野暮な屋敷の大小捨て……と鳥追ひ小町と戀に醉ふのは江戸文明の寵兒座光寺源之丞です。かうした戀の場面や――または――繪物語の世界に一蓋の編笠一管の尺八に御用の掛聲と十手の閃きを遠く避けて、歡樂の極り知らぬ惱みをくの字なりの立て膝にもたれて、小紫のやる瀬ない思ひをさそふ白井權八――かうした戀の場面の數々を思ひうかべて來ますと、私の演つて來た事は拙なくて、夢想の象牙の塔は、くづれて了ふのです。

あまりに若く、纖細な女の人の心持の動き――生活――を、もつともつと知らない以上――それに、夢想のそれにも增して美しい鳥追ひ小町や小紫が、現はれてくれない以上――私の夢の戀の場面も所詮は實現されない事でせう。

雁次郎の膝下にあつて惱み苦しみ通して來たやうに、まだ／＼演る事に惱み苦しまなくては戀の場面も思ふやうには演れますまい。

珍らしがらない譯

酒井米子

ラブシーンの撮影と申しましても、餘り取り立てゝ申し上げる程のこともございません。何故ならば、もと／＼映畫劇では、特殊のものを除いては、どんな映畫劇でもラブシーンのないものはごく少ないのでございます。

そんな譯で、殊に私の役柄から申しましても、殆んどの映畫でもラブシーンを中心にして演じて居りますので、これはもう普通のこと、いつも演ツてゐる平凡な日常茶飯事としか私には思はれま

酒井米子孃

257 「ラヴ・シーンの感想」 鈴木伝明、栗島すみ子、阪東妻三郎、夏川静江 ほか 『婦人公論』 昭和3年1月1日

せん。隨つてどんな氣持と云ッて、今では別に變つた氣持も氣分も持ち合せてをりません。それほど馴れ切つてゐるのでございます。

尤も芝居と實際とを一緒にされてはたまりませんけれど、どうせ私共の職業はその特殊なことを表だつてしてゐるのですから、馴れればこれが何でもなくなるのは當り前だと存じます。見る人からは珍らしいでせうが演ずる方では少しも珍らしくありません。

唯どんな風に演じるかと云ふことは、その度々に深く考へさせられることで、每回の役に依つて違つた性格や色彩を出してゆくのは、又何時になつても新たに變つて來ることなのでございます。馴れ切ッたラブシーンでも、その度に新らしい苦心と工夫とが必要で、決して同じことを繰り返してゐるのではないのです。この點ではどこまで行つても、新しい役は役、新しいラブシーンはラブシーンで、何時までも新たな感じと熱と努力と、淸新な氣持とが伴ひます。人々が新たな戀人や愛人を得たと譬へが同じやうなものではございますまいか。

今更ラブシーンを演るからといつて別に驚きもしませんし、珍らしくも嬉しくも思ひません。勿論恥しいこともございません。その態度なり心持なりは至つて平氣なものでございます。たゞ如何にして前のものと變つたラブシーンを演じ、又その役にはまつた戀を表現するかに問題はあるのだと思はれます。恰も人々が同じやうな日常生活を續けながら、來る日〳〵に新たな希望をかけてゐるのと同じやうに。

最後にたゞ、同じラブシーンでも、相手の如何と、監督さんの如何に依つて大變に演ずる上に、演りよい演りにくいの相異はあることを附け加へておきます。

最初にラブシーンを演じた頃のことでしたら、相當に面白いお話も出來るかも知れませんが、今度はこれで……。

烈しい戀より可憐な戀を

松井千枝子

T子さん——

まだろくに芝居も出來ない私が、演出の中でも取りわけて難しいラヴシーンの事などを話す資格はないかも知れませんね。

ラヴシーンてものはほんとうに難しいものなのですよ。私にも二年あまり蒲田にゐる間に、種々のラヴシーンを演りました。けれど一度だつて演りいゝなんて思つた事はないのです。唯周圍の情景だとか、その時の氣持で『氣持よく演れた』と言ふ事はありましたけれど——。

今演つてゐる『哀愁の湖』でロケーションに富士山の麓へ行つた時、ある病院を借りて教會の場を撮影したことがありました。コ

スモスの植ゑてある庭に秋の夕陽が麗かに映えてゐる靜かな山麓の村でのラヴシーン、――ほんとうに泣いて演りましたわ、藝者になつた私も、そして牧師になつた三田英兒さんも……。

東京から持つて行つた眼藥（涙の代用をする）なぞちつとも必要がなくて、哀しい場面でしたが涙が獨りでに出て來てくれて、それは氣持よく演れました。

×

松井千枝子孃

ラヴシーンは相手に依るといふ人もありませうけれど、私は誰でも構はないと思ふのですよ（これはほんとに私だけの考へですが）たゞお互が、その役になり切つて芝居をする事が大切なのぢやないでせうか。少しでもお互の氣持に役を離れた、「松井」だとか「三田」だとか言ふ役者があるやうではいけないと思ふのです。何處までも相手をその役の人として見てゐなければね。

勿論その場の雰圍氣も大事です。セット内でも、又はロケーション先でも、この頃ではレコードをかけて氣持を出したり、殊にロケーション地なぞでのラヴシーンは美しい背景を取り入れて、より多く効果を出すやうにしてゐる事は大變いゝことだと思ひます

一體私の好きなラヴシーンは、唯深刻だとか言ふ鹿爪らしい文字に捕はれてゐる場面より、寧ろ明るい、そして淡い情調の、見た眼に可憐味（とでも言ひませうか、親しみとでも言ひませうか）を持つたラヴシーンの方が好きなのです。例へば緋バラに朝の陽が映える美しさ華やかさより、海棠かコスモスに秋雨が降り灑ぐと言ふ、陳腐だけれど、かうした情趣のラヴシーンが好きなんです。

×

撮影されたラヴシーンが見た人に卑俗な感じを與へないやうにする事も大切だと思ひます。執拗くでも演つて眞劍味を出さうとすると、私達のやうな未熟者はその弊に陷りやすいのです。

とにかく人からは呑氣に演りよささうに見えるでせうけれど、ラヴシーンは難しいものですね。私は別に失敗談なぞはないけれど思つたより難しいものだと言ふ事をいつでも感じてゐます。

ラヴ・シーンと親父

中野英治

私たちは閑な時には二ヶ月も三ヶ月も遊んでゐるのですが、此頃は時計の齒車のやうに忙しくなつて、昨日まで毎晩徹夜をして働いてゐたのです。今日は又朝早くから岡山へ出かけなくてはならないんで、この原稿も汽車に揺られながら書いてゐる始末なのです。

ラヴ・シーンに就ての話、——といつて、元來ラヴ・シーンと云ふものが苦手の僕にはこれはまた實に苦手の質問なんです。だからお答へがしどろもどろになるのは強ち汽車の動揺ばかりでなく、未だ世慣れぬ純情からだと思つて我慢して下さい。

大學を中途でよしてまご〳〵してゐた僕を映畫の世界へ抛り込んで呉れたのが、東城坊さんと村田さんと日活本社の樋口正美さんの三人で、作つた最初の寫眞が「大地は微笑む」といふ映畫、従つてスクリーンの上でのラヴ・シーンもこれが一番最初なのです。

なにしろ素人も素人、一月前までは毎日ベースボールにばかり日を暮して、俳優なんか思ひも寄らなかつた僕が、突然今迄とは異つた見も知らぬ世界に飛び込んだのですから、その周章て方は御想像に委せます。グリースペイントの塗り方はおろか、名前を聞くのが初耳だつたんですからね。干柿が粉をふいたやうな珍妙な顔を鏡の中で眺めた時は、流石に無鐵砲な僕も些か淋しくなつて、このまま又東京へ逃げ歸つて了はうかとさへ思ひました。が、日が經つに從つて新聞には書き立てられる、村田さん始め皆さんの努力を見てゐるとまさか逃げ出すわけにも行かなくなつて、到頭覺悟をきめて撮影にかゝつたのです。相手はかねてから名を聞いてゐる、自他共に許す岡田嘉子さん。

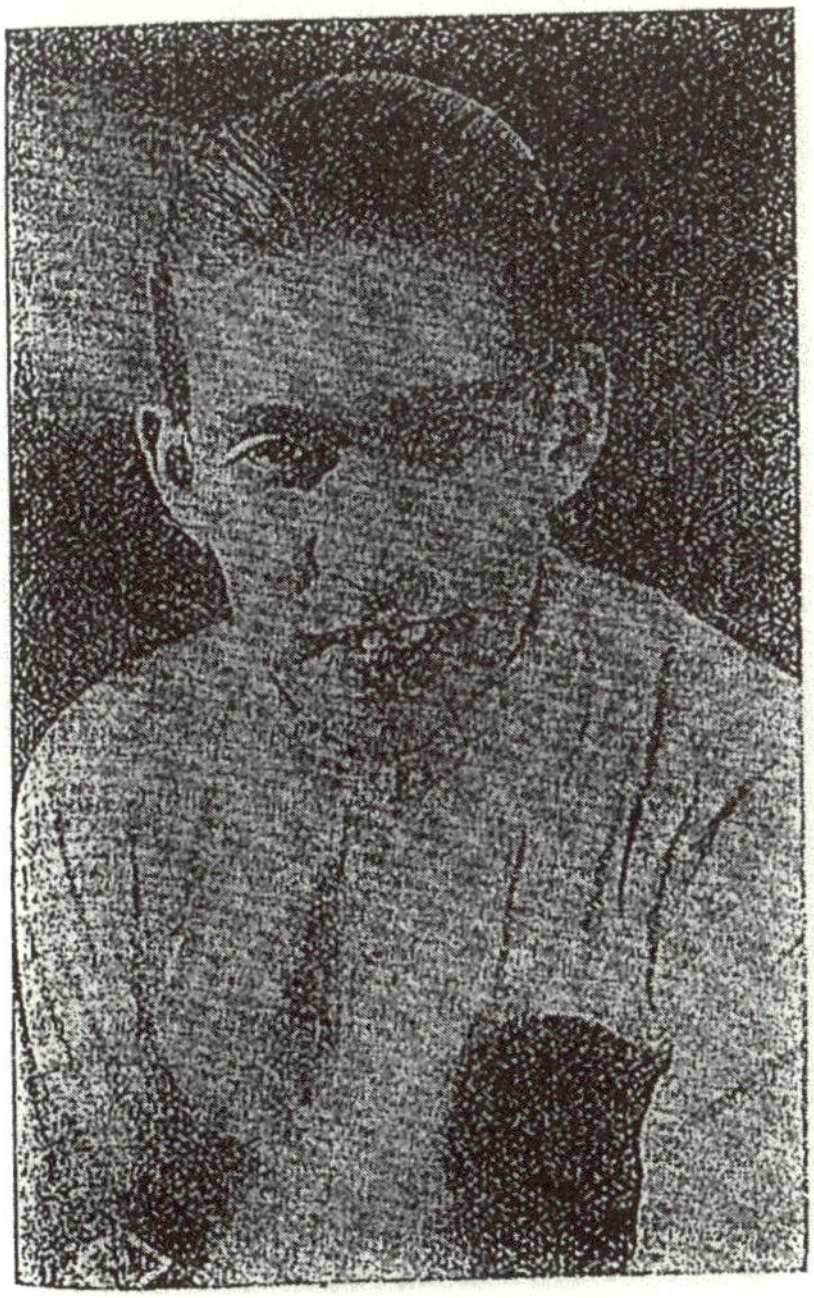

中野英治氏

このラブ・シーンの一カット、今までにこれほど長い一カットは有りませんでした。終はつたあとで、背中にびつしよりと冷たい汗が流れてゐました。

さてこの撮影が終つて、僕は東京へ歸りました。そして幾日かの後、「大地は微笑む」の封切の日が來たのです。

僕は、親父がどうしても僕の寫眞を見るといふので一緒に連れて行きました。親父は軍人あがりの頑固者で、活動寫眞なんか生れて一遍も見たことのない男なのです。それが矢張り子供の寫眞だと云ふので、めつたに乘つたことのない電車に搖られて、態々淺草の雜沓の巷まで出て來て見て吳れたのです。

寫眞が進行して愈々ラヴ・シーンのところへ來ると、僕はなんだか無性に恥かしくなつてそつと親父の顏を偸み見ました。その時の親父の顏、――擽つたいやうな苦々しいやうな、僕も生れて親父のあんな妙な顏をしたのを初めて見ました。

赤や靑の幟の澤山並んだ雜沓の街を、僕達親子はお互ひに妙な心持で、うそ寒い日暮頃をとぼ〳〵歩いて歸つたのです。

それからは親父は必ず封切日には、雨が降つても風が吹いてもかゝさず僕の寫眞を見て吳れたさうです。

ところが今年の正月、「新日本島」と云ふ寫眞を見に行つて、滿員で一ぱいなのを無理して入つて、ぎう〳〵押されながら立見して歸つて來て、

「英治が出て來ると皆手を叩いてゐた」と子供のやうに喜んでゐたさうですが、それ以來半身不隨になつて、一歩も動くことの出來ないからだになりました。

この頃では僕もラヴ・シーンを演つてもいいやうな年頃になりました。映畫の上でも、また實生活の上でも……。

然しいくらラヴ・シーンが巧くなつても、半年以來床に就いてゐる親父にみせる事が出來ないと思ふと、なんとなく秋の暮のやうな淋しさを感じます。

愼ましい日本のラヴシーン

龍田靜枝

「ラヴシーンに就て」といふ大變な御質問に先づ面喰つて了ひました。勉強最中の私ゆえ、滿足なお答へが出來るかどうか、心細いことでございます。

近頃流行語の形になつて來たラヴシーン、一つの劇になくてならない色彩としてのラヴシーン、靑白いスクリーンに皆様の微笑みを照らすラヴシーン――、なんでもない人同士が兎に角戀人らしい芝居をしなければならないのですから、いろ〳〵苦しさも無理も出て來るわけです。

勿論、デイレクターはいろ〳〵とアクショ

龍田靜枝孃

ンをつけてくれますが、それだけでは何かしらぴつたりしないものがあります。戀人同士とディレクターとキャメラマンとその意氣がぴつたりしなければいゝシーンは出來にくいのです。この四つの心が一つに溶け合つて、各々の持つ詩と歌と繪とが一つの演技に表現されてこそ見る人の心を美しい詩境に導くやうな素的なシーンが生れるのだ——とは思つてゐるのですけれど、そんなことはまだ〳〵私にはむづかしいことです。まだ馴れないからでせうけれども——。

ラヴシーンはやはり靜かなセレナーデのやさしいメロディに醉ひながら、落ついた氣持で演りたいと思ひます。朧かな小春日和、美しい湖のあたりを背景にした淚ぐましい程の靜けさの中で、熱のある監督の聲と快いキャメラのクランクの音を聞きながら、氣持の合うた相手の方と夢のやうな芝居を續けたら——想像しただけでも心がおどります。朗らかな小鳥のやうな可愛い戀もいゝけれど、私には虐げられながらも一筋の愛に生きようとする、健氣な乙女の淚にしめるやうなラヴシーンの方が好きなのです。外國のものには素晴しいラヴシーンがどつさりありますけれど、日本にはまだあれ程洗練された場面は、どういふ譯か許されてゐないやうです。劇の運びに依つて、場所、時代、背景の相違に從つて、それに適したラヴシーンを作らなければならないと同じやうに、日本の映畫には、やつぱり愼ましやかな、——高鳴る胸を氣にしながら無言の微笑を交すやうな靜けさがふさはしいのかも知れません。演る方でも、飛んだり跳ねたりするよりどんなに演りいゝか知れません。

一度も口をきいた事のない人が、世界でたつた一人の戀人になつたり、嫌でもない人を嫌つたりしなければならないのは中々樂な仕事ではありません。で、私はいつも夢想の戀人をこしらへて、相手をそれと思ひ込んでやるやうに努めてゐますが、勉强が足りないためか、あたりが騒々しかつたり、氣分が惡かつたりする時など、どうしてもさう思ひ込めなくなります。さうなると相手の人も演りにくさうですし、益々こじれて來てしまふのです。

岩田祐吉氏

で、私はふとこんな事を考へて見るのですよ。――こんな事が出來るとしたら、――神樣が、そして人が許して呉れるとしたら――。

一つの映畫を作る毎に、その相手の方にほんとうに戀をしてしまへたら、そして、それが濟んだら直ぐ忘れてしまつてちつとも不幸でなかつたら、どんなに素的だらう、と。

氣持よく見られるやうに

岩田祐吉

「ラヴシーン」の感想といつても俳優に依つて考へが違つてゐることでせうが、此處には私個人としてのお答を書かして頂きます。

私は「ラヴシーン」を演ずる時は、多くの場合觀客に心持よく見て頂ける樣に演ずることを主眼としてゐます。從つて特別な表現をする場合もありますが、映畫に依つては肉の交渉のある男女の「ラヴシーン」を演ずる場合でも、成るべく醜い感じを看客に與へない樣に表現するやうに務めます。私も修養の足りない人間ですから對手女優に好き嫌ひもあります。然し映畫の上では、たとひ其の女優さんが性格上嫌ひであつても、共演して「ラヴシーン」を演ずる以上、其人が戀人である樣に表現するには云ひ知れぬ苦勞することがあります。一番「ラヴシーン」の演じ易いと云ふのは私が對手女優の氣持ちに惹き込まれて行くか、對手女優が私に追從して來て呉れるかの場合です。

よく私はある少數の人達に、對手女優との演技の間に本當の「ラヴ」が湧きはしないかと聞かれます。撮影中強ひてさう云ふ氣持ちを起して演技をする場合はありますが、其の映畫の完成はおろか、其の「シーン」の撮影が濟むと同時に冷靜な氣持に返つて了ひます。さうして今自分が演じた「ラヴシーン」

を批判し、そして此次に演ずるシーンの演技の方へ直ぐ心が向いて了ひます。私は撮影中はさういふ嚴肅な氣持で終始し度いのです。

自分が觀客の一人として映畫中の「ラヴシーン」を見る場合に、其の男女俳優が夫婦であり或はそれ以外の情事關係者であると知つてゐたならば、その「ラヴシーン」の表現がどの程度までが演技で、どの程度までが俳優個人の實感かと疑はれて來て、結局不快の念が起きて見せつけられたと云ふ樣な氣がしはしないかと思ひます。又俳優として配役人物としての「ラヴシーン」の表現と、演技を離れての實感の氣持とを分けて表現すると云ふことは至難なことのやうにも思はれます。

こんなことを考へると「ラヴシーン」の表現は演技として可成り眞面目に考へて研究し表現すべきものぢやないかと思ひます。

ラブシーン春夏秋冬

梅村蓉子

文明國、野蠻國、熱帶地、寒帶地、苟も人間の生活してゐる土地である以上、必らず其處には愛があり戀があり、從つて、ビルディングの九階のトイレットの中に、或は土穴の中に、或は椰子の葉陰で汗を流しながら、或は頭の上に、手の達くかと思はれる樣な星を戴いてブル／＼震へながら、各々其の土地から自然的に醸し出されたいろ／＼の風俗や習慣に依つて、獨特なラブシーンが展開されていゝ事でせう。

日本でも勿論昔から愛し合つてゐる者同志は何等かの方法を講じて、ラブシーンを展開して來ました。

然し日本は、感情を表に出さない樣に習慣付けられて來たために、自由に表情や身振で現はす事の出來る外國と違つて殆んど動きがないやうです。從つて同じラブシーンを演ずるのにも限られた範圍で現はさなければならぬ日本映畫は眞に氣の毒な立場にあるのでございます。

ラブシーンの撮影は難かしいものゝ一つとされてをりますが、もし萬一接吻のシーンが我が國にも許されたとしたなら、きつと、時たまよくある、ギゴチナイ、ともすれば皆樣に噴飯を御買りする樣なラブシ！ンは影をひそめることでせう。現在の我が國には接吻と同程度の表現方法は殆んどないのです。

或る說には、接吻は原始時代の野蠻人の遺物であつて非常に野蠻的行爲であると云つて非難される向もある樣ですが、たしかに外國映畫界に取つてはラブシーンの表現上なくてはならぬものとして珍重がられ、又我が國の映畫界からはうらやましがられてゐるものゝ一つに違ひないのです。

撮影に際しては、寫眞を御覧になる方々はさぞ愉快に表はれてゐる樣なのんびりした氣持で演つてゐる様にお思ひになるかも知れませんが、中々そんな譯には參りません。廻らぬ筆ではございますが、ラブシーン撮影演出苦心內輪話とでも云つた樣な話をさして戴きませう。

×

春です。

久し振りに穴の中からでも這ひ出して大氣に接した樣な氣分のする春です。

凡てが若々しく伸び/\として、軟かい太陽の光を受けて嘻々として戯れてゐます。

扨て、勿論ロケーション中の御芝居のラブシーンである事は言ふ迄もありません。

今しも綠に萌えた岡の上で櫻の花を一ヒラ二ヒラ浴びながら、いとも壯嚴にラブシーンが公開されてゐます。この場合公開と言ふ言葉は不穩當ですが、よく當てはまつてゐるのです。商賣とは言へ、澤山の眼の注視の中で、然も時折無遠慮な聲で野次られながらラブシーンを公開するのは非常に羞かしいものです。でも其の内にラブ・イン・アイドルネスか何かのレコードでも廻り出して『ハイ始メ』と監督の聲が掛かると緊張して演り出すことが出來ます。この場合には觀衆は花の蔭とも見え野次の聲は鶯の谷渡りとも聞えます。とにかく春は草木までも打戯れてゐるのではないかと思はれるほど陽氣が良いので四季を通じて一番ラブシーンらしい氣分が出て演り良いやうです。

梅村蓉子孃

×

太陽の光と共に草木も濃い綠の裝をこらして、白い道の上に、陽炎の立つ屋根の上に時偶浮き出した樣な入道雲があらはれます。

眞夏です。

夏の撮影は冬と相まつて一方ならぬ苦痛を覺えます。殊に秋季特作品などを作る場合には永い時日を要しますので、夏の暑い盛りから涼しくなる迄かゝつて撮影しなければなりません。此の場合、運良く夏を背景にしたものならまだしもですが、冬のものでも撮る時には實際苦しいと云ふ言葉よりも寧ろ凄慘と云ふ言葉の方が當て嵌つてゐると思ひます。

先づ冬の衣裳を付けますと芝居に掛からない內にもう膚は汗ばんで參ります。

ステーヂの中の溫度は百二三十度。

こんな暑さの中に冬の衣裳で居るだけでも

265　「ラヴ・シーンの感想」 鈴木伝明、栗島すみ子、阪東妻三郎、夏川静江 ほか 『婦人公論』 昭和3年1月1日

堪へ切れない苦痛なのに、行きつ戻りつ或は戯れたりなどして動かなければなりませんし、そこへ相手のお方が十人並外れたメキーアップでもしてゐる場合に手に手を取つて語らひ合ふ樣な所でも演る時には、暑いのと氣持の惡いので汗は流れるし胸は込み上げて來るし、其の上に寫眞になつたのを皆樣が御覽になつて、「汗を流しながら嫌な氣持で演つてゐるな」と御感じにならない樣にと、一方ならず氣骨を折るので意氣も喪失しさうになります。

皆樣が常設館で、のんびりした氣分でのんびりした畫面を御覽になつてゐる半面には私達のこんな苦しみがあるのでございます。

×

『天高く馬肥ゆ』とは眞に秋の感じをよく表はした句だと思ひます。

空氣はスガ〳〵しい氣を漂はせ、落葉の音さへ耳に入ります。

ラブシーンを撮影する時の氣分は秋も殆んど冬と變りありません。唯單に顏を見知つてゐるとか或は友達としての御交際だけしかしてゐない方と、眞面目になつて而も人樣の面前でラブシーンを演るので、ひやかされるにしろ、しないにしろ、内心擽つたい樣な氣持になることがあります。この氣持は春とか秋の樣に氣候の良い時に多く起り、夏や冬のやうに苦しみに迫はれてゐる時には滅多に起らない珍氣分でございます。

×

扨て私達を重々しい陰氣な世界へ引込む冬です。夏の苦痛から一息ついたと思ふ間もなく、木枯に送られた秋が鉛色に光つた山の向ふへ行つて了ふと、又夏に勝るとも劣らない冬の苦難と戦はねばなりません。

今、私達は冬の郊外でいとも勇敢にラブシーンを演つてゐます。

タイトルには皆樣のよく御存知の美しい形容詞が配列されてゐます。

そよ〳〵と野面を吹き渡る春風は、實はピユー〳〵と吹き荒ぶ比叡颪で時には花びらの變りに粉雪まで飛んで來ます。生々として見える芝草は黄色に萎れ果てたものだし、のんびりとして腰を下してゐる樣に見える所などは、手足は氷の樣につめたく體はブル〳〵震へるし、齒はがた〳〵して付け根が合はない樣な有樣です。ラブシーンをブル〳〵震へながら演るとは乾度皆樣には耳新らしい事に違ひないと思ひますが、冬の撮影に於て私達の始終體驗してゐる事實なのでございます。

相手次第

原　光代

映畫界に入りましてからまだ日が淺く、「五人の女」「若き心」「鐵路の狼」とたつた三本しか寫眞を作つて居りません。その三本とも、あまりラブシーンは多くありませんでし

原光代嬢

たので、是といふまとまつた感想も持ち合して居りません。

けれども、以前やつて居りました舞臺の方の經驗から考へますと、ラブシーンは何と云つても相手の俳優によつて可なり左右されるものだと思ひます。

相手の男の俳優が熱情的な人でどん〳〵押して來て吳れるやうですと、こちらもひき入れられて、ピッタリとした氣持が出やすいのですが、反對にこちらでその氣持を作つてゆかなければならない時は隨分つらい思ひをする事もあります。

普段好きな人とのラブシーンは非常に演りいゝだらうとよく訊かれますが、決して、さうではありません。普段あまり好きな人でなくても芝居の上手な方なら演りいゝけれど、普段好きでも芝居が下手なら演りにくいものです。これは生活と芝居といふものが全く別な違つたものだといふことを現はしてゐることの一つだと思ひます。

ともかくもラブシーンといふものは何といつても俳優にとつては一番の難關で、これが無難に演れるやうになれば偉いものだと思ひます。

私も努力してその中一つでもいゝからいゝラブシーンを撮つてみたいと思つてをります。がそれはいつの事ですか、考へると心細い氣がいたします。

女形時代のラヴシーン

島田嘉七

昔私は向島の撮影所で女形をやつてゐました。今は女優さんを相手に男の役ばかり演つてゐますが、女形時代の方がラヴシーンは演りよかつたやうに思ひます。女形といふものほ妙なもので、女の着物を着て鬘をかぶるとどんな荒つぽい男でも女の氣持になります。そして相手の男にすがりつくのでも思ひきつて出來るのです。

ところが女優さんを相手に、男に成つてラヴシーンをやるやうになつてからどうも氣乘がしていけません。外國の映畫のやうだとラヴシーンもどうにか感じが出るでせうし、演りいゝでせうが、日本では精々手を取り合ふ位で氣持を出さうといふのですから困難です。

島田嘉七氏

私はラヴシーンを美しく見せることが大好きです。又其撮影の間丈でも相手の女優さんを愛する位の氣持でないと人情も何も出ないのぢやないかと思ひます。

撮影中のエピソードの傑作はやはり何といつても女形時代でしたよ。

舞臺から向島の撮影所に入つた頃、「戀の深川」といふ寫眞を作りました。キヤストは藤野さん、新井さん、今日活にゐる山本さんなどで、下町の女に扮した私が橋の上から身を投げる所があつたのです。一間半許りの處から飛び下りたが川が案外深くて、がぶ／＼泥の中へ入ると一緒に裾がまくれて緋縮緬の間から黒い足が出て了つて、相手の好きな男に愛想をつかされやしないかと男ながら恥かしくなつて顏をほてらした事がありました。此頃では女形など使つてゐる所はありませんが、私としては、妙な話ですが女形時代のラヴシーンの方が、口にいへない醉はせる樣な人情味があつた樣に思へてなりません。

樂しみと苦しみ

マキノ智子

キヤメラの前に於ての演出は舞臺のそれと全然本質的に異つてゐて、動作が自由奔放で舞臺劇のやうに一定の型に制約されないといふ點に於て、又それが特にラヴシーンのやう

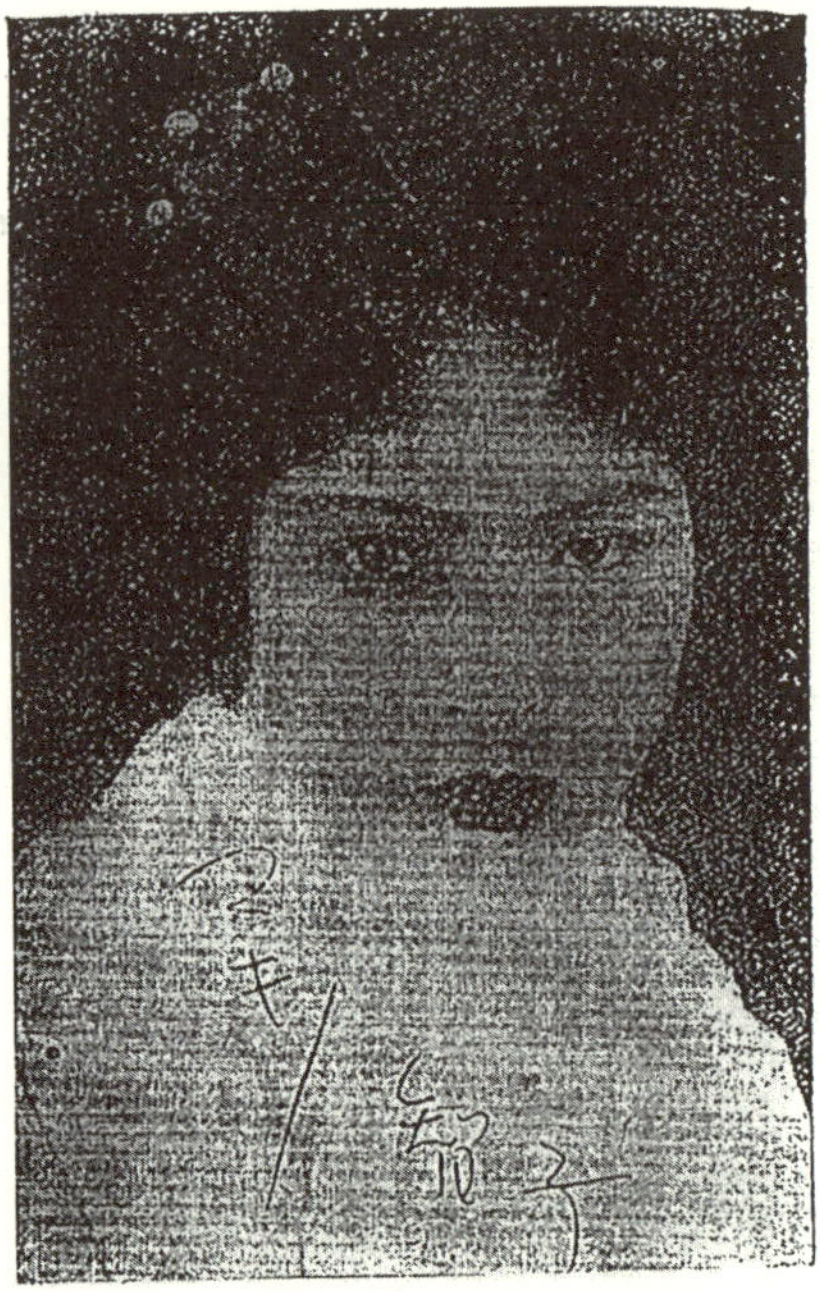

マキノ智子嬢

に情調的な、そして人間の本能、意慾の働きを微細に、巧妙に表現しなければならないものの場合に於て、樂しみが多いと同時に苦しみも多いのでございます。

ラヴシーンに限らず、撮影の全般に對して私達の考へなければならないことは、原作に對する全體的な理解と、作中人物（特に自分若しくは相手役）の性格を充分に呑み込んで了ふこと、即ち部分的な理解を持つことだらうと思ひます。いふまでもなく、前者は、作者の意圖なり、その劇全體を通じて語る思想と劇それ自體の進行を理解する事であり、後者はその劇の進行に應じて轉化發展して行く人物の意志や感情を理解し、その人物になりきることでございます。原作に對する理解が缺けては演出は單に末梢神經的な技巧に墮して了つて、劇全體を毒しこそすれ滿足なのが出來る譯がありません。

そのシーンそれ自身のみに限らず、戀を取扱つた映畫に於て、勿論一番大切なことは直接對してゐる相手役との意氣の投合如何です。そこへ加へて、劇の構成にぜひなくてはならぬワキ役との三つの意氣がぴつたり合つた時には本當に氣持よく演れるのです。之等の人達の藝が、藝道未熟な私にとつてはなくてはならぬ助成機關――と申上げては失禮ですが、私達の藝を補足するだけでなく更に光さへも副へて見れるものなのでございます。

ラヴシーンの感想といつても多種多樣でその何れをどの樣に拾つて申上げていゝものやら、――未熟な私風情が餘りに口幅つたいやうに存じます。此位でお許し下さいませ。

私の情緒映畫

市川百々之助

「ラヴーシン」即ち情緒映畫としては、「小豆島」「瀧姫の戀」「女難」「お小姓塚」などがあり

269　「ラヴ・シーンの感想」　鈴木伝明、栗島すみ子、阪東妻三郎、夏川静江　ほか　『婦人公論』
昭和3年1月1日

市川百々之助氏

ますが、これ等が私としては一番印象に殘つて居ります。小豆島は漁夫の戀、清姫は若い修驗者の戀、女郎は多情多感な領主の愛姫に操つられてゆく戀、お小姓塚は村娘に戀慕した大蛇の精です。中でも「お小姓塚」は私として最も氣分の出た寫眞で、毎日、大軌沿線日下の山間に引籠つたまゝ撮影を續けました。傳説が主題をなして居るだけに氣持のよい撮影でした。

最も困るのは幕末志士劇で、作者は必ず主人公に、勤王藝妓とか、舞妓を配した紅燈情話と云つた形のやうになつてゐて、何しても千篇一律になりますので、演出者は非常に惱まされます。

やはり昨年の作で「若様」と云ふ寫眞を取りました。それは、現代の不良少年の心理を往時の旗本次男に移して、現代社會世相を時代化したものですが、其の主人公花巻蘭之助を巡るに良家の娘、旗本の娘、目明しの娘などを配した突飛なもので、戀と云ふよりも、女の心を己が意中に収めようとして焦る男の心理描寫には少なからず考へさせられました。

情緒映畫は何よりも相手女優が大切であります。自分と相手の意氣が合はねば何等研究しても劣勢に終ります。と云つて、何日も同じ相手女優を選んでゐてはいつも形にはまつた平凡なラブシーンに終つてしまひます。

寫眞といふものは瞞る事の出來ないもので、嫌な日、氣分の勝れない時などは、いくら懸命になつてゐるつもりでも正直に物語ります。ですから其の前日には幾日もプランを立てて研究するのです。

撮影は靜かな山間などですと思ふ存分撮る事が出來ます。殊に氣分本意のラブシーンは、傍でガヤ〱騒がれると滅茶々々になつてしまひます。

現代劇と違つて、時代劇は幸ひな事には、市内で取るやうな事は全然なく、大抵セット以外は地方ロケーションなのでその點大變に撮し易いのです。

要するに、ラヴシーンの演出は樂なものではありません。

眞實の戀人だつたら

八雲惠美子

ラヴシーン、それは本來人樣に見せるべき性質のものでないだけに、映畫の上で多くの方々にお目にかける爲めには一通りならない苦心が要るのでございます。

あまりに激情を表はすために野卑になることを怖れますし、かと云つて上品に過ぎればラヴシーンの生命がなくなりますし……。皆樣は私の從來演じましたものをどんなに御覽下さいましたでせう。

八雲惠美子孃

多くの人は、本當に愛してゐる相手とラヴシーンは撮り難いものだといつてゐる樣ですけれど、私の考へ方は反對なのです。

もしも私が心から愛してゐる相手とラヴシーンを撮つたなら——。

さうしたらどんなに眞劍なものが出來上るだらう。

そのことを想像するだけでも心が燃えるやうな氣がするのでございます。

でも殘念ながら、ほんたうに心から愛した方と未だ曾てラヴシーンを撮つたことがございません。從つて、私として滿足のゆくやうなシーンの記憶も持ち合はせてゐないのでございます。

271　「博覧会をめぐる誘惑の魔の手」　三木忠一、関豊治、森山みよ　『婦人公論』昭和3年5月1日

博覧會をめぐる誘惑の魔の手

博覧會で結婚媒介

三木忠一

ある日曜のことでした——僕は、下宿にゐてもつまらないので、博覧會を見がてら上野に行きました。

日曜でもあるし、天氣もいゝし、博覧會もあつたので、上野はたいへんな賑かさでした。僕はぞろ／＼と行く派手な装をした女たちを、ぼんやりと眺めながら、池の縁に立つてゐたのです。實をいふと、僕はそのころ、しきりに細君の候補者をさがしてゐる最中でした。ですから、かうしてぽつねんと一人でこんなところに立つてゐるのが、淋しくてなりませんでした。

すると、どこから出てきたのか一人の男が、少しにこにこ笑ふやうにして話しかけました。その男は、如何にも馴れ馴れしさうにお國はどちらですかとか、御獨身ですかとか、お住居はどちらですかとか、まるで探偵ででもあるやうに、無遠慮にいろんな事をきくのでした。

「無遠慮な男だな」と思つて、僕は一寸厭やにもなりましたが、そして又、この邊にはいろんなさわしとかポン引とかいふ悪い奴が出沒するので警戒もしましたが、何ぶん見かけが中々小ざつぱりした若紳士風ですし、話し振りにもそつがないので、たいして氣にもかけずに、いゝ加減あしらつておきました。

ところが、暫らくたつてその男が、急に別の人間のやうに更まつて、

「實は」と言つたのでした。そして「私はかういふものですが」と云ひながら、一枚の名刺を出しました。その名刺には或る結婚媒介所の名が書いてありました。

僕はまるで心の中を見透されてゐるやうな氣がして、何となくおど／＼してしまひました。すると、その男は、あたりを見まはすやうにして、こんな事を語りました。

「結婚媒介と云ひましても、私の方のは全然今までのとは違ひまして、自由交際の形式をとつてゐます。宅でも、御希望の男女の方が、自由に交際をなすつた上で、御意志の疏

途がありましたら、その上で結婚をなさるやうに取計つてをります。男女の交際といふものが、日本では非常に偏見視されてをりますので、さういふ弊害を打破するため、理想的な男女の交際の便宜をお與へするのが、私の方の責任とも思つてゐるのです。」

僕はしばらくぼつとなつたやうに、この男の言ふことを聞いてゐました。

理想的な男女の交際機關——實際それはあつていゝものでした。さういふ大任が、いゝ指導者もなしに出來るものかどうか、と僕も思ひましたが、とにかくこの男の話に好奇心を持つたのはほんとです。

「もしお望みでしたら、二三時間の後に、御交際のお相手をお取り計ひ申しますが」その男は言ひました。

「まだ世間には知れてゐませんし、一つは女の方で、公にされない方が望ましいやうな口ぶりでもありますので、當分秘密——と言つては暗く聞えますが、ほんの内密に取り計つてゐるやうな譯なのですが、この博覧會の女の看守ですな、その百二十人程の中で、××館と××館にゐる兩方で四十人ばかりの若い娘が、今現に自由な交際を求めてゐるのです。さうして知つてゐる人は知つてゐませうが、私の方へ交際を求める未婚の男の方や、又は私の方でかういふ風にして、この方と認めた方を、一應娘達の前におつれして、お氣に召した女を、御腹藏なく私に洩して頂くことにしてゐるのです。私の方では、先の娘さんにもそれを傳へて、何ヶ月でも理解の行くまで、交際のできるやうに誓つてお取計ひします。」こんな意味のことを言つたのです。

僕はこの男の後について、たうとう博覧會に入つたのでした。××館に入る少し前から、僕の胸はどき／＼と波を打つのでした。陳列棚のあちらこちらには、めい／＼に美しい化粧をした女たちがずらりと腰をかけてゐるのでした。

「よく見ていらしやい。この左側にゐる女がさうですから」

男は僕の耳に口をつけるやうにして、そんなに囁くのでした。僕は何だか非常に恥しくなつて、かへつて女たちの方から顔を見られぬやうにしてゐました。しかし、僕の心臓はどき／＼鳴つてゐたのです

僕は女たちを見ました。いろいろの女があちこちに立つてゐました。顔の長手な女、丸々とよく太つた女、中肉中丈の女、身長のひくい女、學問のありさうな女、手藝のうまさうな女、陽氣さうな女、そして、陰氣さうな女……。

ざつと二十五六人程の女がゐたでせうか。僕は生れてから、こんなに熱心に、女を見たことはありませんでした。

大勢の人たちが、ほんとの博覧會を見てゐる間に、僕はひそかに「女の博覧會」をぐるぐると歩きながら見てゐたのです。

僕はたうとう一人の女を、心の中で選り拔きました。それは美しくもあり、またなかなか善良でもありさうな、年頃十八九の娘でした。戀の出來さうな女でした。

會場を出た僕は、その娘のことを恥しい思ひをしながら、例の男に話したのでした。

「ぢや、一度あの娘にも話して、意嚮をきいて見ませう。なアに、僕と一緒に歩いて行く

と、皆は氣をつけるやうにしてゐますから、あの娘も無論あなたを見てゐましたとも」

さう言つて男は、もう一度僕を一人おいて會場に入つてゆきました。僕は全く恥しい話ですが、どうぞ娘が交際を許してくれるやうにと、そればかり祈つてゐました。僕は不安な心持であの男を待つてゐたのです。

十二三分ほど經つて、あの男が會場から出て來たとき、全く僕は救はれたやうな氣持がしました。あの男の顏が先刻よりずつと晴れやかになつてゐたのです。

「だ、大丈夫です」男は息を彈ませるやうにして言ひました。「あの娘も、あなたと交際したいと自分から望むのです。今夜の五時ごろ、池の端で待つていらつしやい。きつとあの娘は來ると云つてゐます。」

それから男は、その娘の住所と姓名だと云つて、紙片に書いたものを僕に渡しました。僕はどんなに感謝したか知れませんでした。

男は言ひ出しにくさうにしてゐましたが、手數料として二圓貰ふことにしてゐると言ひました。これが五圓とか十圓とか云ふのでしたら、一寸僕も考へたかも知れませんが、たかゞわづか二圓でしたし、感謝もしてゐた矢先でもあつたので、何方かと言へば快くそれを拂ひました。

しかし僕は、男と別れてしまふと、何だか夢を見てゐたやうな心地がして、半信半疑でゐました。だが、やつぱりその夕方の五時ごろ、池の端に立つて、あの可愛い娘の來るのを一生懸命に待つてゐたのです。

百人ほどの女の看守が、博覽會からゾロゾロと、洪水のやうに出て來ました。僕はその中で、あの娘をふと見つけました。しかし娘は五六人の朋輩と笑つたり話をしたりしながら、一向僕のことなぞ氣にもとめてゐない風に、停留場の方へ歩いて行くのです。そして山下から、電車に乘つてしまひました。

僕は初めて、夢からさめました。それでも下宿に歸るとすぐに、あの男からきいた娘の住所に、手紙を出してみました。あくる日の夕方その手紙は返つてきました。後で調べて見ると無論あの男から貰つた名刺などは、眞赤な嘘でした。

詐話師に欺される

關　豊　治

東京へは震災後初めて來たので、大體の商用を片づけた後、春らしい日和にうながされて、上野から淺草を見物したり、地下鐵道にも乘つて見ようと、ぶら〳〵とまづ上野の山へと志した。大禮記念博覽會の賑はしいざわめきを耳にしながら、兩大師の方へと足を進めた。すると博物館の前あたりから、田舍出らしい中年の男が、後になり先になり歩いて來たが、やがて私に近寄つて來て、馴々しい様子で、

「あなたも東京見物ですか、……わたしは初めてでちつとも様子が解りません、御一緒に願へませんか。」

と話しかけて來た。言葉の訛などは、何處の人とも解らないが、その身裝や様子は、質直な田舎者らしいので、別に不安も抱かず、好い話相手が出來たと、其時は喜んだ譯であつた。——私たちはやがて動物園の方へ廻つて見ようといふので、兩大師を參拜してから、木立のなかを抜けて歩いて來た。と、とある木の下に一つの折鞄が落ちてゐる、連れの田舎者がそれを眼早く見つけて、

「オヤ、鞄が落ちてゐますぜ」

と云ひながら、それを拾ひ上げて、

「誰が落したか、一つ中を開けて見よう」

さう云つて、私の返事も聞かず鞄を開いた。中には百圓ほどの現金と、小切手帳に印鑑、一萬五千圓記入の約束手形、それに書類などが入つてゐた。私は驚いて、

「これは大變だ、早速警察へ屆けませう」

といふと、連れの男は、

「さア、何うしたものでせう」

などと云つて、一向煮え切らない返事で、暫くぐづぐ／＼してゐた、すると、向うの方から如何にもあわてたらしい様子で、手代風の男が急ぎ足にやつて來て、私たちが鞄を手にしてゐるのを見ると急いで近寄り、

「あゝ、あなた方が拾つて下さつたのですか、實は主人が鞄を落しましたので、今方々探し廻つてゐた所です、……どうも有難う存じます。ぢき主人がまゐりますから、一寸お待ち下さいまし。」

手代風の男がしきりと禮をいつてゐるところへ、毛皮の襟付の外套を着た、風采の立派な紳士がやつて來ました。そして、手代の男から話を聞くと、鷹揚にうなづきながら、私たちの傍へ來て、これも叮嚀に禮を述べ、

「正直な貴方がたに拾つて頂いて助かりました、現金は別に持つてゐますので、さして惜しいとは思ひませんが、書類が大切なものですから……」

さう云つて、鞄を受取りながら、

「拾つて頂いたお禮に一口差上げたいと思ひます。御迷惑ですが、一寸そこらまで御同道下さいませんか。」

と、しきりに手代と共に勸めるのである。私は、持主が早く見つかつた事を喜んで、そのまま立去りたいと思つたが、連れの田舎者が、

「折角だから、お伴しませうよ」

と云ふので、斷り切れず、私もその後について行き、とある小料理屋の一室へ案内されて、そこで御馳走になつた。お酒が廻つて、色々世間話がはずんだ後であつた、先刻の金持らしい紳士が、

「商賣は別として、これで私はなか／＼勝負事が好きで止められない、昨夜もさるところで手弄みをして、不思議に負けましたが、今日はこれから横濱の方へ行つてやらうと思つた處です。」

などと、勝負事の面白い話をする、手代風の男は心配さうな顏つきで、

「旦那、そんな勝負事はおよしなさい、しまひには詐欺にかゝつて、ひどい目に逢ひますよ。」

「いや、私のやるのは非常に面白いので、負

けることなんか先づ無いね。……一つやつて見せませうか。お前ちよつと相手になつてやつて見ろ。」

そんな話から、紳士はマッチの棒を出して賭博を始める。手代風の男が相手になつて、一生懸命にやるが何うしても勝てない。見てゐるとなか〳〵面白い。ちよつと自分もやつて見たいやうな氣が起つて來る。——賭博の方法は簡單なもので、誰にでも出來る。

すると、連れの男が、私の袖をひいて、

「どうです、なか〳〵面白いものぢやありませんか、あなたもお持合せのお金があつたら、少しばかり樂しみにやつて見ませんか、私もやつて見たくなりましたよ。」

と囁くので、つひ自分もやつて見る氣になり、連れの男も仲間に入ることになつた。

紳士は笑ひながら、

「あなた方もやりますか、……では、御安心のため、私の持金を出しませう」

と云つて、十圓札の束にしたのを三つほど懷中から出して前に並べた。さうすると慾が出て來るのも不思議である。

さて始めたが、最初は運がよく、私が續けて勝つて、一寸の間に四五百圓の金が舞込んで來た。それですつかり夢中になつたが、それから後は、段々に負け續けて、たうとう得意先から受取つて來た二千三百餘圓を、物の見事に卷き上げられてしまつた。しまつた、詐欺にかゝつたのではないかなと、心の隅でふと不安が浮んだ時は、もう後の祭で、なんとしても取返しがつかない。連れの男も大分負け込んで、これもしほれてゐる。

私の顏色が變つた時には、紳士も手代の顏も蒼くなつてゐて、文句をいふことも出來ない狀態にあつた。

「えらい眼にあつた、……しかし、どうも仕方がない、お互に御禁制を破つた遊びをしたのだから、警察へも屆けられません。」

そんなことを連れの男がブツ〳〵いつてゐた。私は悄然としてその家を出なければならなかつた。

——後で聞いたのであるが、それは詐話師といふので、初めて出て來て連れになつた田舍者からが、既にその仲間であつたのである、その田舍者を、彼等の仲間では「尾引」といひ、手代風の男を「忠兵衞」、紳士を「蠻大」といつて、金を持つてゐさうな田舍出の者を見ると、尾引がまづ連れとなり、更に忠兵衞、蠻大が策應して、有金全部を詐欺賭博で卷き上げるのであるといふ。

不良少女の誘惑

森山みよ

春でした。咲きそめた櫻の花が、人々の心を浮きたゝせ、誘ひ出すのでした。

私の心も花のやうに開いてゐました。三月の末に女學校を無事に卒業した私は、校服を拔ぎすてゝ、長い袖の着物を着ると共に、なにもかもが自由に、のび〳〵として、すべてのものが、新しく華かに眼に映じて來ました、――それは、もう三年前の花見時の、博覽會のあつた時のことです。

　ある日、弟を一人つれて、淺草から上野へかけて、お花見かたがた遊びに出かけました。丁度、動物園の門を出た時から、一人の美しく盛裝した、良家の奥様らしくも思はれる美しい容姿の方が、私たちの後になり先になりして、歩いて行かれます。東照宮前の石段から、池の端の方へ降りようとした時、その方が、ハンカチーフをお落しになつたのです。直ぐ後に歩いてゐた私は、急いで拾ひ上げて、

「あの……ハンケチが……」

と聲をかけますと、その方は急いで振返つて、美しい顔にニツコリとして、

「あら、恐入りました、……もう少しで知らずにまゐるところでしたわ。」

やさしく禮を云つて、そのハンカチーフを受取つたのです。それが、私と美しい方とを結びつける緣になつたのです。

　もしそれが異性の人でしたら、私はハンケチが落ちても知らぬ振りをして過ぎたでせうし言葉などかけもしなかつたでせう。ただ同性で、しかも、若い奥様風の、相當身分もあり、如何にも懐しみを覺えるほど美しい様子の方なので、私は何の不安もなく、いろ〳〵話をしました。學校の事や、女學生時代の話や、學校は違つても、女學生に共通な物語りがお互の間にとり交されて、すつかりおなじみになつてしまひました。

　話の中に、その方は私より四つほど年上で、學校を出ると直ぐ思ひ合つた方と結婚され、幸福な新生活を初められたのですが、ある事情で、近頃は別居して、寂しい日を送つてゐられる様子でした。小さな弟などは、その方の調子の好いお愛想に有頂天になつて、すつかり馴れきつて纏ひつく有様でした。私もまた、そのもの柔しい、そして美しい容貌にひきつけられて、何かしら云ふに云はれぬ懐し味を覺えて行くのでした。

　廣小路へ出た時、その方は、このまゝ別れるのが惜しいから、何處かのカフエーでお茶でも飲んで行きたいと云はれます。私も同じ思ひでゐましたし、弟が第一に喜んで、その方の手にすがるやうにして、とあるカフエーへ入りました。そこで、お茶を飲みながらいろ〳〵身の上話などをされました。何かしら私の知らなかつた世界にふれて行くやうな、胸のときめきを感じながら、私は懐しい心持で聞いてゐました。

　その日は別れましたが、それが緣になつて、手紙の往復もすれば、散歩にも誘はれるやうになり、家の者も、相手が同性である事に何の不安も感じず、安心して私との交際を許されてゐましたが、――それが不良少女の首魁であつたのです。甘い蜜のやうな味をもつた惡魔でした。――それから三年後の私は、茲に申上げる事の出來ないほど、不純の女性になりきつてをります。只だ常に悔悟の涙にくれてゐる事が、この記事を書かせる因となつてをります。美しい同性に氣を許してはならない事を皆様のためにお知らせするのを、せめてもの心やりといたします。

277　「特輯　誘惑する人、される人」 生方敏郎、花柳はるみ、中村義正　『婦人画報』昭和３年６月１日

漫畫漫文　誘惑する人される人　堤寒三

◇恐ぐはない！

女「あなた、シミ・ダンスやらないこと」
男「シミ？　ジミですか、エヘ……」
女「かう上半身を震はしてさ」
男「さう／＼。背中に這入つて、痒いときにやるでせう」
女「？……」
男「シラミでせう。シラミ・ダンス、いゝですな」

特輯

誘惑する人、される人

花下の毒蛇か魔の陥穽か

生方敏郎

一

男　いい陽氣だね。
女　ほんとうにね。
男　花は何處にも咲いてゐるしさ。
女　おや、何の花が？　櫻はもう風に散つちまつたぢやないの？
男　いろ／＼の花が咲いてるさ。それに雲雀は空に唄つてるし、、暖かいぞよ風は吹くし
女　それでガマ口にお金さへあればね。
男　贅澤云ふない。この融々たる春光を浴び、かうしたのんびりした半日を送りながら、金のこと迄云ふのは慾張り過ぎてるよ。
女　まあ、何がそんなに贅澤なの？　現代の文明人にとつて、文明の都會人にとつて、お金を持つことは、一番大切な條件ぢやありませんか？　お金が無ければ人生はゼロだわ。
男　いやに成つちまふなあ。お金が無けりや人生はゼロだなんていふ女こそ、眞ぐのゼロだ。ああ、僕はお金なんか何うでもいゝから、誰かに誘惑されたいものだなあ。
女　おゝ、バカ／＼しい。お金のない男なんか、誰が誘惑するものか？　甘くない砂糖、萎びた花、光らない星、鳴らない笛。一層支那へ行つて苦力にでも成るといいわ。
男　御挨拶だね。苦力に成らうと成るまいと僕の自由です。

◇確實性はある

用心深いお婆樣「この度はいろ〱とお骨折にあづかりました。あちらの娘さんの體格は申分がないようだし、それに倅の身體はよし、あたしもほんとに滿足ですよ。近ぐに孫の顏も拜めますかな、ヒヒ‥‥」

仲介者「ヘツ〱。豫約出產でございますか。それは〱誠に確實で、現に一度は‥‥ウツプ！　桑原々々。明日あたり雷が來ませうか」

お婆樣「はて？‥‥」

女　では誘惑され度いなんて、大きなこと云はない方がいいわ。お金の無い男は誘惑される資格を缺いてゐるのですもの。

男　恰度美しくない女のやうにね。

女　お氣の毒さま。こんなおカメでも好いつて人があるんですから。

男　勿論さうですとも。それが誘惑つてものなんだ。

女　え、誘惑？　誘惑でもいゝことよ。

男　勿論いいに違ひないさ。誘惑が惡くつて何うするものか？　だが、斷つて置きますがね、誘惑は神聖な戀愛とやらぢやありませんよ。

女　何んな風に違ふのさ。

男　さうだね、神聖な戀愛つて方は、讀んで字の如く神聖なんだね。もつと叮嚀に言へば御神聖でゐらつしやるんだね。まあ、此方は教會なんかの中でも行はれ得る、末は目出度く結婚式を擧げて、披露の宴を帝國ホテル邊でやらうといふ、それ迄のプロセスだね。

女　結構だわね。

男　だから結構式といつてもいいところさ。西洋だと官許御免といふ一件なんだね。

女　日本ではさう行かないの。

男　さうは行かない。日本は現代だつて表向は男女七才にして席を同うせずだ。十五才にして共學を許さず、三十才にして交互訪問を許さず、死してメッタに墓參を許さず……

女　何言つてるんだらう。この人は？　バカも休み〱仰言いよ。

男　だが、何んな神聖な戀愛だつて、日本では官許御免にならぬことだけは確だ。とは云へ、まあ世間一般ではね、少くとも新聞常識ではね。

女　新聞常識つて何のことなの？

男　つまり非常識といふことにも成るのだがね。まあ、それとなく共產黨學生の味方らしい口吻なんか洩らすところが、新聞の精一パイの常識なのさ。一口にいへば人氣取りのことだよ。

女　そんな新聞の惡口なんか何うでもいゝわよ。その常識とか非常識とか云ふものが何かしたの？

男　まあ、靜に聽き玉へ。とは云へ、まあ世間一般では、少くとも新聞常識では、神聖な戀愛の方は此頃あんまり責め立てなくなつたのさ。

女　關涉しなくなつたのね。

男　時としては、ずいぶん油をかけたりするよ。

279　「特輯　誘惑する人、される人」 生方敏郎、花柳はるみ、中村義正 『婦人画報』昭和３年6月1日

◇孫を生む

しなびた奥様「えゝくやしい。末の妹のくせに、赤ん坊〳〵と油断してゐたばつかりに：：：えゝくやしい！」

その良人「ま、ま、いゝよ〳〵。俺が悪かつたよ。こんなにややまつてゐるぢやないか」

奥様「悪かつたで済みますか。娘のやうなものを相手に、いつたい、お年は幾つです」

良人「五十だよ。人生五十になると、そろそろ孫の顔がみたいもんでね：：：」

女　そこで誘惑の方は？

男　誘惑つていふのは、つまり御神聖に渡らせられる戀愛ではないのさ。帝國ホテルで披露の宴を張るだけのお金の無い戀愛なんだね。

女　では平民的なのね。

男　いや、モダーンと云つた方がいいかも知れない。

女　モダンガールの戀愛？　それからモダンボーイでもいい。

男　とも限らないがね、まあ、そのお手輕なところと、高速度なところと……

女　高速度戀愛て？　おほほ……面白いわね。

男　そら、面白く成つて來たでせう。すべて此爪らしくない、そこがそれ、誘惑さ。も一つ誘惑の最大美點を擧げれば、輕薄だといふことさ。

女　嫌ねえ。

男　嫌だらう。少くとも悪徳（？）らしく見える、これが魅力ある點なのさ。恰度モガやモボが輕蔑されつつ流行するやうに、誘惑つて奴も憎まれるほど、怖れられるほど、其毒牙にかかる犠牲者が多いわけさ。否、毒牙にかからうとする志願者が多いわけさ。そこが誘惑の誘惑たる所以だらうよ。

女　何のことか意味が分らないわ。

男　さうでせう。そこで僕は、ああ誘惑されたいなあ。

二

田舎娘の落ちる罠

都會への憧憬——家庭に對する不平——晩春から初夏——花信、博覧會の報知等々——家出、上京——いろ〳〵のロマンス——必竟、知不識の間に内部生命の求めてゐたのは此ロマンス——此誘惑。誘惑は前から見れば※はしい幻影。そして後から振り向いて見る時には怨めしい穢々しい悪魔の手品。

三

怜悧な青年の中毒する夢

學問を買冠ること。學問即眞理と誤信すること。

大學教授は本箱の紙魚たるに過ぎぬことを知らぬこと。

大學助教授は其紙魚ほどにも行つてゐないことを知らぬこと。

◇背バス派

男「車子さん、このプレゼントは如何でせう」
女「ちよいと踏めるわ」
男「お氣に召して」と言つて、そろ〳〵近寄る。
女「ストップ。これつぽちの香水ぢや、先づ手の甲を廿秒のキッスよ。それで不服でしたら、お歸り下さいな」
男「フフン。ぢや返して貰はう。ちつと、お顔と相談するがいゝや」
女「オーライ！」

危険思想の大家とやらであるマルクス某も矢張本箱の紙魚の一疋であることに氣づかぬこと。

近頃の新聞や雜誌が又商品であることを知らぬこと。

名士や教授にも案外商賣氣あり、人を外らさぬ言説を吐く事に氣づかぬこと。

殊に青年學生に對しては、社會は常に甘い顔を見せてゐることに氣づかぬこと。（もつとも求職等の際に決して甘くはないが）

かくて青年學生は、官費で貧乏を研究し雜誌で社會に通曉した心算でゐるところの教授先生から、貧乏やら社會やらの講演を拜聽する。

この様にして親からの送金で貧乏を研究し、一躍してプロレタリアに成りすます。

たま〳〵好奇心を滿足させんとし、又良い氣持で煽動に乘り、それから集會——檢束——新聞に始めて自分の名が出る——活字で書かれた自分の姓名に醉ふ——學問の獨立、學園の神聖と妙な題目を社會が何の考へも無しに通してくれるので、自分たちも亦一應の反省も無しに然か思ひ込み、大學は治外法權の國の如く考へワイ〳〵騒ぐ中、終に當局に睨まれる。大學では世間體一寸見えを切つてはみるが「自決」の名目の下に左傾分子を放校する。そこ迄が花。

放校され、親には見放され、郷黨からは見くびられ、先輩には冷遇され、そこで初めて本物のプロレタリアに落ちた頃に、漸く酒（左傾）の醉が覺める。

重い鎖に引きずられて

花柳はるみ

樂屋風呂を一あび、とけかゝる伊達卷をひき締めながら、緋縮緬の厚い座ぶとんの上にゆるく坐つて、素足の快よさにうつとりとしてゐると、

『お手紙ですよ。』

渡された封筒は茶がかつて、封を切れば裏は紺。レターペーパーはハートの染め散らし。

『また！』未だ一ども見つけたことのない筆跡に、急にのんきになつて、黄いろい煙をたのしみながら目を走らせて行く。

◇道理で突かれた。

混み合つた電車の中で、隣りの美しい婦人に、幾度となく横つ腹を突かれて、すつかり良い氣持になつた中古紳士、一生一度の果報を體得せんものと、彼女が電車を降りた後から、のこ〳〵ついて行きました。

彼女が、いまにふり返つて、ニコリ笑つてくれるだらう――と樂しみにしてゐると、或る家へ、すぼり駈け込んだ。表の看板に、

「神經痛療養所」――と書いてありましたと。

だしぬけに手紙をさし上げる失禮をおゆるし下さい。僕はあなたのお芝居を、二日續けて拜見に出ました。

初めの日、僕は、正面の眞中頃にゐました。大きくすみを入れたあなたの瞳の輝くのを追つてゐると、偶然にも、僕に向つて、あなたの唇は笑みかけ、瞳はぴたつと停止しました。僕は思はず赫くなつてうつむきました。家に歸つても、どうしても、その唇と瞳を忘れることが出來ません。そして、二ど目に、また、ふらふらと劇場にはいりました。

しかし、その時は、前とはかなり離れた場所に席をとりました。それは、あなたが、いつも正面の眞中頃を見つめる癖があるのぢやないかと思つたからです。それなのに、その時もまた、はつきりと僕の視に合せて下さいました。さうです！　はつきりといひきれます。

それならば、僕を、僕として見て下さるのだと、何遍考へてもさう思はれます。あなたは、僕の顏をおぼえてゐて下さいますか？　兎に角、僕は、あなたとお話しがして見たいと思ひます。豫め御指定下されば、どんな所へでも參ります。尚、僕は、あなたに何等の危害をも加へるものでないことを御承知願ひます。

御返事を切望いたします！

私はほゝゑみながら、その手紙を鏡臺のひき出しにしまひました。

その夜、舞臺がはねてから、お人形だけが待つてゐる私の部屋に歸つて、卓の上の大きな黄水仙を眺めてゐるうちに、ふと、さつきの手紙に、お返事を書かうと思ひ定めました。

それは、書いてあることがあまりに可愛らしく、お字の拙くないのにも心をひかれました。そして返事は書かれました。

二日おいて、私はその人に逢ひました。

お鼻の高いのが、先づ第一に、私の好感をそゝりました。

時は春、いきなり手渡しされたすみれの花束の紫の濃さが、私の瞳に沁みました。

忘れられた月のおぼろな、明るい銀座の街を、行つて歸つて、呼びとめたタクシーで、その人は私を家の門まで送つて來てくれました

『さようなら！』

◇昔も今も

婦人「運轉手さん、昔ほどに持てますか」
運轉手「奥さん、からきし駄目ですよ。チップもろく／＼出してくれる人がないんです」
婦人「そりや可哀そうね」
運轉手「同情して下さるのは、あなたばかり…」
と言ひもあへず、自働車もろとも、河へどんぶりと……
婦人、ひとしほ感に入つて、「心中に倒るようなどとはないわ」と、悟りましたそうです。

すつと家の中へ姿を消さうとした私を呼びとめて、

『もう一どお訪ねしてようございますか？』

『えゝ………』と、ためらつてゐる私の耳に、いつも玄關におかれてゐるつがひの鳩が、おほゝう、ほゝうと不意に鳴きました。思はず二人とも笑ひたくなりました。

『ようございますわ。いらつしやいまし。』


そのまゝお別れしてひとりになると、先づ白い小さい壺に、すみれの花束をさしました。そして枕元に置きました。化ひの濃い夢を見やうと思つて。

翌朝、オレンヂ色のカアテンを透して、明るい朝の陽の光りが、部屋の白壁に華やかに反射するのに目をさましして、昨夜の初めて逢つた人のことを考へました。

おいくつ位か知ら？　お鼻の高いやうに、氣持ちだつてそんなに下卑た方ぢやない。おいゝなりで見ると、あんまり貧しい生活の方ぢやない。お年は？　二十四か知ら、五位だ。私に何と思つていらつしやるのか知ら？　たとへ何と思つてゐようとも、たかが、舞踏場で偶然視線を向けた場所に座つていらしつて、それで、あんな手紙を書く位のことだから、太して深く思ひわづらつてお交際しなければならないほどの方ぢやない。

そんなことを、とりとめもなく思つて、ひどく輕い氣持ちで朝の新聞をひろげました。


また一日おいて、舞踏場から早く歸つた私の部屋にその人が現はれました。ネクタイの變つてゐるのが先づ目に附きました。春の花園の花を、出來る限りとり集めて、とても素晴らしいおくり物が、私の部屋を飾りました。お話しに退屈すると、私のくせのトランプが、いつの間にか私の手に持たれました。そのトランプは、遙々海を越えて、ロンドンのお友だちから、心をこめて贈られたもの、カードの一枚一枚に、私の思ひ出は生きて來ます。

『私ね、昔しお友だちがありました。その人には、もう生きてるうちに逢へないかも知れません。このトランプは、その人が贈つてくれましたの。』

だから、このトランプを持つと悲しくなります！　と心のうちでいひながら、暫らく默つてをりました。その人も默つて花を見てゐました。そんなことで、その晩は、さようならをいたしました。

次の日、速達は切手を滿山々々はつて有難たく樂屋に屆けられました。

283　「特輯　誘惑する人、される人」生方敏郎、花柳はるみ、中村義正　『婦人画報』昭和3年6月1日

◇樂しいはず

不良婆さんが、二人集まりました。

A「あなたは、若い燕を一羽お飼になつて、樂しみだわ。全くおしあはせよ」

B「ところが大違い」

A「おや、女冥利が盡きますわ」

B「いゝえ〳〵。あの若ぞうと來たら、重たくつて、臭くつてね。まるでコヤシ桶を擔いでゐるやうな苦しさよ」

A「アレ、半農生活でゐらつしやいましたか」

昨夜の、あなたのやる瀬ない瞳を見出して、僕は、自分でも不思議なほどの魅力を、あなたに感じました。

今、僕は、潮の滿ち來るやうな、熱と力で、あなたを戀してゐます。

僕は、あなたの前に膝まづきます！

こんな手紙を書いてもおこりにならないで下さい。

僕の素晴らしい女王さん!!

非常な勢ひで書かれた手紙を、ペンの跡で見とめながら、私はかすかに溜息をしました。

そりや、戀したり愛したりして下さるのは、誰からだつて、どんなにうれしくありがたいか知れない。けれども、いろんな愛情の試練を經て來た私には、そんな簡單な、戀心位に動かされたり、むくひたりは出來やしない。また、いゝ加減に、あの人とのお交際をごまかしてゐれば、きつと幼稚に、パンプとか何とか、ありふれた心から惡く思ふに定まつてゐる。

さう思ふと、お定まりの淋しさと、物足りなさが、重い鎖で引きずられるやうに、心をわびしくして來ました。

いつか知らぬ間に、私の陽氣さや、寂しさが、人の心を誘ふとしても、そんなことは私の知らぬこと。

でも、この次ぎ、手紙の方に逢ふ時、逢ふやうなことになつた時に、何と相手の氣持ちを損じないやうにいひ拔けやうかと、瞳を上げるとたん、珍らしく深刻な表情の私を、鏡面に見つけました。

誘惑から殺人に至る迄

元強力犯係長
前警視廳警視　中村義正

一、事件の發端

大正九年六月十日午前十時、東京市芝區伊皿子町雑貨商村山丑之助（四十二年）は、東京市牛込區藥王寺町九番地にある自分の持家を見廻に來て見ると、雨戸は全部締切りになつて居り、表玄關入口にあつた標札

8

◇撃退策

評判のよろしくない或る女學校の校長が、生徒の一人を特に、呼び出してきました。

こんな場合、生徒達は必ず四五人づれで、出かけることにしてゐました。校長もさる者極秘を要ずる旨を、小使に傳達してあつた。

「仕方がないわ。R子さん、一人でゐらつしやいよ。その代りに、實習室からアンモニヤ瓶を一本ぬき取つて、ふところにねぢ込んでゐらつしやいよ」と、友達が敎へたそうです。

が取剝してある。不審を抱いて表戸を開けやうとするが、内から堅く締がしてある。裏の臺所の雨戸も同様に、締が施してあつて、屋内に這入ることは出來ない。ます／＼變に感じた。内からかやうに嚴重な締をして、這入口がないとは不思議だ。鍵を掛ける迄もない、屋内には人の氣配がない、然し用心が悪いから一寸他人の氣の付かぬ處に締をして外出でもしたのだ―

夫れにしては標札が取剝してあると云ふのは何の爲めであると考へながら、家の裏廻りを二回廻つて見たが合點が行かぬので、直ぐ斜向の山崎と云ふ家を訪れて、妻君に前の家は留守ですかと尋ねると、妻君は奥から出て來て、「これは大家さんですか、前のお宅では三日前に引拂つて引越ましたが、」

村山はいよ／＼驚いた。「それは不都合です。私共に何の斷もありません、別に家賃が滯つて居ると云ふ譯でもありませんか、何だか圖者の様でしたから何かごた／＼でも出來ましたか、それとも借金でも出來て、夜逃げでも致ましたのですかね――、」

妻女「何分お交際を致しませんから、詳しいことは存じませんが、そのやうな風もないやうでしたが、俄かに引越で、私共にも何の挨拶もありませんでしたが、引越屋風の男が來て、半日掛りで引越しました。その時には女の姿は見へませんでした、」

家主「困つた者です。引越して來てから三月にしかなりません。何處の生れの人ですか判りません、貸家の貼紙を見て借りに來たのですが、未だ店請書も出來て居りません、」

妻女「私共でも交際を致しませんので、何處の國の方だか知りませんか、男の方が時折出入して居ますので、彼の人が旦那に違ひないと思ふて居ります、」

家主「然し何處から出て行つたのだろ――表も裏も中から締が出來て居て這入ことも出來ません、」

妻女「妾などする位の者は無頓着なものです。毎日朝から晩迄お化粧計りして居たのですから、家の中など構はないですよ、」

家主「此の儘にもして置けませんから、家を調らべて見ませう――」

この家は表通りより這入たる路次内ではあるが一戸建二階造、周圍に三四間位宛の空地のある一寸した構へである。家主は漸くのことで東の中窓の雨戸を開けて屋内に這入つて見ると、成程引越たのに相違ない、家財道具はない、「何んと亂暴なことをする者だ」と云ひながら、表戸と裏の雨戸を開けて見ると、六疊三疊二疊の座敷は空になつて居るが、臺所にはまだ多少の道具が殘つて居る。

成程之れでは全部引越したと云ふ譯でもないのか知らんと考へながら、二階の八疊座敷に登つて見ると、ふんと變な臭が鼻を衝いた。これは變に臭いと手で鼻を蔽ひながら見ると、東南の隅に枕屛風が衞ててある。近寄つて上から覗くと、何だか人が寢て居る様子に薄氣味悪く、雨戸を開けて見ると、一人の女が寢

◇抵抗力を増す

婦人柔道家にかき口説かれる男、大に奮發して禪を志し、「心頭滅却すれば火も亦涼し」に悟入しかけてゐた。

その友人「おい、だいぶ涼しくなつたか」

禪の男「涼しいどころか、時々心臓を寒からしめられてね――」

それから暫くたつて禪の男、頻りにニヤ〳〵してゐる。友人、愈々大悟徹底かと思つたら、彼、變態性慾の亚患者になつてゐた。

て居るのではなく、正しく死んで居るので、腰も拔けん許りに驚いて、二階から轉がるやうに降りて來た。直ぐと山崎の家に驅込んで、

「奧さん水を一杯下さい」と水を柄杓で飲んで呼吸苦がるので、妻女は引越して居たかと訊ねた。

家主「引越ではありません、居ますよ、彼の女が二階に死んで居ますよ、」

家主は漸くのこと水を二三口飲んで胸を撫下して、別に彼の家には變りはなかつたかどうかと訊ねた。

妻女「少しも存じませんが、女が死んで居ますか、それは氣味の惡いことです」と問答して居る折柄、この附近を華客として居る八百友と云ふ青物屋が來たので、家主はこのことを話して、附近の交番所に訴へさせた。

詰所の岩下巡査は樣子を尋ねたが、八百友は要領を得ないので、同人を案内させて現場に出張した。

家主は始めて力を得て、二階に女の死んで居ることを話した。岩下巡査も突然のことで、前後の狀態が判からぬ。兎に角現場を臨檢するからと、家主に案内を求めた。家主は直ぐ此の家の二階でありますから、御覽を願ますと云ふて躊躇するのであつた。

「家主であり最初の發見者であるから、立會して說明して吳れなければ困るではないか、」と岩下巡査君は云つた。

家主「それが私は一寸見た丈けで魂消てしまひましたので、詳細なことは判かりません。何卒下の座敷に置いて戴き度いのです」と身を慄して居る。

岩下巡査は仕方がないから、一人で二階に登つて見ると、異臭が鼻を衝いた。近づいて見ると、如何にも女が死んで居るが、相當の時日を經過したものと見へる。別にその座敷には異狀は見へぬ。なんで死んだのか、病死か、それとも、自殺か直ちに斷定は出來ない。

兎に角、異狀の死體と云ふことになり、直に警察所に此の怪死體の發見顚末を電話にて報告した。警察所長以下現場に急行、東京地方裁判所檢事局に急報と同時に、警視廳に應援を求めて來たので、筆者は部下を從へ現場に急いだ。加藤醫師の鑑定では扼殺であると云ふことで出張の金山檢事の指揮を受け、東京帝國大學で解剖することになつた。

玆にいよいよ吾々の活動の舞臺は展開されたのであつた。事件は殺人、何の爲めの殺人、目的は何か、被害者の身元現在の境遇と云ふやうに、秩序立てて巻を擴げて行かなければならぬ。

二、犯人は何者

まづ捜査は被害者の身元調査、旦那なりと稱する者の本態、この二つは早速捜査に着手すべきことで、十

◇過去完了

お婆さん「お爺さんや、えろう冷すだネ」
お爺さん「ほんに冷すだ。悩ましいだニィ」
お婆さん「あれ、悩ましいとは、どんなことだかネ」
お爺さん「お前さ。もう忘れただか。ほれ、わしらはア、五十年ばかし前に、二人で逃げた頃、栗の花が咲いてゐただニィ」
お婆さん「あゝ、栗の花のことか。今年は、二俵がとこ實がとれるだらうか」

數名の刑事は八方に飛んだのである。

この犯行は是迄に見ざる事件である。女を殺して、所帶道具迄も持去るとは、強盗には相違ないが普通の強盗の所爲ではない。やはり同棲したと云ふ男か、或は他に男があつて夫等の間に複雜した事情でも起つたのではないかと云ふのであるが、如何せん此家に居住僅か二三ヶ月と云ふのであるから、更に家庭の事情などは附近では知る者がない。

この家は殺された女が借受けたもので、標札には秋葉寓とあつた丈で名もわからぬ。

出入の男と云ふのは、三十歳位の商人か會社員と云ふ風體で、この男は美男子であつたと云ふ。晝間この家に來ることもあるが、夜間が多い。それも毎日と云ふ譯ではない様子である。

この事件が世上に知れると、その附近には黑山の如く人が集まつて來て、妾殺しだ、藝者殺し學生殺しだ彼の女には幾人も情夫があつて、この家に匿れて居たのであるが、それが見付けられて殺されたのだと、想像に想像を逞ねて語つて居る者があつた。この群集の中に一人の女が、物知り顔に頻りと話をして居る。それはこの附近に居住する田中と云ふ女髮結で、被害者の髮を結うて居たのである。殺害された當時も丸髷に結ふて居たのであつた。これは參考人としては是非調べなければならぬので、現場に入れて調べて見ると、女の生地と云ふのは千葉縣の者であると、本人の話であつたと云ふ。

この女髮結の鑑定では、被害者は普通の者ではないが、去りとて藝者や女郎ではない。それかと云ふて女給上りでもない。なか／＼言葉でも身仕舞でも、女としては高尚であるから、上流の家庭の人であつたのに違ない。妾達にでさへ、貴女様と云ふやうな口を利くのであるから、この家に來てから、旦那と云ふのが何をして居る人か知れませんので一度尋ねた處が、申上げるやうな者でない、つい欺されたと云ふて居たのですが、誠に沈痛で餘りお喋りは致しません性質でした。なんでも會社員には違ないやうでした、それで所帶が別になつて居るやうなことも、ちらと話をして居りました。この男の人のことを尋ねるのなら、牛込山吹町に菓子屋をして居る家が、親戚だと云ふやうな話なので、それとばかりに二人の刑事は出張した。

その本人と云ふのは、東京市小石川區大塚町に住所を持て居る飛田秀行（三十三年）と云ふ者で、神田區錦町の某會社に勤めて居る者なることが判明したが、丁度この事件が發見される前に、旅行すると云ふて出發した後であつた。犯人は此者か、或ひは高飛したのではないかと云ふので、更に心當りを探偵する事になり、各刑事の眼は懲り腕は鳴を發し、自動車にて東京市郡に渉り探偵網を張つたのである。

その折早稻田警察署で犯人を逮捕したと云ふ電話が、神樂坂警察署に掛かつたので、犯人は何者かと問合はすと、飛田秀行を取押たと云ふので、それでは犯行の內容はと云ふと、自白せぬと云ふ。又證據もまだ蒐集中であると云ふので、それでは一應神樂坂警察署に引取つて調べることにして、金山檢事の命により引取

287　「特輯　誘惑する人、される人」 生方敏郎、花柳はるみ、中村義正 『婦人画報』昭和3年6月1日

づて調べて見ると、情夫であることは認めるが、此の事件に就ては知らぬと云ふ。

追及の結果は、自分は殺したのではない、本人が死んだのであると云ふ曖昧な申立を始めた。それでは家財道具は如何したかと云ふと、夫れは知らぬと云ふ、中々強情である。そこで本人の經歴素行を調査して見ると驚いた。

本人は或る學校を卒業して後は、諸方の會社の外交員となつて居たが、小才に富んだ男で、人に取入ることに妙を得て、相當の收入を得るのであるが、後には婦女子を誑かすことに丈けて來て、今日迄に幾人となくこの手を用ひて居り、彼れは女誑に長じて居るやうに友人からも云はれて、彼れも得意然として居たが、彼れはこの長所の爲めに殺人と云ふ恐るべき罪を犯す身とはなつたのである。固より彼れが常套手段たる誘拐の手は、却つて今度の被害者に反對に誘拐された結果に外ならぬ。尚本人は一度所刑を受けたる前科者であるに、更に改悛せざりし者であつた。

三、被害者の身元

被害者は本名を岡山美津子（二十三歳）と云ふのである。生地は千葉縣で相當の家庭に生育された者である。然るにこのやうな非業の最後を遂ぐるに至る迄には、相當長き流轉の境遇であつた。

本人の家には兄弟姉もあつたが、本人が十二歳の時、母親は死去したので、その後二年を經て繼母が迎へられた。元來父親は極純朴な性質であるから、子供等に對しても、なるべく本人の希望を容れて居たのであつた。美津子は高等女學校を卒業して、その後親戚の世話で、東京のある實業家の家庭教師に住込み、一年有餘を經た時、郷里の父親よりの話により緣組をすることになつた。それは美津子が二十才の時であつた。元來美津子は悧利な性質ではあるが、未だ世間と云ふことは知らなかつた。

父親の云ふなりに結婚した處が、その男には以前より情婦があつて、その者との交通も絶へなかつた。又夫の母親と云ふのが氣の六ヶ敷い人で、美津子とは氣が合はぬ。その云ふ處は生意氣で、虚榮が強いから、田舎者には不向であると。これでは折合が惡くなる。美津子も我慢が出來ぬので離緣となつて實家に歸つた。實家には繼母が居て口八ヶ間敷く、とても實家に居ることも出來ぬので、父親に願つて女教員になることを志望した、それより上京して友人の緣付先きである東京市本所區大平町の某宅に落付き勉強して居たが、ちやうど藤の花盛りに龜戸天神に散歩中、學生に聲を掛けられ、それより市内遊覽をなし、終にその學生の宿所なる麹町區富士見の下宿に出入するやうになり、此事が郷里に知れて父親からも送金の途を斷ちたる爲め、會社の事務員を勤めたこともあるが、男の關係の可なり多い美津子は、男に指輪を貰ふことを好み常に三個の指輪は放さなかつた。殺された時にも篏めて居たのである。彼女は九個の指輪を所持して居たと云ふのである。彼女が妾奉公をする樣になつたのは、飛田で二人目であつた。尤もそれには媒介者があつたのであるが、彼女は男を誘惑する所謂魔の手に就ては、恕しい程冴へた腕を持つて居たと云ふのである。この長所が矢張殺害される原因となつたのである。

四、殺人の原因

最初美津子と秀行との關係は、秀行の友人宅に於て知合となつたのである。その時談話中に秀行は、相當の資産を有するやうに仄めかすので、美津子の方より誘惑したのであつたが、それは却つて秀行に誘惑されたのである。秀行の計畫では藥王寺に所帶を持つに就ても、美津子が相當の家財を持つて居るのであるから、秀行は僅か百八拾圓を與へたのであつた。その後手當としては月々百圓と云ふのであつたが、事實は百七八十圓も要するのであつた、それでも秀行は美津子より金品を卷揚やうとしたが、美津子は決して油斷せぬ、その内に秀行は山中松代當十九才（假名）と云ふ女を、小石川區氷川下町に圍ふたのである。この女も相當の經歴を持つて居るから、秀行に對して註文がある。秀行は二人の女を圍ふ譯には行かぬと考へた末が終に美津子を殺害して金錢を強奪する氣になり、この犯罪が行はれたのである、已に松代は美津子の死體より奪ひたる指輪を秀行より貰ひ、それを指に篏めて居たと云ふのも因緣である。この事件は一時社會に感疑を抱かしめたのであつた。

解剖臺上の男性

解剖執行者は……女給・藝妓・女優・ダンサア
事務員・女將……彼女たちの鋭く敏く強い刀尖

厭味のないのは遊び上手なお客さん

女給 中村美智子

「男のからだの中には動物的な本能がうごめいてゐるのですね。女を見れば毒牙を磨いてゐるのですもの」始めてウエートレスになつたばかりの年若い愛ちやんは、おのの くやうにさう云つた事がある。カフエーに居りますと、男性の赤裸々な姿がはつきりと見られるのです。まあ世の中の男性と云ふものは赤い花に群つて來る毒虫のやうなものでせう。

私達を誘惑しようと色々手段をめぐらしてゐるのですから。

無駄話に長い時間を費やした後もつともらしく、しみ〴〵した調子で、

「ずつと前から君の事を思つてゐた、お話があるのですから今夜歸りに一所に散歩しない？」とか、

「君をこんな所において置くのではない。一さいを僕にまかせてくれませんか」とかは、誰れもが使ふ言葉です。

「ワイフが居ないので子供をかゝへて困つてゐるのですが」と、こんな月並の事を云つて、云ひ寄つて來る人もありますが、中には口に出すのも恥かしいやうな鐵面皮の人もあるのです。

「いやとは云はないだらう」とお金を前に出された時には、なさけないやら、腹立々しいやらでむか〳〵するが、お客様に對してさうつけ〳〵も云へず、だまつたまゝ涙をのむ事があります。こんな破廉恥をあへてする人は大てい中年以上の人で、事業家や政治家に多いのです。こんな人でも社會に出ては偉らさうにいばつて政治を口にするのを思ふと、政治も好い加減のものだといふ氣がします。そこへゆくと、學生さんや初心な人は無邪氣で可愛い所があります。文學や思想方面の話をした後に、外へお茶を呑みに出ようとか、キネマに行かうと色々外へ連れ出す工夫をこらしてゐるのです。それにチップ

を出す時、恥かしさうに新聞紙の下へそつと置いて行く人もあります。でも學生さんは理窟はお上手でもやつぱりお坊ちやんですから、色々な社會層を見てゐる私達には話相手としては物足らぬ感があります。

　誰れでも初めの間は假面をかぶつて居て、冗談を云ひながらも禮儀があり、親切にいたわつて、私達の機嫌を取つてゐますが、最後の場合になつて要求に應じない時には、態度が一變して「女給のくせに、折角の話をことはるなんて身の程知らずだ」とか「おさしみばかり食べてゐては飽きるから、時にはお新香の味が慾しいと思つた丈さ」とかいふ風です。まあ何て女給を侮辱した言葉でせう。女給も人間です。生活の爲めに戰つてゐる立派な職業婦人です。こんな時には腹立々しくて、なぐりつけてやり度い程ですが、さつきあれ程機嫌を取つてゐた時の顏を思ひ出すと、輕蔑に似た苦笑をせずにはゐられません。又中には斷はられるが早いか、他の女給にモーションをかけて、睦まじい所をわざとこれ見よがしにする人もあるのです。でも今のやうなお客様は、圖々しい方で、多くの人はその場ですぐ白々しい氣持ちになり、間もなく歸つてしまひます。若くも純な人はセンチメンタルな顏をして「失敬な事を言つたがおこらないで呉れ給へ」とか、「君は幸福に暮らし給へ、この商賣は早く止めた方が好いよ」と云つてさつさと店を出てもう再び顏を見せないのです。こんな時にはかへつて可憐な氣持ちが出て一寸動かされます。

　女給をかばつて下さつたり、女給も一人の婦人だといふ氣持ちでつき合つて下さる方は、それがたとへ一時だけでも、表面だけであつても嬉しいものです。遊びに慣れた人は、その點をよく心得て居ますし、話上手ですから僞りとは知りながら、遂ひきつけられてしまひます。藝術家も好きです。人生を凝視してゐますからお話が面白く、人情に通じてゐて、露骨な事をおつしやいませんから。それからさつぱりしてお金ばなれの好い方やカフエーの氣分を味つていらつしやるので女給に對して野心のない男性ならば私ばかりでなく、どの女給でも好きだと云ふでせう。遊びの下手な人と云ふのでせうか、遊びに苦勞の足りない人は惡ふざけをしたり、喧嘩を始めたり、皮肉や露骨な事をおつしやるので困ります。

横暴振りを發揮して俺は偉いと思つてゐる人、お勤め先きの自慢話をする人、だまつて聞いては居ますけれど、何てくだらぬ人達でせう。

　私がもし結婚するとしたならば世の中の酢いも甘いもかみわけた世慣れのした、中年男性を選びます。精神的にも物質的にもたよりになり、日常生活の不安が比較的少なくてすみますから。

大臣でも可愛らしいお爺さん

新橋藝妓　花園歌子

　銀座のメイ、ウシヤマ女史からお電話で婦人畫報の方を紹介された。——お前の男性觀が聞きたい。急ぐから何なら之から直ぐ話してくれとのこと。

　如何に商賣柄でも、さう毎日男の事ばかり考へてゐるわけではなし、殊にまとまつた男性觀などの持合せがあらう筈はないので一日御猶豫をお願ひしたが、どうせ考へてお話する位ならと直ちに筆を執る事にした。

　人に云はせると女は男に束縛されてゐる。それだから女は男から解放されなければならないと云ふ。ほんとうにさうだらうか。

私の觀る所に由ると、私が解放されなければならないのは『男』からではなくて『女』自身からである樣だ。これは一見甚だ奇嬌な論旨の如く感じられるが、併し私の眞意は女が、より男らしく振舞へといふこと——女らしさを捨てゝしまへといふことに在るのではない。それは唯、女が生れながらに持たされて來た性の決定に對する宿命的な考へを捨てゝしまへといふだけである。

　舊き觀念の世界では、女の生活は『女』であるといふ性の決定から出發する。『戀は男にとつては生命の一部であるが、女にとつては生命の全部である』と云ふ言葉があるが、これなどは如何に女がその性的存在を生活の凡てとして考へられて來たかを如實に說明するものであらう。女にとつての萬惡の根源は、女が性にひしがれてゐることと、性を生活の凡てとしたことに胚胎する。

男の生活を見るがいゝ。男達は異性の前に『男』として立つことはある。しかし、性の決定とは全く沒交渉に、それ以外の大きな生活の領域を持つてゐる。そして男達の自由は、彼等がその性の決定の前にひしがれてゐないこと、その性を生活の凡てとしてゐないことによつて保たれてゐるではないか。

男女の結合、それは取りも直さず『性』の聯合である。それは文明的な人々にとつて、人格的信賴を基礎とするかも知れない。しかし、多くの場合それは女にとつて聯合でなく征服であることが多い。而もそれは、女が一個の性的存在としてのみ自己を示すことから來てゐる。『性』をその生活の凡てとするとき、女の人格的存在は抹殺される。

彼の婦人運動者等が男を暴君の樣に恐れるのは其の眞價を知らぬためである。男が強いのはたゞ男がその性的生活から解放されてゐるためで、性的に解放された女の強さは決して男に讓るものではない。私達の樣に每日男の醜い半面ばかり見せつけられてゐる者は、男が女を輕蔑すればするほど益々男がくだらなく思はれて、滑稽な感じが起るばかりである。お座敷で一番威張りたがるのは政治家と文士とだが、なまじ學問のないだけ政治家の方が無邪氣でいゝ。田中首相にも二三度よばれたがまことに可愛らしいお爺さんだ。どう見ても機密費をちよろまかしたり、婦人參政權運動に反對をされたりする樣な惡いかたとは思はれない。あれでもう少し年でも若ければ女には大いに持てる方であらう。之に反して北原白秋先生の樣なデリケートな詩をお作りになる方が、物の分らぬ藝者などを相手に威猛高となつて『おれは天下の白秋だぞ』などとやられるのを聞いてゐると、百日の戀も一時に醒める氣持がする（これは譬へ話しではない、實際に有つた事を云つてゐるのだ）プロ文士が無けなしの財布の底をはたいてけちな成金風などを吹かせるに至つては勿論沙汰の限りである。賀川豐彦先生の推賞されてゐる『歡樂の墓』と云ふ小說を讀むと、中に『僕は決してプロレタリヤの娘を玩弄品にしてゐるんじやない。僕等は之等の娘を元の人間に返すために運動してゐるのだ。自分が茶屋へ遊びに行く事と、根本的な性的奴隷の解放といふ事は別ものだ』と書いてある。都合の好い理窟があつたものだ。因みに云ふ、著者は當時友愛會の何處やら支部長である。

私はこんな男達の書いた物を讀むたびに覺えず自分の顏の熱くなるのが感じられる。傍にゐたらきつと横つ面の一つも張り倒してやつたに違ひない。初めから女は弱い者と極めてかゝつて、押しつけがましく男から同情を强ひられやうとする時ほど私の腹の立つ事はない。性的奴隷であらうと無からうと大きにお世話樣だ。それより社會主義が實行されたらお前の樣な醜男の始末をどうするか、今の內からよく考へて置くが善い。アバヨ

えせ紳士、純な青年、優れた人

女優 花柳はるみ

すさまじきもの、肉慾的なえせ紳士。

どこからともなく電話がかゝつて來る。

「まあ、どなた？ 御用事は？ はあ、はあわかります。はねてから、カッフェー〇〇〇まで來いと仰つしやいますの？ でもあたくし、はつきりした御紹介のない方にはおあひしないことにいたしてをります。えゝ御好意はうれしく存じます。いづれおあひすることもございませう。御免あそばせ。さようなら。」

お聲で相手は中年の方と相場を定める。

さういふ人に限つて、御ていねいに手をかへ品をかへ、どうかしてうまくチヤンスをとらへて、シヤンデリアまばゆい下に、顏をあはせなければならないことにして來る。

「あなたの舞臺は全くいゝ。氣に入りましたね。併し舞臺より、かうして見るあなたの方が、一層魅力的だ。」

などゝ、見え透いたお世辭をいつて、巧みにカクテル・グラスをかへさせる。

歸りはタクシーで、家まで送つて行つて上げようと無理におつしやる。

「いゝえもう。あたくし、どうしても、今夜すましてしまはなければいけない話しがございますの。そこへちよつと廻つてまゐりますから、これで失禮させて頂きます。ほんとに御馳走さまでございました。では、またお目にかゝります。」

と、さも用事ありげに、折よく流して來た圓タクにとび込んでしまふ。

「出來るだけスピードを出してよ、運轉手さん。」

夢のように素早く瞳に映る街の灯を眺めてホツト一息。

またその翌日、素晴らしい贈物といつしよに、その人の名刺が樂屋に屆けられたら、そのまゝその贈物をつき返すか、さうでなければ、いやでももう一度逢はなければならない。

若し、氣を弱くおあひすることにすれば、前の晩より、もつと積極的な、直接な、思はせぶりな交渉をうけなければならない。

肉慾の香ひをいつぱい漂はせた眼のかゞやきを、唇に頸にまともに浴びて、ひよつとしたすきをきつかけにして、トイレットへ立つ振りをして、全速力で影をかくす。

そして贈物に相當した、此方からの贈物にのしを添へて、お屆けする。何故なれば女は、媚ひな、與へる何物も感じ得ない男性からは、相手からも與へられることを希望しない、ありふれた感情から。つまらないことだけれど。

愛らしきもの、純な青年。

「私の芝居、どうお思ひになりまして？」

と直視すれば、まごつくお眼は小とりのように愛らしい。

偶然の會話に、私の趣味嗜好をちやんと了解して、可愛らしいお人形、香りの濃い花、美しいお菓子などを、憶病らしく、そつと樂屋の鏡台の前において下さる。家の朝の目ざめに、やさしい手紙といつしよに屆けられた時には尙うれしい。

晴れた日曜日の朝。

「御いつしよに散歩なさらなくつて？」

「えゝ、お供しませう。」

そして無邪氣に、傷けられる心配も襲はれる心づかひもなしに、テンポをあはせて、少し遠い散歩などに出る。

「ボートにのりませんか、僕こぎますよ。」

「えゝ、のりませう。ちよつと待つてちようだい。」

急がしくチヨコレートやキヤラメルを買ひ込み、ポケットに充滿させて、水に浮ぶ。

青い高い空と、髮をみだすさわやかな風。

高らかに歌をうたつて、チヨコレートは、瞬くうちに、銀紙ばかりとなる。

樹かげにオールを流して、きらめく星のような會話。あんまり笑つて疲れた時に、コーヒーを思ひ出して、カツフエーの卓に相對す。

それから、樂屋口で

「さようなら！」

私はその日の輕い疲れをお風呂に流して、晴々と、開幕前の鏡台に、白粉をのばしながら、あのお友だちは、と考へる。やはりお風呂のあとの、靜かな讀書の姿を想ひ浮べて、いよいよ、私の瞳は明るく晴れる。

尊敬するもの、私より優れた人。

雨の日。

小とりの水もとりかへて、つぼのお花もとりかへて、私の世界はへやの中だけ。何遍も鏡に顏をうつして見たり、讀みさしの頁を繰つたりしてゐるうちに、とても退屈し切つてしまふ。

つぼの花びらを一枚一枚もぎとつて、唇につけてみたり、くしやくしやにしてみたり、果ては、ぐるぐる歩き廻つたりして見る。

澄んで玄關にベルの音。

「あら、どうぞ。よくいらしつて下さいました！」

「おじやましてもいゝんですか？」

「えゝ、えゝ、どうぞ。」

かうした禮儀の立派な方は、きつと、私より何かの點で優れてゐる。

優れた人の訪問に、私の雨の日の想ひは、からりと晴れる。

私の才能なり、美貌なり、何か知ら、いくらでも傑出したものを、認めてゐて下さる方は、感謝にあふれるほど、私にけんそんだ。

相手を認める人は、相手からも認め

られる。
　本當に私を認めてゐて下さる人は、たとひ、どんな人でも、立派な方だと思つてゐる。

すさまじきもの、えせ紳士。愛らしきもの、純な青年、尊敬するもの、私より優れた人。

氣分本位、享樂本位の近代男性

赤坂舞踏場ダンサー　三浦　チエリー

同じダンスでもお客様によつて、それ〴〵のくせがありますから、私達はどうすれば一番ぴつたりときれいにお相手が出來るか、チヤズの味が最もよく出るかと、常にダンスの事ばかりに氣を取られて居るのと、始終男の方と踊つてゐますから、感情がにぶつて居るのでせうか、特に異性に對する興味がなく、男性觀等更に持ち合せてゐません、でも思ひついた事を申し上げて見ませう。

　ダンスホールにいらつしやる男の方は、何といつても近代的教養のある方で、銀ブラやシネマ行きを延長したやうな氣持ちでダンスホールへ御出になるのですから、從つて、氣分本位、享樂主義な所がないとは申せませんが、それ丈に、又非常に洗練されたところを持つていらつしやいます。ことに男女交際や戀愛訓練が出來てゐますから、世間で考へてゐるやうに風儀を亂したり、だらしのない男女の集る所ではありません。

　時たま起るロマンス。そんなものを世間では取り立てゝ噂し、モダンガール、モダンボーイといつて面白おかしく話すのですから不快です。華やかなチヤズに合せて男女が抱擁して踊るのですもの、そして華やかな空想をもつた血の高なる若人同志ですもの、ふとした事から赤いロマンスの花が咲かないとは限りません。でも若しそんな事が出來ると、たとへ男性からの誘惑であつても、ダンスホールの嚴格な規則は、相手のダンサーをホールから追ひ、東京のどのホールでも使はない事になつてゐるのです。

　此所のダンスホール等は、澄み切つた空氣があります爲めか、たまに不良な方が來ても壓迫を感じるらしく、小さくなつてゐるやうです。ダンスホール組合でも、不良者を排斥する爲めにホールの入口に常習犯の不良者の名前をかゝげて、入場を御ことはりして居ます。

　私達には眞面目な人と、さうでない方とは、踊つてゐる時の感じですぐ見わけがつきます。

　眞面目な人は踊りそのものを樂しんでいらつしやいますが、さうでない方は盛に踊つてゐる最中お話をして足許に注意が足りなかつたり、或ショックを感じるやうなハラ〳〵する惡戯をしますから隨分不快です。私達はダンスのお上手な方のお相手をするのが一番愉快なのですけれど、ダンスが上手でも、どことなく態度の卑しい方は誰れでも好みません。こんな時ダンサーがきりつとして居れば、お客様の方で、それ以上どうも出られなくなつてしまふ場合が多いのですけれど、顏なじみになりますと、お茶を飲みに外へ連れ出さうとしたり、知らない間に自宅をさがして、こつそり贈り物を屆けてくる方が時々あるのです。でも眞面目な氣持ちでない事がわかつて居ますから、其のまゝにして居ますと、ぱつたりダンスホールへ姿を表さなくなつてしまひます。ダンサーの顏は大ていの所で知られてゐますから、うつかりこんな戯れ事に應じて、職を失ふなんて馬鹿らしいのですもの。

　外から見るとダンサーは肌も表はな美しい着物を着て、きれいにお化粧して華やかなのが生命のやうに思はれてゐますが、やつぱりダンサーは「ダンスが上手だ。きれいに踊る」と云つて戴くのが何よりなのです。だのに顏の品定めをしたり、私達を玩具視する人がある時にはたまらないほど侮辱を感じます。

　「私達ゲイシャではありません」とはつきり申し上げ度うございます、この頃になりますと、外人は大へん禮儀が正しいのです、大使館等にいらつしやる地位のある方は特にさうで、私達を尊重して下さいますし、ダンスもお上手ですから、ダンサーは競つてお相手に選ばれ度いと願つてゐます。

しかし外人でも船に乘つてゐる方は、踊りよりも女の香をといふ方ですから、一度にホールの空氣が粗野になつてしまひます。

かうして考へてみますと、ダンスホールへいらつしやる方の中にも、色々なタイプがあるものです。一體にダンスをなさる方は、銀座を歩いていらつしやる姿を見ても、お話をしてもどことなくスマートで一寸好ましい親しさを感じますけれど、私が心から尊敬し、敬愛する男性は、むしろダンスの味を知らない、キリッとした生活態度の立派な方なのです。

中年紳士の誘惑

事務員　宮川清子

私は現在、ある會社の事務員をして居りますが、以前は某百貨店の女店員として通つた經驗も持つて居ります。

女店員等と云ふものは、同じ店内の若い男性と、しよつちゆう顔を見合せて居るものですから、外目には何か問題が起りさうに見られがちですが、私の知つてゐる範圍では、割合にさう云つた、店内同志のランデヴー等は、殆んど知りませんでした。これは店として固く禁じて、若しさう云ふ者があれば、早速に馘首すると云ふ店の規約によるせいもあつたかもわかりませんが、兎に角世間の人々が想像する程ではないと云ふ事はたしかでした。お互ひにパンの問題が大切ですから、色も戀もなくパンにかぢりついて居ると云ふのが、本當の所です。

お客にしても亦、お相手をするのは女のお客様ばかりで、ネクタイの賣場や、帽子の賣場等には勿論男のお客様も見えますが、しかしそこは店で心得たもので、男の店員がつめかけてゐると云ふ有樣ですから、顧客からの誘惑と云ふ事も割合にありませんでした。尤も食堂の方の受持の人々を相手に、男學生が時折惡戯をすると云ふ事は聞いて居ました。きまつて同じ給仕の受持の卓子に陣どつて、冗談云ひながら注文をしたり、お盆の下へ手紙をおいて歸つたりするのがあつたさうですが、食堂にはなるべく年の小さい人が送られてゐますから、相手にするお客樣は、せい／＼中學生の上級か、大學生になり上つたばかりのやうな人々ださうです。

むしろ今勤めて居りますやうな會社の方が、ずつと危險は多いやうです。如何にも紳士的と見える重役の中にも、隨分ひどいのが居ます。私も百貨店の女店員をしての經驗がありましたから、最初はかなり開放的にして居りましたが、だん／＼『これは危い』と心付いてからは、常に心をゆるしません。

或る日、重役の一人が退社の間際になつてから、私がタイプライターも少しうてるものですから、ぜひこれを殘つてうつてくれと云ふので、かなり長文のものでしたがうつてゐる中に、何かと云つては次々へ用事を持ち出して、他の社員が全部歸つてしまふと、

『もうそれはいゝから、一寸お禮に御馳走をするからつきあつてくれたまへ』

と云つて、私は否應なしに連れて行かれたのが、新橋の方の變な家でした。私は自動車を降りる迄案外平氣でした。日頃から親切に、私の體質で仕事が過重ではないか、疲れるやうなら二、三日休養してもいゝとか、不遇な家の事迄いろ／＼だづねては優しい言葉をかけてもらへるものですから、私はすつかり信頼し切つて居りましたが、その家の前に立つて、出て來た女の人が、チロリと私を見ながら、重役と何か笑ひながらひそ／＼話して居るのを見ると、ふと、私は不安な豫感に襲はれました。

『あの、今夜母から云ひつかつてゐた用事を、つひ忘れて居りましたから……』

と、苦しい云ひわけです。無理にと、しまひには怒つたやうな顔をして止める重役の手を振切つて、逃げるやうに歸りましたが、翌日からは何んとなく重役にあふのが妙な氣持でした。しかし重役の方は、何があつたかと云ふやうに、小面憎い迄平然とうそぶいてゐます。それでゐて私に對する態度は、手の裏をかへすやうに、がらりと變りました。

『ちつとも仕事がすゝまないぢやないか。八時の出勤に、三拾分も遅刻され

ちやたまらないね、これぢや事務の運ばない筈さ』
と、事毎にかう云つた調子で、冷たく針でさされるやうな皮肉な復讐である。
私も口惜しいと思ひました。——何んだこの親爺奴——と、心には思つても、表面には馬耳東風と受流してゐるよりしかたがありませんでせした。しかし此の頃はもう意地悪もしつくしたか、いゝ老人で、私のやうな娘のやうな女を相手にする痴氣が恥しくなつたのか、いぢめもしませんが、しかし男は、少しこちらが油斷をすると、その隙に乘じて來る性のよくない動物だと思ひます。

親切ごかしの假面

元カフェ女將　恒川スヾヰ

女から見た男——と云つた事で、是非私に話すやうとの事であります。成程護國寺前でカフェー・スヾランをやつて居りました頃には、隨分といろんな人々の出入りがありましたから、あの時代の事だけでもしやべり出せば、何處迄つゞくかわかりません。

が、兎に角男と云ふものは、異例もありますが總じてやくざなもののやうです。暇さへあれば女の事で騷いで居ります。そしてそれぐ女に對する時の手練を心得てゐるのですから、全く始末に了へない代物です。私のやうな婆さんを捕まへても、女一人切の經營だと知つて、初めの中は、素性の知れないやうな、變な男がよく來たもので す。そして何の彼のと晩く迄店へ坐り込んで、さてそろ〳〵とお定まりの順序でやつて來ます。

『時間が遲くなつたから、今晩は泊めてくれませんか』

と、云つた調子です。それが私のやうな女を相手にかゝつて來やうと云ふ連中ですから、なか〳〵厚かましくやられるので、隨分困つた事もあります。勿論最初から、女一人でカフエーを開かうと云ふのですから、こちらもそれだけの武裝はしてかゝつてゐますが、それでも危險の多い商賣です。ですからよく女の友達等から、店の事で相談を持ちかけられますが、決しておすゝめしません。

次は店の經營の事から誘はうと云ふ、搦手からの攻撃のしかたです。『これで經營が持つか』とか『一人では大變だらう』等と、親切ごかしに云ひよるのがかなりありました。かうして商賣をやめてしまつた昨今でも、まだ引張り出しに來やうとする手合があります。こゝらの男になりますと、もう色戀の沙汰でなく、一種の妙な男の虛榮心があつて、世間に私と云ふ女が、手におへないと云ふ噂が上れば、上るほど『我こそものにして……』と云ふ意地づくの誘惑です。又そう云ふ物好きな閑人もあればあるもので、石川五右衞門の『世に盜賊の種はつきまじ』の辭世ぢやありませんが、全く世に色魔の種はつきないものかと思はせられます。

ある男等は、これとにらんだ女は、拾中の八、九ものにすると豪語してゐるのがあります。實際世間にはかう云ふ男が澤山あるもので、是等の男の云ふ所を聞きますと、女を一番誘惑しよいのは、集合の場所だそうです。活動とか、芝居とか、或は電車の中等で、電車では省線が最も都合がいゝそうですが、大抵足を路で、それをきつかけに話しかけて行くのださうです。又今一つの方法は、電車の中で、目についた女の後に立つて、自分も同じ一つの吊皮にぶら下るのが最初の手はじめで、——電車はゆれる——耳の所へ息はずむ脣がふれる——今度はゆられたやうな振をして、わざとキッスの一つもする、と云ふ順序でやるのが手練ですそうで、それはいつかの夜私の店へ來ての歸りだつたそうですが、大塚仲町から電車に乘ると、一寸美しい女の左側があいてゐたので、男は『しめた』とばかり腰を降しました。そしてゆれた時に肩をぶつゝけて、

『どうも失禮』と云ふと、女は眞正面を向いたまゝ、すまして、

『どう致しまして』と小聲で答へたそうです。

『貴女傳通院で下りませんか』と、そつと手を握ると、女は默つてまかせて居りました。それから傳通院へ來たので、男が立つと、女も立つたので、男は得意滿面の態で下車しました。そしてふと、今下りやうとしてゐる女の

電燈に照らし出された右頬を見ますと、何んと、一面の青痣であつたさうで、凄い形相に男はふるえ上つて逃げ出したさうですが、全く小説にでもありさうな實話です。

女給をひつかけるのを専門にしてゐる男もあります。女給やモデル等と云ふものは、最も誘惑しよい環境にあり、又そう云ふ職業に就くやうな女は、性格にも共通した點を持つて居ります。モデルには畫家から機嫌をとつてもらつてゐますし、女給も客の機嫌をとるのでなく、とつてもらつてゐる方ですから、一度かう云ふ味をしめたものは、勿論素養もないからですが、とても他の職業にはつけません。それで女給をしてゐて倦きた者は必らずモデルになります。モデルをしてゐて倦きた女は又女給を志願すると云ふ風で兩者の間には常に連絡があります。そこで、男がどう云ふ方法で女給を誘惑してゐるかと見て居りますと、先づ最初二、三度チップをうんとはりこみます。すると大抵の女が客の顔を覺えてしまひますし、男の方にもその女給の名前を覺えてしまひます。次に『君の公休日はいつだ』と、屹度たづねます。そこで初心な女ならつひ云つてしまふ、ではその日に三越か、松屋へ行かうと、如何にも安全そうな所へ誘ひ出し、僅かに衿一すじ位を買つてやつて、ブラ／＼してゐる中には日が暮れる、さてそれからが何處か郊外へと云ひ出す、そこ迄行くともう女の方ではたつた二圓か、三圓の衿一すじの爲めに、妙なもので、いやでもいやとは云ひ切れなくなる。そしてづる／＼と深淵の底へ引づられて行くと云ふのが、カフエー荒しの男がやる常踏手段です。

會社の重役が自分の社の女事務員等をひつかけるのは、よくある事で、これも必らず家庭の事情とか何かゝら、如何にも同情的に入つて行くのが多いさうで、重役として威壓的に出るのもあると聞いて居ます。又事務員等が、重役と年齢が相當ちがふ所から、つひおぢさんと云つた氣持で近づいて行くのが非常な危險のやうです。

文士の不良振りは、これはもう有名なもので、一流所は勿論、二流、三流のへつぽこでも、一枚二圓か、三圓の文名で、如何にも大家氣取りで手練を弄してゐるから笑止です。彼等は屹度、

『貴女、何か書いて見ませんか、私が筆を入れてあげますから』

と、最初から云ふ策法です。奇麗な婦人記者等が原稿をとりに來ると、この調子でやつてゐます。そして次回には、御飯を一緒に食べに行きませうとか、お茶につきあつて下さいませんかと云つては、よく私の店は私一人なもので、皆が來るのに氣兼がなかつたせいですか、よくかう云ふ一組がやつて來たものです。まさか私も『來るな』とは云へませんから、『又新しいのとやつてるな』と見て居ました。

次は人妻を專門に活躍してゐる男ですが、これは縹緻自慢の女と共に一番誘惑しやすいさうです。そしてそんな男の目をつける のは、新婚の若夫人で、常に主人の不平を云つてるやうな女は、すぐひつかゝる、一度變な風になると、主人にしやべられてはと、一度のあやまちが二度三度と重なつて行く、男の方はどうせ人妻だから萬一の場合にも逃口上があると云ふので、結構若い娘よりも喜んで居るのがあります。こんな男が隨分うろついてゐますから、必らず若い奥さん方は、主人の不平を男の前に云はない事です。主人の友達だからと云つても油斷はなりません。

最後に男の年齢と誘惑する相手ですが、不思議に會社の重役とか、中年文士等と云ふ手合は、若い娘に目をつけます。そして若い青年達は反對に、年上の女にひかれて行く傾向があります。そして同じ戀をするにも若い青年達の方は、まだ／＼センチメンタルで、プラトニツク、ラヴだとか何んとか云つて、割合に性の方へは近づきませんが、そこへ行くと、始末の悪いのは中年の不良老年で、すぐに性の問題に直接行動をとりますから、殊に相手が若い娘である場合、最も危險だと思ひます。私なんかは一番この種の不良老年に警戒しなくてはならないと思つてゐます。

『女』についての座談會

出席者（イロハ順）

司會者 中島德藏先生
漫畫家 岡本一平先生
至誠病院長 吉岡彌生先生
日本女子商業學校長 嘉悦孝子先生
法學博士 中村進午先生
松平胖氏夫人 松平俊子先生
米田博士夫人 米田和歌先生

好ましい服装

記者「お忙しい中をお繰り合せいたゞきまして有難うございます。それではこれから一般婦人について、いろ〳〵爲めになるお話――婦人に對する御腹藏ない御指導を伺ひたいと存じます。それから平素特別に御盡力を願つて居ります中島德藏先生に進行やら何やらのことをお願ひいたしたいと思ひます。何卒それでは……」

出者の方々向つて右より岡本一平先生、吉岡彌生先生、中島徳藏先生、嘉悦孝子先生、松平俊子夫人、米田和歌夫人

中島『私が進行係と云ふ譯ですか。私も普段女と云ふものに付ては深遠博大な考へでもあるかの如き口吻を以て、或は大膽なことなども度々言うて居りますが、どうも具體的にかういふ問題になりますと、私共からは適切な意見も出にくいから如何ですか、貴婦人の方からお話を……(中島先生ににこ顔にて婦人方を見まはされる)

吉岡『それでは服裝について、――貴婦人ではありませんがね――(笑ふ)女が、働く時と外出する時と服裝を區別して戴きたいやうな氣が致します。私は日本の女の洋服姿は、ごくみにくいものだと思つてをりますが場合に依つてはこんな便利なものはないと思ひますね。しかし、晩餐などに招ばれたり、或は何か儀式があると云ふ時などは、本當の日本女子の姿―和服にしたいと思ひます。』「今日は問がなくて働いて居つたまゝまゐりましたので」と洋裝姿を辨解され

吉岡『姿勢も自然の姿勢を崩してまでも姿を作らうとするのは、これは止めた方が宜くはないでせうか。それから、あの、うつむき勝の、小足で行くちよこ〳〵歩きですね。あれをやめてもう少しずか〳〵歩きをするやうにしたらどうでせう。私もこの豚のやうな足で、大股にして歩くことにしてから大變能率が上り、又樂にもなりました。』

松平『さようでございますね。和服は整理も中々複雑ですし、たゞ今の御話のやうに、歩行いたしましても主人と一緒には中々歩けません。大きく股を開きますとどうも、都合が惡い、――私は世界的に日本婦人が踏出す時には、體質に於ても、色色の能力に於ても、總てが外國婦人と並んで行くことが出來ないだらうと云ふことを考へまして、大正六七年頃から私は洋服を着初めたのでございます。』

中島『なるほど。』

松平『それで内も外も洋服にしまして、六七年續いて、着方の研究だの、趣味だの流行だの、裁縫のことまで研究いたして見ましたそれで結局感じましたことは、唯今吉岡さんの仰つしやつたとほりで、非常に甲斐甲斐しくなつて、卑屈な精神がなくなり、歩き方でも大變伸々と歩けるやうになり、これならば仕事の能力も外國婦人と並んで行くことが出來るだらうと感じました。それから、私がずつと洋服を着て居りますと、胸の骨が見えなくなりました、ところが和服の襟で隱して置きますといつか骨が出て來ます。兎に角、私の經驗では、服裝と精神の作用とは矢張り伴つて行くのだらうと

思ひます。』

米田『それはさうで御座いませうね。』

松平『けれど、晩餐によばれます時には、胸を出して、腕を露はにしなければ失禮であると云ふことになつて來ると、自分獨りが腕まくりをして歩いて居るやうな氣がします。日本婦人に取つては胸や腕を出すと云ふことは辛いことで、これでは洋裝を續けて行くことは出來ないと感じました。それで、どう云ふ風にして行つたらそこの調和が出來るかと云ふことを非常に考へまして遂に私は御覽の通りの改良服（松平夫人は御自身御創案の改良服を着て出席）を考案いたしました。それから此方、すつかり服裝と云ふことに就て私は安心を得たのでございます。これは別に人樣にお奬めは致しませんが、これであれば寺に詣つて珠數を掛けて手を合しても、非常に落着いた、調和の取れた感じが致します。』

中島『それではあなたは今はどちらに行らつしやる時でも、その御服裝なんですか。』

松平『標準の禮裝をします場合を除いては內に居りましても、外に出ますときも、私はずつとこの改良服を着て居ります。これは洋服と和服を折衷したもので、まだ研究の餘地もございませうけれど、唯今の吉岡さんの御話のやうなことが土臺になつて、詰りこゝまで來たやうなものでございます。矢張り日本人としての趣味を、服裝の上にも離してはいけない心が、矢張り姿に現れて、姿が心に戻るものであらうと考へますので、そのことを深く考へた結果、斯う云ふ風になつてまゐりました。』

中島『大層我々の參考になる御意見ですね。その折衷の服裝て、ちよこ／＼歩きを直すことは出來ませんか。』

松平『それは出來ることにしてあります。』

吉岡『私は松平さんの御說を壞すのではありませんが、松平さんはそれこそ貴婦人ですから、それを作業服となさつても宜いのでせうが、私共のやうな勞働者にはそれでは作業服にはなりません。そこがもう一つの研究問題ですね。例へば私共は手術をしたり何かして、裾を濕らしたりするやうな時には、少し長過ぎまして、女中や受附に着せて見ましたけれども、矢張りもう少し簡易な方が……』

松平『それには靴下を用ひますとか、銘々の頭で直すことにしたいのです。型が一つ出來て居れば、後はどうでも作業に適しますやうに仕立て……』

中島『跡見花蹊先生の創案の、改良服のやうなものですか、あの服は非常に　皇太后陛下がお褒めになられたと云ふことですが、御參考になさいましたか。』

松平『拜見いたしました。下田歌子先生の服は跡見さんが拵へられたのださうですがあれは非常に結構だと思つて居ります。』

吉岡『跡見さんのとは違ひますね。』

松平『ちつとお若い方にはどうかと思ひますが――』

嘉悦『此頃は女學生などから推しまして、一般に若い婦人がすつきりと、きび／＼してまゐりましたから、吉岡さんの御心配のちよこ／＼歩きも段々直つて來ると思ひます……それで、私も作業服、勞働服、學校服だけは洋服にする事は贊成ですが、あとは日本服で間にあふのではないでせうか。ただ、袖が長いとか、帶が廣過ぎるとか、帶を高く締め過ぎると云ふ缺點は改良したいものですね。それから家庭でお働きになるには奧樣方に、エプロン姿と云ふことを奬

299　「『女』についての座談会」　中島徳蔵、岡本一平、吉岡弥生　ほか　『婦人倶楽部』昭和4年1月1日

勵して戴きたいのです。エプロンをかけますと、何をするにも億劫でございません。直ぐ立つて直ぐ働ける、話の合間にもちよつと洗濯が出來る、お客さんがあればエプロンさへ取れば一家の主婦としての服裝になれると云ふ特徴がありますから、重寶なものと思ひます。』

御自分で御考案の改良服について説明されてゐる松平俊子夫人、お召しになつてゐるのはその改良服です。夫人は梨本宮妃殿下の御令妹で、夫君は松平胖氏。日蓮宗信者として名流婦人間に令名の高い方です。

中島『それはよい事ですね。』

嘉悦『それから日本の一般の着物は誠に美しい、殊に髪の形なども、――前に婦人倶樂部に出てゐました、あの御大典に因んだ髪などは、如何にも良い形で、如何にも柔かい感じのする髪で、――髪と對照しても日本服と云ふものはどうしても捨てられません、また廢りもしないだらうと思ひます。矢張り日本服の悪い所を改良しまして、好ましい姿をつくり出して行きたいものでございますね。』

米田『わたくし、洋服は作業服として適當だと云ふことは知つてゐましても大部分の方はやはり和服を着てをりますね。それで和服についてゞすが、家庭に居る時にはそれぞれ身分に應じた服裝をして居りますけれども、一旦外出する時の服裝を考へて見ますと、今の若い御婦人方は殊に餘り派手ではないかと思ひます。およばれに行く服裝も、お芝居に行く服裝も、散歩に出かける時の服裝も、それが少しも區別がついて居ないやうでございますね。殊に花見の時、紅葉見の時など、ちよつとひと雨來れば直ぐ縮むやうな、縮緬とか、金紗とかで、ぞろぞろ歩いて居らつしやるのですが、これは矢張區別する必要がないでせうか。』

歩き方と和服の工夫

中島『米田さん、ちよこ〳〵歩きは、どうして直しますか。』

米田『それは長襦袢の裾を開かずに輪にしますとか、また長襦袢は舊來のまゝでも、その下の裾除を輪にするとかして多少補つて行かれるやうに存じます。』

中島『和服は實際私共も歩いて見ると草臥れますが、あれを上下を區別してしまつて、下は支那服にして、上は日本服式のものを着けると云ふやうなものはどうでせう。』

松平『私のは、そんな考へでつくりました。』

吉岡『もつと、短くしたらどうですか。』

松平『お若い方は、短かくして、靴を履けば

宜しいのです。この改良服は襟もとを日本式に現した感じと、袖と胴の間に穴が明かないでゆるやかな感じが懐しいのです。裾が切れると云ふやうなことを非常に氣に致しました爲に、スカートに致しまして、下は皆洋服の下着と同じものですから、別に贅澤はして居りません。長襦袢も袖を致して居りませんで、レースです。』

中島『餘り變なお尋ねですが、日本服はどうも下の方が甚だ無用心だといひますが、その邊のことは如何ですか。』

松平『矢張りパンツを着けます。これは私は震災の時から、是非日本の婦人にパンツを着けさせたいと思ひましたが。腰紐があると中々うまく行きません。』

米田『何を着た場合でもパンツは是非用ひたいと思ひますね。最近デパートでメリヤス製の極工合のよいのがお高くなくて見當りました。しかしメリヤス製でなくてもさらし木綿かタオル地などの柔い洗濯の容易なものぞ手製で作ればよいと思ひます。』

中島『そのパンツは新工夫の仕立方でもしてありましたか。』

米田『それは下げたり上げたりする事の要らないものでした。其の様にせずとも、普通のサル又様のブルマースで上部は着たまゝ動かさず、右又は左に切込みを入れてスナツプで止めたり開いたりいたしますと割合に形をくづさずに用が足せると存じます。』

岡本『美しいといふ點では、訓練が出來て居るから、和服の方がいゝんですね。私達が見て、女學校の三四年迄位の洋服は實に宜い。それから上になると、少しぐにやぐにやして來るやうですね。それから例のちよこちよこ歩きは下駄の影響もあるやうですねこの間の國際水泳大會でミユーと云ふ女の水泳選手が、日本の下駄を履いて得意になつて歩いて居る、（笑聲）それを見ると矢張りちよこちよこ歩きです。宜い體であるけれども、下駄を履くとちよこちよこしなければ歩けない、だから、極く通俗的に言へば洋服その物を用ふる、或は日本服を改良すると云ふことも宜いか知れぬが、もつと背景に大きな原因がありはしないですか。フエルトならば餘りちよこちよこ歩きをしないですむが、下駄の重いのを履くとどうもあれをやりますね。』

話は、下駄から、大股に歩くと足が見えるといふ話へもどろ、

嘉悦『着物の縫方で、足を出さないで、大股に歩けますね。身幅の廣い着物は、坐てから肥つて見えるとか何とかで、幅を狭、しますが、もう少し後八寸とか何とか云ふ風に拵へると、大股に歩いても決して見苦しくございません。踊の上手な人が踊る時には決して足を見せないと云ふのは、これは訓練でございませうが、着物の仕立方にもよると思ひますね。』

米田『それから又歩き方も研究する必要があるやうですね、或る舞踊專門家の話に一つの線の上を歩く心持ちで歩を運ぶと格恰がよいといふ事ですが……』

中島『成程、さうした工夫も大切ですね。』

吉岡『洋服と和服とでは、歩く能率は非常に違ひますね。日本服を二枚も重ねますのと靴下だけで歩くのとは……』

岡本『私達がモデルを使つて繪を描く時、日本人の膝には皿見たいなものが附いて居る――そいつが誠に形が悪いですね。』

吉岡『日本人でなくてもそれはありますよ。』

唯日本人は坐つて居ることが多いから、大抵足が曲つて居ります、外國人は曲つて居りませんね。』

中村『西洋人は今のお話の足に皿がないと昔は言つたんですね。それで馬關に佛蘭西人などが初めて來た時、西洋人は皿がないから坐れない、それで日本人は決して陸上では負けないと言つて居たのですね、所が、陸上へ攻めて來て折敷をやつたら、皿があるツ、と、逃げてしまつたさうです。』

（笑聲）話は洋服論へもどる。

嘉悦『洋服を着ると大變肩が凝りますのは、窮屈過ぎるからでせうか。』

吉岡『一週間も着ると、凝らなくなつて來ますよ。』

松平『洋服を着て丸で西洋人の様です、と言はれるのが、私には堪へられませんでした。帽子の中を覗いて、あら日本人だと言はれると、それが氣になりましてね。』

岡本『西洋の本當の服は、日本婦人のと同じやうにそこここに色々な飾りをぶらさげて、スカートも細くて少しばかりしか開かない、迚も働けるものではありませんよ。そんなものはまだ日本に這入つて居ないと云ふことが言へるかも知れない……。』

中村『婦人の姿は、男が喜ぶのを女が喜ぶのか、女が喜ぶのを男が喜ばせられるのか、そこが問題ですね。』

中島『どつちにしても同じではないですか。』

岡本『男の要求もありますね。』

中村『それから、先に米田さんの仰つしやつたお說は、大變同感でございました。お花見の服裝とお客によばれる時の服裝とは違ひますね。お花見に行く時には、……職人ならば、法被を着て櫻の花のついた赤い手拭を襟に卷いたりいたしますね。場合々々で服裝はかはる――。三越に行くのにも、求婚の爲に行くと云ふやうな場合もありませうね、さう云ふ時は幾らか派手になりませう。それから今度は、お祈りをする時でも、その本人はお祈りをして居るのだから襦袢一枚でやつても紋附を着てやつても同じでせうが、他の人が見て、何だあいつは神樣の所にお詣りをするのに、袴も着けずにやつて居ると云ふので、矢張り客觀が加味するんぢやないですか。本人が許しても世間が許さないならば、これはいけない。

――さうで御座いますね。』

中村『それから場所で違ふ、物見遊山の時の

『召すかの處へやつてしまふぞ』と叱られたものです、とお國言葉の解説をなさる法學博士中村進午先生、博大な知識と輕妙なお話ぶりの先生は、片頰にお手をあてるのがお癖と見えます。

服裝と、四疊半の時、十二疊敷の時の服裝は違ふし——私の感じでは、日本の現在では女の洋服と云ふものは有難くありませんね。どんな禮裝でも——。また西洋の婦人自身が洋服に滿足して居らないやうですねそれですから西洋の婦人が日本服は袖があつて面白いと言つて、矢張り袖を着けて居りますが、私の彼地へ行つたのは大分古うございますが、大正十一年か十二年に、亞米利加の女が袖を着けて居りました、彼等自身が自分の所のもので滿足して居らぬのに、日本人がその滿足して居らぬのを眞似た所が仕方がない。——』

中島『結局貴方のお話も米田さんの御話のやうに、その時、その場所、その目的と云ふやうなものを區別する頭が、まだ日本婦人にないと云ふのですね。』

中村『婦人にないと云ふことは失禮ですが、どうも區別が出來て居ない。』

米岡 日本婦人は服裝について餘り模倣的でありすぎ、仕立方や何かを敎へられた儘を忠實に守り過ぎます。服裝に付て自由の考へ、自分の工夫は容れられるものだと云ふ考になつて貰ひたいと思ひますね。裄なども、男七寸、女六寸五分と決り切つたやうに考へて居ります、それから裾廻しが切れると云ても……工夫で裾口へ一寸乃至一寸五分位の巾で裾廻しと共切をつけそれが切れたらつけかへるとか、又はレースを外から見えぬ樣につけるなど……幾らも切れなく出來るのです。ぱつぱと歩けば足が見えると云ふことも、工夫が幾らでも出來ようと思ひますが……。』

中島『どうも、頭の問題ですね。』

松平『他人がどう言ふだらうと云ふことを恐れたり、他人も亦餘計な世話ばかりするのがいけないと思ひますねそれを脱して行けば研究の餘地は隨分あると存じます。』

米田『松平さんが大膽に他の批評などは顧みられず御自分のお考御工夫を實行して居らつしやる點に、私は實際敬服してをります。私も實は今日はさほどお寒くはなし、セルでもよいと思つたのです、けれども、季節は袷せ時であるのに餘り突飛ではあるまいかと、つい習慣に負けて仕舞つたやうなわけでございます。それから廣巾物の利用や、毛織物の特長を和服に利用してゆく事など隨分工夫の餘地がありますね。』

嘉悦『それに、このごろは服裝の地色が、紫系統、紺系統になつて來ました樣ですが、あれはいい傾向ですね。この傾向を保つて行きたいと思ひますね。』

帶の結び方

米田『岡本さんに伺ひたいのですが、この頃の若い娘さんの帶を締めた姿を見ますと、體の五分の二以上の所へ帶があるやうで、前から見ても大變高くて變に見えますし、後から見ますと、下の方がすつかり現れて、大變格好が惡いやうでございますが……』

岡本『あれは、カツフエあたりからの影響ではないかと思ひますね。』

吉岡『頸筋の所へ帶がのぞいてゐますのなど實に可笑しい。』

岡本『併し、高く締めるのは幾歳ぐらゐでせうか。結婚間近くなれば下げて締めるのではないですか。』

米田『××さんの畫を拜見しますと、帶が大變上に書いてありますね。そんな事も影響してはゐないのでせうか。』

303　「『女』についての座談会」　中島徳蔵、岡本一平、吉岡弥生 ほか　『婦人倶楽部』昭和4年1月1日

岡本『私達が、誇り插繪を描く氣持から言ひますと、一般の人が好んで居る所を一歩先に置いて行く。それだけ、誇張せられて居ますね。』

嘉悦『日本の帶はお尻をかくす爲に廣くしてゐるのでせう。それがずつと上に行つてゐるのは見憎うございますね。結び方も變つた變な結び方よりお太鼓、年の少ない方は立矢字といつたのがおとなしうございますね。』

岡本『小さい娘は、高く結んだ方が可愛くはありませんか。』

米田『均衡が取れないやうですね。もう少し下つた方がいゝやうです。』

法學博士米田實氏夫人和歌さま、今し岡本一平先生のお話に傾聽されてゐるところです。この淑かに上品なお姿は、この記事にふさはしい好ましいお手本です。夫人はまた日本女子大學校に教鞭をとつてゐられます。

上品なお化粧と髪形、下品なお化粧と髪形

中島『近頃は餘程品位のある家庭の奥樣でもお孃さんでも、眉毛をかき、紅などを澤山附けますが、あんなのは好ましい趣味ではないですね。』

吉岡『日本だけでなく、亞米利加でも以前は醜業婦と云ふものだけが、頰紅を大變附けたのださうですが、近頃は皆附けてゐるやうですね。日本で藝者と奥樣と變らないやうな風をして來たやうに。全く賤しい感じが致しますね。』

中島『顔を何だか、畫布のやうに取扱ふ趣味が惡いんでせう。』

嘉悦『昔は、醜業婦が貴婦人や素人の娘さんなどの眞似をするやうに努めて居りましたが、この頃ではあべこべに貴婦人やお孃さん方が花柳界の風に段々近附いて行く、白粉が白くなり、頰紅が益々赤くなると云ふ形で……』

吉岡『旦那樣が花柳界なぞに遊ぶと、白粉も何にも附けなかつた奥樣が、これは堪らぬと思つて藝者の眞似をする、それが非常に多いやうですね。』

岡本『競爭するんですか。』

吉岡『さうらしいのです、婦人が自己を捨ててしまつてやる仕事でせう。』

岡本『一體に文化の爛熟期は、けば〳〵しいものが流行る、元祿時代でもさうですし、佛蘭西の繪なぞを見てもさうですよ。だから文化がこれから展びて行かうと云ふやうな時には、質素で自然的ですね。』

吉岡『自然美を失はないやうな、お化粧の仕方が望ましいものですね。』

米田『全くです。寒風にあれた頰に白粉まだらなど見られません。顔の手入は怠らず行き屆いて居て、薄化粧にホンノリ、それも分らない程度に頰紅をさしたのなど、如何にも娘らしく生々として思はず振りかへりますね。』

嘉悦『全く十七八の紅色の皮膚は何とも知れぬ美しさですから、薄化粧であつさり、生氣のあらはれたのがよろしいですね。』

米田『大變嫌なのは斷髪ですね。後を男のやうに刈り上げた髪の方がありますが、洋服なら兎も角、それに白粉や頰紅を大變綺麗に附けて、さうして和服で足袋と云ふ方などを時々見かけますが。どうも見よく思はれません。』

中島『木に竹を繼いだやうな樣子の方がありますね。顔は昔の上品な日本風の貴婦人が髪だけは何だか歐羅巴の戰場からでも來たかと思ふやうな風をされる方がある。矢張り智慧のない故でせうね。』

嘉悦『この頃のひどく縮らしてある髪も感心しませんね。』

松平『あの髪は不衞生になりがちな缺點もありますね。』

吉岡『斷髪でも、西洋人のは毛が柔かくて、切ればずつと縮みますが、日本人の髪の毛は硬い眞黒な毛ですから、斷髪にするとその先がぴん／＼立つてしまひます。日本人の毛を斷髪にしたら、女の價値はありませんね。それは斷髪の方が樂ではありませうけれど――』

嘉悦『髪の美は日本髷に限りますね。』

品のよくない言葉

中島『髪ばかりでなく、言葉に付いても同じことが言はれると思ひますが……。』

吉岡『私は小說家に少し抗議を申したいのです。皆さんが「いゝわ」とか「いやだわ」とか、「どうするの」「何々だわよ」と云ふ風に、良い所の奧樣までもわとかのとかゞ出ますが、私共の古い頭からは可笑しく感じますのですが、それをよく小說に書いてあつて、そこから流行するやうですね。』

岡本『小說は時勢を寫すものですから、小說から出たのではないでせう。』

中島『それから、どうも私共が嫌な感じがするのは、例の「パパ」「ママ」ですね。これはどうも知つたか振りを現はす輕薄なもので、日本と云ふものを輕蔑した、自信のない言葉ですね。それに、要りもしない所に無暗に外國語を持つて來る、あれもいやなものですね。』

中村『大嫌ひですが、子供なぞに聞くと、お母さんだのお父さんだのと云ふより、パパ、ママの方が早く出るさうですよ。』

中島『それは躾けでせうね。』

中村『初め一遍パパ、ママを言はしたら駄目ださうです。それから、隣に行くとパパ、ママをやつて居るので直ぐ眞似をする。』

松平『簡單で、片言でも言へますからね……』

中村『わとかよとか云ふのは、私の娘とか兄の子供とかは決して私に向つては申しません。自分等の仲間だけの言葉であるやうでその差別は矢張り附いて居ますね。』

吉岡『親密な間のことか知りませんが、嫌な氣がしますね。』

品よく聞える言葉づかひ

中村『終りが母音の強く響くのは聞き辛い樣ですね。何とかで「す（SU）」と云ふやう

305　「『女』についての座談会」 中島徳蔵、岡本一平、吉岡弥生 ほか 『婦人倶楽部』昭和4年1月1日

なもので、Uの強く響かない方がいゝ様ですね。「ですよ」なぞはまあ聞きやうでありますけれど——。それから子音で終るのは「あります」「ございます」と云ふやうなもので、「さうだわ」より輕薄でないやうに聞こえます。』

米田『「さうです」なぞと云ふと、又「です言葉」を使ふと言つて母に叱られたことを憶えて居りますが、今の「さうだわ」の方が簡單でございますね。』

中島『「ございます」と云ふのが宜しいに違ひありませぬが、段々言葉も手つ取り早くしなければならぬから、「ございます」が「です」になるのは、それはどうしても必然の結果ではないですか。』

米田『今の若い奥様方は、どうかすると御主人に言つてゐらつしやるのに、「だわ」とか「いやよ」なぞ仰しやいますね、あれは耳ざわりでございますね。』

中島『それを耳觸りに感ずる所がいゝんぢやないですか。今の男は鼻下長でそんなことを言つて貰ひたがる。』(笑聲)

岡本『今の人の心持が、交際の間にも心持が細かくなつて來て居る、昔見たやうに三通りや四通りしかの感情表白では足らない、五通り六通り以上にも細かく感情を現はさなければならぬ、それで新しい用語がふえるのですね。』

吉岡『私はもう少し品の良い言葉が欲しいのですが……。』

岡本『品が良くてデリケートな、多種類のものを現はす語が欲しいですね。』

吉岡『標準語でも婦人倶樂部で作りますか。』

岡本『文藝家などと協同して作るといゝんですね。』

吉岡『友達の親しみを現はすのはどんな風にするかなぞ……。』

漫畫界の第一人者岡本一平先生、この日漫畫の眼がねをはづしてのお話は、先生の漫畫以上に女の急所をピリ〳〵ついたものでした。煙草の煙のあいま〳〵に吐いた先生のお言葉から、後ろ向の先生のお顔を御想像下さい。

はき違へてゐるお禮とお世辭

吉岡『それから以前ですと禮を厚うすると云ふことをやかましく言つて居りましたね、それを今の方は何か諂ひでもするかのやうに思はれると云ふやうな考が、若い人の間にあるやうに思ひますね。私は若い者にお世辭と禮儀とをゴチヤ〳〵に考へないやうに、致へなくてはいけないと、さう思ひます。』

米田『それは確にございますね。』

中島『矢張り教育の一つの失敗からして、有難いといふ觀念を持つと云ふことが、今の人は昔より薄くなつたのではありませんか。』

米田『お休みの時に先生に手紙を上げるのなんかも、何だか先生に特別にお世辭を使ふやうな風に子供の方から解釋するんでございますね。』

中島『さう云ふのは教育の失敗でせう、言葉でなしに。』

岡本『さうすれば教育制度から變へなければならぬことになりますよ。一人の先生が大勢を教へて行くと云ふやうなデパート式の教育制度を變へなければ……。』

中島『それは勿論さうです。先生も確に惡くなつたですね。』

岡本『ですから、一般教育以外子弟の關係をつける何かの機會をこしらへる必要がありますね、人格的に先生と子弟とを結びつける特別な何か組織が欲しいと思ひますね。學校は學校としてたゞ知識の授受だけでなしにですね……』

中島『教育は組織ぢや出來ませんからね。人間ですよ。』

好い感じを與へる言葉

中村『併し、近頃は裏店のおかみさんも、奥さんといふことに段々統一して平等になつたやうですね。』

岡本『その方が正しい譯ではないのですか。』

中島『だつてその家には奥は無いのですよ。』

（笑聲）

中村『御新造も新造した部屋はないけれども御新造樣といふ。』（笑聲）

松平『いゝ言葉、感じのいゝ言葉、それから禮儀の正しい言葉などを婦人倶樂部あたりで集めて、お手本を出して戴いてもいゝですね。』

中島『それを文豪などが一つやつて呉れゝば非常に效力があるんでせうね。』

中村『いゝ言葉が惡い言葉になつた例もありますね。私の生れました所は越後でございますが『召すか』といふ言葉はよほど下等な言葉で、鮭の子を召すか、茗荷の子を召すかといふ、私共が極く子供のときに、母などから「そんなに言ふことを聞かんとめすかの所へやつてしまふぞ。」と叱られたものです。』

中島『それはどういふ譯ですか。』

中村『召すかといふのはお召しになるか、要りませんかといふ言葉です。それは平家の殘黨が籠つた所です。その一村だけに召すといふ優美な言葉が殘つて居るのですね。そしてそれが他からは惡い言葉とされて居るのです。それから琉球に行きますと「知りません」といふことを「しらべらん」といふ。それは「知りはべらん」といふことです、それが殘つてをつて「しらべらん」と云ふ。併し今のやうな「しらべらん」だの「召すか」などを今やる譯には行かんですね。やはり程度問題がよほどあるだらうと思ひますね。』

中島『私は上州で「べえ／＼」言葉といはれて笑はれるですけれどもこのべえだつて平家の落人か何か使つたんではないでせうかね（笑ひ）「さうだんべえ」なんといふ。』

中村『「であるべし」なんですからいゝ言葉ですね、笑はれる筈はないのですが。』

嘉悦『だわ言葉を、學校で協議して廢めさせ

307　「『女』についての座談会」中島徳蔵、岡本一平、吉岡弥生 ほか 『婦人倶楽部』昭和4年1月1日

ようとしますが、實際に行はれませんね。』

松平『だわ、までは宜しうございますけれども、わよと云ふのがどうもいけませんですね。』

吉岡『それから、商家のおかみさんとか、さういふ階級の人が商人に對する言葉はあまり横柄ですね、魚屋とか八百屋とかいふ者に、「持つておいで」といふやうなことを言ひますね。』

『怒るな働け』のモットーで有名な嘉悦孝子先生。終始眞劍にお話し下さつたことは、このお寫眞を見ても推されませう。先生は日本女子商業學校の校長先生です。

中島『女中に使ふ言葉なども、いけないでせう。』

嘉悦『女中を呼捨にしないといふ所がだんだん出來て參りました樣でございますね。』

吉岡『私は自分の職業柄一番惡いと思ふことは醫者に診て貰ふのに、「醫者を呼んで醫者に診させる」かういひます。それは小說でも何でも皆さう書いてございます。「醫者に診察せしめて……」とあります。せしめる氣では病氣は治りませんよ。ぜひ診て頂きたい。でなくては。』

（笑聲）

中村『先程嘉悦さんのお話の女中にさん附けといふことは、ヨーロッパ、アメリカは女中にさんといはない、ミス何々とか、ミセス何々と女中に申しませんやうに思ひますがね。』

中島『それは親しみを表はす時には、女中でなくても他の人にもさういふ風に使ふね。』

中村『どう云ふものでせうか、さんを附けるのは。例へば自分の書生を呼捨にするのと何々さんといふのと、何々君といふのと三つありますね。日本では少くともさう三つあるやうですね。』

中島『書生を呼捨にするのと、君を使つたりするのとどちらがいゝでせうか。』

中村『それは君を使ふ方がいゝですね。何々と呼捨にするよりは。』

嘉悦『此間、秩父宮樣に拜謁しました時に、「嘉悦さん、暫く」と仰せになられました。嘉悦さん、との仰せには全く恐入りました。』

中村『秩父宮樣は非常にデモクラチツクでゐらつしやるさうですね。』

嘉悦『妃殿下方でも決して吾々を呼捨はなさいませんやうです。』

中島『やはり人格を尊むといふ主義から行くと、誰でもさん附にした方がよくはないですか。例へば自分の小さい赤ン坊でも、生れたばかりの赤ン坊でも誰さんと。』

吉岡『子供は呼捨の方がよくはございますま

いか。扶養されてゐる人間は一個の人格といつても……』

中村『さうすると、今度親が扶養されると、あべこべになつてしまひますね。』（一同大笑）

岡本『女中は別として、家族子供などは心持さへ自然と流露して居れば、何と呼んでも差支ないと思ひますね。』

中村『併し兄弟に向つて貴方などといふのは今の吾々の頭ではをかしいやうですね。』

岡本『出たとき勝負で、自分の心持の發露通りやつて、ちつとも矛盾ではないと思ひますね。』

中村『その發露がわきから見て下品に見えるときは困りますね。』

中島『實際はさうですな。心持次第なものでうるはしい心持で使へばそんな言葉を使つたにしてもいゝ筈ですが、併しちよいと氣に觸るとか、不愉快になるとか、さういふ時は關係しますね、何でもいゝといふ譯には行きますまい。』

吉岡『たゞ、用をいひつけるのに、命令的にしない方が氣持が宜しうございますね。女中にでも書生にでも「お茶を持つてといで」といふよりは、柔かに「お茶を持つて來て下さい」とか、何とか云つた方が氣持が好うございますね。』

米田『却つて松平さんのやうな、昔からのお家柄の方が、さういふ禮儀は正しくていらつしやいますでせうね。』

松平『私共の宅では女中の事を貴方といつてそれから私共子供の頃に女中でも向ふが坐つてお辭儀をしたら、こちらも必ず坐らねばならぬ、女中でも叮嚀にしなければならぬと教つて居りました。』

途上や車中での話

中島『同じ言葉でも、その人の人格がやさしく叮嚀であると云ふやうなのならば、さんを取つても同じ感じを向ふへ與へるのですけれどもね。併しそれでも同じながら少しは違ひませう。――そこで大抵言葉の研究も出來たやうですが、併し電車などの中で女學生などが話して居ることで聞捨にならぬやうな話があるやうですな。さう云ふことに就てお氣付の點はないですか。』

米田『一體人の噂といふものは、何處でもいいものではございませんけれども、殊に大勢聞く人の多い電車の中などで人の噂は避けた方がようございませうし、又どうしても餘儀なくてする場合には、その方のお名前を、そのまゝ出さないやうにする注意が要るのぢやないかと思ひますね。』

中島『マア相手と、話に出る關係の人々といふ者と、其處にゐる人々に當り觸りのないやうな話と、態度と、聲とですると云ふことが原則でせうね。』

中村『當り觸りはなくても、自分を見て呉れといはんばかりの話は洵に嫌やですね。例へば自分は偉いのだから何處へ誰と食事に行くんだと云ふやうなことを言ふんですね或は第一流の呉服店があれば何處へ買物に行くんだとか、何々侯爵の所へ招ばれて行くんだとか、さう云ふことを大びらに言ふ人があります。如何にも耳觸りですね』

吉岡『さうですね。』

中村『それから只今噂はいかんといはれましたが、褒めるのはどうでせうか、例へば誰それは親孝行したと云ふやうな事は、いけませんか。』

309　「『女』についての座談会」　中島徳蔵、岡本一平、吉岡弥生　ほか　『婦人倶楽部』昭和4年1月1日

米田『そんなのは宜いかも知れませんけれども、その方と直接關係の方は居らなくても、何處にどういふお知合の方が居らないとも限らない。お知合の方の個人の名前を出すことを私は注意した方がよいと思ひますが。』

嘉悦『しやべらない方がいゝと思ひますね。

巧妙な司會振りの中島先生、米田夫人の言ひ廻しの例話に『少し皮肉ぢやありませんか』とニッコリなすつた處をパチリ。
先生は東洋大學々長、倫理學では日本有數の權威者で、日本の三藏の一人として寶の樣に尊ばれてゐます。

殊に女學生などで嫌やな感じのしますのは先生のお噂、それから女の學生ならば男の學生の噂、男の學生ならば女學生の噂、これはいけませんね。聞える所ですから成べく電車などではしやべらないやうに……』

中島『しやべつて何處にも當り觸りのない、そこをねらひたいものですね。餘りさう物言へば脣寒し秋の風だから、默れ〳〵、で、押へつけるのも考へものですが。』

岡本『小さい十五六歳位の女の子が何だかピチヤピチヤやつて居るのは愉快さうですね、禁めたら生理的に、惡くはないですか。』

吉岡『それは禁めない方がようございますね。』

岡本『積極的にしやべる機會を與へてやるといゝですね、いけない〳〵でなく、斯う云ふことを大いにしやべれといふ風にね。』

言ひ廻しの上手下手

米田『それからものゝ言ひ廻しといふことも大變必要だと思ひます。昔の話ださうでございますが、お手紙を拜見して文章が拙いと文章が拙いとはいはないで、大層字がお上手でいらつしやるといひ、文章も拙いし字もあまりお上手でないと、お立派なお紙でございますと紙を褒めたさうでございますけれども、さう云つたやうな言ひ方も私は大變いゝと思ひますね。』

中島『少し皮肉ぢやありませんか。』(笑聲)

米田『そこまで行けば皮肉でございますけれども、この着物とこの着物はどちらが私に似合ひますかといふ場合、そちらは似合ひませんといふより、こちらの方が似合ひますといつた方が、女らしく穩やかに聞えるやうに思ひます。始終積極的にいゝ方面方面といつた方が、よろしいやうに思ひますね。』

今の娘の感心な點感心出來にくい點

中島『それではどうでせうか、總じて、どんな娘がよい娘かといふ問題……隨分今の娘は惡くいはれて居ますが、大體いつて見れば昔よりも進歩したものと私は考へますね。それではどんな點がいゝかといふと、今の娘は活動的になつて進取的になつて來た。昔の人に惡くいはれるほど惡くないと思ひますね。併しそれならば感心出來ない事がないかといふと、これも又大いにある。昔よりも惡くなつたといふ點は、言つて見れば今の人の方が虚榮心が強くて、移り氣で、つまり輕薄で、悧巧で、――斯ういふことを云へると思ひますね。』

吉岡『それは全くさうで御座いますね。』

中島『少し私の講釋のやうですけれども、私はこの變化をかう見ます。今の娘は何にしても今までの人よりも大きな舞臺に立つたから野心が大きくなつて來た。それで大きい野心を滿足させようといふ大望があるから、活動的に進取的になつたが、餘りこの目的が急に大きくなつたが爲めに、間口が擴がつて奧行が縮まつてしまつた。こゝから弊が起つたのではないか。昔の女の方は間口は狹かつたが奧行は深かつた。それ故これを匡すにはつまり徹底させ、集中させ具體化させて行かねばならぬ。今その途中なものですから斯ういふ弊があるのではないか、斯ういふ風に僕は考へて居るのですが如何ですか。』

吉岡『それは全くお説の通りでございますね……。』

中村『しかし、それ程に考へて居る女の人がどれだけあるでせうか。』

中島『それは全體の氣分からですよ。氣分から云つて見れば、田舍の娘さんなどでも雜誌などを見て髪をすぐ切つてしまつたり何かするやうなのも、やはりさういふ傾向の一つだと思ひますね。』

中村『今のお話ですが、都の女が田舍の村に行くとその村の女を都の女のやうにしてしまふ、それから都の男が田舍の村に行くとその都の男はその村の男のやうになつてしまふ。かういふ話を聞きますが……』

中島『面白い觀察ですな。』

吉岡『女は模倣力が強いわけですね。』

中村『それからもう一つは女の方は綺麗な方に眞似をしたがるといふのです。男の方は汚い方へ附かうとする。蠻カラになる。女の方はハイカラになる傾が多いし、男の方は、蠻カラになる點が多いからなのですね。』

岡本『併し速力は女の方が感化されるのが早いし、男の方は速力が遲いですね。例へば都の男がその土地の人に感化されるのは時間が餘程かゝるでせうが。女の人がその土地の人を感化する速力は早いと思ひます。』

吉岡『私はかう思ひます。先程のお話のやうに今時の女は進んで來ましたけれども、自制力と云ふことが非常に少くなつた、自制することは自己を沒却するんだと云ふやうな風にはき違へて居るのではないかと思ひますね。人間はそんなに不自然に苦勞する必要はない、昔の人のやうに螢雪の功を積むといふそんな苦勞をする必要はない、それでは自己を沒却してしまふと云ふやうな考へ方をしてそこに享樂と云ふものが非常に盛んになつて來てゐると云ふやうなことが今の娘さんに大變多くはないかと思ひますね。』

中村『それは女に限りません、男でも同じことなんですよ。』

吉岡『自分達のことを云つてをかしいですが、嘉悦先生や私共が學問をして勉強する頃など、隨分女がそんなに勉强しなくてもいゝと言はれたのを、どうでも斯うでもやつて見たいと云ふやうな、さう云ふ精神があつたんですよ。ところが今日では刻苦する事を不自然だと思つてゐるのですね。』

中島『つまり苦しまずにうまい事をしようといふのですな。』

東京女子醫學專門學校の校長である吉岡彌生先生『いまの女の方は――』と嘆じてゐられるところです。がしかし、この笑ましげなお顔を御覽下さい。少しお叱言があつても先生は若い同性が可愛くて〳〵たまらないのです。

中村『私の知つてゐる娘さんですが、兩親がなくて、自分で働いて妹一人弟二人を悉く修業させてしまつた方がありますよ。』

中島『それは感心な娘さんですね。』

中村『その爲に自分は三十六になり、遂に婚機を失つてしまつたのですが、身なりにかまはず、すき好みを云はず、男で申せば子路の樣な人で、相當の教育もあり、容姿も美しい人でしたが、實に感心な人で婦人ですね。』

米田『珍しい方でございますね。』

これからの娘はどういふ目的で修養したらよいか

岡本『今の娘に與へる一番の訓言と言つたやうなものは何でせうか。やはり良妻賢母になれと云ふことでせうか。』

嘉悦『私は(日本の母となれ)と云つてゐます。』

中村『どういふ意味ですか。』

嘉悦『强くて優しい母になれといふ事です。震災の時でございましたが、新婚間もない私の教へ子が丸燒になり、どうすればいゝかと私も實に同情して居りました處、洗ひざらしの浴衣に髪もグル〳〵まきにして參りまして「先生あれは皆拜借したものでした。すつかり取上げられたのですから、私はこれから裸一貫で働きます。」といふのです。それを聞いて私は實にうれしうございました。「何卒その勇氣をもつて行つて下さい。」と激勵したのでございますが、私は日本の婦人にかうした魂を作りたいと思つてゐますのです。』

米田『先生のお教へが徹底してゐたのでございますね。』

嘉悦『どうも恐れ入ります。勿論それには健康でなくてはいけないと存じますし。戰に勝つて歸れ、死んで歸れといふ强さ、しかも何處までも夫には貞實、子には優しい慈母である日本の母、それになれと申してゐるのです。』

松平『それから今の方は、いつたいに信仰心が薄く誠が薄くなつて居ると思ひます。始終誠であれば幸福だと思ひますね。』

中島『さうです今の人の大多數は誠であり得ないといふ缺點のあることは確かですね。つまり今の人は先刻吉岡さんのお話のやうに、克己、奮闘、努力と云ふやうな力が薄くなつたと云ふことは、これは事實でせうな。』

嘉悅『私は生徒に「人の欲しない事を引受けよ」といふ事を常に申して居ります。』

中島『おゝきに、いゝ事ですね。』

吉岡『今の娘さん方は、もつと科學的の知識を得る樣につとめて貰ひたいと思ひますね。なるたけ人に接し、また自分でも讀書して常識を養はねば――お嫁に行つて何でも左樣でございますかでは、これからの奥樣がつとまりませんですからね。』

岡本『私はかう思ふのですよ。德川時代には一種の英雄主義があつて男は英雄になるやうに修養し、女は良妻賢母になることだといふモツトーがあつたが、今の時代にはさういふ確乎とした大きなモツトーがない。修養の目的がないんですな。』

中島『併し、女ならば良妻賢母でいゝではありませんか。』

岡本『ところが概念が違つて來て居るでせう。昔の僕等の青年時代の良妻賢母とちがつて、それにはまだ何となく家庭の溫味などの入つて居るものでなければ工合が惡い。』

新時代の賢母

米田『良妻賢母もむづかしうございますね。賢母となるにはどうしてもそれはその家に依つてでございますけれども、子供を相當の程度まで教育させるやうな家庭の賢母ならば、せめて子供の話相手になる位の教育のあるお母さんでなければなりませんね。』

中村『けれども賢母といふのは教育があると云ふだけが必ず賢と云ふことではないと思ひますね。それだけぢや足りない。心がしつかりして居れば學問はなくてもいゝかも知れないのです。私の知つた方で、今時の教育を受けた人ではないのですが、感心なお母さんがありますよ。』

松平『私は兩親が信仰を持ち、迷ひのない六つ七つの幼い頃から、子供に信仰心を持たす樣にするのが、一番よいと思ひますね。』

吉岡『どうして持たす樣になさいますか。』

松平『親が信仰心を示すのですね。私の子供達が「佛樣をよく拜むと勉强がよく出來る樣になるよ」とか、また女中達が掃除して疲れたなど云つてゐますと、「私は佛樣を信じてゐるて丈夫だから、働いても疲れないよ」などいつてゐるのを聞きましても佛性は誰にでもあるのだと感じます。子供のうちに佛性を芽生させて正しい人間にならうといふ理想を持たせておく事が必要だと思ひます。』

中島『迷信的になりやしないですか。』

松平『これは他力をたのむのでなく、自らをみがく事だと信じてゐます。そして、個性のうちのいゝ處をほめてそれをのばす樣にしてゐます。』

313 「『女』についての座談会」 中島徳蔵、岡本一平、吉岡弥生 ほか 『婦人倶楽部』昭和4年1月1日

夫に愛される妻

嘉悦『「どう云ふ妻が夫に愛されるか」などいふのは男の方から伺つて是非參考にしたいと思ひますが――』

中島『愛して呉れる妻が愛されるといふことですな「愛が愛を生ず」で、夫を愛することが夫に愛される、斯ういふより仕樣がないでせうな。』

松平『何時でもさうですね。』

中島『どう云ふ夫婦が互に愛されるかといふ問題に就て其の根本條件はもう神代この方同じだと思ひますな。親切で貞操純潔な人が愛される、がその次は好き不好もありませうし、新しくなつたが爲めに變つて來た色々細かい條件もありませうな。』

嘉悦『夫を愛すれば理解も湧いて來る、要するに愛ですね。』

吉岡『よく夫の心を理解するといふことが愛になりはしませんかね。同情を持つてね、それですから餘り今までの育ちが懸隔して居るとか、或は教育の程度が非常に懸隔して居るとか云ふことになると、それは可愛いといふ點はあるかも知れませんが、物足りない所がありませうね。』

嘉悦『後藤新平さんの奧樣が毎朝、如何にして夫をきげんよく家を送り出すかといふ事に心をくだいてゐるとよく仰云つてゐました。』

吉岡『ほう、後藤さんの御成功には奧樣の内助の功もあつたといふわけですね。』

嘉悦『此頃電車の事故など隨分ありますが、統計で見ますと、運轉手が朝家を出る時、不愉快な事があつたといふ場合が多いさうですね。それで、沁々後藤さんの奧樣の心づかひが尊く想ひ出されるのです。』

中村『或る華族のお姫樣で百萬長者の奧樣になつてゐる方でございますが、世の中でこれほど感心した夫婦はないと私が思つて居りますが、旦那樣は所謂サイノロチストではない立派な紳士です。奧樣は夫を信じきつて御座る、勤め向の事など一度も聞き糺した事はない。義姉義弟に對する溫情、親戚縁者召使との交際。凡て到れりつくせりで、旦那樣は一切を奧樣に任せて、國事に奔走されて居られますが、かほどまで夫に愛され敬されてゐる妻は私は見た事がありませんね。』

米田『お心懸がよいのでございますね。』

中島『抽象的に云へば、理解と同情が徹底さへすれば、夫婦の結合は完全になるのですが、扨て其の具體化となると、銘々各自の個性がありますから、同じ愛と言つても愛し方は違ふ、笑つて愛することもあり、睨めて愛することもあり、細かい所に氣をつけるのが對手をよく理解することでもあれば、又た神經過敏に對手に注視しないのが却つてよく對手を理解することになる場合もあるでせう。眞に細工は流々で、其所に家庭の面白味もあり又は苦心苦勞もあるといふものでせう。小さいながら其料理鹽梅には大力量を要する、決して大ザツパには片づけられないのが家庭でせう。が、皆樣のお蔭で、今日は大へん賢くなりました。』

記者『どうもいろ／＼有益なお話を、有りがたうございました。』

外國婦人の眼に映じたわが日本の婦人

◇日本を理解する外國婦人の◇
◇遠慮のない感想、批評、註文◇

日本婦人特有のもの

希臘伯爵夫人 イナ・メタクサ

若し日本婦人の特長は何であるかと訊かれたら、私は答へませう、それは優しさと淑々しさであると。

外國人で日本の婦人を本當に理解してゐる者は殆んどありません。それは第一言葉が通じないし、又こちらには歐洲に見られるやうな社交界がないからです。日本の貴婦人方は、私共の國のやうに、所謂サロンを開いたりされるやうなことがございません。結婚式とか、誕生祝とか、法要とかに、親戚知友を招かれる外には、殆んどお互ひに顔を合はされる機會がありません。私共のやうに、お茶の會や夜會などを催されることもないし、舞踏會に至つては殆んど絶無だと申していゝでせう。僅かに年に一回外務省の方で催されるだけです。つまり、日本婦人の生活は、私共より一層引込みがちだと云へませう。從つて外國人と交際されるやうな機會も少なく、それを窮屈がられます。かうした内氣は、外國人にとつては非常な邪魔物です。彼等はよく知りもしないで、輕々しく判斷を下し、日本の婦人は粹で雅かなもの、女といふよりも寧ろ花のやうで、非常に魅力あり、好もしいものではあるが、唯可愛らしくつて、外面から眺めるだけのものだと見るのです。

しかし私みたいに、日本の婦人方の中に澤山親しい友達がある者は、それとは全く違つた意見を有つてゐます。私は決して上流婦人のみについて判斷はいたしません。仕合せなことに、私はあらゆる階級の女の人達と交つて來ました。私は大部分都會で暮しましたので、田舍の女は餘り存じません。けれど、貴婦人から女工さんに至るまで、私は恰度書物で讀んだやうに、彼女達の心を知り拔いてゐます。日本の殿方程幸福な者はないとは、私の始終申すことです。日本の殿方は、他の如何なる國に於けるよりも、甘やかされてゐます。日本の婦人方は身分の上下を問はず、喜んで家政の切り廻りや、殿方の衣裳の世話までなさいます。しかし彼女達の特長は決してそれだけには限りません。彼女達はちつとも神經質でございません。即ち一種非凡な性格の力によつて、何處までも慎み深くして居られます。滅多に

315　「外国婦人の眼に映じたわが日本の婦人」 イナ・メタクサ、アレキサンダー嬢 ほか 『婦人画報』昭和4年1月1日

腹を立てないやうに躾けられてゐるので、つまらないことで喧嘩をするやうなことは絶對にありません。彼女達は何事にも控へ目で、淑やかで、おまけに大して嫉妬焼きでもないのです。餘り嫉妬深いのは見ていゝものではございません。それに彼女達は利己主義の餘地のない犠牲的な愛を有つて居られます。これは犠牲的精神と完全な自己滅却との著しい模範です。

殆んど總ての女の人が何かの才能を有つて居られます。詩を作るとか、繪を描くとか、手蹟をするとか、音樂をお演りになるとか、みんな立派な趣味ばかりです。

西洋の十二世紀に當る藤原時代には、紫式部や清少納言のやうな人達が出て、當時の第一流の詩人となりました。これと同じ頃に、希臘の婦人も、まだ華やかな首府であつたコンスタンチノープルで、優れた教育や文化を誇つてゐたのは、面白い對照です。西洋ではこの後に中世紀の暗黒時代が參りました。然るに恰度その時、日本に於ては再び勇敢な婦人の魂が現はれました。私が再びと申すのは、それよりもずつと昔、有名な女帝推古天皇が在しますからです。平家方の上臈達が扇を小楯として敵を邀へ擊つた話は皆様御存知の筈です。如何に多くの婦人達が城を護り、果てはその夫と共に名譽の戰死を遂げたことでせう。かうした勇敢な行爲の最近の例としては、乃木將軍の夫人があります。

しかし、彼女達の雄々しさの現はれるのは、單に上のやうな場合だけではありません。もつと隱れた、從つて一層堅忍的な英雄的行爲があります。

總ての外國人が感心することは、日本の女の人達が子供を育てられる慈愛についてゞす。彼女達は決して手を上げて毆ぐるやうなことはなく、何處までも辛抱強く、子供達を溫和しく、善良に導いて行かれます。彼女達の愛情は飽くまで深く、熱烈で、完全なものですから、子供達と袂れるより死を選ぶ程です。

今日までは、彼女達はどちらかと云へば、幅の狹い、靜かな月日を送りました。中世紀以來彼女達は舞臺裏に退けられました。荒々しい戰亂續きの世の中には容れられなかつたのです。唯藝妓のみが方々の宴會を賑かしました。かういふ時、家庭の婦人達はお給仕に出るには出るが、餘り口も利かず、御飯も別席でいたゞきました。かくして社會から遠ざかつた結果、女達は受動的になつて來ました。絶對服從とか、謙遜とか、遠慮とか、沈默とかいふやうな、あらゆる消極的な特徴が發達して參りました。飽くまで默り込んで服從した末遂には物を考へなくなつてしまひました。考へても何になりませう。彼女達は唯兩親や、義父母、夫達の取り決めたことをしてさへゐればよかつたのですから。かういふ工合で、彼女達は漸々心が緩み、判斷が鈍つて來ました。これは國家にとつて最も危險なことです。何故なら、智力の麻痺した母親からは、決して賢い子供が生れる筈はないのですから。大和民族は恰度一本の植物のやうに萎ひてしまつたかも知れません。ところが、明治時代となつて社會は根柢から一變しました。勿論婦人の生活とてもこれに漏れやう筈はありません。方々の學校が開放せられ、剩へ彼女達は會社や役所にまで職を求めました。勿論地位は低くとも、兎に角第一歩を踏み出したのです。それから家庭の内部も變つて來て、彼女達は一層自由になりました。自分の考へ一つで何でも出來るやうになりました。佛蘭西の婦人よりも以上に財産權を有つて居ます。日本の婦人は獨りで外出して、芝居や音樂會や買物や飲食店等に行かれるのです。婦人だけの倶樂部や會合等もございます。

私は平常から何事につけても男女は平等でなければならぬと主張する者です。それで日本婦人の解放を非常に喜んで居ます。彼女達が漸々あらゆる權利を獲得されることを望んでゐます。しかし婦人覺醒の最初の結果には餘り感心出來ません。現在では色々な缺點が現はれてゐるやうです。これは何處にもありがちなことですが。人類が一つの極端から他の極端に飛躍する時、それが落ち着くまでには幾らかの時間が必要です。多くの婦人達の中には、解放とは男性の模倣なりと考へ、男子の風采を粧はうとしてゐる者があります。又或る者は解放には常規を外れた生活が必要だと考へ、とんでもない結果を産み出してゐます。有島さんの『或る女』の女主人公などがそれで、この型の女は己が感情が出來心の儘に動きます。周圍の人々の生活を掻き亂し、やがて己が身の破滅を招きます。彼女達は唯一時の慾望を滿すことのみを念として、己が子供にすら冷酷な態度をとります。實に悲しむべきことながら、餘りに數

「外国婦人の眼に映じたわが日本の婦人」 イナ・メタクサ、アレキサンダー嬢 ほか 『婦人画報』昭和4年1月1日 316

し過ぎた制度の當然の結果なのです。今まで束縛されてゐた者が急に解放された場合には、己を導くことが出來ず、得て放縱に陷り易いものです。上のやうな型の人々や、外國人の缺點や滑稽なところばかりを無闇に眞似てゐるモガなどは、總て極端なるものゝ例に漏れず、漸々姿を消して行くでせう。この好ましからぬ心理狀態を作り出したのは、一部分不健全な、極端に近代的な、從つて一時的な輸入文學の所爲でもあるのです。しかし眞の自由の婦人は、自由といふことには深い責任感と良心の發達とが必要だといふことがお分りでせう。これこそは私達の行爲を照らし、感覺的な慾望や男性の誘惑から私達を救つてくれる唯一の案內者なのですから。

なほ一つの悲しむべき現象は、餘りに窮屈な教育の結果、思想が皆無となり、多くの婦人達、とりわけ外人の學校に學ばれた婦人達が、忽ちにして本國の宗教を見棄てられることです。これは實に寒心に堪へぬことで、本人は申すに及ばず、その家族の人々まで、國力の根本たる精神的統一からかけ離れて行かれるからです。それ等の人々は德義心や愛國心の源たる祖先の宗教を見棄てるのです。しかし彼女達が外國化されるのは、單に彼女達のみの罪ではありません。彼女達は佛教や神道等の特有の宗教の美點や奧義や哲學的並びに道德的價値などを少しも教へられず、從つて無智のために屢々それを棄てて顧みないのです。若しも解放は古代哲學の叡智を以てしては成し遂げられないと信ずる者があつたら、それは明かな間違ひです。私は祖先の宗教を守りながら、最も進歩した、又最も進歩的な澤山の家庭を知つてゐます。

私は、何時か以上のやうな缺點が悉く消え失せ、日本婦人があらゆる權利を獲得され、良き主婦としての實用の才と、獻身的な慈愛に滿ちた優しさと、偉大なる凛々しさとを併せ有れて、國家最大の力の一つとなられるであらうことを信じて疑ひません。

新時代の婦人

米國人 アレキサンダー嬢

日本の婦人について何か私の感想を述べるようにといふことでございますが、私一個人の感想を述べますよりも、私が最も尊敬してゐるバハ・オーラの教への中から、女性に關する言葉を申す方が一層暗示的であらうと思ひますので、この好機會に一言述べさせていただきます。

世界の新時代は既にまいりました。「昭和」の輝かしい平和はまいりました。日本に於ても、この光明と智識の新時代はまいりましたでせうか？ 世界に起つたどんな大事件にもその中心はなくてはなりません。今日までの歷史を讀んでみますと、どの新時代にも、必ず神聖な豫言者か使徒かがこの世に現はれて、その言葉によつて、新生命が吹込まれたものでございます。これらの豫言者たちは既に幾人もこの世に現れましたが、またこれからも新時代と共に引き續いて現はれるに相違ございません。何故ならこれらの豫言者たちは永久に止むことのない神の恩でありまして、丁度太陽の光りがいつまでも絶えることのないのと同じでございます。これらの豫言者たちは丁度一つの太陽から輝き出る光のやうなものでありまして、必要な時代に何時でも現はれるものでございます。

この世紀にも既に豫言者は現はれました。その教へは現代の最高の理想でございます。即ちペルシャに現はれたバハ・オーラは現代の豫言者でございます。その教へは全人類に新生命を吹込みました。

バハ・オーラの教へに從ひますと、男女は平等でなくてはなりません。神はすべてのものを男女平等に造られたことは明らかなことでございます。動植物にも雌雄の區別は明らかにありますけれども、常に平等に取扱はれてをります。かくの如く動植物には雌雄の優劣がないのに人類にのみその優劣が作られてをります。この優劣は教育の結果生じたものでございます。神の眼から見れば、男女の間に優劣のある筈はありません。兩者の間にはつきりした區別こそあつても、優劣のある筈は絶對にない譯でござ

います。女性の能力も男性に劣るものではありません。もし女性が男性と同等の教育を受けたならば、男に劣るところはない筈でございます。吾々女性は男性と平等に努力すべきであると思ひます。

またバハの教へには、男性と女性とは一對の鳥の兩翼のやうなものであつて、この兩翼が同一の運動によつて飛ぶ時には、人類の鳥は天高く飛翔して人類の進歩の頂きにまで達することが出來るであらうと示されてあります。またバハ・オーラは自分に男と女の二人子供があつた場合は、女の子により高い教育を施すつもりである。何故ならば女性はすぐに母となつて、子供を最初に教育しなければならない義務があるからであると申してをります。

日本の神話にも最高の神として崇め奉つてゐる天照皇大神は女性であつたといふではございませんか。世界の歴史を見ますといづれの國にも、いづれの時代にも、偉大な女性は現はれてをります。現代では無線電信や、ラヂオや汽船や飛行機などによつて、世界は非常な速さで小さくなりました。現代こそはあらゆる國民がその各々の傳統的な長所をお互に與へる時ではありますまいか。そして東と西とがお互に理解し合ひ、その理解によつて全世界の平和は實現されるのではありますまいか。

この全世界の平和が實現される前に、人類の鳥の翼は、その女性の方を充分强固にして置く必要があるやうに思はれます。そしてこの兩翼が平等な力で飛ぶことが出來るようになり男性と女性とが手に手を取つて進んで行つたなら、世界の永久の平和は實現されることと信じます。それで現代こそは日本の婦人が奮起して世界の改造のためにまた世界の國際間の理解のためにその役目を果すべき時ではありますまいか。さうしたならば、日本の婦人は世界の女性にその美點を與へることが出來るのでございます。その美點は他の國の女性のそれとは全然異つたものでありまして、日本の環境が生んだ獨特なものであり、世界に對して最も價値あるものでございます。その美點の中には、忍耐力や犧牲的精神や柔和さや子供に對する愛情や、年長者に對する尊敬の念などが數へられます。

これらのは日本婦人の美點を全世界の人類に與へたならば「昭和」の光は全世界に照り輝いて、バハ・オーラの言葉のやうに「人類も、あらゆる國家の存在も人類の世界の裝飾となるでありませう。」

音樂とスポーツへの解放

青山學院女子神學部々長 チヨウスト孃

私は日本へまいりましてから、もうかれこれ二十年近くにもなります。その間に私は北陸地方へも數年間行つて居りまして、毎日日本の御家庭を訪問いたしました。只今では靑山學院の女子神學部で、日本の婦人方と共に勉强いたしてをります。それで、私には澤山の日本の婦人のお友達がございます。私は日本の婦人を心から尊敬いたしてをります。また愛してもをります。

二十年に近い私の日本に於ける過去をふり返つてみますと、日本の進歩の著しいのに驚かずにいられません。最近私が日本の婦人のために誠に喜ばしいことが二つございます。それは西洋音樂の普及と

「外国婦人の眼に映じたわが日本の婦人」 イナ・メタクサ、アレキサンダー嬢 ほか 『婦人画報』昭和4年1月1日 318

女子のスポーツ熱の盛んになつてきたことでございます。西洋音樂の普及は確かに日本の婦人方のためによいことだと思ひます。それは單に感情の淨化に役立つばかりではなく、音樂を通じてその國の國民性を理解する助けになるからでございます。即ち音樂を通じて、國際的な親善も結ばれて、世界の平和の基礎をも固めることが出來るからでございます。西洋の諺に神樣が町に教會をお建てになると、惡魔は必ずその隣りに芝居を新築すると云ふことがありますやうに、西洋の音樂の普及に伴つて、下品なヂャヅのやうな音樂が輸入されたり、社交ダンスが流行しだりいたしますけれども、あまりに消極的な考へから、立派な藝術としての音樂の普及を妨げることがあつてはならないと思ひます。日本の婦人方は機會ある每に音樂會へ行き、自からも音樂家となられて、世界の舞臺に立つて、西洋の婦人たちと平等に活躍される日の來ることを祈つてをります。

またスポーツの普及は今まで消極的であつた日本の婦人方にも、非常な刺戟を與へたやうに思ひます。今までの日本の婦人は、家に引き込んでゐて、家を守つてゐさへすれば、それで立派な日本婦人の典型だと思はれてをりましたのが、このスポーツの普及のために、女も戸外へ出て、あらゆるスポーツに興味を持つやうになりましたことは、日本婦人のために、私は心から喜ばずにはゐられません。私は日本の婦人に家庭をお忘れなさいと申すのでは決してございません。然しスポーツに興味を持つたからといつて、家庭を亂すやうなことは決してあるべきではないと思ひます。若し一人でもあつたとしましても、それはスポーツの眞の精神を解することの出來なかつた人だと思ひます。勿論スポーツ熱の盛んになるに從つて、いろ〳〵な弊害も起りませうが、それは音樂の場合と同じだと思ひます。私は日本の婦人方がもつと戸外に飛び出して、あらゆる女子のスポーツに興味を持たれるやうになりたいものだと望んでをります。そして、西洋の婦人とあらゆる方面に於て平等の域に達するために、もつと〳〵勇敢であつてもらひたいと思ひます。

勿論私たちは日本の婦人から學ぶべき多くの點があります。また私たちは日本の婦人に比較して、多くの缺點をも持つてゐることを存じてをります。然し私の希望はどうか日本の婦人方が堅い倫理的信念に基いて、最も善い方面へ日本を導いていたゞきたいと思ふことでございます。このためには日本の婦人は肉體的にも精神的にも道德的にも恐れることなく、勇敢に進んでいたゞきたいと思ふのでございます。私が日本への使命もそこにあると確く信じてゐるのでございます。私は日本の婦人の進歩を見て、喜びと感謝の念に常に滿されてをります。

淑雅と溫柔の美點

中華民國留學生
女高師家事科　王淑榮孃

未だ學生の生活さへ離れてゐない私を、中華民國の婦人代表などいたすことは、甚だ潛越で、その資格の足りないことを感ずると共に、まことに不適切なものと思ふものでございます。

しかし、折角のお頼みでございますから、こゝに先づ代表するといふ言葉を取消しにして、いはゆる私が日本に來て見たまゝ、感じたままを述べるに他ならないのでございますが、私が日本に留學して以來、未だそれほどの年月も經つてをりませんので、詳はしい觀察はできませんけれども、私が日本婦人に就いて第一に感じた深い印象としては、女學校時代の寄宿舍生活において一番敬服したことでありますが、それは日本女學生の眞面目であることです。そして又非常に素直で、その上學校の勉強に對する眞實さと眞劍さは、たうてい民國女學生等の眞似も出來ないことだといつも思ひます。

第二は、私と相接近する御婦人の一般からみましても、何れも家庭に對して忠實の念の深いことでございます。即ち家庭にあつて日本婦人は先づ勤勉であること、努力、服從の精神の強いことは、世界文明國婦人の典型たる資格を備へてゐると思ひます。

319　「外国婦人の眼に映じたわが日本の婦人」　イナ・メタクサ、アレキサンダー嬢 ほか　『婦人画報』昭和4年1月1日

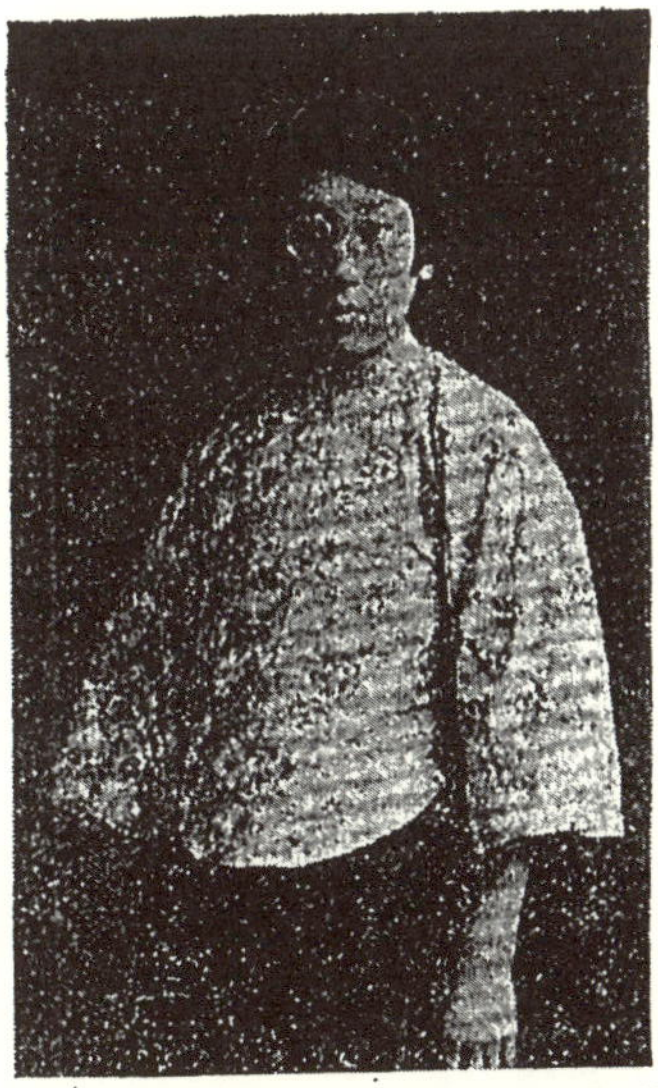

又これも千數百年來の道徳で薫陶された傾きでもありませうが、いはゆる淑雅、温柔の性質に富むことは、誠に敬服せずにはゐられません。

この他、社會方面の活動においても、日本婦人の活動はなか〳〵近年目立つ處多く、その實績を拝見しますれば、大へん目ざましいやうに思ひます。唯、政治方面に至つては、民國の婦人等より、おだやかにやつてゐられるのではないかと思はれる點もあります。然しこれも國體の關係や、道徳の相違にいく分か拘泥されるものでありませう。

しかし兎に角、私は家事を研究するものでございますから、この立場から私の考へを一口で簡單に申しますれば、日本の御婦人はまことに婦人らしくあると同時に、又婦人といふ意味によく合致するといひ得したいものでございます。

自分も日本婦人の一人

英國人　ペンリングトン夫人

日本は住めば、住む程その奥床しい獨特の文明が持つ味ひといつたものゝ妙味にうたれる國です。あの文學や、歌舞伎のやうな特殊の渾然とした藝術を産むだ日本に、住むといふことが既に私には非常な感激です、あれだけ大きな、そして立派な藝術を産むだ日本の過去の文明に對しても私は自づと頭を下げずにはゐられません、藝術に對する、深い理解力と、創造力と、それを育くゝ行く強い執着力とが民族の心になければ到底あれだけのものが、今日に渾然として遺されるものではありません。

あゝいつた古典藝術に接してゐると、今日のやうな日本を作り上げるまでに、どれ程日本民族が各時代毎に、様々な大きな試練に遭つたか、そうして、前代、前々代紀と代々に醸した傳統の力強さを後々の人が、どんなに受け繼いで來てゐるか、又それが各時代にどんなに反映してゐるか、そういつた大切なことが自然に了解されるのです。

そこに、現代の日本を知るための、限りない興味といつたものがあります、只漫然とお國に住むでゐたのでは、私達外國人には、單に違つた風習や、言語や、社會が、徒らに奇異に映るばかりで、少しも解りつこはありません、殊に日本の道徳は、國の構成が古く、民族の歴史が古く、その上、民族が、あらゆる歴史的反映を持つてゐるといつたやうな處であるだけ、一層深く精神的であり、又宗教的です。幾千年かの間、鍛錬に鍛錬を積むで來たので、縦へば、義理人情にしても、それを現はす形式の上に、到底私達外國人の思ひも及ばない深さと、美はしさを持つて居られます、そうしたことも、傳統的な歌舞伎の舞臺に接してゐますと、よく會得されると思ひます。

畏れ多いことですけれども、私は今回の御大典に接して、皇室と國民が堅く結ばれてゐる日本を知る上に、又とない好い機會だと思ひましたので、餘程以前から様々な文獻を調べて、充分用意してゐました、そして十一月六日、天皇陛下が東京御發輦遊ばされた時には宮城前の拝觀所で、お送り申上げ、其後すぐ京都の方へも参り、數日滞在して拝觀してい

たときましたが、あの時の國民の熱誠な歡迎に目の邊り接して、やつと始めて日本人を知つたやうな明るい氣持ちに滿たされました。

殊に、御儀の崇嚴さには、非常に心を打たれ、自づと涙が出ました程で、到底言葉では言ひ表はせない、何と申す崇高さだらうと思ひました、これも至宴の御盛儀と、皇室に對する國民の美はしい敬慕からと知つて、熱く〳〵お國が羨ましくなりました、千載の後に到るまで、日本の威徳が、世界に輝やかされる基は、こゝにあるのだと思ひました、

……○……

斯うして樣々な機會に、過去二十何年間か、つとめて親しく、日本及び日本人を知るやうに努めてゐます、そして一方又、婦人の方々にお交りして、細かい處まで敎えて頂きますので、今では、やつと心から、自分も日本人の一人であるやうな氣持ちになりました、それだけに、御質問のやうな、「自分の觀た日本婦人」といつたやうな問題は、到底今すぐ端的には申されません、言はゞ自分も日本人の一人であるやうな氣持ちから、フランクリーに申せば、蔭口になるやうなことは言へる譯のものではありません、その邊をどうか、よろしく御察し下さい、或ひは自分が外國人である處から、自分の口から聽きたいとお思ひになるやうなことがあつたかも知れませんが、ほんとうに、あなた方の御生活と溶け合つたやうな生活をしてゐる私には、これ以上申すことはありません。

只最近、何處の國の影響か存じませんが、斯う盛に外國じみた服裝や、物腰しの方を寧ろ若い方々の間に御見受けするやうですが、あれは自分達の眼から見ると、そう言つては失禮かも存じませんが、少し滑稽に思ひます、斯うも立派な服裝があり習慣があるお國で、何を苦しむで、ぎこちない風を眞似られる人かとお氣の毒にも思ひます。それよりは寧ろ、何處までもお國の傳統に基づいて、もつと生活でも何でも現代に適合するやうに改善されるやう、若い婦人の方々が研究するなり或ひは輿論を起されるだけにお努めになることを望みます、模倣は何處までいつても模倣です、そこには最も大切な民族としての特長のあるひらめきはありません。日本を愛し、日本人を愛する餘りに最後に苦言を申します。

私の印象

米國人　オーランド・ラッセル夫人

まだ、やつとこの間、こちらへ參つたばかりだと思ふのに早や、二年半も過ぎました、來る匆々から皆様に大變御親切にしていたゞき、深くお交りしてゐる方々も二三ありますので、日は淺いながら、こちらの日常生活に比較的よく接しましたが、どうも御質問のやうな「自分の觀た日本婦人」などと改まると、さあどう申して好いのか、どうもむづかしい御註文で困つて了ひます。

まあ自分の狹い見聞ですが、この僅か二年餘りの東京の生活から得た、こちらの婦人方、殊にお若い方々の印象といつたものを二三述べて見ませう、然しこれは僅かのイムプレッションで。實はこちらへ

來る前から經育で先輩に教はつたり、書籍も二三讀むで下準備はしましたが、然し日本で觀た實際は、遙く自分の想像とは違ひ、一口に申すと、私にはまだまだ實際の日本は解つてゐないのではないかと怖れてゐます、殊に婦人の生活は、大多數の人が靜的な、家庭的な範圍內から餘り出てゐられないやうに見えますので、餘計に知るのに困難です、それだけに、ほんの印象といつた程度のものですから、若し御話しても萬一誤つたことを申してゐるやうでしたら、お許し願ひます。

……○……

第一に私に不審なのは、日本では何故、中等學校以上の學校に、男女共學が許されてゐないのでせうか、教育については日本は世界に勝れて、よく行き屆いた方針や施設のあることは毎度拜見してゐますが、只然しこの共學が許されてゐないことは、私にはどうしても不可解でなりません、なるほど在來の日本の習慣に從へば、男女七歳で席を同じうせずとか申すプロバーヴがあるさうですが、まさか今日にそれを固執してゐる譯でもあるまいと思ひますが、それとも或ひは日本では婦人の能力を男子同様にまで認めてゐないため男子の最高學府には、入學を許さないとでもいふのでせうか、ですから時々お親しくしてゐる方々にお訊ねして見るのですが、只譯もなく「どうしてですかつて」といつた風で要領を得ません、若し假りに、この男女共學が實行されてゐるものとしたら、私達外國の者には、日本婦人が、もう少し明瞭に映ずるのではないかと思ひます。

そう申しては大變失禮ですけれども、お話してゐても、その範圍がいつも限られてゐるやうなので婦人方の前では何だか窮屈に感じます。尤も中には、何も彼もよく御承知でありながら、お慎しみ深くて、謙遜なすつてゐられる方もおありになるのは、よく承知してゐます、この點は日本婦人の美德として、殊にお淑やかなマナーと併はせて、私達には深く教えられることなのですけれども、一般に、も少し他方面に渉つて讀書されるとか、趣味を養はれるとか、せめて日々の新聞にある大きな問題に對しては正當な批判をされる位な準備は、御自身の生活を拓かれる一方法としても必要なことではないでせうか。

……○……

次には昨今こちらの雜誌などで、よく論じられるとか聞きました、生活の簡易化について、日本婦人が目覺めて、追ひ〳〵實行を期してゐられるやうに御見受けして非常にいゝ事だと存じます、けれ共まだ多くの奧樣方は、殆んど終日家に閉ぢ籠つて、お子樣の躾けや、他の家事に一日働いてゐらしても御用がお片付きにならない樣に御見受けします、これには從來の習慣だとか、何とか色々理由もありませうが、然しある點までの簡易化と、それから來る能率をあげることは、さして譯なく出來ることです。米國の婦人が、家を外によく社會的な活動をするといつて、こちらで不思議がられる方もありますが、それは家庭生活が簡易化され、家內の雜事をする上にも譬へば出來るだけは科學の應用もして、手間と時間を節約して能率を上げ、その餘力を外に用ふるといつた方法を、とるものですから必然的に婦人が社會的に導かれて行きます、慈善事業、救濟事業だとか、小兒の教育的事業といつたやうな婦人の手に俟たなければならない仕事が米國で發達してゐるといふのも要するに婦人が屋內ばかしでなく、屋外でも働ける餘裕を持つてゐるからです。日本婦人にも、この點は充分御考へになるやう望みます、

……○……

こちらの若い婦人方のお集まりなどに、例へば自分のやうな外國人が一人交ると、皆樣の表情ばかり

か、動作までが非常に緊固しくなるのに毎々驚かされてゐます、最初は言葉も充分解らないためかと思ひましたか、それならば、寧ろ一人ぼつちの私の方が堅くなる譯ですが、それで色々考へて見ました。これは皆樣が餘りに良心的なのと、日本在來の習慣から、婦人のお氣持ちが非社會的なためだらうと思ひます、今までお連れ同志の間で晴れ／＼と笑つたり話したりしてゐられたのが、私のやうなものが一人入つたため急に沈默の世界に變ると、自分としては、どんな惡い事をしてゐるのだらうかと、ひどく不快な氣持ちになります、これはなんでもないことのやうですけれども、今後の婦人、殊に智識階級の方々の生活が、もつと國際的にならうと思ひますがその場合にはお考へ願はなければならないこと丶思ひます。

　まあ私としたことが、飛んだお喋舌りしてお叱りをうけるだらうと思ひますが、どうか「一外國婦人の印象」として御聞のがしを願ひます。

＊　＊　＊　＊　＊

夫婦生活に關する良人ばかりの座談會

夫婦生活に關する問題を中心として、無遠慮な意見を交換するために、一切の女氣を排して、良人ばかりの座談會を開催いたしました。時は二月八日午後二時。所は帝國ホテル宴會場。御出席くださつた方々は、左記の通りで、何れも『婦人』そのものに就て、深き考慮を持たれる方々のみであります。

出席者

（挿繪　水島爾保布氏）

人情學者　青柳有美
醫學博士　高田義一郎
醫學博士　正木不如丘
漫畫家　水島爾保布
小說家　佐々木邦
東京日々新聞學藝部長　千葉龜雄
小說家　三上於菟吉
成女高等女學校長　宮田脩

右より三上氏、宮田氏、水島氏、正木氏、高田氏、千葉氏、青柳氏、佐々木氏。

夫婦の年齢の差はいくらが適當か？

記者 男の方ばかりに集つて頂いて、夫婦生活に關する無遠慮な御意見を伺はうといふ魂膽でございます。どうぞよろしくお願ひいたします。

佐々木 青柳さん、如何ですか。結婚前の理想は、どの程度まで實現いたしましたか。

青柳 私は、親父が大變な喧しやで、私のことには何でも反對するといふ性質でしたので、女房でも持つたら、多少は折合ひがつくだらうと思つて結婚しました。だから、親父のために女房を貰つたやうなもので、何でも親父の氣に入りさうなのを條件として結婚しましたが、やはりうまく調和しませんでした。

佐々木 僕には理想なんかありませんでした。知合ひの女を、たゞ漫然と貰つたゞけです。

青柳 自分の經驗から言へば、やはり若い人を貰つた方がいゝと思ひます。女は年を取るとどうも弱るものです。

記者 夫婦年齢の差は、いくらくらゐが適當でせう？

正木 若い時と年取つてからとは、考へが違ひます。學生時代には一つ二つ違つたのがいいやうに思ひますが、私のやうに四十を越してみると、もつと若いのを貰つておけばよかつたと考へることがあります。殊に表を竝んで歩くときなど……

高田 若い時は、比較的に年取つた女がよく見えるものです。私の理想としては、十年くらゐ違つたものがいゝと思ひます。

正木 七八年から十年でせうね。

千葉 標準年齢は、男は二十九、女は二十四となつてゐます。尤も大阪だけは、男三十に女二十五といふ標準です。

記者 では、平均年齢の差は五つですね。

正木 十くらゐ違つた方がいゝが、あまり若い女房を持つと、ずつと後まで子を生むので、どうかすると、末つ子が一人前になるまで、面倒を見てやることはできない場合があります。財産でも殘しておけばともかく、さうでない場合には、困る問題です。その點から言へば、あまり年の違ふ女房を持つのも考へものだと思ひます。

高田 社會のためには、年取つた女房がいゝし、個人の問題としては、年の若いのがいゝだらうし、更に利己的に言へば、若いときは年取つた女房を、老後に年若い女房を…といふところでせうね。

（水島爾保布氏が見えられました。）

記者 水島先生の奥様は、たしか先生と御同年でしたね。

水島 さうです。こちらがいくらか月が多いくらゐのものです。

記者 青柳先生は？

青柳 家内が一つ上です。

記者 一つ上はいゝさうぢやありませんか。

青柳 工合が悪いから、さう言ふんでせうよ。

千葉 『夜目遠目傘のうち』といつて、四つ違ひや十違ひが、男には一番美しく見えるといふところもありますね。

記者 先生の奥様は？

千葉 十違ひです。別にそんな理想で選んだわけではないんですが……

（三上於菟吉氏が見えられました。）

佐々木 私には娘がありますが、あまり年上の良人は持たせたくないと思ひます。知識の程度があまりに違ひすぎるのは、面白くないと思ひます。私の家内は二つ下です。

高田 再婚の人は、思ひ切つて若いお嫁さんを迎へるやうですね。

千葉 藤原義江氏のもとに奔つた前宮下醫學博士夫人の事件の如きも、御夫婦の年齢の違ひすぎたことが、一つの原因になつてゐるやうですね。

三上 私は女房の年齢なんか問題ぢやないと思ひます。私は年上の女房を持つてゐますが、これも一徳だと思ひます。私なんかずぼらだから、若いのを貰つたら、何にも仕事をしなかつたらうと思ひます。

青柳 女房に刺戟されて働くものでせうか。

三上 極り悪くて働きますよ。

高田 名前は申しませんが、私の知合ひの或る家庭では、奥様が原稿を書いて、旦那様は子守なんかしてゐます。

三上 好きで一緒になるんでしたら、年齢なんか、どうでもいゝぢやないでせうか。

持参金つきと持参金つき類似の結婚

記者 これから結婚しようとする男子は、どんなことを條件にしたらいゝでせうか。

三上 私の學生時代に流行つた與謝野鐵幹さんの歌『妻を選ばゞ才たけて、容貌美はしく情ある……』といふのが、一番いいでせうね。持参金なんか、ない方がいゝ。持参金で偉くなつた男は、先づありませんからね。入夫したのは別だが……

正木 この頃の若い醫者は、持参金つきと同じやうな意味の結婚を希望してゐるやうです。つまり細君の實家から學資を出して貰つて研究をつゞけたり洋行をさして貰つたり・・・

三十人のうち、二十人まではさうです。

千葉 醫者のみでなく、今の若い學生は、そんなのが多いんぢやありませんか。

正木 私の五番目の弟は、兄貴どもが皆なで大學を卒業さしてやつたのですが、やはり或るお金持から養子に來てくれと言つて來ました。勿論、言下に一蹴し去つてくれるものと豫期して、その旨を、弟に告げましたら、半年あまりも返答を保留しておいて、兩親から督促されたら、「友人に相談する。」と言つて出かけて行き、間もなく歸つて來て、『行きます。』と答へたのにはびつくりしました。後にこのことを友人に話しましたら、『僕の弟もさうだつたよ。』と言はれて、二度びつくり。つく／＼時代が移つたな…と感じました。今の青年には、意地も張もありませんね。

千葉 佐々木さん、慶應の學生なんかにも、養子に行くのが多いでせうね。

佐々木 休暇が終つて歸つて來ると、姓が變つてゐるのが、ちよい／＼あります。出席簿をつけるときに、皆ながわッと笑ふので、大概想像はつきますよ。

正木 私が大學を出るときには、養子の口が十もありましたが、皆な刎ねつけました。一時は後悔しましたが、今では痛快に思つてゐます。私の刎ねつけたところに行つた連中は、皆な大したものにはなつてゐません。

高田 醫者は、普通の人では後繼者になれないから、自ら養子が多くなるのです。私のやうに名前に一の字（高田義一郎）があればいいが、正木さんのやうに、長男でないことを明示したやうな名前（正木俊二）の人は、申込みの多かつたのも無理はありません。

千葉 養子に行つた人の、その後の樣子は如何ですか。

正木 工合はいゝやうです。學位くらゐは大抵の人が取つてゐるやうです。

千葉 家庭的にはどうでせう。奥樣が威張るとかなんとかいふことはありませんか。

正木 奥樣によりますね。同じ條件で洋行までさせて貰つても、普通の家庭と變らないのもあれば、奥樣に頭の上らないのもあります。

三上 私の知人で、やはり醫者ですが、まるで種取りに傭はれてゐるやうなのがゐます。病院は舅から孫に讓られて、奴さんはこつ／＼と働いてゐます。子供を三人生ましてやつたゞけで、御用濟みといふ慘めさです。

千葉 養子の權利は、法律上、非常に薄弱です

327　「夫婦生活に関する良人ばかりの座談会」　青柳有美、高田義一郎、正木不如丘　ほか　『主婦之友』昭和4年4月1日

からね。

不具の令嬢を細君に貰つた友人の話

正木　これから結婚しようとなさる方には、醫者の立場から、御注意申上げておきたいことがあります。

記者　ぜひ伺はしてください。

正木　私の知人が、或る上役の媒介で、位人臣を極めてゐる人のお嬢さんを貰ひました。ところがそのお嬢さんが、大變な不具者だつたのです。早速、専門の醫者に診せましたが、到底治療の見込みのないことが判りました。已むを得ず離別しようと思つて、仲人に相談しましたら、『結婚の媒介はするが、離婚の媒介はしない。』と、素氣なく刎ねつけられました。で、私が頼まれて直接談判に行きましたら、向うの母親が、烈火のやうに憤つて、『貞操蹂躙で訴へる。』なぞと言ひ出しました。私も少しむつとしたので、大に激論を闘はし、結局、親父さんがこちらの意見を諒會して、『いま一人の妹が縁附いたら、直ぐ引取るから、それまで待つてくれ。』とのことで、漸く無事に解決しました。これは極く稀な例ですが、こんなこともあるといふことだけは承知して頂きたいと思ひます。

千葉　それほどでなくとも、多少の不具者は、世間に少くないやうですね。

正木　子供の生めない細君では困りますよ。

記者　そんな場合は、人によると、お妾を持つとかなんとかいふことになるのでせうね。

正木　今日では、物の判つた家庭では、娘さんの結婚に、醫師の健康診斷を求められる向きもあります。そして交換條件として、男子の性病の有無を診斷することを要求されます。

千葉　本當はそこまで行くべきですね。

夫婦生活の倦怠とその豫防法切拔法

記者　夫婦生活には必ず倦怠期が附きものゝやうに言はれてをりますが、これを切拔けるには、どうしたらいゝでせうね。

三上　何年目頃に倦怠期は襲つて來ますか。

青柳　西洋の本には、二年目くらゐと書いてあります。

千葉　十年目といふ說もあります。

記者　切拔けるには、どうしたらいゝでせう。

水島　他に女を拵へるに限りますよ。はゝゝ。

正木　外國に行くことですね。

記者　行けなかつたら、一時別居ですか。

三上　一時別居なんて……それなら、本當に厭になつたのぢやありませんね。そんな倦怠なら、一緒に活動寫眞でも觀に行けば治つちやいますよ。

青柳　切抜けようなんて思はないで、抛つておけば、どうにかなりますよ。それが一番上々の策です。

三上　千葉先生は夫婦喧嘩をなさいますか。

千葉　私は誰とでも喧嘩をしません。人間は誰でもこんなものだと、初めから決めてかゝつてをりますから。

水島　僕も夫婦喧嘩はしません。馬鹿々々しいから。……女は寄生蟲です。鰐の背中に乘つかつてゐる、小鳥みたいなものです。

三上　私は蟲を殺して女と交際してゐますが、何でもできるやうな顔で、ベラ／＼やられると、『畜生奴！』といふ気になります。頭が働かないくせに、實に狭量で……

千葉　男にも困りものがゐますよ。

三上　猿と人間の差は、尻尾の有無くらゐなものですが、男と女の差は、どれくらゐ違つてゐるか見當がつきません。

青柳　水準はたしかに違つてゐます。

三上　小説を書くために、女の心理を研究してみると、だん／＼解らなくなります。何か途方もない心が女にはあるやうです。

青柳　男の眼から見ると、阿呆らしくて仕方のないやうな大法螺を、女は眞面目に信用するので、始末にをへないことがあります。

千葉　三上君のやうに、女はつまらないものと決めてかゝるのはいけないね。

三上　つまる、つまらないの問題ぢやありません。解らないんですよ。くだらぬことを、大變な重大事のやうに考へたりなんかして。

千葉　今のやうな社會制度では、女がそんなふうになつたのも、無理はないことです。

（宮田脩氏が見えられました。）

佐々木　女は人間になつてから、退化したのかも知れませんね。

千葉　ルーマニヤの詩人は、『男は女を理解しな

329　「夫婦生活に関する良人ばかりの座談会」　青柳有美、高田義一郎、正木不如丘 ほか　『主婦之友』昭和4年4月1日

い。男は女より劣つてゐるから。……女が疲れ易いのは、神經が、纖細に發達してゐるからだ。男の神經は馬のやうにガサツだから、疲れることを知らない。』といふやうな意味のことを言つてゐます。

佐々木　優劣をつけるのはよくない。

三上　差違ですよ。

高田　むしろ男が、そんなのを女に要求してゐるのではないでせうか。女もまた男の要求に應じて、男のために盲目となり、奴隷となることを、美德と考へるやうになつたのではないでせうか。少くとも自活能力のない女性は、その方がずつと樂な行き方ですからね。

正木　女は盲目にしといた方がいゝですよ。

水島　女の人が何か仕事をしようとすると、新聞なんかで、ひやかし半分の記事を書きますね。『何々するさうだ。』とか言つた工合に……あれはよくないこと、思ひます。

三上　男の仕事には必ず準備があるが、女は準備なしに駈け出すんですから、つい冷評したくなるんですよ。

記者　夫婦生活の倦怠期の話が、少し脫線してしまひましたが、宮田先生には、何か御意見はおありになりませんか。

宮田　倦怠期はたしかにあります。三十一二の婦人によく訴へられます。結婚の當初は物珍しいから仲がよく、赤坊が生れると、その忙しさに追はれて、喧嘩をしてゐる暇もありませんが、子供がやがて小學校にでも上るやうになると、心身共に餘裕ができて、夫婦間の不調和が眼について來るのです。結婚の當初でさへ、男女の知識には相當の懸隔があるのに、結婚後、妻は料理や裁縫や育兒やに忙殺されて、知識的に寧ろ退歩して行くのに反し、良人は世間的に活動する必要上、どうしても讀書を怠るわけにゆかず、七八年後には、夫婦の知識的懸隔は大變なものとなつてしまふのです。そこで妻の語ることは、良人には馬鹿らしく感じられ、良人の話すことは、妻には理解できなくなるのです。

千葉　その時代になると、夫婦喧嘩も大人氣ないやうな氣がして、不滿を胸の中で醱酵させることになるんですね。

宮田　結婚の當初は、性的意味の配偶者として我慢するが、七八年も經過すれば、本當の意味での人生の伴侶を求めないではゐられなくなるのです。私のところへ相談にいらつしやる奥樣は、十人のうち九人まで『料理、裁縫その他の家事萬端、何一つ怠

ってはゐないつもりですけれど……」と言はれます。こゝが大に研究を要するところで、家事萬端にのみ專念した結果、良人の相談對手、話し對手となる知識を攝取するのを怠つたのが、夫婦生活に倦怠を覺えるやうになつた、一つの原因ではないかと思はれます。

水島　主婦になると、なか〳〵讀書の餘裕がないのかも知れませんね。

宮田　今までの日本の習慣がよくなかつたのです。女は料理や針仕事ができさへすれば澤山だ、讀書なんかすると、生意氣になるばかりだといふやうな考へが、一般の人々に考へられてゐて、女子の向学心を努めて抑壓するやうにのみ仕向けられてゐたのが惡かつたのです。西洋などでは、この點がよほど日本とは違つてをります。

水島　大概の婦人が、どうせ男には敵はないと諦めてゐるやうですね。

宮田　私などが家内に慊らなく思ひますのは、新聞や雜誌や小說などは暇にまかせて讀むくせに、少し筋道の立つた本は、當てがつてやつても、なか〳〵讀まうとしないことです。自分でも、それを淋しくは感じてゐるらしいんですが……

若い燕の欲しくなる四十前後の婦人

三上　女は、すぐ泣き出すくせに、實に、意地ッ張りですね。少しも自分を陶冶しようとしません。

青柳　贊成々々。實に意地ッ張りです。

三上　理窟で負けると、默り込んでしまひます。自分が惡かつたと氣づいても、素直に謝ることは、女にはできないらしいですね。

水島　全くですよ。

三上　女が一旦泣き出すと、大變なことになります。夫婦喧嘩は、理窟ではなくて、この諍のためにやられるのです。だから夫婦喧嘩をすれば、男は必ず負けます。

水島　結局は、男が女に我を通されてゐることになるんですね。

三上　さうです。男は性急だから、鑿で石に穴を穿たうとするので、なかなかうまくゆきませんが、女は雨滴ですから、至極圓滑に目的を遂してしまふのです。家庭内で、男の無理や我儘ばかりを通さしてゐるやうに見せかけておいて、實は女の無理ばかりが通つてゐることが少くないのです。家具什器の類から、季節々々の御馳走まで、すつかり細君の趣味に化せられてしまつてゐても、男はなかなく氣がつきません。

千葉　四十前後の婦人に、よく『若い燕』の問題が起りますが、正木さん、あれはやはり倦怠期に關係があるのでせうか。

正木　單純な倦怠よりも、もつと性的な意味が含まれてゐると思ひます。良人から受ける普通の刺戟だけでは、満足できなくなるんですね。殊に四十前後といへば、燈火のまさに消えようとする頃ですから……

千葉　女はその時代が、肉體的に最も爛熟した頃でせう。

正木　さうです。女が眞に肉體的に眼覺めるのは、男よりも遲いのです。男が極く普通に、『あの女は綺麗だ。』と言へば、そこには性的の意味を充分に含んでゐるが、女がその意味の言葉を吐くやうになるのは、かなり後のことです。

宮田　私の聞くところでは、工場などは別ですが、普通一般には、女同志の話は、たとひ性的のことでも、男のやうに、ざつくばらんではないやうです。

三上　私は、女學生は別として、女は性的には、男よりも恥知らずぢやないかと思ふ。肩が觸れ合つても身を退けるとか、椅子に腰を下したときの手のおき場所にも氣を配るといふやうな女もないではないが……

宮田　現代の女學生は、店頭で性の本を立讀みするのを、さほど恥しいこととは考へてゐないやうです。また教室で答辯するとき、性云々の言葉を平氣で使ふ女學生もあります。一般社會の情勢がさうなつて來たのでせう。

正木　婦人科の、醫者のところへ來る患者は、花柳病の男子よりも、たしかに大膽です。

佐々木　婦人の性病は、多くの場合、責任が他にあるからではないでせうか。

やきもちを上手にやく法はないか？

記者　夫婦の間の嫉妬は、どの程度までやくべきでせうか。

千葉　狐色ですか。

正木　一昨年の秋、富士見高原療養所副院長の寺島醫學士が、同所の入院患者森みさ子と心中を遂げた事件は、皆様も御承知のことゝ思ひますが、あれなぞは、寺島夫人が、も少し嫉妬強い人だつたら、あんなにまではならなかつたらうと考へられる節があります。

千葉　結婚して何年くらゐ經つてゐましたか。

正木　六年目です。子供が一人ありました。寺島君は一切を夫人に打開けたさうですが、夫人は少しも嫉妬せず、たゞ同情されるばかりだつたので、女の方では、奥様にも打開けてあるからといふ氣安さで、ずん〳〵近づいて來て、遂にあの悲劇となつたらしいのです。

記者　女に引きずられてゐたやうな形跡はありませんか。

正木　世間では、そんなふうに噂してゐましたが、寺島君としては、やはりあの女が可愛くてならなかつたらしいのです。

三上　近松の心中物などでも、細君は決して嫉妬をやきませんね。賢い貞女の型で、心の中では黒焦げにやいてゐても、表面では決してやかぬ。そんな人間味のない細君だから、つい他の女と心中もしたくなる――

青柳　あまりやきすぎても心中しますよ。

記者　どんな工合にやいたら、最も效果があるでせうか。

青柳　嫉妬を滑稽化して發表するのが、一番いい。にこ〳〵笑つて、背中でも叩くやうな調子で、冗談らしくやくことです。

宮田　男の如何にもよりますが、嫉妬はしない方がいゝと思ひます。なまじ下手な嫉妬をすると、却て男は反動的に出ることがあります。いつも高いところから、良人の行爲を批判するやうにして、正面衝突を避けることです

千葉　女の嫉妬には、物質的な專有欲が多分に含まれてゐます。女が男の扶養を受けないで濟むやうになれば、嫉妬の形式も變化する筈です。

三上　嫉妬は感覺的なもので、純粹な女には嫉妬はないと思ひます。

高田　亭主を買被つてゐるのが、嫉妬の原因ではないでせうか。女房が妬くほど亭主もてはせず」箇に穿つてゐますよ。

記者　嫉妬の緩和法は？

正木　女房に疑はれたときは、『さうかなあ……』で胡魔化すのが、一番ですよ。さうでないと言へば嘘になるから、『さうかなあ。』と曖昧にしておくに限ります。『さうだ』と肯定したら、妻君が堪らないでせうから、

水島　武裝せる平和ですが、これに限りますね。駘然たる證據を握つて詰問されたら？

三上　ぺしやんこになつて謝るんですな。まことに相濟まぬことなんですから……

理想的な夫婦及び ピアノと横笛の話

記者　皆様の御存じの方で、これこそ理想的な夫婦だと感心してゐられるやうな、御家庭はありませんか。

三上　私の知つてゐる範圍では、千葉先生の御家庭などが、それです。

千葉　いや、それなら三上君だつて……三上君のところでは、お互に仕事の上に理解があつて、なかなかいゝ家庭だと思ふ。奥さんが、弟のやうに世話を燒いてゐるのは、美しいことです。

記者　三上先生は何かの雜誌で、奥樣のことを、自分の軍師だと書いてゐられましたね。

千葉　三上君の家庭は、型は違ふが、なかなかいゝ夫婦だ。三宅雪嶺先生の御夫婦は、傍で見ても氣持がいゝくらゐですね　先生はまるで大きな子供みたいで……

水島　佐々木さんも圓滿でせう。

佐々木　僕は夫婦喧嘩をしますよ。

宮田　山田嘉吉氏とわか子さんの家庭もいいですね。良人はどうも子供つぽいところのあるのがいゝやうです。

水島　大山郁夫氏の家庭もいゝ。奥さんがよく御主人を理解してゐられます。御主人もまたなかなかの奥樣思ひです。

記者　岡本一平氏の家庭も圓滿ですね。

正木　夫婦の相性などといふものは、なかなか難しいのですね。人の性格は、大別して『箒』と『一本調子』とになります。箒式の性格を、

私はピアノ黨と呼んでゐます。あちらこちらの鍵盤を叩き廻つて、そこに一つの調和を見出して喜んでゐるのです。一本調子なのを、私は横笛黨と呼んでゐます。たゞ一つの口から吹き込んで、指先の技巧によつて、異つた音色を喜んでゐるのです。で、男がピアノで女が笛ならいゝが、それが反對になると、問題です。

高田 ピアノ黨は無難ですね。横笛は、どうかすると、間違ひを生じ易い。先刻のお話の寺島醫學士も、やはり横笛だつたのでせう。

正木 横笛も横笛、大變な横笛だつたのです。どうしても純情家は、感情を胡魔化すことができないから、間違ひを生じ易いのです。

水島 ピアノとピアノが夫婦になつたら、それこそ大變ですね。

佐々木 男は女にのろいくらゐが、いゝやうですね。

青柳 どうもさうらしいですよ。

高田 男はピアノでも、出先きで家を忘れさへしなければ構はないでせう。

千葉 女があまりに偉いと、家庭はたしかに不愉快になります。

宮田 私の知人で、ピアノ黨の開山みたいな男があります。細君は超然として、男の浮氣を大目に見てゐます。男は氣味惡く思ひながらも、細君に感謝してゐます。今ではお妾も同居してゐるやうです。これも或る意味から言へば、『平和な家庭』なのかも知れません。

（三上於菟吉氏急用で退席されました。）

一家の主婦として望ましい條件種々

記者 食べ物のことなど如何ですか？

正木 女房が子供時代に食べたものを、亭主に食べさせようとするのは實に弱る。

「夫婦生活に関する良人ばかりの座談会」 青柳有美、高田義一郎、正木不如丘 ほか 『主婦之友』昭和4年4月1日

水島 地方出の女房によくある弊ですね。

正木 私は信州人ですが、お國自慢の蕎麥なぞ食べようと言ひ出すと、子供達が厭がつて仕方がありません。

水島 私なんかでもさうです。瀬戸内海地方から來た人は、東京の魚を惡く言ひますね。

宮田 私も家内の里(秋田)へ二度ほど行きましたが、あちらの魚には弱りましたよ。殊に鰤といふ代物には、閉口しました。

水島 國が違ふばかりでなく、家庭が違ふために、食物が違つてゐるのもありますね。

正木 女房なんてものは、子供のとき食べて美味しかつた記憶のあるものは、何でも亭主に食べさしてみたくなるんでせうね。

水島 併し結局、食物は細君の趣味に同化させられるらしいですね、厭や應なしに……

記者 主婦としての第一條件は、やはりお料理上手といふことになるのでせうか。

千葉 私は何よりも先づ、經濟の頭を持つて欲しいと思ひます。聰明であつて欲しいと思ひます。謂ふところの、事大思想に捉はれないで、時勢の歩みを、理解して欲しいと思ひます。また女としての身だしなみを、忘れないで欲しいと思ひます。清楚な身だしなみを忘れぬ婦人を、私は敬愛します。更にも一つ慾を言へば、世間的な見榮を捨てゝ欲しいのです。世間は世間、自分は自分流でやつてゆくといふ決心のある婦人はいゝと思ひます。

青柳 私は細君に饒舌を希望します。世間に對する饒舌は、困りますが、夫婦の間だけは大に喋る方がいゝと思ひます。意志の疏通は、言葉によるのが最も簡便にして、且つ適確ですからね、

水島 女は、喋らせないでおくと、病氣になるんぢやないでせうか。

正木 頭で考へたことは、發表する方がいゝと思ひます。

千葉 女は頭で考へないことまで發表しますね。

水島 女の饒舌は、一種のスポーツでせう。

正木 それはどうですかね。三時間打續けに、演説する精力は、身體を演壇に運ぶだけの精力にも及ばないと言はれてゐますから、スポーツの代用にはなりますまい。兼好法師の『思ふこと言はざるは腹ふくるゝわざ……』といふのは、どうやら怪しいものです。

水島 スポーツにはなりませんかね。

正木 私は先づ女房に、亭主の偉さを知つて欲しいと思ひます。亭主に、亭主として惚れずに、冷靜な態度で、社會の人の偉さとくだら

なさとを知つて、その上で、亭主に惚れて欲しいと思ひます。

佐々木　私の家内も、亭主の偉さを知りませんよ。先刻なんかも、『あなたが座談會に出て、何をお話しなさるんですか。』と言ひました。

水島　毎日顔を見てるから、偉さが判らないんでせう。

佐々木　子供が生れると、女は實に身だしなみを怠りますね。外出のときは入念に化粧して着飾つて行くが、家にゐるときは大變な恰好をして、平氣なのだから恐縮しますよ。萬一にも、亭主なんかどうでもいゝといふ考へで**ゐるならば、不心得も甚だしいものです。**

宮田　横井小楠の奥方は、朝は必ず小楠の眠つてゐる間に起き上つて、身づくろひを濟ませることにし、だらしない寢顔や取り亂した姿を、決して小楠に見せなかつたさうです。美しい心がけだと思ひます。

青柳　昔の武家の婦人は、如何なる場合にも、口紅だけは決して忘れなかつたさうです。

千葉　大概の婦人は、子供の母になると、良人の妻でなくなります。これが一番いけないことです。やはり、永遠に良人の妻であつて欲しいものです。

臍くりのこと及び一番不愉快なこと

水島　女房の臍繰は如何ですか。

正木　臍繰は大に結構だと思ひます。私などいろんな意味で收入がありますが、一切女房任せですから、何も知らないでゐましたが、先頃、ちよつとした金の入用があつて、女房の臍繰の御厄介にならうと思ひましたら、一文も臍繰つてゐないので、實に腹が立ちました。山内一豐の妻の例なんかを持ち出して、大に叱つてやりました。

337　「夫婦生活に関する良人ばかりの座談会」 青柳有美、高田義一郎、正木不如丘 ほか 『主婦之友』昭和4年4月1日

宮田　病氣その他で、家内の臍繰を大に必要とすることがありますが、この頃は一般に臍繰らないやうですね。

正木　臍繰らなければ、せめて立派な着物でも拵へてゐるかと思ふと、さうでもないのです。今の女は、經濟的には全く無能力者ですね。

宮田　私達の子供時代には、『勿體ない。』といふことを、家庭でくど〳〵と敎へられましたが、今は家庭でも學校でも、そんなことを言はなくなりました。

千葉　昔は家庭の人が、子供に經濟觀念を敎へ込みました。

記者　皆樣は、どんな態度に、一番不愉快を感じられますか。

宮田　外出先きから、歸つて來て、まだ着物も着換へないうちに、留守中の用事をごた〳〵と、話しかけられるのが一番不愉快です。

水島　御同感ですね。

高田　私もさうです。

千葉　主人の歸宅の時間が、ほゞ判つてゐるのに、家を留守にしてゐたり、燈火もつけずに暗くしてゐたり、火の氣もないやうにしておかれると、不愉快に思ひます。

水島　全くですね。

千葉　主人の歸宅が遅いときは、やはり起きて待つてゐるのが當然だと思ひます。さつさとお先に寢てしまふのはいけません。殊に子供が生れると、子供にかこつけて、主人が歸つて來ても、起き上らうともしないのがゐますが、よくないことだと思ひます。

正木　私は反對です。仕事の性質上、歸宅の時間が少しも一定してゐないので、寢ないで待つてゐられると、束縛を感じて不愉快です。

水島　實家のことを話されるのも、あまり愉快なことではありませんね。

佐々木　實家は、金持でも困るし、貧乏でも困ります。やはり自分と同じ程度のものが一番です。

青柳　留守の間に來た人の名前や用件を、はつきり聞いておかない細君にも困りますね。女はどうも、人に言はれたことを、そのまゝ間違はずに傳へる能力がないやうですな。

水島　私のところもさうです。二つ以上用件が重なると、すつかり混線させてしまひます。

正木　子供に嘘を敎へることは惡いに相違ありませんが、大人の世界には、嘘といふものがどうしても必要な場合があります。例へば不愉快な來訪者に居留守を使ふやうな場合、それが子供にどんな影響を與へるか、考へるとぞつとします。大人の世界にのみ必要な嘘の效用を、少しの矛盾もなく、子供に納得させる方法はないものでせうか。

千葉　これまでの性敎育などは、殆ど嘘で固めてありましたね。

正木 僕の子供には、小學校の三年のときから朝顔の花で、メンデリズムを敎へました。この頃は十姉妹が盛んに産卵するので、これを利用して性敎育を施してゐます。月經前に大體の概念を敎へておけば、後は暗示だけで理解できると思ひます。

宮田 これはどうしても母親の仕事ですね。今では女學校でも多少は敎へてゐますから、次代の子供は、この心配が少くなるでせう。

千葉 一體に子供は知識欲が旺盛だから、いろんなことを訊ねたがります。こんなとき母親が煩さがることはよくないと思ひます。胡魔化さないで、解り易く敎へてやるべきです。子供が學校でどんなことを敎はつてゐるかぐらゐは、知つてゐて欲しいと思ひます。

高田 私は子供が學校へ上る前に、いろ〳〵と敎へておきましたが、入學後の成績は却て惡いやうです

水島 學校の科目を、家庭であまり敎へ込むのは考へものです。

宮田 私は家内に向つて、いつも子供の友達になつてやれと申してをります。これは相當に効果がありますが、母親がよほど勉強しないと、子供に後れてしまひます。嶋山春子女史などは、愛息と一緒に進んで行くために、高等數學まで勉強されたさうです。一般の婦人は、自分の子供について行くとすれば、せいぜい中學二年までゞす。それ以上はついて行けません。

水島 母親たるもの、大に勉強しないと、子供に馬鹿にされますね。

夫婦別居の生活者に必要な頓服の話

記者 夫婦別居の生活をする場合に、何か注意すべきことはありませんか。

正木 戰後の巴里に行つてゐた頃、日本人の神經衰弱病者が續發して、盛んに引張り出されましたが、原因は至極單純なので、片つ端から治してやりました。つまりあんな淫りがましいところに生活して、禁欲を餘儀なくされてゐるための神經衰弱なのです。で、私がその患者を、歡樂境に案内してやると、翌日はケロリと治つてしまふのです。

高田 言葉がうまく通じないのも、神經衰弱になる原因の一つでせうね。

正木 こんなことがありました。日本政府を代表して歐洲にやつて來た、或る貴族院議員が、

339　「夫婦生活に関する良人ばかりの座談会」　青柳有美、高田義一郎、正木不如丘 ほか 『主婦之友』昭和4年4月1日

ブラッセルで氣が變になり、私の診察を求められました。私は直ちに舞踏場に案内し、夜おそく、或る〇〇屋に伴れ込んで、自分だけ歸つてしまひました。その患者に渡した處方箋には、『一夜一回頓服』と、いたづら書きをしておきました。そして二三日後に、その人にお目にかゝつたときは、すつかり元氣を恢復してゐました。『如何ですか？』と訊ねたら『あの頓服はよく效きましたよ。』と、頭を掻いて苦笑してゐられました。

水島　頓服はよかつたね。

正木　私の友人で、醫者をやつてゐる男が、細君に別れて巴里にやつて來て、約一年半も經つた頃、やはりこの病氣に襲はれました。……一週間に一回づゝ、必ず細君の手紙を受取つてゐたのに、どうしたことか、ぱつたり消息が絶えてしまひました。それが氣になつて、夜もろくに寐つかれません。或る日、巴里の夕刊に、『日本の淺間山が爆發した。』といふ記事が出たのを見たら、がつかりしてしまひました。その頃、細君は信州にゐたのです。てつきりやられたな……と思つて、いろ〳〵な妄想を描いてゐるうちに、その耳もとに、子供のとき聞いたことのある歌が、微に聞えて來たさうです。暫くの間はうつとりと、それに聞き惚れてゐましたが、ふと我に返つて、これはいけない、こんなものに聞き惚れてゐると氣狂ひになるぞ……と醫者だけにすぐ氣がついて、早速私のところに飛んで來ました。細君思ひの謹嚴な男ですが、背に腹は代へられぬと思つて、私はその友人に思ひ切つて頓服を勸めました。そしたらケロリと、忘れたやうに治つてしまひました。

水島　效目あらたかですね。

正木　故國の細君には濟まないことですが、氣狂ひになつて、歸國させるよりはいゝと思つたのです。

千葉　男といふものは、そんなものだといふことを、細君に心得ておいて貰ふことですね。

正木　婦人でもやはり頓服を必要とする場合が少くありません。結婚して丈夫になるのは、そのためでせう。

記者　五時に終る豫定が、たうとう八時になつてしまひました。大變有益なお話を伺はして頂いて、有り難うございました。いろ〳〵な意味で、世間の奥樣方に、大に參考になることであらうと存じます。

嫁入前の娘を持つお母樣の座談會

年頃の娘さんをお持ちになる、下記五人のお母樣にお集りを願ひ、二月九日午後二時より帝國ホテルの一室に於て、座談會を開きました。

出席者

藥學博士 西崎弘太郎氏夫人 **西崎綾乃**
代議士 安部磯雄氏夫人 **安部こまを**
帝展審査員 鏑木清方氏夫人 **鏑木照子**
文學博士 佐佐木信綱氏夫人 **佐佐木雪子**
故工學博士 田中不二氏夫人 **田中芳子**

まづ頭を拵へること

記者 今日の座談會は、たゞ漫然と、『嫁入前の娘を持つお母樣の座談會』といたしましたが、目的は、女學校を卒業して、婚期を前に控へた娘さんのために、お母樣が考へておかねばならぬこと、導いてあげねばならぬことなど、お母樣の立場から、鋭く深く考へて頂き、同じ立場にある、多くのお母樣の御參考としたいためですから、どうぞそのお心持で充分お話し合ひ頂きますやう、お願ひいたします。

西崎 ほんたうに年頃の娘を持つてゐますと、いろ〳〵な意味で樂しみも多い代りに、心を使ひますことも多うございますね。

鏑木 學校にまゐります間は、卒業したならと思ひますが、卒業してみますと、なか〳〵さうはまゐりませんね。

佐佐木 結婚問題だの何だので、一そう複雜になりますから。

記者 學校教育は、女學校だけで充分とお思ひになりますか。中流の家庭で、普通に結婚するものと見まして。

安部 女學校だけでは、これからの時勢には、少々心細くはないでせうか。もう少し頭を[illegible]

（出席された方々……右より田中夫人・鏑木夫人・西崎夫人・佐佐木夫人・安部夫人）

へておきませんと、子供を育てるにも不安心のやうに思はれます。

田中　何しろ、私共の娘時代とは、レヴェルが違ひますからね。

西崎　女學校だけでは、人間ができません。女學校時代は、まだほんの子供ですから、女學校だけの教育で、完全な人間を望むのは、あまり可哀さうです。人間を作るうへからも、また一箇の見識を持たせるうへからも、何か一つ專門的に勉强をさせることが大切ではないでせうか。母親に見識がないと、子供も自然に母親を馬鹿にするやうになりはしないかと思ひます。子供が母を尊敬しないのが、墮落の第一歩ですから、あと二三年は專門學校程度の勉强をさせたいと思ひます。それに何か一つ專門にやつておきますれば、萬一の場合に心强うございます。

安部　若い中は、まづ頭を拵へることですね。頭さへできてゐれば、手先のことなど、さほど骨を折らないでもできてゆきます。

田中　教育の方法によつては、女學校だけでも相當頭ができる筈ですが、今の女學校の教育といふものは、實に不徹底ですから。……普通教育だから仕方がないといへばそれまでゞすが、必要のない學科に、あまり時間を使ひ過ぎますから、何も彼も不徹底になるのだと思ひます。例へば裁縫のやうなものは、女學校を出てからでも充分ですから、もつと頭の土臺をしつかりと拵へて頂きたいと思ひます。

女學校の裁縫は駄目

鏑木　まつたく女學校の裁縫は何にもなりませんね。宅の子供だけかと思ひましたが、どちらで伺つても、裁縫の好きだといふお孃さんはありません。時間が足りないので、無理もありませんが、たゞお役目にやるだけなんでございますから。

西崎　お役目でも、御自分でおやりになればよろしうございます。宅の或る親戚の子供など急ぐときは、いつも仕立屋さんのところへ持つて行くんでございます。それで『お裁縫はいつも滿點よ』つて、威張つてゐるんでございますからね。オホヽヽヽヽ。

田中　それもつまり、教授法の缺陷でせう。

佐佐木　多勢のことだから、先生も大變でせうが、もつと細目を少くして、必要なものだけを教へるやうにしたら、容易に覺えられもしますし、手も上るでせうが。

鎬木　數を多くといふよりも、定り〳〵をはつきりと覺えて欲しいと思ひます。

西崎　それを私も痛切に感じます。我々の家庭では、襦袢と着物と羽織と帶と、この四つがしつかりできれば、それで澤山です。袴やコートは全然必要がありません。

安部　宅の娘達も、裁縫が嫌ひかと思へば、そのくせ、ミシン裁縫はよくいたします。

田中　誰方でもさうです。つまりそれが自然の要求なんですから。和服でも自分が着たいと思ふ時代が來れば、自然に縫ひたい氣持が出て來ますので、心配することはありません。

若い婦人の職業熱

記者　若い娘さん方の職業熱は、年々に高まつてまゐりますね。

西崎　隨分職業の範圍も廣くなりましたね。

記者　婦人の職業に就て、皆様はどうお考へになりますか。若しお孃様がそれを希望なすつたとしたら。

安部　女でも、結婚するまでは働かせた方がいいと思ひます。若いとき一度その經驗を作つておきますと、萬一の場合、氣輕に職業に入れます。それを望むのではありませんが、一生無事で幸福に通れるとは定つてゐませんから、そのときの用意からも、若い中に一度腕試しをするのが必要かと思ひます。

佐佐木　萬一のことがなくとも、自分で働いてみますと、お金の價値も解りますし、良人の職業に對する理解もできますから。

田中　私はまだ、母としてその經驗がありませんから、何とも申されませんが、女も働けるやうに教育して、働きたい意志があつたら働かせるのがいゝと思ひます。男にのみ頼つてゐる時代ではありません。けれど、働く資格のない人や、働く必要のない人は、むしろ働きに出ない方がいゝでせう。

記者　實際さうでございますね。さういふ人が入りますと、一般の婦人の職業を墮落させますね。そのために社會も迷惑しますし、眞劍に働かうとする婦人にとつては、一そう迷惑でございますから。

西崎　働くなら、ほんたうに眞劍に働いて欲しうございますね。併し今の若い方の中には、必要といふよりは、むしろ職業に對しての憬れといつたやうな、漠然とした氣持で働いてゐる人が多いんぢやないでせうか。

鎬木　働きに来てゐるのか、遊びに来てゐるのか、解らないやうな人がよくありますね。尤も勤先にもよりませうが、偶に私など丸ビルあたりへ買物にまゐりますと、こちらが恥しくなるやうでございます。働いていらつしやる方が、あまりお綺麗ですから。

西崎　あそこはまた特別でございますが……働くときは、働くやうな身裝をして貰ひたいと思ひます。仕事に熱心な人かどうかは、身裝を見たゞけで解りますものね。

記者　つまり、そこが、母親として考へねばならぬ點だと存じます。職業に就かせたがために、今までの教育をめちや〳〵にされ、そのうへ經濟上の負擔まで、重くさせられるやうなことになりますから。

鎬木　さういふ例は澤山ございますね。

田中　百圓の俸給をとれば、買物をするにしても、あれも百圓で買はう、これも百圓でと、結局二百圓、三百圓となければ、滿足ができないといふことになるのです。若い人達だから、それも無理はないのです。たゞそれを、その人がいけない、周圍がいけないといつて、嘲笑的に見たり、放任してしまふのがいけません。社會がもつと婦人の職業に理解を持つて、よい指導者とならねばならないのです。けれどもまだ日本の社会は、そこまで地均しができてゐませんから、母親が高く賢い指導者となり、監督者となつて、娘を過つた生活に墮ち込ませないやうにする外ありません。

記者 さうするには、まづ第一に、母親が社會をよく知ることですね。

田中 それがほんたうに大切です。

安部 職業婦人が身を過るといふのは、職業に對する眞劍さが足りないからだと思ひます。仕事に眞劍でさへあれば、墮落も誘惑もありません。

西崎 兎に角、時勢がかうなつて來たのですから、當人がやりたいといふことなら、何でもやらせてみるがよろしうございます。

田中 それがいゝんです。子供の進むまゝに放任せよです…極意は。放任といへば、少々語弊がありますが。

記者 たゞ大切なのは、その放任の意味を誤らないことですね。若い方は、何にも干渉されないことを、ほんたうの自由だと思つてゐますから。

佐佐木 誤つた自由が、一番危險でございますね。母親までがそれを是認するやうになつては、おしまひです。

記者 ところが娘が働きにでも出てゐますと、大抵のお母様が、娘への同情、といふよりむしろ、遠慮といつたやうな氣持で、つい言ひたいことも控へ、朝寝をしても、夜遅くなつても、見て見ぬふりをするといふやうに、なり勝ちのやうですね。

西崎 それがいけないんです。職業婦人の嫌はれるのはそこなんです。たとひ職業についても、女はやはりどこまでも女らしく、家庭中心でなくてはなりません。それは何といつても、母親の指導一つだと思ひます。

結婚を急ぐ必要はない

記者 娘さんを職業につかせるに就て、お母様の一番心配なのは、結婚問題らしうございますね。

田中 つまり婚期が遅れるといふんでせう。それは大丈夫ですよ。女は母となる本能を持つてゐますから、職業に進みたい人は進んでも、お嫁さんになる人は、決してなくなりはしませんから。

安部 女だから嫁に行くのだ、嫁に行かなければならないのだ、といふやうに、たゞ嫁にやることのみを目的に考へるのはいけないと思ひ

ます　若し何かの事情で結婚ができないやうな場合、その人をどんなに不幸にするか知れません。

西崎　嫁に行くのが女の最後ではないのですから、いつでも心に合つた人があつたとき、結婚すればいゝやうに、まづ實力をつけておくことですね。

田中　それが何より大事です。もう二十歳になるから、もう廿一になるからと、娘の年で結婚を定めてしまはうとするのがいけません。そんなに急がないでも、いゝお孃さんがあれば、傍で默つてはゐません。年頃の息子を持つてゐますと、道を歩いてゐても、他家の娘さんが目につくものです。

西崎　早く嫁に行くのが、幸福だとはいへません。嫁に行く準備ができれば、自然にその時機は與へられるものだと思ひます。

安部　たゞいけないのは、娘時代を何の目的もなく、ぶらつとさせておくことですね。

佐佐木　目的がないと、心に隙ができます。それが危險です。

記者　上の學校にも進まれず、職にもつかないといつた場合は、どうしてもさうなるのではないでせうか。

田中　そのときこそ料理でも、裁縫でも、また手藝のやうなものでも、何か一つ責任を持たせてやるのですね。さうすれば、そこにまた自然目的も生れてくるわけです。

よい娘よりよい嫁

田中　女は他家へ行つても、人を同化する力を持つてゐますから、それだけによく仕上げねばなりません。

西崎　女は男によつて運命が定ると、昔はいひましたが、男の運命は女で定るといつた方が適當だと思ひます。

鏑木　他家へ上つてみると、女の力の大きいことを感じますね。奥さんが快活な方だと家中が明るく、いかにも居心地がよろしうございますが、奥さんが憂鬱な方だと、家中がやつぱり陰氣で、厭な感じがしますものね。

田中　だから娘を嫁にやるよりも、息子の嫁を貰ふ方が心配です。小いときから、大切に大切に、珠のやうにして育てゝきた息子も、お嫁さんによつて鍛つてゆきますから。その意味からも、娘を立派な人間にするのが、親の義務でございます。

安部　嫁を貰ふには、まづその母を見よと、昔から申しますが、お母さんが立派な方であれば、きつと間違ひはありません。

鏑木　よく似ればよろしうございますが、生憎とまた惡いところが特に似るので、恐ろしうございます。

西崎　それは自分の缺點だと、常に自覺してゐますから、餘計に強く感じるのですね。私なども、とき〴〵それを見せつけられるので閉口いたします。そのときは『それはお母さんの缺點で、お母さんも厭で〳〵仕方がないのだから、どうか直してくれ。』と、下手に出て頼むんでございます。それよりどうも仕方がありませんから……

誘惑が上手になつた

記者　『主婦之友』の三月號の記事に、七人の女を誘惑した帝大生のことがありますが、あれを見ますと、誘惑の方法の上手になつたことにも驚きますが、女の人が易々とそれに引込まれてゆくのに、一そう驚かされます。

安部　意志の薄弱と申しませうか。困つたものでございますね。

記者　誘惑を防ぐ、よい方法はないでせうか。

西崎　昔の箱入娘のやうに、家の中ばかりに抛つておくわけにもゆきませんし、結局誘惑の隙を見せないだけの、心の訓練が必要といふことになりませうね。

佐佐木　それができてゐれば、安心でございます。親の監督は勿論大切ですが、さういつも附いて歩くわけにはまゐりませんから。

西崎　小い中から、一人で出しても大丈夫のやうに育てることですね。

記者　音樂會とか、活動とか、夜の外出が多いですが、そんなときも、一人でお出しになりますか。

鏑木　私は監督といふ意味でなく、一緒に行くやうにしてゐます。

田中　一人歩きのときは、服裝などもあまり目立たないやうにすることが、必要と思ひます。花でも綺麗だと、蟲がつき易いですから。

安部　美しい方は、餘計に心遣ひがいります。

田中　併し、誘惑はさう突然に來るものではなく、徐々に隙を狙つて來るのですから、隙さへ與へなければ大丈夫です。

佐佐木　母親には、何でも相談ができるやうにしておきたい。それができる家の子供なら、間違ひはありません。

西崎　ほんたうにそれが大切です。かうして考へますと、實際母親は忙しうございますね。とても襟など縫つてる暇はありません。

田中　襟は誰でもできますが、子供の綻びは母でなければ縫つてやれません。

男の友達も必要

田中　一體、女と男とあまり區別をつけ過ぎるのがいけないではないでせうか。私は男でも女でも、人間生活に不自由をしないやうに育てたいと思ひます。宅の子供は男でも、料理もやれば、洋服の綻びくらゐは縫ひ、女の子は庭の手入や大工の眞似でも平氣でします。

安部　私もその主義でやつてゐます。

西崎　何でも、珍しく思はせるのがいけませんね。珍しいものには興味を持つのが、人間共通の心理ですから。

鏑木　男の人を見て、すぐ親くなるやうでは困りますから、男の友達も必要だと思ひます。

西崎　宅では、兄のお友達だ、妹のお友達だといふ區別なく、誰方でも皆なお友達になつて頂きます。勿論私もその席へ出て、一緒になつてお話もし、遊びもいたします。異性の心持を知らないことが、間違ひの第一歩だと思ひます。

記者　男の兄弟があれば、よろしうございますが、女ばかりだと一寸困りますね。

田中　家になくとも、親戚か親達の友人間に、必ずありますから、何とかなります。

鏑木　宅では女ばかりですから、とき〴〵親戚やお友達のところの、坊ちやん方に來て頂いて、家内中で遊ぶことにしてゐます。娘もですが、私共がまづ、若い男の人の心持を知る必要があると思ひまして。

安部　子供の友達は、親の友達だといふ氣持でありたいと思ひます。

田中　さうすると、自然けむつたい人は寄りつかなくなり、よいお友達が、集るやうになります。

鏑木　箱入にする方が却て危險ですね。

田中　箱入は一寸外に出すと、すぐ風邪を引きます。偶には風にも當てゝ鍛へることです。

記者　佐佐木さんは、御自分のお子様やら、お仲人の經驗やらが、澤山おありになりますから、緣結びに就て、よい御實驗がおありになりませう。

佐佐木　いろ〳〵ですが、雙方の家庭をよく知り合つた中で、これならばと思ふ方があれば、まづ雙方に當人の性格からお家の生活狀態まで詳しくお話して、それで兩方共よさゝうだつたら、暫く交際をさせてみます。

記者　交際をしてから、若しどちらか嫌になつたら困りますが……

佐佐木　幸ひに私共では、皆な無事にいつてゐます。最初に兩方のいゝところも惡いところも正直にいつてしまひますから、後で苦情はありません。

安部　當人同志が知り合つて定めるのが、一番いゝことでせうが、日本にはまだそれだけの準備ができてゐませんから、やはり親が心配しなくてはなりません。私共も娘にさう申しましたが、娘は私達に任せると申しますので、私達が當人を見て、それから二三回も會つてから、娘に紹介しましたが、幸ひ都合よくまゐりました。一人の娘の方は、前から知り合つた人だつたので、世話なしにゆきました。

田中　知り合つた範圍に、適當な人があれば一番安心でございますが。

鏑木　お約束のできない前に、よく知り合ふ方法はないものでせうか。

西崎　私はそれで失敗したことがあります。男の方は気に入つたのですが、女の方でそんな氣はなかつたと言はれて……

佐佐木　それが反對のときは、なほ更始末に困りますね。だから一度や二度會つた方では、とても心配でお世話はできません。

西崎　私はいゝ青年だと思ひますと、學生時代から心がけて、いゝ娘さんを物色しておきます。長い間見てゐますと、一人くらゐぴつたりと合つた人に出會ひます。

鏑木　親の定めたことで、子供の一生の運命が定るかと思ひますと、ます〳〵心配になつてまゐります。

田中　何でも、さて自分のことゝなつてきますと、いろ〳〵考へさせられますね。

記者　大變いゝお話を、澤山に、有り難う存じました。では、時間も大分遲くなりましたから、これで打切ることにいたします。

令嬢日記

聯想の轉回

只一氏令嬢
日本女子大學英文科 日高博子

○月○日

今日學校でTさんとKさんと心理學の試驗のおさらひをしてゐて聯想の話が出た。Kさんが夏といふ。Tさんが夏といへば海を聯想するといふ。海から波、波からしぶきと續けて行く。だんだん面白いものに變化する。

夏――海――波――しぶき――岩――溪谷――ラインの流――ジャンクリストフ――曙――靜――綠――奈良――しぶい――お茶――お花――お師匠さん――竹の垣根――「メランコリフザー」(ハアデイ作)

夏と「メランコリーフザー。」何と異つた二つだらう。何の共通性も見出せない。そこに聯想の妙味がある。聯想は聯想を產み、人間の心に色んな世界を轉回せしめて行く。聯想の世界は廣い廣い世界である。聯想から詩も生れ、繪も生れ、音樂も生れて來る。ワーズワスの「水仙」の詩も生れゝばメーテルリンクの「靑い鳥」も生れて來る。

繪を見ても、音樂を聞いても、小說を讀んでも、その見る人、聞く人、讀む人の聯想が、その作品に味をつけて、もつともつと廣い世界を轉回させて吳れる。さうしてその繪なり、音樂なり、小說なりが自分のものとなつて來る。藝術も或一面からいへば聯想の世界といへないだらうか

寫眞の思ひ出

伊作氏令嬢
文化學院文科 西村百合子

○月○日 日曜

每日每日お天氣續きで今日も朝から氣持の良いお天氣。かわききつた土は風に吹きつけられて赤いほこりを立てゝゐる。十一時半頃婦人畫報から寫眞をとりに來た、ヨネちゃんと二人でウツシたが、寫眞屋さんにこんな風にしてとか、色々不自然なかつかうにさせられるので困ッてしまつた、この頃雜誌にはずゐぶん寫眞が多くなつた樣だけれど、唯椅子に坐つたのとか、大抵決つたコンポジションで、あまり興味がない樣に思ふ、そしてさあ、ウツシますと云つて椅子に坐らせられゝば誰だつて硬くなつてしまひ、自然な面白味がなくなつてしまふのではないかと思ふ。もつと、藝術的で、自然な寫眞がとれるといゝと思ふ。西洋人などの寫眞を見ると、本當に自然に氣持が良くとれてゐる、今、アメリカへ行つてゐるアヤちゃんから時々長い長い本にしても面白いと思はれる樣な日記と一緒に、たくさんの寫眞をきれいに寫眞帖にして送つて來るので遠い所の樣子がよく解り、本當に樂しそうだと云ふ事が解つて面白い。文章などで書くより、はつきりと、よくわかる。あちらで、一家族又はお友達同志でよくやる

ピクニックやハイクの寫眞、大勢のアメリカのお友達と、面白そうに笑ひながら、テントの側で夕飯の支度をしてゐる寫眞、湖があつて、夕飯の後でボートに乘つて樂しく遊んでいる寫眞など、ずゐぶんたくさんある。寫眞機も日本から持つて行つたものでも、向ふでやると、はつきりと、きれいにウツる。日本にも、アメリカの樣に、ピクニックなどする樣な理想的な自然な所がたくさんあつて、そんな所で遊んで居る樣な寫眞をたくさんウツして寫眞帖など作るといゝと思ふ。寫眞は、ほんどうに、いゝ思ひ出となり、後で見て一層面白く感じる。

學校の、春と秋との旅行の時、お友達にウツして頂いた寫眞なども可成に澤山になつた、それ等を見る度に、旅行の面白かつた事などを、思ひ出す。

音樂時間

頼璋氏令嬢 上野音樂學校 田中路子

三月十五日 晴 金

相變らずのお天氣つゞき。

とう／＼咽喉を痛めて濕布の御厄介になつた。今日は學校が九時半からの日。三時間目の梁田先生のコールユーブンゲンのお時間には先生の方で『風邪を引いて居る人は發聲をしなくてもよろしい』とおつしやつて下さつたので嬉しかつた。四時間目の齋藤先生の獨唱のお時間も見學してしまつた。

今日は午後からの獨逸語が餘りさらつてなかつたので皆と一緒にさらわうと思つてお晝に吾家へかへらないで學校のお辨當――所謂、お辨當と稱する金廿五錢也の物を澄子さんと頂いてたら早速『路子さんたらお家がお近いのに――』つて皆に笑はれた。獨逸語のお時間に今日のレスン中一番難しいEin' dame ……云々のところをあてられた操さんが『先生、このダーメのところは、よくわかりません』ておつしやつたら

『ダーメだからダーメなんて云わないで、やつて御覽なさい』つて、外山先生が例によつて又シヤレをおつしやつたので大笑ひした。Sityen と Setyen の變化で澄子さんと喧嘩？ してたら先生が『そこじや喧嘩？』とか何とかおつしやつたので、皆にドット笑はれてしまつた。Kennen の變化を誰か後の方でコンネンとかつて云つたのでまるで狐の鳴聲の樣な氣がして餘りおかしくてお腹が痛くなつてしまつた。

二時から三時のコーラス迄の空時間には澄子さん秀子さん壽々代さんと家へかへつて來てしまつて昨日あけたばかりのチョコレートの箱をカラにしちやつた。

三時から四時までのコーラスは明日の學友會演奏會の練習で歌は『ファウスト』中のワルツ。ソロイストは、ファウスト城多さん、メフィスト德山さん、マルガレーテ秋山さん、ジイベル小山さん。

船橋先生が上衣までおとりになつての御熱心ぶりに引き入れられて風邪なんか――とばかりどなつたのはいゝけど後で聲がガサ／＼になつてしまつた。

風邪引いてるつて云ふので早くねかされてラヂオもきかれなかつた。

三月十六日 晴 土

十一時半から今日の演奏會のコーラスの練習があつた。緋紋つきを着ると

何となく身も心もキチンとして好き。練習後、澄子さん秀子さん壽々代さん富士代さん久子さんと路子の六人は、美術館の下へお食事をしに行つた。こゝの食堂は帝展の招待日に覺えてそれから時々皆でお茶を飲みに來るのだけれど、中の感じだつて餘り下品ではないしサーヴイスも丁寧なので皆も好きだけどいつもひどく、美校の生徒がおのさばり遊すので、今日も亦さつさと退却して來てしまつた。

校門の前で石崎さんと篠原さんとにお目にかゝつた。奏樂堂を一寸のぞいたら井口さんがいらした。AKの青砥さんとクマさん（徳山さん）とが座つていらしたのでクマさんに『もうお時間ぢやあない事？』ッて云つたら例の調子で『さうだつて、何だつて』と茶化されてしまつた。青トンは今日活動へいらつしやるんださう。路子『ザンパ』以來行かないので一寸お羨ましい！　と思つた。お時間になつたのでステージ裏へ行つてベルのなる迄さわいでたら本一の大島さんに『いつも陽氣ね』つて云われてシャッポをぬいでしまつた。澤崎さんが珍らしくお袴なのでどう遊したのかと思つたら『伴奏一つの爲に來たのよ』つておつしやつたので御苦勞様と思つた。コーラスの出來はよかつたか、惡かつたか知らない。

聽衆席へ行かうとしたらお客様まで入り口で立つていらつしやると云ふ滿員なので、諦めて秀子さんと受付に立つてゐたらセロの齋藤さんがいらした、やはり中へおはいれになれず入り口に立つていらしてお氣の毒だつた。

丹治さんのアルトソロは凄いお聲だと思つた、平戸さんのワルドシュタインはおこまかいのに感心した、長谷川さんと丘さんの連彈のモッアルトは、路子が前に頂きそこなつた曲なので興味深く伺つた。伊藤さんのバリトンソロは素直ないゝお聲だと思つた。增田さんのヴイバルデイは仲々よくお彈けになつたと思つた。

黒澤さん河原さん四家さんのヴオーカルトリオは大變おきれいだと思つた。

一番最後の遠山さんのヴエトーヴエンにはすつかり感心してしまつた。お聲みないで音だけ伺ふと云ふ事も仲々いゝものだと思つた、蓄音機なんかも別として。終つてから篠原さんとお話してたら大炊御門さんのお兄様がやはり本院の方お二方と御一緒なのにお目にかゝつた。

今晩は築地へチエホフの『櫻の園』見に行く筈だつたのに、風邪の爲行かれなくなつてほんとうに殘念だつた。久し振りで母上からお手紙、嬉しくて何度も何度もくり返してよんだ。早く／＼おかへりになるといゝ。でも、今頃、お歸りになるときつと直ぐお風邪を召しちやうだらうからやはりお暖くなつてからの方がお身體の爲によささうだ。餘り、お早く／＼つて駄々をこねるのは止さう。

讀賣のラヂオ版を見てたら明晩は、新響がケーニヒさんの指揮でエロイカを放送するさうで嬉しくなつた、風邪がひどくなるといけないので今晩も亦ピアノをさらわず勉強も何もしないで、ラヂオで淸本のお輕と勘平の道行を聞き乍ら、八時過ぎに床についた。

高原と別れる日

久太郎氏令孃
日本女子大國文科　鷹見田鶴

九月〇日

今日も亦けぶるやうな雨が私の心をすつかり憂鬱にしてしまつた。ぼんやりと机に向つて、細い銀糸のやうな雨脚を見つめてゐた。とう／＼九月になつてしまつたのか。

高原の秋は早い。朝夕の寒い風は、やがて來る冬の日を思はせるやう。

山や海からの樂しい旅を終へて歸つて來た若人達は、銀座のペーヴメントを賑はしてゐることだらう。輕やかな足どりでステップをふむ彼等の姿は東京の秋を華かに色どつてゐるに違ひない。

秋だ、秋になつてしまつたのだ。そしてあと二三日立てば、輕井澤ともお別れをしなければならない。色々な意味で忘れることの出來ない生活ともいよいよお別れか。樂しいことの少い、むしろ苦しい三週間の生活だつたけれど、いよ〳〵となると、やつぱりさびしい氣がする。

五六人のお友達とトランクをさげて寮の玄關に立つたのは、まだ二三日前のやうに思はれるのに。

暖い家庭から離れて共同の生活に入ることが、私にはたまらなく不安に思はれた。けれど、自然は私を迎へてくれた。自分の心はなつかしい母の懐にでも抱かれた樣な安らかなよろこびに震へてゐた。そして朝夕に接する周圍の空氣は私の心を次第に淨化して行く樣に思はれた。

何物にも妨げられることなしに、靜に自分を見つめた時、弱い醜い姿が私を苦しめた。私は強くなりたいと願つた。強く生きたいと思つた。この世の中のあらゆる戰に、決して負けたくないと思つた。樣々な戰爭が私の心を目茶〳〵にかきまわした。でも私はそれに堪えて來た。

そして私は今、この土地から離れて行かうとしてゐる。雨の晴間を見て町に出た。町は夕方の霧の中に、ぼんやりとした電燈に照らされてゐる。

九月になつてから急に人の減つたことが目立つて來た。皆。東京の明るい灯を追つて、次第に、歸つて行つてしまつたのだ。やがて寒い冬の雪にとざされてこの町は、どんなに淋しくなつてしまふことだらう。

ゆるやかな傾斜をなしてゐる町を歩きながら、私の心には後から後から色々なことが浮んで來た。

よく出來たお料理

照之助氏令孃 京華高女卒 小野澤豊子

二月十日

パタ〳〵と廊下を翫出す照男ちやんの足音に目を覺ます。時計を見ると七時。照男ちやんは相變らず早起きだこと。御寢坊の私はいつでも照ちやんに負けて仕舞ふ。廊下へ出るとあんよが三ツも入りさうなスリツパをはいた照ちやんがいきなり「オネータンオハヨー」と云ふ。

本當に可愛い、この頃「オハヨー」が云へる樣になつたものだから人の顏さへ見れば「オハヨー」を連發する、御部屋の御掃除をすませてから長唄の御稽古に出掛ける門の所まで歸つて來るとピスが飛んで來て泥だらけの足で飛びついて帶から着物をよごして仕樣のないピス。やりかけの御裁縫を四時頃までに仕上げる。どんなものでも出來上るとてもよい氣持、千代やを相手にこの問本に出てゐた御料理をつくつて見る。割合によく出來て嬉しい。今晩は皆家にゐたので賑はしく夕食を終る。

夜を三味線の御稽古、讀書などして十時頃床につく。

メリーと遊んだ日

政次郎氏令孃 聖心女學院卒 木村愛子

七月十八日　曇後晴

九時過ぎになつても難中さんがいらつしやらないので、メリーが、憤慨しだし、氷つゞきのお庭へ出て天候の惡いのを非常に氣づかつてゐられる。二三十分待つ中に難中さん、青くなつていらつしやつたので、怒ることも出來なくなり、メリーと顔を見合せてしまふ。愈々出發となるとちつとも泳げない私は、少々おじけがつく。でもそんなことをけどられては一大事と、お姉樣の氣を附けてと、仰るお聲を後に元氣よく一同汀におり立つた。

用意のボートを引き出し一歩海上に出ると、私は、急におとなしくなつた。でもまだ皆にはわからないのを幸ひに、元氣のあるふりをしてゐる。メリーが難中さんに御自慢の通り逗子から葉山まで漕げるかとおたづねになる。難中さん大丈夫と意氣込みがあらい。逗子ホテルの時計がだん／＼小さくなるにつれて、ボートが搖れだす。そうしてゐる中に天候一變して風が出て來た波が荒れる。ボートは搖れる。このまゝ海の藻屑となるのかと思ふと恐しさはますばかり、メリーはと、見るとどこに風が吹くといふ樣なすました顔をして、難中さんに、獨りで漕げなければ手傳ふと申込むくらゐ元氣さ。こゝで、弱みを見せては私一代の恥、ましてや、日本人の恥と大いに意氣込んでせい一杯大きな聲で歌など歌ふが聲は小さくふるへるばかり、大波が來たと思ふまにボートは今にも覆りそうになる。私は思はず悲鳴を上げてしまふがもうおそい。難中さんメリーにからかはれるが、もうこうなつては一刻も早くどこかへつけてもらはねばと思つてゐる中に、難中さんがもうこんなにあれて來てはとても葉山などへ行かれない。歸るにも返れるかどうかと心配し始めた。その中に雨が降つてきた。私達はどうなることかわからない。もうこうなつてはと、いつもはふりむきもしない神樣に一心に祈りはじめた。漸々のことで森戸へ漕ぎつけることが出來一同歡喜を上げて喜んだ、私とメリーは葉山のお友達のところへ海水帽を返へしに行かなければならないので難中さんに同行をたのむと、ボートの番をしてゐると仰るので二人で行くことにしてボートと難中さんを後に雨の中を葉山へとむかつた。歩いても歩いても葉山へはつかない。寒くはなるお腹はすく、二人とも海水着の上にケープを纒つてゐるだけ、夏と云つても陽氣の變なこの頃のことゆえ二人とも震へて來るおまけに靴も下駄もない、足は痛む、途方に吳れながら歩いてゐる中に漸く友の家につきお返しものをする。望みを達したが又長い道をかへるのかと思ふとがつかりして溜息の出るばかり。所が幸ひバスが通りかゝつたのでメリーはバスに乘つてゆこうと云ひ出す。私も乘りたいのは山々なれど生憎お金をちつとも持つてゐない。メリーに聞けばメリーだつて同じこと、ベージングスーツにおかねの入れ樣がないと云ふ。しかたがない歩こうといふ。私もその實これ以上歩けない。そこへ自働車が通りかかつたメリーは無意識にそれを止める。私ものつてしまつた。さあ大變二人で顔を見あはせる。けれど後の祭りでどうしようもない。この上は運轉手にたのもうと相談一決する。――こういふ時は私のは損だ、日本語の出來ないメリーは得意そふな顔をして笑つてゐる。しやくだがしかたがない。勇氣を出して話しかけた。お姉樣のお家を教へ二人のケープを抵當に入れて代金引き換にとたのむと、案外早く承知して吳れたので少々氣が拔けた。歩くと長い／＼街道も自動車だけあつて十分もかゝらないでやがて森戸に着いた。難中さんはと見るとまだベチングスーツのまゝ寒そうにボートを漕いでゐた、二人が自動車で來たのでおどろかれる。メリーと私はお待ちどう樣とすましてゐる。二時間も雨の中でボートの番をしてゐたと人の好い中ちやんもさすがにお怒りになる。メリーも私もあやまる。又送るまではお世話になるのだから仕方がない。又恐いボートに乘せられる。雨は依然としてやまない。ボートのゆれるたびに水が入る。なにもすることのない私は水の汲み出しを仰せつけられた。持ちあはせのタオルで水を汲み出すのだから骨の折ること一通りや二通りでない。その中にひどくゆれてくると、もう私はそんなことをしてゐることが出來なくなる、ボートの兩側にしつかりつかまつてゐるのが關の山だ。難中さんとメリーにボートが覆つたらきつとたすけてくれる樣に吳れ／＼も賴んだ。こゝでこのまゝ死んでしまふのかと思ふと急に情けなくなる。東京のお父樣お母樣兄弟姉妹の顔が順々に浮んで來る。そんなことを考へてゐる中に、メリーに水をくみ出してくれなければ困ると叱られるので、しかたなしに、又元氣を出してくみ出しにかゝつた。こんなこはい思ひを四五十分させられたと思ふ頃逗子の海岸に小さく人の立つてゐるのが見え出した。一人二人三人四人とだん〳〵人數がふへる、よく見ると御姉様女中爺だ。お姉様のいらつしやるのを見て始めて安心することが出來た。雨のふるのに傘もさゝずに立つてゐる、一生懸命になにかをふつてゐる樣子、その中ボートも覆らずに無事に陸につくことが出來た。お姉様はお叱りになるどころか喜んで下さる、女中も爺も大喜で、お姉様とともに難中さんにお禮を云つて家にかへると小さい雪子さへまだ食事もせずに待つてゐるのに一寸驚かされた。尤もの事だ。私達三人があんなめに遇てゐるのに悠々と食事も出來ないだらう、英國人の家庭教師が食事の時間がおくれたと少しいやな顔をしてゐるのにはちよつと癪にさわつた。お姉様が皆に御世話をかけたと云つていらつしやいと仰るのですぐコック女中爺などにメリーと、挨拶にいつた。皆無事でなによりでしたと共によろこんでくれたので却つて悲しくなつてしまつた。皆に世話をかけたことを今さらながら氣の毒になつた。ざつとお湯を浴びて食卓についた、ふと時計を見ておどろいた。もう二時半をすぎてゐるのだ。自分ではそんなに時間のかゝつた氣がしてゐない。まだ二人とも震へが止らない。コックさんが氣をきかせて、あついスープをくれた二人ともむちうであついのをのんでやけどをして皆に笑はれた。メリーが日本人の親切をつく〲讃美した。お姉様にいたずらも程になさいと云はれ二人ともなにも云ふことが出來なかつた、心からの私達のおわびの心が容子に表れたのでお姉様の「もういゝの」とのお言葉が出たので私達は神様にお赦免をうけた樣にほつとした。

あとできいたのですが難中さんはあれからお風邪を引いてしまつたとかほんとに氣の毒なことをしたとメリーと二人で話し合つた。此の時ほど此の世のあらゆる人に感謝したことはない。いつまでもこういふ柔順な心でゐたい

つたない文ではあるが今日の記念にありのまゝに記しおく。

春三日

新次郎氏令嬢
双葉高女卒　垣見君子

×月×日

結ひ上げたばかりのとうじん髷の鬢を氣にしながら、うつすりしたショールを肩からすべらして、私は辨慶橋を渡つて居た。

先刻結髪室で合せ鏡をした瞬間、今日は根加減といひ、鬢のふくらみといひ、髱の出かたといひ、びつたりと自分の好みに合つて居るので、何となしに嬉しく、小刻みに清水谷公園を通り過ぎて行つた。

簪の房が小風に搖れて鬢の上を、むず痒く撫る。陽は白い路の上に一杯にひろがつて居る。

何といふ心地よさだらう。樹木は快よく呼吸しながら生き〲と延びて居る。

踊りのお師匠さんへ行き、手習子を浚つて頂く。昔の初々しい手習子を描かうと思ひながらも思ふ様にこなせない自分を、今更嘆いても追付かない。何をするにしても自分が、そのものゝ中へ融込まなければならない。そうして流れ出るリズムの面白さは、何處ま

でも濫さないものでなければならないのだらうけれど、それは私にとつて思ひも依らないことで、そういふ氣持は、たゞ、高い地點の目標として進んで行くだけなのだ。何をするにしても難しい。然し難しいからこそ、其處に或る面白さが漂つて居るのではないかしら。

× × ×

靜かな夜。

これからお仕事を始めよう。やつと袖が縫へた。長い振り。そうして赤い振り。私の膝の上に、だらりと袖が横たはつた。

×月×日

妹や弟の小さなお客様が澤山集まつた。その可愛いこと、賑やかなこと、遊び部屋が子供と、玩具で一ぱいになつて、大人は何處へ坐つてよいか分らない程。

子供には子供の世界があるのだと思つて、次の間でそつと聞いて居ると、

「あたしお母さまになるわ。」

「あらうそよ。あたしよ。」

「僕は書生よ。」

「僕は運轉手になる。」おまゝごとを始める前に配役が大變なのだ。

さて、やつと遊びが始まると實に、ほゝゑましくなるまで自分の受持つた役を描寫して行く。

お女中はお女中らしく、奧樣は奧樣らしく。

おやつを持つて行くとテーブルの周りにぐるりと坐つて、

「お代りよ。」

「わたしにもね。」

小さい唇から無邪氣な言葉が洩れる。

「皆さん、今度は下階でお唱歌をしませうね。お姉様がピアノを彈いて上げますよ。」といふと、ぞろ〳〵降りて來て、歌ふやらはねるやら、ピアノを彈くやら。

その間にも子供達同志の面白い會話が始まつて居る。

「僕ね、大きくなつたらモダンボーイになるんだ。」

「そうして？」

「そうしてね、お父さんと一緒にコーヒーを飲みに行くの。」

これを聞いて大人は笑つてしまふが子供は眞面目に聞いて居る。

「あたし、今にお嫁に行くのよ。」といふので私が、

「どこへ？」と、たづねると、

「銀行屋さんへ。」

「どうして？」

「お金が澤山あるでせう。だから。」

こんな可愛い話を殘して皆歸つて行つた。

子供達には大人の考へ及ばない觀察力があつて、ほんとうに面白い。とうとう一日子供のお仲間入りをした。

自分の部屋へ入ると、机の上の薄赤いスタンドの下に短歌雜誌が置かれてあつた。今月號が、やつと來たのだなと思ふと同時に、さう〳〵もう來月號の原稿を送らなければならないと考へながら、パラ〳〵とページを繰つた。

何時もほんとうに不出來な歌ばかりで、添削して下さる方はさぞお骨折りだらう。

けれど自分としては、一歩〳〵しつかりと踏みしめて行き度いと、たゞそればかりなのだ。

先輩の方々のを一つゞつ味はつて、靜かに本を伏せた。

×月×日

目覺めて戸を繰つて見ると、晴切つた陽が、お椽一ぱいに入つた。日曜の陽は殊更暖かいやうに感じた。

今日は別に豫定の用事がないので、母と共に銀座へでも行つて見ようかと考へた。

× × × ×

銀座で見掛けたほんとうによく調和の取れた方。—洗ひ髮を無造作に束ねた白い襟元。お納戸の半襟が、茶と黄色のお召の胸元にふつくりと出された形のよさ。黑朱子の上に澁い帶止。そうして振りの紅色が一段と冴えて見えた。そしてショーウインドウの前に立つた姿のよさは、とてもウインドウのお人形は、かなはなかつた。この様に惠まれた姿を有つて居る方は何と幸福なことだらう。

この頃銀座などで見かける皆様がそれ〴〵自分の趣味から選んだ獨特の調和をして居られるのは、ほんとうに見た眼も感じよく、なか〳〵面白いものだと思ふ。

調和さへ、とれて居れば、スラリとした外國人の洋裝に對して、日本服も捨てがたい味と潤ひがあるものだ。

キツパリした新しい足袋に自分の好きな下駄を履いて路を歩む時、裾さばきの度毎に感じるものは何とも云へない心地よさである。

× × × ×

三時頃妹と弟を連れて外苑へ行

繪畫館の前やベンチの傍などで小さい寫眞機を出して撮る。此の前は、フイルム一本すつかり駄目にしてしまつたので、今度こそはと寫眞屋さんは大した意氣込で、小さいモデルを彼方へ動かしたり、此方へ動かしたりしてバチバチすること數度。

　廣い路の此處彼處に散歩の影が、まばらに動く。

　飴を、しやぶりながら私達は春の陽を浴びて居た。

　草も、木も、花も、鳥も、みんな春の陽を浴びて居た。

梅咲く頃

伯爵渡邊昭氏令妹
女子學習院卒　渡邊幸子

二月×日

時計がなつたので目がさめた。二三日前にあまりねぼうして叱られたばつかりなのでいそいでとび起きた

　また今日もよいお天氣らしいと障子を細目にあけて見ると寒の條風も靜かで春のやうなのどかなお天氣である。明るいお天氣なのは本當にうれしいけれどこんなに長いこと雨が降らなくては困つたものだと思ふ。庭の木々もかはき切つてゐるやうで氣の毒な氣がする。お母樣が「今日は早いのね、やつぱり早く起きると氣持がいゝでせう」とおつしやつた。私もたしかにさうだと思つた。

　ごはんすまして新聞を讀んでゐると鶯の聲が庭の方で聞える。本當にのどかである。毎年の事ながらこんな都の中で電車に近い所の庭で鶯の聲など聞かれるのは不思議でありうれしい氣がする。日なたの緣側に出てやりかけのふだんの帶を縫いはじめる。

　やがてお晝になつて室へは入つても日なたにゐたぬくもりがしばらくからだにのこつてゐる。

　二時頃庭づたひにお祖母樣の方へ行つた。室へは入らうとすると中から謠の聲が聞えて來た。障子をあけるとお祖母樣お一人でうたつていらつしやつた。しばらくこたつのなかでお話したり昔のお話など面白くうかゞつてかへつて來た。お祖母樣のお部屋の前の梅は、まだちつとも咲く樣子がない。私が小さい時にこの梅の木がどんなに好きだつたか、まつ白な大變香の强い梅の花だつた。よくお兄樣方と一緒に竹馬にのつてこの木のそばで遊んだなどと小さい頃の事を思ひ出した。そしてその頃の私は道眞公ほどえらい人はないと思つてゐた。

二月○日

うす曇りで西風が大變寒い。洗面場で髮をゆつてゐると鷄がコケッコーコケッコーと鳴いてゐる。また卵を生んだらしい。去年の暮から、かひはじめた六羽の鷄が、この頃は日に三つか四つづゝ生むやうになつた。

　今朝もお母樣が帝大の病院にいらつしやる。お兄樣が今朝九時に手術をおうけになる。盲腸炎の手術は何でもないとは聞いてゐながらやつぱり手術と云ふだけにどんなか〳〵と心配しながら無事におすみになるやうにと祈つてゐた。しばらくすると病院から電話で無事に二十分ほどですんだと云ふしらせがきた。直にお祖母樣の方へもおしらせした。本當に家中の人がホッとした。まだ面會謝絶で私達も四五日はゆかれない。

久しぶりでお習字をした。昔の人の書いたお手本の字はいつ見ても美しく私の書いた字はいつ見てもなぐつたやうな字である。こんな字が書けたらと考へながらお手本をつく〳〵と見た。

お父樣のお寫眞にあげた梅の花が一つ二つ咲いた。つぼみばかりであつたのにこんな小さな花瓶の中でも元氣に咲く梅の花を氣持よく思つた。

やがてお母樣がおかへりになりお兄樣のおよろしいようかゞひ「ありがたうございます」と誰かにお禮を云ひたいやうな氣がした。

おひるすぎお母樣のところへお客樣が見え私はこの間、本屋からとゞいた本を出して見たがいくら讀んで見ても今日はわからない。あまり何度も讀んでゐる中にます〳〵わからなくなつてきて頭が變になる。止してハンカチの洗濯をした。平賀のお姉樣がいらつしやつた。お兄樣の御樣子をお話したりピアノの話をしてすぐにおかへりになつた。

晩にお花の先生がいらつしやるので夕方は室を暖めたり花瓶を出したり色々用意するのでゴタ〳〵した。

今日のおけいこは愛子は、つゝじとマーガレットを私は梅とジエラニユームを數へていたゞいた。「今日のお花はやさしうございましたね」と先生がおつしやつたが、私にはやはりむづかしかつた。梅がお床の間の壁によくうつつた。

お母樣のお生けになつた「雪やなぎ」が大變美しかつた。

早く雨が降ればよいのに、また明日もお天氣かしらと思ひながら床には入つた。

熱海にて

伯爵渡邊昭氏令妹
女子學習院卒　渡邊あい子

一月六日　熱海にて

暮の廿七日から當地へ來て、あたゝかい、のどかなお正月をすごして居る。

昨年もやつぱりこゝでお正月をむかへた。丁度今日は東京から武子樣がお泊りにいらした思ひ出の日。あれからもう一年すぎてしまつた。そしてあのおやさしい私達を可愛がつて下さつた方はもうこの世の中にはいらつしやらないのだ。

けふは一年前のこの日の事ばかり頭にうかんで來る。緣側に立つて海をながめながら、いろ〳〵かんがへて見る。

朝十時頃停車場へおむかひに行く。白い毛のおかたかけを肩に、はすにかけて、小紋のコートを召してお元氣さうに下りていらした。お母樣の所へいそいでいらして、あの鈴のやうなお聲で、

「あら、わざ〳〵いらしつて下さつて本當にありがたう。私まだ風がなほりきらないのよ。でもはやくあがりたくて、……本當にたのしみにしてまゐりました。」とそれから私達の方へいらして、いつものやうに手をおにぎりになつたり、私達を小さい子供のやうに、しつかりそばへおよせになつて、

「幸樣はもうおよろしいか？　こんなにお元氣なお顏拜見して本當にうれしうございますワ。」

「あい子ちやん、私とう〳〵まゐりましたから。すつかり若くなつて遊びせうね、今夜はうれしくてねむれないからおそくまでね。夜通しでも好いのよ。」とおつしやりながらにこ〳〵とそれは美しくお笑ひになつた。

ホテルへおひるのお食事に行つたり熱海の方を自動車でドウライブしたり一日とは思へなく樂しかつた。そして夜になつてからはブリッヂをした。そしておそくまで、つかれるまでお話したり遊んだりした。

翌日の夕方また驛までお送りして月のきれいな〳〵晩にお別れした。……

……そしてあれから丁度一ケ月立つた同じ七日に武子樣はやつぱり、月のきれいな夜の道をすつかりお變りになつたおすがたで病院から本願寺へといらしたのだ、……考へて見るといろ〳〵の事が思ひ出される。お立ちになる日の三時頃この庭の芝生で記念にといふて海を後ろにして御一緒にたくさん寫眞をうつしたのに一つもそれがとれないで寫眞屋がふしぎがつて居た。あれも一月後の悲しいお別れのいやなしらせだつたのかもしれない。

ボーッ、と汽笛がきこえて伊東の方から汽船が來る。下駄をはいて庭先に出て下を見ると汽船はやがて下の船つき場へ近づいて來る。はしげが舟の方

へいそいでこぎつける。それに四五人の男が乘りうつゝて、岸の方へつれてかへつて行く。少ししてまたボーッとなつて舟は小田原の方へおだやかな海の面をすべつて行く。だん／＼小さくなつておしまひには見えなくなつてしまつた。十年前に私もあの舟でこゝへ來た事もあつたのだ。初島の上の方が夕やけで繪のやう。

私達は夜一年前の夜と同じやうにブリッヂをする。お母樣と幸姉樣と私とで。でももう武子樣はこの世の中にはいらつしやらないのだ。

一月七日

町の人々や別莊の留守居の人達に送られてにぎやかに熱海を立つ。ずゐ分汽車はこんで居る。おひる少しすぎて品川につく。

さむい／＼と思つて居た東京も家には入つて見ると私達の部屋の前の緣側にあたゝかく日があたつて居るし東京に居た人達も今年は割合にあたゝかいと言つて居る。

少しおこたつにあたつて留守中いただいた手紙をよんだりする。

今日から昭和四年の都での第一日をすごすのだと思つて机に花をさしたりお人形をかざりなほしたり荷物をかたづけたりしてやつとおちついた所へおばゞ樣がいらつしやつた。

今これから御年詞にあがろうと思つて居た所なのにと御あいさつしていろいろ熱海での事をお話したりする。少ししておかへりになる。庭づたひにおばゞ樣のお部屋の見える所までお送りする。

伊太利のお兄樣からのお手紙を出しご封を切る前に手でさわつて見ると、たしかに一二枚繪葉書がは入つて居るらしい。またきれいな景色かしらん？　それともオペラの寫眞かしらん？　と思つて樂しみにしながら開けて見たらなつかしい光兄樣のお顏が見えた。思ひがけなかつたので本當にうれしい。すぐお母樣の所へ持つて行つてお見せする。さつそく額に入れて机の上にかざる、六人の兄弟からたつた一人はなれていらつしやるのだから、高輪の事、お母樣の事、兄弟の事、いつもいつも私がくわしく知らせてあげる、少し書ゝないとおさいそくが來る。信州からおそばが送つて來たので長崎料理でおしへていたゞいたやうにおのりでまいておすしを作る。きれいに出來たのをおばゞ樣の所へもたしてさしあげる。

夜久しぶりに蓄音機を聞く。熱海からきゝたかつたのを何度もかけて見る。

東京へかへつた、といふ氣持で心もおちついていつもの通り日記をしるしてやすむ。

歌日記

西村平次郎氏令孃
日本女子大家政科　西村壽美子

二月十六日

久しぶりの雨の音に目がさめる。長い日でりつゞきに誰もが待ちあぐんでゐた雨だつた。まだ薄暗い。水仙の香がほのかにたゞよつて、夜光時計の文字がぼつと光つてゐる。

如月の雨……なつかしい音に心までしつとりぬらしてくれるやう。幸ひに御稽古も無い日だから、樂しみにしてゐる「薫染」や「中道を歩む心」をゆつくり讀んだり、御母樣と御裁縫をしたりしやう。

夜〇子様との御約束で、御歌の交換に輕井澤で作つたのと近詠を少しえらむ。いつもながら下手なのばかりだけれど。

山すその　曉やみに　霧立ちて
　ほの〳〵と咲く　月見草の花
霧にぬれ信濃の道を　わけ行けば
　ま遠に啼ける　郭公のこゑ
細々と　一すじの道　つゞきたり
　果しもしらぬ　落葉松ばやし
碓氷なる　峠の茶やに　人もなし
　眞晝しづかに　郭公の啼く
黒き蝶　宿りて飛ばず　萩の枝
　曉の中の　しとゞなるかも
萩の花はつかに咲きてあえかにも
　打しづもりし　夕月夜かな
或時は　果敢なくこむる　冬霞
　さびしき中を　ひた走る汽車
如月の　天地淸く　かぐはしき
　梅の一枝　咲きそめしより。

二月廿三日

陽氣ちがひの暖かさ。一面に咲いた茶畑の明るい黃の色がふつと頭をかすめる。

午前中は跡見先先に御習字の御稽古。珍らしく御障子を明けはなして御机に向ふ。小春日和のお緣側には、先生御秘藏の紅梅が丁度咲頃、筆を休めて、つかれた目に優しい花を樂しむ。御稽古が終つてから、先生に春の海、夏の海の油繪を拜見させて頂く。實によい色調であつたやうに思ふ。かうしていつも御心に御かけ遊しては、いろ〳〵と暖かい御敎へを頂く事をありがたく思ふ。

午後一時歸宅。數日前から御約束の〇〇〇〇記者の方に御目にかゝる。御要件を伺つて御花の御稽古に急ぐ、

正科は　れんぎやう、ほんとに御雛様もぢきなこと。投入は　アカヂア、マーガレット、スヰートピー、を。

歸宅後御花をさし代へて御部屋の氣分が生々する。御部屋の裝飾をいろ〳〵工夫して、變つた氣分を樂しんだり、晩餐の御料理を考へて、父上母上に飛んだ珍料理をさしあげたりするのが樂しみ。

御夜食後ラヂオの音樂にきゝとれながら月を眺めて我を忘れてしまつた一時間半程「萬葉集の鑑賞及び其批評」を讀んで床に入る。

一輪挿をいただいて

富山シタマ

×　日

朝お隣りのハタキの音で目がさめた。ハタ〳〵〳〵とよくもあんなに大きな音をさすものである――煩い音だ――私が掃除をする時はあんなに騷々しいやり方はすまいと思つた。

ゆつくり起る。二月の末ではあるけれど日だまりは春の暖かさを思はせるやうなので、母様や自分の汚れもの數點を洗濯する。靴下の穴をふさぎドレスにひのしをかける。

午後は多摩川の×子様のおうちへゆく。「よつちゃん」が可愛らしくなつて、私が何かいたゞいてゐると、うんうんといつて慾しがつて私の顏をのぞきこむからほんとに可愛いゝ。

×　日

臺處にみかんがたくさんあつた。私も好であるし、お祖父様も好であつたから一つ二つお供へにした。私はお祖父様が好であつた。お祖父様は私を可愛がつて下さつた。午後叔母さんがおしるこをこしらへてくれたけれど私はキライだから一つしか食べなかつた。

×　日

朝叔母様は臺處でこと〳〵仕事をしてゐる。母様は出掛けた。私は掃除をすまして髮を洗つた。十時頃から明るかつた日がどんよりと寒そうに曇つて來た。

午後は、火鉢の火をあたゝかくしレコードを次から〳〵へとかけて遊んだ。愉快な空氣が家中一ぱいにひろまる。針を取かへたり、ぜんまいをまわしたり、拍子をとつたり一人で忙がしいけれど流れ出る美しい音に私は心地よく鼓膜を打たせて喜んだ。

今日××先生から伊東のお土産に油壺の形した一輪ざしをいたゞいたので、床の間のアスパラガスと、スヰートピーの後の方のわからない所を、少し失敬してさしてみたところ、配合がよかつた。

如月日記

莊武一氏令嬢
お茶の水高女卒 莊とみ子

二月×日

朝のお化粧を濟ませたら十時だつた。大急ぎ御習字のお稽古に行く、最う皆様が盛に習つていらした、自分がいくら習つてもあんまり出來ないのですつかり情なくなつてしまつた、今日はきつと家にかへつてよく復習をしなければならないと思ひながら、電車に乘ると、中で小さい時長唄のお稽古で一緒だつたK様に久し振に御目に掛る、家にかへつて本を讀んで居ると長唄のお師匠様がいらした、御稽古の外に×××をさらつていたゞいて三時頃御かへりになる、夜一寸叔父様が見えた。

二月×日

今日は御茶之水の卒業生の觀劇會が歌舞伎座にあつた。向ふへついたのが四時皆様に御目に掛る、今日は觀劇會兼クラス會の様なものなので大變面白く觀劇した、「忠臣藏」の通しなのできつと途中で厭るだらうと思ひの外六代目の勘平は實に光つて居た、外もすべてよかつたが只道行の時に勘平とお輕の釣合が取れて居なかつたのが殘念に思はれた。十一時家にかへる。

二月×日

祖母の二七日なので母と一緒に谷中の御寺にお詣りに行つた。祖母永眠して十幾日、地下に佛となつて居られると思ふと、孔子の白骨の文をそばで讀んで居られる様な涙ぐましい氣持になつて自然と頭がさがる、ありし日の佛の善行を、思ひ出しながら歸途につく夜お花のお稽古があつた、新に一人御弟子さんが殖えて居た、私の御稽古の花は池之坊は梅、投入は白木瓜に桑の花の根入だつた、十時床につく。

× × ×

現代令嬢趣味しらべ

これは、「あなたの御趣味は？」といふ質問の御回答です。お忙がしいところを、御回答いただいたことを感謝いたします。（順序不同）

○長野宇平治氏令嬢　長野三枝子

一、音樂
一、活花
一、芝居見物
一、祝儀袋、封筒の蒐集

以上

○戸川秋骨氏令嬢　戸川エマ

趣味など持つ柄でもないのですけれど、それでも文學とか繪とか、スポーツには随分引きつけられる事はあります、殊に此頃では文學の方に。「演劇や能樂」も良いと思ひます。時としては都會的な華やかさも好きですし、又ごく靜かな田舎に何もかも忘れて草花の「手入れ」等するのも好きです。

○西崎弘太郎氏令嬢　西崎緑

一、舞踊
一、音樂
一、讀書
一、繪畫
一、運動競技見物

○井上角五郎氏令嬢　井上榮子

一、靜かに讀書する事
一、美しい音樂をきく事
一、暖かい時候となれば郊外散歩等

○清水荘一郎氏令嬢　清水澄子

一、ヴアヰオリン其他洋樂
一、旅行
私は愛器宮本第一號に三百子と云ふ名を付けて朝に夕に親んで居ります。私の行く所海も山も彼女を伴ひます。雪の朝雨の日私は毎日彼女を連れて上野の森に通つて居ります。

○同上　清水妙子

一、長唄
一、登山其の他スポーツ
一、文藝
私はあらゆる物に趣味を持ちます。冬枯の柿の木の姿春風に櫛けづる柳の若葉さては爪弾きの三味線クルチのソプラノ茶室靜に一輪差しの花の香も賞でればマーブルの卓上ストローで吸ふ液體の味にも醉ひます。面白の浮世や興味深き人の性やを感じて居ります。

○故岸本能武太氏令嬢　岸本よし子　岸本はる子

一、讀書
一、音樂
一、スポーツ

以上

○男爵四條隆英氏令嬢　四條芳子

一、音樂（ピアノ、聲樂）
一、日本畫
一、お花等

四條輝子

一、音樂（ピアノ）
一、日本畫

○杉山義雄氏令嬢　杉山たか子

日本の物が結構で御座います。殊に歌舞伎物等古典的の物が好きで御座います。音樂等の日本物を好みます。決して西洋物も嫌ひでは御座いませんけれど、日本人には未だあちらの物を、理解する事は六づかしい事だと思ひます。

○木原清氏令嬢　木原近枝

一、御茶

現代令嬢趣味しらべ

一、活花
一、裁縫
一、和歌）一向に出來ませんが趣味を
一、謡曲）もつて居ります。
一、琴
一、芝居

○

伯爵葉室長通氏令嬢
葉室　禮子

一、呂刺し
一、御料理
一、編物
等で御座います。

○

北昤吉氏令嬢
北　みち子

一、聲樂
一、ピアノ
一、文學書類殊に蘆花先生のもの

○

服部宇之吉氏令嬢
服部　順子

一、ピアノ
一、洋畫
一、習字
一、手藝
一、和歌
一、佛語
右學藝の餘暇それぐ師について學んで居ります。

○

井上孝哉氏令嬢
井上　豐子

一、國文學、殊に王朝文學が好きです
一、音樂はピアノ

○

北村七郎氏令嬢
北村八重子

一、邦樂ことに長唄
一、日本畫
一、歌道
一、茶の湯、生花
一、お芝居
一、割烹

○

白井新太郎氏令嬢
白井美代子

一、謡仕舞　梅若流
一、小皷　大倉流
一、大皷　葛野流
一、太皷　觀世流
一、笛　一噌流
其の外、お茶、割烹。

○

佐藤長之助氏令嬢
佐藤くめ子

一、繪畫を拜見する事
一、好きなレコードを伺ふ
一、投入、盛花（小原流）
一、運動としてテニスをいたします
一、「小公子」や「小公女」を愛讀いたして居ります。

○

木村久太郎氏令嬢
木村まち子

一、運動、音樂、讀書
一、折角のおたづねに、これといつて申上る事もなく良い御答へが出來なくて、御めんあそばせ。
一、あをぞらの下で、小さな方達と一緒に、のびやかにとびはねすること。
一、可愛いゝ御花達
一、御母樣方の御歌を拜見することなど樂しみに致して居ります。

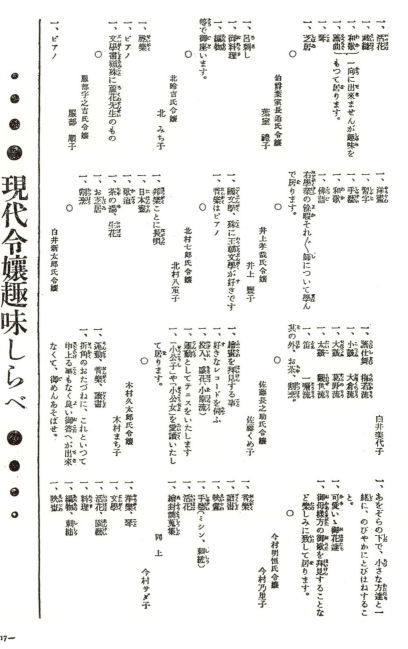

○

今村明恒氏令嬢
今村乃里子

一、音樂
一、讀書
一、映畫
一、手藝（ミシン、刺繍）
一、活花
一、繪封筒蒐集

同上
今村サダ子

一、洋樂、琴
一、文學
一、活花、園藝
一、料理
一、編物、刺繍
一、映畫

令嬢の小遣しらべ

その一

八田嘉明氏令嬢
日本女子大學國文科　八田清子

未だ女子大學の國文科に通つて居ります學生の身でございますので、お小遣としては毎月十五圓しか頂いて居りません。しかしなかなかこれで間にあひます事はまれでございまして、毎月のお小遣帳を發表致しますれば、缺損々々で、收支つぐなつた月は殆んどございません。が、ぜひに書けとの仰せでございますので、左にお目にかけて見ました。

小遣拾五圓。
書籍雜誌………七圓五拾五錢
文具…………一圓六拾錢
電車自動車代…四圓
お晝のパン代……二圓
展覽會行と食堂費……一圓七拾錢
その他の雜費……一圓五拾錢
合計　拾八圓三拾五錢。

即ちこの月も參圓三十五錢の超過になつて居ります。晝食は約半ケ月分はお辨當を持つてまいります。それにお化粧代は、白粉もすべて母のを用ひて居りますので、自分で買ふ必要がありません。

お芝居にもよくまいりますが、これも母と一緒でございますので、一切母のおごりでございます。

被服費等も襟一すじ、羽織の紐までも自分で買つた事がございません。本當に學校へ行く爲に必要な日常のお小遣だけしか頂いてをりませんので、こんなものが御參考になりますか、如何でございますか……?

その二

名
女子大卒業生　永田澄子

父が會社の都合上ずつと外國に生活致して居りますので、私共一家の費用は勿論、私達姉妹のお小遣等もかなり正確に守られて居ります。私は長女といたしまして、毎月お小遣としては三拾圓頂いて居ります。

これは主として自分の何よりの趣味として居ります音樂會行きや、お友達の交際費――これが大抵月平均に致しまして五圓はございます。お芽出度だとか、地方へお立ちになつたりなさる方への贈り物でございます。音樂會は近衞氏のオーケストラの會員券に參圓、他にその月々によつていゝ催しのある毎にまいります。お芝居や映畫へもまいりますがお芝居の方は母のお伴でございますので、これは母から出ますが、映畫の方は妹達と一緒でございますので、月々一圓五拾錢位でございます。車馬代は大抵自分で出しますが、家から自動車で出かけます時には、家の方から出して頂いて居ります。化粧品は、白粉だけは家から皆共通に使用致して居りますが、他にコンパクトだとか、何かゞ、月一圓位の平均には求めて居ります。氣が向けば手藝も致しますので、その材料を買ひましたり、お財布だとか、一寸したもの等に、拾圓位はすぐ飛んでしまひますので、餘程考へて使ひませんと、嚴格な家庭だけに、月末になつて寂しい思ひをしなければならない事がございます。

以上の他に、月謝と致しまして、ロランヂ氏のピアノに參拾圓、料理を赤堀先生にお教へ願つて居りますが、日本料理と西洋料理兩方致しまして五圓、他に實費代が五、六圓かゝります。英語、これは澤山お友達を集めまして、皆で忘れない程度にやつて居りますので、一人が參圓づゝ出しあつて居ります。しかしこれはお小遣以外でございまして、家から出して頂いて居りますが、一寸附加へておきました。

その三

林雪子

手藝が好きで、手藝にのみこつて居りますので、その材料だけに隨分お小遣を使ひます。大物を致します時には一時に拾圓も、拾五圓もかゝりますし、小さいものでも人形の首一つにも、四圓、五圓はかゝります。それを月にいくつと致しますのでございますから、一體いくら位使つて居りますか、その時時に母から頂いてまゐりますので、考へても一寸數字に現はす事は出來ません。他に月謝といたしましてお花やお茶に拾圓、手藝の方は一回毎に切符制度になつて居ります。回數券が拾五圓でございます。大抵一册で毎月間にあひますし、あまる月もございます。化粧品は月平均三圓位、これは自分で求めます。お友達と一緒にお食事を頂きましたり、贈り物等にどうしても拾圓は毎月かゝります。これで足りない月もございます。電車や、自動車代にも四、五圓はつかひます。お芝居や活動等へはめつたにまゐりませんが、それでもどうしても私一人が家から頂いて、使つてしまひますお金は、少くも五拾圓から百圓近くに上る月がございます。

その四

荘武一氏令嬢
お茶の水高女卒 荘とみ子

小遣帳から、そのまゝ寫します。

一月分小遣帳

四日	筆及び短册	一圓五十錢
五日	觀劇雜費	三圓三十錢
七日	化粧品（コールドクリームヴアニシングクリーム）	三圓
八日	毛糸（十オンス）	二圓二十錢
十日	足袋（六足）	一圓八十錢
十五日	羽織紐（四ッ）	二圓五十錢
十六日	半衿	三圓八十錢
二十日	半紙（五帖）	一圓
二十二日	長唄會費	二圓
二十三日	下駄	五圓七十錢
二十四日	化粧品（粉白粉）	一圓八十錢
三十一日	雜誌及び本	四圓
同	結髪費	六圓三十錢
同	電車回數券	二圓九十五錢

〆金 四十一圓八十五錢也

女學校卒業令孃の行方

梅　山　一　郎

六年前の女學生の希望

地震のあつた年の三月ですから、未だあの恐ろしい經驗を嘗めなかつた頃、東京市の中央職業紹介所では、女子の就職希望が段々殖えて來るやうだが、女學校卒業生の希望はどんなかと思ふて係員が某高等女學校に出張してこんなメンタルテストをやつたものでした。第一には

『お米は一升幾何しますか』

ところが最高は一升一圓五十錢、最低は一升七錢と云つた回答で、係員もビックリし心の內で『女中を使つてゐる家庭のお孃さんはお米一升の値段を知つてゐる事より英語の單語を覺えた方が實際的なんだらう』と考へました。

次で第二に

『どんな男を理想の夫としますか』と云ふ質問をやると、今度は『音樂や美術や演劇を理解し男らしい男で婦人を尊重する人』と云ふ答が大部分で、そこに世間の識者が惱んでゐる經濟のことなど、ちよんびりも感ぜぬやうな問答に係員は二度ビックリ、最後に

『あなた方は女學校卒業後何うなさいますか』

と云ふ質問に對しては、『すぐ嫁に行きます』と云ふ者が百人中六十人で、其の後の四十人中でも十五人はピアノや裁縫や琴料理をお稽古してからお嫁入りすると云ふ調子で、働いて見やうと云ふ女學生は二十五人許りでした。

そこで係員は『どちらから見ても賴母しくない婦人だ』と云ふ嫌な折紙をつけて引き下つたと云ふ插話が殘つてゐますが、僅かこの話が六年前の出來事とは受取りにくいでせう。それ程今日の女學校卒業生の氣分は、良きにつけ惡きにつけて、近代的の經濟洗禮を受けました。

もう一つ變つたエピソートをお目にかければ、東京の高等女學校中の才媛の集りと言はるゝ、お茶の水高等女學校生は、幸ひに母校附屬の專攻科へ入り易いので、定員五十名のところ、殆んど大半を占めるのが常ですが、漸く專攻科に入つた一學期によいお嫁入口が始まると、專攻科を出て中等教員の免許狀を、簞笥へ入れて行かうと思ふた入學當時の覺悟も忘れて、よろこんで結婚して行くので、一學期の末には二三割も減ると云ふ奇妙な現象がありました。

それがあの大地震後は全く無くなつてしまつたといふことも、六年前の女學生氣質が、地震を境にして一變したよい實例でせう。

現代女學生の思想傾向

世間にやかましい婦人の權利擴張の社會的活動や歐米婦人の眼醒しい發展ぶりに、眼をみはつてゐた所へ—大地震が來て—それから引きつゞく深刻な不景氣ですから、呑氣さうな女學生の頭も變る譯です。地震の次の年、東京府立第一高等女學校の入學試驗の際、市川源三氏は市內の百三十校から集まつた志願者に、二つの質問を試みて見ました。

『あなたはこの學校を何うして選んだか』

『あなたは女學校を卒業したらば、何にならうと思

つて志望しましたか』

　すると未だ小學校を出たばかりの少女が、女教員女醫志願であることを申し、進んで高等教育を受けると答へ、卒業して嫁入りすると云つた良妻賢母を目的とした少女は、殆んど僅かしかみつかりませんでした。それも他人に教へられてか、自發的な考へであるかを問ふて見ると、異口同音に『自分で考へました』と云ふ回答でした。

　僅にこの經濟的に獨立しなければ、他に絶對の安心が出來ぬと云ふ氣分は、進歩的な女學生を支配し始めた標語となりました。

　試みにかうした傾向に進んで來た現代女學生が、どんな思想を持つてゐるか、[illegible]らぬところを打ち割つてお目にかけませう。これも第一府立高等女學校長の市川源三氏が、山梨、和歌山、門司東京の各女學校の生徒六百六十名に就て奇抜な質問、即ち、

『男になりたいか』

『女になつてゐたいか』

『右の理由』

　を試みたところ男になり度いものが二百三十六名、女でゐたい者が百三十六名、或る時は男或る時は女でありたいと云ふ者が二百八十八名と云ふ妙な結果を得
『男になりたい』理由の一つは、『戰爭に行けるから』と云ふに至たつては、頭の古い人は呆れて口も利けません。ですから現代の女學生が家庭を牢獄の如く感じて、外へ外へ無性に憧れるのも、この氣分の發露に過ぎません。

　もう一つ麴町高等女學校の女學生の思想調べを御覧になつて、現代女學生の心の中を覗いて下さい。その中でも親に對する不平が最も多く、無記名だけに、他人の前では言ひ得ぬやうな不平が告白されてゐます。

　その内三つ四つ女學生の本音と云ふところを紹介すれば、
□ヒステリーの母は私に乘馬を許さぬ
□親といふ者は勝手に子供を叱るものか
□母は他人に大變良く、子供にはまるでカタキのやうで温情がない
□迷信が多く事あれば直ぐ易者の所へ走る
□教育はなくても金さへあらばとの父の家庭教育には絶對に反對
□父は外出勝ちで子供に趣味がない
□子供を犧牲にして自己の罪を隱くす
□自己を滿足させる爲めに子供の自由を束縛する
□物質的に愛するも靈的の温情がない
□教育ある父は私を理解するも無智で舊式の母は不理解の爲め衝突する
　經濟的獨立以外にも、親も絶對の頼りとたらぬ事實を知つた女學生、願ふことならば、男子となつて、戰にも出まほしき勇敢な女學生、少し眼醒めかけて來た眼にうつる家庭や兩親に對する不平を抱き始める女學生――この現代女學生がどの方面へ進んで行くかは、自ら指さゝるゝ譯だが、世の中はさほどに思ふやうに行くものではありません。いろ〳〵な事情が純な女學生の希望に纏ひかゝつて、ここに複雑な行方を辿りつゝあります。

眼星しい女學校を訪問して

　ソコで私は市内の女學校を訪問して、今年の卒業生がどんな方面へ向ふかを調べて見ました。それも市内の女學校百數十校を巡ることは不可能ですから、眼星しい女學校と、なるべく異つた種類の女學校を選んで見ました。
　一番上流の知識階級のお孃さんで、才媛揃ひのお茶の水高等女學校では、百名の卒業生中そのまゝ附屬の專攻科へ進む者が四十人前後あります。專攻科は今年から英語科がなくなつて國文科と家事科と二科となり、三年やりますと、中等教員の免許狀が得られますから、よし卒業後教職はとらなくとも、萬が一の場合に……と云ふ心持で最近母校からの志願者が著しく殖えました。定員五十名ですから、お蔭で外から受驗する者は十名を何百人で爭ふと云ふ氣の毒な例が毎年繰返されてゐます。後は七名が本校の女子高等師範學校、二名が女子英學塾、一名が東京女子醫學專門學校と云ふ數ですから、丁度卒業生の半分が上の學校へ行き、半分は四月が來ると袴をぬいで美容院へ通ひ、裁縫音樂料理のお稽古をやりながら、お嫁の口探しと云ふ譯です、
　では昔のやうに、このお嫁入り候補者がスラ〳〵と片づいて行くかとなりますと、相手になる男が大學卒業後、三四年經たなければ、一戸が構へられぬと云ふ貧弱さに引きかへ、こちらはお父さんの家庭を物指しにして何事も考へる爲めに、この物指しに叶ふたよいお婿さんは、なか〳〵みつからず、

昔は十九才から二十歳が花嫁盛りで在學中持ち切れずに婚約をしたり、式まで擧げたものですが、この頃ではやゝ盛りの年が過ぎて、二十一二歳から二十三位になりました。

その昔と云つても、四五年前でしたが、女子學習院を始め、虎の門、跡見等の華族お金持の令孃の集まつてゐる女學校の父兄會に問題となつたのは、女學校だけで大學卒業生の相手の妻にするには少し不足のやうではあるが、三年も四年も專門學校へいれて置いては、第一花嫁盛りを過ぎて仕舞ひ、お稽古ごとを勵ます暇がないと言つた事でした、十九才二十才が花嫁盛りの時には、確かに問題でしたが二十三才までが花嫁盛りとなりますと、三四年の專門學校をゆつくり出られますから、今日ではそんなことを心配する親はなくなりました。之も最近の變化です。

さて次は府立高等女學校中で、最も進歩的だと云ふ府立第一高女を訪問しました。卒業生二百十七人中百〇八人が上級の學校へ進みます、その半數の四十人前後の者が母校附屬の高等科へ進み、後の六十六人はそれ〴〵の專門學校ですが、一番多いのは東京女高師の二十二人、東京女大の十人、女子英學塾の九人、新らしいのでは、今春開校する明治大學の女子部に入つて、法律を專攻して辯護士にならうと云ふ志望です、明大女子部の申込み狀態を聞いても、既に定員を越えてゐる所を見ると、裁縫の手藝のと糠味噌臭いことばかり講義される運命から開放されるだけでも、とても胸が躍るでせう。其の他英語を專攻する者も少なくないやうです。但しこゝの高等科に限らず、免許狀にも縁はなし、と云つて家庭持ちのお稽古でもない高等科は母校の生徒は入るが、何うもあぶ蜂とらずだと云ふので父兄からはよく言はれてゐません。然し當の女學生には人生や社會や文化等と云ふ哲學めいた學問が出來ますから、大喜びのやうです。

更に今度は三輪田高等女學校で、同じ調べを頂きました。こゝは二百人の卒業生中上級及び就職する婦人は、僅か三十人前後で、それが主に女子英學塾、女子高等師範學校、東京、日本女子大學等へ入り、職業婦人としては、四五人日本銀行からの申込みで就職する者があるとの事です。尤も後の百七十人とても家へ引き込むと云つても、六ヶ月又一ヶ年の家政專門學校の速成科を選んで、お嫁入り稽古を勵むのです。三輪田校長の談話によると、外國へ留學した者、又は外交官で滯在した者、其の他一度でも歐米の空氣を吸つたハイカラな青年は、日本へ歸つて妻選びをする時、向うで嫌になる程利口で權利の強い女を見厭きてゐる爲、却つて高等教育等を受けたバタ臭い令孃よりは、未だ純な日本風の從順な令孃を好む傾向があるので、女學生自らの希望はあつても、そのまゝ家庭へ引き籠らせられる上流の令孃は少なくないやうです。三輪田高女の卒業生の行方は、少なくともこの間の消息を物語つてゐます。

今度は中流の家庭の娘を集めてゐる常磐松高女と、小石川高女の卒業生の様子を伺うて見ますのに、小石川高女は卒業生七十一名中家庭にとゞまる者四十四名、上級の學校又は就職する者は二十七名で、内分けしますと、中等教員二、小學校教員七、婦人記者三、女文士一、社會事業に携はる者一、事務員四、看守一、傳道師一、タイピスト一、官廳の事務員三、不明二等です。

私はこの希望に對して特に女囚の看守を志す一人の女學生のあるのを不思議に思ひました。ところが其事情を聞いて見ますと、自分が幼ない時父を失ひ、不幸な人生を渡つて來たので、せめて半生を不幸な婦人の爲めに、働いて見度いと考へて選んだのが、この職業だと聞いて感心させられました。浮いた中にも又真面目な女學生もゐる譯です。

常磐松高等女學校は、卒業生百二十人のところ約六十人が家庭に留まり、六十人が上級學校と就職の方へ進みます。その六十人の丁度半分が上級へ、半分が就職と云ふ割合です、上級の學校では裁縫家事體操等の中等教員の免許狀を、無試驗で得られる專門學校へ大部分が進み、次で女子師範學校の第二部へ押かけます。

恐らく女子師範學校の第二部程すべての點の待遇のよい學校、そして婦人職業は少ないので、中流家庭の娘の集まる女學校からは一校五六名の志願者がある爲、百名の所六七百名の志願者が押しかけて女高師の試驗に次での大競爭です、特に四年程度と五年程度の女學生が入り亂れての競爭ですから、之れを留めてゐるのは、四年程度の女學校の卒業生です。

三十名の就職と云ふのは主に遞信省の保險局、貯金局、日本銀行、勸業銀行、東京鐵道省等の月給は少ないが、大勢女子を使ふ所で、間違ひの少ないところが選ばれます。昔は尋常小學卒業生で埋まつたところですが、最近では女學校卒業生が進出する事になつたので、ここに採用試驗が課せられ、補充を待つて入るには四月から秋まで待たねばならぬと云ふ實情のやうです。

家庭にとゞまる者は裁縫を中心に所謂お稽古ごとをやるがその役立たぬことは今も昔も同じで常磐松高女の飯岡奈躬氏はこんな滑稽な話をしました。

『自分の關係した家へ嫁入つた新妻がありました。その家庭では今度高等女學校の卒業生が嫁に貰へるので、ライスカレーやシチユウーやカツレツ、オムレツ位うまいのが食べられると悦こんでゐました。私は之を聞いて少し不安になりましたから、嫁さんの家へ行つてそんな料理が出來るのか尋ねて見ました。女學校を出てゐるのだから習ふてゐませうと云ふ親の答へなので、更に本人に尋ねて見ますと、習つたがうまく出來ないと云ふ事なので泥縄式でしたが少しの暇に料理のお稽古へやりました。そして嫁入つたのですが、先方の期待が正直に大きかつた爲、そんな燒つけ刄の西洋料理がうまく食べらるる筈がなく、色々な文句がついて遂に離縁になりました。』

と云ふのです。之も女學生が學校を卒業して二三年ならずして行く一つの路かと思ふと悲しくなりませう。

第一希望の專門學校は何處

今高女卒業生が最も志望する專門學校と職業を知らうと思ふには、全體の女學校卒業生の調査をやらない限り、最も人氣のある專門學校を調べて見るより外にありません。

何と云つても百名足らずの所へ千名近くの天下の才媛を集める東京女高師、級中二三番とか十番以內位の成績でなければ、入學できない東京女子大、日本女子大、女子英學塾、東京女子醫學が女學生の誇の的となつてゐます、つまり頭腦の婦人の集まる所で之が、一段落ちますと、家政專門學校と裁縫技藝學校、體育音樂學校、女子師範學校二部が何れも中等教員小學校教員の無試驗檢定を持つて待つてゐますから、萬人向きと云ふ所でせう。前が、第一希望ならば後は第二希望と云ふ所です。所が最近同じ頭を使ふにも全然今迄にない政治や經濟商業法律と云つた方面へ婦人を少し現はす運動が起り、經濟女子專門學校、日本女子高等商業學校、明治大學女子部日本大學夜學部等が出現したので、從來の固陋な教育に甘んじない進步的な女學生が、ここへ集まつて來やうとしてゐます、但し別に之と云ふ資格がありませんから、女高師、女子英學塾、女子醫專へ集まる程の才媛が、集まるか何うか先づこれは當分第三希望の學校となりませう。

第一希望の婦人職業は何

女學生の第一希望職業は何かと云つたらば、言下に女教員とお答へします。先程申し上げた上級の學校へ行く者は、何か目あてかと云へば、中等教員か小學校の教員の免許狀が欲しいからです。若し假りに東京の五大裁縫學校數種の家政學校の卒業生が、悉く就職するとしたらば、それこそ家事裁縫の教員の洪水ができます、中分位が就職難に陷入つてゐる位です。もう一つ假りに女學校卒業生に學費を貢いでやると云つたらば、之も大半は教員を志すでせう。その次は自由な職業婦人として昔はタイピストがその誇を保つ上に、一番人氣を集めてゐましたが、タイピストに茶汲みをさせたり、電話の取次をさせたりして、月給は事務員と大差なく、然かも就職難ですから、昔の夢は醒めてしまつて、今では標準が變つて事務員店員タイピストの區別よりも、勤め先の良し惡しによつて人氣が變るやうになりました。五大デパート、丸善、三井、日本、安田、勸業、日本銀行、其の他大ビルデイングの一流の會社商店に勤めることが、唯一の憧れでもあり誇と變りました。

（終り）

あの令息・この令嬢

貴族の令息

高田義一郎

○

××院といふ、中學程度の貴族學校がありました。

修身の時間に、教師が熱心に「父母に孝を盡せ」といふ事を說いて、幾人かの故人の例話を擧げた後、更に支那の二十四孝の話までして聞かせました。教師はそれから、靜に生徒一同の顏を見わたして、

「皆さん、今のお話に就て、何か質問があつたらお云ひなさい」

と、咳一咳しながらも、心の中では「あんなに上手に說明したのだから、恐らく質問の餘地は無い筈だ」と、頗る得意を感じてゐたものであります。

然るに、意外にも室の一隅から、「先生！」といふ聲と共に、右手を高く擧げた生徒がありました。教師は、何となく自尊心を傷けられた樣な氣持をしながら、

「○○さん、何ですか」

と云ひました。すると○○さんと呼ばれた生徒は、元氣よく立上つて、美しい貴族らしく何處かに餘裕のある顏を輝かしながら、彼の質問をはじめました。

「先生。父に孝を盡すべきことは、よくわかつて居りますが、母に孝を盡す必要のあることが、どうも少しもわからないのです。」

教師は、此の時自分の耳を疑つた位で、その質問の主旨が、反つてわからなかつたのです。で何と答へることも出來ずに、目を白黑しながら、不思議そうにその生徒の顏を見つめるのみでした。

「………………」

教師の沈默をもどかしいと思つた○○さんは、更に疊みかけて、質問の理由を述べました。

「父に孝を盡すべきことは、先生から聞かないでも知つて居ます。しかし生んでくれた母といふものは、向ふから可愛がつてくれる位のもので、僕達から進んで孝を盡すべきものとは考へられないのです。」

「可愛がるのが、所謂母性愛です！」教師は少し腹立しさうに云ひました。

しかし○○さんは退きません。

「母は下女の一種です。それに孝を盡せば、反つて家が亂れる基です。それだから先生の御話がわからないのです」

教師は、再び自分の耳を疑はずには居られなくなりました。仕方がないので、援兵を他の生徒に求めるつもりで、次の樣に生徒一同に向つて問を發したのであります。

「皆さん！　○○さんは不思議な質問をされるので、私にはその意味がよくわかりませんが、皆さんにはあれがわかりますか？」

すると、重ねて意外な叫び聲が、室内のあちらか

ら、こちらからも、恰ど蜂の巣をつゝいた樣に、八方から起つて來たのであります。

「○○君の云ふことはよくわかつて居ます！」

「僕にも先生の云ふことがわかりません！」

「母に孝つてことがわからないんです！」

「僕も質問しやうと思つてたんです！」

「…………」

教師は、頭を不意に電柱にぶつけた位に驚いて、勿論無言で、茫然自失の幾分かる續けをのみでありました。

○

○○さんと呼ばれた生徒は、或る伯爵の長男でありますが、生母といふのは伯爵の側室の一人でありました。○○さんの生母は、伯爵の寵遇を一身に集めて、遂に○○さんを生みましたが、子供が出來ると同時に乳母として○○さんを育てることになりましたから、○○さんとしてはその慈母には感謝して居りますが、しかし數多い召使ひの一人として、その生母を見て居るので、之に父と同樣の孝行をするといふ事は、如何しても納得出來なかつたのでした。

しかし之は決して○○さん一人の事ではなくて、××院の生徒の大半は、皆そういふ風にして育つたものばかりでした。――侯爵や□□公爵の令嗣をはじめとして、級の中でも門閥の高い人程、殊にそれが多かつたのです。乳を飲ませて若樣が育つのを見ると同時に、御暇を出されて主人の寵遇を又次の婦人に讓渡して、淋しく出て行く婦人の腹から生れて出て、修身の教師の說明に理解を持つことの出來なかつた公達が多數で、之が又最も級中での信望のある生徒だつたのです。

それが皆、○○さんの質問の意味を解し兼ねた爲に、眼を白黑させながら、

「皆さんには、○○さんの不思議な質問がわかりますか？」

と、救援を求めた修身の教師に、益々困る樣な返答を與へた人達だつたのです。

××院の公達の心持は、平民の教師にはわからなかつたのです！

平民の教師の心持も、華族の令息にはわからなかつたのです！

「同じ人間でも、子供の時の境遇で、隨分考へが違うもんですね――。令息にもいろ〳〵あるもんですなあ！」

その修身の教師は、後に漸く○○さんの質問の意味がわかつて、こんなことを知人に話したのでありました。

知人の令息令嬢

澤田謙

令嬢三人・令息三人

玄關先の敷石を、コツ〳〵コツと、靴の足音がする。『郵便屋さんが來たな』と思ひながら、玄關傍の應接で、新聞を讀んでゐると、いきなり、

『兄樣！』

といふ聲。硝子窓を開けて見たら郁子さんであつた。

郁子さんは、衆議院議員河崎助太郎氏（大坂の富豪）の令孃、いま二十一で、目白の自由學園に通つてゐる。

『郁子の結婚のことも考へなければなりませんし……』

と、お母樣が心配なさるのを聞いても、年を聞けば有理だが、顏を見ると寧ろ滑稽なくらゐ、郁子さんは無邪氣で、子供子供して、活潑で、そして明い氣分がする。

ずつと以前、郁子さんは何年？と聞いたら、三年だといふから、

『三年にしちやあ、大きいな。六年ぐらゐかと思つた』

と言つて、失策つたことがある。尋常の三年かと思つたら、女學校の三年だつたのだ。

妹の秀子さんは、女には惜しいほど、落着のある、考へ深い娘さんだ。清水谷女學校の四年生。小學校時代から、作文がお得意で、『下駄』とか、『豆

偏心』とかいふ題が出ると、特に優秀であつた。

『秀子、一寸おいで』

と、お父様がお呼びになると、厭でも何でも、一寸だけは抱かれに行く子であつた。しかし、厭なときは、決して永くは抱かれてゐない。何時のまにやら、スルリと脱け出してゐる。

『此奴が一番素直で、いゝ子だ』

と、お父様はニコ〳〵してゐられたが、厭なときは穏當ながら、自分の意志を通すところに、舊時代と新時代との矛盾を、小さい胸で解決してゐた賢しさが微笑まれる。

一番下が芳子さん、女學校の二年。最もユーモアに富む。小學校時代には、一番『お話し』が上手であつた。知らず、將來の女流雄辯家たるべきや。

泰夫、邦夫の二兄と、晃夫の一弟がある。

『モスリン、今日は安いです。×圓×錢。しかし氣配は強いやうです。』

廢兵院のやうな洋服を着て、甲陽中學に通つてゐたのは、昨日のことと思つたのに、頭を綺麗に分けて、リウとした洋服姿は、何としても立派な青年紳士だ。そしてもう片足を實業界につつこんでゐるのが、私には一つの驚異であつた。

中學時代は、多くの學友とともに、スポーツと映畫のファンであつたが、いまではその暇もあるまい。算盤はうまくなつたか、機略は如何に、と、少年時代から知つてるだけ、いろ〳〵考へられもする。

邦夫さん。兄さんの瀟洒たる青年紳士振りに對して、これは粗忽なる學生振りだ。一高時代は野球の選手で、拙宅も時々學友と一緒に來襲を受けた。

『何のくらゐ焚きませう』

と、女中がソッと聞くから、普通の人の三倍ぐらゐならいゝだらう、と返事しておいたら、それでも飯櫃が空になつて、女中から大いに恨まれたことがある。

一番下の晃夫さんは、まだ小學校。

『僕、運動會で二等だつた』

と、一週間も自慢してゐる時代だから、まだ海のものとも山のものとも判らない。

和子さんと俊介さん

結婚後、幾年。はじめて和子さんが生れたときは、鶴見祐輔さん得意なものであつた。

何んな子です、と、聞いたら、流石雄辯博辯の鶴見さんも、

『ウン、眼が大きくつて、口が小さくつて……』

と、飽ッ氣ないくらゐ平凡な答。

『アハヽ、その反對だつたら大變だ』

と、大笑したことがあつた。

今でも眼が大きくつて、口が小さい。尤も、『眼はパッチリで色白で、小さい口元……』と言へば、お人形じみるが、流石新人の子だけあつて、キリッと締つたモダーンだ。

お客様の好きなのも、親讓りであらう。

『これ、和子のお客様よ』

と、まだ五ツ六ツのころ、和子さんに御飯の給仕をして貰つたのを記憶えてゐる。

この和子さんに、何と思つたのか、鶴見さんは、花柳の踊りをしきりに仕込んでゐる。

弟の俊ちやんは、面白い兒だ。今年からやつと小學校だらう。

何時か訪ねて行つたら、俊ちやん大得意で、近所の惡太郎と遊んでゐる。

『俊ちやん、何してるんだい？』

と聞いたら、見向きもせずに答へて曰く。

『ウン、乞食のお稽古をしてるのさ』

私達の仲間に、『豪傑』と綽名をとつた男があつた。しかし流石の豪傑も、俊ちやんには敵はない。

『俊ちやん、遊ばうか』

『あゝ、だけど、今忙しいから駄目だ』

照子さん

盃を把つては『酒仙』といはれる小説家水守龜之助君の小供にしては、至極穏當すぎるやうだ。こんなのが良妻賢母になるんぢやないかと思ふ。

毎日、鞄をぶらさげて、學校に通つてゐる。やゝ昂奮してゐるのを視たのは、遠足の前夜だけ。

『なにしろ一人娘だもんだから……何つかいゝ養子を世話して下さい』

之れで照子さん、幾歳かと思へばまだ小學校の四年生だ。

親馬鹿とはよく言つたもので、円、これが『酒仙』水守龜之助の言葉であるか。

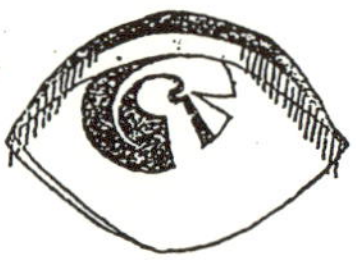

三人姉妹

石川欣一

◇

Mさんのお宅の三人の令嬢、Yちやん、Kちやん、Rちやん。お父さんが東京の支店から大阪の本店へ轉勤になつたので、この三人も東海道をはるばると「さうだつたか」の都まで、目をまるくしてやつて來た。その時、上から順に、九つ、八つ、一つ飛んで六つ。

その頃は、私も大阪で勤めてゐた。まだ結婚したてで、勿論子供は無いし、兩親も親類も友人も東京にゐる家内は、毎日なんぞ淋しかつたに違ひない。だからMさんの一家が大阪へ移轉して來て、殊に私達の住んでゐた郊外に居を定められたことは、私達にとつてはこの上も無いよろこびだつた。Mさんは私の會社の先輩であり酒飲み友達である。M夫人は家内の家政上の先輩になり、よきアドヴァイサアになつて吳れた。三人の子供達は、女中も老人もゐない私の家をいゝ遊び場所として、しよつ中遊びに來た。そして家内と四人で、バタ〳〵鬼ごつこをしたりしてゐた。

Mさんの子供達は實に自由に、のび〳〵と育てられてゐた。三人とも、顔立ちも異り、性質も違つてゐたが、高原の白樺みたいに、すこやかに、のびのびしてゐる點は全く同じだつた。

◇

この子供達にとつては、家庭はお父さんとお母さんとがゐる所なのである。從つて私は石川さんのお父さんであり、家内は石川さんのお母さんであつた。私の父が東京から遊びに來たことがあつたが、幸ひにも、Mさん夫妻が私の父を石川先生と呼ばれるので、父は石川さんのお父さんのお父さんと呼ばれずに濟んだ。

◇

父が大阪へ來るすこし前に、早大のA先生が來られ、Mさんの家で晩餐をとられた。私も招かれて、いろ〳〵とお話を伺つた。A先生は片方の目が細い。その後私の父もMさんに晩餐に呼ばれた。父も長年顯微鏡を覗いてゐたので、片方の目が細くなつてゐる。Mさんの三人の令嬢は、こちや〳〵とかたまつて、しきりに何か相談してゐたが、やがてRちやんが一同を代表して、お母さんに質問を發した――

「お母さん、おぢいさんになると皆片方の目が小さくなるの？」

◇

半年ばかりたつた時、Kちやんが突然小さな紙片を家内にくれた。石川先生の印象圖である。一方の目はまんまるく、一方の目は單に一本の線を引いたものであつた。

◇

子供達は非常に早く大阪辯を覺えた。Y子ちやんとKちやんとが學校で覺えて來るのを、Rちやんが家庭で覺えるのである。

◇

Yちやんは一番年長なので、身體もほつそりしてゐたし、いくらか神經質でもあつた。末つ子のRちやんは無邪氣にボチャ〳〵太つてゐた。中のKちやんは負けん氣で、悪戯をした。MさんがKちやんを膝にのせて、この子は河合權太だといふから、何のことかと思つたら「可愛いゝゴンタ」だつた。ゴンタは悪戯兒の大阪語である。このゴンタは一度臺所からマッチを持ち出して、裏の草原に火をつけた。春さきで、枯草が一時にボーッと燃え、洗濯をしてゐたどこかのお神さんが、盥の水をぶちあけたりして、大騒ぎをした。

◇

Yちゃんはよく氣がついた。御飯の時など「私はお母さんより餘程よく氣が利くわ」といひながら、お給仕をしたり何かした。お母さんはニコ〱してゐた。

◇

Mさんが、高臺の中腹に家を新築した。出來上つたので晩飯に呼ばれ、Mさんと酒を飲んでいゝ氣持になつてゐたら、Rちゃんが演説をするといひ出した。

Rちゃんはよく演説をしたが、それがきまつて「いち演説」といふ文句で始る。何でもどこかの學藝會で「一、演説」とプログラムにあつたのを覺えてゐるのだといふ。

その晩も、椅子の上に立ち上つたRちゃんは、先づ「いち演説」といつた。そしてしばらく大きな目をクル〱させてゐたが、やがて、エヘンと咳ばらひをして、

「今晩は新しいお家が出來て、石川さんのお父さんも來て、たいへんうれしいのであります。このお家は學校も近くていゝお家でありますが、お父さんは石川さんのお父さんとお酒をのんで酔つぱらつて、お母さんに濟まないと思ひませんか。」と、大演説をやつた。　さんと私とは顏を見合はせて、恐縮して了つた。

◇

その後Mさんの一家は京城へ移り、私達は東京へ來た。これを書きながら考へると、Yちゃんはもう十四、Rちゃんも十一である。どんなになつたか、急にあひ度くなつて來た。子供を大勢知つてゐるが、あれ程自由に、のび〱育つた子供は一寸すくない。あんなのが新時代のいゝ娘になり、いゝ奧さん達に生長して行くのに違ひないと思ふと、明治、大正、昭和と、やはり時勢がうつることを感じさせられる。

獨身生活者の座談會

男女室に居るは人の大倫なり——と聖人も仰せられてゐるが、廣い世間には、その聖言を耳に入れずして、氣儘な獨身生活を、樂しんでゐられる人も少くありません。で、現に獨身でゐられる左記の方々の、御氣焔を拜聽してみることにいたしました。獨身の可否に就ては、自から別に議論があらうと存じます。昭和四年三月十三日の午後。帝國ホテルにて——記者。

出席者

（イロハ順）

▲埴原久和代（閨秀洋畫家の重鎭で二科美術展覽會の會友）
▲河崎夏子（文化學院に教鞭を執つてゐられる女流教育家）
▲吉岡信敬（曾て早稲田大學で彌次將軍の異名を馳せた方）
▲高畠華宵（優しい美しい抒情畫をお描きになる有名な方）
▲矢崎千代二（パステル畫の權威として知られてゐる美術家）
▲藤井達吉（畫家で手藝家で本誌には特にお馴染み深き方）
▲森律子（本誌にはお馴染みの深い帝劇の花形女優さん）

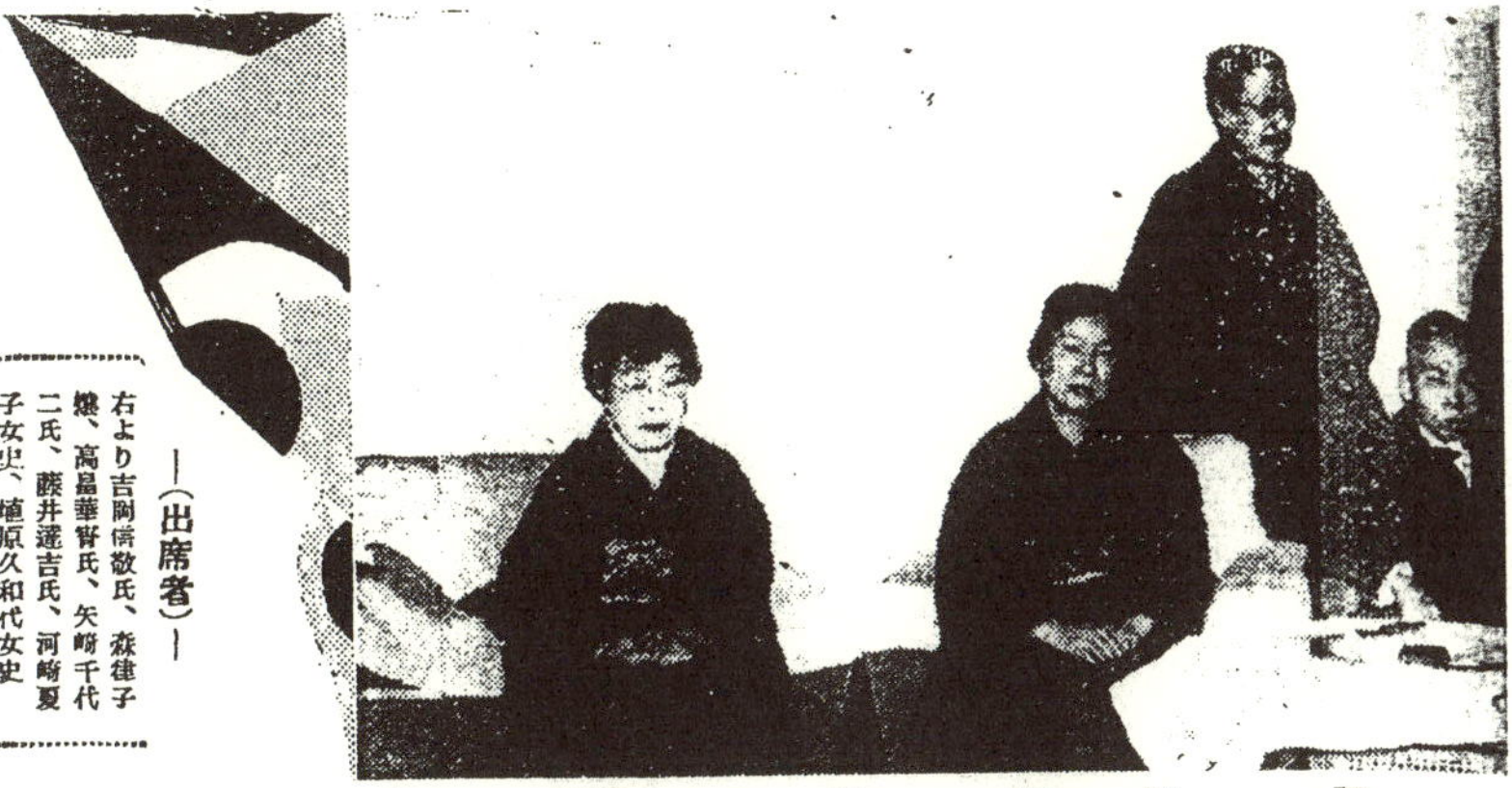

―(出席者)―
右より吉岡信敬氏、森律子嬢、高畠華宵氏、矢崎千代二氏、藤井達吉氏、河崎夏子女史、埴原久和代女史

(1) 子供のある獨身者

記者 數年前の女學生は、申し合せたやうに獨身主義を口にしてゐましたが、最近は如何でせうか。

埴原 やはり少女達は　獨身生活に一種の憧れを持つてゐるやうです。

記者 一時の出來心か何かでは、獨身生活は、押し通せないと思ひますが、どんなものでせうか。

藤井 獨身者の定義から、決めてかゝる必要がありますね。隨分怪しげな獨身者もをりますから……

矢崎 子供のある獨身者もありますからね。

記者 あまり嚴密な定義を下すと、少々やゝこしくなりますから、その邊は漠然としておいて頂きませう。

矢崎 六十になつて、結婚する人もありますから、死んでからでなくては、本當のことは言へませんね。

吉岡 田淵(代議士田淵豊吉氏)が惜しいことをしましたね。つい先頃、熱海驛の前で久し振りに行き逢つて、一時間半も立話をして別れましたが、それから二三日經つたら、結婚したつてことが新聞に出ましたので、がつかりしましたよ。

埴原 中里さん(大菩薩峠の著者中里介山氏)も近々に、結婚なさるさうですね。お對手の方は、歌人の原阿佐緒さんのお友達だとか伺ひました。

藤井 高畠さんなど、申込が隨分多いでせうね。

高畠 いゝえ、そんなでもありません。

森 獨身の人は、いつまでも人氣があるやうですわね。

藤井 では、森さんも、その意味で人氣がありますね。

森 まさか……ね。

(2) 獨身婦人の奥樣

記者 これからでも結婚してみたいといふ氣には、おなりになりませんか。

森 旦那樣は要りませんが、いゝ奥樣を欲しいと思ひます。つまり家政婦ですね。

埴原 同感です。

森 外に出て、むしやくしや腹が立つたやうなとき、家に歸つて、甘つたれることのできる人を欲しいと思ひますわ。母がゐてくれました頃は、その點は大變幸福でしたが、この頃は家に歸つても、大將になつて威張つてゐなくてはなりませんので、寂しい氣がいたしますわ。

藤井 吉岡さん、子供を伴れて歩いてゐる人を見て、變な氣はなさいませんか。

吉岡 友達が子供の話なんかすると、不思議な氣がします。三越なんかへ行つて、友人が子供洋服の前に立ち停つたりすると、可笑しな氣がします。

高畠 結婚すると、友達交際がやりにくゝなりますね。向うからも訪ねて來ないし、こちらからも訪問しなくなります。

吉岡 實際、結婚すると友人關係は駄目になりますね。

(3) 細君に惱まされる良人

森 姉がゐたときは、私は姉に對して、いろんな同情を寄せてゐました。子供を育てる苦心、良人に仕へる苦心、姑の御機嫌を取る苦心など、なみ〳〵のことではあるまいと思つてゐました。ところが姉は却て私の職業に對して、深い同情を寄せてくれました。

藤井 私の知つてゐる限りでは、細君に惱まされてゐない御亭主は一人もないやうです。操縱法が、なか〳〵容易ではなさゝうですね。

森 獨身でをりますと、自分の亡つた後のことが、少し氣になります。

藤井 三十代には、私も不安を感じました。このまゝ死んでは耐らない、といふ氣がしました。併し、いろ〳〵な苦しみを切り拔けて四十代に入りましたら、そんなことは、何にも考へなくなりました。このまゝで、何時野たれ死をしても、かまはないといふ氣がいたします。

埴原 女の御姉妹が、一緒においでなさるからでせう。

記者 藤井先生の御一家は、お姉さんも妹さんも、姪御さんも御獨身ですね。中の妹さんが先日御結婚なすつて、その結果は、やはり御不幸だつたさうですね。

藤井 たゞ自然にさうなつてしまつたのです。姉は、母が弱かつたゝめに、婚期を失したやうです。

(4) 生理的な難行苦行

森 何か一つの仕事なり目的なりを持つてゐる婦人には、良人は邪魔になるだけです。

吉岡 職業を持つ婦人は、良人を持つべからずですね。お互に困ることだから……

記者 男は結婚しても、さほど仕事の邪魔にはならないやうですね。

藤井 生理的に言つても、男子の獨身生活には非常な苦痛が伴ひます。婦人は、さほど苦痛を感じないさうですが……

吉岡 あれは一種の習慣でせう。

藤井 習慣といふよりも、むしろ必要なものでせうね。殊に男子にとつては――

高畠 犬を見ても判りますよ。女犬は、月經の後でも、男犬に逢はせないやうにしてさへおけば、何も知らないで、別に苦痛とも感じないらしいんですが、男犬のさかりのついたのは、どんなにしておいても、何時の間にか脱け出してしまひます。

記者 女の人は、何かの仕事に熱中してゐると、生理的の要求は、よほど紛れてしまふさうですね。

吉岡 體質上、男の方が餘裕綽々としてゐるわけでせう。

藤井 佛門の、謂ゆる『難行苦行』は、結局、あれを克服するための修業ではなかつたでせうか。十年二十年の難行苦行を積んで、初めて豁然として悟道の奧義に達したといふのも、つまりは、この煩悩に打ち克ち得たといふことではないでせうか。

記者 先生も苦行なさいましたか。

藤井 骨身を削られるほどの苦行でした。頭から冷水をかぶつてみても、盲滅法に駈け出してみても、なか〱抑へることのできないものです。

矢崎 その人の體質にもよるでせうね。さほどの苦行と感じないで、獨身を保ち得る人もあります。

藤井 性欲は生活欲です。性欲が全くなくなれば、人間は六十時間しか生きてゐられないといふことを聞きました。私自身の經驗から言つても、性欲の旺盛なときに製作したものには、一種の瑞々しい力が籠つてゐます。

高畠 私にも、その氣持はよく解ります。

記者 歌麿の浮世繪などでも、晩年の作は、いくらか枯渇した感じが出てゐますね。

吉岡 運動を盛んにやつてゐると、割合に樂に抑へることができます。一年志願で入營したときは、そんな氣は少しも起らなかつたが、伍長に昇進したら、體が少し樂になつたので、どうもいけませんでした。軍曹になつたら、集會室に集まつて來る連中が、みんな猥談ばかりやるので、實に困りました。何でも一生懸命になつてやつてゐるに限りますよ。

森 神樣は、『生めよ殖えよ。』と言つてゐられるのですから、獨身生活は變則に相違ありませんが、その人〱の境遇とか事情とかいふものがありますから、結婚を無理に強ひることはよくないと思ひます。

（5）獨身なるが故の不便

記者 獨身でゐられるための不便や不自由はありませんか。

藤井 身の廻り一切のことは、妹がしてくれますので、私の場合は、別に不便も不自由も感じません。

吉岡　私が一番困るのは、女中の選擇です。一番初めに傭つた爺やと婆やは、なか〳〵よくしてくれましたが……。この爺さんは、泥坊をやらなかつたゞけで、乞食もやれば、人足にもなり、トンネル掘りもやれば、菓子屋の職人にもなつたといふ、ありとあらゆる職業の經驗家で、十四人目の細君を伴れて、私の家に傭はれて來ました。

記者　十四人目の細君とは驚きましたね。

吉岡　この細君がなか〳〵の正直者で、朝のお惣菜に出したハム・エッグスを、私がちよいと褒めたら、それから一ケ月ばかり、ハム・エッグスばかり食べさしてくれたのには、閉口しました。

記者　獨身者の悲哀ですね。

吉岡　この爺やと婆やがゐてくれた間は、とにかく無事でしたが、婆さんの身内の者が病氣になつて、二人が暇を取つて田舍に歸つてしまつたら、早速困りました。水道橋の職業紹介所に頼んで、一人の婆やを傭つたら、三日目の晩に、突然大苦悶をはじめ、約一週間ほど、寢込まれてしまひました　身許も何も判らないので、このまゝ死なれたら大變だと思ひましたが、幸ひに全快してくれたので、ほつとしました。後で聞けば、空腹を抱へて傭はれて來て、宅で存分に食べたゝめに、胃痙攣を起したのださうです。

埴原　獨身者に傭はれた女中さんに、ありさうなことですね。

吉岡　病氣がやつと治まつて、お給金の前貸をしてくれと言ふので、貸してやつたら、その晩から行方を晦してしまひました。

記者　獨身者には、それが一番苦手ですね。

吉岡　性の惡い傭人にぶつゝかると、大變な目に遭ひますよ。

矢崎　私は巴里にゐたとき、印度人のボーイを四年以上使つてゐましたが、世間普通の細君とは比較にならぬほど、よく盡してくれました。死ぬほどの病氣をしたときも、痒いところに手の屆くやうに親切にしてくれました。細君を可愛がるほどに可愛がつてやれば、犬や猫だつて、そこいらの細君ぐらゐのことはしてくれます。性の問題は別ですが……

（6）獨身生活の氣樂さ

記者　旅行などに出られたとき、家を懷しく思はれるやうなことはありませんか。

藤井　二三時間も汽車に乘つてゐると、家のことなんか、すつかり忘れてしまひます。從つて、早く家に歸りたいといふ氣も起りません。到る處が、自分の家のやうな氣がします。

吉岡　御同感です。併したまには、植木のことなぞが氣にかゝつて、早く家に歸つてみたいと思ふこともあります。

藤井　久し振りに家に歸つて、たゞ一人で、のびのびと寢床に入ることのできる氣持は、獨身者にのみ許された幸福です。この氣樂さがあるので、獨身生活は、なか〳〵止められません。

記者　淋しい感じはなさいませんか。

吉岡　一度でも經驗のある方は、淋しい感じがなさるかも知れませんが、幸ひにして私は細君の有難味を知りませんから、別に何とも思ひません。

高畠　細君の有難味を感謝してゐる御亭主は、よつぽどの果報者か、でなければ……。世間には、隨分惡い細君がゐますからね。

吉岡　歸宅の時間が少し遲くなつても、すぐ喧嘩をはじめる細君を、私は知つてゐます。

森　私の知つてゐる或る御主人は、夕方のせ時を過ぎると、ブル〳〵慄へて、歸宅なさいます。

(7) 謂ゆる獨身主義者

記者 高畠さんが獨身でゐられるのには、何か理由がおありですか。

高畠 別に理由はありません。自然に斯うなつてしまつたのです。子供のときからの許嫁もありましたし、養子の口もありましたが、自分の希望してゐた仕事が、順調に行かなかつたので、その貫徹に熱中してゐるうちに、知らず識らず、こんなになつてしまつたのです。

矢崎 私も自然です。

吉岡 みんな自然に斯うなつたんですよ。主義でも何でもありません。

記者 私の知人で、細君を貰ひたい〳〵と言つてゐながら、五十幾つの今日まで、未だに獨身でゐる人があります。

森 私は六つのときから、跡見先生の塾にお世話になりましたが、花蹊先生も獨身、御養子の李子先生も獨身でゐられました。そんなことも、いくらか私の頭に入つてゐたのではなかつたかと思ひます。

藤井 よく、友人なんかに、『君は獨身主義者なのか？』と訊ねられますが、ちよつと妙な氣がします。で、『そんな主義があるのかい？』と反問してやります。

吉岡 主義は、とかく折れますからね。

藤井 世の多くの人々が、別に主義もへちまもなく、たゞ漠然と結婚してゐるのと同じく、我々もたゞ漫然と、獨身を通して來たのに過ぎません。世間の人々が結婚したのが自然なら、我々が結婚しなかつたのも自然なのです。結婚の意志なき者が、無理強ひに、義務的に結婚させられるのこそ、最も自然に逆つたことになると思ひます。

(8) 六ケ月の結婚生活

記者 埴原さんは、ほんのちよつとの間、御結婚なすつたことがあるやうに伺ひましたが、本當ですか。

埴原 十九の年に結婚して、すぐ逃げ歸り、呼び戻され、また逃げて歸り、なんでもゝめて半年ぐらゐ結婚生活をいたしました。

記者 御主人をお嫌ひだつたのですか。

埴原 さあ……とにかく結婚したくらゐですから、別に嫌ひだつたわけでもないでせうが、結婚といふことが、實につまらなく感じられたのです。

藤井 その當時のことを思ひ出されることはありませんか。

埴原 主人だつた人は、その後間もなく亡りました。今では、殆ど結婚したことを忘れてゐるくらゐです。

藤井 埴原さんはお幾つですか？ 五十幾つですか。

埴原 御冗談でせう。……婦人の年をお訊きになるもんぢやありませんわ。

記者 御主人が放蕩なさつたといふわけでもありませんね。

埴原 そんなことはなかつたやうですが、とにかく堪へられないほどつまらない氣がしました。で決心して遂に逃げ出しました。私共はその頃、臺灣にゐましたが、主人は土匪なぞと交際して、何か面白い事業を計畫してゐたらしかつたのですが、私には少しも話してくれませんので、それを少からず不平に思つてゐました。

森 まるで『人形の家』ですね。

(9) 五郎正宗の繼母

記者 藤井先生は、婦人に對して、一種の反感をお持ちではありませんか。

藤井 今はさうでもないが、二十六七から三十頃までは、婦人に反感を持つてゐました。

記者 どんな理由で？

藤井 十三四のとき、五郎正宗孝子傳を讀んで、あの繼母が、五郎を苛める態度を憎み、それが女性全體に對する反感に、變つてしまひました。

記者 正宗孝子傳は、教育的な物語として、子供に讀ましてゐるくらゐなのに、それが却て反對の影響を及ぼすことになるとすれば、よほど注意しなくてはなりませんね。

藤井 それから後に東京に出てのことですが、櫻の頃、上野公園の茶店で櫻餅を食べてゐたら、若い女の人が、三つくらゐの子供の手を引き、乳呑兒を抱へて、私のそばに寄つて來て、さも恥しげに、『主人に逃げられて、食べるものもないから、子供に少し惠んでください。』と哀願しました。私はこのときほど、婦人の慘めさを感じたことはありませんでした。

吉岡 そんなことが、自然と結婚を厭ふやうになられた原因でせうね。

藤井 さうです。結婚して子供ができるのは、一面から言へば幸福に相違ないが、實は非常な不幸の原因を作ることにもなるのです。良人と妻と子供と、この三者の何れが先に死んでも、恐ろしい悲劇が起るのです。氣の小い私は、到底この悲劇に堪へることはできないと考へるやうになりました。

高畠 私は母に反感は持たなかつたが、父には反感を覺えました。私の家は、田舍では貧しい方ではなかつたが、子供が多いので、みんな中途半端の教育を施したゞけで、父は亡りました。そのために私達兄弟は、非常な苦しみを經驗しました。そして私は、決して子供を作らない決心をしました。

埴原　私も子供のことは考へました。結婚に子供を育て上げるだけの自信のない私が、母となることは、大變な罪惡だと思ひました。

高畠　子供を、幸福に育て上げる能力のない者が、子供を生むのは、よくないことだと思ひます。

藤井　父が死ぬとき、私はその枕頭で言つてやりました。『子を見るの明は親に如かずといふことがあるが、お父樣は私を見損ひましたね。私を商人にしようとなさつたりなんかして……。私は決して子供は持ちませんよ。』と。

埴原　私の母が非常に不幸な結婚生活をしてゐましたので、そんなことも、私が結婚を厭ふやうになつた原因の一つであらうと存じます。

(10) 獨身者は元氣がいゝ

記者　獨身でゐられると、周圍の方が結婚をお勸めになるでせう。

藤井　若かつた頃は、盛に勸められましたよ。

吉岡　こいつが一番煩いですな。友人の一人が十幾年もアメリカへ行つてゐて、歸つて來たら私を訪ねて來て、『貴樣はまだ獨りか？　俺は貰つたぞ。早く貰へ〱。』と勸めるので、『そんなにいゝものかな。』と言つたら、『本當のことを言ふと、細君くらゐ惡いものはないぞ。併し、女房を貰つて、たつた一ついゝことがある。そのために貴樣に妻帶を勸めるんだ。他でもないが、女房を持つと赤坊が生れるんだ。こいつが可愛いぞ。女房は憎いが、赤坊は可愛いぞ。貴樣も早く妻帶しろ。』と、眞劍になつて勸めるので、それには私も閉口しました。

藤井　結婚すると、どんな男でも女でも、妙に世帶じみてしまつて、潑剌たる若々しさのなくなるのが厭ですね。吉岡さんみたいな元氣は、結婚者には見られない。

森　男の方を何時までも元氣に、若々しくさせておくやうな婦人を、作り出したいものですわね。

吉岡　もしそんな婦人があつたら、私は惚れますよ。

森　女學校を出た當座は、私みたいなものにも、いろんな申込があつたやうでしたが、私はみんな刎ねつけました。女學校を出ると、一二年の後に人妻になつて、赤坊を生んで、良人に扶養されて、お婆さんになつて行くのが、あまりにも意氣地なく考へられたのです。この頃流行のモガといつたところでせうね。

記者　森さんなぞは、御職業柄、いろんな噂を立てられることがおありでせうね。

森　えゝ、そりやもう。……以前は氣にしましたが、今はもう何とも思ひません。長い目で見てゐて頂ければ……といふ考へです。從つて男子の方との御交際も、別に手控へなぞはしないことにしてをります。

(11) 參觀交代の制度?

記者　結婚してゐれば、たまにはいゝことがある。他人が私を信用してくれる——といふ文句を、何かの本で讀んだことがありますが、如何でせうか?

吉岡　會社などでは、妻帶してゐないと信用がありませんね。獨身者は落着がないといふのです。厭になつたら、その日からでも會社を辭めることができるのは、獨身者だけですからね。會社から言へば、社員に女房や子供があるのは、抵當を取つてあるやうなものです。つまり人質ですな。

藤井　徳川時代の參觀交代の制度みたいなものですね。

吉岡　だから會社では、無茶苦茶に結婚を勸めます。

記者　會社だけでなく、社會的にも獨身者は信用が薄いやうですね。

(12) 獨身者と戀愛

藤井　私の友人に彫刻家がゐますが、やはり獨身で、蜜蜂を飼ふ計畫を立てゝゐます。彫刻で食つて行くのは厭だと言つて、そんな計畫を立てたのです。『それは、蜜蜂の勞力を强奪することになるよ。』と、私が冗談を言つたら、それを非常に氣にしてゐました。

記者　森さん、外國の女優さんで、獨身の人はありませんか。

森　フランスのサラ・ベルナールは、私がお訪ねした頃は獨身でした。尤も愛人はあつたさうですが……

河崎夏子女史が見えられました。そして入れ替りに、森律子さんが退場されました。

矢崎　外國では一度結婚した人の獨身生活が、非常に多くなりました。離婚訴訟を提起すれば、必ず勝つと言つても差支ないほどです。フランスの或る内閣では、大臣の過半數が獨身者であつたこともあります。

記者　あちらではすべての設備が簡便にできてゐるので、獨身者としての不自由は、あまり感じなくて濟むさうですね。

河崎　婦人の敎育家には、立派な獨身者が少くありません。先づ東京女子大學の安井哲子先生、女子青年會の河井さん、加藤さん、婦選の市川さん、高等師範の安井この子さん、矯風會の守屋さん……

藤井　さうなると、男子の獨身者は、心細いですね。

記者　長谷川如是閑氏、中里介山氏、牧野虎雄氏……

矢崎　九州醫科大學の中山森彦博士は、やはり獨身者で、弟さんも醫學博士で獨身、妹さんも獨身で有名です。兄さんは大變な美術の愛好家、弟さんは熱心な考古學の研究家なのも面白いと思ひます。

吉岡　一體に、獨身者に藝術家が多いやうですね。藝術家は、猛烈なラヴをしさうなものだが……

藤井　ラヴをするから、結婚しないのですよ。

記者　レオナルド・ダ・ヴィンチなどにも、熱烈な戀のロマンスはあるが、生涯獨身でしたね。

矢崎　結婚しないで、ラヴを燃してゐた方がよくはありませんか？

藤井　深刻な戀愛なら、經驗してみたい。

吉岡　同感。

埴原　これからでも、あり得ることですわ。

(13) 獨身者は博愛主義

記者　獨身者の中には、妙に偏屈な人もありますね。

埴原　私もそれを一番心配してゐます。そして、できるかぎり心を和かに持つやうに力めてゐます。

河崎　私の知つてゐる範圍では、少しも、そんな缺點のおありの方はありません。東京女子大學の安井先生なぞ、ほんとに圓滿な、豁かなお心の方で、まるで慈母のやうな感じがいたします。

埴原　やはり何か一つの仕事を持つてゐて、身も魂も、それに打ち込んでゐなくては駄目ですね。

吉岡　仕事を持つてゐないと、男でも女でも、駄目になつてしまひます。

河崎　さうです。全身を打ち込んで働けるやうな仕事を持つてゐて、智的に自分を導く能力があり、經濟的に獨立することができさへすれば、決して偏屈な氣持は起らない筈です。

藤井　獨身者は、暗い氣分に襲はれても、またすぐ明るくなることができます。

吉岡　私の周圍には、四十を越した獨身者が五六人ゐますが、みんな快活です。だからお互に相戒めて、『まだ結婚するなよ。』と申してをります。

記者　獨身者は、異性に對して、どんな感じを持つでせうか。

吉岡　獨身の男子は、一般の婦人に對して親切なやうです。

矢崎　博愛になるんですね。

藤井　異性を觀る眼は、獨身者の方が鋭く且つ細です。だから獨身者には藝術家が多いのです。ボッチェリー、ミケランゼロ、ダ・ヴィンチ、鳥羽僧正、雪舟……何れも藝術家として、大きな仕事を殘した人々です。

(14) 羨ましい獨身者

記者　羨ましい獨身生活者は、どんな方ですか。

河崎　安井哲子先生の御生活は、一番立派だと思ひます。それから學習院の幼稚園と、鮫ケ橋の双葉保育園を預かつてゐられた野口幽香子先生など……

吉岡　柳澤保惠伯もたしか獨身でしたね。

藤井　鹽田力藏といふ人は、世間的には有名でないが、陶器の研究では、世界的の權威者です。日本美術院の基礎を固めた人で、その弟子や後輩が、みな日本有數の藝術家として、大きな邸宅にふんぞり返つてゐるのに、鹽田先生は、その日〳〵の生活の資にさへ窮してゐられます。清貧を樂しむとは、まさに先生のやうな場合をいふのでせう。

吉岡　そんな立派なお方は、國家としても、當然、何等かの待遇法を講ずべきですね。

埴原　鹽田先生のやうなお方こそ、ほんとの藝術家でせうね。

記者　話は違ひますが、埴原さんは、これまで一度も誘惑をお受けになつたことはありませんか。

埴原　ないこともありませんでした。周圍の人人から、如何にも尤もらしい理窟をつけて、結婚を勸められたときには、私も少からず迷ひました。そして思ひ惱んだ擧句、石龍子に判斷をして貰つたやうなこともありました。そしたら結婚しても差支なく、結婚しなくとも差支はないとのことでしたので、それでは獨身で通さうかといふ氣になつたのです。

藤井　二つの途に迷つた場合は、やはりそんな判斷を仰いで、どちらかに決める方がいゝんですよ。

(15) 同性愛と若い燕

河崎　何か一つの仕事を持つてゐる婦人は、獨身で暮す他はないと思ひます。男子は結婚したからとて、仕事を捨てる必要はないが、婦人は結婚すれば、仕事を捨てゝ家庭に入らなくてはなりません。仕事に沒頭すれば家庭はお留守になり、家庭生活に沒頭すれば、仕事は第二義的なものになつてしまひますから。

埴原　**ですから仕事を持つてゐる婦人は、結婚**を躊躇するやうになるのです。男子の場合と同じに論じることはできません。

記者　結婚しないで、仕事にだけ沒頭してゐたら、寂しいことはないでせうか。

河崎　世間でいろんなことを言つてゐる或る御婦人方の關係は、簡單に同性愛などゝ言ひ捨てるべきことではないと思ひます。同じ道を行く人が、手を取り合つて、互に慰め勵まし合つて進んで行くのは、惡いことではありません。但しこの場合、二人の間を繋ぐものは、戀愛よりも更に深く、更に淸い友情でなくてはならぬことは、申すまでもありません。

藤井　若い燕は如何です？

埴原　あれはつまらないことだと思ひます。一時的の享樂にはいゝかも知れませんが……どうせ男性を求めるなら、こちらから投げかけて行く全身全靈を、がつしりと受け取ることのできるやうな力强さを要求するのが、弱い女性の氣持ではないでせうか。

(16) 理想的な夫婦生活者

記者　皆樣が御覽になつて、あんな夫婦なら惡くはないな……と、羨ましく思はれるやうな家庭はありませんか。

河崎 山川均氏と菊榮さん、與謝野鐵幹氏と晶子夫人、山田嘉吉氏とわか子さんの御夫婦など、ほんとに羨ましいと思ひます。良人は妻を理解し、妻は良人を理解し、主義と趣味とがぴつたり一致して、寸分の隙も見せないやうな夫婦は、ほんとに羨ましいと思ひます。世間普通の家庭では、旦那様と奥様の生活があまりに離れすぎてゐるので、氣の毒に思ひます。

吉岡 老年になると、夫婦は一種の茶呑み友達みたいな關係になつて、淡々とした關係ではあるが、なかなかいゝものださうですね。

藤井 私はまだ、どんなに仲のいゝ夫婦を見ても、羨ましいと思つたことはありません。さぞ煩いことだらうと思ふだけです。從つて、結婚しておけばよかつたといふ後悔の念も、まだ感じたことはありません。

(17) 獨身者の喜びは？

記者 子孫に就いては、何もお考へになりませんか。

藤井 何にも考へません。私一代で結構だと思つてゐます。何時何處で野たれ死をしても、少しも悔は感じません。

河崎 私も河崎家の絶えることを、少しも氣にかけてゐません。

矢崎 私も御同様です。

藤井 私は西行を理想としてゐます。何處へでも、自分の思ふところに流れて行つて、繪を描きつゞけて、何處かの世界で、木の葉のやうに腐つて死ねば本望です。いゝ製作を遺して死にたいといふ野心すら、今はなくなりました。

河崎 私も、たゞ教育の流れに、參加さして頂いてゐるだけで本望です。主流にならうとは思ひません。主流に沿つて、微かながらも、正しい方向に流れて行くことに、無限の喜びを感じてゐます。

藤井 私達はみんな、主義で結婚しないのではないのだから、世間一般の方々に獨身生活を勸めようとは、夢にも考へてゐません。たゞいろんな事情で、どうしても結婚生活のできない人には、このやうな生き方もあるものだといふことを知つて頂けば滿足です。

記者 ありがたうございました。この邊で閉會にしておきます。

『娘二十ごろ』の座談會

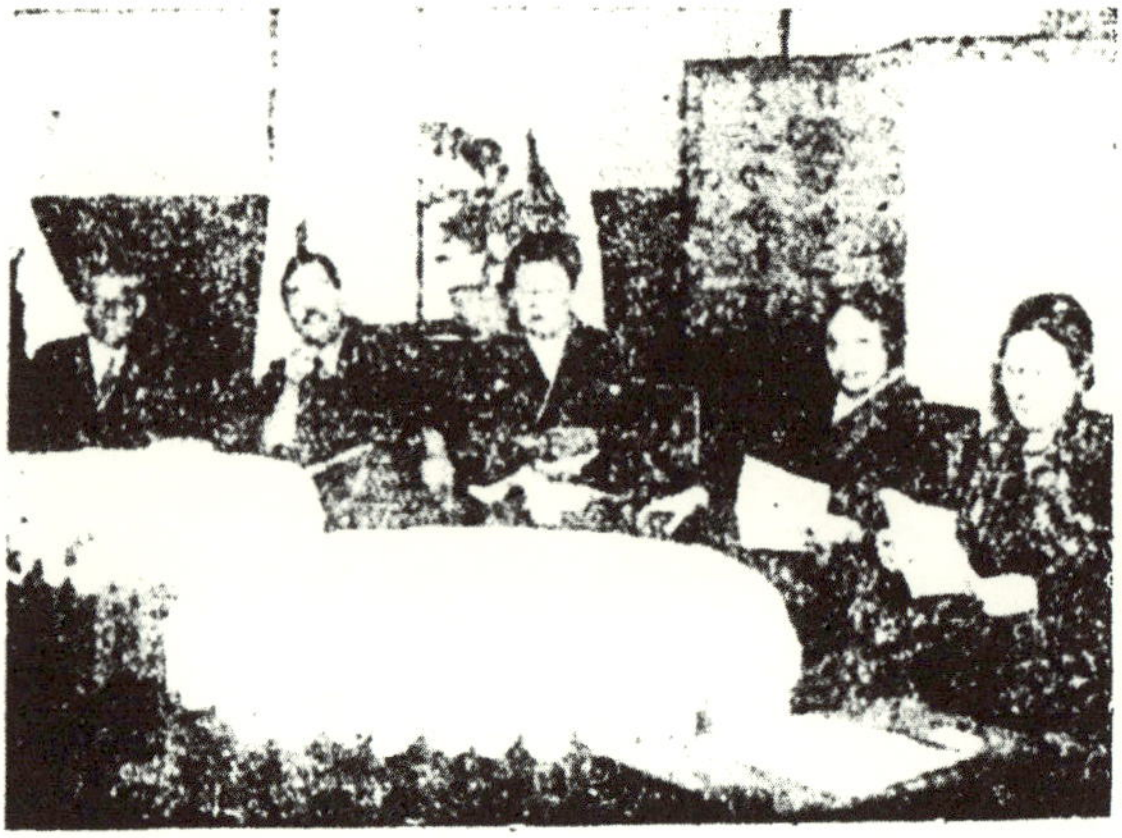

出席者

惠泉女學園長　河井道子先生
東京至誠病院副院長　吉岡房子先生
東京家政學院長　大江スミ子先生
小説家　加藤武雄先生
中央大學教授　廣井辰太郎先生
東洋大學長　中島徳藏先生
文學博士鳥居龍藏氏夫人　鳥居きみ子先生
東京府立第一高女校長　市川源三先生

娘として眞の美しさは何處にあるか

姿、形の上に現はれた現代の娘の批判

記者　それでは始めて戴きたうございます。婦人の二十歳ごろは一番大切な時期で、いろいろな問題がある時代ですから、そこに御覧に入れました項目によつて御注意や、御指

向つて右より
河井道子先生、吉岡房子先生、大江スミ子先生、加藤武雄先生、廣井辰太郎先生、中島德藏先生、（速記者）鳥居きみ子先生、市川源三先生

を頂きたいと思ひます。

廣井　二十歳頃には結婚する人が餘程多いでせう。

記者　さうです。然しこゝでは女學校を卒業して、ぼつ〳〵色々の問題の起つて來る、結婚前の娘さんに就てのお話をお願ひいたしたいのです。

中島　どうも私等は姿、形なんといふのは能く分らないですね――。昔の娘が消極的で『物言へば唇寒し秋の風』といふ態度で、つゝましやかだとか淑かだとかいふ態度で、すべて引込思案であつたものが、現代はそこが積極的に、進取的に、快活に、活潑にと心持の上で非常に變つて來ましたね、それを姿形に現はす樣に段々なりつゝあるやうで、その點はたしかにわかります。

鳥居　心の上でも服裝の上でも大變自由になつてまゐりましたね。

中島　だがそれは長所であると同時に短所でもありますね。それは餘り作り過ぎて、感能的といひますか、人工を加へ過ぎた所が多いので、それにはどうも道學先生のせゐか反感を持ち易いのです。

廣井　全くあくどい作りがありますな。白粉とか紅とかいふものを顔に仰山に塗り付けて、さうして何だかお猿のやうな眞赤な着物を着たのが、これ亦年のせゐか知れませぬが、ちよつと胸くその惡いやうに感じますね。

中島　僕は自動車の中で考へて來たんだが『物言へば唇寒し秋の風』が昔の娘だつたんだが、それを『物言へば物皆笑ふ春の風』とかう作りかへたのです。これが現代の娘の氣持で、私は大に贊成するところですが、さういふ精神を外に現はす姿形はどんなのでせうか。

廣井　しかし私は若い人の氣持も了解しなければならないと思ひますな。自然のまゝがよいといつても自然の儘にも缺點がありますから、恰度自然の樹木の枝振などに滿足が出來ないところから盆栽といふものがある樣に自然の儘の餘り丸い顔を長く見せるとか、或は長い顔を幾らか丸く見せるといふやうな、所謂造化の美を修正するといふやうな氣持で見れば若い人々が相當に技巧を加へるといふことは了解しなければならぬと思ひますね。

吉岡　近頃洋服が實にぴつたり似合ふ方がありますね。

廣井　あれは又あれで私は宜いやうに思ひますな。起居動作といふことも結局服裝との關係がありますから、自然輕快で快活で―。

河井 本當にさうでございます。雨でも降つたやうな時などは、私など洋服を着たのと日本服を着たのと思ひがまるつきり違ふのです。洋服を着て居りますと、ちよつと位雨が降つてもせつせと出て行かうといふ氣になりますが、さて日本服だと雨が降る、あゝ足袋が濡れるとか、着物がどうなるとか、ちよつと行きたくないといふ感じが致しますのでございます。

廣井 頸から上だけを西洋風にして、頸から下が和服で――その和服も勿論けばけばしい濃厚のものですが、洋頭和體とでも申しますか、さういふのが本當の凝つたモダンだといふことを聞きましたが……。

中島德藏先生

吉岡 そんな方も見受けますね。ダンサーとか女優とかの風采を見眞似たいお孃さんがかなりゐるのでございますね。今の時代では相當の飾りは若い方たちですから、同情出來ますけれど、あまりとびはなれた服裝や、不調和なのは普通お孃さんには愼んで戴きたいと思ひますね。

中島 總てがジャズ的になつたといふことは慥かでせうね、河井先生西洋に流行つて居るジャズそのものゝ批判になるとどういふものでございませうか。

河井 私、音樂のことは能く存じませんのですが、ジャズといふのは御承知のやうにビルムが非常に挑發的に出來て居るといふことでございますから、人の感情に愬へることが非常に濃厚で、ジャズを聽きながら聽るといふやうなことは、向ふでも愼み深い家庭ではそれを許しません位で、確にこれは眞似ない方が結構だと存じます。

中島 さうすると矢張りさういふ氣分の現れとしての姿形は望ましからぬことゝいふことになりますね。

河井 深窓の令孃が今吉岡先生がお話の幾分か賤しい婦人達を眞似たやうな化粧をするといふのは、その人達よりかも、或る場合には美容師なんかに非常に責任があると思ひます。顏を作つたり髮を結つたりする人に教養があつて、美的にするのならいゝのですけれど、西洋ではこの頃眉を細くするとか、紅が非常に濃いとか、白粉を斯う塗るとか、さういふ事をいつて、それが今の流行だと敎へられて來るのではないかと思ふことが度々ございます。

吉岡 さういふ點が多いでございませうね。

望ましい眞の美しさ

大江 私は學問さへすれば頭の結ひ方などはどんなでも宜いといふやうな、粗暴なことは困ると思つて居ります。矢張り令孃は令孃らしく奥様は奥様風に、服裝でも髮形でもちやんとなさらなければいけないと、私は始終申しまして、私の學校では卒業前の人に髮の結ひ方、化粧の仕方を敎へる様にしてゐます。

記者 それでは美容術を學科にお入れになつてゐられるのですか。科外にお敎へになるのですか。

大江　科外に敎へます。さういたしますと襟元のしまり、髮の結ひ方から、同じお化粧をいたしましてもちやんといたします。お化粧は昔の女大學に書いてありますやうに、淸らかに身分相應に化粧しなければならぬけれども、一きは目立つて人の目に立つやうなのは惡しと書いてあるのは一番適當だと思ひます。私は斯ういふ鬼のやうな風をして口も大きく、實に女らしくないものでございますから、矢張り正反對のことが好きでございますの、きちんと整つたのが好きでございます。自分がお喋りで失敗して居りますから矢張りおとなしいのが好きなんでございます。奇態なものでございますね。(一同笑ふ)

大江　お婆さんにはお婆さんの化粧法が有さうでございますね。着物の着方でも中腹に紐を締ますと、餘り太つて見えないといふ着方があるのでございます。それですから裁縫をいたします時にも、唯だ理窟の上から此處を七寸にするとか、六寸にするとか、寸法の上から言はずに、着付の上から寸法や仕立方の工夫が出來ますから、大變よろしうございます。

中島　それは研究的にやれば大變いゝ事ですね。

加藤　ところで美の問題ですが、美といふものゝ標準が今無くなつて居るのではないかと考へます。一體今の時代は有ゆるものゝ基準が失はれかゝつて居るといふ現狀ですから、從つてジヤズ的な美を若い靑年男女が愛して居るやうですし、又あれに本當の美を感じて居るかも知れません。僕等にするとあれは餘り感心しないのですけれども――。美を主とした敎育とかいふものがあれば結構ですけれども、何が美であるかといふことが、ちよつと一朝一夕に決まらないやうな風に見えるのですが……。

大江スミ子先生

中島　それはさうでせうね。

加藤　つまり同じ美でも老人の美とする所と、靑年の美とする所とは違つて居りますし、年齡に依つても美の標準が違ひますけれども、併し或る時代に時代としての美の標準が決つて居るやうです。今のやうに有ゆる美に對する標準が亂れて居ることはないかと思ひます。美人といふものでも、天平式の美人といふものと、今の美人と較べると大變な隔りがあるといふ風に、何處に美の標準を置くべきかといふことが大きな問題ではないかと思ふのですけれども、さう考へて來るとジヤズといふものも、必しも一概に排斥出來ない、時代の要求する美がその中にあるのではないかと思ひます。

市川　統一がないやうに思はれるのは、銘々誰でも自分の思つたやうにやれば宜いといふ個性發揮があざやかになつて來たせゐではないでせうか。私は、運動しない、仕事をしない坐食して人に頼つて生活する者の裝飾が一番下等であつて、自分で働いて行き、自分で勉强して行き、自分で何事をかしつゝ生活をして行かうとし、又それをして居る者の服裝が標準になつて行きつゝあると、斯う自分では觀察をして居るのです。つまり實用的であるものが、若い人々には裝飾されて丁度好い恰好に行くのではないか、と思つてゐるのです。

加藤 非常にその御議論には贊成です。柳宗悅氏の工藝美論を讀んで感じたのですが、有ゆる美が實用を伴はなければ本當の美でないといふのです。全く同感です。實用を除外した贅澤といふものは美でない、斯う思ひますのです。それで今市川先生の仰しやつたやうな具合に美といふものは創造されて行くものと思ひます。

記者 このごろ帶を高くするのが流行るやうですね。あれは如何でせう。

吉岡 私は高くなつた人と低くなつた人とあると思ひます。概してお孃さん方は高くなり、粹向の人、特に花柳界などの人が低くなつた樣でございます。

記者 あれは吉岡先生方の方面から止めることを奬勵する必要はないでせうか。

吉岡 いゝ事ではございませんね。私共の所に診察に來る方で、お孃さん方は乳が半分位傷がついて居ります。

新時代の娘に望ましい教養

娘として持つてゐなければならぬ精神と常識

記者 それでは次にうつつて頂きたいと思ひます。娘時代の修養とか注意とかいふことに就て……。

大江 私失禮でございますけれども、新時代の娘にはどういふ教養が望ましいかといふと、第一に宗教教育、神樣を手本として行くやうな教育德育がしたいのです、それからどうしても學問を男と同じやうにさせたい、出來れば――學資が續いたら私は大學教育までさせたいと思ひます。それと同時に設備を良くして、裁縫だの、お料理だの、さういふものを一家の家內になる人にはさせたいと思ひます。

市川 そのお話は結構ですが、併し日本全體の女に高等教育なんといつたところでむづかしいのですから……丁度男子の兵役の義務のやうに、女に母の義務として一ケ年間學校へ收容して、母の務めを全部教へる、といふ樣にしたらどうでせうね。是非宗教が必要だといふ事は私も痛切に考へてゐます。それからそれと同時にこのごろ働くことを段々懶けるやうになつて參りましたから、私は何でも働けといふことにしたいと思つて居ります。何でも宜いから自分に一つの働きを持つ、主婦の働きも一つの立派な働きだが、其の外にも働きを持つといふことを考へなければならんと思ふのです。

廣井 私は主義としては青年男女に宗教の教養を與へるといふことは非常に大事な事と思ひます。それから私は女の學校にも行つて居りますが、私の經驗では、高等教育を受けて居る少女といふものは、私はモウ男に少しも遜色のないことを實驗して居ります。又答案とか、或は其の表現法などは、私の關係して居ります他の男の學校の答案に較べて遜色がないばかりではない、或はそれ以上のが時々あります。

大江　子供の敎育はお母さんにあるのですから是非女子に高等敎育をさせたいのです。日本の家庭で、お酒を飲んで喧嘩ばかりなさつて居るのは何故かと言つたら、女子敎育が低くて、中學校の三年程度位しかない敎育を受けた母親が育てた男女だから行儀の惡い人が續々出來るのです。しつかりした母親に子供が育てられゝば國ゝ隆隆と榮えるのです。それから異性に接する時の娘としての心得なんといふのも敎養があれば何でもありません。男敎員と女敎員と一つの敎室に這入つて、男敎員は女敎員を尊敬するし、女敎員は男敎員を尊敬して、お互に尊敬し合つたら少しの不純もなく、何の間違もないと同じやうに、敎養の備つた男女であつたならば、異性に對する考も心得もひとりでに辨へることゝ思ひます。

市川　併し私の考へでは異性の事に就てはどうも敎育だけでは不足だと思ひますね。どんなに年を取つても、その事を知らない者はまるで詰らないことに瞞されたり、詰らない迷惑を蒙るのですから——男女道德をモツと詳しく說く必要のあることゝ、男女作法を早く建設しなければならないと思ふのです。便所に這入る作法などに就ても、まるで男女共無茶苦茶です。ちよつと見ても直ぐ分ります、さういふ作法をモツと敎育しなければならぬと思ひますね。應用のうまく行かない者には細かい事も敎へて置かなければならんと思つて居ります。

中島　宗敎敎育といふことに就ても、出來るだけ高等の敎育を受けるが宜いといふことも私は異論はない、結構だと思ひます。併し異性に對する時のことは、學校敎育が完全になれば、おツ放しても差支ないといふのはどうかと思ひます。市川さんのやうな御注意は必要だと思ひます。隨分知識的敎養のある人で馬鹿げたやうな結び付をしたりするやうなこともありますから……。

大江　矢張り惡い人もあるでせうから——。

中島　それは矢張り智的敎養ばかりでなしに訓練が要るでせう。家庭の訓練と社會の訓練とに依る實行的習慣が日本にないものだから、弊害があるのだと思ひます。立派な婦人が家庭の主婦となり、市民となるには、兎に角出來る限りは市川さんのお話のやうに男にも女にも作法を敎へ、さうして又學校や家庭でもさういふ作法に從つて、行動すべく習慣づけるやうに努めたが宜い、かう思ひます。

河井　私もさう思ひます。殊に小說などに刺戟されて隨分間違ひが起るのではないかと思ひます。加藤先生が居らつしやるのに濟みませんのですけれども……。それから汽車の中などで、知らない人が話しかけると、べら〳〵と自分の家の事を皆言つてしまふ、それで後をつけられたりすることがございます。また汽車に急に何かあつて停つて途中で泊らねばならなくなつた場合、どういふ人と一緒に旅館に行つたら宜いかなんといふことに就ては、唯だ親切にして吳れれば信じ切つて一緒に行く、こんな事が多いやうでございます。

鳥居　若い方には本當に常識がなくて困りますね。

河井　私は若い人に常に申しますのです。『惡い事をする積りでなくても、人が疑ふやうな餘地を拵へてはならない』といふことゝそれからモツ一つ昔から日本の女は無駄な犧牲をして居りますが、この無駄な犧牲をしてはいけないといふことを申しますのです。『あなたでなければいけない』とか『あなたが言ふ事を聞いて呉れなければ死んでしまふ』とか、若しさういふ事を言つて來る人があつたら『死になさい』と言つたらいゝと申しますのです。氣違ひになりたいならば氣違ひにさせてしまつたら宜いと云ふのです。その人を救ふ爲に私は犧牲になつても宜いといふやうなことがあつた時には、これは、年長者が氣を付けてやらなければならないと思ひます。私は教養にさういふやうな普通の事が必要だと思ひます。

廣井辰太郎先生

小說の讀み方

加藤 今河井さんから小說の御意見が出た樣ですが、私共職業柄一言辯明したいと思ふのです。つまり男女間の過ちなどといふことは理智的の學問に依つて幾らか救はれるでせうけれども、絕對的には救はれないと思ひます。

廣井 それはさうです。

加藤 そこで同僚菊池寛氏なども言つて居りますな。一體戀愛教育と云ひますか情操教育と云ひますか、さういふ事は外の學校などでは教へにくい事である、それを教へるのは矢張り文藝のみではないか、文藝はつまり人生の地理歷史であり、又一つの道案内である、斯ういふ道を行けば落し穴があるぞ、斯ういふ道を行けば斷崖があつて陷るぞといふことを小說に依つて教へなければならぬ。これは僕の說ではない、菊池君の意見ですが、僕もその意見に同感なんです。隨分實例を示して、若い娘や青年などに用心しろと教へるには、矢張り小說が一番手取り早いのではないかと思ひます。

河井 でも好きな小說ですと、眞似たがる人が出て來るのです。

加藤 作者の意圖が、男女の情慾に媚びて惡い方へ導かうとするのならば兎も角ですが、作者としても道德的良心を持ち、又時代的な一つの見識を持つて書いて居るのですから、たとへ細部に於て男女の過ちを書いたところで、作者全體の意圖ではなくて、斯ういふやうな事もあるのだから用心しなければならんといつて教へるのだと思ひます。眞似たりするのは寧ろ小說の讀み方が間違つて居るのではないかと思ひますね。例へばトルストイの『復活』といふ小說があります。トルストイは世界の道德史上の大導師で、『復活』はトルストイ黨の經典とまで謂はれる小說ですが、あの中にカチユーシヤがネフリユードフに依つて節操を奪はれる場面が書いてあります。あの部分を見るとトルストイは誨淫の小說を作つて居るやうに思ふかも知れませんが、あれは要するに女といふものは一片の情慾に驅られて一生を過るぞといふことを教へて居るのだと思ひます。一體無駄に犧牲を拂ふなといふことを誰が一番よく教へて居りますか。小說が一番よく教へて居ると私は思ひます。少し我田引水の嫌ひがあるでせうけれども、餘り小說といふものを危險視されないやうに願ひたいと私は自分の立場として考へて居るのです。

中島 それは御尤もです。小說家に依つて吾々大に啓發され、殊に『復活』などを讀みましては全くバイブルのやうに吾々は感ずるのです。併しあれを讀んで青年男女が受ける印象といふものは巫山戲たやうな、血と淚の場面を全くたはけたざれ事のやうに考へて居る。それは側で以て注意をする敎育者、家庭の人人の責任でもありませう。が一つは小說の主人公をすぐに戀の關係に持つて行くからでもありませうね。それで小說の良い事の印象を讀み手が受けないで、中心點の戀愛が强く響くために弊害が起るのだと思ふのです。

市川 私は小說といふものは唯だ事實を表現したものだから、その事實から毒を取るか藥を取るかは讀む人にある。隨つて讀む人が青年である場合は矢張り害を受ける方が多いだらうと思ふのです。だから青年前期の女學生時代は小說を讀むのはよくない。併し青年末期の二十歲以上二十五歲位になつてこれから人生を味はうといふ時分には讀んでいゝ、斯う信じて居るのです。

大江 お芝居でも善いものを見た時の方が私は效果が多いと思ひます。ちよつと芝居を見ましても、例へば寺小屋のやうなものでも、私の今の地位にあつて、あの源藏だけの忠義を盡すにはどうしたら宜からうといふことで泣きながら心から考へますけれども、汚い泥棒の芝居だの、色々の汚ない芝居を見ると、あんな眞似はしたくないと唯だ思ふだけで、何も敎訓にはなりません。

河井道子先生

加藤 併しあんな眞似はしたくないといふことが、卽ち情操敎育になるのではありませんか。

大江 私、九月一日の大地震の時に感じたことは、一人だつて女が泣いて居ないで、お尻をひつ搦げて、手拭を冠つて、忙しく歩いてゐました。その時に私は、これは日本は一旦緩急の時には、淨瑠璃などで男勝りの政岡などのやうなあゝいふものばかり見たり聽かされたりして居るから、淚も零さずにぎゆう〳〵歩いて居る。矢張り義太夫だのあゝいふ物語りは成程いゝと何となしに感じたのです。矢張り色々なよい讀み物を見たり、善い話を聞くとあゝいふ眞似をしたいと思ひますが、惡いものや過ちをした者や何かを見ると氣持が惡うございます。若い人だつて同じだらうと思ひます。

中島 それは小說家だとて矢張り大勢の人に讀んで貰はうといふ心は働くに違ひないから、どうも大勢の人の御注文は直ぐ單刀直入に戀に走る、それに引摺られる傾も。二流以下の小說家になればあると見た方が宜くはないかと思ふのです。だから小說に毒せられる傾はどうも免れないと思ひます。

加藤 それは利と弊とあるので、毒せられるといへば何でも毒せられる方面があるのです。それで例へば小說を今無くしたところで又それに代るべきものが出て來ませう。

鳥居 私共では小說は自由に讀ますことにして居ります。成べく兩親が擇んでやります。娘なんかも佛蘭西に居りました時には、矢張り宗教學校に入つて居りましたが、その時に先生が美しい戀愛小說を休息時間に讀んで聽かせて吳れたさうでございます。

中島 それは大變良いと思ひますね。先生が讀んで聽かせて、注意すべき點が分るやうにすれば宜いですね。けれども自由に讀ませろと自分の今心に燃えて居る情緒の方が働きますからね。

鳥居 それから又活動のやうなものも時々見せてやるやうにして居ります。例へば學校で何かの話を聽いて來ると、それを恰度活動でやつて居ると直ぐに見せに伴れて行くやうにして居ります。

中島 それは最も必要だと思ひます。

加藤 戀愛といふものは人間の本能から出たもので之を禁壓することは絕對に不可能だと思ふのです。よくそれをリファインして行くのが戀愛なんであつて、禁斷することは間違つて居ると思ふのです。その間違つて居るのをリファインするところに戀愛教育なり、情操教育なりの目的があるだらうと思ひますが、さういふ點に於て小說が全然害を爲して居るとは思ひません。

鳥居 市川先生は社交會をやりませんですか、生徒の爲に。

市川 始終やつて居ります。

鳥居 青年もお招びになりますか。

市川 男は招びません、應じ得る人がない。

鳥居 それが必要でないか知らと思ひます。

市川 私もさう思ひます。高等科などは殊に必要かと存じます。女學校を出て二年間リベラルエヂュケーションをやつて居ります。向ふの方で驚いて居ります。仕樣がないからこの頃は各種の大學とか、或は各種の工場を見せまして、男が如何に苦心して居るかといふことを見せる、それだけで敎育になります。

中島 だが見るだけでは駄目ですね。

市川 それは不十分ですけれども、なきに勝ると思ひます。

廣井 さつきからお話ですが、小說は本來修身敎科書でもなければ、藝術家といふものは敎化的機關でもありませんから、この小說家藝術家に社會敎育といふことを期待するのは無理だらうと思ひますな又小說家が社會といふ立場から小說を書かれたならば、餘り一般に讀まれますまい。

吉岡 かたいのは歡迎されませんからね。

廣井 その一例には文部省で奬勵するやうな活動寫眞は子供は好みません。爲になる活動寫眞、それなら厭だと、斯ういひます。今加藤さん、斯ういふ方に行けば斯ういふ落し穴がある、この道を行けば斯ういふ危險があるといふことを敎へる氣持で小說を書くといふお話がありましたが、それは大變結構なことであると思ひますけれども、小說家のことごとくがそんな氣持で書いてゐるかどうだか――。

河井 恰度空氣の中に黴菌のやうなものがあつて、その黴菌に罹かるやうな體質を持つて居れば罹かるが、確つかりした身體を持つて居れば、黴菌のある空氣に觸れたところで宜いといふやうに、先づ銘銘の精神を本當に健全にして置いたら宜しいでせう。善いものを讀めばよく、惡いものを讀んだらいけないものだと信ずるやうな精神を持たせれば私は宜いと思ひます。娘であつても一々親や先生がついて居られる譯ではありませんから――新聞もございますし、雜誌もありますし……。

加藤 小說だけを禁壓したところで、現在目の前の事實が色々の事を敎へて居るのですから……。

河井 ですからそれを選擇する丈の知識を與へたらよいと思ひます。時々年を取つた者が先になつて若い人達と話し合ふ機會を作つて、さうして若い者の意見を聽いたり、讀んだものゝ話をしたりして、これが宜いとか惡いとかいふことを敎へるやうにして、銘々の精神敎育で行くより仕方がないと思ひます。

廣井 抵抗力を養ふことが必要ですな。

河井 それが一番必要だと思ひます。常識といふものは大切で、善い事をした實驗とか、或はさういふ事が書かれてあるもの、或は實際知つて居るもの、さういふ事をよく知らせて置く必要があると思ひます。又斯ういふやうな誘惑があつて、負けたとか勝つたとかいふやうな實際の事を話して聽かせることが私は必要だと思ひます。

市川 私はそのほかに民法の親族篇と相續篇を敎へておく事が非常に必要だと思ひますね。この二つは隨分役に立つやうに思ひますし、敎へた生徒から非常に喜ばれます。

中島 それは御尤もです。

加藤 僕はものゝあはれを知るといふ事が大事だらうと思ひますな。本居宣長がものゝあはれを知ることが道德を知る初めだといふことを言つて居りますが、さういふやうな、ものゝあはれを知るといふやうな氣持を娘時代に十分育くんで置いて貰ひたいと思ふのですね。言ひ換れば情操敎育にもなるであありませうけれども、花にも月にも心を動かさんやうな人間が一番恐ろしい。そんな人間はどんな兇惡の事でもするだらうと思ひます。

河井 同感でございます。

加藤 理智的でもあるし、智的でもあるし、十分申分ない良い娘さんだが、どうもうるほひがない、しをらしくないといふ娘さんがありますけれど、あゝいふのを見ますと、美しい花でも香のない花を見るやうな氣がします。さういふ點が段々缺けるやうな傾向に進みつつありはしないかと思ふのですが。

市川 私の見て居る婦人は段々ものゝあはれを感じて來て居るやうです。そして私は矢張り青年期のものゝあはれといふのは、性の本能が中心になつて居るものだと思ひます。

加藤 私はさう狹く考へないで、本居宣長の言つたやうな意味で言つて居るのです。

中島 ものゝあはれといふことは廣い意味で言へば同情ですね。相手に對する同情、草木禽獸蟲魚、それに對する同情、だからその同情があるといふことは極めて結構なことゝ思ひます。だがその同情が必要であると同時に、又色々な事を言ひ得るのですからな……。

加藤　僕は時代の傾向として亞米利加風なジャズ文明が一方入つて來て居るし、一方にはソビエツト露西亞のあゝいふ功利主義などが入つて來て、無論亞米利加ズムも、露西亞ズムも良い所はありますけれども、どうも悪い所が正に日本の文明を毒しつゝある様に思ふのです。その點で今言つた情操が動もすると失はれるやうな傾向が見られるのです。それは娘さん一々に就ては知らないですけれども、漠然とさう考へられるのです。

中島　それと同一の理由で、人格を敬ふといふことが併行して言はれることで、ものゝあはればかりでなしに、相手を眞の意味に於て尊敬するといふこと、所謂敬と愛といふことが必要だと、思ふのです。

大江　人格尊重は何より必要でございます。

加藤武雄先生

女大學の批判

中島　私は近頃經驗した上で考へて見ると、現代の娘さん達は新しくなることを極めて熱望するけれども、殊に教養ある娘さん達が忘れて居る所はないかと思ふのです。それは例の女大學を讀まないといふことです。あの中には今實行の出來ない事もありますけれども、吾々の祖先には斯ういふ女の憲法があつたといふことさへも知らずに居る場合があります。隨つてそれが爲に非常な邪路に陥るといふやうなこともあるのですから、新しがるのは宜いが女大學も見よ、斯ういふ注意をして置きたいのです。

大江　私は女大學を頻に推奬するのです。あれは神樣を信じて、さうして精神修養がなければ守れないのでございます。唯一つ『妾に子あらば』と云ふあの『妾』といふ文字が目障になります。生徒に申譯をする言葉はあれだけでございます、あとは本當に立派な教へでございます。

市川　女大學を讀めと仰つしやるのは女大學を教訓として讀むのですか、批判する材料として讀むのですか。

大江　教訓としてです。

市川　母の德といふことは女の最高道德であるのに、その點に就ては女大學は一言も言つて居りません。女の一番高尚の道德としては母としての道徳に一言も及ばないやうなものを教訓とするのは大なる誤りだと思ひます。だから私は女大學を毎年讀ませますが、批判させる爲に讀ませます。教訓としては讀ませない。唯だ歴史として吾々の封建時代には斯ういふ思想も行はれた、だから吾々の祖先は斯ういふ苦しみを受けたこともある、皆は受けない所から見たら非常に幸福ではないか。と、先づ彼等の幸福を祝福する爲に讀んで居ます。

中島 それはどうも餘り輕く見過ぎるやうですね……。勿論あれは、根本精神が消極的であつて、現代と一致しない部分があるのですから、あのまゝ教へるといふことは出來ませんが批判を加へてやれば大變いゝものです。

大江 私はよく讀んで聽かせます。一箇條々々善い事でせうなんといふことを言つて、『燭を燈してゆく』といふのは今は電氣が點いて居りますけれども斯ういふ意味だ『女子は稚時より男女の別を正しくして』といふのは今の人のやうに男女の別を知らないで、親に恥をかゝせるやうなことをするなといふ意味だといつてさつき河井先生の仰しやるやうな事まで言つて教へて居ります。

市川 併しそれは百分の一か千分の一に過ぎないでせう。

大江 『舅姑もし我を憎み誹り給ふとも怒り恨むる事勿れ、孝を盡して誠をもつて仕ふれば後は必ず仲好くなるものなり』と書いてあるでせう。

塚本はま子先生

市川 それはあなたの今の道徳に直して教へて居るのだから、女大學を教へて居るのではなくて、あなたを本としてあなたの教育をやつて居るのです。あなたが女大學に依つて大江式の教育を施すのは結構でありますけれども、女大學その儘で教へて行くといふことはどうしてもいけない。

中島 それは事實大江さんの智慧を加へた女大學でなければいけません。

廣井 女大學は新しい批判に照して説明すれば相當效果がありますな。

吉岡 私ちよつと申上げたいと思ひます。學校を出ました娘さんが女子青年團であるとか、その土地の婦人會であるとか、それから宗教道徳等の集りとか、さう云ふ風な何かの團體に自分から加はつて、個人だけの生活でなく、團體的の生活を營むやうに心掛けて戴きたいと思ひます。そして社會人としても、今どう云ふ風に社會が動いてゐるか、社會的の事に對する多少の理解ももつ様になつてほしいと思ひます。

(御用事が出來て大江先生退場される)

中島 團體といふのは男女兩性ある團體ですか。

吉岡　それがあれば尚結構でございませうけれども、まだ仲々さういふことは難しいのではないかと思はれます。

市川　それに付て私が經驗があります。昨今地方の青年團は男子だけ獨立し、或は女子だけ獨立して開く程の費用がないのです。隨つて合併してやると云ふことが段々に流行してゐますが、合併して置いて、男女道德を說く人が少なくて困つてゐるやうです。

戀愛に就ての心得

男女交際の作法と心得

記者　青年男女の交際に付て注意すべきことを一つ河井さんお話を願ひます。

河井　私も能く存じませんけれども、何しろ年頃になつて始めて男女交際などをやるから難しいのでございます。あちらでは子供の時から一緒になつて居りますから、性などといふことをさう思ひませぬのでございます。今性の教育なんといふことが大變に新聞や雜誌に出ますけれども、私あちらの雜誌を澤山知つて居る譯ではありませんが、あゝいふことは公の雜誌にさう書いてはございません。皆母親が教へて居るのでございます。

市川　それは一番いゝことです。

河井　ですから、子供の時から女ならば、男の前でどう云ふことは言つてはいけぬとか、男ならば、女の前で斯う云ふことはしてはいけないといふことを母親から習つて居ります。そしてかういふことは宗教の觀念がなければ、詰り人格といふ所から持つて行きます。二年程前に亞米利加に寄つた時には、さういふことが以前よりかも割合に大びらになつて居りました。けれどもその中に又厭味なんといふ事がないのに實に驚きました。例へば禮儀作法に致しましても、男女が寄つて居る所であれば、婦人病などといふ言葉さへも愼みます。さう云ふ性に關係した病名を申しません。お互同志首より下の話はさう致しませんです。さういふことを口に出しましたら、その人は下品な人として交際されません。

中島　さうなくてはなりませんな。

河井　さう云ふ風なことが基調になつて居りますから、お互が赤面することがないのでございます。あちらでも抱腹絕倒するやうなことがありましても、厭らしいことはないのです。男子の方でも下品な樣子をしたり、下品な話をしたりして嫌はれたといふことは非常に恥になりますから、そこで大變氣を付けます。一つの例を申しますと、或る青年が――エール大學の三年生でジョージといふ青年でしたが、ダンスに伯母さんがやらうとすると『私は社交的なことは下手だから、行くのは厭だ』と言ふのです。『何故厭なのか』と私が聽きましたら、下手だと言ふ、下手といふのはどう云ふことかきゝますと、婦人がハンケチを落すとそれを拾つてあげるのが禮儀である、その拾つてあげるのも非常に難しいので、餘り馴れ／＼しくしてもならないし、さうかと言つてぶきつちやうにしてもいけない、それが難しい。そこにちやんとした禮儀がある。それが私には出來ない、と言ふのです。さう云ふ風で非常に禮儀を持つて居りますから、良い家庭では男女が一緒になつて遊んでも紊れることはないのでございます。

吉岡　男女の間ではことに禮儀が必要ですね。

河井　それで私は何時でも思つて居りますが、日本の社會が日曜學校の教育でも、小學校の教育でも、女學校の教育でも、少しは異性といふことに對して普通の知識を與へる必要があると思ひます。この間私の所へ或る人が註文取に來たのです。立派な紳士ですけれども、私の鼻の先で煙草を吹く。その煙が皆私の顔にかゝるのです。あちらではさういふことは下品なことゝして子供の時から教へてありますから、大變心持が宜いのでございます。

中島　それは確にさうです。それが足りないのが日本の弊なのです。

河井　それは公の場所ならば宜いのですけれども、餘所のうちへ行つて主人に斷りもしないで、鼻の側で煙草を吸つて失禮といふことを感じない、それが悪いと思ふのです。

廣井　教育の弊害ですよ、實生活に觸れたことをちつとも教へてないのです。

市川　詰り新しい團體の社交教育が出來てゐない。男女の關係許りではありませんね。

河井　手紙でも日本のやうに若い男女が文通するといふことはあちらでは見ません、文通がありましても、若し女の方で良い家庭でありましたならば、どう云ふやうな手紙が來たら突つ返すといふことをちやんと教へられて居りますから、仲々日本のやうに冗談のやうなことは書けないのです。

中島　日本ではさういふことに付ての研究が足りませんね。母親も父親も馬鹿であつたから、さういふ作法も出來ないのです。隨つて躾もしないから、小說などを讀んで其中の主人公の氣に入つた所を直ぐ實行してしまふやうになるのでせうが、矢張教養が要るのでせうな、さういふ點に付ては……。

河井　異性からの手紙など能く女學校の生徒には來ることがありますが、さういふ手紙は母親なり或は自分の信用する人に打明けるやうによく教へて置く必要がありますね。

戀したとき戀されたとき

記者　若し娘が戀したとき、どうしたらいゝでせうか。

河井　美はしい戀愛であつたら悪いとは思ひません。

市川　娘が戀をして、戀を母親に打明けても母親が指導出來ないのが今日の弊害です。それで私は數年前から母親がどんなことを打明けられても困らないやうな修養をして貰ひたいといふので、學校に母の會を開いて居ります。一方それだけでなく、今の娘には母を尊重するといふ念が足りないから、それで例の母の日を利用して、生徒に今日はうちに行つてお母あさんに樂をさせて上げて、それから學校へ來て戴きなさい、あなた方はうちの用を皆足してお上げなさい、といふて入代りさせて、そのお母あさんと懇談して居ります。どうしても或る所まで行くと、母親を通さなければ教育が出來ないものが澤山ありますからね。

河井 兎に角年を取つた者が若い者の戀愛などいふ事については本當に同情を以て取扱つてやらなければならぬと思ひますね。兎角馬鹿だとか輕率だとか、或は物笑ひだとか言つたり、そんな態度をとつたりせず神聖なことに取扱つて、親切に同情を以て取扱つてやらないと、決して若い人はさういふ相談に來ないと思ひますね。

記者 そこが大事な所ですね。

市川 そんな馬鹿なことを、と言つて一々蹴飛ばしたり、笑つたり排斥するのがいけないことです。

記者 戀を打明けられた時の處置に付て注意すべきことはございませんでせうか。

中島 今の普通の教養ある位の婦人ならば、一人で以て處斷するといふ事は頗る危險でせうな。

市川 それは餘程教養があつても駄目でせう。

中島 それだから、斯ういふことに付ては打明けられたら母親と相談するが宜いとか、父親に相談するが宜いとか、自分の親友に相談する――親友と言つても同じ位の年輩ではない、目上の人に相談するが宜いといふ位にして置かないといけますまいね。

市川 今丁度中島さんが親友と言はれたが、私はそこへ一寸一つ注意を入れたいのです。友達に話す、殊に異性の友達には全然言つてはいけませんな。それで失敗した例が澤山あります。女の友達でも惡用しますし、男の友達ならば一層惡用しますよ。

吉岡房子先生

廣井 親とか、信頼する先生といふ所ですね。

市川 それ以外は決していけませんね。

中島 打明けられた時に眞の戀か否かといふことを見るのには、輕率に打明けるなんといふのは誠意のある戀でないと認めてい丶と思ひますが、どうです。眞の戀であるなら、日本流に或る確な媒介者を經て意思を通ずるでせう。直接に相手に申込むなどいふのは不作法千萬で、健全なものといはれませんね。

市川 併しさう簡單にはどうですかね。直接に打明けるのは無論いけないが。

中島 直接に應對したのでは女がどうしても男に欺されてしまひますね。初めは眞面目に戀をして、眞面目に結付いた者でも離れるのが多いですね。

市川 それは打明けるのは幾ら直接でも、女の方で受ける時にそれは私返事が出來ませんから、母に交渉して下さい、或はそれはもつと考へませうとか、さういふ態度であつたらい丶譯でせう。大概の女はさう答へますな。

中島 さう言ひ切ればい丶が、さうでないのが隨分ありますよ。

市川 私の知つてゐるのは大概さうです。何と答へたかと言ふと、兎に角私はいけないから、母に言つて下さい、と答へて置きました、と言ふ。大概の女は用心深いものです。その一例は體操教師から遊戯を教はつた後で手を洗ふ生徒が仲々に多いのです。何故洗ふのかと言ふと、何だか氣持が惡い、男の手が觸はつたからと斯う言つてますよ。何も體操教師の手が衞生的に汚ないと思つてゐるのではないのです。本能的に不愉快なのですね。

加藤 私は餘り頭から男女交際はいけないと言つて、嚴しく扱つては却つていけない、或る點までは寛大さを持たなければならぬと思ふのです。詰り日本の親達には其弊があると思ひます。さうして親に打明けないといふのは、どんな親でも戀愛關係などといふと、頭から否定し、以ての外だといふ態度に出るものだから、それで親に話さないといふ結果になるのではないかと思ひます。もう少し娘なり、息子なりを尊重して、さうしてもつと親を信頼させる。親の方で子供を信頼すれば、子供の方も親を信頼して打明けるやうになるだらうと思ひます。

廣井 子供を餘り疑つて嚴重に扱ひすぎるのはいけません。子供を信じておけばいゝです。私は絶對開放主義ですが、それで間違ひありません。

市川源三先生

加藤 斯ういふ事がありますね。或る男女が非常に綺麗な戀愛をしてゐる、それが只交際をしてゐるだけだのに、親達が非常に醜い想像を加へる、その爲に彼等は自分の美しい戀愛を侮辱された樣に感じて、非常に憤慨してゐるといふ例が多いですよ。

市川 あなたは男女の精神的交際なるものを凡て肉的にのみ親は解釋し過ぎるといふのですね。

加藤 餘り最初から露骨に疑ひをもつて接しない方がいゝといふのです。戀愛といふものは大人の現實の底を潜つて來た親達の年齢の者が見るよりも、もつと精神的なものだといふ、そこを認て貰はなければなりません。唯男と女が歩いて居つたから、その間に醜行があつたといふ風に考へ勝ちのものです。

市川 確にさう考へ過ぎますな。

中島 第三者の前ならばだが、一つの密閉された部室で……。

加藤 密閉した部室に男女を置くといふことを問題にしてはゐませんさういふことは絶對にいけないです。どんな靈的の、どんな精神的教養のある人でも、密閉した部室に一日置かれたら、どんなことになるか分りません。

頼母しい男とは

市川　私は、この男は、頼母しい男かどうかを、どう判斷するかといふことをかう生徒に教へて居ります。『大概あなた方はこの男がいゝ男だと思ふのは遊戯の時だ。一緒に芝居に行くとか、一緒にかるたを取つたとか、一緒に海水浴に行くとかといふプレイの場合だけであるが、それはその外に仕事をして見る。一緒に教會でバイブルの講義でも聽いて見る。彼が本當に眞面目になつて仕事をしてゐる所、彼が聖賢の教を本氣になつて聽いてゐる所、これらの點をも見て、判斷すべきものである。この三つの場合にいゝ人間だつたら大概間違はない。』かういつて居ります。

鳥居　戀の眞僞を觀破するとか、頼母しい男かどうかを見るといふやうなことは少し時間がかゝるのではないですか、言行一致などといふやうなものを見なければならぬと思ひます。

中島　全身的考査を經るといふことならば確かです。

市川　その全身的考査をして、その標準が釣合なければいけません。

鳥居　私の所には娘が二人あるものですから、大概一週に一遍位御知合の青年達と集會して、茶話會とか、晩餐會とか、極く粗末な拵へたものを差上げていたします。勿論娘達も一緒で清い純な考へで色々な御話をしたり、聽いたりいたします。お客様が御歸りになつた後で、娘にその方々に付て感じたことを言はせるのでございます。宜ささうでしたらもう一度お呼びしたりしてやります。そんなやうな方法をして居ります。

加藤　理想的な方法ですな。

鳥居　仲々趣味なんといふものは了解出來ないです。一方は音樂が好きで、一方は好かないと、音樂の話をしても面白くならない人があります。お芝居の分らない方もありますし、滅多なお話が出來ないですが、その方の凡てのことが能く分るやうでございます。

中島　家庭内の男女交際になるのですね。

鳥居　何時も私共が一緒に附いてやります。

記者　併しお母あさんとお孃さんとの見解が餘程變るやうなことはありませんか。

鳥居　そんなこともありません。大概兩親も同じやうな感じを持つて居ります。

市川　私の折々相談を受ける事ですが、一見親の言ふことゝ子供の言ふことゝ大變違ひますが、併し數回話して居る中に、親と子供の見る所が一致します。テーブルを共にして幾度も會見すれば、大概年寄でも若い者でも違はないやうです。それで親子の間にかうした談話が平生交換されてほしいのです。

中島　男女交際の健全な方法はさう云ふ機會を多くするより仕樣がないでせうね。

鳥居　その位だらうと思ひます。例へば本野さん（本野子爵母堂久子樣のこと）――あゝいふやうな方が一つ倶樂部のやうなものをお作りになつて、茶話會でも一ケ月に一回位お開きになつて、令孃とか青年達を集めてうまく取成して下さるやうな方があると大變宜いと思ひます。

中島　唯どうも男女交際をさせるからいらつしゃいとも言へず……。

市川 中には惡い者も集つて仕樣がないでせう。

鳥居 矢張今の紹介を求めようといふ、さういふ階級の人が集つて、その階級々々に依つてさういふものが在つてもいゝと思ひます。

縁談に就て

良縁はどうしたら得られるか

記者 それでは次の『良縁はどうしたら得られるか』といふ事に付てお願ひいたします。

鳥居 私の方では信ずべき親しい方には皆樣に御願してあります。それから私共存じ上げてゐる方、さういふやうな有ゆる方にお願して居ります。さうすると方々から紹介して下さるのです。

市川 それが一等でせうな。

吉岡 兎に角世間に吹聽といつては可笑しうございますが、知らせておく事は必要でございませうね。婚禮なんかに招待された時、娘さんなり息子さんを連れて行くといふ事もいゝ事でございませうね。

中島 それが縁といふものは出雲の神樣のやり方で、求めて與へられないこともある。私の知つて居る人で、一生懸命求めても得られない、そのうちに兩親とも死んでしまつて姉と妹と二人切りになつてしまつた。さうすると、父親の葬式の歸りに親類同志になる人から話が出て、さあそれではといふので葬式の歸りに縁談が纒まつたといふ例もあります。求めずして得られたので、さういふことも隨分ありますよ。それは求めても得られるものではないから、あすこに男女交際會があるさうだ、行つて見よう、こつちにもさういふ機關があるやうだ行つて見よう、母親も父親もやい／＼言つて探す、それが惡いといふのではないが、矢張人間として修養をやつて居つて、そして相當の程度に父親も母親も心配して縁を求めるといふ位でないと、餘り見苦しいといふこともないが、良い政策ではなからうと思ひますが――。

市川 條件が多過ぎると思ふのです。だから求めてはゐるが、同時に自ら束縛して居つて、さうして良縁を得られないやうなことになつてしまふのです。もう少し矢張人間本位に考へることが捷徑だと思ふことが非常に多いのです。この幾つ下でなければならぬといふことは必要のないことだと思ふのです。さうして廣く適當な者を求めたら私はあるだらうと思ひますね。

中島 それはどうも少しあなたにも似合はぬと思ひますな。生理的に年齢の差がある方がいゝのであつて……。

市川 それがさうではありません。三つ違ひとか、五つとか男より必ず下でなければならぬと考へてゐることをやめて、その婦人の發育状態や何かを考ふべきです。

吉岡 私、市川先生に反對でございます。結婚當時はそれで宜いかも知れませんが、順々に年を取つて行くことを考へますと、男の方は年の割に年寄らない、女は年の割に年寄るものです。

市川 それは今までの日本人だけを御覽になつてゐるので、今後の日本人は決してさうではありません。

加藤 それは今後百年の後、千年の後はわかりませんが今の問題としてそれ程日本人が生理的差別を無視してゐゝ程西洋的になつて居りますか。

吉岡 それで男の方で滿足されゝばいゝかも知れませんが、到底それは出來得ないことだと思ひます。

加藤 生理的部分許りでなく容貌の問題もあるし、精神的の老衰も年と共に比例して行くものと思ふけれども、どうも餘り女が年が多くして男が若いのは不自然だと思ひますね。

廣井 私は五つ乃至十位違つた方が一番合理的だと思ひますな。

中島 とにかく迷信や習慣にとらはれずに人格本位に求める、そして本人の心がけがよければ早く良縁は得られるでせう。

市川 その一つに年が必ず女の方が低くなければならぬといふ傳説を打破する事を入れたいのです。それは私は相當根據ある研究です。

加藤 釣合はぬは不縁の因といひます、年齢の釣合はぬのが一番不縁の因のやうに思ひます。

鳥居 すべてに理想的な方といふのは一寸得られませんね。

市川 經濟事情もありますが、女に個性が出て來て選擇するからでもありますね。

中島 田舍は厭だの、百姓は厭だの、何商賣は厭だと氣位許り高くなつてゐるからでせう。

市川 それは學校教育が誤つてゐるからで、昔から働くといふことの學科が課程の中にない。それに日本では本を教へることが教育だと思つてゐるのですからね。

中島 さういふ偏見が女子に多いですよ。その爲にも良縁が妨げられてゐますね。

河井 さうでございます。少し教育を受けた女は、縁談でもあると、何處の學校を出た人かとすぐ聞きます。學歴のあるのは誠に結構ですけれど、ことによつたら、自分より學歴がなくても、非常に人格者であつたら、またすぐれた專門的の實力を持つてゐる人があるかも知れないのでございますから――。

縁談から婚約まで

記者 それでは縁談があつてから婚約までをどう運べば一番よろしいでせうか。

加藤 結婚希望の交際といふやうなことをやつたらどうでせう。

市川 その位の意味でやるのがいゝでせうね。

廣井 家族の監督の下に當人と當人と交際さすのがいゝでせうね。

記者 どの位の期間が大體いゝですか。

鳥居 私は半年位と思つて居ります。二、三ケ月、多くて一年位やつてもいゝかと思ひます。

市川 一年は多過ぎますな、私は三ケ月以上六ケ月以内がいゝと思ひます。六ケ月を過ぎるとどうも病人になるやうです。私はさういふ實例を知つてゐます。どうしてなつたか、私は二人に付て直接聽いて見たのですが、早く結婚したいのかといふとさうでもない。厭なのか、さうでもない。どうして神經衰弱を起したかといふと、夜ひよつと目が覺める、さうすると結婚といふものはどういふものだらうと考へて來ると、益〻目が冴えてしまふ、さういふことが續いて到頭神經衰弱になつてしまつたのです。

吉岡 餘り長くしてゐますと、宜い事だけ分ればいゝですけれども、さう完全な人といふものはないでせうから、結婚してしまつてからなら問題にならずにすむ缺點や、あらが出て來るといふやうなことがありませうね。

鳥居 或る意味に於てあらを知つて置くといふ必要があるのではないですか。

市川 そのあらが價値の轉換に依つて我慢出來るか、出來ないかの程度ですね。

島井 それに兩親との了解がなければいけませんね、接近さして本人よりも兩親の方が難しい場合があります。私が昨年仲人した方で夫婦はちやんと氣に入つてゐるけれども、兩親が氣に入らぬといふのです。幾らそれを諫めても中々納まりませんで、非常に困つたことがございます。

中島 緣談の起つた時には兩親に宜しく賴む、さうして出來る限りは健全な交際法を豫めやつて見る、その位の所ですね。

加藤 婚約といふことは結婚を豫想したもので、結婚しなければ道德的義務を破ることになりますから、婚約までに交際して十分知りあひ、婚約したら交際の必要はないと思ひます。

記者 從來は婚約してから交際するのが多かつたのでせう。結納を交しても結婚までに相當期間がありますから。

加藤 結納を取交はせば相手方が死ぬとか、突發事件が起らない限り必ず結婚すべきものでせう。

廣井 結納を取交はしたら結婚するのが普通です。

加藤 三ケ月位交際して結婚しても宜いといふ意思が確定したら婚約する、結婚しなければ唯交際に終る――。それがいゝと思ひます。

市川 結婚の意思を表示するまでは普通の交際より外出來ません。意思表示をすればもう一層親密な色々の話が出來ますから、そこで意見の衝突が起り婚約が破れた例もあります。

中島 併しさういふ場合は婚約の仕方が輕率であつたのでせう。相手が横暴性のあるかないかを決めないで婚約したのだから……。

市川 若い女に接觸する時は猫を被るから分りませんよ。

加藤 婚約以前に或る程度お互に研究して、さうして婚約したらそれで動かしてはいかぬと私は思ふのです。

中島 さうでなければ婚約前の交際といふものは意味を成しませんね。

記者 婚約中愼まねばならぬことはどんな事でせう。

市川 婚約中でも一緒に遠い處へ旅したり、密閉した部室に一緒に居るといふことはいけないと思ひます。婚約と結婚と同じものだと考へて居る、それを注意すると、そんな馬鹿なことを言つて、古いなあと言つて親を困らせるものがあります。矢張この間は十分男女間の道德は愼しむべきものだと思ひます。

中島 それから妻としての心得を持つて居なければなりませんな。婚約した以上は他の男と親しくしたり自由に行動するといふことは愼しまなければならぬことになるでせうね。

記者 どうも長い間有難うございました。（終り）

大犯罪者の家族、遺族

佐々井憐人

妹が支那人と結婚し 此頃は支那料理屋 中岡艮一の家族

大塚辻町で電車を捨てゝあの廣い改正道路を池袋の方に進むと、やがて左側は巣鴨刑務所の高い巖丈な板塀、その中程から右に細い小路を切れると、大塚驛の方に通ずる小汚ない裏通りに通ずる。その裏通りの中程とも思はれる――つまり西巣鴨宮仲二四五一の地にまだ眞新しい看板に名も昭和軒と書いた小さな支那料理屋がある。これこそ過ぐる年東京驛頭で時の內閣總理大臣原敬を、たゞ一突きの刄で刺殺した犯人中岡艮一の家族が營むさゝやかな商賣――

艮一には父親が既に亡くなつてゐた。親といへば母親の信子（今年五十歳）一人で、それに、弟の庸三（今年十五歳）妹のみね子（今年二十四歳）といふ弟妹があつた。もと／＼家が貧しくまだ丁年に充たぬ艮一が大塚驛の驛夫か何かに傭はれて、僅かな料で親子四人生活してゐたのだから、彼が刑務所に引かれて行つてからの一家の生活は實にみじめなものであつた。それでも一身の利害を離れた一種の國事犯的に見られた彼の犯罪に對しては世間に同情者も少くなくて、その爲め家族の生活に對しても隱れた世の同情者があちこちにあつた。

艮一が引かれて行つてから間もない頃であつた。彼の妹のみね子は東京驛ガード下の榎本商店に雇はれて東京驛の構內に煙草の賣店を出したりして辛じて一家の生活を支へた事もある。

例の頭山滿翁なども彼の一家に對する隱れた同情者であつた。代議士などの中にもさういふものが少くなくて、いろ／＼と彼等の內密の保護が傳へられたりした。或る時はそれ等の名士の書畫をかいて貰つてはそれを金に替へて生活の料にしたなどいふ噂をするものもあつたが、世間の同情が深ければ深いほど、一家のものもます／＼自重せねばならなかつた。そんな噂が起るに對しても母親などは面目ないと言つてひどく氣にやんでゐたものである。

みね子の煙草賣店も世が昭和に代る頃にはもう止めてゐた。そして一昨年の二月に彼女は支那人と結婚すると共に、親子四人で現在の所に支那料理昭和軒を開いたのである。

店は血の出るやうな苦しい目をして資金を作つたものださうだが、それでも開いて見ると餘りうまい事ばかりではなかつた。初めの頃こそ月五六百圓の賣上げがあつたりしてかなりほく／＼であつたが、世の中が不景氣になるにつれて此頃は以前ほどではなく、母親などもやきもきする月はあるさうだが、それでもどうなり斯うなり商賣が續けて行かれるだけでも親子は世の同情をしみ／″＼喜んでゐる。

みね子夫婦の間には先頃可愛い子供も出來て、母の信子は孫の顏を見ては毎日恐悅してゐるが、それにもましての喜びは當の艮一が昨年の御大典でまた刑が短縮されてもうあと一二年で娑婆の風に當るといふ吉報もあるので、此頃は一層商賣にも勵みを見せ、親子四人で指折り數へて艮一の出獄を待つてゐるさうである。

下關春帆樓で其昔 李鴻章を刺した 小山六之助の今日

小山六之助と言つたゞけでは今の人は、それがどういふ人であるか分らう筈がない。それほど年月が經ち、時代が移つてゐるが、あの國運を堵した明治二十七八年の日淸戰爭の時、連戰連敗の支那が遂に降伏使節として李鴻章を我が下の關の地に送つて來た。當時我が政府では伊藤博文公と陸奥宗光伯をしてこれと下の關春帆樓にかの所謂馬關條約を結ばせたが、その時のことであつた。突如銃聲一發、支那使節の李鴻章目がけてピストルを浴びせかけた一狂漢があつた。これこそ小山六之助であるが、捕へられて取調べが進むと共にこの狂漢も實は憂國の一靑年である事がわかつたが、國法の裁きは曲げられず、彼は北海道の懲役監に收容されることになつた。

秋風落莫十數年の苦役を終つた彼は今から二十年前にめでたく再び娑婆の風に當つて、數多くの知べの保護もあり、今は社會の一角に身を隱して左程不自由のない生活を續けてゐると傳へられる。

彼は頗る書道に堪能で、その筆蹟は實に美事なものとされてゐるが、この憂國の志士にその揮毫を望むものが今も少くなく、お蔭で彼の生活も保證されてゐるといふ。

彼は今は五十餘歳。世話する人があつて一度は結婚もした。しかし事情があつて今は離別し、夫婦の間に出來た二兒を擁して寂しい家庭を營んでゐるが、長男は目下獨逸語協會に通ひ、次男もまた某中學の二年生で共に秀才だと言はれる。

一家一門を擧げて 謹愼の生活をする 大逆難波大助の家族

申すも畏れ多い極みであるが、大正大震災の年十二月、帝國議會の開院式に際し、今の聖上、當時の攝政殿下が御臨場の道すがら、御車が虎の門にかゝらせ給ふ時大逆不敬を敢てして刑法第七十三條の罪に問はれ、大審院の判決で翌年十月死刑の宣告を受け、その翌々日東京監獄絞首台の露と消えた難波大助――世にも恐しいこの反逆兒を生んだ家庭は山口縣周防村の有名な舊家にして、而も彼の父は當時衆議院議員として國家の選良であつたが、事件と共に直ちにそれを辭して鄕里に歸り、閉門してその不忠不敬を世に謝してゐたが、一昨年病歿。

また彼の實兄は三菱神戸支店の社員として將來を矚目されてゐたが、これも事件の突發と共に自から身を退いて、今は父なき鄕里の家を繼いで、ひたすら謹愼し、一家一門と共に佗しく世を暮してゐる。まことに書くも氣の毒な狀態で、この大逆兒を生んだ家庭ながら人知れず世の同情が集まつてゐる。

其昔世間を騷がした
詩人寧齋殺し
野口男三郎のあと

『あゝ世は夢か 幻か……』

俗謠にまでうたはれた武林男三郎は 明治末期の漢詩人野口寧齋氏の 妹 曾枝と戀に落ちて、やがて彼女の入婿となつた。

野口家の血統には忌はしい 病氣が巣喰つてゐた。それがいつの代に芽を出して血や肉を蝕ばむが、思へば悲しい家柄なので、詩人寧齋氏はそれを厭うて自からも生涯を獨身で暮し、たゞ一人の 妹 にもそれを强ひて野口家の斷滅をさへ心がけてゐたのだが、妹 の曾枝はやはり世の常の女であつた。だから寧齋氏にとつては男三郎の入夫は 決して心からの喜びでなかつた。

男三郎も野口家の系統については惱んだ。しかし戀人で妻の曾枝に對する愛情は 更にそれ等にまして深いものであつた。彼は誰に聞くともなく或る時、この忌はしい病氣をなほすには人肉がよいといふ不可思議な迷信を聞いて、自からもそれを信ずるに到り、かの世にも怖しい小兒の 臀肉斬り 事件を演じたのである。

また一方彼は義兄の心情が 何となく自分を好まず、時には妻との離別さへ望む振りが見えるので、いつその事義兄をもなきものにと——或る日詩人寧齋を殺害するに到つた。

これ等は何れも當時の最も慘虐なる事件として今尙ほ人の知る所であるが、男三郎はその爲め囚はれの身となり、長年の裁判を經て、遂に冷たい骸を今も雜司ヶ谷の墓地に小さな墓 石として殘してゐるが、彼には一人の實母と最愛の曾枝と、それから曾枝との間に出來た一人の娘が殘され てゐるのが息を引取る瞬間までも氣がゝりの種であつた。

不幸な父を持つた娘はきみ江と言つた。父の男三郎が刑臺の露と消えて春風秋雨二十年、その間には曾枝の死も傳へられたが、また昨年の春には、折角女學校まで卒業したきみ江が、十九歲のあたら惜しい花の蕾を、かりそめの病から蕾のまゝ散つて逝つてしまつた。

取殘された母は今は知邊の世話になつて涙多い老の日をかこつてゐるといふこと。

とにかく詩人寧齋が生前悲しい理想として考へてゐた野口家の斷滅も、かくして悲劇に悲劇を重ねて實現されたのは、まことに『あゝ世は夢か 幻か』である。

稻妻强盗の情人
音樂家四竈蘭子の其後

稻妻强盗はその名の如く明治末期の 東京に閃光的

に出沒して世人を脅やかした強盜で、その兇惡さは昭和の怪盜說教や講談など傍へも寄り付けぬほどであつた。その癖なか／＼の色男で、あちこちに色々の女が彼の情人となつてゐた。わけて最も世人を驚かしたのは女流音樂家四竈蘭子姉妹もその情人の數ある中の二人として列ねられてゐたことだつた。

四竈蘭子――彼女は今は僅かに樂人としての存在を樂壇の一隅に小さく保つてゐるだけであるが、當時は今日とは違ひ、樂人のまだ／＼乏しい時代であり、それに彼女の美しさは花形として賣出すに充分でもあつた。

その美しい花形が世にも憎べき稻妻強盜の情人の一人であつたといふのは世人を驚かすに充分であつたが、またそれも道理、當の蘭子にしても自分の情人がそんな人間であらうとは夢にも知らぬことであつたのだ。

兇惡稻妻強盜を憎む世人の心は自然とまた彼女に對する嘲罵とも變つて行つた。その爲めに折角保つてゐた樂壇の人氣も忽ちにして消滅して、彼女を迎へてゐたステージは再びもう彼女を喜んで迎へようとはしなかつた。

急に暗黑と絕望が彼女を見舞つて、晴れの人氣もいつしか消滅し、此頃は世を忍ぶやうに僅かに妹の濱子と二人でピアノやマンドリンの教授をし、折折淺草あたりのつまらぬ盛り場で名ばかりの音樂會を開いたりする位なもの――忘れるやうで忘れぬ世間がうらめしくも思はれる。

沼津の實家に幽居し
生ける屍の生活
一世を震駭させた
山憲の妻つぎ子の生活

山憲として世に記憶される山田憲――彼は農學士で農商務省の技師だつた。米問題や暴利商人問題の喧しい大正八年、丁度政府が貯藏米の拂下げか何かで世間の注目を引いてゐる時に、彼は橫濱の米商人鈴木辨造を東京におびき出し、上大崎長者丸の自宅で彼を野球のバットで撲殺し、その死骸を夜陰密かに鋸で挽いてトランクに詰め友人の同じ農學士渡邊惣藏に事情を打明けて越後まで運搬し信濃川に投じた。この慘虐事件はトランクの漂着から間もなく大問題となり、彼は官職を奪はれると共に囚はれの身となつて二年の後死刑の判決が確立して遂に絞首臺上の露と消えたのである。

彼には戀女房のつぎ子といふのがあつた。靜岡縣選出の元代議士漆間民夫氏の娘で、初め富山縣の人菅野新作に嫁したのだが、間もなく死別して、離緣となり漆間姓に戻つて孤獨の生活をしてゐたのだが、偶々彼女と相知つた山憲はその悲しい心情にいたく同情を寄せたのが元で二人の間には戀が生れ、大正八年四月三日晴れて結婚したのである。しかしつぎ子の幸福は長くは續かなかつた。結婚して二月目の五月三十日には彼の夫山憲は既に獄裡に呻吟すろ恐しくも悲しい夫であつたのだ。

　山憲が獄に繋がれた時には彼女は姙娠してゐた。そしてその姙娠の身を實父に引取られて沼津市上香貫黒瀬の實家に歸つたのだ。

　悲痛な涙の日が幾月も幾月も暮れて翌年一月玉のやうな女兒を分娩した。道子といふ名前が付けられたが、周圍の人達もそれを祝つていゝか呪つていゝか分らなかつたといふ事である。

　お腹にあるうちは、つぎ子はたとへどんな境遇にならうとも生れるその子だけは自分の手で育てるつもりでゐたが、嚴格な實父は世間體を思つてか、生れてまだ三日目といふに東京の福田會にその子を預けてしまつた。それを知つたつぎ子は狂氣のやうに悲しみ果ては產褥熱を起して死ぬばかりに患つたが、それでも尙ほ命冥加にだんだんに快復した。そして快復後の彼女は可愛い我子の顏見たさに、度度人知れず東京に上つて福田會を訪ねたことも幾度かあつたさうである。

　つぎ子は今も沼津の實家にゐる。實家といふのは嚴父が大正十五年に他界した跡をつぎ子の弟の四郞氏が繼いで當主となつてゐる。古びた表門を入つて勾配の急な道を曲りくねつて行くとそこに西洋館があるといふやうな宏大な屋敷で、家族といへば實母と長兄唯一氏の愛孃（沼津高女生）が二人、それに女中一人といふ、五千坪の邸内には淋しい暮しである。つぎ子はそこで年老いた母を扶けて、昨今は家の事も一切自分で切盛りしてゐるさうで、附近との交際なども至極圓滿に運び、望まれるまゝにあた

りの娘子供を集めては裁縫なども敎へたりしてゐる。時折には再婚の話などを持込むものもあるが、そんな事には全然耳も藉さず、自から生ける屍を覺悟してゐるが、それでも先年など長姉の鳥潟博士夫人が死んで手傳ひに行つてゐると、噂好きな世間に博士の後妻と言はれて自分でもまごついたりした事があつた。いま年は女盛りの三十六歲――彼女の何よりも氣に病んでゐるのはたゞ一人子愛兒道子の行末である。その愛兒も、嚴父民夫氏が他界すると間もなく育ての福田會から神戸の去る知邊に引取られて行つて、年ももう十歲、小學四年生となつてゐる。

夫の兇刃に殪れた人々の冥福を祈つて 田村德積中尉の妻

　これは犯罪人といふべく餘りに氣の毒でもあるが、習志野騎兵聯隊に田村德積中尉といふがあつた。丁度一昨年の初夏、新綠が過ぎて梅雨時の只さへ鬱陶しい日のこと、彼は強度の神經衰弱に惱まされてゐた。家人もそれを心配してゐたが、或る日彼は發作的に發狂し、折柄來合せた自分の所屬聯隊の某中隊長夫人に對し、突如腰のサーベルを拔くが早いか斬りつけた。中隊長夫人は突差の出來事に身をかはす暇もなく、その場で不慮の刃に殪れてしまつた。その物音を聞きつけて驚いて出て來た女中にも

また一刀を浴びせてこれも即死させてしまつた。尚ほ血に狂ふ中尉を取鎭めようとして駈付けた數人の者にもそれ〴〵負傷させ、遂にその場で自分も自刃して死んでしまつた。

彼は騎兵聯隊でもふだんは頗る眞面目な軍人として人にも尊敬され、將來を囑目されてゐたのだが、病氣とは云へ、この軍務にある人の兇行は少からず世間の問題となつた。そしてそれは彼の家族の不運を生まずには濟まなかつた。

夫のこの兇行に夫人は身も世もあられず悲歎の涙に暮れた。そして

『死んだ人に申譯がない』と言つて夫人は遂にその艶やかな黑髮をふつつり根元から切つて尼さんのやうな生活に入り、やがて遺兒を抱へて、自分の鄕里山梨縣八代郡八代村の生家に歸つてしまつた。

そして今も浮世をよそに、ひたすら佛の道に精進し、夫の兇刄に殪れた人々の菩提を弔ひ、その冥福を祈りながら淸淨な生活にいそしんでゐるさうである。

虚榮と自墮落の噂に
今は手内職の生活へ
杉憲の妻さと子の其後

山憲と語呂の似寄つた杉憲——杉山憲太郎の名は今も人の記憶に新しい。木田少將の令孃芳子を闇の小路に擁して情痴の果てに恐しい殺人の罪まで犯して、今は囹圄に捕はれて裁判の日を待つてゐる。

彼がこの兇行に至つた動機は妻の虚榮からで、物質に窮した果ては物取りが初めその目的だつたと傳へられたが、それほどに妻さと子は美人として評判の高い女だつた。

この風評はやがて打消される時は來たが、最初はそれだけにまたさと子は世人の冷たい眼を浴びねばならなかつた。

初め彼女は家に二兒を擁する身でありながら横濱のちやぶ屋に寢起きする忌はしい生活をしてゐた。虚榮の風評が立つたのも多くそこに原因してゐたが、事實は夫の失業やら何やらで生活苦の結果深穽にまで陷ちて行つたので、寧ろ彼女を責めるどころか、憐れまねばならぬ事情にあつたのだ。

事件と共に彼女は駒澤の家に歸つて來た。世人の嘲笑のうちに二兒を抱へて一層生活苦と鬪はねばならぬかつた。鎌倉に忽然と現はれてモダンなカフヱーの女主人公となつたのもそれから間もなくであつたが、その美しい姿は、又ぞろ世間の噂となり、或る者は男を誑らかして金を引出したとか、浮氣の果てゞあるとか騷ぎ廻つたが、それも實は彼女を利用して金儲けしようといふ商人のカラクリで、言はば彼女はその口の端に乘せられた哀れな囮に過ぎなかつたのだ。

さと子の境遇と美貌とは多くの男たちを引付けるに充分だつた。するうち有名な某文士との變な噂までも傳へるものがあり、又々あらぬ噂が噂を生んで世人の疑惑は一層彼女の上に深まつて來た。しかし

そんな事は生活苦と闘ふ彼女にとつては風馬牛の事であつた。それよりも彼女を悩ましたのはカフエーの資本を注いだ商人どものカラクリがいよ〳〵露骨になつて來たことで、その爲めに折角のカフエーにも彼女が厭氣を持ち出して、とう〳〵姿を消してしまつた。

横濱のちやぶ屋に再び姿を現はしたと傳へたのもそれから間もなくだが、それもどうやら怪しい噂に過ぎなかつた。かうしてゐるうちにも男の誘惑の手はいつも彼女の美しい身の廻りに迫つてゐた。それには常に泣かねばならなかつた。いつそのこと人目に立たぬ生活へ——と斯う決心した彼女は二兒を自分の生家である靜岡縣燒津町の姉の許に預け、自からは夫憲太郎が嘗て軍隊にゐた時代にその親友だつた中野のその家に身を寄せてつゝましやかな生活に入ることにした。今は地味な手内職が生活の料を得る唯一の道だといふ。

世にも怖しい罪を犯した夫ながら、『夫に限つて——』といふ信頼は今も彼女の心内に潜んでゐる。彼女は一日も早く夫の靑天白日になるのを待つてゐるといふ。

説教強盗の妻 そのいぢらしさに 今は變る世間の同情

説教強盗妻木松吉の事件は餘りに新しい。こゝに反復する迄もないことであるが、何も知らずに長年連れ添うて來た妻と子の身の上こそ可哀さうである。

事が發覺して妻木が捕はれたあと數日といふものの、府下西巣鴨向原の彼の家は毎日それとない見物人が殺倒するといふ有樣であつた。近隣の者も殘された妻や子供には口を利かず、今までとは打つて變つた冷笑の眼を浴びせたものである。で、妻のやえ子は住み慣れた其所にはもう居たゝまらなくなり、間もなく子供を連れて雜司ケ谷飛地の實家に歸つて行つた。

實家は兄の淸次郎がさゝやかな左官職人として僅かな稼ぎでその日その日を糊してゐるやうな有樣なので、東京聖勞院の婦人部では彼女と子供を引取つて世話をしてやりたいと申込んだが、當のやえ子はそれを斷はり、今も兄の家にあつて、さゝやかな手内職でその家計を扶けてゐる。世を騷がせた怪盜ながら、やはり夫の罪の輕きを祈つてひたすら愛兒の守りをしてゐる、そのいぢらしさに近隣では此頃むしろ嘲るよりも、ひどく同情してゐるさうである。

411 「夫婦生活を中心とする　奥様ばかりの座談会」 今井邦子、長谷川時雨 ほか 『主婦之友』 昭和4年8月1日

夫婦生活を中心とする―
奥様ばかりの座談會

▲時日……昭和四年六月十一日午後
▲場所……東京 日本橋 偕樂園

出席者
(イロハ順)

代議士今井健彦氏夫人　今井邦子
三上於菟吉氏夫人　長谷川時雨
新妻莞氏夫人　新妻伊都子
至誠病院長　吉岡彌生
伯爵吉井勇氏夫人　吉井徳子

正木不如丘博士夫人　正木豊子
三越美容室主任　小口みち子
木谷蓬吟氏夫人　木谷千種
水島爾保布畫伯夫人　水島幸子
さしゑ　田中比左良

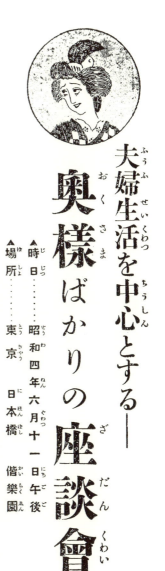

カフェーの問題

記者　『主婦之友』の四月號に、『良人ばかりの座談會』の記事を掲げましたところ、いろ／＼な意味で、大へん大きな反響がありました。

今日の座談會は、別に、それに對抗する意味ではないのですが、家庭生活に關して、皆様の遠慮のない御意見を、伺はして頂きたう存じます。

新妻　さあ、どんなことから口を切つたらいゝでせうか？

記者　この頃はカフェーやバーが、非常な勢ひで増加してまゐりましたが、御家庭の方からは、これを何と御覧になりますか？

新妻　カフェーで、飲んで騷ぐといふ程度なら、

そんなに危險視する必要はないと思ひます。

記者　カフェーの女は、花柳界の女のやうに、物質で買つたり、買はれたりすることが、少くとも表面的には、できないだけに、いざといふ場合には、問題が非常に複雜になつてまゐります。

今井　つまり、形式的にだけでも、戀愛中心の問題になるといふわけですね。

新妻　そこが、男子の興味をそゝることになるのでせうね。

記者　一圓紙幣を、一枚持つて行つても、カフェーだつたら、相當に面白い遊びができますからね。

（寫眞說明）
前列右より、木谷、長谷川、新妻。後列右より、水島、小口、吉岡、吉井、今井、正木の各奥樣方であります。

新妻　大阪のカフェーは、東京よりも更に濃厚ださうですね。

田中　東京でも追々さうなつて來るやうです。人形町の或るカフェーでは、一つのテーブルに一人づゝの責任女給を配つて、その女給の名前がお客に判るやうにしてあります。

記者　女給の名前を知るといふことは、お客に親しみを覺えさせるものです。

今井　家庭婦人としては、たしかに一種の恐慌時代に近づきつゝあるとも言へますね。花柳界の人々は、割合に義理が堅くて、妻のある男子には近づかぬやうに努めてゐるやうですが、カフェーの人達は、戀愛らしいものが中心となつてゐるだけに、奥樣があらうが、子供があらうが、遠慮をしないといふ傾きがありますね。今までのやうに、大目に見てはゐられない氣がします。

木谷　大阪では、若い人はあまりカフェーに行かないやうです。遊び疲れた人が、多く出入すると聞きました。

記者　四十を越した、中年男が一番始末に終へないさうですね。

413 「夫婦生活を中心とする　奥様ばかりの座談会」 今井邦子、長谷川時雨 ほか 『主婦之友』 昭和4年8月1日

小口　若い人は、まだ何といつても純なところがありますが、中年の男は質が悪いんですからね・・・・

職業婦人の問題

記者　先日、近藤經一さんが、ラヂオで放送されたのを、お聽きになりましたか？

新妻　隨分ひどいことを、おつしやつてゐましたのね。

水島　どんな、お話でしたか？

新妻　婦人の中心の話です。德川時代の婦人の中心は遊女、明治時代は藝者、大正から昭和にかけては、ダンサーと女給。その後は職業婦人だといふのです。丸ビルあたりに働いてゐる職業婦人は、たしかに女給よりは美しい、といふやうなことを言つてゐられました。正しい職業にあるものを、遊女並みに扱はれたのには、憤慨しましたよ。

記者　今日の職業婦人に就ても、家庭から觀た皆様の御意見を伺ひたう存じます。

小口　三越あたりの女店員は、一人前になつて日給一圓くらゐのものですが、絹の長襦袢に銘仙の着物、錦紗の羽織といふ扮裝ですから、驚きます。綺麗にしてゐたいといふのが女の心理ですから、無理もないとは思ひますが、そこにやはり間違ひの原因があります。綺麗なものさへ着てゐれば、お嬢様にも、奥様にも見えると考へてゐる本人もいけないが、そんなふうに仕向けてゐる世間も、よくありませんね。

水島　時勢の罪もありますね。

小口　いゝ着物を着たいから働いてゐるといふ態度が、多くの職業婦人に見えてゐます。働いてゐるのだから、せめて着物ぐらゐはいゝものを着なくては・・・といふ氣持ですね。

田中　三越あたりでは、女店員の取締りは、どんなふうにしてゐられますか？

小口　男女問題は、非常に喧しく申してをります。あまりケバ〱しい服装や化粧をしてゐれば、注意を與へます。風儀問題などの場合はその眞相を調査する專門の人がゐまして、事實であつた場合には、辭めて貰ふことにしてゐるやうです。

新妻　私の世話をした、娘さんですが、丸ビルの或るクリーニング屋さんで、働くことになり、洗濯物を屆けに行つたら、或るお客樣が、拾圓紙幣を與へて、『ときどき遊びにお出で。』と言つたさうです。娘さんは、恐ろしくなつて、すぐそこを逃げ出し、そして店を辭めてしまひました。

田中　誘惑の手ですね。

新妻　も一つの例は、邦文タイピストですが、そこの課長さんが、『あなたの女學校の校長さんと私とは、大學の同窓生で、非常に親しくしたものです。』なぞと言つて、女を安心させ、『お茶でも飲みませう。』と、怪しげな料理店に誘ひ込み、厭らしいことを話しかけられ、危く遁れたのがあります。

小口　どうも四十以上の男は、圖々しくていけませんね。

今井　四十以上といへば、家庭生活にも倦怠を感じてゐるときですから、どうも若い娘さんが近づくのは危險ですね。

記者　その時代になれば、金と時間に餘裕ができて來るので、自然、そんなことになるのですね。

正木　若い人には、意見しても、その甲斐がありますが、中年の人には、何の效果もありませんからね。

小口　男がせつせと働いて金を儲けるのは、遊蕩をしたいためなんですね。

今井　女が着物を着たいのと同じ心理でせう。

小口　九分まではさうです。

中年男子の遊蕩

415 「夫婦生活を中心とする　奥様ばかりの座談会」 今井邦子、長谷川時雨 ほか 『主婦之友』 昭和4年8月1日

今井　男は先天的に、浮氣にできてゐるんぢやないかと思はれることがあります。今の四十男の例にしても……

木谷　いろんな義理合やら、何やらで、考へのない結婚をした人が、四十の聲を聞いて、餘生のいくばくもないのに氣づき、抑へてゐた憤懣が急に爆發するのだと思ひます。

小口　女は、幾人もの男を愛することはできませんが、男は三人でも四人でもの女を、萬遍なく愛することができるらしいんですね。

記者　では、已むを得ないことゝして、男の浮氣を許しますか？

小口　許すことは、できませぬ。日本の法律は良人の浮氣に對してだけは、非常に寛大です。私達は、こんな精神的の問題に、法律の力を借りようとは思ひませんから、どうでもかまひませんが、男子の方は、もう少し考へて欲しいと思ひます。

今井　今日の中年男子の遊蕩には、ちやんとその道の惡友ができてゐて、お互に助け合つて、細君を誤魔化してゐます。この質の惡い友情が、どれほど家庭の平和を亂してゐるか判りません。

小口　たしかにさうです。獨りではやれないやうな惡事でも、二人三人の仲間があれば、平氣でやつてのけます。

記者　吉井さん、如何ですか？

吉井　慢性になつてゐますので、何を申しましても仕方がありませんわ。

記者　木谷さんは、御主人に就て、少しの心配もなさらずに濟むので、ほんとにお仕合せですね。

木谷　はあ、お蔭樣で……

女給と藝者の問題

今井　男はどうも信用できませんね。

小口　信用するのが間違つてゐます。

正木　忙しく働いてゐればいゝのですが、のらくらしてゐる男は、大がい、何か惡いことをしてゐます。

木谷　遊んでゐるのが、一番いけません。

今井　仕事の性質にもよりますね。政治家なぞは、忙しければ忙しいほど、待合などに入り浸つてゐます。

記者　カフェーに遊んでゐる男は、どんなふうに見えますか？

木谷　何となく、馬鹿に見えますわ。

吉井　殊に、四十面を下げて、カフェーに遊んでゐるのなんか、馬鹿の骨頂に見えます。

新妻　藝者なら、まだ多少の藝術味といふものがあるかも知れませんが、カフェーで馬鹿騒ぎしてゐるのを見ると、齒が浮くやうな氣がいたします。

記者　今の藝者のうちに、ほんとに藝だけで立つてゐる女が幾人あるでせう？

小口　ダンサーや女給が增えて來ると、藝者はどうしても藝で立たなくてはならぬやうになつて來ます。今日の藝者は、その點をよほど自覺して來たやうです。

新妻　昨年六月、私は朝鮮の妓生學校を參觀しました。修業年限は三年で、月謝は一年が一圓五十錢、二年が二圓、三年が三圓くらゐだつたと記憶してゐますが、疲弊した朝鮮で、これだけの月謝を納めて、三ケ年修業のできる人は、先づ、中流以上の階級と言はなくてはなりません。日本の藝者にも、このやうな敎育を施したら、もつと品性が高くなるだらうと思ひます。

記者　三業地の設定などには、眼の色を變へて反對する人が、カフェーやバーの進出には、案外平氣でゐるのが、不思議でなりません。家庭婦人の立場から、その對策を研究する必要はありませんか。

田中　地方から出て來た學生などで、最近は、カフェーで身を誤るものが、非常に多いさうですね。

記者　神田の神保町附近や、新宿の終點附近などには、軒並みにカフエーが、立ち並んでゐますが、あれでよく經營が立つて行くものだと感心させられます。

新妻　警視廳あたりではどんな取締りをしてゐるのでせうね。

小口　美容術師が、續出して、同業の品位を傷けるといふので、先年、私達が警視廳に出頭して、今後は、美容術師の免許試驗を行つて欲しい、と嘆願しましたら、『美容術師の門戸まで閉鎖したら、玉の井(東京の魔窟)行きの女が増えて困るから、あんまり喧しく言はないでおいてくれ。』との返答でしたので、二の句も出ないで歸つて來たことがありました。女の大臣が、內閣の半數を占めるやうになるまでは、何を言つても無駄です。

記者　では、男子に望みをかけることはできませんか。

小口　とてもできませんね。せめて自分の子供だけは、世間並みの男でない男に、仕上げたいと思つてゐますが、これもどうなりますことやら……

男子と貞操の義務

田中　中年男が、性的にだらしのないのは事實ですが、現在の青年達が、その年頃になる時代には、よほどその弊が少くなりはしないでせうか？

新妻　今の若い人々のうちには、なか〳〵眞面目な方が多くなりました。

小口　お妾をおいたり、道樂をしたりしても、それは主人に働きがあるのだから、仕方がないと諦めて、少くとも表面だけは嫉妬を愼んで、素直らしく見せてゐるのが、これまでの奧樣の模範的な態度とされてゐました。

田中　女の方の教育を、やり直す必要がありますね。

新妻　毒を制するに毒を以てす‥‥で、女の人が、も少し思ひ切つて放蕩でもしたら、いくら男でも、氣がつくでせうね。

今井　放蕩の恐ろしさを實地に敎へたら、多少は悔い改めるでせうよ。

小口　貞操蹂躙の告訴をする婦人が、多くなつたのは、自覺した婦人が多くなつた一つの證據でせうね。

記者　先年、男子にも貞操の義務ありといふ判決が、大審院で下されたにも拘らず、良人の放蕩が、何れの家庭でも默認された形になつてゐるのは、法律に對する婦人の無智を、暴露してゐるものだと、或る新聞に書いてありました。

新妻　舊時代の婦人道德の型を、破らうとしてゐる努力は、たしかに見られます。このための犠牲者に對して、世間の人は、もつと理解してあげる必要があります。殊に同性の方々が、もつと同情してやる必要があります。

記者　殉敎者ですね。

今井　殉敎者は、同情されることを望みますまい。男子に放蕩の仲間があるなら、婦人同志には、善い理解者があつてもいゝ筈です。女は女同志で、不幸な殉敎者を救ひ上げるやうにしたいものです。

仕事は男子の本能

記者　日本人の惡い習慣で、官廳や會社の宴會といへば、必ず待合や料理屋で、藝者を侍らしてやることになつてゐますが、家庭の立場から觀て、御意見はありませんか？

新妻　お客樣を、家庭へ呼ばなくなつたせゐですね。家事が忙しくて、滿足にお客樣を遇することができぬといふので、面倒臭い手數を省くために、待合や料亭に招くやうになつた

419 「夫婦生活を中心とする　奥様ばかりの座談会」今井邦子、長谷川時雨 ほか 『主婦之友』 昭和4年8月1日

のでせうが、困つた習慣ですね。

記者 外國は如何ですか。

新妻 西洋では、必ず家にお招きするやうになつてゐます。そして多くの場合、夫婦とも招待しますので、藝者みたいな商賣女を侍らせる必要はないのです。

記者 支那は、日本よりもひどいさうですね。

木谷 上海にゐる或る西洋婦人で、七人の愛人を持つてゐたのがあるさうですね。

記者 殉教者ですか……

今井 そんなのを、殉教者と呼んで頂きたくはありません。

新妻 日本の男の方は、婦人に大いに感謝していゝと思ひます。アメリカの婦人なんか、大へんなものですよ。

記者 日本の或る小説家で、奥さんに來客があると、赤坊を負つて、八百屋へ買ひ出しに行かれる方があるさうです。

吉井 さうまでして頂きたくはありませんわ。女としての待遇さへして貰へれば……

小口 男は、仕事を持つてゐるせゐか、ちよいと子供つぽいところがありますね。

水島 どの男もさうだとは言へません。**子供つぽいところのある男は好きです。**

吉井 氣が若くなければ、仕事ができないでせうね。

今井 子供つぽく見せてゐるんですよ。なかなかどうして……

正木 女は家事や子供の世話やらで、直ぐに世帯じみてしまひますが、男は始終外に出て活動してゐるので、どうしても若々しい氣持でゐられるのでせうね。

小口 男の考へは、極く單純ですから、女にかかると直ぐ欺されます。

新妻 面倒臭いから、欺されたふりをしてゐるのかも知れませんね。

今井 女の方が子供らしい點もあります。妻は良人から、常に溌剌たる愛を要求してゐます。いつまでも、新婚時代の氣持でゐたいのですが、男は仕事の方が大切で、異性に對する要求は、他に隨意に求めることができるので、妻にばかりかまつてはゐられなくなります。

新妻 男は妻子を扶養する義務があるので、愛よりも仕事が大切になるのです。

今井 男子は本能的に仕事を愛します。男らしい男ほど仕事を好みます。男子にとつて、愛は生活の一部でしかないが、女にとつて、愛**は生活の全部だといふのは、本當です。**

（このとき長谷川時雨女史が見えました。）

記者 女房と一緒に歩くやうな場合に、仕事のことを胸に描いて、考へ込んだりなんかすると、細君は必ず不機嫌になります。

生活戰線の同志

長谷川 男は進取的で、日に〳〵新しいものを好みますが、女は懷古的で、舊いものに戀々としてゐるのですから、本質的に觀て、どちらが、浮氣だとか、どちらが、狡猾だとか、簡單に言ひ切ることはできませんが、老人になると、概して、お爺さんは、非常に感じが良くなり、お婆さんは、大へん感じが惡くなりますね。

記者 男の旗色がよくなつて來ましたね。

長谷川 家庭的なことに、女はあまり捉はれ過ぎてはゐないでせうか。私はさう思ひます。家庭生活の長い道中を終つたら、男の人もやれやれと思ふでせうが、女は更に強く、やれやれと思ふでせう。振り分け荷物でも、長い道中だと疲れますから、できるだけ簡單にしてやりたいと思ひます。**家庭生活といふものを、あんまり面倒臭く、やゝこしく規定するのは、いけませんね。**

水島　ほんとに荷物ですね。

長谷川　赤坊を、初めから抱きつけてゐるお母様は、少しも苦しいと感じないでせうが、私達は、一時間とつゞけて抱いてゐることはできません。

今井　お互に、もつと解放せられねばいけませんね。

長谷川　夫婦は、生活戰鬪の同志ですから、常に一つの氣持でなくてはいけないのですが、無理に一つにしたものは、却て戰鬪力が鈍くなります。

今井　今後の婦人に殘された、極く眞面目な問題の一つは、舊道德を『如何にして破るか』といふ方法を、發見することです。

長谷川　生活苦を切り拔けて行くためには、男は死物狂ひになつて働かなくてはならぬのだから、妻たるものは、その點を充分に汲んでやらなくてはいけません。女がもつと解放的な氣持になれば、男の浮氣にも、多少の同情が持てるやうになります。

正木　道樂一つできないやうな男は、世の中の仕事の上でも、あまり賴もしい男ぢやありませんね。

長谷川　三越なんかで、美しい友禪や錦紗を見ると、欲しいなあ、といふ氣になりますが、たとひそれを手に入れて見ても、さればといつて、平常着を捨てるわけにはゆかないのです。愛慾の惱みは別として、後はあまり喧しく言はない方がいゝと思ひます。

（このとき吉岡彌生女史が見えました。）

アメリカニズム

記者　吉岡先生、最近のカフェーの激增に就て、何か御意見はおありになりませんか？　この頃では、それが山の手の邸町にまで進出して來て、中には隨分、いかゞはしい店もあるさうですが、子供などに及ぼす惡影響は、どんなものでせうか？

長谷川　變な流行歌が、子供の耳に入るのは、決していゝことではありませんが、併し、それを、全然禁じるといふわけにもまゐりますまいね。

吉岡　新しいものを求めるのは、人間の本能ですから、これを束縛したり、喰ひ止めたりすることは、却てよくありません。今の社會には、いろんな日新しい刺戟が多いのですから、知識欲の旺盛な子供を、馬車馬のやうに眼隱して、軌道の上だけを走らせようとしたつて、それは無理です。何でも、見たがるものは見せ、聞きたがるものは、聞かせるがいゝと思ひます。私は息子に、マルクスも讀め、レーニンも讀めと申します。世間は斯うだが、お前の歩かなくてはならぬ道は斯うだぞ……といふことを、母親がしつかりと敎へ込んでさへおけば、どんな所に出入しても、どんな人と交際しても、決して墮落するやうなことはありません。カフェーやダンスホールを、それほど恐怖する必要はありません。

長谷川　マルキシズムと、アメリカニズムの二つの潮流が、大へんな勢ひで日本に流れて來ましたが、政府はマルキシズムを抑へるために、暗々裡にアメリカニズムを默認してゐるやうですから、享樂本位のカフェーやダンスホールが續出するのは、當然のことです。

新妻　アメリカニズムに毒されてゐるから、月給三十圓の職業婦人が、錦紗のお召を着たがるやうになるのです。賣る方で、さうそゝり立てるのですから、無理もありません。で、金がなければ萬引でもしたくなるのです。若い娘だけを責めるのは酷です。制度が惡いのですから。

吉岡　女は、月給が安くて濟むから傭ふ……といふ考へを、改めなくてはいけませんね。

小口　併し、同じ給金を拂ふくらゐなら、男の方が仕事の能率が擧ります。

吉岡　だから女の能率を擧げるやうに、いろんな煩雜な負擔を、輕くしてやる必要があります。また女の依賴心を除かなくてはいけません。電燈の球が一つ切れても、主人が歸つてから取換へて貰ふといふやうな依賴心を捨てて、自分で踏臺を持つて來て、取換へるくらゐのことはしなくてはいけません。

戀愛者同志の結婚

田中　カフェーや料理屋で大騒ぎするのは、官吏や銀行會社員が多いさうですね。

新妻　この頃の若い職人や勞働者は、非常に眞面目になりました。煙草も酒も飲まない勞働者が大へん多くなりました。銀行會社その他の勤人は、その大部分が一社員として飼ひ殺しにされるだけなので、前途に對する希望とか理想とかいふものは微塵もなく、それでゐて、生活は割合に安定してゐるので、つい酒色の中に享樂を求めるやうになるのです。

長谷川　この階級の精神的破産は、早晩やつて來ますね。

記者　この前の『良人ばかりの座談會』でのお話によると、細君を家に殘して洋行したりなんかしてゐる人は、あまり謹嚴にしてゐると、強度の神經衰弱に、罹ることがあるさうですが、如何でせうか？

長谷川　女でもヒステリーになります。

吉岡　女は、愼まうと思へば愼めます。神經衰弱になるのは、男の意志が薄弱だからです。多忙な仕事に熱中し、高尙な趣味を樂しむやうにしてさへゐれば、決して愼めないことはありません。それくらゐの愼みのできないやうな意氣地なしには、猿でもあてがつてやればい〻のです。

長谷川　男は種子を蒔く人、女はそれを保存する人で、男系の種子を尊重するために、女の自由は絶對に許さず、男の放埒は天下御免といふ、妙な性道德ができて來たのです。

吉岡　私は二十五のとき結婚しまして、二十九の頃から主人は病氣になり、二十年近くも臥せつてゐましたが、私は別に不自由を感じませんでした。

小口　體質にもよりますね。

吉岡　それは、忙しい仕事を持つてゐた〻めもあります。

長谷川　女が經濟的の力を得て、沽らん哉主義を捨てれば、性道德はもつと向上します。戀愛者同志の結婚にならねば嘘です。

小口　戀愛者同志の結婚だと、破綻が來ても、お互に五分と五分の損失で濟みます。

長谷川　女は、いくら偉さうなことを言つてゐても、いざとなれば、『女』であることを利用し勝ちですね。

吉岡　經濟的に獨立しても、女氣がなくなつては駄目です。男子を捉へるだけの『女らしさ』は、失はないでゐて欲しい。

長谷川　捉はれない氣持を持つた婦人は、必ず男子を魅惑します。

吉岡　女大學流の婦人の愼みは、却て弊害があります。

長谷川　内では、荒神樣のやうな苦々しい顏をしてゐて、外では惠美須樣みたいに、にこにこしてゐる人がありますが、これなんかも、感情を殺すやうにとばかり敎へられた、女大學流の婦人の愼みの結果です。

男子に對する註文

記者　男に對する御註文を、おつしやつてくださいませんか？

吉岡　女を啓發してやるだけの親切心を、男の方は持つて頂きたいと思ひます。そして結婚したら、お互に隱すことのないやうにしたいものです。世間には、月給の金額まで僞つてゐる旦那樣があります。收入が少ければ少いで、お互に心を引きしめて、生活の方針を立てるやうにしなくてはいけません。

長谷川　夫婦は、生活戰線の同志であることを忘れないで、お互に勞るやうにして行きたいと思ひます。この心掛けさへ忘れねば、貧しいものは貧しい中に、樂しみを見出すことができます。その他のことは個人々々の趣味、思想、體質などがありますから、一概には申されません。

新妻　職業婦人の結婚問題は、非常に困ることですが、何とか適當な解決をつけなくてはいけないと思ひます。職業婦人を妻に持つと、良人は頭が上らないと申しますが、これは男の僻みだらうと思ひます。

長谷川　細君の收入が大きければ、自然に、優越的な氣持になるのでせう。

新妻　それでも女は、男ほどには威張りませんよ。女の收入が多くたつて、男はケチな僻み根性を起さないで、氣を大きく持つてゐればい丶のです。

今井　理窟ばかりでなく、本當に女を理解し、且つ同情して頂きたいと思ひます。婦人解放運動の第一線に立つてゐるやうな、物わかりのい丶方々までが、御自身の奥樣に對してだけは、女大學式の屈從を強ひてゐられるのは、ほんとに情ないと思ひます。

小口　私は職業柄、結婚なさらうとするお孃樣方によく接しますが、百人のうち九十九人までは、お人形のやうに、婚家に買はれて行くやうなお氣持のやうです。こんなことでは、御良人の相談對手になるなど丶いふことは、到底望むことはできません。もつと反省し、自覺しなくてはいけません。

水島　良人と妻とが、何かの問題で意見を異にした場合は、最後まで爭つて、理非を糺すべきでせうか。それとも、理由の如何を問はず、妻は良人に服從すべきでせうか。

新妻　問題によりますね。負けても差支のないことは、負けてあげることです。

吉岡　爭論のときは、お互に神經がいら／＼してゐますから、なるべく早く切り上げて、もつと冷靜になつてから、更めて反省してみることです。對手の立場を考へてやれば、大抵のことは讓步する氣になります。

小口　男には體面もありますから、簡單には謝れない場合があります。

記者　そんな場合に、素直に負けてくれるやうな女を、一般の男子は要求してゐるのぢやないでせうか？

長谷川　女に負けて貰つて、い丶氣持になるやうな男は駄目です。

戀愛の前科者

吉岡　長谷川さんの前ですが、小說家には浮氣者が多いので困りますね。

長谷川　藝術家は、どんな場合にも、自分を忘れません。主觀と客觀とがはつきり區別されてゐます。何かのことに溺れ切つてゐるやうで、その實は冷かに、自己を客觀的な立場から見つめてゐるのです。その複雜な氣持を理解できない人は、藝術家の妻にはなれません。藝術家はお團子ぢやないんですから、一本の串で突き刺さうとすると、必ず失敗します。その意味で、私は吉井さんの奥樣に、いつも感心してをります。

吉井　私は男を信用しないことにしてゐます。やきもちを燒いてゐたら、一分間でも生きてはゐられません。

長谷川　吉井さんは道樂もなさいますが、お家にゐられるときは、一切の酒氣を排して、非常に家庭的な生活をしてゐられます。

記者　木谷さんの御主人は、決して道樂をなさいませんね。

木谷　はあ、少し變り者ですから……

長谷川　木谷さんの旦那様は近松の研究者で、それはいろ〳〵な人情に通じてゐられますから、道樂をするやうな氣持にはなられないでせうね。

木谷　遊ぶことは、汚いことだと申してをります。主人とは年齢が相當に違ひますから、父とも兄とも思ひ、また仲のいゝ友達のやうな氣にもなります。一つの世帶でありながら、生活費は半分づゝ負擔し合つてゐます。

吉岡　米國式ですね。

木谷　どちらか一方が、旅行でもしてゐるやうなときには、留守に來た手紙などはかまはず開封して、用を達すやうにしてゐます。ですから、お互の交友關係なども、はつきりしてゐます。

吉岡　御主人が、やきもちを燒かれることはありませんか？

木谷　二人とも戀愛の前科者ですから、お互の氣持を充分に理解し、勞ることができます。

花柳病を恐れよ

記者　仕事の都合上、良人が方々へ旅行するやうな場合に、間違ひがありますね。

吉岡　行く先々で、浮氣をされては、堪りませんね。

長谷川　『旅の恥は搔き捨て』といふ日本の俚諺がよくないのです。旅行すると、花柳病に罹つて歸る人が少くないさうです。

吉岡　だから私は、花柳病のことを、旅行病と呼んでゐます。日本の奥様は柔順だから、旦那様から花柳病を傳染されても、まだ自覺せず、病院へ診察して貰ひに來て、「今度の主人の旅行は大へん忙しくて、あんまり馬車に乘り過ぎたゝめに、こんな病氣になつたんださうでございます。」なぞと、おつしやる方があります。

記者　西洋では、良人獨りで旅行することは、殆どないさうですね。必ず細君を同伴するさうです。出張費なども、夫婦二人分を與へることになつてゐるさうです。

吉岡　日本の女は、外出を億劫がるからいけません。赤坊を負つてゞもいゝから、カフェーでも活動寫眞でも、亭主の行くところへは、どこへでも隨いて廻るやうになれば、そんな弊風は自然に改まります。

記者　私の知つた人で、放蕩なんか少しもしない男ですが、洋行をして、花柳病に罹り、歸國して結婚しましたが、生れた子供は不具で、本人は脳脊髓となり、十幾年間生きてゐて、悲慘な最期を遂げました。

新妻　謹嚴な人が却て危險ですね。

吉岡　子供のできないのは、多くの場合、良人に痳毒があるためです。結婚して間もない花嫁様などが、綺麗なお化粧をしてゐるが、診察してみますと、大變な病氣を傳染されてゐられることがありますが、こんなのを見ると、その御主人を呪つてやりたくなります。この點でも、女はもつと、自覺しなくてはいけません。

記者　この前の座談會でも、正木博士が言つてゐられましたが、結婚せんとする男女は、お互に、醫師の健康診斷を受ける必要がありますね。

吉岡　私の病院では、赤坊が生れるとすぐに、臍の緒から血液を攝つて檢査し、兩親から何等、惡質の遺傳を享けてゐないといふ證明書を書いて、差上げるやうにしてゐます。これが將來、立派なお嫁入道具の一つになることと思つてゐます。

記者　惡い血を享けてゐる赤坊もありますか。

吉岡　梅毒などは、五十人のうちに一人ぐらゐあります。

新妻　それはほんとにいゝことですね。

趣味を高く持て

記者　今日の結論として、家庭生活を幸福にするための御意見を伺はしてください。

小口　要するに心の問題ですね。お料理が上手だとか、家政の切り廻しが上手だといふだけで、良人を家庭に惹きつけ得ると思ふのは、間違つてゐます。家事とか料理とかの他に、社會的な知識を求めて、良人の話對手になれるやうに努めないと、すぐおいてきぼりにされてしまひます。

新妻　女中でも使へる人はよろしいが、さうでない人は、家事に追はれて、本を讀む暇はないかも知れませんが、併し、できるだけ努力して、いろ／＼な知識を吸收することが、肝腎です。

吉岡　私は、男の頭を改造することが、急務だと思ひます。カフェーや待合で馬鹿騒ぎをするのを、無上の樂しみだと思ひ込んでゐる人々に、もつと高尚な趣味を持たせるやうにすることです。そして、できるなら、土曜日の午後だけでも、家庭デーと定めて、公私に拘らず、一切の宴會を廢し、妻や子供と樂しく遊べるやうにしたいものと思つてゐます。

記者　全くですね。

吉岡　私は、牛込婦人會といふものを世話してゐますが、或る結婚式場で、區内の知名婦人が澤山見えてゐられましたので、この婦人會に入會されるやうにお勸めしましたら、或る醫學博士の奧様が『そのことなら、主人にお話しくださいまし。』とおつしやいました。そんなことまで御主人が、干渉なさるやうな御家庭では、全く困りものですね。

記者 子供に就ての御意見は？

小口 子供には、家事の手傳ひを、どし／＼やらせる方がいゝと思ひます。

長谷川 日本では、子供をあんまり遊ばせ過ぎます。母親の手傳ひぐらゐはやらせる方がいいのです。

小口 男の子にも、女の子にも、平等に働かせるのがいゝと思ひます。

吉岡 職業婦人は申すまでもありませんが、家庭の御婦人方でも、どんな故障が生じないとも限りませんから、赤坊には、一日に一回は、牛乳を飲ませる習慣をつけておくのがいゝやうです。母乳一點張りでは、まさかの時に困ります。

正木 まだ／＼女は、いろんな點で、充分に知識を廣めなくては駄目ですね。

今井 婦人の自覺が一日早ければ、それだけ人生の幸福が早くまゐります。

吉岡 だん／＼よくなるでせう。妻の感化は、無言のうちに、その良人の思想や人格まで支配してゐますから。……野卑なことを言つたり爲たりする男は、必ず下品な細君を持つてゐます。下品な言行をして得々としてゐる代議士は、大抵、無教育な、無智な妻を持つてゐるさうです。

長谷川 婦人を輕蔑するやうな男は、きつと輕蔑されるやうな婦人を妻に持つてゐます。

記者 男の體面もありますから、あまりぺしやんこにやりこめられないうちに、この邊で今日の座談會は打ち切りにしたいと思ひます。どうも有り難うございました。

427　「寺内少佐夫人の死を未婚の女性はどう見るか」 川俣淑子、樺山まさ子 ほか 『婦人画報』
昭和4年10月1日

寺内少佐夫人の死を
未婚の女性は
どう見るか

○先頃、社會面の大ニユースとして報ぜられた寺内少佐夫人綾子さんの自殺につき、諸家の令嬢に向つて、御感想をお問ひ合せ致しました。さつそく御回答をいただいきましたことを感謝いたします。（掲載御回答順）

川俣淑子

寺内少佐夫人綾子氏が亡夫の後を追うて自殺されたといふことは上流の人だけに私達は衝動を與へられました。けれどもそれは亡夫への愛ばかりではなく、子供が無いのと、寺内家の環境が可なり陰欝であつたりした、種々の事相が伴つた事と存じます。これを頽廢せる婦道に一服の清涼劑であるなどゝいふ見方もあらうけれども、若しこれが反對に夫人が先きに死んで主人が妻の後を追うて自殺したといふことになれば、世人は何と批評致しませうか。女は男の從屬物でなく、男子同樣の高さに上り得るやう平生心掛け、さうして人及び婦人としてもつと强く生きたいと思ひます。

樺山まさ子

寺内夫人は前から存じ上げて居りました方なので今度のことを伺ひ實に悲しく思ひましたと共に如何にその御最期の立派であつたかをきき、さすがはと思はれました。

人は誰でも自分の世界で一番大切な人に死別れる時は心が亂れるのは當然の事と思ひます。それを私共が後々までもとや角批評がましいことは申したくありません。又御自身の望をとげられて幸福そうに死につかれました夫人の安らかなる御眠りをさまたげたくはありませんのでこれで筆をおきます。

秋山久子

無經驗なる者故、此れ程迫りたる感情を存じ申さず候へども、夫人に御舅姑又は御一人たりとも御子様の候はゞ、斯様な事も遊ばされまじき物をと殘念に候。

只御見上げ申すは斯様な場合にも亂れさせられぬ夫人の御沈着の點に候も、但し今一歩進みて老ひませる御實家の御兩新の悲しみを省みられて、思ひ止まらせられたる方、女性としてはのぞましき事と存でられ候。

戸川靜子

夫と自分とだけの生であるかのやうに、あんな風に死ぬるのは不思議だと、唯さう思ひます。

私は此の問題を頭をつかつて考へる氣にはなれません。又考へないでもよささうです。これではお答へにならないかも知れませんが。

牧　和氣子

寺内大尉夫人の死はまことにお氣の毒に存じます。軍人の妻としてとの心であの壯美な最後をとげられた事は、まことに、感服致します夫人の死により、日頃如何ほど大尉の感化をうけ、又、大尉を敬愛してゐたかゞ察せられます、夫の爲なら身を粉にしてもと、心掛けた方に違ひないと存じます。しかし私は、殉死をよいとは考へません、我々の身體、これは、兩親からうけたもの、どれ程悲しくとも、辛くとも、自分一ケの爲、年老いた父母をさしおいてよき方法をとり行く事は、如何かと存じます。故人の爲、父母の爲を考へたなら悲しみをおさへて、生きてゆく事が一番至當な事と思ひます、積極的に他の方面へ、活動した方が、むしろ、よい事と思ひます。

木原　近枝

御問ひ合せに對して眞相は存じませんが只單に新聞紙上の事を考へればいとし兒もなく二人だけの生活として最後にあれだけのとりみだした事もなく立派な死をとげ夫の供をされた事はゐ

「寺内少佐夫人の死を未婚の女性はどう見るか」 川俣淑子、樺山まさ子 ほか 『婦人画報』 430
昭和4年10月1日

らいと存じます父母にも最後の御詫びもして居られます

津田あやめ

あまり現代の婦人らしくないなさり方なので一寸びつくり致しました、死ぬ程御主人を愛してゐらしたのでしたら致し方も御座いませんがそれにしても若し御子様でもおありになつたらどうでせう、しかし婦人にはどんなに苦しい事がおありになつたかも解りませんが新聞紙上で誰何かがおつしやつた様に夫の亡き後の家庭の淋しさとか病身を悲観して……その理由でしたら本當に婦人の思慮の足りない行爲だつたと思ひます、も少し強くしつかりお考へになつたらこんな事にはならないですんだのではないかと思ひます。

飯村敏子

寺内夫人の死は人により舊式だとか時代遅れだとか云ふ方もありますが私は寺内夫人の死を御立派な死だと思ひます、寺内夫人の境遇としては東洋道徳や日本婦女道では死を選ぶ様になるのでせう、しかし夫人の様に家庭的に責任の極めて少ない身體ならば死も已むを得ませんが自分として良人だけでなく老人や子供その他の世話をしなければならない婦人はそうも行かないかと思ひます、兎に角寺内夫人の場合はあの方法が立派だと云ひ得るでせう、その點は私等も共鳴致します。

431　「寺内少佐夫人の死を未婚の女性はどう見るか」 川俣淑子、樺山まさ子 ほか 『婦人画報』 昭和4年10月1日

（只今妹の昌子はハワイから歸航中です折角の御問合せを御返信しないのも失禮と思ひ姉の私が代つて書きます。）

西村百合子

寺内大尉夫人が亡夫に殉ぜられた其御心持は洵に御同情に堪えませんし美しい死とも感じます、併し其行爲は中世紀的道德の遺物であつて現代に處する人の道としては遺憾ながら贊成出來ません、同夫人の行爲は只自己の感情の滿足を追求して社會に對する義務を顧みるに暇なき一時的昂奮の餘に發したものと察します、カントは「萬人の規範となる樣に行爲せよ」と申したと聞きます。若し同夫人の行爲が一般的に適用せられたらば其結果は如何でせう？

飛高みよ子

私は夫とか妻とかいふ心持を知りませんからほんとうのお答が出來ない事と思ひます。

私はいつでも人の死といふ事を聞く時に知つた人でも知らない人でも御氣の毒な淋しい氣がいたしますけれど今度の寺內夫人の事を新聞で讀みました時は、御氣の毒なといふ氣持よりも大變立派な方だと思ひました。

お答まで

秋元英子

せつかくおたづね下さいましたが何分あの様な事件には御當人の感情が多分にふくまれて居りますしゝたがつて、其の方の御性質境遇、家庭の事情なども關係して居る事故、夫人とは一面識もなく、かつ未だ修學中の私には感想を公表する事は御遠慮いたしたいと存じます。もしも御話を通じて皆様の御感想をうかゞひ何等か得る所があれば何よりも幸と存じます。

山中路子

キリスト教的立場から申しませば自殺といふ事は罪惡で御座いませうが日本古來の武士道から申しましてたゞお立派だと申上げるより外御座いません。しかし夫人の御兩親の事を考へますと實に〱お氣の毒に存じます。

菊川靜子

立場々々に依て考へ方が異つておりますので今度の寺内氏夫人の問題も或人々にとつては大きな稱讃に價する死かも知れませんが私達無産婦人にとりましては、その様な問題は餘りた主觀的な個人主義的な行爲だと存じます。その意味に於きまして、一種の同情は起りますが、讃辭をお送りする事は出來ません、のみならず夫人と全々立場を異にする私達にとつては、ものに對する考へ方が社會性の中に於かれた個人といふものを、はつきりと把握した上でなされなければなら

433　「寺内少佐夫人の死を未婚の女性はどう見るか」 川俣淑子、樺山まさ子 ほか 『婦人画報』 昭和4年10月1日

ないと存じます。

上田文子

私は一概に自殺を否定するのではありません、又比較的順境に育つた人間として綾子夫人の「苦悩に對する抵抗力の弱さ」も解ります、しかし、結局に於いて、こんな種類の自殺に今、我々は多くの關心を持ち得ません。この事件を新聞が重大事の如く報導したのは中心人物の夫妻が名門の子弟であるといふ事大意識によるものです。これを佳話として禮讃する如きある種の言論に對しては全く失笑を禁じ得ません。

井上綾子

おそくなりましたが御問合せの事につきまして御返事申しあげます　殉死と云ふことは今の世に決して奬勵することではないと思ひますが寺内夫人のやうな場合は特別だと存じます。

第一は御夫婦が大變に仲がおよろしかつたとのこと、第二に御子様がおありにならなかつたこと、第三はまあ家族に對して責任を御持ちにならなければならないことがおありにならないので極く自由の御身體で居らした、爲に、私はかまわないと思ひます、生き殘つて居て一人で苦しむより、一生、一人の方に捧ぐる愛ならば、一緒に死んでゆける人は幸福だとおもひます。

岩谷朝子

寺内大尉夫人の殉死は乃木大將夫妻のそれと同じ心理狀態にあるものと存じます。當今の婦人道夫婦道の誤つた考へをもつ人達へはよき教へになると思ひます。過日出る婦人雜誌で現在のよき意味に於けるモダンガール達の御説を拜見して恐ろしくなりました。消化しきれない西洋料理を澤山食べたお腹の樣になりました。これが「よき意味のモダンガールの御説」だとすると現在の婦人思想は悲しむべきものであり、またあはれむべきものと存じます。この意味で大尉夫人の自殺は、考察するによき材料と思ひます。唯この種の自殺を推稱することはよくないと存じます。自殺は宗教的に考へなくとも罪であり、卑怯であります、況んや父あり母あり。遺兒ある場合には唯自分だけよかれと夫の後を追ふのはよくないことゝ思ひます。唯夫人の考へられた夫婦道を眞摯の心で學びたいと思ひます。

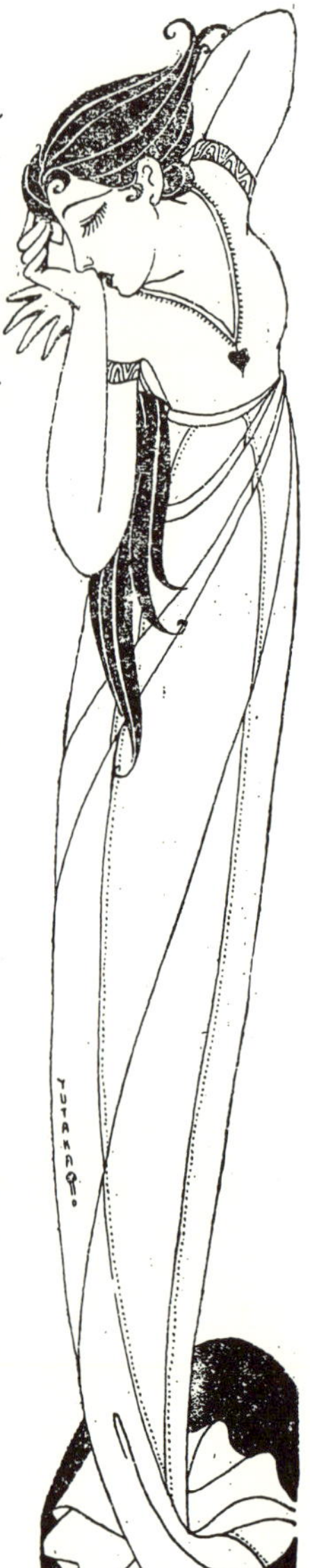

色魔に騙された女給の結婚哀話

◇田舍出の若き娘が都會で失敗した經驗◇

山根鈴子（東京）

◇❀◇

私が茨城の或る農村から、初めて上京したのは、一昨年の冬、十一月も末のことでした。

小作農の私の家では、どうした不運の廻り合せか、その年の秋の收穫は、非常な凶作だつたので、肥料代は愚か、地主へ納める年貢米すら、やつとのことでした。從つて一家五人（祖母に父に娘三人）の生計は容易でなく、借金は嵩む一方ですし、農家でありながら、米や麥の一升買ひをしなければならぬといふ、悲慘な狀態に陷りました。

そこで、姉と私とは、隣村の大きな農家に雇はれることになり、妹は縣下大洗の或る商家へ、子守奉公に行きました。

併し、私達姉妹の得る、僅かな賃金では、その日〳〵の生計がやつとのことで、少しも借金を脫くことはできません。それで、或る夜、私（當時十八歲）は熟考の末、前借して、女工にならうと決心し、父と姉に相談いたしましたが、嚴格な父は、近在から町の工場へ行つてゐる娘達の不品行な例を引いて、どうしても許してくれません。

また姉は姉で、『鈴ちやんが女工に行くのなら私も行く……』と言ひ出しました。日頃から身體の勝れない姉を、どうして工場へなどやれませう。たうとう工場行は駄目になりましたが、このまゝでは何時まで經つても一家が浮ばれないことは、あまりに判りきつてゐましたので、私は東京へ奉公に出ることに決心を變へ、旅錢だけを漸く工面し、それから四五日後の夕暮、家の者へは無斷で、上京したのでした。

◇◆◇

寢衣一枚だけを、木綿風呂敷にくるんで、着のみ着のまゝの姿で上野驛に着いたのは、夜の九時頃でした。

改札口を出たものゝ、さて身寄りとて誰一人ない私は、落着きどころをどうしたものかと、先づ思ひ惑ひました。紙入には、もう五十錢足らずしか殘つてゐないので、宿屋に泊ることもできません。あたりに雜沓する往來の人々は、何と幸福さうに見えることでせう。そして、自分ばかりが不幸な女のやうに思はれて、悲しくなり、待合室の隅の方のベンチに身體を投げかけて、しよんぼりと途方に暮れてゐました。

すると、私に近づいて聲をかける女の人がありました。二十五六の、華美な服裝をした、どこか大家の奧樣風の人が、私に微笑みかけてゐました。『もしかあなたは、どこかへ奉公なさるおつもりではありませんか。』

私は、その方の優しさうな態度に打たれて、『はい……』と申しますと、『もう行先がおありになるの？』と問はれたのです。知らぬ土地に來て、思案に餘つてゐる自分にかけられた、親切らしいこの言葉を聞くと、嬉しさが込みあげてきて、私は、すつかり上京するまでの事情を、その婦人に話してしまひました。

すると、大變同情してくだすつて、『奉公するにも、保證人がなければ、こちらでは誰も使つてはくれませんのよ。併し、幸ひ私の店に一人、田舍出の方を欲しいと思つてゐたところですから、來てくださらない？』と言はれて、私は飛び立つほど嬉しく、直ぐお願ひいたしました。

婦人は私を連れて、上野廣小路の繁華な通りを見物し、洋食屋で御飯を食べさせてくれてから、省線電車に乗りましたが、二人は大塚驛（だとは後で判つたのです。）で下車しました。

婦人の後について少し行きますと、婦人は顧みて私に、『私の店はこゝよ。さあお入り。』と言はれます。見ると、一軒のカフェーです。

◇◆◇

まさか、この奥樣風の婦人が、カフェーのお主婦だとは想はぬことでしたのに……。私は吃驚して、こゝで斷つて歸らうかとも思ひましたが、お主婦は私の手を取らんばかりにして、店の中へ連れ込みました。

奥には、四十がらみの、小肥りの主人が、薄氣味惡い眼で私を眺めてをりましたが、やがて私の事情を一通りお主婦から聽いて、『それは氣の毒だ。まあ眞面目に働いて、國許へ仕送りができるやうになれば、いくら頑固な親でも、叱りはしまい。なあに少し經てば、月五六十圓の金を取るのはわけはないよ。』など、申し、お主婦も何かと親切な言葉をかけてくれるので、私はつい先刻懐いた恐しさも打忘れ、そこに止まつて働く氣になりました。

この△△カフェーは、店は小いながら、七人の女給がをりました。日一日と、私も皆なと馴れてゆきましたが、私は他の朋輩のやうに、客に戲談を言つたり、しなだれかゝつたり、きやつきやつ言つて、お酒を飲んだりするやうな眞似は、どうしてもできませんでした。

『鈴ちやんは、お客樣のもてなしが惡い。戲談口はきかないし、お酒のお相手はできないし、煙草も飲めないつていふのだから、貰ひ（チップ）のないのは當り前よ。男つてものは、お世辭を言はれたり、私たちが、ちよいと甘いそぶりでもして見せれば、直ぐにこ〱するものよ。』だからお客を弄んでやれと、朋輩達は言ふのでした。併し、私はお客に對して、何としてもお世辭一つ言へないのでありました。

◇◆◇

正月が、間近に迫つて來ましたが、私には、他の朋輩のやうに着物もありません。

或る日、お主婦は私を奥へ呼んで、着物を見つくろつて買つておいたから、お金ができたら、何時でもいゝから、少しづゝ返してくれるやう、尙ほお小遣は何時でも貸してあげるから、要るときはお言ひ……など、申しますので、やむを得ず着物だけを借りることにしたのでした。

定つた給料はなく、チップで、すべての身の廻りをしてゆかねばならぬ私達女給に取つて、私のやうに貰ひの少い者は、湯錢もない日がよくありました。併し、店が大して忙しくないにも拘らず、朋輩達が皆な、チップだとは思へないほど、幾枚もの紙幣を持つてゐるのが、私には不思議でなりませんでした。

すると或る日、お主婦は私を呼びつけて、『お前さんも、大分店の樣子が判つたゞらうが、何時までも眞面目な勤め振りばかりしてゐないで、皆なのやうに、お客を取るやうにしないと、却て身のためにならないよ。國ではお前さんからの送金を待つてるだらうに、ちつとも送つてやれないなんて、恥かしくないかね。實は、毎日やつて來る、お金持の天野さん(假名)が、是非お前さんを世話して欲しいと、前から言つてるんだがね。どうだらう……』と言ふのです。

併し、私は、お主婦のあまりの言葉に驚いてしまひ、朋輩達の懐中の溫かみを想像して、さては卑しいことをして得た金だなと思ふと、身體が打ち震へて、そこにぢつとして坐つてゐることさへ汚はしく思はれるのでした。が、それかといつて逃げ出すこともできず、それに着物の借金のことを考へたりすると、この場合どうしてよいやら判りません。

でともかく、『も少し考へさせてください。』と言つて、その場を免れたものゝ、私の心は落着きません。そこで思ひ切つて松本さん(假名)にその由を打明け、相談しようと決心しました。

◇◈◇

松本といふのは、〇〇ビルディングの或る商事會社々員で、廿五六歳の、頭髪をオールバックにした粋な青年でした。彼は、私がその店へ來てから、毎夜のやうに珈琲を飲みに來てゐましたが、決して戯談口をきいたり、卑しい態度をとつたことは一度もなく、却つて眞面目に私の境遇に同情し、ときに敎訓を與へてくれたりするので、何時しか私は、彼を戀してゐたのでした。

そして彼もまた、私を愛してゐると明言するやうになり、さては、二人の愛は、たゞさゝやき合ふだけでは、お互に滿しきれないくらゐにまで進んでをりました。

その夜、彼は何時もより早くやつて來ましたので、私はお主婦からの話をして、相談しま

すと、彼はちよつと困惑した風でしたが、
『それぢや、どうせ夫婦になる二人なのだから、僕は明日、こゝのお主婦に、その着物の代を支拂はう。そのうへで、鈴ちやんはこゝを出て、僕の下宿へ落着けばいゝ。』と申しますので、私はやつと安心しました。

翌日の夜、松本は約束通りに、お主婦に借金を拂つてくれ、私と一緒にカフェーを出て、私達は彼の下宿へまゐりましたが、そこは、池袋の或る菓子屋の二階で、四疊半の部屋に机一つなく、ガランとしてゐました。

松本の話では、相當の暮しをしてゐる筈でしたのに、これはあんまり酷いと思ひましたから、その理由を訊ねますと、『實は、今まで僕が下宿してゐた戸塚の家は、階下の者が煩いから斷り、今朝こゝを借りることにしたのだが、荷物は二三日のうちに運ぶとして、先づ結婚するとなると、一度お前の親許へ行つて、それを承諾して貰はねばならぬから、明日直ぐ出かけることにしよう。』と申しますので、私も彼の尤もな、眞劍な態度を嬉しく思ひ、翌朝二人で、想ひ出の鐵路を北へ、私の實家へまゐりました。

父は二人を迎へて、種々と話の末、松本の人格を信用して、どうか幸福に暮すやうにと、快諾してくれ、後日入籍の手續きをすることに決めて、歸京しました。

それから松本は、二三日續けて會社を休み、その間に、日常必要な僅かな手廻り物に、古机一つ、それに炊事道具といつた輕い荷物を、下宿から一人で運んでまゐりました。何といふ簡單な世帶道具でせう。併し、喜びに燃えてゐたそのときの私には、もう荷物が少いからとて、彼を疑ふ餘地はなく、これから二人して營む、さゝやかながら樂しい結婚生活を想つて、どんなに輝かしく胸を躍らせたことでせう。それは丁度昨年の三月五日のことでした。

愈々勤めに出かけた松本が、二三日經つと、『この一ケ月餘り、隔日に當直番を言ひつかつたから、暫くの間淋しいだらうが、我慢をしてくれ。』と言ひますので、『いゝえ、お勤めが何より大切ですから、決して御心配なく……』と申しますと、『だから鈴ちやんは、可愛いんだよ。』など、戲談口をきかれるのも、當時の私には大そう嬉しうございました。

◇◇◇

同棲後一ケ月も經たない、三月廿九日の夜更けのことでした。慌しく駈け上つて來た數名の刑事から、松本が、實は婦女子を誘拐したり、虚僞的結婚をする色魔だといふことを聞かされたときの、私の驚きと悲しみ！　初めのほどは、どうしてあの人が……と、信じられませんでした。が、後で尚ほよく話を聽けば、彼が商事會社の社員だなどゝ言つたのは眞赤な嘘で、隔日に當直番だと言つて泊つて來たのも、やはり私同樣虚僞的に結婚をした花子(假名)さんを下宿へ匿つておいて、そこへ寢泊りしてゐたことまで判りました。

そして、私達への生活費は、不良青年達と共に惡事を働いて得たお金だつたのでせう。その日の夕方、所轄署の刑事達が、花子さんのゐた下宿屋へ取調べに行つたとき、松本は發見されたが、直ぐ逃走して、その足で私の部屋へ遁れて來たらしく、併し幸か不幸か、私は丁度買物に外出してゐたときだつたので、知らなかつたわけでした。

その後、松本は巧みに姿をくらましてゐて、杳として行方不明でしたが、何でも、昨年十月頃の、或る地方の新聞紙上で、彼らしい男が、轢死してゐたといふことを知りました。

故郷の父に合はす顏もない私は、惡夢から覺めたやうな思ひで、只今當地の或る同情者の許に、御厄介になつてをります。(實)

◆家庭外に働く婦人から見た◆

男の世界公開

婦人解放の十字軍

山田やす子

或る不治の病に侵された人が斯う云つた言葉を私は今でも記憶してゐます。彼は小高い丘に建つた病院の一室の白いベツトに横臥して、限られた視野の、毎日同じ單調な下界を、生命の續く限り眺めるより外に、目を樂しめるものとてはありませんでした。ガラス窓の彼方に鳥瞰される活動小屋の赤い旗や撞球場やカフヱーのあくどいペンキ色、料理屋の高い屋根や、若し眼界に入るなら國會議事堂などをも含めて

「それらは皆、健康人の世界だ。凡てが健康人を目標として構成し運轉し流動しておる。見渡す限りの凡ては、健康人のための凡てだ。生活場も娯樂場も舗道も電車も馬力も……。そして私たちのやうな病人の世界は、完全にその中から驅逐されてゐる。殘されたたつた一つの世界は、この白堊です。これは病人の僻み許りではない……その他に何がある。」

斯う云ひ暮して逝つた痛た〳〵しい彼の目から視たとき、これは恐らく僻み許りではなかつた思ひます。私たち婦人から視れば、健康人の世界は、とりもなほさず男子の世界なのです。婦人が、政治も法律も裁判も、或は遊廓も待合も酒も、凡てが男子の世界であると視る時、これは僻み許りとは云へますまい。

女人禁制の山、高野も今は昔の語り草となつて了ひました。登山熱に浮かれた女學生や信仰の女人に踏み躙られてはゐます。だが、女人禁制の高野山はわが國の至る處に依然聳え立つてゐる筈です。例へば國會議事堂の――或は府會や市町村會の――山を御覧なさい。傍聽席までは婦人も辛じて登ることができます。それから一歩でも踏み出さうものなら、女人禁制の高札が堅く〳〵行手を塞いで了ひます。また傍聽席などゝ云へば、如何にも議席よ

りも議長席よりももつと高い所に設けられてゐる所が多いので、この山の絶頂に登つたかに見えますが、どうして、裾野へも辿りついてはゐないのです。

陪審制度はどうでせう。被告が婦人ならば、婦人に最も理解と同情のある婦人陪審員が裁判に關與するのは當然のことであると云はれてゐるに拘らず一體そんなものがありますか。この山も女人禁制です。

法律の大部分もさうであるし、遊廓とか待合とか云ふ劣等な享樂場もさうです。斯うした場所には、如何にも女人が白首を並べてゐるに違ひないのですが、それが人格としての女人でなく、男子の享樂物として、肉の奴隷としての女人ですから、女人の世界だなどゝは考へられません。では、多くの家庭はどうでせう。家庭の中には夫もあり妻もある、男もあれば女もある。だが茲も亦男によつて代表されてゐます。亭主は家庭を支配し、女房は彼の貞淑な影であり附錄であるに過ぎません。たま〳〵亭主を尻に敷く女房が現れたとしても、彼女は尻に敷きながら敷かれてゐるのです。そして軍配は常に彼に擧がつてゐる筈です。

させて、之等は何れも男子の世界です。病人が健康人の世界を視る目は例へ僻目であつても、婦人が男子の世界を視る目は決して僻目ではありません。それは活きた事實なのです。經濟的に政治的に社會的に、男子の世界は鬱然として魔物の如く婦人の上にかぶさつてゐます。斯うした中から、婦人が男子の世界を公開するならば、その豐富な材料に持てあますことでせう。だが婦人は、これらの豐富な材料の中から、性的な或は個人的な男子の世界許りを拾ふことなしに、社會的に婦人の地位の向上を計る武器として、必要なものを摘發し公開し互に呼び掛けねばならないと考へます。

男の世界こそは人類の永い歷史の齒車が扶殖した、而して最早今日の經濟組織の下では一つの巨大なるマンモス、崩壞的殘存物に化し去つたところの世界です。わが國でこそ、未だ頑迷な高野山が無數に立ち竝んでゐますが、世界の歷史の動きは日毎に男の世界を縮少しつゝある息吹きが感じられます。英國婦人の政治的進出やロシア婦人の解放はもとより、わが婦人公民權獲得運動や廢娼運動から無產婦人運動に至る諸潮流は、何れも男の世界を吹き飛ばす婦人自らの叫びなのです。

不治の疾患に侵された彼は、その切實な提言も健康人に對する廢殘者の述懷になる許りでした。然し婦人が男子の殿堂に肉迫する鯨波は希望に燃えた青い焔です。そして一歩一歩男の世界を切り崩して、やがて性別的解放を婦人の手に掴む迄婦人解放の十字軍はその進軍を控えないでありませう。

油斷大敵、まづ悟れ

高群逸枝

男性解剖といふ大任を授かつて、さて考へて見る。男性といつた處で、たゞの人間以外の何ものでもないのだから、さう取り立てゝ解剖するが程のものはない。といつてしまへば何にもならない。

處で、わたくしは、男性とは何ぞやといふと、ベネデアといふ人のそれに對する解答――曰く、「男性とは××の謂なり」といふ言葉を思ひ出してならない。もつともこの人は、ダーキンの研究した、ある種の線虫類が、女性は堂々一個の獨立體をなしてゐるが、男性はその女性に寄生して生きてゐる、しかもその男性たるや、全身男性生殖器で出來てゐて、消化器官すら缺いでゐる、といふ事實の發見から、面白半分にさう叫んだのかも知れない。

然し、その人は面白半分に叫んだとしても、今やわたくしは、まじめにさう云はうと思ふ。××といふことは、性慾といふことを意味してゐる。ウォードといふ社會學者の說によると、自然は男性に向つては「授精せよ、ひたすらに」と命令し、女性に向つては「取捨を爲せ、選擇せよ」と命令してゐるとのことであるが、さう云へば男性は、ひたすらな授精的の進路を辿るのを常としてゐる。

男子ほど猥談を好むものはない。田園、工場、仕事場、さては學校の教員室だらうとお役所の事務室だらうと、隙さへあれば猥談を語つてゐる。この趣味は、女子にとつて不可解であり、見苦しい事のやうにしか思はれない。けれど、男子の立場にあつては、生物學上の問題であつて、即ち××的の發露なのである。

そこでかうした生物學的の理解に出發し、さてその上で、男子の心を摑まう爲めには、自ら種々の企らみが泛んでくる。かう書くと、何か不良な事のやうだが、決してさうではない。これは女子の處世、若くは自己の道を進む爲めに、確かと知つて置かなくてはならない事である。

××的の男子の性情は、その故に、二樣の形をとる。その一つは彼は激情的、若くは溺情的である。早く云へば彼は女に甘い。さて二つには彼は多情である。

そこで、女子たるものは、彼の激情に對しては、艶情を以てしなければならない。艶情といつても、それは政策的のものでなく、例へば、心から男のよさに溺れるといふやうな性情からの閃めきでなくてはならない。そこには多少の淫蕩性もあり、然し、それと共に、男の價値に對する尊敬の念もある。

第二には、彼の多情に對して、我の執るべき道は、所有被所有の慾に淡白であるべきこと此れである。卑俗な言葉でいへば、「惚れつぽい」が「あきらめも早い」――かうした淡白さは、彼の心を摑む鍵である。

女がその純情を必要以上に男に語つたり、それを男に認めてもらひたいなどゝいふ努力をすることは不可である。そんなことをすれば、その時から直ちに男の心は少しづゝ興ざめて、そして離れるであらう。

此の間、ある雜誌で、何とか秋子といふ人の書いたものを讀んだ。その人はある音樂家の妻君であるといふが、そしてそれはその音樂家に對する心のたけを披瀝した文章であつたが、然し、あれを讀んで、わたくしは少し不安な氣がした。夫人の心持が、眞實、ああしたものであるとしたら、それは夫にとつては理性的には有難いことである。然し、理性と感情は裏腹であることが多い。特に男にとつてはさうだ。「眞劍な戀に突き進む」などゝいふ態度は、それが男から女への場合であれば、女の心を強く囚へることになるが、女から男への場合にあつては、空しい一朝の夢に終ることが多い。

これを要するに、男といふものは溺情的であつて、そして多情的である。すべての男は女に甘い。が、さてその心は一つ處には止まらない。その上手を行くためには、女は「眞劍」とか、「所有」とかの哲學や慾求から解脱することが必要だ。わたくしは眞の意味における「浮氣な女」のみが、さうした男を、強く摑むものであると思ふ。即ち、從つて、さうした男の多情の罠が、たゞ一人の女の前へ投げられるといふやうな結果にもなる。

古來、男の多情性を説いた書は多い。然し、それに對する警策としては、エレン・ケイなどにしても、賢母良妻的の道を説いてゐる。油斷大敵とは此所のことだ。すべての教師とか、その他の嚴めしい人々は、曾て適確な事を教へた例がない。さういふ教へよりも、我々はまづ、男性とは何ぞや、それは××であるといふことを、徹底的の意味において、悟ることを得策とする。

自由を主張する男

中本たか子

「お父ちやん、今夜も出て行くの？」

七つの春江は、湯木におひ縋つてその袖にからまつた。湯木は一寸娘を見返したが、邪慳にその袖を振り拂つて出て行つた。娘は二三歩父親を追ひかけたが、やがてべそを掻き乍ら母親の許へ歸つて來た。母親のお幸は、産褥に呻吟してゐる。お幸は溜息をつきなから、娘を叱つた。娘は益々盛に泣き出した。するとお幸は眼を熱くうるませ乍ら娘を慰め出した。

「いつまで經つたら、良人の行跡はをさまるのだらう。」

彼女は力なく眼をとぢて、思に沈んで行く。彼女の胎内では、八ヶ月の胎兒が病毒で腐つて行く。近いうち、彼女は人工出産をしなければならない。胎兒の腐つて行く理由は、女から女へとわたり歩く湯木の持つ病毒を受けた爲なのだ。その爲にお幸は、もはや二人の子供を流産してゐる。やつと三人目を喰ひとめたと思へば今またこの通りだ。

その夜湯木は遂に歸つて來なかつた。云ふまでもなく、彼はその夜おすみと夜を過したのだ。おすみは某料理屋の仲居で、額の狹いそばかすの多い女だ。彼女はこの頃殆ど湯木のお圍ひ者同然となつてゐる。

歐洲大戰當時の好景氣時代に、石油の空錐の仲買を始めて大當りを得た湯木は、今や世は不景氣のどん底を低迷し、彼の財政もひつぱくしてゐるが、好景氣時代に身にしみた偸安の夢を捨てることが出來ない。信用貸を片つ端から借り倒して、それでどうやら商賣の破綻を彌縫してゐる。そして片つ方では、相も變らず、酒と女。

翌日、陽が高く昇つてから歸つて來た湯木は、玩具の三味線を春江に買つて來た。勿論これは、妻や子供の前に自己の體裁を維持する爲と、その歡心を買はんが爲だ。春江は喜んでそれを持ち廻つてはひいて遊んだ。湯木は別に妻を見舞はうともしないで、小切手を二三枚書いて懷にすると、間もなく家を出て行かうとした。そこでお幸は、病床から這ひ出て湯木が履物をつかけようとする所まで出た。

「一寸、用事があるんですが。」

じろりと妻を睨んだ湯木は、座敷に上つていきなり妻を蹴倒した。横腹に湯木の足を受けたお幸は、横なぎに轉んだ。湯木は顏を眞赤にし、肩をいからせて、拳を握つた。そして、息をはづませながら

「解らない奴だなあ、お前も。いつでも俺が外へ出ようとすれば、何だ彼だと理窟をこねやがる、お負けに緣起でもねえ涙を見せやがる。それがいつでもお前の手だ。ちつたあ考へても見ろ。俺が何をしようと、勝手だよ。」

彼方向きになつて肩をふるはせ、袖で顏を掩うてゐる妻に、更に吐きかけるやうに湯木は云つた。

「そんなに口惜しけりや法律に訴へて見な。外國ぢやどうか知らねえが、日本の法律なら、立派に家長の自由を見とめて御座るんだよ。ふふふふ……」

彼はわざと肩を大きく搖りながら出て行つた。お幸は這ひながら寢床に歸つた。少時は涙が止まなかつた。下働きの婆やが、その皺塗れになつた手で顏をこすりながらやつて來て、お幸をなぐさめた。

「奧さん、お諦めなさい。仕方がありません、男ですからね。私などは、小い時は父親にぶたれ、嫁に行つて夫に打たれ、年取つてからは息子に打たれました。だけど、相手が男なので、我慢して來ましたよ。」

婆やが去ると、債權者の米村が來た。彼は無遠慮にお幸の枕許へ來て踞ると、早速用件を切り出した。いふまでもなく借金の請求だ、二萬圓！一月前までは一萬圓と云つてた彼の口から今度はその倍額を申し出る。お幸が不審げに眉をひそめてきゝ返すと、米村は脣をそらして不平らしく云ふ。

「お宅の旦那みてえに、別嬪を幾人も抱いてゐりや、一萬や二萬の金は、飴を舐めるより早く消えますよ。あんたはまだ知らないんですか湯木さんの女は、あのおすみさんだけぢやないですよ、巴屋の花奴といふ可愛い妓も、この頃ぢや藤田呉服店の旦那と張り合つてるんですよ。蔭ぢやみんな、湯木さんの財布はよく續くなと云つてゐるが、その邊のやりくりは巧いもんでさあ。へん、この通り二萬圓の證書でさあ。」

ぺらぺら饒舌つてゐた米村は、額を枕に伏せて頭をあげないお幸を見ると、口を噤んで引き上げた。

二三日の後、お幸の身體に打つた人工出産の注射がきいて、彼女はお産をした。八ヶ月目の胎兒は完全に肢體を整へてはゐたが、母體を離れて現實の光に遭つた時、既に冷くなつてゐた。そして皮膚の所々に紫色の斑點が入つてゐた。父親の病毒で腐つたのだ。お幸は初衣に包んだ死兒を抱いて、その上に涙を濺いだ。湯木は長く家に歸らなかつた。

×　×　×

マネキンの見た男性

東京マネキン倶樂部 高島京子

マネキンA（既婚）
マネキンB（未婚）
銀座裏の或喫茶店にて紅茶のみつゝ對話

A『實はね、私婦人畫報から「マネキンの見た男性」て云ふ題で原稿頼まれたのよ、私達の男性觀と云つても、特にあのマネキンに群れ集ふ男性達に對する私達の感じが何だか第三者の人には興味深さうに思へるので問題の的はそこにあると思ふから――どうでせう、少し助けて下さらない？』

B『さうね、でも「女給の男性觀」「ダンサーの男性觀」と同じ様な性質の男性觀を私達に求めるのは少し無理ではないでせうか、マネキン對男性のお客様と云ふ關係は一寸考へると面白い話題になりそうで、その實お互に全く緣無き衆生同志だと思ふわ』

A『でも誰でもすぐ私達に「デパートで男のお客様から誘惑される事は無いか」だの「大勢の男性から顏を眺められてゐるとどんな氣持がする？だのつて質問を浴せるでせう、私達の職業が新しく奇拔で大衆相手なので、私達と男性の交渉について色々想像をたくましうしてゐるらしいの、貴女なんかどう？ ステーヂの周圍に集まつて來る男性の中から未來のハズにふさはしい方やすばらしい美男子を見つけることあつて？』

B『さあね、私達隨分澤山男の人の顏だけは眺めたんだけれど、皆同じ樣な顏をしてゐたわ。何しろ大勢の人だから顏まけしてちつとも觀察なんか出來ないんでせう？ でも案外良い男の人つて見あたらないものね』

『あら。そんなこと云ふと未來のハズが何處かで怒るわよ！ マネキンの見るお客様としての男性は皆同じ顏に見えて格別個性を見せないと云ふのはマネキンの男性觀のうちでも重大なものの一つだと思ふわ、それは私達が私達を取卷いて好奇の眼を光らす男性に對して少しも女性對男性と云ふ特別なそして厄介な對照にしてゐない證據だし、そうすれば男性に對しての女性らしい特別な感情は起らないわけなのでせう？』

B『全くよ、私達の仕事は出來るだけ多くの人の好奇心と注意力を或一點に集めると云ふのが全てでせう、そのためにこそ所謂脂粉をこらして盛裝してゐるのでそれを變に解釋するのは大變な間違ひでレデーを侮辱するのも甚だしいと思ふわ。」

A『群衆心理つてのが一番いけないのよ、私達はマネキンとしての職業上の自覺と信念とでステーヂに立つてゐるのでせう、それを見る男性が心の中でどんなに私達を汚しても私達には責任なんて少しも無いわ。私達の國の昔から惡い因習が私達を見る男性に下らない聯想を抱かせたりしてもそれは男性の人格を低くして私達の男性觀を益々惡化させるだけで、斷じて私達やマネキンと云ふ職業に罪はないと思ふわ』

『マネキンを見に來る男性にもいろいろあるわよ。大勢でやつて來てワイワイ騷いだり滑稽なことを云つて笑はそうとしたりする人達があるかと思ふと、一人で何時迄もこそこそ人の顏ばかり見てゐる人もあるのよ。そんな人には故意とチット睨んであげるの、そうすると氣の毒な位どぎまぎして何か弱點をでもつかまれた樣な恰姿ですぐこそこそ隱れてしまふものよ』

A『大勢で彌次つたり笑はせようとする男性達にはね、それにつられて笑つたり媚笑したりすると大變よ、すぐ增長して彼征服者に對する王者の樣な傲漫な態度になるものよ、だからそんな時はあく迄も濟しこんでゐなければいけないわ、すると「ここのマネキンは愛嬌がない」なんて文句云つて歸るけれど、結局その方が私達にとつていゝのよ。』

B『お客樣と自由にお話したり説明したりするお仕事の場合ね、そんな時は男の方案外無邪氣で溫和しいものよ。同じ事を幾度も饒舌らしたり、面白がつて度々來たりしても割合にその仕事を認めて下すつて女性を侮辱する樣な態度はしないのよ』

A『それについて私に面白い失敗談があるのよ、M屋で齒磨の宣傳をしてゐた時にね、中年の御夫婦の方が來たのよ。旦那樣の方が興味深そうにいろいろ聞かれるので私得意になつて辯じ立てたのよすると一つ買ふと仰言るでせう、奥樣がそばから「お止しなさい！」と云ふのを無理に叱りつけまでして買つて行つたの。そうして二三歩向ふでとうとう夫婦喧嘩を初めちやつたの、あたしお二人の氣持共どつちも了解出來るだけ一寸淋しい氣持になつて考へたわ、そしてすぐ可笑しくなつて大笑したのよ。』

B『私達に直接交渉の多い男性の方と云ふのはやつぱりデパートとかお得意の方や新聞雜誌の方位ね、今度こうして山野さんの手を離れて獨立してからは今迄山野さんにして戴いたその方の交渉は皆私達自身でしなければならなくなつたでせう、でも私達何だかそんな取引とか新聞の御用とかでお目にかゝる方には目上のお友達の樣な氣持がするだけで、何か變つた氣持が起るといつた危險なところがないのよ。かへつて女の方とお話するよりも自由でサツパリしてフランクな氣持でお話が出來る位なの』

A『やつぱりマネキンは男性とは一番縁が近そうで遠い職業だと云ふことになるのね、世間の人達が私達の職業をハツキリと理解する迄お互に自重して、しつかりと歩かなければいけないのよ！ あらもうこんなにおそく！ お話に身が入つてしまつたのね、ではこれで、どうもありがたう』

男性抹殺論

花園歌子

鶏は雄が無くとも卵を生む。

成熟した女性は南風に向つても孕むことができる。

人類の進化は『人造人間』の前に、先づ『人工生殖』を以て一新時期を劃することを必要とするであらう。

ヤクザ者よ！ 汝の名は『男』である。

古來汝の名によつて、如何に多くの罪惡が行はれた事よ。男子專制の社會、男子專政の政治――それが如何に愚劣に、如何に醜惡なるかに就て、私達は餘りに多くの事實を知り過ぎてゐる。

まつりごと亂れし國の大臣らと酒
酌み居れば涙湧き出ぬ

彼等の口にする所は利權の賣買である、然らざれば政權獲得の陰謀である。

中には私達までも遠ざけて、秘密を保たうとする用心深い人々もあるが、いやの道はへびで、それはお客樣の顔觸れを一と目見れば直ぐ當りが附く。知つてそんな事をすればする程、苦勞人の第六感が鋭く働いて、會議の内容まで手に取るやうに知れるばかりだ。

ハ、ア今日はあの一件だな、甘く行けばお慰みだが、相手が有名な締り屋のオーさんではなか／＼骨が折れやう……。と思つてゐると果してオーさんのお立ちが早い。

後に殘つた主人役のオーさん（前の『オーさん』とは別人）が、何か落し物でもした樣に、キヨトンとした顔附きをして、怨めしさうに空になつた卓子の座蒲團を見詰めてゐる。

『チヨイトどうなすつたの、はつきりなさいよ。いやにぼんやりしてゐるのね、あの妓でも呼びましやうか。』

『うるさい奴だな、どうなすつたつて貴樣等に分るやうな問題じやない。俺達は斯うしとつても始終國家ちうことを念頭に置いとるんじや。寢ても覺めても色男の事ばかり考へとるお前達とは、少々譯が違うんじやぞ』

『アラさう、政治家つて隨分氣骨が折れるもんだわね。だから政治家には禿頭が多いのよ。詰りオーさんなんか國家のために禿げ……』

『馬鹿ツ』

忽ち鐵拳が飛んで來る。

そこは馴れたもので、サツと身をかわしながら――

『國の光りと頭の光り金の光りが無いばかり……クヨ〳〵しずに、ねーオーざん。一つ陽氣にジヤズらうぢやありませんか。』

今度はこつちから柔らく出ると、他愛なくグニヤ〳〵となつてしまふ。

それから二三日たつと、珍らしく實業家のオーさんから名差しのお座敷で、百圓の御祝儀を頂戴する。

『あれからどうじやつた。Mでも呼びやアせんか。』

と云ふやうな話。――Mと云ふのはオーさんの商賣敵である。

『いゝえ別にどなたも……』

と云つたが、實はそのMへ電話を掛ける役を私が仰せ付かつたのだ。そればかりでなく某右傾團の頭領まで、當夜お召しにあづかつて、何事か密旨を授けられた事は百も承知してゐるのだが、そんな事をぺら〳〵としやべつてしまへば、忽ち飯の食揚げになること は分り切つてゐるので、幾ら氣の毒だと思つても、斯う云つてとぼけるより外仕方がない。

たつた一度某怪文書事件に就て、相手を新聞記者と知らず、私がうつかり口を辷らせたために、飛んだ波瀾を捲き起した一場の失敗談もあるが、それは餘り本文に關係のない事だから省略しやう。

兎に角こんな譯で、男性の手中に實權を握られた今日の社會が、如何に腐敗し、如何に墮落してゐるかと云ふことは、商賣柄一番よく私達の目にとまる。

私達は『萬國の勞働者團結せよ！』と叫ぶ前に、先づ『萬國の女性團結せよ！』と叫ばなければならぬ。何となれば凡ての資本主義制度は男性の掩護する所であり、凡ての資本主義的害惡は男性の之を助長する所だからである。若しも此世に『男』と呼ぶ劣等動物が無かつたら、どうして現在の如き不義と不正との横行する醜惡無恥な社會が在り得やう。それは皆彼等『男性』の退化的特質が之を招來する所ではないか。

男のために女が在る場合、そこに存在するものは賣淫の罪惡である。女のために男が在る場合、そこに存在するものは人類種族の繁榮である。どつちを擇んだ方が善いか、今更ら考へてみるまでもあるまい。

男性文化は既に行き詰つたが、女性文化はこれから育つ。生氣潑溂たる『女性文化』を以て、沈滯腐爛せる『男性文化』に置き代へる時、そこに始めて愛と平和とを理想とする眞の人間生活が創まるのだ。

馬鹿な男等よ！ 貞操觀念がどうしたの、モダンガールが斯うしたのと餘計なおせつかいを燒く前に、先づ自分の足下を見るが可い。

婦人參政權を獲得するために、男の力を借りやうとする意氣地なしの女等よ！ なぜ自分の物を取るのに自分の力を用ひやうとしないのか。私達が共同の敵『男』を征服し『男』を膺懲し彼等の上に君臨すること 天照皇大神の範を垂れさせ給ふが如くなる時、そこに始めて眞の女性文化は建設されるのだ。

男つてどうしてから……

ダンサア 小寺ふみ子

えゝ、そりア考へないぢやないわ、イヱ、それどころぢやない、むしろ煩悶してる位ですわ。實際いつまで男につかまつて踊つて居たつて始まらないし、いつたい、私はこの先きどうなるんだらう、どうすればいゝんだらうとよく考へるのよ。

だけど、さう一概に結婚しろの身をかためのつていつたつて、結婚する對手は女ぢやなくつて男なんでしよ？ですからさ、その男が實に信用のおけないこと、この上もないんだから、迷はざるを得ないぢやないの。

そりア、そんな男ばかりはないでせうさ、中には信頼し得る男がない筈がないと思ふけれど、殘念ながらホールへ踊りに來る男性には、まだ見當らないのよ。

それは、あたしだつて人間ですもの中には好きになれさうな人もあるわ、けど、一生おめかけでもして暮さうといふ人ならともかくも、やつぱり末は眞面目に家庭を持ち、母となるつもりで、一時の生活の方法としてダンサーといふ職業を選んでる私には、ちよつとすきだからつてさう簡單にはゆきやしないわ。

まだ、さうまで一般的でない社交ダンスは、あらゆる階級といふわけにはゆかないのよ、まア、學生、會社員、店員、藝術家、などが大部分でせうね、中でも、學生と會社員が一ばん多いわね。

感情的な私達は、その朝、目の覺めたとき美しいお天氣だつたり、ふと、なんかほゝ笑ましいことがあつたりするとその日一日愉快になることがあるもんだわ、愉快になれば、自然顏面筋肉が輕快に活躍するのはあへて私ばかりぢやないでござんしよう。するとお客さま方は、「俺にモーションをかけた……」ですとさ。こつちは商賣でござんすから、一個でも多く踊つてチケツトを一枚でも多く増したいわ、イエ、増さなくつちやならないのよ、だから、よく踊つて下さる方は、いゝお得意さまだわね、從つて、お愛嬌もよくすれば、わざ／＼自分の前まで來させるのも惡るいから、ちよつと立つて出迎へる形をとるわね、するとアイツ俺に氣があるぞ……」ですとさ。

よくつて、萬事、この見當で來られるんですもの、料理店のメニユウぢやあるまいし、こいつちよつとうまさうだから食べて見やうか、それともどれにしやうかな、エ、とこれにして見やう……おやたまらないわ。

それぢやアそれほど女性つてものを默殺して居るかつていふと、さうぢやないのよ、ちよつと私達が、意識的にいはゆるモウションなるものをかけるとその、ノボセ方つたらありアしないわ。

知らうと思へばどんな方法をでも知られるんだから、聞かれたら別段かくしもせず自分の名前を教へるわ。するときつと事務所へ手紙をよこすわ。だけど、どの人がHさんだかTさんだかよく覺えて居ないわよ、すると二三日して「お手紙およみ下さいましたか」ですつて、……まるで自分一人しか手紙は出さないもんだと思つてるわ。いきなりそんなことをいはれたつて、誰が誰れだかわかりアしないわ、でも「どなたでしたつけ」なんていつちや惡るいから「えゝどうもありがたう」位でゴマカしておくと追かけ追かけ手紙をくれて「僕はこれほどあなたを愛して居るんです、だからあなたも愛して下さい」ですつて。ハイさうですかつて愛されますか。あまり度々手紙をくれるので「毎度御親切なお手紙ありがたう存じます。どうぞ末ながく御ひゐきに……」位の返事を出すと、「親切」と「末ながく」と「御ひゐき」をとんでもなくはき違へて「あなたが僕を單に親しい友として交際してくれるのか、それともほんとうに僕を愛してゐてくれるのか、その眞意を知らしてください……」と來ては全くやりきれないわ。

でも學生はさつぱりして居ていゝわ、そしてまだセンチメンタルなところがあつて、少女雜誌の誌上文通みたいなタワイもないもんだけれど、會社員になるとすぐ「どこかへ行かねえか」だから言語同斷だわ。でもまだ若い人達は、恥を知つてるから始末がいゝわ。

そこへ行くと年寄が一番いけないわ、圖々しくつて、功利的でしつこくつて、相當の位置の人や、金持が手をかへ品をかへて攻めつけるので、そりア女つて弱いもんだから、ふイと落ちこむことがあるわね、ことに新しいダンサーなんかよくなれないし、それに收入も少いでせう。その日の電車賃にも困ることがあるやうなときに、あぶないのね。

ですから、いつたいホールへ「踊りを踊りに」來る人が幾人あるのか知らといひたくなるわ。「あたしが休んだ」といつては「踊らずに歸る」とか手紙の返事を「くれない」から「くれるまで」踊りに「行かない」とか、今日大へん「忙がしさうだ」から「今度來る」とか。まア皆が皆決してさうではないけど……男つてどうしてかう……そんな野心をみんなもつてるんだらうほんとに賴りがひがないわ。そして自分のものにすればあとは野となれ山となれなんですもの。

だから、ほんとに眞面目で誠實な男性を私達もとめてやまないわ。えゝ結構ホールへ來る男性からだつてきつと求められると思ふわ、いかに眞面目でも、金もうけや俗間の虫みたいな男は苦しいわ、花も實もあるつていふ男の人でなけりアね、ホ、、。

さアヂヤヅが始つたわ、元氣を出して踊ませう。

男性ＡＢＣＤ

山田順子

男に就いての感じで一番早く頭に來るのは「男なんて僕は思ふな……なんのかんのと言つたところで、女から出て行かない事には……結局別れるなんて事は……事實男には出來ないもんぢやないかと僕は考へるんですがね」

恐らく、私は、この一言こそが、男のいゝ處をも、弱點をも、最もよく語る、それぢやないかと思ふのです。男と女！　この二つを並べて見る時に、私の心に忽然と湧くものは、秋日和に仲睦まじく遊んでゐる六つ位の男の子と、九つ位のおませな女の子の醸す風景なのです。この人生に於ての男、對女の對立は、この六つの男の子と、九つのおませな女の子のそれなんぢやないかといふ氣がしてなりません。男といふものは自分の心に立つて、欲しい玩具を欲するやうに、女を慾求し、女を手にする事を憧憬れ、女を愛します。男といふものは、とても女が好きで、女あつて、男の存在が、はつきりするやうな感じさへあります。だが、こんなに女に憧がれ、欲する癖して、男は決して女を理解しやうとしません。女の情操に巣喰ふ寂しさ……憐ましさを考へてやり、慰めてやる處か、女のさうした心に、男は、まるでこう藥でもはりつけるやうに、身をもつて愛する程度のことより知りません。しかも、ハートの大部分を、野心とか、仕事に喰はれてゐる男といふものは單純な可愛いゝものです。

「僕の意志はあの女に別れやうと思ふんだよ……何故つて、あの女の心には、生涯、B氏がくつついてゝ離れないからね。それを僕はどうともできない。別れやうと其處で決心した、別れて見た……。が、會へばやつぱり駄目なんだ。」

こんな可愛さを持つ男は、又一面いたつて〱、片意地です。

「男の意地にかけて……」

そして大事な戀人を苦笑させ、尖びらせるのです。男はよく、

「今度こそ、俺を離れた場合は殺すぞ」

といひます。その癖、そういふ多くが、殺しもできず、女が、自分を離れてゆく根本の惱みを汲み、それの手だてをしやうともしません。男といふものは、女以上に、相手を恨む人種のやうです。

「彼奴の爲めに僕はこんなになつたんだ。」

なつた意志は、その男は、まるで持ち合はしてはゐないものゝやうな口裏です。男は、たへず、久遠の女性なるものに、憧憬れます。しかも、久遠の女性を手にした場合、彼等は、久遠の女性が手にある事、如何に自分が、手にしてゐるその者に心惹れてあるかを忘れます。彼等は、目の先をゆく、ABCの女性に、兎もすれば目を吸はれます。勝ちです。さうして、現に手の中にある女を、古びた玩具のやうに粗末にします。で、女が、地におちると、

「つまらない女さ！」

といひます。

粗末にされた女が、他目へいつて、はつきりと彼の目にその女の光りを示し出すと、

「あれは、薄情ものさ」

といひ切ります。

外國へ三年程行つて、外國人を夫人にして來たC氏と、日本女のKが話し合ひました。

「どうも、外國へゆくと、外國の女が良く見へ出して來ます。日本へくると、そして日本の女が光り出す。これは本當ですね。」

「ホヽ、あぶない事ですね。山へ行けば山の花がよく、海へゆけば、海のくらげが美しくなる！」

「まあ、そ言つたところでせうね。女だつてさうですよ。だが、男は、色んな事が自由に出來るやうになつてるだけわるいだけなんですよ。」

「男は先天的に、先へ先へと絶えず轉んでゆきたい本質があるんですね。ところで、女は特別の性格が、もしくは特別の不幸さに碎かれない限りは、一つの愛する者を持つて、動きたくない、じつくりと抱きしめて守つてゐたい慾求を持たされてゐる！　そこに悲劇と闘爭が生れます。」

「したが、男の中には、一面、好色的に、すぐ相手を征服したい、つまり獸

的一面をもつてゐる。が、そのくせ、一面に於て、自分の惹かれ、求める女が、安々と、自分に身を任してくれなければいゝな……もつと、愛と惱みを追求し、育てゝゆきたいやうな憧れを持つてゐる。男の本當の愛といつたものは、肉交のない間のものです。どうしても一つになつたが最後、男の心には本格的愛といつたものは消滅される。その代り、次のABCの心境がでてきますがね。」

「一口に男といふものは、隨分、高い情操と理想に生きるやうな人の場合でも、とり分け、げすばつた女に惹かれたり、つまり手つ取り早い型の女に何。する質のあるらしいものだといふ事ですわ。」

「母親のやうに、自分はまづい物を喰つて我慢しても、僕の我儘だけは、默つて何んでもきいてくれる女はないものでせうかね」

或る高位にある人がいひました。

「あの女は僕に何したわけではなかつたさ……併し、あの女は僕を背景にはしたかつたんだね。」

勿論、この男は惡い氣持でいつてるのではありません。

× ×

「あなたのマルクス主義なんて本物とは思へないわ。」

「勿論、お前と生きてゆく爲めの看板さ。」

哀れな男は、さうした不用意な一言が、ついに女を自分から引き離したものだとは、今もつて知らないやうです。

× ×

「僕はどの女の場合でも自然消滅といふ型をとるのさ。だが、呼び出しを喰つた場合は、いつでもオーライさ、女は男のエネルギーを掃除し、新しくして仕事をさしてくれるからね」

× ×

B子さんは多くの男に取りまかれて、誰にも許さないでゐる女です。そこでD氏はいひました。

「あなたの處にくると、僕は自分といふ者を鏡に映して見るやうで憂欝です。おく病ですぐぺしやんこになる癖にその癖強がりの、日和見的の、爪をかくした狼連が、いつもあなたの廻りには、お互ひに見張つこをしてゐますからね。」

× ×

「あなたを見るとやつぱりおなつかしいわ」

別れた女が、ふと道で別れた男を見て言ひました。

「懷しい位なら何故出ていつたんだ。」

そこで女は云ひました。且つて一緒の頃、女中代りは厭だ、男の好きな食べ物だけこしらへるのは厭だと、よく女は愚痴りました。男はさうした時、手を上げて女を打ちました。女は、「別れるわよ……だから……」といひました。

「俺は別れるとは言はないよ」男はいつも、結末をかう結んだものでした。今、女は男の美しい横顏を見ながらいひました。

「ね、他人だつて厭ひでない人は、逢へば話位はするものよ。私は一緒になる氣はないんだから、安心して友達として出逢つたらお話をする事にしない？」

「俺は厭だ。五年か十年たつてさ。お前を見てもおれの心があぶなくなくなつたらね。」

「ぢや、あなたは未だわたしを愛してる？」

「だが、一つになる氣はないよ。決心したんだ。」

「なら友達になつても大丈夫よ。何處が氣に入らなくて？」

「出て行つたのはお前からなんだ。俺は男だ。俺は強情を張れるだけ張つて生きて見るんだ。お前が、かりに僕を想ふなら、實行して見せろ。お前は二年位したら新しい男と一つになるだらう。そしたら僕もいゝ奧さんを貰ふさ」

（強情には強情税が入りますね。殊に日本の男性であられるあなたは、隨分澤山拂はせられておいでです）

併し、これは女が口に出して言つたわけではありません。夜の暗さだけが、女の複雜な一笑を知つてます。

「婦人雑誌」がつくる大正・昭和の女性像　第6巻
セクシュアリティ・身体1

二〇一五年三月二十五日　第一版第一刷発行

監　修　岩見照代
発行者　荒井秀夫
発行所　株式会社ゆまに書房
〒一〇一―〇〇四七　東京都千代田区内神田二―七―六
電話　〇三―五二九六―〇四九一／FAX　〇三―五二九六―〇四九三
印刷　株式会社平河工業社
製本　東和製本株式会社
ISBN978-4-8433-4681-5　C3336
定価　本体一八、〇〇〇円＋税